U0899664

# 脱贫攻坚先锋

## 2018年全国脱贫攻坚奖获奖先进个人事迹

TUOPIN GONGJIAN XIANFENG
2018 NIAN QUANGUO TUOPIN GONGJIANJIANG
HUOJIANG XIANJIN GEREN SHIJI

国务院扶贫开发领导小组办公室
脱贫攻坚先锋系列图书编辑委员会 编

中国人力资源和社会保障出版集团

中国劳动社会保障出版社 中国人事出版社

**图书在版编目（CIP）数据**

脱贫攻坚先锋. 2018年全国脱贫攻坚奖获奖先进个人事迹 / 国务院扶贫开发领导小组办公室，脱贫攻坚先锋系列图书编辑委员会编. -- 北京：中国人事出版社：中国劳动社会保障出版社，2019

ISBN 978-7-5129-1456-8

Ⅰ. ①脱… Ⅱ. ①国… ②脱… Ⅲ. ①扶贫-先进工作者-先进事迹-中国 Ⅳ. ①K820.76

中国版本图书馆CIP数据核字（2019）第200884号

**中国劳动社会保障出版社**
**中国人事出版社** **出版发行**

（北京市惠新东街1号 邮政编码：100029）

*

北京华联印刷有限公司印刷装订 新华书店经销

787毫米×1092毫米 16开本 39.5印张 1插页 737千字

2019年10月第1版 2019年10月第1次印刷

**定价：108.00元**

读者服务部电话：（010）64929211/84209101/64921644

营销中心电话：（010）64962347

出版社网址：http://www.class.com.cn

## 习近平对脱贫攻坚工作作出重要指示强调

# 咬定目标加油干
# 如期打赢脱贫攻坚战

## 李克强作出批示

在第五个国家扶贫日到来之际，中共中央总书记、国家主席、中央军委主席习近平对脱贫攻坚工作作出重要指示强调，改革开放的 40 年，是我国逐步消除贫困的 40 年。40 年的接续奋斗，让 7 亿多人口摆脱了贫困，创造了人类减贫史上的奇迹。现在，中华民族千百年来存在的绝对贫困问题，就要历史性地得到解决，脱贫攻坚进入最为关键的阶段。

习近平指出，行百里者半九十，越到紧要关头，越要坚定必胜的信念，越要有一鼓作气攻城拔寨的决心。只要各地区各部门切实担起责任、真抓实干，只要贫困地区广大干部群众继续奋发进取、埋头苦干，只要全党全国各族人民万众一心、咬定目标加油干，就一定能如期打赢脱贫攻坚这场硬仗。

中共中央政治局常委、国务院总理李克强作出批示指出，各地区各部门要以习近平新时代中国特色社会主义思想为指导，认真贯彻党中央、国务院决策部署，结合实施乡村振兴战略加大精准脱贫力度，特别要加强对深度贫困地区脱贫的支持，针对特殊贫困人口采取更有力的帮扶措施。严格资金监管，完善扶贫考核评估和督察巡查。把扶贫和扶志、扶智结合起来，更有效激发贫困地区贫困人口脱贫内生动力，确保完成今年再减少1 000万以上贫困人口的任务，确保到2020年我国现行标准下农村贫困人口实现脱贫，解决区域性整体贫困。

（来源：新华社北京2018年10月17日电）

# 中央领导同志与2018年全国脱贫攻坚奖获奖者合影

# 前　言

消除贫困、改善民生、实现共同富裕，是社会主义的本质要求。党的十八大以来，以习近平同志为核心的党中央高度重视扶贫工作，把扶贫开发摆到更加突出的位置，全面打响脱贫攻坚战，大力推进精准扶贫、精准脱贫，脱贫攻坚取得重大决定性成就，显著改善了贫困地区和贫困群众生产生活条件，谱写了人类反贫困历史新篇章。

近年来，各地各部门认真贯彻落实习近平总书记关于扶贫工作的重要论述和党中央国务院脱贫攻坚决策部署，积极投身脱贫攻坚，做了大量扎实细致的工作，涌现出一大批先进典型。为树立脱贫攻坚榜样，引领社会风尚，营造浓厚氛围，凝聚精神动力，弘扬社会主义核心价值观，进一步动员社会各方面力量积极参与打赢脱贫攻坚战，实现全面建成小康社会的目标，经中央批准，国务院扶贫开发领导小组在“十三五”期间组织开展“全国脱贫攻坚奖”评选表彰活动，表彰为脱贫攻坚做出突出贡献的个人和单位。2016 年评选出 38 名获奖者，2017 年评选出 40 名获奖者，2018 年评选出 99 名获奖个人和 40 个获奖单位。人力资源和社会保障部、国务院扶贫开发领导小组办公室连续三年授予 6 名在脱贫攻坚中表现突出的杰出人士“全国脱贫攻坚模范”荣誉称号，习近平总书记和李克强总理连续三年对全国脱贫攻坚奖表彰活动作出重要指示和批示。

将在脱贫攻坚中涌现出的典型模范、先进个人和单位事迹，以出版物形式记载下来，并通过这种形式讲好中国扶贫故事，宣传中国扶贫成就，展现新时代中国特色社会主义道路、理论、制度、文化自信，展现中国减贫模式和成效，不仅是对中国而且对世界减贫事业及全人类发展均具有重要意义。为此，国务院扶贫开发领导小组办公室组织力量，已将 2016 年、2017 年全国脱贫攻坚模范和全国脱贫攻坚奖获奖个人的先进事迹汇编成书并出版发行。今年，又将 2018 年全国脱贫攻坚模范、全国脱贫攻坚奖获奖个人和单位的先进事迹汇编成书。希望通过本系列图书的出版发行，更好地宣传脱贫攻坚涌现的典型模范和先进事迹，以鼓舞和动员全社会进一步形成推进脱贫攻坚工作的强大合力，更加坚定我们打赢脱贫攻坚战、全面建成小康社会的信心和决心。

国务院扶贫开发领导小组办公室

2019 年 8 月

# 目　录

## 全国脱贫攻坚模范



## 全国脱贫攻坚奖奋进奖

## 全国脱贫攻坚奖贡献奖

## 全国脱贫攻坚奖奉献奖

## 全国脱贫攻坚奖创新奖

# 全国脱贫攻坚模范

QUANGUO TUOPIN GONGJIAN MOFAN

蓝标河，瑶族，中共党员，广西外资扶贫项目管理中心监测统计处处长，挂任柳州市融安县委常委、副县长，兼任自治区驻融安县“美丽广西”乡村建设（扶贫）工作队队长。2018 年 4 月 14 日，因连续加班疲劳过度，不幸去世，年仅 44 岁。多年来，他始终不忘农民苦，心系贫困户，一心为民，脚踏实地，长期在扶贫战线孜孜不倦地工作，直到生命最后一刻。他用实际行动诠释了新担当、新作为的新时代楷模风采，他用宝贵生命践行了“脱贫济困，至死不渝”的脱贫攻坚信念，书写了一名基层扶贫工作者对党的扶贫事业无限忠诚的英雄篇章。

# 满腔赤诚为扶贫　舍身忘我终不悔

出生于河池革命老区国家扶贫开发工作重点县都安瑶族自治县的他，1997 年参加工作以来，心怀扶贫事业，20 多年间一直在扶贫战线上勤勉工作，直至鞠躬尽瘁献出生命。他就是革命老区人民培养出来的党的好儿子、广西“十三五脱贫攻坚”扶贫好干部——蓝标河。

## 一个为扶贫而生的人

循着蓝标河的人生轨迹，广西都安县地苏镇丹阳村—广西社会科学院—河池市大化瑶族自治县—自治区扶贫办—柳州市融安县，不难发现，他一路走来始终没有离开“贫与扶贫”四字。

“小时候家里穷，平时经常是一天吃两顿饭，逢年过节才见得着一点儿肉。蓝标河出生时父亲借了半斤腊肉煮了一锅稀饭，一家人吃了三天。”蓝标河的哥哥蓝标松说，小时候，家中的几个孩子就数蓝标河学习成绩好，为了让蓝标河读书，村子里的乡亲们没少帮衬他们家。“标河一直说，是乡亲们的帮助让他能安心读书，等以后他有出息了一定不会忘记报答这些乡亲们。”后来，蓝标河不负众望，成为村里的第一个大学生，从那时起，他便立下志向，要为乡亲们摆脱贫困而努力。

1997 年，蓝标河大学毕业后分配到广西社会科学院。2003 年，蓝标河所在的社科院要选一名年轻干部从事社科院定点扶贫县——大化瑶族自治县的扶贫工作。蓝标河听到消息后，觉得这是自己回报乡亲们最好的机会，他没有丝毫犹豫就主动报上了名，这一干就是四年。

尽管只是一名普通的副主任科员，但他为了乡亲们能够脱贫致富过上好日子，到处走访熟人、朋友请求支援，引来资金和扶贫项目，为大化贫困地区和贫困学生办了不少好事。

蓝标河的同事说：“他真是一个非常纯粹的人，心里装的全是扶贫工作。”在自治区扶贫办工作期间，蓝标河推动建立了广西扶贫工作成效考核体系。2015 年，全国开始实施精准扶贫工作，蓝标河与几位同事白天分头到各部门走访，晚上回来集中梳理、分析、讨论，随后制定出精准识别方案。

为了让每一个贫困指标更精准，蓝标河不厌其烦，不知跑了多少地方、找了多少人反复核实论证。据不完全统计，仅 2017 年，他就到过 20 多个县，走访近 100 个村的 400 余户农户。蓝标河常说，要多去走走，多听听基层的意见，才能改进考核工作，真正减轻基层负担。

广西社会科学院工业经济研究所所长、研究员陈洁莲曾这样评价蓝标河：“我觉得他真的是为扶贫而生的。”时至今日，很多人认为这种评价对蓝标河来说“恰如其分”。

陈洁莲介绍，早年在她负责世界银行援助项目或者做一些关于农村的重大课题时，虽然与蓝标河完全无关，但他总是跟着一起跑东跑西调研。“我知道他做扶贫多年，对这一块比较热心，对贫困村民非常有感情，他也一直跟我表达要为扶贫事业贡献自己的一生。”想起历历在目的往事，陈洁莲难掩悲伤。

## 不求有报，只求价值所在

2015 年，党中央吹响脱贫攻坚战的冲锋号。作为广西外资扶贫项目管理中心监测统计处处长的蓝标河一心扑在工作上，成绩斐然：从无到有，一手推动建立起了广西扶贫工作成效考核体系；牵头抓好 2015 年度、2016 年度全区市县扶贫成效考核、第三方评估协调工作和脱贫摘帽验收，做好减贫任务的对接、设区市脱贫攻坚专项绩效考评等工作。

在蓝标河的积极带动下，2015 年广西在扶贫成效第三方预评估中，成绩排名全国第一。2016 年，广西扶贫成效考核继续位列全国最好的八个省区之一，其中第三方评估成绩全国第一。2017 年，他牵头起草全区调研和督查文稿，主持完成脱贫攻坚有关分析报告，为广西重大战略决策提供了依据。

蓝标河的付出非扶贫人难以想象。每次为出台文件方案、形成分析报告，他都不辞劳苦带队走访多个市县。不管是春节期间还是平日深夜时分，蓝标河经常在微信工作群里发表自己悟出的扶贫工作经验，以及分享一些相关案例，让处里的每位同志都能从中

/ 蓝标河（右二）走村入户调研脱贫攻坚开展情况

受到启发。

融安县是自治区级贫困县，脱贫任务非常艰巨。自治区扶贫办作为融安县的后盾单位，计划选派一名得力干部帮助融安脱贫，在征求蓝标河的意见时，他当场答应。

听到蓝标河要去融安挂职的消息，家人全都反对起来，妻子哽咽着对他说："家里有两位快 80 岁的老人，孩子也还小，你不能跟组织说明一下难处？"没想到蓝标河却回答道："现在是全国脱贫攻坚关键期，我是一名党员，又是扶贫办干部，肯定要带头去做。"

2018 年 3 月 19 日，蓝标河作为自治区扶贫办派出的唯一一名处级干部到融安报到，挂任融安县委常委、副县长，兼任自治区驻融安县"美丽广西"乡村建设（扶贫）工作队队长。

"挂职不是来镀金，而是要干出一番实实在在的成绩，助力融安如期脱贫摘帽，不辜负组织的信任，不辜负融安干部和父老乡亲的期望。"这是蓝标河到融安县上任后在第一次见面会上立下的誓言。

蓝标河过去曾多次到融安调研或定期帮扶联系对象。融安县扶贫办主任莫小华说："我以前就认识他了，整个人给我们的感觉很和蔼、很谦虚。我们知道他要来都很高兴。"

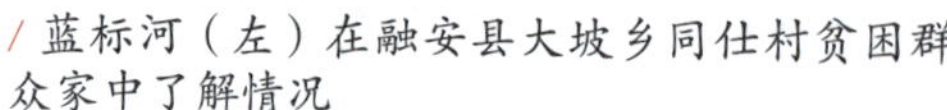

/ 蓝标河（左）在融安县大坡乡同仕村贫困群众家中了解情况

/ 蓝标河（右）与贫困户交流脱贫想法

“有经验，很懂行！”在融安同事们的眼中，蓝标河不愧是长期搞扶贫工作的。莫小华说：“蓝标河一来就很快进入角色，不像有些新来的干部，可能来了半年还在熟悉情况。他提的建议对方向、对路子，在他的指导下，我们更清楚地知道融安的扶贫工作还有哪些问题，如何才能做得更扎实。”

蓝标河到任后马不停蹄地走访贫困村。据广西扶贫办帮扶协调处干部、派驻融安县大坡乡同仕村第一书记钟燕介绍，大坡乡离融安县城 20 多公里，蓝标河到任不足一个月，仅大坡乡他就去了 4 次，先后到了同仕村、福下村、星下村等多个村屯，入户走访帮扶户，时间安排十分紧凑。

在融安县大坡乡同仕村同仕屯，蓝标河帮扶的贫困户黄德连说，蓝标河到他家来过好几次，帮扶手册上还留有他的签名。蓝标河帮他家协调落实危旧房改造款，并做养鸡项目产业规划。蓝标河去世前一天，就在他家走访。蓝标河对他说：“来到你家，就是你的亲戚，遇到什么困难需要我帮助解决的，一定要跟我说。”现在，黄德连一家七口住上了新房并养了 600 多只“大坡飞鸡”，已经脱贫了。

“到任不足一个月的时间，蓝标河干了太多的工作。”莫小华动情地说。在蓝标河的积极推动下，全县建立了“扶贫工作日”制度，帮扶干部每周五下到联系点与贫困户同吃同劳动，宣传落实扶贫政策，帮助协调解决生产生活困难。他推动制定了全县脱贫摘帽预考核工作方案，推动成立专家组，计划对全县 144 个村开展预考核。他结合调查结果，汇总了全县脱贫攻坚多方面的困难问题，协调促成融安县与自治区扶贫办的工作对接。

2018 年 4 月 14 日，蓝标河在持续几日加班加点工作后，又从融安县坐车 5 个多小时赶回南宁开会。当天晚上 7 点多钟，他回到家中继续加班整理材料时，因疲劳过度不幸倒下，再也没有起来。

蓝标河逝世后，亲人们、同事们忍不住一次次看他的朋友圈，一遍遍读他在工作群、家族群里发的信息。2015 年 3 月 20 日晚 9 时 58 分，蓝标河更新朋友圈："忙活一个晚上，虽然辛苦，却也值得。不求有报，只求价值所在！"2016 年 2 月 25 日凌晨 3 时 37 分，他在朋友圈中说："夜已深，综合协调专责小组的同志们还要继续讨论脱贫攻坚工作方案和工作简报。同志们辛苦了！"配图是堆满材料的桌面和聚精会神对着电脑工作的同事们……



## 他就像一位老革命

蓝标河的微信昵称是"向人民报告"，一个"很革命"的名字，正如他的家人所说，"他的思想就像以前的老革命一样"。

蓝标河在上大学期间积极要求进步，1996 年加入中国共产党，去世时已有 22 年党龄。到融安任职前，他按时交纳了 2018 年第一季度的党费。

蓝标河的家人介绍，出生在革命老区都安瑶族自治县的蓝标河，从小就听长辈们讲过韦拔群等很多革命先烈的故事，他的人生观受到很大影响，萌生了要像革命先辈那样为祖国、为人民做贡献、就算牺牲一切也值得的理想信念，这是他后来在扶贫工作中以苦为乐、鞠躬尽瘁的思想根源。

蓝标河生活十分俭朴，不讲究吃不讲究穿，与岳父、岳母一家老小住在不足 100 平

/ 蓝标河（前）在融安县常委会上向宪法宣誓

方米的老房子里。他的妻子说，过年过节要帮他买衣服，他总是说“够穿，不要买了”。但亲戚朋友遇到困难，需要经济上的援助时，他又非常大方。

到艰苦的地方工作，蓝标河没有向组织上提任何条件，严格执行中央八项规定。刚到融安县时，周转房尚未腾出，他住在条件简陋的招待所，办公室也是临时的。当融安县政府要帮他报销买床上用品的费用时，他一口回绝，说这是个人生活用品，不能用公家的钱来买单。

为了扶贫工作，蓝标河欠了家人很多情：家庭聚餐迟到，给孩子辅导功课没时间，答应带孩子出去玩爽约。正在上小学的儿子有时不太理解，委屈地说：“别人家的孩子都有爸爸陪，而我的爸爸总是加班。”

蓝标河家人说，平常人感觉累了就会放松一下，他却没有给自己缓冲的机会，弦一直绷得紧紧的。“他总是对我们说，你们在城市里生活不知道，村里农民日子过得真是很苦。我能为他们解决一些困难，就算累点也值得。”

下乡时，他经常给困难农户悄悄留下几百元钱。“蓝县长到我们家里来，就像自己家的亲戚一样。他老是牵挂着我们贫困户，真心为我们着想，真贴心呐！”85 岁的贫困户黄德恩说。

64 岁的贫困户韦桂连还清楚地记得，4 月 13 日是全县扶贫日，也是蓝县长去世的前一天，他带着肉和菜来到她家，请她和几个贫困户吃饭，一起商量脱贫的事。蓝标河特别关心韦桂连 29 岁儿子的婚事，还当场同在广东打工的他通了电话，当听说他年底准备把女友带回家时，非常高兴，电话里约定到时过来喝喜酒。韦桂连说：“谁能想到这么突然，他竟然走了……”

蓝标河对扶贫工作的热忱与执着感动了很多人。曾经一起工作过的同事、帮扶过的贫困户得知他去世后，从融安、大化等地赶来南宁参加告别仪式。很多人在自己的微信朋友圈里发文，对他表示深深哀悼：“蓝县长，我们想念您！”“标河，一路走好！你放心，我们一定接好脱贫攻坚的接力棒。”……

蓝标河，新时代脱贫攻坚战线上的楷模，用自己的奉献之火、生命之光点燃了贫穷的土地，温暖了群众的心窝，在脱贫攻坚的伟大征程中树起了一座不朽的丰碑。

（撰稿：张津津　照片提供：胡来彦）

武汉鼎，中共党员。他数十年来一直致力于帮助贫困群众脱贫致富。自1985年以来，他先后深入内蒙古自治区清水河县暖水湾等贫困村进行蹲点扶贫。退休后的20多年，他仍然心系百姓，坚持到群众中去，因地制宜、因人施策，千方百计帮助贫困群众找到发展致富之路，切实解决群众的实际困难。他用自己的行动诠释了一名老党员、一位基层干部带领贫困群众脱贫致富奔小康的价值追求和使命担当。

# 为乡亲们拼出一个好光景

他，帮助1万余人摆脱贫困的阴霾，开启美好的生活；

他，徒步行走3万余公里，踏遍5个乡镇30多个偏远村庄，坚持不懈下乡蹲点干扶贫；

……

清水河县，内蒙古自治区区级贫困县。过去生活在沟壑纵横的黄土高原上的人们，只能靠天吃饭。深山沟壑里村子的贫困人口占到全县总贫困人口的20%以上。

如今，这里变了模样……

在轰轰烈烈的脱贫攻坚战场上，有一位选择用一生去改变家乡面貌的老人。这位土生土长的“草根”老人，不管是在职还是退休后，待遇不高却奉献最多，甘愿为乡亲们脱贫致富付出一切。

他是一个平凡的人，他是一名普通的共产党员，他是一名长期工作在基层的兽医专家，他把六十载光阴献给了需要他的农村、农业和农民。他，就是年过八旬的老人武汉鼎。

## 帮扶铺出致富路

20世纪80年代中期，武汉鼎辞去县兽医站站长职务后，帮扶的第一个贫困村就是全县最穷的暖水湾村。

“你们看，眼前的这条深沟里面遗留下的土窑，就是我老公祖辈居住生活了几十年的家。从 1989 年开始，在武大爷的帮扶带领下，我们开始从沟里向上面平地搬迁。搬迁后，武大爷带领全村开始发展生产，也就是从那个时候，全村人开始走向致富路。”清水河县暖水湾村村民严琼手指着深沟里的土窑说。这些如今已成为遗址的土窑，承载了村里人太多的生活印记。已经是村干部的严琼每每提起村里人的奋斗故事都热泪盈眶，她说：“这个村如果没有武大爷，我们就不会有今天的幸福生活。武大爷就像一盏明灯，照亮了我们人生的道路。”

1986 年，严琼从清水河县嫁到暖水湾村时，需要走十几里山路，翻过三道山岭。村里人住在跑风漏气的土窑洞里，炕上的铺盖补丁摞补丁，加上地上的几个坛坛罐罐，就是全部家当了。“结婚后不久，有一位身材高大的长辈给我送来 200 块钱，说外地的小姑娘嫁到这个穷地方不容易，让置办些生活用品。20 世纪 80 年代的 200 块钱对于农村人来说可是天文数字，我当时就忍不住哭了。”严琼后来才知道，这位大爷就是武汉鼎，是县里来的干部，为了帮助暖水湾村脱贫，常年住在村里。

后来，严琼就常听村里人讲起他的故事。全村 26 户人家每一户他都接济过，给村里人看病是他倒贴钱，给村民的牲口看病也是他倒贴钱，给村里人盖房子他也贴钱……。说起他为乡亲们做的好事，三天三夜也说不完，每一件事情都让人感动流泪。

有一年夏天，阴雨不断，半夜里，张觅成一家发现情况不妙，刚跑出窑口，窑顶就惊天动地地塌了下来。武汉鼎第一个带人跑来抢险，先给这一家老小安顿好住处，又连夜赶回县里，找土地局批了宅基地，申请了 500 元补助金，通过换工方式，很快给张家圈起三孔石窑。不久之后，又给他家送来 10 只毛茸茸的小鸡。

在武汉鼎的点拨下，张觅成采摘野菜喂大了这 10 只下蛋鸡。卖了鸡，买回一头母猪；卖了猪崽，又换回一只母羊；母羊下了羔子，养大后又换回一头牛。就这样，从小到大，滚雪球一样积累，四五年后，就滚出一份家业。如今，张觅成家猪、牛、羊养了好几圈，光是黑头杜泊羊和小尾寒羊，连大带小就有六七十只。

在暖水湾村，靠养小鸡脱贫的村民不止张觅成一家。当年武大爷送来的那 50 只小鸡，也给因病致贫、负债累累的严琼一家带来了希望。在武大爷手把手地指导下，这 50 只小鸡很快变成了 800 只，又变成了 2 000 只，念过高中的严琼，也成了远近闻名的致富能手……

当年，在不少贫困户穷得连一元钱都拿不出来的情况下，正是武汉鼎送去的一笼笼小鸡，帮许许多多家庭走出了困境。

扶上马，送一程，考虑到暖水湾的长远发展，武汉鼎又帮助这个村健全了基层党组织，培养了一批能带动村民致富的“领头雁”和牲畜防疫员。同时，主动争取脱贫优惠政策和有关部门的大力支持，陆续打通了水电路，联通了大市场。至此，武汉鼎带领村民共同谱写的脱贫致富交响乐奏响了高潮……

如今，家用电器和私家车已经成了暖水湾人的标配，不少村民还在城里买了楼房。

## 科技照亮脱贫路

“广种薄收、吃啥种啥，今年娶媳妇要吃糕，就种黍子，用这种老办法种地永远脱不了贫！”老牛坡的一间民窑里，炕上地上挤了三四十个村民，正在聚精会神听武汉鼎讲解什么叫市场比较效益。他告诉大家，种地一定要把握“三不”原则，“非良种不种，亩产上不了千斤的不种，进不了市场的不种”。

为了提高贫困人口的综合素质和劳动技能，顺利推进产业扶贫，武汉鼎走到哪里，就把良种撒到哪里，把文明的火种带到哪里。几十年来，他先后在贫困村开办了 39 所农民夜校，推广了 25 项农牧业适用技术和 35 个优良品种，通过科技扶贫与产业扶贫的深度融合，不断把一个个贫困山村带上脱贫致富之路。

2016 年以前，明长城脚下的座峰村一直在广种薄收、粮食亩产两百来斤的老路上徘徊，1/3 的村民尚未脱贫。武汉鼎转战至此，发现这个村有不少下湿地，种植覆膜玉米发展养殖业不失为一条脱贫致富的好路。但村民们说，以前也种过玉米，因为地处高寒，根本成熟不了。武汉鼎从县里请来农业专家，给村民们讲解科技种田、精种高产的原理，告诉大家，采用覆膜技术种植良种玉米“德美亚一号”，完全可以解决无霜期短的问题。但不少村民对“种地还要铺塑料布”十分狐疑，又听说这个“德美亚一号”一斤种子就要 70 块钱，纷纷表示难以承受。

这年春播前，武汉鼎大病初愈，立即取出两万元养老金，购买了 450 斤“德美亚一号”玉米良种和 55 捆地膜送到了座峰村，全部无偿发放给 76 户农户。随后，又与农业专家一起，手把手教村民点种覆膜。

武汉鼎（右）在指导村民种植技术

玉米出苗后，武汉鼎发现因村民操作不当，有八九十亩地的苗子没能顶出土来，连忙带人把已经发黄的芽苗一株一株扒了出来。“80 多岁的老人，大病初愈，连着六七天蹲跪在地里，满头汗、浑身土，真让人心疼。”县老干局包扶干部王建英说，“我劝他歇一歇，想给他戴顶帽子，老人头也不抬，摆摆手继续扒苗。”

在武汉鼎的全程技术指导下，当年10月，座峰村玉米获得大丰收，仅出售玉米一项收入，就让这个村整体脱贫。

2018年，座峰村家家户户的院子里、窗台上、小四轮车斗里，到处堆垛着金灿灿的玉米。村干部说，这几年，座峰村的玉米一颗不卖，全部就地转化发展了养殖业。村民王松涛今年养了100只羊，卖了50只羔子就挣了5万元钱。他说，来年准备继续采用育肥羊技术，把养殖规模扩大到200只以上。

## 一生济困不止步

60年来，武汉鼎把自己工资收入的大半都用来接济了贫困农民，仅退休后的25年里，他陆续捐出的养老金就高达40万元。

在盆底青、大阳坪、老牛坡、座峰村……，武汉鼎到底接济过多少贫困群众，为他们做过多少好事，“那真是三天三夜也说不完”，乡亲们感慨道。

有人说，做豆腐买不起大锅，武汉鼎把30块钱送了过去，那是他大半个月的工资；有人说，买不起猪崽，武汉鼎跑了大半个清水河，又步行十几里地，给他抱来了猪崽；还有人说，急需抢救突发脑梗的婆婆，武汉鼎一次花掉自己大半年工资，翻山越岭连夜送药，几乎冻成了雪人……

清水河南部山区水贵如油，为背一桶水，村民们爬坡下沟几里地甚至十几里地是家常便饭，如今60岁以上的老年人，脊背上都有一个高高凸起的疮疤，那就是常年背水留下的烙印。

为给祖祖辈辈靠旱井生存的大阳坪村打一口水井，武汉鼎三番五次跑到呼和浩特，向水文地质部门陈述村民吃水的艰难，终于拿到全套原始资料，并在自治区脱贫工作队的支持下，利用村口一个水文地质测量坑，打成了一口20丈的水井。

/ 武汉鼎（左）给村民送报刊

在武汉鼎的帮扶下，暖水湾、大阳坪、老牛坡等贫困村的人畜饮水问题陆续都得到解决。当自来水通到窑洞时，男女老少欢呼雀跃，老人们更是激动得泪流满面……

在成千上万贫困农民心里，武汉鼎是一个真正的共产党人，也是他们最贴心的亲人。但很多年里，在儿女心中，他却是一个不负责任的父亲。

/ 武汉鼎在田间查看农作物长势

长子武斌从小就不明白，为什么父亲永远有干不完的工作，动不动一两个月不见人影？爷爷病危时，父亲正在山东引进种驴，等他挂着一身驴粪渣子赶到家时，爷爷已经去世半个月了……

在孩子们的记忆里，父亲很少把工资花到家里，一家六口的生活全靠病弱的母亲耕种一些薄田勉强维持。他们不理解，为什么父亲给外人花钱，一出手就是几十块、上百块，却舍不得给家里买个小炕桌，换下那张补丁摞补丁的烂席子？

有一年春播前，听说摇铃沟村的莜麦籽种发了霉，父亲背起自家 300 斤好莜麦就要去换。母亲趴在莜麦口袋上哭着说："这是全家人一年的口粮，你拿走我们吃啥？"父亲开导她："如果不跟他们换，他们今年就没法种地，明年全村 40 多户人家就断粮了！"母亲拽着粮袋的手松开了。换回的 300 斤霉变莜麦，全家人整整吃了一年。

有一年入冬前，沟掌村农民高德元赶着毛驴来到兽医站，怀里抱着个笸箩，里面卧着个骡驹子。原来母驴得了产后热，骡驹子因缺奶奄奄一息。武汉鼎一边给母驴看病，一边让老伴儿和儿媳妇商量，匀出些奶水，兑上米汤喂喂骡驹子。当他看到高德元老汉冻得哆哆嗦嗦，两只赤脚上全是裂口子，立刻到供销社花 5.4 元给老人买了一双军用球鞋。老人含泪离开后，儿子武斌看着自己脚上那双打满补丁的家做鞋，心里一时失去了平衡。"从小到大，父亲从没给我们兄妹买过一双鞋，给人家买的那种黄球鞋是我眼热多年却买不起的奢侈品。”见儿子不高兴，武汉鼎耐心开导：“你们的鞋再烂，总还是有穿的，可他连烂鞋也没一双，他比你们更需要。”

父亲说得在理，但年轻的武斌却听不进去。直到几年后，他才理解了父亲。“有一天回家时，我看见前院兽医站地上堆满大人小孩的新衣服和糖果鞭炮。一问才知道，原来是暖水湾村民寄放在这儿的年货。”武斌吃了一惊，“这个村穷得饭都吃不饱，哪来这么多钱?”父亲有些得意地说：“今年不穷了，我教他们用丰产沟技术种山药蛋，家家户户都挣上钱了！”

几十年来，每年除夕前，武汉鼎总是要赶到贫困村里过年。当孩子们说希望和他一起过个团圆年时，武汉鼎歉然地说：“我这辈子离不开这些老百姓。在家里过年心里觉得不踏实，总惦记着快开春了，外面打工的人也回来了，正好坐在一起商议商议，来年种点啥、养点啥，也能趁农闲搞搞科技培训。”

孩子们心里明白，父亲并非不爱家人，只是他的心、他的情感、他的生命，早就像血和肉一样，与那些贫困农民长在了一起。这辈子，他就是为他们活着。

孩子们心里清楚，父亲嘴上不说，但心底对家人深藏着一份愧疚。2016 年清明前，武汉鼎带儿女回乡扫墓时，在妻子坟前长跪不起，老泪横流：“你跟我受了一辈子苦，为我做了一辈子牺牲，没过一天好光景。”

扫墓回来没几天，老人突然晕倒在地，因多脏器功能衰竭，住进重症监护室。看着父亲身上插满的管子、小腿上紫青色的累累疤痕，儿女们心疼落泪。他们知道，这些陈年老伤是父亲常年翻山越岭，从雪坡上一次次滚下去摔的；是攀爬崎岖山路时，跌跌撞撞碰的。“老爸呀，你为家乡人操劳了一辈子，也该歇歇了。”

但他们没想到，刚从死神手里抢回一条命，父亲就不顾医生和家人劝阻强行出了院。直到老干局打来电话，他们才知道，父亲租了一辆面包车，又给座峰村送良种和地膜去了。他急着出院，是怕误了农时。

把农村当作家，把贫困群众当作兄弟姐妹，武汉鼎把 60 年的岁月奉献给了山区，奉献给了贫困群众，他的精神激励着一代又一代的清水河人为改变家乡面貌奋进、奋进、奋进!

（撰稿：张津津　照片提供：清水河县扶贫办）

# 全国脱贫攻坚奖奋进奖

QUANGUO TUOPIN GONGJIANJIANG FENJINJIANG

王光国，湖北省恩施土家族苗族自治州建始县龙坪乡店子坪村党支部书记、村委会主任。党的十九大代表，十二届全国人大代表。曾获全国优秀共产党员、全国民族团结进步模范个人、中国好人、全国最美村官、湖北省扶贫开发工作先进个人等荣誉。他带领村民绝壁凿路、寒暑无歇，历经数载，终让山村不再闭塞，是大家心中的“愚公支书”。他引导村里进行产业革命，采用“农户＋集体＋公司”三方合作经营管理模式，发展以猕猴桃为主产业的有机农庄；打造观光农业和农家乐“1拖4”产业带，大力构建乡村旅游资源群，将武陵山区偏远、贫困的穷山村建设成了远近闻名的“桃花源”。



# “愚公支书”和他的“桃花源”

走“天梯路”，吃“天河水”，住土墙瓦房木架子屋，庄稼“望天收”。位于武陵山腹地的湖北省建始县龙坪乡店子坪村，可谓山穷水尽人无路，绝壁连片，交通闭塞，悬挂在陡崖上的古盐道成了村民唯一的出山路。

古盐道，鬼见了都愁。从2002年开始，有个身影就不断地在陡崖边徘徊，烟气吐了一圈又一圈，那抹忧愁却始终未能从眉间淡去，他就是店子坪村党支部书记、村委会主任王光国。

## 打通“绝命路”

在王光国眼里，那条古盐道是“夺命路”，时隔多年说起，他的伤感还是难以抑制。“一天放学回家路上，老远看到水面上浮着一个人，我认得那是邻村的一位大爷。”实际上，店子坪村先后有数十位村民葬身悬崖、无数牲口跌进河底，“学生在半岩悬崖上走路，也有摔进河里淹死了的”。

出山之路艰险，是店子坪人心中的痛；打通“绝命路”，更是村民世世代代的期盼。目睹了死亡的王光国，对深山无路的绝望体会得真真切切，那一幕就像一根针深深刺进了他的胸膛。2002年，王光国全票当选为村党支部书记，三年后又高票当选为村党支部书记、村委会主任。带领700多位父老乡亲过上幸福美好的生活，成为他身上的担子，修路则成了担中之重。“这条‘绝命路’一定要打通！”

/ 王光国（左）带领村民悬崖凿路

苦熬不如苦干，王光国决定不等不靠，立刻号召全村修路。但是，即便修路是全村人的梦想，可没钱没技术，甚至缺少人力，就靠全村的力量在悬崖绝壁上凿开一条路，好像白日做梦！很多村民骂王光国疯了！店子坪村地处深山，交通不便，所有的货物靠肩挑背扛，运输成本很高，建造同样的房子都要比邻村多花四倍的价钱，修路难度是很多人无法想象的。

“倾家荡产也要修！”王光国几乎是吼出这句话的。开山没有炸药，他就把妻子辛苦喂养的 7 头猪全部卖掉，换来的四千多块钱都买了炸药。这可是王光国家所有的积蓄了。看着突然之间空空的猪圈，妻子的眼圈红红的：“他拿到钱后，转过身也哭了。农村喂几头猪，卖几个钱，太辛苦了。他平时顾不上家里就算了，还把卖猪的钱都拿去修路了，我心里那个气啊！”

为了把村民组织起来，王光国挨家挨户去做思想工作，嘴皮子都磨破了。“修！只有把路修通我们才有出路啊！”村民被感动了，一呼百应上山修路！

2005 年腊月初九，沉寂的绝壁上第一次回荡起了隆隆炮声。70 多岁的老人，20 岁出头的女人，能干活的都来了！村里的汉子腰间系着绳索，手持十多公斤重的风钻，像蜘蛛般悬挂在绝壁上，艰难地凿出一个又一个炮眼。山风刚劲，吹得人摇来晃去，他们不得不一次次调整姿势，重新开钻。

石头再硬，硬不过店子坪人的骨头。“我们几百个村民，只要埋头苦干，炸山开石，一米一米地凿，总有打通的一天。即便我们这辈子打不通，还有下一辈人！”这是王光国最常用来鼓励大家的话。2010 年末，一条长 2.5 公里的毛公路终于出现在了悬崖上。

几年中，王光国一天一副手套，一月一双胶鞋，带领 600 多名村民，一锄一锄、一钎一钎地砸向绝壁顽石，肩挑背扛开挖土石方 4 万多立方米，用不到 16 万元的资金，创造了 180 多万元工程量的奇迹。

2011 年，全国多家主流媒体纷纷报道了店子坪村和王光国的故事，引起了社会各界的广泛关注。同年 8 月 16 日，在王光国的积极争取下，专业施工队开始进场施工。三年后，通村的 7.5 公里路终于铺成了水泥路，店子坪至高坪镇全长 11.7 公里的断头路终于打通并实施了路面硬化，洋芋河跨河大桥也在2014年4月顺利实现了通车，村民出行难的问题得到彻底解决。

站在曾经坍塌的驳岸上，望着盘山曲折的水泥路一直延伸到村里，泪水模糊了王光国的双眼，一个个片段从记忆的闸门里涌了出来：为了筹集修路资金，父老乡亲们不定期捐钱捐物，甚至卖粮食捐鸡蛋；2007年大家伙儿自带干粮，每天两头摸黑，用石头一块一块砌起来的千余方驳岸，突然滑向深谷，那个深夜的心酸和无数的眼泪；还有那一双双因长期修路而枯裂的手……

/ 通往店子坪村的愚公路

“那些日子我永远不会忘记。”王光国擦了擦眼角，苦熬不如苦干，这个偏远、贫穷的山村，该转变了！

## 再造致富路

“天路”修通了，但店子坪村村民中有60%为贫困户。如何搬走压在村民头上的“贫困大山”，成了摆在“愚公支书”王光国面前的新难题。

“几块苞谷，几蔸洋芋，几匹烟叶，几头肥猪。”公路没通前，店子坪村“几”字经济占主流，受人均耕地少的制约，千百年来店子坪人就这么一代又一代地耕作着养不活自己的土地。

2013年，王光国提出，苞谷、洋芋、红苕是店子坪人种田“老三样”，只能混个温饱，传统农业必须向特色农业转型。结合店子坪村的地理条件，经过反复思考，他有了主意：带领村民走绿色生态的可持续发展致富路。

王光国心里清楚，带领村民共同致富和当年开山凿路一样，会遇到许多意想不到的困难。但只要认准方向，一起坚持下去，店子坪村的这条致富路也一定能够修得通。他组织村干部、村民代表外出考察，反复讨论。后来大家一致决定，采取党小组负责制，发展猕猴桃、魔芋、烤烟“新三样”，使之成为村民脱贫的“主打产业”。村里规划，分散种植魔芋100余亩；在适宜种烟的地方，种烟300亩；沿新修公路边发展厚朴400亩，培植护路林，既护路也致富；抢抓全县培植猕猴桃产业的机遇，在适宜种植的一、

/ 王光国查看猕猴桃生长情况

二、三组新发展猕猴桃 300 亩。

有了方向，还要落实。王光国跑到县里争取到一批猕猴桃免费种苗，分发到户。但一些思想保守的村民却不愿种，有人干脆把种苗退了回来。为了说服大家，他带头把自家 8 亩田都调整出来种猕猴桃，还专门到县城超市里买来猕猴桃果子，请大家品尝。

“这猕猴桃 7 块钱一斤，好吃吧？营养丰富得很，城里人都爱吃这个，销路好。一亩地产 500 斤的话，大家算算能卖多少钱？”王光国的一席话打消了大家的顾虑。为降低村民种植猕猴桃的风险，同时把猕猴桃产业做大做强，他决定走“农户 + 集体 + 公司”三方合作经营管理之路。王光国联系到上海一家企业，在村里发展以猕猴桃为主产业的有机农庄。由企业出资租用 150 亩土地，进行集约化管理，建设高标准示范园，然后提供树苗和技术，吸引村民自发参与。

随即，王光国带领村民成立了愚公果蔬专业合作社，统一收购标准，设计纸盒包装，并注册了“愚公”商标，以品牌形象闯荡市场。除了土豆、生猪，村里的红心苕、猕猴桃等土特产也开始一车车销往山外。2016 年，店子坪村人均收入达到 7 500 元，扔掉了“贫困村”的帽子。

为巩固脱贫成果，2017 年店子坪村通过流转农户土地，种植辣椒、西瓜、水果黄瓜、樱桃番茄等多种蔬菜 150 余亩，苹果桃、金果梨、空心李等水果 200 余亩，药材

100 余亩。走绿色发展之路，大力构建乡村旅游资源群。按照“党员带农家乐，农家乐带农户”的模式，1 名党员带领 1 ～ 2 户兴办农家乐，1 家农家乐带动 4 户农户发展蔬菜、水果、畜禽等种植养殖业。全村共兴办星级农家乐 31 家，直接带动 200 余人就业。引进制鞋厂，成立愚公鞋业公司，实现店子坪村及周边村 150 余人就近就业。

如今，平均海拔 1 200 多米的店子坪村户户通硬化路，农村物流快递车也开到了村部。村里的产业发展如火如荼，2018 年村子流转土地 200 亩，建设生态茶园；流转土地 150 亩，新栽苹果桃、青脆李、脆红李 1.12 万株；流转土地 150 亩，种植烟叶；流转土地 20 亩，种植蓝莓、香椿。“今年，特色产业基地全村覆盖，村集体经济将突破 100 万元。”王光国信心满怀。

## 开拓发展路

2016 年 6 月 12 日，湖北省委领导到店子坪村调研，对王光国及其愚公精神给予了高度评价，并提出大力弘扬当代愚公精神，全力决战脱贫攻坚，为全省精准扶贫做表率、当样板。

在湖北省委的关心领导下，店子坪村的发展迎来了历史机遇，成为省新时期“当代红色教育基地”“当代红色旅游基地”和“精准脱贫示范基地”。省、州、县各级各部门整体联动，围绕“三个基地”建设，高效、有序推进相关工作，特别是道路交通、电力改造、国土整治、小区道路、宽带入户、物流快递等基础设施项目建设速度快、效果好。村容村貌得到极大改善，全村主干道及公共区域新安装太阳能路灯 125 盏，修建健康步游道 2 公里；无人值守气象站、一期污水处理厂、民俗特色公共厕所先后建成并投入使用；卫生室改扩建工程已全面结束，能基本满足医疗卫生应急需求；建起了“网上党员群众服务中心”和村级电商平台，村民足不出户就可以“买全国、卖全国”。

依托基地建设，店子坪村建成当代红色教育基地培训学校，学校组建一年就培训学员 9 000 余人次。为提供更好的服务保障，王光国又统筹资金 250 万元，成立湖

/ 店子坪村村民开办的农家乐

北新愚公实业有限公司，统一管理经营当代红色教育基地培训学校后勤服务。带领村民改造民房 130 多栋，兴办农家乐 31 家，可同时满足 300 人住宿、500 人就餐，户均年收入达到了 5 万元。另外，还有 100 余名村民参与餐饮住宿服务，人均年收入达到 7 000 元左右。

店子坪村的发展之路越来越宽，先后获评全国生态文明示范村、全省民族团结进步示范单位、全省十面红旗基层党组织等。如今，店子坪村又被确定为“湖北省省直机关党员干部培训基地”“湖北省爱国主义教育基地”，先后有 40 余个省直单位 2 800 余名干部职工赴店子坪村学习调研。

王光国还是那个“愚公支书”，初心不改、本色不变。村民张世荣在煤矿打工时患重病被送到了医院，但因为没有家属，病情又危急，医院拒收。情急之下，同村的工友拨通了王光国的电话。王光国急忙赶到医院，“字，我来签；钱，我先垫”，“大包大揽”保住了张世荣的命。

闲下来的时候，王光国总喜欢站在高处，远眺那条盘旋在绝壁上的公路。那种感觉是幸福，是满足，更是放空自己回归初心。修路，成为他这辈子做过的最正确的决定。

对村民来说，王光国的正确决定不仅仅是修路。从以前山穷水穷人穷，“吃着洋芋果、烤着疙瘩火”的苦日子，到如今路相通、水到户、产业旺、民风淳，人均年收入 8 000 元的好日子，村民们的生活越过越红火。王光国这位“愚公支书”让店子坪村涅槃重生，将武陵山区的穷山村建设成了远近闻名的“桃花源”。

（撰稿：周艳　照片提供：岳兴荣）

/ 店子坪村

王周齐，福建省福鼎市硖门畲族乡柏洋村党委书记。曾获全国劳动模范等荣誉。他将柏洋村从人均年收入不足千元、村集体负债43万元的贫困村变成闻名遐迩的富裕村。在柏洋村的发展中，他把减债、清债作为第一个突破点，把调整产业结构作为第二个突破点，把工业强村作为第三个突破点。建立健全社会服务保障体系，妥善安置全村孤寡老人和空巢老人；由村集体出资，为所有村民缴纳“新农合”“新农保”费用；设立帮扶基金，帮助困难村民、困难学生。2017年村集体收入550万元，人均可支配收入24 610元。



# 致富路上的领跑人

从福鼎市区出发，上沈海高速，往宁德核电站方向驱车不到半小时，就到了柏洋村。柏洋是一个村子，在生态农业园里，小黄瓜、草莓、四季柚等无公害农作物长势喜人，让人畅快享受采摘的乐趣。而柏洋又不像一个村子，它已经成功变身为一个现代化的大城镇，宽敞的马路、连片的别墅和高档多层住宅、工业小区、酒店、超市、老年公寓、学校、公园等一应俱全。

20多年前的柏洋村是出了名的贫穷村。要说远，25个自然村的2 700多人分散居住在各处山头上，走一趟村部，没个半天到不了；要论穷，村集体不仅一分钱没有，而且还欠着43万元债务；要讲苦，家家竹木房、顿顿难揭锅，村民人均年收入不足千元。

2017年，柏洋村实现社会生产总值20亿元，村民人均年收入24 610元，村集体收入550万元。从远近闻名的贫困村变成闻名遐迩的明星村，福建省福鼎市硖门畲族乡柏洋村的变化是从一个人的到来开始的。

## 减债富村的“当家人”

1994年，生意做得风生水起的王周齐，毅然放弃经营多年的生意，接受组织的重托，肩负群众的信任，回村挑起党支部书记的担子。面对一大堆困难，他静下心来反复思索研究，厘清思路以后，烧起了“三把火”。一是把减债、清债作为第一个突破点，将原有的茶果厂等连年亏损的村办企业转让经营或租赁承包，甩掉包袱，轻装上阵，并

/ 王周齐在茶山查看白茶长势

为村里提供了一笔启动资金。二是把调整产业结构作为第二个突破点，念活“山海经”，引导山区群众种植经济效益高的东魁杨梅、中药材、优质蔬菜等，沿海滩涂养殖弹涂鱼。经过几年持续努力，种养业有了很大发展，成了村民收入的重要来源。三是把工业强村作为加快发展的第三个突破点，创办了占地 300 亩的柏洋工业小区。

思路决定出路。如果没有发展蓝图，贫困村致富将无从谈起。针对柏洋地少人多的实际状况，王周齐在“靠山吃山唱山歌，靠海吃海念海经”的启发下，因地制宜提出本村“集中土地、山海并进”的发展思路，以土地占股 30% 兴办农副产品加工厂盘活集体资产。经过 5 年的苦心经营，为村集体经济发展打下基础。

2002 年，王周齐又确定了“山海并进、工业富村”的发展思路，通过“筑巢引凤”、招商引资的方式，先后引进了“永宝特钢”“国新阀门铸业”等 8 家企业，带动 1 300 多名村民就业，83 人成为个体户、专业户和民营企业主，使更多贫困户变工人、变商人、变股东。

回忆当年艰苦岁月，王周齐感慨万千。为还掉村里 43 万元的债务，他毅然把多年经商积攒的 10 万元无息借给村里做周转资金，带领村干部三年不领乡村两级的补贴。为节省村里开支，自己出钱，由老伴做义务炊事员，包办民工伙食将近一年的时间。到浙江联系业务跑市场，几个人住破旧小旅社。为省 2 元钱车费，自己提着沉重的设备走 3 公里路，疲惫交加，摔倒在路上，受伤住院，到现在，腰椎部位的旧伤还时有发作。

在一桩桩、一件件艰辛创业的故事中，满满的不服输、不认命的劲头，成为柏洋发展的宝贵精神财富。

## 新村建设的“设计师”

经济发展了，接着要改变的是村民的生活环境。借着造福工程和高速公路建设需要移民搬迁这两股东风，柏洋村的群众陆续搬进了明净舒适的“小洋房”“小别墅”。如今，柏洋村人均住房面积已达到 60 平方米，是过去的 4 倍。

走进村民雷增喜的家，里面有客厅、卧室、卫生间和厨房，每层都是一个完整的套房。家里一天 24 小时有热水。“和以前的茅草房相比，真是一个天上、一个地下，”雷增喜笑容灿烂地说，“这房子同城里没两样，我也有村里发放的养老金，家里不愁没钱花。”

好事多磨。为了落实造福工程易地扶贫搬迁政策，王周齐没少费劲。他想方设法做通群众思想工作，挨家挨户动员群众搬出山沟沟到平坦的大路边，曾在一个月里开了 21 场群众会议。他立足实际，分类分步施策，从政策上、资金上给予双重倾斜照顾，给贫困户免费划拨宅基地，补助建房启动资金，帮助落实子女入学、小额信贷、扶贫资金，引导发展商贸业、旅游业、餐饮业等多种产业。十多年间，他不断筹措资金，陆续

/ 王周齐（中）在修路现场

/ 王周齐（中）到村民家中了解征地意见

完成了造福工程新村水、电、路、电话、电视“五通”，兴建了新村幼儿园等一批配套设施。

现在，柏洋村的村民全部住上了像雷增喜家这样的新房。经过旧村改造、整体迁建，25 个自然村缩减组成了 4 个村民居住小区，原来的一片弃渣地发展成上千人口的中心村。村中不仅垃圾天天清运、污水统一处理，而且房前屋后绿意浓浓、池清水碧，所有公共服务开支均由村集体承担，不用村民掏一分钱。宽阔整洁的水泥街道两旁连体别墅楼群鳞次栉比，花园式学校、村委办公综合楼、民族风情公寓比肩而邻，基础设施完善的居住环境、绿荫掩映的休闲公园与村民秩序井然的生产生活景象共同构成了一幅看得见山望得见水、和谐共生的美丽乡村景色。王周齐将新的居住区取名“永和新村”，寓意为畲汉两族人民永远团结、友好、和睦。

## 美丽柏洋的“追梦者”

2010 年 9 月，时任国家副主席习近平来到柏洋村调研，他要求当地干部要围绕实现新农村建设的光荣任务，围绕建设全面小康社会的战略部署，继续努力。王周齐牢记嘱托，更加矢志不渝地加快柏洋村的发展。他在组织村“两委”多次考察华西村、大寨村、小岗村之后，提出了柏洋村美好生活的奋斗目标。

在王周齐的主导下，柏洋村为村民做了很多实实在在的好事。借国家精准扶贫、精准脱贫政策的东风，投资150多万元，兴建930平方米的孤寡老人安置点和1 800平方米的老人和谐公寓，对全村26户41位低保对象及孤寡老人进行集中安置，并为每户配置家具、厨具及日常生活用品。柏洋村富了，王周齐让村民享受到更多的发展成果：由村集体出资，为所有村民缴纳“新农合”“新农保”费用；设立帮扶基金，帮助困难村民、困难学生；每月为70岁以上的老人发放200元的生活补贴。经过多方努力，组建福鼎市柏洋惠民担保有限公司，专为“三农”小企业和农户提供贷款担保，村里300多户农户通过担保贷款5 000多万元，解决了发展生产短缺资金之急。一系列的普惠措施提升了村民的幸福指数，更好地营造了和谐的氛围。

村民腰包鼓了，精神文明建设同步跟进。王周齐始终不变的就是追求村民素质的提升和内生动力的提高。他充分挖掘本地的勤、孝、廉文化和畲族文化资源，新建了一大批文体娱乐场所：投资680万元兴建文化中心，内设畲族文化展厅、农民表演活动室、文化礼堂、宣传展示厅等；投资300万元兴建永和文化园，配套建设农村幸福苑、职工书屋、职工文化广场、百米长廊、多功能球场等设施；投资430万元建设省内首个集孝德教育、敬老养老示范于一体的孝文化主题公园。通过村民喜闻乐见的形式，积极弘扬中华民族勤劳致富的传统文化，倡导尊老、爱老、敬老、助老的良好社会风尚，先

王周齐（左二）到老人公寓看望老人

/ 王周齐在金山农耕园油菜花丛中

后举办了柏洋村孝文化节、全国山地自行车赛，以及福建省文化下乡、木偶戏、微演艺等系列大型活动。随着柏洋村精神文化生活的丰富，一些以前打牌好赌的、游手好闲的人跳起了广场舞、唱起了山歌，“常吵架”的人做起了治安巡逻员，“包打听”的人当起了义务宣传员，“贪便宜”的人成了志愿维护员，和谐新风、文化柏洋的新农村氛围已经形成。

柏洋村走上了小康之路，王周齐又在谋划着新的发展。他说：“村里土地、资源、市场都有限，不可能再引进企业。工业化的路子走完了，我想接下来该走发展第三产业的路子。我想办些大酒店、大超市、大市场，将来专门为村子周边的核电站、旅游区提供服务。不光为了我们村，也让周边更多的村民和我们一起改变，变商人、变创业者，变得更有梦想！”

年已六旬的王周齐始终保持一颗激情向上的心，始终在不懈地追求他的“柏洋梦”。下一步的计划已经成竹在胸：继续加快建设和完善柏洋造福工程、柏洋酒店、客运站、物流中心、农耕文化园等设施，规范提升 600 亩东魁杨梅基地、800 亩弹涂鱼养殖基地和 1 500 亩无公害茶园基地，不断完善工业小区基础设施。力争到“十三五”规划期末，全面实现“三三一”工程，即工农业生产总值达 30 亿元，农民人均纯收入 3 万元，村集体收入 1 000 万元。同时，建设山上生态农业观光区、山下工业企业集中区、公路沿线优美住宅区，着力打造更加和谐富裕、生态宜居的环境，突出产业发展，体现文化内涵，全面建成小康社会的新柏洋！

柏洋村的发展成了闽东地区的一面旗帜，先后获得全国文明村、全国先进基层党组织、全国小康建设明星村、全国十佳魅力乡村、中国美丽乡村创建示范点等荣誉。王周齐带领柏洋村的群众走在了脱贫致富奔小康的前列。

（撰稿：高永伟　照片提供：王兆品）

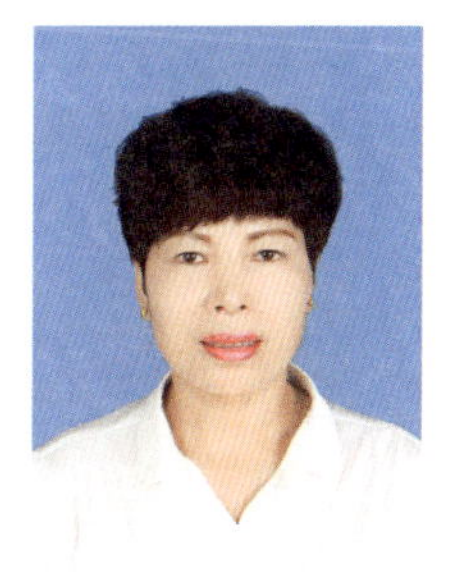

王喜玲，中共党员，陕西省宝鸡市扶风县喜林苗木果蔬专业合作社理事长。曾入选“陕西好人榜”。她曾身患癌症，丈夫车祸身亡，家中负债累累，但生活的困难并没有压倒她，反而使她充满斗志。她通过自身努力奋斗，历时三年，于2016年成为扶风县主动退贫第一人，还带动周边群众一起摘“穷帽”，是当地有名的“致富领路人”。



# 脱贫不忘党恩　致富不忘乡亲

春节后上班第一天，王喜玲来到扶风县电子商务中心，准备利用电子商务平台增加自己苗木果树的销售量。“我们打算做‘喜玲’品牌的一系列衍生品，通过电商将品牌效益推广出去，增加产品附加值的收入。”如今，在苗木经纪人这个几乎清一色男人的行业里，王喜玲已经干得风生水起。

陕西省扶风县地处关中平原西部，属六盘山连片特困地区县，召公镇吴家村和城关街道西官村，就是其中的两大贫困村。王喜玲合作社的两个苗圃就分别坐落于这两个村子。两个苗圃有流转土地 310 亩，先后吸纳周边 230 余户群众参与苗木种植，其中包括 110 户贫困户。

王喜玲满怀深情地说：“这几年我自己及家里经历了好多事情，因为有政府和帮扶干部的助力，我才得以度过了最艰难的时期。我想，自己能致富，也可以带着乡亲们一块发展苗木，一块脱贫致富。”创业脱贫后的王喜玲致富不忘乡亲，她不仅是群众眼中的女强人、女汉子，还是带领大家致富的领路人。

## 屋漏偏逢连夜雨

王喜玲出生于教师家庭，娘家在永寿县店头镇。初中毕业后王喜玲回家务农，后经人介绍嫁给了扶风县召公镇吴家村的小马。丈夫小马家境贫寒，结婚时办酒席的 1 000 多元钱还是借的，家中拉运石料谋生开的拖拉机也是贷款买的。成家后，她家累计欠了

3 000 多元的债务，在 20 世纪八九十年代，这可不是一个小数目。

面对巨额债务，刚结婚不久的王喜玲在公路边开了个小理发店，农忙时下地干活，农闲时给人理发，挣点钱补贴家用。听闻新疆摘棉花能挣不少钱，她便动了心。王喜玲把一岁多的女儿留给婆婆带养，把家交给丈夫打理，组织村里 30 名妇女毅然地踏上了西去的列车。1999 年，她与丈夫一同前往新疆承包土地种棉花。4 年后，王喜玲夫妇带着种棉花挣来的 1.6 万元回到老家，在镇上街道租了门面，开始卖起了鞋和衣服，一年能收入 1 万多元。

2008 年，为了彻底改变家庭贫困的面貌，她用多年积攒的 6 万元加上银行贷款的 4 万元，回家办起了养猪场。谁曾想，创业初期，猪肉市场就遭遇大滑坡，不赚反亏。直到 2011 年，她的养殖事业才渐渐走上正轨，却不料一场突如其来的变故，彻底终止了她的致富梦想和创业的道路，将她的人生推向了谷底。

2011 年 7 月，王喜玲被医院确诊患上子宫内膜癌。“刚得知这一结果，我觉得自己可能就这样完了。”在丈夫的鼓励和陪伴下，经过手术和 6 个月的放射化疗，王喜玲的病情逐渐趋于稳定，总花费 17 万元。为了支付高额的医疗费，家里被迫把未出栏的两百多头猪全卖了，就这样还欠下 11 万元外债。为了尽快还清债务，短时间内不能从事体力劳动的王喜玲应聘到扶风县一家保险公司当上了保险推销员，而她的丈夫则没日没夜地跑起了货运。

祸不单行。2013 年 6 月，她的丈夫遭遇车祸不幸身亡。“噩耗传来，我几度昏厥，那一刻我感觉整个天都塌了，多少个日夜我以泪洗面。在周围人看来，几乎所有的麻烦事都摊在了我的身上。”乡亲们叹息：“这个家完了。”亲戚朋友背后劝她：“这个家你扛不起，找个人嫁了吧！”

当看到正在上学的女儿和卧床不起的婆婆时，她对自己说：王喜玲，你必须挺住，你绝不能倒下！在她最孤立无助的时候，县、镇、村干部曾多次来家里慰问，鼓励她重新树立生活的信心和勇气。政府和乡亲们的关爱，让她又重拾起了对生活的信心。

## 谁说女子不如男

2014 年初，王喜玲一家正式被县里纳入建档立卡贫困户，给予重点扶持。在一次政府组织贫困户外出考察的活动期间，王喜玲看到一些群众通过发展苗木脱了贫，她再次萌生了创业的念头。

“帮扶干部齐军建在了解到我这个想法后，积极协调争取了 8 万元贴息贷款，镇上两名包村干部主动为我担保，还跑前跑后帮我办手续，不到一周时间就解决了资金难题。”

说干就干，她把 5 亩承包地全部栽上了白皮松和樱花树苗，县上又给她每亩 800

元的产业补助。栽下树苗的第一年，正逢多年不遇的干旱，她一个人顶着火辣辣的太阳灌溉树苗，汗水模糊了她的眼睛、流到了嘴角，说不清是咸还是苦，让她再一次尝到了奋斗的滋味。为了抢抓灌溉时机，凌晨 1 点，她还在紧张地浇灌树苗。

可苗木是项长期投资，前几年见不了利。她需要的是“刀下见菜”的赚钱法子。看到附近栽植苗木的农户越来越多，她就琢磨，当“苗木经纪人”也许是个不错的致富选择。可刚有这想法，就有人劝她：“‘苗木经纪人’风里来雨里去，还得有力气、善交际，都是清一色的男人家，你不行！”

“男人能干，凭啥女人就干不成？”她就是不信这个邪！

万事开头难，由于她一个客户也不认识，几个星期下来一笔生意也没做成。经过多方打听，她得知一个需求核桃苗的信息，便立刻主动与客商联系。

在扶风县林业局的一次招标会上，别人在里面投标，她就在大门外苦苦等待。等到别人拿着标书出来，她就凑上前与中标人搭话。一个中标人抱着试试看的态度问她：“2 万棵核桃苗，一星期交货，你敢不敢接？”

“敢！”她坚定地回答道。

王喜玲借来一辆摩托车，满扶风县找树苗。那次正赶上下雨天，没有驾驶经验的她摔倒在泥泞的小路上，脸、手臂都被擦伤了，门牙也磕掉了两颗，但为了不耽误交货，她忍着伤痛赶到地头与树农谈价钱。功夫不负有心人，终于在第六天，王喜玲将 2 万棵核桃苗运到交货地点，客商看到后竖起了大拇指，对她刮目相看。这单生意，她赚了 1 万元。当她把这个好消息告诉婆婆时，婆媳俩流着泪激动地抱在了一起。

此后，王喜玲又把握住时机，给云南客商运送柿子树苗，一个月时间获利近 6 万元。在做成了几笔生意后，她信心更足了，干得更有劲，跑得更勤了。在一次交易中，一名北京客户需要 1 200 棵 6 厘米刺槐，但在中途装车期间，卖方却提出每棵刺槐要多加两元钱的要求，缠来磨去，在难以说服卖方的情况下，为了秉承对客户负责的原则，王喜玲无奈只得高价买进、低价卖出。辛苦不说，反倒赔了 2 000 多元。有人笑她傻，

王喜玲（左）在修枝

王喜玲查看树苗

但和她打过交道的客户都说，她这人说话办事吃铜咬铁，可以放心把活都交给她。一来二去，找王喜玲做生意的人越来越多。

“村里人夸我，说我把男人家都比下去了！”王喜玲笑着说道。

## 众人拾柴火焰高

一分耕耘，一分收获，地里的樱花树红了三茬，王喜玲家里的日子也实现了“三级跳”。

“在政府和帮扶干部的助力下，这几年下来，我不仅还清了所有债务，还盖起了新房，开上了小汽车。”她在苗木行业的不断探索，实现了三年150多万元的产业收入。王喜玲现在除了每天到自己流转的苗木基地观察墒情、苗木长势外，还会经常到农户家中看经济林木核桃苗、苹果苗的种植情况；她还积极参加各地举办的苗木采购招标会，寻找商机组织货源。

“日子好起来了，我想，作为一名共产党员，应该把党的好政策留给更需要帮助的人。”2016年11月，她毅然向村委会递交了申请，提出主动退出贫困户，成为全县脱贫攻坚主动退贫第一人。

除去家用，三年时间里，她“挤牙膏”般地还债。但令她惊讶的是，每当她提上

/ 王喜玲观察林木幼苗生长情况

/ 扶风县喜林苗木果蔬专业合作社

/ 合作社苗圃

礼品、带上利息前去还债时，没有一个债主愿意收取利息，这让她感到又喜又愧。“我的最后一笔债还得很特殊。前些年家里盖房，一名木匠知道我一家人的境遇就减免了1 000 元工费。按道理，我们双方已无债务关系。但我认为，白给的钱我不能要！我坚持将 1 000 元交给木匠，但他推来让去不肯收，我的眼泪唰地就流下来了。”

在她最艰难困苦的时候，是周围的村民给了她力量，让她走出了阴霾，走出了痛苦。当王喜玲脱贫之后，她意识到她有责任和义务去帮助她身边的父老乡亲。

说做就做，她先后给本村贫困户王建昌赊账提供樱花苗木 2 000 余株；给贫困户毕新军借款，帮他栽植五角枫 1 000 余株；指导陈红强种植核桃 17 亩、王芳侠栽植红叶李等苗木 20 余亩，并定期深入田间地头，为他们提供无偿技术指导；帮助绛帐牛仓村 20 多户群众销售苹果苗木超 50 万株。

除此之外，为了带动更多的乡亲脱贫致富，王喜玲和贫困户马会强等 5 人成立了扶风县喜林苗木果蔬专业合作社，先后吸纳 26 户贫困户入社，带动周边 230 余户群众发展苗木种植，帮助 18 户贫困户实现了脱贫致富，累计销售苗木 300 多万株，实现销售收入 800 多万元。合作社建立绿化苗木基地，并成立陕西喜林绿化工程建设有限公司，注册“喜玲”牌商标。通过资金入股、土地入股和基地务工等形式，带动两地周边更多的贫困户实现脱贫。2018 年，合作社投资 280 万元，在扶风城关街道西官（村）社区流转土地 210 亩，连同吴家村已流转的 100 亩土地，总共已带动 110 户贫困户脱贫致富。

王喜玲指着身后的那片苗木林地，充满自豪地介绍道：“现在这块地是合作社在西关村的基地，有 210 亩，带动了 80 户贫困户进园务工，入股分红，月工资人均 3 000 元左右，每年能分到不低于 6% 的分红。”

一位长期受助的贫困户激动地说：“过去种玉米小麦忙活一年时间，一亩地仅收入 1 000 元，现在我们把土地转给喜林苗木果蔬专业合作社，一亩地年租金 800 元，在苗圃里干活，月收入 3 000 多元，在家门口打工就把钱挣了。真的十分感谢王大姐！要不是她带我们加入合作社，并对我家栽种的树苗包种包销，我家现在还在贫困线下，不知何时才能脱贫。”

扶风全县大力推广“喜玲脱贫模式”，着力激发贫困群众的内生动力和自我发展的能力，实现有劳动能力的贫困户发展产业、就业创业全覆盖，使每一个贫困群众都有一个稳定增收的渠道，确保实现高质量脱贫。

## 君子当自强不息

王喜玲的经历经媒体报道后，她被网友读者观众亲切地称为“励志姐”，成为人们学习的榜样。

在王喜玲个人的先进事迹好人故事分享会上，集体观看完王喜玲先进事迹视频短片后，她讲述了自己自强励志的心路历程和人生感悟。“我就是一个土生土长的农民，我很热爱脚下这片土地，所以一直以来，不管我遇到多大的困难和坎坷，我都会咬紧牙关奋力打拼，因为幸福都是奋斗出来的。”王喜玲表示：“作为一名共产党员，我的所作所为就要像一个党员的样子。在我最艰难困苦的时候，是大家给了我力量，让我走出了阴霾，走出了痛苦。今后，我一定会继续带领贫困群众奋力打拼，用心血和汗水收获心中最为灿烂的笑容！”王喜玲最后用“心中有梦想，脚下有力量”这句话和大家共勉。现场阵阵热烈的掌声，是大家发自内心的感悟和共鸣。

以王喜玲为原型的电影《脱贫路上》在扶风县法门镇庄白村正式开机。

电影《脱贫路上》的导演、编剧齐高礼也是扶风人，当他得知王喜玲的事迹后，便决定以王喜玲为原型写一部电影剧本，将其自强不息的励志故事搬上银幕，弘扬她身上勤劳致富、脱贫带富的精神，号召全社会以她为榜样全力打赢脱贫攻坚战！

正如陕西省政府办公厅一位党员代表所说：“不管我们是在什么工作岗位，都应学习王喜玲同志这种自强自立的精神，不忘初心，艰苦奋斗，精益求精，淡泊名利，尽力将手头的工作做得更好，为打赢脱贫攻坚战，决胜全面建成小康社会做出自己的贡献。”

（撰稿：齐建军　照片提供：王喜玲）

云登加措，中共党员，西藏自治区林芝市工布江达县松茸加工农民专业合作社理事长。西藏自治区林芝市工布江达县政协委员，兼任县工商联副主席。成立松茸合作社，带动当地农牧民 1 600 余户 3 400 余人采集野生菌，实现户均增收 3 100 余元。出资为朱拉乡崩嘎村虫草采集地区修建 3 座桥梁。加大社会扶贫捐助力度，9 年来，合作社为朱拉乡、巴河镇贫困群众累计捐款捐物 97 万余元。合作社还积极参与市工商联组织的“百企帮百村”活动，向江达乡 32 户贫困家庭捐助 6 万元。



# 为贫困户开辟致富路

“起床啰起床啰，今天要和我一起上山去采松茸！”凌晨 3 点，窗外还一片漆黑，家住西藏自治区林芝市工布江达县巴河镇欧巴村的多吉便早早起床准备一家人的早饭，看到还在赖床的小儿子，他走过去轻轻唤了一声。多吉一家今天的目的地，是附近一片海拔 3 500 米的原始森林。他们此行要寻找的目标，就是传说中的“菌中之王”——松茸。

每年 7 月，来自印度洋的暖湿气流滋润了林芝的每个角落，漫长的雨季虽然困扰人们的出行，却也是松茸生机勃发的时节。对于当地百姓而言，7 月意味着他们又将上山，整日穿梭于青岗林间，探寻松茸的踪迹。而对于云登加措创办的松茸加工农民专业合作社而言，7 月意味着又到了紧张繁忙的季节，也是收获和喜悦的季节。

## 菌 中 之 王

林芝，地处狭长的念青唐古拉山脉和喜马拉雅山脉之间。松茸的生长范围从境内最东端的波密县一直延伸到最西端的工布江达县，这里的每一寸土地似乎都与松茸有着不解之缘。

松茸的名称由来已久。早在宋代，人们便根据其生长在松林地，菌蕾状如鹿茸，将其命名为“松茸”。在藏语里，人们将松茸称作“沙莫然巴”，“沙莫”是蘑菇、菌子的意思，“然巴”是可爱、至宝的意思。在林芝人的心中，松茸是菌中至宝。

/ 云登加措（左三）在包装冻干松茸

41 岁的云登加措见证了松茸的变化。“在我上小学的时候，松茸还只是一种普通的菌子，人们并不了解它的价值。”云登加措的家乡位于工布江达县朱拉乡扎热村。在 20 世纪八九十年代，当地人至多是把从山上挖到的零散松茸拿到集市上售卖，收入并不稳定。

29 岁的白玛高中毕业后去了林芝工作，但是每年 7 月，她都会返回家乡工布江达县朱拉乡里古村，帮助父母采集松茸。离家 20 公里外的一处峡谷是她常去的地方。虽然森林外艳阳高照，但是在森林里却只有细碎的阳光透过缝隙照射到地面上。“生长松茸的树龄至少要有 20 年，所以看到 20 年以上树龄的大树，很可能就生长着松茸。”一头扎进密林，白玛便开始熟练地在丛林间寻找目标。“松茸的寿命很短，从出土到成熟一般只需要 7 天时间。在成熟 2 天以内，必须迅速采摘，否则松茸会迅速衰老，就没有价值了。”因为从小就和父母一起采集松茸，白玛的经验非常丰富。“采松茸除了经验，还需要技巧。”白玛边说边演示了起来，“发现松茸后，第一步把落叶和腐殖土拨开；第二步用削尖的木棍插入松茸下方的泥土，木棍下撬，松茸便出土了；第三步要小心翼翼地取出完整的松茸；第四步把撬松的土壤、松茸菌种群压平整，并用腐殖土覆盖。”白玛反复强调第四步：“一场雨后，只要菌种群没有裸露在外，就会又长出松茸，所以自己的窝窝不能被其他人看见，就像你的银行卡密码一样。”对于这些菌种群，藏民们十分珍惜。

结束一天的采摘任务，白玛便将松茸带回村子里。“原来父母都是拿到集市上贩卖，但是现在他们年纪大了，没有精力再去忙活这些事情，幸好有合作社，可以帮助我们省去不少麻烦。”

白玛所说的合作社，指的是工布江达县松茸加工农民专业合作社。

虽然临近傍晚，但是合作社的收购车间里仍然是一片热火朝天的景象。合作社负责人云登加措正在给前来送货的村民计算报酬。“在这里，时间就是金钱，”云登加措笑着说，“常温下，松茸只有两天左右的保质期，超过这个时间，松茸的活性营养会发生变质，香气会迅速消失，口感会发酸，价值自然会低很多。”

合作社将村民送来的松茸集中装箱后，用冷藏车将货物连夜运往拉萨。“从收购到运抵拉萨，全程不超过 30 个小时。”云登加措介绍道。而这些珍宝运抵日本东京的超级市场，仅需要不到 10 个小时。每一只松茸的价格，更是会上涨到 700 元人民币。“能够把我们世代赖以生存的松茸卖个好价钱，离不开现代物流业的发展，更要感谢我们身边的松茸合作社。”白玛说。一只小小的松茸，云登加措不仅将它卖到了国外，而且依靠它帮助乡亲们改变了自身的穷苦命运。



## 走出来的创业路

朱拉乡的松茸加工农民专业合作社成立于 2009 年，说起合作社的发展历程，云登加措打开了话匣子。

“我刚创业的时候其实并没有明确的目标，什么行业都尝试过，甚至还开过台球厅。”云登加措笑着说。1995 年，17 岁的云登加措依靠国家给予西藏的特殊优惠政策，申请到 10 000 元贷款，购置了糌粑加工设备，开始了自己的创业之路。

跟所有中国优秀的民营企业家一样，勤劳、质朴、坚韧的他，敢于创新，敢走新路子。“我也没什么资本，年轻的时候就是闯嘛！”云登加措说，“建立松茸专业合作社，还要从 2009 年发生的一件事说起。”

那一年，已过而立之年的云登加措依然为自己的前途发愁。“那段时间我父母的身体不太好，采松茸的任务就落在了我的身上。”在乡间，采挖松茸是一年的头等大事，什么

/ 云登加措（右一）在介绍松茸特点

/ 云登加措给冻干松茸分级

事都可以草率而过，唯有采挖松茸不可轻率对待，它将决定人们一整年生活用度的多少。“我每天凌晨4点出发，一天下来在山里至少要待11个小时，最多的一次我采了10斤松茸。”虽然采摘量很大，但是收入却没有保障，这让云登加措感到很失望。“有时候还来不及卖出去，松茸就坏在手里了，真心疼！”

采松茸的经历让云登加措思索：“乡亲们都苦于没有稳定的销售渠道，我能不能统一收购、统一销售呢？”

有了想法就要付诸实践。云登加措筹措资金300万元，在工布江达县朱拉乡建立起松茸加工农民专业合作社，带动农牧民会员入股分红。合作社已经发展农牧民会员168户，会员年均分红3 000余元。2017年，合作社将入股资金全部退还会员。高品质的松茸产品给合作社带来了良好收益，2017年，合作社的松茸产量达到了50吨，利润达163万元。

“新鲜松茸的收购价格每斤100 ~ 450元，如果经过烘干，它的价格会成倍提升。”云登加措说，“我们的松茸产品在国外很受欢迎，在日本甚至被称为‘神菌’。”物以稀为贵，国际市场对于松茸产品旺盛的需求加快了当地群众脱贫致富的步伐。“由于松茸迄今为止还无法实现人工种植，所以非常珍贵，更加提升了它的价值。”

以前，69岁的朱拉乡那木勒村村民扎西一直靠养羊为生，他对于大家趋之若鹜的松茸没什么兴趣。“我年轻时也采过松茸，但是很多都没能卖出去，坏在了手里，我也就不想再费那个力气了。”但是，扎西大叔一家的情况随着朱拉乡松茸加工农民专业合作社的成立而发生了改变。“现在，每年6月底，我都会打电话让在外打工的三个儿子回来，帮我采挖松茸。”扎西大叔高涨的积极性被邻居卓玛看在眼里：“原来他都不出门，现在我们周围这几户就数他们家采的松茸最多，你看，这是去年他们家买的摩托车！”说着，卓玛指向了扎西大叔家院子里一辆崭新的摩托车。通过售卖松茸，扎西大叔一家的收入连年翻倍，已经实现稳定脱贫。

扎西大叔一家的经历只是合作社扶贫模式的一个缩影。合作社带动了当地1 600余户3 400余名农牧民致富，实现户均增收3 100余元。

如今，云登加措拥有了“青年致富带头人”“林芝市农牧民科技特派员”等称号，这让他既感到了荣耀，又感受到压力。“我会不断提高自身能力与综合素质，以充沛的精力和刻骨钻研的精神来努力工作，与贫困群众共命运，与企业同发展。”云登加措说。

## 回报社会

“合作社发展至今，也遇到了不少困难，但好在有政府的扶持。”云登加措说。政府曾下拨的 200 万元扶贫产业发展资金，一方面帮助合作社解决了一时的困难，另一方面使朱拉乡建档立卡贫困户每人每年能获得分红 1 000 元。对于政府的帮助，云登加措一直铭记于心。“在政府的帮助下，我们每次遇到困难时都能迎刃而解，所以我们必须以更大的力度回报社会，为政府分忧。”

在发展松茸产业的基础上，合作社又开发出虫草、贝母等产业。“西藏的草原适宜藏贝母生长，但是贝母的生长周期长，从种子萌发到开花结果，一般要 4 ~ 5 年时间。所以我们鼓励村民人工种植贝母。”在合作社的收购车间，云登加措仔细查看贝母的品质。“今年，贝母每公斤的收购价格在 300 元左右，这又是一项可以带动群众致富的产业。”

为了加快发展，2018 年，松茸加工农民专业合作社扩建了厂房、购置了设备，形成了农产品加工、收购、销售一体的产业链，为带动建档立卡贫困户脱贫致富提供了更有力的支持和帮助。

虫草产业也是合作社重点发展的项目之一，但是收购效果一直不尽如人意。问题出在哪儿？云登加措走访了几户村民。

朱拉乡崩嘎村是当地村民采集虫草的主要区域，但地处藏南谷地向藏东高山峡谷区的过渡地带，山峰林立、沟谷深切，属于典型的深切割高山河谷地貌。严峻的自然环境限制了公路桥梁的延伸，村民们的生活范围也被局限在一片狭小的山谷中。

“路都没修好，哪里谈得上脱贫致富？”云登加措着了急。他马上筹集资金，动员社会力量在高山深谷之间修建桥梁。

/ 云登加措（前排右二）参加表彰大会

那段时间，云登加措把家搬到了工地。白天，他和工人一起搅拌石灰、平整路面；晚上，就和工人兄弟挤在一间小屋子里啃咸菜、唠家常。经过几个月的奋战，一座崭新的水泥桥飞架在峡谷两岸，从崩嘎村到峡谷对面虫草采集地的阻隔被彻底打通了。

新桥竣工的那天早上，全

/ 云登加措在节目现场

村的乡亲们几乎都赶到了桥边，75 岁高龄的索朗多布杰老人激动地流下热泪：“没想到我这么大年纪还能走走这新桥！”29 岁的次松是人群中最活跃的一个，他拿着手机在桥上走来走去，不时拍摄照片。“我要把这件喜事告诉在拉萨上学的妹妹！”说完，他背上一个背篓，动身去对岸挖虫草。“原来我们去对岸需要走好几个小时，现在有了这座桥，我一溜小跑就能过去，真是太方便了！”

一座桥改变了一村人的命运。云登加措并没有满足这个成绩，此后，他又在崩嘎村修建了两座桥，极大地改善了村民的生产生活条件。

在帮扶家乡群众脱贫致富的同时，合作社还积极承担社会责任。9 年来，合作社累计为朱拉乡、巴河镇的贫困群众捐款捐物 97 万余元；参与“百企帮百村”活动，向江达乡 32 户贫困家庭捐助 6 万元。

时光荏苒，光阴巨变。2019 年是西藏民主改革 60 年。在 60 载的历史长河中，西藏人民经历了由被剥削压迫到翻身做主人的巨大变化。如今，西藏人民正向着实现脱贫致富的梦想努力奔跑，而云登加措就是众多追梦者中的一个。“乡亲们发展产业的愿望太迫切了，我想通过自己的努力来帮助他们，用实际行动改变西藏农村贫穷落后的面貌。”这是云登加措的心里话，也是这位高原汉子的人生写照。他用实际行动践行了一个致富带头人的理想，诠释了一名共产党员的责任与担当。

（撰稿：张俊凯　照片提供：云登加措）

白天树，重庆市秀山土家族苗族自治县川河盖蜜蜂养殖专业合作社理事长。他从14岁开始接触养蜂。2015年，争取到上海宋庆龄基金会“农民创业接力棒”项目基金100万元，为20户贫困户发放养蜂器具1 000套、蜂种1 000群。2016年，牵头成立秀山县众欢蜜蜂养殖专业合作联社，建成现代化加工厂及包装厂房1 000余平方米，发展中华蜜蜂5 000余群，年产值近1 000万元。2017年，合作社社员养蜂收入均达4.3万元。合作社以“赊销供种、保底回收”的发展模式，在“资金、技术、回收”等关键环节“兜底”，带动166户贫困户从事蜜蜂养殖，户均增收1.7万元。



# 酿造甜蜜生活

“马上就要到育种期了，一定要做好蜂群的人工育种和选种。”3月22日，春分后的第二天，秀山县川河盖蜜蜂养殖专业合作社理事长白天树带着技术人员，来到秀山县石耶镇，为镇里贫困户讲解蜜蜂育种的关键技术。在接下来的半个月时间，他还要走遍县里十多个乡镇、村庄，将技术带给每一个需要的养蜂户。

重庆市秀山土家族苗族自治县地处武陵山腹地，山高林密，良好的深林资源为蜜蜂提供了取之不尽的天然蜜源，养蜂是当地一项传统产业。一到春天，这里适宜的气候和温度就吸引了很多养蜂大户来这里驻扎。来来往往的蜜蜂，让静谧的山林顿时热闹起来。对于白天树来说，他每天也像蜜蜂一样忙碌。

14岁开始接触养蜂，从贫困户到养蜂大户，到2010年成立川河盖蜜蜂养殖专业合作社成为致富带头人，白天树在乡亲们的眼里，就是一只勤劳的蜜蜂。在这只蜜蜂的带动下，现在秀山有了一群勤劳的蜜蜂。2017年，166户社员贫困户养蜂产蜜75吨，产值高达900多万元。

## 甜蜜的向往

秀山县地处武陵山集中连片特困地区，1986年被列为国家级贫困县，2002年在新一轮扶贫开发中被确定为国家扶贫开发工作重点县。2017年11月，秀山县实现脱贫摘帽。

/ 白天树在查看蜜蜂生长情况

作为秀山县曾经的贫困户，说起自己的养蜂经历，白天树很感慨。小时候家里穷，生活极其困窘。14 岁的时候，有蜂客到村里放蜂采蜜。秀山草木丰茂，花的种类繁多。他还记得，蜜蜂嗡嗡，进进出出，差不多 10 天就能收 30 斤蜜。在那个贫瘠的年代，这让他充满了甜蜜的向往。

白天树跟着学起了养蜂。开始不会养，几乎赚不到钱，有时还亏本，入不敷出。为了养家糊口，他做过裁缝、木匠，种过蔬菜，当过村医。但蜜蜂在花丛里忙碌的情景和沁入心底的甜蜜，让他一直忘怀不了。养蜂，成了他对美好生活的一种寄托。忙碌的蜜蜂在家里进进出出没有间断过，少的时候也有一两群。

大规模养蜂是在 1998 年。这一年，白天树家被认定为贫困户，当时县里了解到白天树对蜜蜂的热爱后，制定“一户一策”方案时，将养蜂作为他家的脱贫产业进行扶持。有了靠山，白天树开始专职养蜂。

要靠养蜂脱贫致富，困难很多。“那时候，养蜂效益时好时坏，原因是多方面的。”白天树说，首先就是技术不过关，在环境的选择、育种、蜂房搭建等很多环节，都存在不足；其次是资金，有时没赚到钱，甚至亏本，很难有多余资金扩大养蜂规模；最后是市场，那时产出的蜂蜜主要在本地销售，价格时高时低。

先过技术关。他到山林寻找蜜源，深夜还在研究养蜂技术。早出晚归，钻山入谷，手脚都磨出了茧子。再辛苦，他还是坚持了下来。他感谢县里的帮扶，珍惜这次让自己放手养蜂的机会。

白天树养蜂技术越来越成熟的时候，蜂蜜也正被越来越多的人接受。根据联合国粮油组织公布的数据，2001 年全世界人均消费蜂蜜为 200 克，而我国人均消费只有 30 克。随着生活水平的提高，蜂蜜成为人们普遍认可的滋补品开始走进千家万户，价格也节节攀升。

这个从 14 岁就对蜜蜂痴迷的养蜂人的坚持，终于获得了回报。白天树的蜂群规模从最开始的 20 群、30 群，到后来的 50 群、80 群，到 2006 年，稳定在 150 群的规模。白天树家也是在这一年，脱贫摘帽。

养蜂效益越来越好，白天树年收入数十万元，成了渝东南小有名气的养蜂大户。看到他的成功，慢慢地，有人慕名而来学习养蜂技术，其中不少是贫困户。这让白天树看到了当年的自己，那种对甜蜜生活的向往是一样的。

在帮扶下发展起来的白天树没有忘本，没有“闷声发大财”。他发现，全县的养蜂户基本都是以单打独斗为主，且产品品种单一，市场竞争力弱，抗风险力差，尤其是找他学习技术的蜂农，有的和他当年一样，启动资金都没有，这让他萌生了“抱团”发展的想法。

2010 年，白天树注册成立了秀山县川河盖蜜蜂养殖专业合作社，以“专业合作社 + 蜂农”模式，逐步壮大养蜂产业规模，当年入社蜂农有 35 户，蜜蜂数量达 300 多群。

## 秀 山 蜂 王

合作社带动发展起来的养蜂户，称这位龙池镇白庄村的老养蜂人为“秀山蜂王”——一位传授技艺、带领他们致富的人。

蜜蜂虽小，但成群的蜜蜂在“蜂王”的带领下，团结一致，辛勤劳动，就能酿出香醇的蜂蜜。养蜂业具有饲料成本低、劳动力要求低、见效快、收益好等优点，十分适合山区农民脱贫致富。

为了减轻蜂农的创业压力，白天树的专业合作社以赊销供种模式，提供蜂种、器具，采取“赊销供种、保底回收”的产业发展模式。

这个“蜂王”名副其实。白天树不仅赊销供种，还实行养殖技术“兜底”。他的足

/ 白天树（右三）指导养蜂户养殖技术

/ 白天树（左二）与养蜂户一起研究养殖技术

迹遍及秀山县龙池、官庄、溶溪、溪口、钟灵、石堤、石耶、大溪、岑溪等乡镇，为当地蜂农无偿提供蜜蜂养殖技术，现场指导90余次。通过“委托培养、集中培训、现场指导”三级技术指导模式，一户户蜂农得以发展、壮大。依托市、县扶贫办、农委培训项目，结合产业特点，衔接市农科院，委托培训业务骨干，三年共培训业务骨干350人次。以外聘专家、技术骨干为支撑，集中培训蜂农两期1 200余人次。依托业务骨干到现场指导，当好技术“保姆”，随叫随到，实现全程跟踪。

2014年，大溪乡丰联村建档立卡贫困户姚本军的两个孩子先后考上大学，家庭经济压力剧增。了解他家的困难情况后，白天树为其提供了价值3万元的34群中华蜜蜂种群。技术支持、代售蜂蜜、寻找蜜源……短短一年多时间，在合作社的支持下，姚本军的蜂群发展到100余群，年收入接近10万元，成功脱贫。

与姚本军一样，在合作社中，已有293户农户（其中建档立卡贫困户166户）靠白天树赊销供种，实现了“无本”创业，其中23人返乡创业。越来越多的人，靠养蜜蜂过上了甜蜜生活。

石堤镇猫岩村杨胜亮刚开始养蜂时，是典型的“门外汉”，摸不到门道，在白天树及其合作社的技术指导下，变成了养蜂的“行家里手”。

为免去社员售卖的忧虑，合作社还对蜂蜜产品回收“兜底”。建立产品回收、市场营销和分红返利机制。蜂农的蜂蜜及蜜蜂产品可以自行销售，实现效益最大化。对于没有销售渠道的蜂农，则以每斤50元的价格保底回收，降低产品滞销风险。

/ 秀山县清溪场镇油菜花

有蜂群但没有养殖蜜蜂能力的贫困户怎么办？合作社实行产销包干“兜底”，为没有养殖能力的贫困户代养，贫困户做“甩手掌柜”。合作社于 2015 年 11 月代养石耶镇 12 户贫困户 24 群蜜蜂，现在年收益现金 2 万余元，蜂群发展至 80 余群，以每群 980 元计算，增值 5.5 万元。

秀山县龙池镇四季有花盛开，都是蜜蜂最好的蜜源。合作社每年只在 10 月割一次蜜，综合了各种花香的蜂蜜在口味和质量上就有了保障，在市场上也能卖到较高的价钱。龙池镇建档立卡贫困户田瑞军与老伴常年患病，过去仅依靠女儿在外打工的收入勉强度日，正是蜜蜂养殖合作社为他带来了新希望。田瑞军说：“以前，我们两个大人都有病，干活不行，女儿在外面打工，每月寄一两千元回来，还得治病。后来白社长带动我们养蜂，把技术教给我们，通过养蜂我们走上了致富的路。现在每年能挣一两万元，也可以用这些收入来养病了。随着养蜂技术的成熟，今年的收入更高了。”

合作社的这种带动作用，获得了远近乡亲的认可。2018 年，白天树荣获全国脱贫攻坚奖奋进奖，“秀山蜂王”进京了！乡亲们为这位带动他们脱贫致富的老养蜂人高兴，认为这样的荣誉就该他得。



## 共酿甜蜜生活

抱团发展取得的成果是显著的。川河盖蜜蜂养殖专业合作社先后获得市级和国家级示范合作社称号，2013 年被评为县级龙头企业，注册的“川河盖”商标被评为知名商标，并获得县人民政府授予的 2012—2014 年度科学技术进步奖。

2015 年，白天树争取到上海宋庆龄基金会“农民创业接力棒”项目基金 100 万元，为 20 户贫困户发放养蜂器具 1 000 套、蜂种 1 000 群。

2016 年，白天树牵头成立秀山县众欢蜜蜂养殖专业合作联社，由川河盖蜜蜂养殖专业合作社、欢欢蜜蜂专业合作社、好伙伴蜜蜂养殖专业合作社联合组建，以“统一技术、统一标准、统一包装、统一价格、统一销售”的“五统一”模式，进一步扩大养殖规模、保障产品质量、完善服务体系、拓展销售渠道，实现蜂农增收致富。2017 年，合作联社年产值近 1 000 万元，带动农户户均增收 1.7 万元。2017 年 10 月合作联社

“中蜂原质蜂蜜”荣获中国旅游商品入围奖。

蜂蜜品质的好坏与环境息息相关。“养蜂能给大自然带来平衡，因为蜜蜂能为所有植物授粉，没有生态污染。”在白天树看来，蜜蜂是生态好坏的“晴雨表”。蜜蜂养殖属于环境友好型产业，不仅具有环保优势，还对维持生态平衡和生态农业的发展具有重要意义。白天树回忆起早年养蜂，那是1990年左右，附近有一家硫酸厂，他养的100群蜜蜂两三个月就全军覆没了。现在合作社的蜂群都集中在山区，蜂蜜出来质量好，因为没有任何水和工业污染，这也是得益于地方政府环保工作做得好。

白天树的儿子白眉大学毕业后子承父业，投身蜜蜂养殖，他经历了合作社的发展壮大，也是当地环境与养蜂业相互促进最直接的见证者：“我们这个行业能够直观地看到生态的影响，如果我把蜂箱从A地搬到B地，B地如果有空气污染，蜜蜂不但采不到蜜，而且会死亡。”

为促进当地养蜂业的进一步发展，近年来，当地各级政府相继出台多项扶持政策，如高速路免费、养蜂补贴等。谈及合作社未来的发展，白眉在父亲带领养蜂的基础上，加入了自己的想法，他看到了蜜蜂产蜜之外的效益，提议把蜜蜂养殖和旅游业、电商销售相结合。

“如何占领市场，让蜂蜜卖上更好的价钱，关系到每一个蜂农的切身利益。”如何把优质蜂蜜推向市场，也是白天树创立合作社后一直在考虑的问题，“既然带大家走上了养蜂这条路，就有责任和义务让大家过得更好。”合作社开始在加工、品牌和电商方面发力，着力做大做强品牌，畅通更多销售渠道，提升合作社蜂蜜附加值。

合作社借助微信公众号等新媒体宣传平台，并依托重庆市扶贫电商平台“网上村庄”和秀山云智科贸平台优势，实现蜂蜜产品网上销售，进一步提高了产品的知名度和附加值。

现在合作社建成现代化加工厂及包装厂房1 000余平方米，有种蜂场2个，年供种3 000余群，年产值近1 000万元。

“希望通过我的努力，让大家养出更多的优质蜂、过上更甜蜜的好日子。”白天树满怀信心地说。

随着白天树养蜂经验的不断丰富，越来越多的农民选择留在家乡和他一起养蜂，蜂农们尝百花、寻蜜源，信任让他们像蜜蜂一样团结在一起。

白天树说，从一个人到一群人，对甜蜜生活的向往，是他一路坚守的最大力量。

（撰稿：高永伟　照片提供：白天树）

/ 秀山县涌洞乡川河梳子山

刘金锁，内蒙古自治区通辽市科尔沁左翼中旗代力吉镇东五井子嘎查党支部书记。几十年来，刘金锁时刻不忘以共产党员的标准严格要求自己，勤勉工作。2009 年，他带头成立小尾寒羊养殖专业合作社，通过赊养、租借两种方式把引进的品种羊投放给农牧户，带动周边村屯 500 多户农牧民脱贫致富。针对嘎查剩余的 25 户未脱贫的建档立卡贫困户，通过“合作社＋农户”的模式带动发展养牛业，同时鼓励全嘎查无劳动能力贫困户入股分红。嘎查现有羊存栏 5 000 多只、牛存栏 800 多头，所有贫困人口于 2018 年全部脱贫，人均纯收入达 2.32 万元。



# 这个村支书很有招儿

副镇长吴小芳找他商量秋季整地发展沙棘产业，村民王青春来问他征地补贴咋给，另外村干部说卖到新疆的 1 500 只羊的检疫证明开不出来……手机不时响起，这个敦实的汉子边接电话，边熟练应对眼前的事，言语间透露出一股干练劲。这个大忙人是谁？怎么这么了解情况？他就是科左中旗代力吉镇东五井子嘎查党支部书记、2018 年全国脱贫攻坚奖奋进奖获奖者刘金锁。

在别人眼中是大忙人，刘金锁自己并不觉得忙。“国家给了咱这么高的荣誉，咱更得铆足劲好好干！”在他看来，作为一名共产党员就要为人民服务，给群众办事是他的本职工作。“我有招儿啊！有招儿就不觉得忙。忙也不怕。”

东五井子嘎查新貌

东五井子嘎查给到访的人印象是深刻的。辽阔的草场上，枯黄的草收紧了腰身贴附在地面上，成群的牛羊或驻足觅食，或悠闲游荡。笔直平坦的村路和两侧粗壮的柳树、整齐宽敞的农家院落让人眼前一亮。

东五井子嘎查有 217 户 868 人，2018 年仅剩的 25 户贫困户全部脱贫，实现了“小康路上，绝不让一个贫困户掉队”的目标。

从一个基础设施薄弱、产业结构单一的小村庄，发展成现有羊存栏 5 000 多只、牛存栏 800 多头，人均纯收入可达 2.32 万元的小康村，这变化离不开这个不怕忙、有实招儿的村支书。

## “二虎吧唧刘村长”很有招儿

16 岁就挑起家庭生活重担的刘金锁，对家庭、对生活、对父老乡亲格外赤诚。1999 年，刘金锁 34 岁，在村民的支持下高票当选东五井子嘎查委员会主任。东五井子嘎查是一个常年干旱少雨、盐碱坨沼地多的小村庄。他天天想着一件事，就是如何让村里的乡亲们都富起来。

想要日子富，陈规陋习先改变。上任伊始，面对村里到处脏乱差的状况，刘金锁通过村广播号召各家各户建猪圈和厕所。村里人却把这当成了玩笑话，乡亲们笑称他为“二虎吧唧刘村长”——比较憨。听到这样的称呼他并不生气，而是耐心讲解这样做的好处：把猪圈养起来就不会毁坏邻居家园子，有利于邻里和谐；修建厕所是整治村屯环境卫生、创建文明嘎查的重要举措。

为了动员大家行动起来，刘金锁每天利用“大喇叭”讲建厕所、盖猪圈的好处：“早晨起来都到沟里‘方便’，被人撞见多砢碜。”“猪不圈起来，啥东西都吃，好不容易养肥了，宰时一看是痘猪，不是白忙活一年吗？”……话糙理不糙，这一招还真管用，听到刘金锁天天这样细致入微地讲道理，村民们纷纷动手修建起了自家的猪圈和厕所。

当时的东五井子嘎查，全部都是坑坑洼洼的土路，刮风尘土漫天，下雨满地泥泞。“二虎吧唧刘村长”又来“大喇叭”吆喝了：“这路必须得修，不仅要修，还要修得最好！”慢慢习惯了他办成事儿的韧劲儿和决心的村民们，拿起铁锹、赶着马车，加入修路大军中，合力修建出九横三纵村路和 1 200 米排水沟。这一年，路通了，村子整洁了，人心也跟着亮堂了。

东五井子嘎查现有的通村路就是在当时的基础上修起来的。“我们把人走的路和牛马羊走的路分开规划，实现了人畜分离，这样村路上就不会有牲畜的粪便了，干净了不少。”刘金锁说起自己的招儿显得颇为自豪。

头脑灵活又敢闯敢干的刘金锁通过肉羊、育肥牛养殖早已是村里的富裕户。但在那个交通不便、思想观念落后、种养业技术差、劳动效益低的年代，要想让全村村民过上富足的生活并不是一件容易的事情。

2001 年，为了让困难群众提高收入，刘金锁把自家的大羊以每组 10 ~ 20 只承包给困难户饲养，五年为期，头两年所产的羊毛、羊羔归承包户所有，第三年开始每年返还所包大羊总数 1/3 的羊羔，五年期满后返还原承包数的大羊。凭借这种扶贫方式，当时的贫困户吴长岁承包了 15 只羊，五年期满后净剩了 50 多只羊，这样的致富例子还有很多。

2006 年，为继续解决村民致富难题，刘金锁在自家搞起了育肥牛养殖。他发现，这样做虽然效益很好，但成本高、回报慢。经过考察调研，他了解到肥尾寒羊易饲养、无须放牧、适合圈养，有产羔多、生长快、抗病力强等特点，经济效益非常可观。于是，他又第一个搞起了试养殖。功夫不负有心人，这次养殖获得了成功。随后他带头成立“肥尾寒羊养殖专业合作社”，把引进的品种羊通过赊养、租借两种方式投放给社员。陆续已有 58 户村民加入专业合作社中来，羊存栏 5 000 多只、年出栏 2 万多只，带动周边村屯 500 多户农民发展肥尾寒羊养殖，合作社已成为村民实现脱贫致富的重要途径。

村里发展越来越好，“二虎吧唧刘村长”的称呼由嘲笑变成了亲切。“二虎吧唧刘村长”有很多招儿，也成了村民的口头禅。

2009 年 10 月，刘金锁担任东五井子嘎查党支部书记。村民们对这个办事有招儿的书记充满了期待。



## 激发农户内生动力，他有招儿

“难，真难，但再难也得硬着头皮干下去。”刘金锁说，刚刚走马上任，140 万元的村集体债务就给了他一个“下马威”，背着这么重的包袱，工作如何开展？村民们都不愿意动，啥也不想干。“我有招儿啊！”话锋一转，刘金锁舒展眉头，眼睛放光地说，“我把所有的债主都找来了，对他们说，只要保证不再增加利息，一定尽快把钱还给他们。”得到债主的肯定答复后，刘金锁将全村按人口均等分配后剩余的土地在村内搞承包，承包人根据承包面积和年限承担集体相应额度债务，140 万元的集体债务就这样被全部化解了。

/ 刘金锁查看牛生长情况

/ 刘金锁（右）在讲解养殖技术

/ 刘金锁（右三）带领贫困户种植青贮饲料

村集体不欠债了，村民们积极性高了，一心想着怎么壮大村集体经济。在刘金锁的带领下，村里利用 40 万元扶贫互助金，按照年利率不超过 1% 收取占用费，优先支持急需资金的贫困户发展产业。经村民代表大会同意，利用 30 万元集体资金，购买了 18 头基础母牛，当年产犊 12 头，年底资产将增加到 40 万元。通过争取上级支持、开源节流，村集体经济从无到有、由少变多、稳步增加。目前村集体经济拥有耕地 2 000 亩，积累了资产资金 140 多万元，年稳定收入 24 万多元。

一直在农村工作的刘金锁了解到，由于村农户资产不良率太高，导致金融机构不敢贷不能贷，金融扶贫政策落实难。这挫伤了农户想扩大养殖的积极性。如何使村集体经济不但不负债，还运转良好？这让刘金锁有了一个大胆的想法——打造信用村。

在村“两委”班子努力下，用支书、支部信誉为农户担保贷款，统一组织贷款、还款服务，不让一笔不良贷款出现。这一招落到痛点上了，不仅村民不用跑银行了，金融机构还主动上门服务。从 2016 年到 2018 年，全村共贷款 1 670 万元，充分发挥了金融“活水”的支持作用，主动扩大养殖的农户翻了好几番。

村民参与积极性高，村里活起来了。但村里剩余的贫困户多数是老弱病残，劳动能力比较弱，这该怎么办？刘金锁有他自己的招儿。2017 年 3 月，刘金锁组织成立了“科左中旗刘文宝养殖专业合作社”。按照“量化到户、股份分红、滚动发展”方式，将村里仅剩的 25 户建档立卡贫困户全部吸纳入社。对建档立卡贫困户中有劳动能力、经营能力、缺少资金的 8 户，利用国家扶贫资金购进基础母牛 24 头，由这 8 户自己饲养，合作社统一提供技术、饲料、防疫；其他无劳动能力、无经营能力的贫困户将 2.4 万元补贴资金入股到养殖专业合作社分红。

除此之外，对于村里的老弱病残户，他就把自家羊以“借母还犊”的方式借给人家养，还拿出 130 只羊无偿送给了村里的老弱病残户。白金鸽家供 3 名大学生，且因常年从事重体力劳动而身患疾病致贫，刘金锁无偿赠送了一头基础母牛，并传授养殖技术，指点经营窍门。

“书记说牛舍太埋汰，非常生气。”说起自己养的牛，白金鸽有点惭愧，因为自己懒得动，牛养得不好，让刘书记批评了。白金鸽说以后一定勤快些，养好扶贫资金买下的 3 头扶贫牛和刘书记送的待产母牛。

对于脱贫，刘金锁有自己一贯的看法：“不能养成‘等靠要’的坏习惯。关键不能懒，要自己去干！提升自力更生能力才是脱贫攻坚的初衷和落脚点。”

## 土地集中拓增收，他有招儿

东五井子嘎查盐碱地、坨沼地多，单一的产业结构导致村民增收难、致富更难。

对农民来说，土地就是“命根子”。二轮承包后，东五井子嘎查有 2 000 多块分散地块，家家户户都要留出机耕道，浪费了不少地，实现土地集中连片一直是刘金锁放在心上的事儿。

2017 年，农村土地确权工作全面铺开，刘金锁抓住这次机会，引导群众置换“插

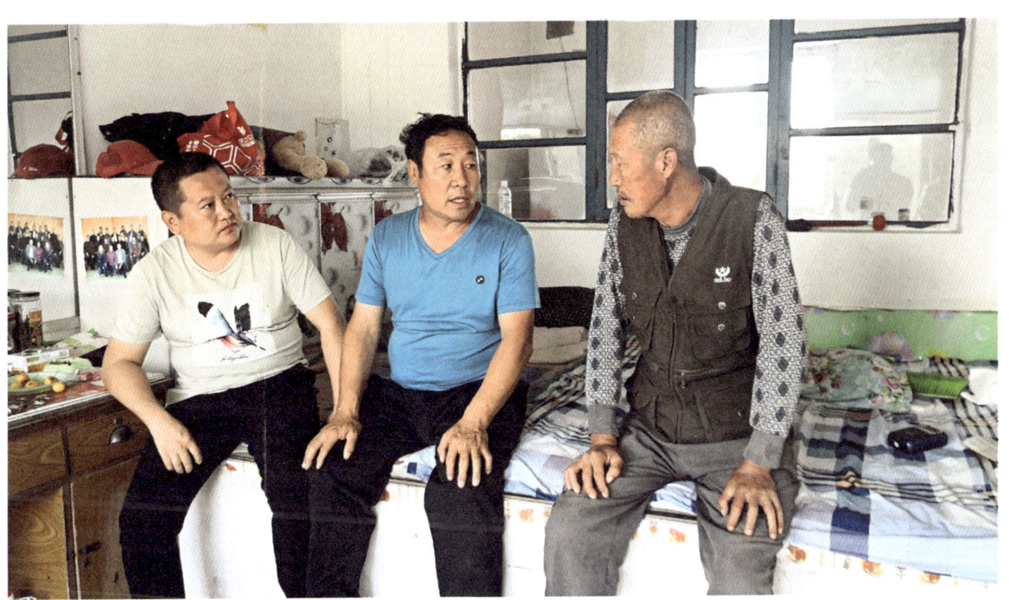

/ 刘金锁（中）走访贫困户

花地”，实现了万亩耕地集中连片。确权后，村里每人还分得了两亩青贮地，让发展养殖业的饲料也有了着落。他还争取到高效节水农业项目，用 1 000 万元帮扶资金打了 65 眼井，使 1.2 万亩地具备了水浇条件。

就在这时，黑龙江的客商找到了村里，提出想承包土地种大豆。刘金锁细算了一下收益，经村“两委”会议后确定了下来。就这样，东五井子嘎查的 9 147 亩耕地，以每亩 500 元的价格流转给黑龙江艾克农业科技开发有限公司种植高蛋白大豆。公司还返聘村民就地参与田间劳作，长期用工 30 余人，日均工资 120 元左右。

土地承包后，像牛振清这样的贫困户是直接受益者。牛振清老两口都有病，干不了重活，以前家里的地都是给人家白种的，自己就拿补贴钱，这下土地一流转，一亩地能多收入 350 元钱，翻了两番。

流转后的土地收入稳定增长，劳动力富余出来。2018 年全嘎查外出务工 350 多人，比上一年增加 100 多人。村民包巴木拉家三口人，48 亩耕地全部流转后，举家外出打工，土地流转收入 2.4 万元。2018 年打工收入 4.5 万元左右，一家人的收入达到近 7 万元，是 2017 年的 10 倍。

对于留村农民，鼓励发展养殖业。肉牛养殖因户而异，能养则养、能卖则卖。在合作社的带动下，全嘎查培育起一支 30 多人的养殖经纪人队伍。嘎查协调贷款支持育肥牛养殖，每年可循环养殖 3 次以上，每头牛净挣 3 000 元以上。

村里的建档立卡贫困户包宝祥，20 年前得了软骨病，失去了劳动能力，80 岁的老父亲也是疾病缠身，37 岁的弟弟在外打工支撑一家人的生活。刘金锁主动将他家作为自己的包联户。坐在包宝祥家炕头上，刘金锁和他算起了全年的收入账：“流转 66 亩地收入 3.3 万元钱，年底合作社分红 4 000 元钱，三口人的低保是 1 万多元钱，打工能收入 2 万元钱，加起来近 7 万元钱，稳稳当当脱贫了。”一笔笔收入账，算得这位朴实的农家汉子眼眶湿润了。

土地流转有收入，打工上班有工资，合作社入股有分红，如今的嘎查，很多人当上了“多薪农民”。

说起下一步打算，刘金锁神采飞扬地说：“我还有很多招儿没使出来呢！我要乘着全旗打造沙棘产业基地的东风，把沙棘产业发展好；争取资金买几台大型的农用机械，建个农机合作社，自己搞机械化生产、规模化种植；把养殖合作社进一步做大，实现统一饲养、统一销售，让更多乡亲抱起团来共同致富奔小康。”

被问到这样操心累不累时，刘金锁憨厚地笑了笑说：“那没招儿啊，咱就是为乡亲服务的，只要村里人都过上好日子，再累也值了！”

（撰稿：高永伟　照片提供：刘金锁）

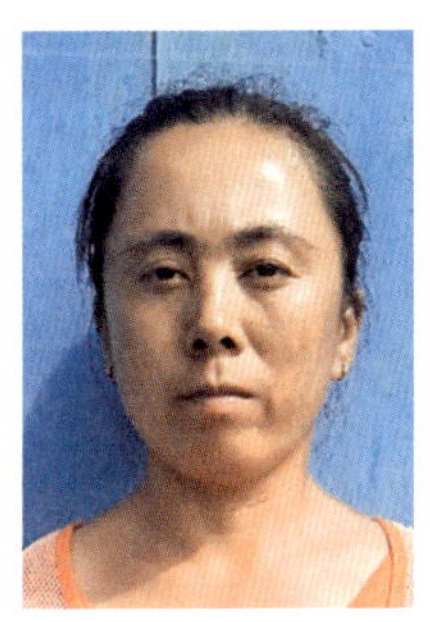

刘洪霞，黑龙江省鹤岗市萝北县太平沟乡石虎沟村农民。她接连遭受生活的重创，丈夫肢体四级残疾，自身肢体四级残疾，家庭负债10多万元。命运无情人有情，在各级政府和帮扶单位的帮助下，刘洪霞没有向困难低头，而是咬紧牙关、奋力拼搏，通过种植北药五味子和养殖育成牛，成为年收入逾10万元的致富能手，于2018年实现稳定脱贫。她成为入党积极分子，立志用自己的实际行动回馈社会，时刻准备帮助更多需要帮助的人。



# 幸福是奋斗出来的

“我是从山沟里来的，没有文化，如果没有党和政府对我的帮助，我不可能脱贫。我说不出什么大道理，只想告诉大家，只要你不怕苦、不怕累，幸福就在眼前。”2018年，在北京举行的贫困残疾人脱贫事迹报告会现场，站在台上的刘洪霞声音不大，还透着些许紧张，但质朴的话语却传递出她内心的坚强。

## 突 遭 变 故

2014年，刘洪霞被萝北县太平沟乡石虎沟村列为建档立卡贫困户。时年30岁正年轻力壮的她并不想当这个贫困户。她思忖，才30来岁就开始靠国家救济，啥时候是个头呀？！

10年前，小学毕业的刘洪霞嫁入石虎沟村，一个地处中俄边境的美丽小山村。家里人均土地不到3亩，与公婆分东西屋共住一栋砖房。虽然家庭并不富裕，但比她大2岁的丈夫郑广才是个勤快人，夏天在周边农场的水田务农、采集山野菜，冬季到附近的林场打工增收，刘洪霞在家采山野菜的同时照顾孩子，家里的日子过得有滋有味。

2014年6月30日，一场意外的车祸从天而降，打破了这个家平静而美好的生活。郑广才为了给孩子多赚点学费，骑着摩托车四处联系零活，被一辆黑色轿车撞出20多米，躺在马路上不省人事。一位路过的好心人打电话报了警，郑广才被120送到医院抢救。刘洪霞接到电话顿时觉得天旋地转，腿都软了，慌忙赶去医院。

经过检查，郑广才的肋骨、左右胳膊、双侧锁骨、右大小腿、右脚及下颌骨等共 20 多处骨折，有的部位是粉碎性骨折。当看到丈夫头上、脸上、身上全都是血，人又昏迷不醒时，刘洪霞再也站不住了：丈夫是这个家的顶梁柱，年幼的孩子需要抚养，年老的公婆需要照顾，自己又没办法出去打工，要是丈夫没了，这个家也就完了呀！

郑广才在医院一直昏迷，抢救了 28 天，医生连续下了 3 次病危通知书。每次病危通知书的下达，都像是有一座大山压在刘洪霞的头上，更像是一把尖刀剜在她的心上。28 天的等待，让刘洪霞的神经接近崩溃的边缘。

或许是上天也于心不忍，郑广才奇迹般地苏醒了。那段时间，刘洪霞全身心在医院照顾丈夫，家里没了经济来源。村干部几次前去看望、安慰、鼓励她，并不辞辛苦地跑前跑后帮忙，去交警队办理交通事故处理手续。

终于，郑广才可以出院了，虽然留下了肢体残疾，需要卧床休养至少半年以上，但命救了回来。谁想一回到村里，丈夫就萎靡不振，整天唉声叹气。刘洪霞想：丈夫以前身体好的时候，可能干了，在稻田地里打工，3 个月可以赚 17 000 元，现在一定是认为自己残疾了，非但不能像以前一样出去挣钱，反而成了家里的累赘和负担。

看着丈夫的样子，刘洪霞的委屈无处诉说，只能偷偷地抹眼泪。突如其来的车祸，一下子让这个家失去了方向，家里主要劳动力没了不说，抢救和治疗的花费让家里多年的积蓄荡然无存，还欠下 10 多万元的外债。孩子要上学，丈夫要照顾，一个女人家出不去门，眼看生活没了奔头，以后该怎么办？

## 八方支援

就在刘洪霞绝望的时候，父老乡亲们纷纷来探望，为她出谋划策。村干部按照精准识别的程序，召开了村民大会，众乡亲投票的结果是她家被识别为建档立卡贫困户。乡里干部和民政工作人员，也来到她家，在了解完情况后，为郑广才办理了残疾证，发放的残疾补贴解了刘洪霞的燃眉之急。

更让刘洪霞感动的是，每次乡领导来都安慰她说：“不要有什么负担，眼下最主要的是把郑广才护理好。你们很年轻，未来的日子很长，只要人在就有希望在。有党和政府呢，有什么困难向乡里、村里反映，大家一起想办法，共同渡过难关。”村书记也说：“要妥善安排好孩子的学业问题，有困难咱们一起面对，不要思想压力太重，党是我们的主心骨，会帮助我们战胜困难的。”这些话语让刘洪霞感受到了党和政府的关怀和温暖，她不再胡思乱想、怨天尤人，而是重拾对生活的信心，踏踏实实地琢磨在村里能干些什么。

郑广才因为卧床不能自理，乡村干部根据刘洪霞家的实际情况，在 2015 年初向民政部门申请了低保并得到批复，帮助一家三口办理了 C 档低保。

/ 刘洪霞在观察苗木生长情况

2016 年，为了真正帮助刘洪霞家脱贫，乡领导、驻村工作队和村干部多次与她谈心，宣讲脱贫致富案例，鼓励她发展产业。“不要让眼前的困难压倒，你要鼓起勇气，振作起精神，为了家庭，你要撑起一片天。”村书记的一番话，让她意识到，贫困并不可怕，可怕的是没有奋斗拼搏的力量和永不服输的精神。

石虎沟村有种植五味子的传统，如果管理得好，一亩地年纯利润能达到 2 万多元，且是一次性投入，经济时效长达 15 ～ 20 年。同时，石虎沟村还是有着 120 余头黄牛、300 只绒山羊的专业养殖村，养一头牛一年至少可赚 1 万元左右。村民靠种植养殖日子越过越好。经过几天的思想斗争，在和病床上的丈夫、年迈的公婆商量之后，刘洪霞向村干部反映了自己的想法：自家有 4 亩地，可以利用早晚的工夫种植五味子，白天与公婆轮换着放牛，同时还能照顾丈夫。

可真正要做时，刘洪霞又动摇了：家里穷得什么也没有，不管是种植还是养殖，都需要投入，万一失败了，就更过不下去了。太平沟乡乡长是刘洪霞的帮扶责任人，经过与她多次探讨，拟定了长、短效两套发展方案。乡长主动帮助刘洪霞协调了 2 万元贷款，免费为她提供 4 亩地的五味子种苗。刘洪霞家进入了发展庭院经济的初始阶段。有关部门主动帮助刘洪霞筹措资金，又协调了 1 万元的贷款，购买了 3 头育成母牛，还帮助储备了越冬饲草。

在驻村工作队和村干部的帮助下，刘洪霞的种植、养殖技术不断提高。每次下地，她都要忍受蚊虫叮咬，身上也经常被刺儿扎得伤痕累累，但内心却感到从未有过的踏实。

2017 年，郑广才去医院进行了钢板取出手术，3 个月后被鉴定为四级残疾。他身体逐渐恢复，已经可以从事力所能及的家务劳动了。看着丈夫逐渐康复，有 2 头牛已经生牛犊，五味子苗开始茁壮成长，刘洪霞越干越有劲，逢人就说："是党的关怀让我有了一个完整的家庭，是乡村干部的真帮实扶点燃了我对生活的希望。"

## 坚持奋斗

福无双至祸不单行。2016 年 10 月，当刘洪霞离幸福生活越来越近的时候，不幸却再次降临。她在粉碎牛饲料的时候，一不小心，右手被带入旋转的机器中。在医院治疗期间，刘洪霞疼在身上更疼在心里——丈夫和孩子需要照顾，老人需要伺候，五味子需要打理，黄牛更是一天都离不开人。自己在这个节骨眼上受了伤，生活该如何继续？

慢慢地，刘洪霞伤口愈合了，但右手的拇指却不好使了。看到刘洪霞手上露着钢针，无法继续照顾牛群，乡领导主动帮忙储备越冬饲草，公婆、村干部更是主动帮助她喂养和照看牛群。在众人的帮助和家人的努力下，总算把 2016 年寒冬熬过去了。

/ 刘洪霞在喂牛

/ 刘洪霞在采摘五味子

春节过后，刘洪霞去医院拔掉了手上的钢针，被鉴定为肢体四级残疾，县里和乡里帮忙办理了残疾证。对一个贫困家庭来说，夫妻都是残疾，脱贫无疑是难上加难，村里的乡亲们也为这对小夫妻暗暗发愁。

虽说再一次经历了磨难，但刘洪霞没有像第一次遇到不幸的时候那样消沉，因为她看到身边总有人在关心她、帮助她，这给了她战胜贫困的信心和勇气。

2018 年初，萝北县扶贫办为全县贫困户制定了 4 项产业扶贫政策。当乡、村干部和驻村工作队到刘洪霞家探望并宣传扶贫政策时，郑广才说："我现在身体恢复得挺好，可以喂牛。"刘洪霞说："虽然我右手的拇指派不上用场了，但家里的农活都能将就着干，不能啥事都等着政府，我要与贫困打一场硬仗。"

敢想敢干，愿意自力更生脱贫，政府就给予支持。石虎沟村的帮扶单位县林业局为刘洪霞家免费提供了 3 300 棵五味子苗木，县扶贫办免费提供了 200 根水泥桩，帮助扩大五味子种植面积 3 亩。政府还帮助刘洪霞家申请到 5 万元贴息贷款，又购买了 4 头黄牛。

2018 年，达到丰果初期的五味子产鲜果 800 斤，每斤售价达到 12 元，共计可收入 9 600 元。当收购的人上门，把近 1 万元现金放到刘洪霞面前时，她激动得哭了。

一头头壮实的黄牛，一串串红色的五味子，承载着满满的希望和美好的梦想，刘洪霞家种植五味子和养殖黄牛，预计年增收 11 万元。通过精准发力、精准帮扶，仅此 2 项就能够让刘洪霞家实现稳定脱贫。用不了多久，她就能还清债务。坚持奋斗，让刘洪霞一家的日子越过越红火。她决定申请退出低保名单，让其他有需要的残疾人获得帮助。

回忆经历的一幕幕，从负债 10 多万元到年收入逾 10 万元，刘洪霞感慨万千。她曾有过痛苦，却更感到幸运。“没有党的好政策，没有各级干部的精准帮扶，没有乡亲们的关怀帮助，就没有我家的今天。”而脱贫的经历也让她认识到，贫困并不可怕，可怕的是自己失去信心，“等”不出发展，“靠”不来致富，更“要”不到小康。只要自力更生，脱贫便不是梦；只要肯吃苦头，勇于拼搏、弯大腰流大汗地“干”，就一定能创造美好生活。

怀着感恩的心情，现在的刘洪霞已经成了石虎沟村的一名入党积极分子。身残志不残的她正以一名共产党员的标准严格要求自己，时刻准备用实际行动来回馈社会、用无私的奉献服务社会，帮助更多像她一样需要帮助的人。她准备带动有意愿发展的贫困户抱团取暖，自强不息，共同用劳动创造幸福生活！

（撰稿：周艳　照片拍摄：梁晓庆）

/ 石虎沟村

刘海涛，吉林省图们市石岘镇工会主席，河北村党支部书记、村委会主任。曾获全国劳动模范等荣誉。作为一名汉族党员，在朝鲜族民俗村充分发挥党员模范带头作用，凝心聚力、奋发图强，将扶贫资金谋划成“造血”产业项目。明确了以产促游、以游兴村、以村富民的发展方向，确定了依托河北村自然风光、结合民俗特点，建立“一个平台、两个基地、三个农场”的实施目标。经过5年的时间，将一个贫穷落后的小山村发展成为远近闻名的富裕村。



# 小山村传出扶贫大故事

吉林省图们市石岘镇河北村位于嘎呀河的下游。嘎呀河水舒缓清澈、涟漪荡漾，望海塔山峰紧依河畔高高耸立。随着四季交替，嘎呀河两岸风光变幻无穷。初来乍到的人们对这里恍如世外桃源一般的自然环境印象深刻。然而，就是这样一块山清水秀的风水宝地，多年来却繁衍着贫困与落后。截至 2014 年 11 月，河北村仍有贫困人口 46 户 89 人。如今，短短几年时间，河北村村民已经迈上了奔向小康生活的幸福之路。给河北村带来快速变化的人，就是村党支部书记、村委会主任刘海涛，村民们无不向这位朴实、能干的汉子竖起大拇指。

## 访农户听建议——谋求脱贫

2013 年 3 月，刘海涛通过村“两委”换届选举，成为河北村党支部书记、村委会主任。这是他先后在石岘镇的水南村和春华村工作取得突出成绩之后，又一次面对自己人生和事业的重要挑战。当时的刘海涛任合鑫农民专业合作社理事长，从事延边食用菌产业，他完全可以坐享其成，稳步推进自己已经拥有的事业。但是他知道，打赢脱贫攻坚战关乎所有农民的前途命运，关乎全中国的小康社会建设，关乎国富民强的宏基伟业。作为一名共产党员，他必须义不容辞地投身到这场伟大的战役中去。

河北村是一个朝鲜族人口占 95% 以上的自然村。村民们大多对刘海涛这名汉族干部的过往经历有所耳闻，选举的时候有一半多的村民投了他的票，而同时刘海涛凭直觉

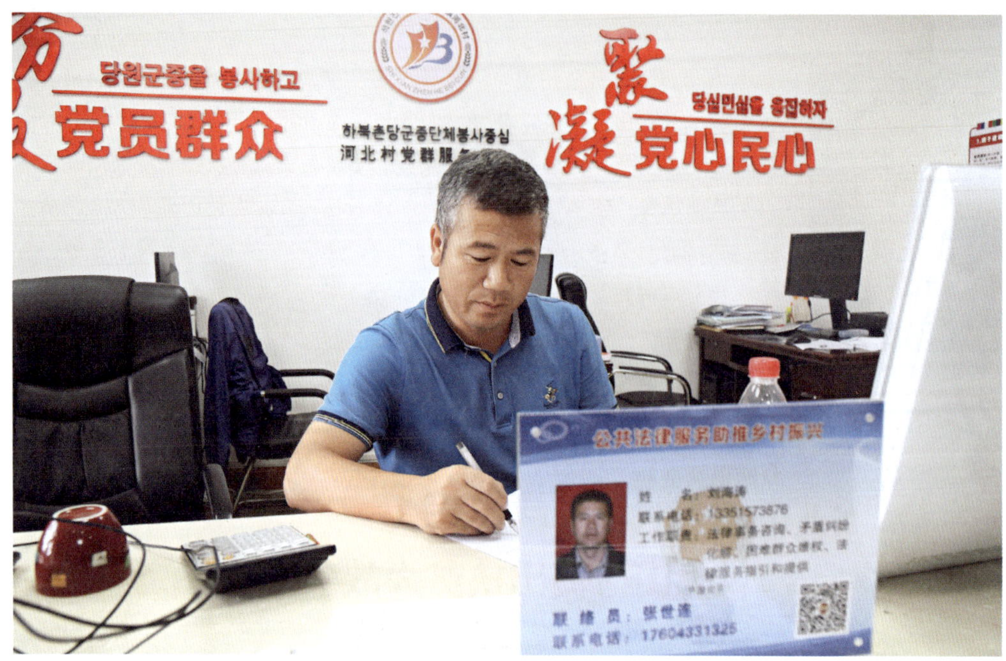


/ 刘海涛在工作

也感受到了一些村民对他的不信任。他知道，说一千道一万不如实干，而要使村民消除疑虑、树立信心，就要对河北村方方面面的情况了解个透彻。

刘海涛开始走访村里的各家各户。村民崔金顺，年近古稀，老伴因患脑血栓常年卧病在床，家里没有任何劳动力，屋子里没有一件像样的家具，厨房里冷冰冰的，院子里凌乱不堪。村里类似崔金顺家这样基本生活条件和医疗条件得不到保障的农户还有几十户：皮仁善家、金基松家、文光哲家……，刘海涛每一家都去了不止一次。“您老家里吃水谁挑啊？”“冬天这土路进出可要小心啊，大娘。”走访期间，心贴心的交流拉近了他和村民的距离。

河北村真是一个名副其实的贫困村。原始的土路坑坑洼洼，晴天一身灰，雨天一身泥。东北的天儿黑得早，寒冬腊月下午 4 点天就开始变黑了。夜里村子里连个路灯都没有，一片漆黑。村民们家里的自来水管线还是 1982 年铺设的，年久失修，堵的堵、漏的漏，吃水都得不到保障。

需要修缮的房子、泥泞的道路、破旧不堪的用水设施……，刘海涛挨家挨户地走、村里村外地看，心中罗列的问题越来越多。住房、吃水、生活环境、医疗、养老，这些村民身边的事，需要一个个、一步步地制定解决方案。他开始琢磨，如何迈出改变河北村现状的第一步呢？

## 抓基础建设施——改善生活

经过深思熟虑，刘海涛决定首先解决村民迫在眉睫的生活难题。可是，翻翻村里的账本，账面上只有 3.7 万元的债务，没有任何可用的钱。他毫不犹豫垫付了 5 万元，请来施工队为村里架设了路灯。当一根根崭新的灯杆在村里矗立起来、夜晚寂静的村庄有了温暖的灯光时，村民们仿佛看到了脱贫的希望之光。

随后，村里家家户户的自来水管线都得到了彻底的维修和保养，日常生活的排水设施也得到了修缮。清亮的自来水为村民生活带来了方便，整洁干净的环境让村民看到了村里带头人为他们的生活开辟的美好前景。刘海涛掏出的 5 万元说多不多、说少也真不少，村民由此真正感受到了刘海涛一心一意干实事的态度和能力。他们不再质疑、不再旁观，心中开始涌动积极参与村里建设的热情。

让村民感到最温馨的是 2016 年投资 50 万元兴建的老年爱心公寓。每位上了年纪的村民都会为自己的晚年生活担心，过往的经历更是让贫困家庭的老人不敢想象自己的未来。老年爱心公寓，一座白墙青瓦的朝鲜族传统建筑，不仅是村里老年人举办各类活动的场所，还给 60 岁以上的老人提供免费午餐，这是村里几辈人都不敢想象的幸福生活。

河北村的基础建设项目一个个上马，一个个完成。道路硬化率 95%，排水沟 1 500 米，绿化覆盖率 15%，通电率 100%，自来水入户率 100%，有线电视入户率 100%，太阳能路灯 60 盏……

河北村还申请立项了陆地沟护坡项目、河西屯防洪排水项目、安全饮水项目、河西新建泵站项目，资金正在陆续到位。此外，全村 196 人参加了新型农村合作医疗，50 人参加了城乡基本养老保险。所有这些，都为河北村的迅速发展增添了砝码，让村民真切地看到了党的扶贫政策给家乡带来的发展希望。

/ 刘海涛（左二）与大家共同研讨扶贫工作

/ 河北村老年爱心公寓

## 变“输血”为“造血”——规划长远

刘海涛心里明白，要彻底改变河北村的贫穷面貌，就要带领群众谋划出符合河北村自身条件的产业发展方案。对于党的扶贫政策在河北村的贯彻落实，他有自己的远大目标。他深知，河北村要想彻底摆脱贫困，走上一条健康稳定的经济发展道路，必须摆脱依赖扶贫款过日子的模式，把扶贫资金作为扶持产业发展的“造血”外力。

2015 年，经过村“两委”研究讨论，刘海涛聘请北京经纬设计院为河北村的经济发展进行设计定位，明确了以产促游、以游兴村、以村富民的发展方向，并由此确定了依托河北村所拥有的自然风光，结合当地的民俗特点，建立“一个平台、两个基地、三个农场”的实施目标。

首先是打造“互联网 +”平台 。河北村注册成立了图们市第一家农村电商平台——微农场农业科技有限公司。通过开通淘宝店、微店等开展网上销售，依托微信平台、官方网站等进行宣传。小山村建立起了互联网时代的商业模式，与外界实现了零距离交流，让中国乃至世界看到了河北村，提升了河北村的知名度。

其次是建立食用菌标准化种植示范基地和冷水鱼养殖基地。河北村南临碧水、北依青山，嘎呀河水清澈见底，山谷幽静，溪水潺潺，旅游资源丰富。通过食用菌栽种、采摘体验，以及冷水鱼垂钓、品尝等游乐体验项目，带动河北村旅游产业发展，以产促

/ 河北村全貌

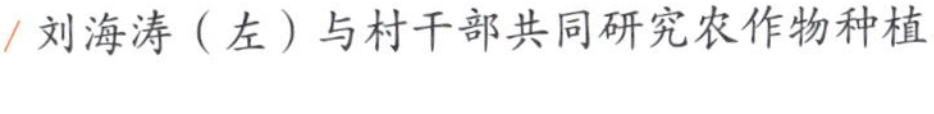

/ 刘海涛（左）与村干部共同研究农作物种植

/ 刘海涛（右二）在讲解食用菌种植要领

游，以游兴村。

最后是建成恒大、河兴、清源三个农场。以土地确权为契机，整合土地资源，提高土地收益率，拓宽村集体收入来源。河北村将 2 520 亩土地收归村集体统一经营，根据地块性质确立了以经济作物为主的恒大专业农场、以大田作物为主的河兴专业农场和以精品水稻为主的清源专业农场，为进一步推进整村农业产业发展打下坚实基础。

这一颇具前瞻性的科学定位与设计，是合乎河北村现状的发展规划和举措。以村富民的长远发展战略，不仅使小山村走向文明和富裕，而且打造了广阔的致富平台，将吸引从村里出去打工的年轻人返乡发展，这是刘海涛和村民们最愿意看到的结果。

/ 河北村核心价值观文化墙

早在2008年，在外打工多年的刘海涛选择走创业之路，他创办了合鑫农民专业合作社。经过不懈努力，合作社的杏鲍菇种植成功并在延边州打开市场，效益连年攀升。2016年，合作社金针菇、杏鲍菇产值近千万元，纯收入达200多万元。在发展势头良好的时候，刘海涛突然放弃了收益丰厚的种植品种，转种木耳。他这样解释：由于金针菇、杏鲍菇等菇类的生产规模大、技术要求高，需要厂房和专门的设备，不便于普通村民种植。为了带动大家共同致富，经过多方调研，他了解到延边地区种植黑木耳比较容易，于是改种了木耳类的食用菌。

河北村村级集体经济主导产业为食用菌种植，创业扶贫食用菌产业园区占地面积10万平方米，现有大棚70栋，2017年产干木耳120吨、干灵芝10吨、灵芝孢子粉5吨，总产值1 760元，净利润350万元。恒大专业农场棚膜园区已经进入规划期，2017年新建暖窖6栋、大棚16栋。这是村民致富实打实的物质堡垒。

通过一系列的谋划和实施，2016年全村产业收入44万元，扶贫28户45人。食用菌基地2016年上缴21万元、2017年上缴24万元，扶贫产业获得飞速发展。2017年河北村扶贫总收益25万元，已全部用于贫困户，贫困户户均增收8 602元，人均增收5 543元，贫困户人均总收入达到11 287元（含低保金）。河北村贫困户已经全部达到脱贫标准。

在脱贫攻坚的工作中，刘海涛不是孤立的、单打独斗的，党和政府始终是他的坚强后盾，无时无刻不关心和支持河北村的工作。现在，河北村仍在进行生活环境的整体提升——给排水管网式改造、房屋的朝鲜族民俗改造……，村民的幸福感空前高涨。刘海涛已成为全体村民的贴心人。村民们由衷地说：他是一位奋发图强的好书记，在贫穷落后的小山村写出了扶贫的大故事！

（撰稿：王若地　照片提供：刘海涛）

齐永新，宁夏回族自治区固原市隆德县凤岭乡李士村党支部书记。他牢记一名党员的担当，扎根基层为乡亲们谋脱贫、求致富。在他的带领下，李士村实现了户户通水泥路、户户通自来水、户户住安全房、户户用清洁能源。村里建成了文化广场，安装了健身器材和太阳能路灯。他多方争取资金，带领群众对现有闲置学校的6幢校舍进行改造，建成昌信农家超市、凤河醋厂、意兴油坊、小杂粮磨坊，并组建农机服务队，多渠道、多元化创新发展村集体经济。



# 犟支书齐永新

离农历小年还有三天，宁夏回族自治区固原市隆德县凤岭乡李士村贫困户李宏武吃过午饭，就早早来到村部。今天是李士村首次召开村集体分红大会的日子，李宏武家入股村集体产业，分红 1 200 元。

和他一样早早赶到村部的还有同样分红 1 200 元的何国龙。何国龙还有一个念头，就是占个靠前的座，看看县委书记。今天这个分红大会，听说他们的犟支书把县委书记都请来了。

村民们陆续到了，年关将近，村部前面临时搭起了台子。县委书记果然来了，一起来的还有副书记，县农牧局、财政局、扶贫办的。县里的“大领导”都到了，何国龙打心窝里开心，拿到分红特别踏实，这个年好过了。

“今天我们召开分红大会，庆祝丰收。在高兴的同时，希望各位父老乡亲能够牢记‘幸福是奋斗出来的’。”村支书齐永新代表村里发言的时候，村民们报以一阵热烈的掌声。齐永新已担任村干部 36 年，村里谁家养了几只羊，孩子在哪上学他都知道。他清楚，这掌声既是乡亲们因为村集体有了分红开心，也是给他打气。

1964 年出生的齐永新是土生土长的李士村人。高中学历的他，在当时是高学历。从 1982 年担任村会计，到 2004 年开始担任李士村党支部书记，他一直挑着村上的担子。

村里人说，他们的支书就是一头犁地的老黄牛，慢腾腾，有耐力。

“认定的事情不干吃不下，干不成睡不着。”村里的老党员这样评价齐永新，“是个犟脾气，每项工作都会犟到底。”

凭着这一股干事的犟劲，齐永新抓住精准扶贫的好政策，带领村民修路建桥、酿醋榨油，让109户贫困户脱贫，把李士村从“空壳村”打造成了“美丽村庄”典范。

## 就是爱这一片热土

/ 齐永新在学习

齐永新早年外出打工、做生意，他对外面的发达和家乡的贫穷落后有着深切的体会。

隆德县是国家扶贫开发工作重点县，位于六盘山西麓、宁夏南部边陲。宁中南部地区，素有“苦瘠甲天下”之称，位于隆德县西南部的凤岭乡李士村，属典型偏远乡镇村庄。2014年建档立卡识别工作开始，全村有户籍人口357户1 265人，建档立卡贫困人口111户393人。

一直关注国家政策的齐永新，脱贫攻坚战打响之后，第一时间向村“两委”传达、解读政策。他平时不善言谈，但讲起理论政策来头头是道、慷慨激昂。听过他讲课的村干部说：齐支书讲党课就是“给力”。

齐永新带头学习党章党规和党的最新理论成果。身边的党员同志说，党员学习大会上，说到关键处，老支书总是一句接一句，一直不换气，直到两颊憋得通红，说到“好生活来之不易、党的惠民政策”的时候，他的双手微微发抖。他是为这好政策激动。

昔日的李士村，土坯房一栋连着一栋，进村的路和几条村内巷道弯弯曲曲，杂草丛生。偶尔驶过一辆车，车在前面跑，尘土在后面追，村民出行“晴天一身土，雨天一身泥”，基础设施条件很差。由于贫穷落后，年轻人大多外出打工，村子平日里死气沉沉，见不到人影，只有过年才能热闹几天。

他知道贫穷的难，他明白精准扶贫政策的好。他对村干部说，我不愁吃不愁穿，我要和乡亲们一道把李士村这个窝窝子守好、发展好，吸引年轻人回来发展创业。

脱贫攻坚战打响以来，中央不断加大对贫困地区的项目资金支持力度。齐永新的犟劲儿上来了，他和村“两委”长远谋划村里发展，积极向上级争取项目落地到村。不放过任何一次领导来检查的机会，不放过任何一次开会提问题的机会，为的是争取李士村的项目发展。

一起工作的村干部调侃他：“支书你总有提不完的问题。”他却说：“我提过很多问题，但项目资金给下来后‘落实难’的问题我从来不提。”齐永新犟，但他认得准。他明白，党的政策好，争项目、要资金容易，但真正把每一个项目落实好，把每一分资金落实到最需要的地方是最难的。

在他的带领下，李士村的每一分钱都花到了刀刃上。硬化道路 52 公里，新建排水渠 12.5 公里，修建过水桥 5 座，完成自来水入户 357 户，改造危房 361 户，安装太阳能热水器 125 台，全村实现户户通水泥路、户户通自来水、户户住安全房、户户用清洁能源。村里还建成了文化广场、文化舞台、文化活动室、公共厕所，安装了健身器材和太阳能路灯。

有人问他，你年龄不小了，还这么拼命累不累啊？你不愁吃不愁穿何必呢？面对这些问题，这位老支书说："我就是爱这一片热土。"

正是因为这种热爱，他为大家的事情奔走，村上基础设施大为改观；正是因为这种热爱，他绞尽脑汁，认准产业，村集体经济从无到有，从有到优；也正是因为这种热爱，老百姓爱他敬他，村干部与群众之间关系融洽。大家都知道，跟着齐支书干，准没错。

## 靠上去，富起来

齐永新清楚，村里基础设施好了，环境变了，主要是党的政策好。乡亲们日子要富裕起来，关键是要有产业支撑。面对人多地少、靠天吃饭的现状，齐永新带领村"两委"班子成员研究政策，寻找产业发展出路，最终将草畜产业确定为本村的主导产业。

挨家挨户宣传政策、算经济账，发动全村党员带头办贷款、建牛棚，动员村里养殖大户现身说法传授经验、讲效益，同时组织本村致富带头人、养殖散户到兄弟乡镇观摩学习，齐永新忙得不可开交。"现在回想起来，那段时间是我最辛苦、最忙碌的时候，从未按时吃过饭，奔波一天回到家，我累得一句话都不想说，倒头就睡，第二天继续工作。"

李士村是一个群山环抱的小山村，到县城交通不便，很多农户嫌远不愿意去县里跑贷款手续。齐永新向县里申请，让信用社、邮政银行、农业银行到村里为农户现场办理。

60 岁的贫困户齐峰，就是在家门口办下来的贷款。为了动员他养牛，齐永新去他家至少五六趟。齐峰家有五口人，两个女儿出嫁后，老两口靠打工供儿子上大学。县里用工少的时候，他们最远到银川打工。

齐峰对养牛抱怀疑态度，自己一没有资金，二没有场地，怎么养？之前自己养过羊，效益一般。养牛就能挣钱？齐永新一趟一趟去给他解答："慢慢年纪大了，出去打工不好找活，出去挣得也不多。""没资金可以申请扶贫小额信贷，这是国家的扶贫政策，不需要咱出利息。""没有场地，先在村集体那块地里养。"……

/ 齐永新处理村委会日常工作

拗不过这位犟支书这样说那样保证，齐峰不出去打工了，申请扶贫小额信贷 5 万元养了 3 头牛。他照料精细，到 2018 年的时候，3 头已经变成了 7 头，还卖了两头牛犊，供儿子读完了大学。

齐峰的大女儿嫁到了同村，女婿何锦龙看着岳父养牛，自己也养起来。现在他一家就养了 20 多头，成了村里的致富带头人。

齐永新的努力没有白费。到 2018 年，李士村完成金融扶贫贷款 96 户 311 万元，种植地膜玉米 2 800 亩，建成暖棚圈舍 156 栋、青贮池 38 座，补栏新品种牛 208 头，全村牛存栏量从 2016 年的 260 头增加到 468 头，草畜产业真正成了助乡亲们增收的主导产业。

为提高农户养殖技术，他协调县人社、扶贫等部门到村上组织开展养殖技术培训，组织本村 15 名养殖大户划片包户，为群众指导养殖。

通过发展增收，全村建档立卡贫困户 111 户 407 人中已有 101 户 367 人达到脱贫标准。

现在，经常有农户感谢齐永新帮助他们贷款养牛。齐峰见了老书记就说："感谢齐书记帮助我贷款养牛。"

"别感谢我，这都是咱们靠上了党的好政策！"

## 老支书的"大谋划"

2018 年，齐永新获得全国脱贫攻坚奖奋进奖，和他一起进京的，还有村里用老土方压榨的食用油、酵酿的食用醋、研磨的杂粮面。获奖之后的采访、电视录制，他都不忘推介村里的产品，那可是他这几年的大谋划。

到访如今的李士村，路过由闲置的村小学改建而来的"凤河醋厂"和"意兴油坊"，浓郁的醋味、胡麻油的香味扑鼻而来。这变化始于一个小卖部。村里养牛富起来了，让齐永新上心的，就是解决村集体空壳的问题。

机会来了。2017 年，李士村获得一笔县上拨付的 5 万元村集体发展资金。如何让这笔资金生下"金娃娃"着实让村"两委"班子动了一番脑筋。

李士村有酿醋的传统，土方酿的醋口感好，是纯粮食的绿色食品。有经商经验的齐永新和村“两委”讨论后，决定用 4 万元开一个小卖部，用剩下的 1 万元建醋厂。

醋厂 9 月开工，首批产醋 300 斤，一度出现供不应求的局面。小卖部 3 月开张，到年底纯收入达到 1.8 万元。

老几辈人传下来的纯粮酿醋获得了认可，让齐永新心里有谱了。他一直想着，随着脱贫攻坚、乡村振兴等工作的推进，农村面貌焕然一新，产业结构发生变化，如果能引得城里人来农村观光，那村里的前景就有保证了。

有了小卖部和醋厂成功的经验，齐永新步子更大了。2018 年，在隆德县的支持下，李士村整合资金 210 万元，成立股份经济合作社，对 6 幢闲置学校校舍进行改造，扩醋厂、建油坊、办农机服务队、办小杂粮磨坊。为了让所有村民都参与进来，合作社探索推行“党支部 + 合作社 + 农户”的村集体经济发展模式，健全董事会、监事会等组织机构，通过民主评议，认定股民 286 户 1 144 人。

村委会坚持自主经营，通过“资金变股金、农民当股东、收益有分红”的运行新机制，将 200 万元股本按照 500 元每股标准折股量化，共设置 4 000 股，其中村集体占 15% 持股 600 股，村集体组织成员占 85% 持股 3 400 股。

虽然有了资金，但在偏远山村发展村集体经济谈何容易。油坊建厂，为了一根 14

齐永新（左一）在进行酿醋指导

米长、合抱粗的油担，村里跑到甘肃才找到合适的木材；为了让农机服务队发展更快，村干部在农机服务队开车只拿市场价一半的工资。

经过大半年的“折腾”，李士村醋厂月产量从最初的 150 公斤达到如今的 1 万公斤，油坊月产量达到 1 000 公斤，投资 120 万元新办的农机服务队更是村集体经济的重要“生力军”，2018 年服务队纯收入达到 25 万元。

超市、醋厂、油坊、农机服务队、小杂粮磨坊，5 个产业齐头并进不仅壮大了李士村村集体经济，同时也为村民提供了工作岗位。李士村目前有贫困人口 20 户 40 人，村集体经济稳定带动 22 名村民就业，其中贫困人口 16 人。2018 年，除了“兜底户”，李士村的贫困户全部脱贫。

患有腿疾的贫困户李昌信一直在小卖部工作，他还是村里的环卫工，一年总收入超过了 1 万元。他说：“村上的收入帮了我们一家子大忙，加上其他优惠政策，生活有保障，孩子上大学不发愁。”

分红大会上，齐永新代表村“两委”向县领导汇报了成果。经过一年的发展经营，李士村股份经济合作社实现净收益 38.6 万元，全村股民每人可分红 200 元，农户根据家庭成员数最高可分红 1 600 元。同时，村集体吸纳贫困劳动力就业 22 人，工资性收入达到 44.2 万元。

现在李士村正忙着申请统一商标，优化产品包装，让大山里的产品更适应市场需求。看到城里人开着车专程到村里买醋，这个犟脾气的村支书知道，离自己谋划的乡村振兴梦不远了。

（撰稿：高永伟　照片提供：杨刚）

// 李士村

李士强，河南省周口市沈丘县冯营乡李寨村党支部书记，原河南亿星实业集团党委书记、董事长。十二届、十三届全国人大代表。曾获全国五一劳动奖章、全国优秀中国特色社会主义事业建设者、国家西气东输工程建设先进个人、改革开放30年河南省最具影响力的民营企业家等荣誉。2011年，他被推选为李寨村党支部书记，先后筹措帮扶资金1.02亿元，其中个人无偿投入1 200万元，建立4个集体经济企业、7个专业合作社；陆续完成打井、修桥、铺路、开通自来水和天然气等多项民生工程；村民人均收入由帮扶前不足2 700元增加到2018年的14 000元。



# 富而思源不忘扶贫之责<br>村企共建推进乡村振兴

“我是共产党的干部，自己有一碗饭也要分别人半碗。看到家乡父老在那么艰苦的环境中生活，看到周围贫困得几乎失去希望的儿童，看到贫困家庭孩子那种直戳到你心窝子里的渴望上学的眼神，我下定决心：豁出全部心血，带领大家蹚出一条脱贫致富的路来。不带领乡亲们甩掉穷帽子、拔掉穷根子，上对不起党、下对不起群众。”在全国脱贫攻坚奖颁奖暨全国巡回报告会上，河南省沈丘县冯营乡李寨村党支部书记李士强回忆起自己回报乡亲、振兴家乡的脱贫攻坚之路时，动情地讲起了自己的初心。

对于贫困，李士强有着深切的体会。他出身特别贫寒，经历异常艰辛。全家七口人曾住在冬天进雪、夏天漏雨的两间破土坯房子里。在他心灵深处，有一些永远抹不去的记忆。由于自然条件差，资源匮乏，他年幼时常常靠地瓜（红薯）充饥，衣着破旧，小小年纪就要像大人一样劳作。他从拉板车、骑自行车走街串巷卖青菜萝卜，再到挖沙、当船工拉纤、在窑场当泥瓦工……。单是挖沙那些日子，每天从泉河里挖十几吨沙装船，接着拉纤逆水上行二十多里路到窑场卸沙，水流最急时四肢着地，脚趾和手指嵌入泥沙中，就这样披星戴月风雨无阻干了几个月。艰辛劳作磨炼了他的意志，更为后来倾力扶贫积聚起一个信念：一旦有了能力，一定不能让贫困落后在家乡延续下去！

通过多年打拼，李士强在事业上有了成就。就在2011年12月，他作出了让周围的人震惊的决定：放弃蒸蒸日上的公司，告别舒适的城市生活，毅然返回家乡担任村党支部书记，开启了一段带领乡亲脱贫致富的攻坚之路。

## 做引领乡亲脱贫致富的带头人

李士强的家乡李寨村，地处河南、安徽两省交界，偏僻闭塞。全村 718 户 3 096 人，其中建档立卡贫困户 125 户 455 人，人均耕地不到一亩。2011 年底，李寨村人均收入不足 2 700 元，是冯营乡出了名的贫困村。长期以来，由于贫困，村里 53 名党员绝大多数外出打工，党组织建设比较薄弱，村“两委”面对现状有心无力。乡亲们都热切期盼，能有一名能人把班子管起来、强起来，带领大家脱贫致富。

李士强的企业在从小到大的发展过程中，得到了许多机遇，更得到很多荣誉，这些都得益于党的好政策。作为受党教育多年的老党员，他毅然把家乡的扶贫责任扛在肩上，誓要带领乡亲们彻底摆脱贫困。

回村担任村党支部书记后，面对家乡贫困的现状，李士强感到，建设一个过硬的村支部班子刻不容缓。“给钱给物，不如建个好支部。”脱贫攻坚既是重大民生问题，也是重大政治问题。回村伊始，他就把选优配强支部班子，把党支部建成向贫困宣战的“战斗堡垒”“先锋队”，打造一支“不走的扶贫工作队”，作为李寨村打赢脱贫攻坚战的首要任务。

在各级党委政府的领导和支持下，李士强带领村支部班子走家串户，在田间地头和群众家中与乡亲们话脱贫、聊发展，从村民心中找答案。凭着一双铁脚板和一片赤诚心，鼓舞了贫困群众的斗志，也让支部一班人的决心更加坚定。

/ 李士强（中）在贫困户家中了解情况

面对李寨村党员队伍小、散、松、软的状况，李士强带领一班人首先狠抓党员教育管理，组织好每月固定的党员学习日活动，实行党员设岗制、工作记分制，每月按分、按岗进行评比，将平时考核与年终考核

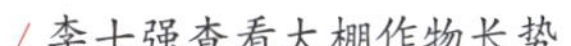
/ 李士强查看大棚作物长势

/ 建成运营的李寨综合服务中心



结合起来，切实把党员队伍管住、管好。

刚回村时李士强发现，党员干部和村民聊不到一起、干不到一起，村民对班子能否带领大家脱贫致富抱着怀疑的态度。自身素质强，才能充分发挥党员先锋作用。李士强要求每名党员必须掌握一门以上致富项目和致富技术，后来有 6 名党员获评创业明星；开展“无职党员设岗定职”活动，分别设置了政治宣传岗、村务监督岗等 13 个岗位，为全村 30 名无职党员搭建了发挥作用的平台。

以前，村里的公共事务没人管，李士强回村后要求，班子成员必须下沉到村里的各个角落，做到工作推进到哪里，党组织就延伸到哪里，确保党组织影响力全覆盖。现在，李寨村在 7 个村民组和 9 个村集体产业板块，都设立党小组，实现党对全村生产生活的全面领导；在党支部的领导下，重点发挥村里德高望重的“五老一新”（老党员、老干部、老教师、老军人、老模范、新乡贤）的作用，成立村民红白喜事管理小组、就业安置小组等 9 个村民自治管理组织；理顺会议决策制度，要求重要的村务工作必须经村“两委”讨论；细化完善日常村务工作管理、财务管理、民主决策等各项规程和制度。

7 年来，李寨村村“两委”在每年年初制定年度“十件实事”并向全体村民公开承诺。修道路、兴水利，家家通自来水、户户通天然气、组组亮路灯，绿化美化村容村貌，建设敬老院、幼儿园，修缮村小学，设立发放老年长寿基金、学子教育基金，农民人均纯收入从 2011 年的不足 2 700 元增加到 2018 年的 14 000 元，实现全村整村脱贫。一件件看得见、摸得着的实事好事，赢得了村民的信任和支持。实实在在的发展成效，也带动形成了全村优秀青年积极申请加入党组织的热潮，基层党组织在百姓中的号召力、凝聚力和战斗力进一步增强。

李士强动情地说道：脱贫攻坚，一头连着贫困群众的热切期盼，一头连着伟大复兴的中国梦，中华民族几千年发展史上将首次消除绝对贫困现象，能成为最基层的践行推动者和贡献者，那是多么的光荣！能够投身这场战役，真是人生之大幸！面对这样一个蕴含使命和荣光的时代，唯有尽锐出战、扎实行动、不懈奋斗，赢来不含水分、实实在在的脱贫成果，才能不辜负党的重托，不辜负父老乡亲的期盼。

## 做心系家乡脱胎换骨的“造血”人

扶贫仅靠“输血”不行，要真正“刨掉穷根”，必须围绕农业结构调整升级，走产业扶贫的路子，带动、增强村民“自我造血”的能力。村“两委”多方筹措帮扶资金，实施村企联动、产业带动，推进扶贫由“输血”变“造血”。

为了摸清家底，找准贫困症结，确定扶贫思路，李士强带领班子揣着一颗心，带上笔记本，走家串户，从村民心中找答案。2 个多月过去后，他们在田间地头和群众家中，用服务之心和关爱的脚步，丈量出 1 270 份来自群众的真实数据和民心民意。通过调研走访，李士强感到，家乡的贫困既有环境恶劣、交通闭塞的自然因素，也受到产业结构单一、基础设施薄弱的硬件制约，改变家乡贫困面貌，要充分利用和发挥现有的优势资源。这个优势资源，就是他为之倾注了 29 年心血打造而成的亿星集团。

从 2012 年起，亿星集团与李寨村结对帮扶、村企共建。在李士强回村担任支部书记后，亿星集团专门成立由一名副总裁带队的驻村工作队，并在集团范围内公开选拔了 12 名政治素质高，业务能力强，具有责任担当、拼搏奉献、吃苦耐劳精神的管理干部及工作人员充实到李寨驻村工作队，从资金、人才、技术等方面全力支持李寨脱贫攻坚。

李士强带领亿星集团与李寨村一道，开始了“挖穷根、摘穷帽、谋振兴”的整体谋划、系统设计和协调推进，形成了“党建引领、产业扶贫、基础建设、扶贫扶志、惠及民生”的总体思路，充分激发了家乡发展的内生动力，以此更好地巩固脱贫攻坚成果、持续推进乡村振兴战略。

依托亿星集团及其旗下的黄淮农产品批发市场，李寨村成立专门的农业发展公司，积极推进种植结构调整，实施“一业一特色、一村多品牌”，先后建设农产品集配中心、

/ 李寨村休闲水亭长廊

/ 李士强（左二）查看杂粮车间生产

物流班线、农村电商，建设种植、养殖和农产品深加工等产业扶贫基地，围绕农业、产业、收入、就业做文章，使农民变工人、村民变股民；建设绿色瓜果、蔬菜、珍稀苗木、杂粮、红薯等9个村集体产业基地，56个良种育苗工场、日光温室大棚、蔬菜大棚和藕塘相继建起，标准化、品牌化、绿色有机种植取得初步成效，涌现出“李寨有机西瓜”“冯营黑土地五谷”“刘寨石榴”“无公害蔬菜”等56个生态农业品牌，并通过黄淮电商平台销往全国。2018年6月完成土地全流转，实现农民全就业、收入全保障，基本形成粮经饲统筹、种养加一体、一二三产业融合的农业产业体系，初步走出了发展产业、推动就业、带动创业的就业富民、产业强村、创业兴村之路。

户户通天然气、寨河河道硬化、道路硬化、村庄绿化……，李寨村被列入全国美丽乡村建设试点村、全国改善人居环境示范村、河南省水美乡村、河南省传统古村落等。2018年开始实施投资3.6亿元，重点通过土地整理、新村规划建设、环境专项整治、文化传承“四大行动”，建设美丽宜居家园。尤其是突出李寨村作为古村落和水美乡村的特色，通过挖掘传统农耕文化和红色文化特色，在现有较为完备的基础设施和生态农业田园综合体的基础上，对居住、生产、生活、休闲、文化等新村建设布局进行总体规划，一揽子解决垃圾处理设施、污水处理排放设施、乡村水系和村景绿化、美化等环境治理问题，计划用两年时间完成美丽乡村建设，打造全国旅游扶贫试点村，让环境长出“金元宝”，让生态变成“摇钱树”，让美丽成为“聚宝盆”。

李士强说：村企共建在李寨村的实践证明，企业与乡村结对帮扶，对于调整产业结构、扩大就业人口、改善基础设施、增加村民收入，乃至促进企业良性发展，都大有好处，是一个双赢的结果。谈到下一步的扶贫设想，李士强兴奋地说：我们会充分利用企业在产业管理、品牌营销和技术创新等方面的优势，推进一二三产业融合发展，在源头种植、加工贮存、市场销售等农业产业链上下游中那些适宜产业化、规模化、优质化、集约化的领域，找准与农民利益的交汇点，建立好与农民的利益联结机制，在带动农民增收致富的同时，带动家乡的创新创业发展。

## 做打赢脱贫攻坚硬仗的奋斗者

李士强清醒地认识到，脱贫攻坚任重道远，必须立下愚公移山志，拿出红旗渠人“誓把山河重安排”的气魄，凭着焦裕禄同志“生也沙丘、死也沙丘”式的韧劲，不断强化准、实、严的工作作风，以滚石上山的拼搏奋斗精神和干劲带领群众脱贫。

担任村支书以来，李士强带领一班人，针对李寨村的实际情况，按照“产业兴旺、生态宜居、乡风文明、治理有效、生活富裕”20字方针，每年落实“乡村振兴十件实事”，推进乡村振兴战略在李寨落地生根、开花结果。

李士强感到，物质的贫困不可怕，精神的贫困最恐怖。农村的落后，重要的一点是文化上的落后，思想上的陈旧，观念上的保守。为此，他在李寨村积极实施“文化扶贫”：挖掘村里三名革命烈士的英勇事迹和精神内涵，重塑先烈英雄碑，建设红色教育基地，出台文化扶志措施；邀请著名词作家石顺义、歌唱家于文华等创作李寨村歌，举办纪念刘邓大军千里挺进大别山跨过黄泛区 70 周年专场文艺演出；建成 7 400 平方米弘扬社会主义核心价值观的李寨文化墙，为李寨村脱贫攻坚提供了强大的精神鼓舞。走进现在的李寨村，村民们感受最深的是家风好了、民风变了、村风正了，大家的心气也强了。

扶贫直接面对的是民生。针对留守老人、留守儿童、医疗、教育等民生热点，在李士强的带领下，投资 565 万元建设敬老院和综合服务中心，全村 46 名五保老人集中供养；每年对 229 名 70 岁以上老人发放长寿金 1 200 ~ 3 600 元，对村特困户进行兜底救助；建设李寨幼儿园，完成李寨小学的改扩建工程，引进优秀师资，设立“外来教师奖励基金”和“优秀学子奖励基金”，对考上大专至博士的学生，每人发放奖学金 3 000 ~ 10 000 元。小学教育质量由全县倒数第一跃居全县先进单位，帮助李寨学子获得优质教育，阻止贫困代际传递。

贫困户李志田，长年在外务工，照料家庭的担子全都落在妻子刘霞一人身上。家中三个孩子，大儿子先天脑瘫，日子几乎都在床上度过，其他两个孩子在上高中，成绩优异。为了给大儿子治病，这个家早已一贫如洗。为了从根本上解决他们家的困难，村里为刘霞一家做了免费健康体检，帮助其享受“一站式”医疗服务，将其纳入大病补充医疗保险并免缴新农合费用；为他的大儿子申请残疾人生活补贴，帮助两个学生申请助学金；他们家还享受产业分红以及低保待遇；刘霞也被安排在村集体企业就业，在照顾家庭的同时能有一份稳定的收入。现在的刘霞笑容满面，逢人就讲：“我们真是赶上好时候了！党的政策这么好，村里又对我们这么照顾，以后真是有享不完的福喽！”

看到刘霞一家的变化，李士强的心里不住感慨：只要我们基层干部肩扛责任、辛勤工作，与群众心往一处想，劲往一处使，就能取得一个又一个扎实成效；只要我们听党话、跟党走、感党恩，就能带领群众在实干苦干中实现脱贫致富。

巩固脱贫攻坚成果、实施好乡村振兴战略是全党的大事，是全社会的责任。脱贫靠拼搏奋斗，要用滚石上山的干劲和百折不挠、吃苦耐劳的精神。作为一名脱贫攻坚路上的奋斗者，李士强说：只有自强不息的拼搏才能创造美好的未来，扶贫是一生中最具有价值和意义的历练与成长！李士强表示，他会带领一班人继续努力，把李寨村建设成为让城里人来了都不想走的美丽家园；带领全村父老乡亲，携手迈向全面小康的美好明天！

（撰稿：朱嘉　照片拍摄：齐同杰）

吴伍兵，安徽龙成农林发展集团董事长兼党总支书记。安徽省人大代表。2013年6月，吴伍兵在自己的企业发展势头良好时，毅然选择返乡重新创业，带领众多乡亲利用二郎镇2万多亩荒山，积极发展油茶规模化种植，成为当地特色产业发展的一个新亮点。为了让农户得到实实在在的收益，他不断探索产业带动农户增收途径，创造性地总结出“7+3”带动模式，受惠农户超过1.5万户，真正实现了种活“一棵树”，致富千万家。



# 种活“一棵树” 致富千万家

他是一位出身贫寒的农家子弟，他是一位投身油茶产业的年轻企业家，他更是一位积极作为、勇于担当、投身脱贫攻坚事业的带头人。他就是安徽省人大代表、安徽龙成农林发展集团董事长兼党总支书记吴伍兵。

## 返乡创业为扶贫

20世纪70年代，吴伍兵出生在安徽省宿松县二郎镇二冲村的一个农民家庭。由于家庭穷困，他初中还没读完就走出校门，开始了务工的生涯。他做过木工，做过杂工，做过搬运工。“打工潮”兴起后，他只身远赴福建，白天务工，晚上自学。凌晨，他第一个来到工地；晚上，他最后一个上床休息。凭着那份不怕吃苦的劲儿，吴伍兵先后取得大专学历、工程师职称，从普通农工做到项目经理，后来又创办了自己的公司，跻身福建青年企业家行列。

幼时因贫辍学是吴伍兵永藏心底的痛，愿天下所有孩子都不要因贫辍学是他最大的梦想。在福建创业期间，走访远离家乡前来打工的乡亲，看着他们徘徊在一家又一家公司的大门前，看着他们拖儿带女混居在低矮的工棚里，看着他们年关返乡时挤在车站前漫长的队伍中，吴伍兵感觉像是欠了乡亲们一笔债。他想，如果家乡像沿海地区一样发达，乡亲们不出家门就能有工做，所有这些问题都将迎刃而解。

于是，他下定决心返乡创业，带领乡亲们脱贫致富。

吴伍兵的想法得到了当地党委政府的大力支持。经过深入调查研究，他决定利用二郎镇2万多亩荒山发展油茶产业。一方面，油茶产业是新兴的朝阳产业；另一方面，油茶产业贴近农村、贴近农户，是带动农户增收脱贫的坚实平台。

然而，吴伍兵的想法却受到了福建朋友的质疑：你在福建的事业做得风生水起，为什么要回到国家级贫困县宿松重起炉灶，去经营一个自己并不熟悉的产业？油茶产业周期那么长，前期投入那么大，能成功吗？

面对大家的善意劝说，吴伍兵没有犹豫。他说："我回乡不为别的，就想看着乡亲们富起来。我再穷无非去讨饭，就算碰得头破血流，我也要坚持到底！"2013年6月，吴伍兵毅然决然回到家乡，二郎镇万亩油茶基地建设正式拉开序幕。

令吴伍兵没有想到的是，项目刚刚开始就遇上了大难题。项目开发需要流转老百姓的土地，但遭到了乡亲们的强烈反对。原来，前些年也有人来流转荒山，有的搞林地种植不见效益，头一年付了租金，第二年就开始拖欠，后来干脆跑路；有的打着开发荒山的旗号，实际上是为了套取政府补贴，过了几年山依旧荒芜。

村支书汤焰南找到吴伍兵，对他说："伍兵，俗话说得好，'一朝被蛇咬，十年怕井绳'。而且村里人有个习惯，东西再破也舍不得扔。老百姓手头就这么些土地，在大伙儿眼里，这些荒地也是珍贵得很。"

村支书的话引起了吴伍兵的深思，他认为，心病还得心药医，要想解开老百姓不信

/ 吴伍兵（中）指导农工给油茶剪枝

任自己的心结，就要用行动让老百姓真真切切地感受到自己的真诚、分享到实惠。

当时荒山租金每亩每年20元，吴伍兵一次性提高到80元，每次支付5年租金，并且承诺10年后再提高10元。他说："荒山租金是我们带动农户增收的第一条途径，只能高，不能低。多出的资金可以从其他方面节省出来。"

/ 吴伍兵（右一）与贫困户交谈

油茶树种下了，配套的路、沟、渠也畅通了，种植用工优先选用当地村民，还给高价。周边村的村民一下子转变了态度。吴伍兵回忆，一次2 000多亩的连片山场流转，需要8个村民小组的几十户村民联名签字同意，流转手续几天就办好了，这让他既意外又感动。

6年时间，吴伍兵累计流转荒山6.9万亩，栽培油茶454万株，超过万亩的油茶片区从1个发展到4个。2016年，创办油茶籽加工产业园，年产3 000吨的"水法"油茶籽油生产线于2018年投产；在陈汉乡钓鱼台水库周围30平方公里区域创建油茶旅游核心区，建设特色小镇，推动陈汉乡全域游；建设1 010平方米油茶科技研发中心、500亩油茶栽培实验园、3 000亩丰产示范区，为当地油茶产业发展提供科技支撑。吴伍兵二十几年积累的资金全部投在了家乡的土地上。

## 发展红利共分享

别人办公司，精力全放在市场和销售上，而在吴伍兵的企业里，专门设置了扶贫帮扶办公室，将扶贫作为重中之重。如何让农户在油茶种植中得到实惠，切实增加他们的收入，是吴伍兵自始至终在思考的问题。

早在2014年，吴伍兵就创造性地提出了"五金"模式——农户流转荒山有租金，进园务工有薪金，承包管理有酬金，超产分成有奖金，订单种植有订金。

2015年11月，中央扶贫开发工作会议召开。会上，习近平总书记提出实施"五个一批"工程，把"发展生产脱贫一批"放在首位。看完新闻，吴伍兵备受鼓舞，当晚立刻召开会议，决定结合产业特点，制定油茶产业精准扶贫方案。经过多次讨论修改，方案于2016年元月正式公布。针对贫困户不同致贫原因，方案中突出了村企合作、精准定位、因户施策，并在“五金”的基础上，增加油茶旅游扶贫、贷款参股扶贫、教育基金扶贫三大扶贫举措。

2017 年，龙成集团把扶贫带动模式进一步扩展为“7+3”。“7”指“七金”，在原来“五金”的基础上，增加了农副产品售金和贫困子女助学金；“3”指“三帮扶”，即贷款参股帮扶、创业就业帮扶、公益捐款帮扶。

龙成集团还提供了各种不同的就业岗位，吸纳大量农民进园务工，每人每天能拿到 80 ~ 100 元工资。几年来，龙成集团累计支付农工薪金 2 600 多万元。朱金松是界岭村的贫困户，从 2013 年 8 月开始进园务工，每月出工 25 ~ 26 天，年收入 27 500 元左右，全家稳定脱贫。

为了保证农户种植油茶收益的稳定，吴伍兵向参加油茶种植的贫困户庄重承诺：“不管你们栽培多少油茶，龙成集团保证全部收购。我们之间签订协议，定一个保底价，如果市场价低，按保底价收购；如果市场价高，在市场价基础上再提价 5% 收购。”2017 年，溢价收购农户油茶鲜果 500 万斤，每斤售价比 2016 年高出 1 元，农户多收入 500 万元。

通过“7+3”十大渠道，累计约 7 000 万元资金源源不断流入农户家庭，受惠农户超过 15 000 户，其中贫困户 3 267 户 11 436 人，带动贫困户 1 621 户 5 676 人稳定脱贫。在当地一提到油茶，人们就会开心地说起吴伍兵和他的“7+3”带动模式。

2018 年，油茶籽加工产品下线。在吴伍兵的主导下，确立了产业销售扶贫办法：拿出万亩挂果油茶园供大型企业认领，每亩认领费用 2 万元，集团提供等价“龙成一品”茶油给认领企业。集团从认领费中提取 8% 建立扶贫基金，重点帮扶返贫户、特困户。1 万亩油茶园认领经费 2 亿元，可提取扶贫基金 1 600 万元。

## 做有担当的企业

短期脱贫不容易，稳定增收、脱贫后不返贫难度更大。在精准扶贫中，吴伍兵注重与县乡政府深度合作，吸纳村级企业参股，全面改善地域经济环境，在稳定脱贫上下功夫。

2017 年扶贫日，在宿松县召开的全县社会扶贫经验交流会上，吴伍兵介绍了龙成集团参与脱贫攻坚的做法和经验，并当场认捐贫困户学生教育助学款 80 万元，认领创业就业奖励基金项目捐款 200 万元。在吴伍兵的影响下，帮扶单位和各企业纷纷认领、认捐扶贫项目和扶贫资金。

陈汉乡是典型的山区乡，全乡 13 个村都是贫困村。龙成集团与陈汉乡深度合作，会同乡政府联合出台了贫困户创业就业相关奖补办法，龙成集团负责提供奖补资金、组织培训和向用人单位推荐，在全乡贫困户中掀起创业就业热潮。2017 年，338 户贫困户通过就业创业成功脱贫。陈汉乡召开就业创业激励资金发放大会，338 户贫困户身挂大红绶带，高高兴兴领取了龙成集团发放的奖补资金。2018 年，成功就业创业的贫困户猛增至 1 120 多户。

为了全面改善陈汉乡 13 个贫困村的经济环境，龙成集团与陈汉乡通力合作，流转芭茅山土地 2.4 万亩，共同打造乡村全域游，总投资 2.07 亿元。在荒山上栽培油茶 6 000 亩，修筑游步道 40 公里、观景休息亭 10 座，建设民宿 5 家，约 2 000 多贫困户通过荒山流转、进园务工等途径在项目建设期受益。油茶旅游项目开局良好，受到农户一致好评。

二郎镇三冲村是国家级贫困村，安徽省地矿局帮扶三冲村办起了“脆又甜萝卜加工厂”，但一直没有运营。为了推动萝卜加工厂尽快获得收益，2017 年龙成集团吸纳“脆又甜萝卜加工厂”参股，发动农户订单种植萝卜，当年收购萝卜 50 多万斤，种植一季萝卜增收 50 多万元。消息传开，二郎镇、凉亭镇、陈汉乡、孚玉镇的 20 多个村纷纷引导本村企业参股龙成集团，并在参股协议中注明红利的 80% 落实到贫困户，由此可让 5 000 多贫困户受益。

为了更加清晰地了解贫困群众的情况，精准地提供帮扶，多年来，走访贫困户成了吴伍兵常做的功课。他发现，有的贫困户缺少劳动能力，进园务工、承包管理、订单种植、就业创业等帮扶措施都难以落实到位。吴伍兵把这部分贫困户划归“特殊贫困群

/ 吴伍兵（右）在陈汉乡发放就业创业激励资金

体”，决定利用贫困学生助学金、公益捐款帮扶等措施加以重点关注。

2013 年，吴伍兵给安徽大学教育基金会捐款 200 万元，设立“龙成基金”，累计资助 240 余名学生，支出近 90 万元。

每年春节，吴伍兵都亲自带队，为当地五保户、特困户送米送油。2016 年底，他从宿松县林业局了解到潜山县水贵村 42 户特困户急需一笔过年费，立即安排专人在第二天送去现金 17200 元，还给敬老院的老人送去食用油和大米。2016 年宿松县遭受特大雨灾，龙成油茶基地受损严重，但龙成集团仍捐款 18 万元，援助宿松及周边受灾乡镇。龙成集团 6 年累计捐款捐物达 381 万多元。

在各级党委政府和广大农户的支持下，龙成集团油茶产业日益壮大。通过不断挖掘油茶的价值，吴伍兵用小小的油茶树“种活”了一个大产业，形成年年有租金、天天有工做、家家有油茶、人人谋就业的大好局面，产业带动长效脱贫、稳定脱贫的优势日益彰显，开创了一条把绿水青山变成脱贫靠山的好路子。

（撰稿：张津津　照片拍摄：刘俊　吴晓阳）

/ 龙成油茶基地

余留芬，贵州省盘州市淤泥彝族乡岩博村联村党委书记、岩博村委员会书记。党的十七大、十八大、十九大代表，全国政协委员。曾获全国优秀共产党员、全国三八红旗手标兵，贵州省文朝荣式好支书等荣誉。她垫资购买工具材料，修通一条长 4 公里的出山路。多方筹措凑齐 23 万元赎回 1 480 亩转包出去的林场，掘出岩博发展第一桶金。带领乡亲们建砖厂、办酒厂、搞养殖等，采取“招商引资＋集体入股＋村民入股”的方式，三个村 1 012 户村民成为股民，户均分红近万元。在联村党委的带领下，三个村 440 户 1 088 名建档立卡贫困人口全部脱贫。

# 当好领头雁　建功新时代

18 年，带领全村村民先后建起煤矸石砖厂、岩博山庄、岩博特种养殖专业合作社、火腿加工厂和岩博酒业，实现经济“井喷式”发展。

18 年，让昔日人均收入不足 800 元、1/3 村民未过温饱线的穷村，一跃成为集体资产达 7 600 余万元、集体经济积累达 610 万元、人均收入达 18 600 元的小康村、富裕村。

18 年，让一个女人从风华正茂走向面带沧桑，更让她从家庭的小舞台走向群众心中的大天地，她就是党的十七大、十八大、十九大代表，全国政协委员，荣获全省优秀村党组织书记、中国农村新闻人物、全国十佳农民、全国优秀共产党员、全国三八红旗手标兵等荣誉称号的余留芬。

## “不　要　怕”

磅礴的乌蒙山，有最美的自然风光，也有最贫困的边远村落，贵州省盘州市淤泥彝族乡岩博村就坐落在乌蒙山腰，那是“吃粮靠救济、穿衣靠救助、用钱靠贷款”的“三靠村”。“家家都住老土房，出门就是猪粪塘，一年种粮半年饱，有女不嫁岩博郎。”这丝毫不夸张。

“村里的小道，两个人对向通行都要侧着身子，一年四季要穿雨鞋，因为路上全是稀泥。许多地方还要用一块块石头垫着，才能走过去。”这是 1989 年，刚满 20 岁的余留芬从鸡场坪乡嫁到岩博村时的第一印象。

当时的岩博村，集体经济为零，不通水、不通电、不通路。嫁过来后，丈夫在外地上班，一个月难得回一次家，余留芬不仅要照顾两个孩子，还要管地里的庄稼。岩博村土地石头多，不好种也不好挖，对以前几乎没种过庄稼的她来说，地头活成了最怕的事。

生活太苦了，余留芬发誓要换一种活法。1993 年，她到附近煤矿开了间小饭馆，后来因照顾不了家庭，就买了照相机回村走村串寨给人照相，之后又办起小超市……由于敢想敢做，人勤快，头脑活，生意一天比一天好，日子也慢慢宽裕起来，余留芬成了岩博村先富起来的人。

余留芬仗义、真诚、有本事，村民们大小事都愿意找她商量。1996 年，村里换届选举，老百姓推选她为村妇代会主任。

2001 年，岩博村老支书病重，他不顾思想陈旧的村民反对，向组织推荐了余留芬接班。走马上任的余留芬下定决心："要么不干，要么就干好，一定要带领群众换个活法，打破这几十年来无法摆脱的贫困。"

如何拔掉岩博村的"穷根"？上任后的第 7 天，余留芬说要修路。修路对居住在半山上的岩博人来说意义非凡，盼了几辈都没能实现。不少人冷眼旁观：村里没有一分钱，况且涉及征地，土地都分到户了，谁愿意无偿把地拿出来？

"就是用双手刨，也要刨出一条通村路。"连续三天，白天召开村民会，晚上挨家挨户做思想工作，余留芬要结束岩博人祖祖辈辈人背马驮的历史。

她召开村"两委"会议，号召村干部先拿出一部分土地置换给被占用土地的村民，并带头量出自己的土地进行置换，垫出自己的积蓄买钢钎、大锤、洋铲和炸药。

白天，余留芬和村民们一起上工地，搬石块、掌钢钎、抡大锤；晚上，她又挨家挨户鼓劲加油。历经 3 个多月的苦干，一条宽 4.5 米、长 4 公里的进村路通了。

路通了，岩博林场成为村里发展的第一个产业。2002 年，原村集体所有的 1 480 亩岩博林场，因外地承包人管理不善，急于转手。高达 23 万元的转让费，对当时的岩博村来说无疑是一个天文数字！

/ 余留芬（右一）带领村民修路

挨家挨户筹资，只筹到几千元。余留芬带着村干部跑周边煤矿借钱，一连跑了 12 家都被拒绝，跑到第 13 家终于借到 5 万元。她把自己的 4 万元拿出来，但缺口还有 14 万元。她提议高息借款，一

/ 余留芬（左一）与火腿加工厂员工交流

/ 余留芬和岩博酒业副总讨论产品

些人打起了退堂鼓。

为让大家吃下定心丸，余留芬想了个土办法，她带着大家来到林场数树，从早到晚数了 3 个山头，才数到十分之一的面积，此时的林木价值远超买林场的价格，大家有底气了！

赎回林场后，村“两委”通过间伐林木、精心经营，一年就将借款全部还清并盈利 8 万元。

趁热打铁，余留芬带着大家办起了一个又一个村办企业。用林场抵押贷款、发动村民入股，先后办起了林下养殖场、煤矸石砖厂、农家山庄、小锅酒厂、火腿加工厂等，让村集体资产和经济积累实现滚雪球式发展，群众收入也不断增加，越来越多的村民摘掉了贫困的帽子，这让余留芬很欣慰，但她并没有停下来歇歇。

“2006 年，我们村里的人都从外地回家了，在家门口就能打工，也能投资村里的产业。”岩博村村主任肖玉龙说。奋斗了几年后，大家从 2010 年开始修新房，有村民当时办贷款还有些犹豫，担心还不起。“不要怕，修！”肖玉龙还记得，余留芬就是用这句坚定的话鼓励大家，这也饱含了余留芬对岩博村发展的信心。

在余留芬的带领下，依托云贵高原良好的生态环境，岩博生态农业有限公司应运而生，以“支部＋公司＋农户”模式运营，村里与村民签订参股分红合同，以股民、管理人员、技术人员、工作人员或合作者的身份参与公司发展，监管公司运作。公司着力发展特色养殖、休闲旅游、农产品加工和酿酒等产业，先后办起 12 个养猪场、4 个养鸡场、2 个休闲山庄、1 个酿酒厂、1 个火腿加工厂，开启了岩博村公司化发展之路，其中“人民小酒”“盘县火腿”更是成了远近闻名的品牌。

“她看问题很准，上的项目都很符合市场需要，胆大心细，敢想敢干。”村民肖海龙如此评价余留芬，既有称赞又有感激。十几年前，他是村里最贫困的村民之一，如今，他已经用村公司分红的钱买了一辆轿车。

## 以人为本

这么多年，一个外嫁过来的女人任了村支书，当然有村民不服。

服不服，余留芬没有在意，她更在意的是如何让村子发展起来。无论在哪里，党员都是一面旗帜，她决定从建强村“两委”班子和党员队伍入手。对任职多年的老村主任，余留芬采取包容团结的办法加强请教沟通，同时紧密团结村民兵连长、村文书，充分发挥村民组长的作用，形成村班子带领群众抓发展的合力。

余留芬还积极物色和鼓励村里有发展潜力、有文化水平、有奉献精神的年轻人入党，为壮大村党组织储备力量。

为切实强化党员干部在脱贫攻坚中的示范作用、引领作用、表率作用，筑牢筑强基层党组织这个“堡垒”，在余留芬的领导下，岩博村党委推行“三比三看”机制。围绕着“比思路看举措、比作风看作为、比干劲看成效”，通过车间、村民小组党员流动先锋岗，鼓励引导党员干部创先争优，树立了示范带动的良好导向，强化了服务人民的宗旨意识。

同时，余留芬打破传统基层人才管理机制，将 14 名有技术、懂管理的党员引进村企任管理人员，从企业中吸纳 4 名有思路、懂发展的管理人员进入村党委班子，让能人积极向党组织聚拢。通过 2016 年换届优化班子结构，实施企业培养、管理人员帮带，党组织培养、村干部帮带的“双培双带”工程，培育后备干部 13 人。

在各类人才的引领带动下，岩博的企业办一个成一个，企业管理不断规范，生产工艺不断改进，产品质量不断提升，逐渐赢得了市场，拓宽了销路，同时推动了岩博经济社会全面发展进步。

岩博创办特种养殖场后，村民袁会英在养殖场务工学到了技术，在村党组织的扶持下，她后来发展成养鸡大户，办起了兴农合作社，现存栏蛋鸡 9 万余只，资产积累达 200 余万元，带领 10 余户群众脱贫。如今岩博村 350 户农户中，有致富带头人 40 余名，带动 125 户经营种植养殖业、130 户经营运输业、10 户经营个体酿酒，全村劳动力实现百分之百创业就业。

在推动村办企业发展、壮大村集体经济过程中，余留芬摸索出一条用足用活人才的发展路径。实施“十万年薪引进人才”“持股引才”等计划，引进 200 多名大中专毕业生，培育了一大批田间地头的“精英”，训练出一大批车间企业的“骨干”。坚持“学用结合、知行合一”，结合党员干部、技术人员和群众的需求导向，组织到云南、四川、浙江、福建等地学习培训 200 余次。创办党员教育培训中心，对全村养殖户、种植户开展技术培训 900 余人次，培养了 300 多名“土专家”“田秀才”“技术骨干”，其中 31 人获得农业中级职称，带动 53 名农民自主创业，为岩博村的发展筑牢人才保障。

/ 余留芬在岩博酒业展示厅摆放“人民小酒”

着眼于村里的大事，但村民的小事也不能忘。真心为群众办事，群众才会拥护你。有村民病重急需转院救治，余留芬连夜联系车辆将其送到昆明大医院进行治疗；有村民因车祸花光了所有积蓄，欠下几十万元债务，她主动帮助解决孩子的学费难题，还请来专业律师，打赢了赔偿官司；有村民在外地创业失败回村后，她主动借款 5 万元鼓励其重新创业……

岩博人，人人心中都有一本对余留芬的感情账。酒厂发不起工资时，员工们主动安慰她：“不要说几个月不发工资，就是几年不发工资，我们也要跟着你干。”

2013 年，余留芬组织贷款 2 000 万元让村民认股，酒厂还本金，群众还利息，160 余户群众积极参与。当村民还不起利息时，她都会想办法筹钱为大家还款；酒厂资金周转困难时，她又借钱垫付支出，自己却背负了 180 余万元的利息债务。

当被问起余留芬到底好在哪儿时，岩博村的男女老少个个都有话说，有的讲到动情处时潸然泪下。“余留芬”这个名字就像一股暖流，温暖着每一个村民；更像一条潺潺的小溪，浸润着干涸的田地。

## 壮大“生力军”

只有依靠群众、发动群众、组织群众，才能形成强大的发展合力。余留芬带领下的岩博村始终把村民受益作为产业发展的最终目标，建立完善的利益链接机制，让农户从过去的旁观者变为参与者、打工者，变为股东。

2012 年，村集体出资 265 万元，组织村干部和 129 户群众入股 1 806 万元，通过林场、火腿厂、养殖场抵押贷款 1 000 万元让群众认股，积极争取盘江煤电集团投资 2 000 万元、盘兴能源公司投资 500 万元，开工建设酒厂。

2016 年，岩博村又立足山清水秀、多彩彝风的特色优势，向上级申请投资 3.2 亿元建设彝人谷旅游项目，并利用村集体征地款全部入股此项目，实现了人人在景区搞服务、户户在景区有收入的目标。

在党组织和余留芬的带领下，岩博村走出了一条“党建引领、村企合一，能人带动、人才强村，股权合作、共同富裕”的路子。

为带动邻村一起发展，2016 年 11 月，岩博村、苏座村、鱼纳村和岩博生态公司联合组建联村党委。随后，联村党委积极协调贷款 1 500 万元，以普惠股形式让岩博、苏座、鱼纳三个村 1 012 户村民全部入股岩博酒业，共享发展成果。2017 年岩博酒业实现分红 900 万元，2018 年第一季度酒业公司产量 600 吨，实现产值 3 300 余万元，上缴税金 1 300 余万元，利润 800 余万元。

截至 2018 年 7 月，岩博村办企业累计投资 1.35 亿元，村集体持股 1 727 万元、占比 12.79%，村干部及村民持股 5 097 万元、占比 37.75%，实现年产值 9 000 余万元、年利润 2 000 余万元，带动 160 户近 400 人就业，群众人均增收 2 000 余元。

2017 年 10 月，在党的十九大会议期间，习近平总书记参加贵州省代表团讨论时，得知余留芬通过组织农民酿制白酒、生产火腿脱贫致富，习近平总书记非常高兴，并询问了具体情况。

其后短短两个月时间，“人民小酒”火了，仅岩博酒就接到 5.6 亿元的订单。也许村民们不知道 5.6 亿元的订单有多少，但他们知道，这蕴含了习近平总书记和党中央对岩博村民的关怀，意味着岩博村民的艰辛努力得到了幸福回报，意味着他们的生活将更加富裕红火。

销路好了，有钱赚了，全村上下精神格外振奋，干劲更足。2018 年春节前夕凝冻期间，岩博山泉水输水管道结冰，酒厂员工自发用火烤化，把上千米的管道一节节拆下将冰块倒出；高粱转运道路结冰，村民每天自发人工搬运上万袋高粱。天寒地冻，却人心火热。

吃水不忘挖井人，致富不忘感党恩。2018 年春节前夕，酒厂专门拿出 900 万元利润向所有村民按股分红。拿到分红后的岩博村民，抑制不住心中的喜悦，联名写信向习近平总书记报喜感恩！

最高兴的莫过于余留芬，见证昔日贫困落后的边穷山村蜕变成美丽富裕的新时代美丽乡村，看着感恩的幸福时时洋溢在村民的脸上，她感动不已：“我很庆幸生在这个伟大的时代，能够为岩博村拼搏。我们要用岩博村民的幸福指数，回报习近平总书记如山的恩情。”

（撰稿：周艳　照片提供：潘蓉）

/ 岩博村全貌

闵洪艳，湖北省襄阳市谷城县五山镇堰河村党委书记、村委会主任。2010年享受省级政府专项津贴，2015年被国家旅游局评为中国乡村旅游致富带头人。他26年如一日，以生态产业为突破口，发展茶园1 200亩、杜仲1 000亩、经济林3 000多亩，把贫穷山村变成了金山银山。依托绿水青山发展乡村旅游业，村年接待游客30多万人次，经营收入8 000余万元，全村从事旅游业经营的农户人均增收5 000元以上，户年收入都在10万元以上。



# 知山水　树林木　育新村

在湖北省襄阳市，说起谷城县五山镇堰河村的“闵黑子”，几乎无人不知。

“闵黑子”何许人也？他就是堰河村党委书记闵洪艳。自1992年8月担任村党支部书记以来，他26年如一日，以一颗赤子之心带领全村干部群众咬定青山艰苦创业，奋战在脱贫攻坚主战场，把偏僻落后的穷山变成了金山，把堰河村建设成为全国文明村、中国最美休闲乡村、全国生态文化村、全国绿色小康村、中国乡村旅游模范村、全国最美宜居村庄。

20多年后的今天，堰河村山沟变绿了，村子变美了，百姓变富了，闵洪艳却变黑了，故而得名“闵黑子”，那是乡亲们对他最亲切的称呼。

## 破　困　局

管好山，护好水，修好路，育好人，建好村，探索脱贫突破之路，绿色发展先人一步。

堰河村过去是什么样子？

见山山秃头，见路路断头，见水水断流，见人人犯愁。

父老乡亲们日夜辛劳，却难维持温饱。吃穿不愁是堰河村人最朴素的愿望。

闵洪艳的父亲闵代珍是新中国成立后堰河村第一任党支部书记。他虽没能实现带领乡亲们奔富的愿望，却培养出一个好儿子。在父亲潜移默化的影响下，闵洪艳始终对堰

/ 闵洪艳查看堰河茶园茶叶生长情况

河村怀揣着一份深深的眷恋。1981 年，高中毕业后的他回到堰河，从村小组的会计做起，到村里副主任、民兵连长、调解主任，勤勤恳恳一干就是 11 年。

1992 年，闵洪艳担任堰河村第六任党支部书记。上任伊始，父亲便告诫他：当了这个头儿，就要守好这片山、护好这方水、带好这帮人。

那时，堰河村什么产业也没有，老百姓只是靠山吃山，挖树卖钱。几年下来，山秃了，水没了，钱包还是一样空。

这样下去不是办法。穷山恶水之间，出路在何方？

“穷在于山水，出路也在于山水。堰河村要想富，就要做好山水文章。保护好这里的一草一木，老百姓才有致富的希望。”闷头苦思的闵洪艳顿悟。

接着，堰河村提出“不让一寸地方无树”，准备在荒山上大规模植树造林来发展经济。通过考察论证，闵洪艳发现堰河村满山的风化烂石非常适宜种茶，他大胆提出生态经济发展的新理念：保护荒山、建设荒山，守住了绿色就等于守住了未来！

五山镇是湖北省十大茶叶名乡镇之一，堰河村发展茶叶产业可谓有先天优势。结合市场需求，堰河村规划了茶园建设项目，准备全面普及推广生物技术和无性繁殖技术，打造 700 亩有机茶园。

一开始，村民的积极性并不高，大多数人出工不出力。闵洪艳也不说什么，自己带着干粮就上了山，埋头修茶园。很快，党员们上山来了，全村两百来号劳动力也来了。

“我们就是要做给群众看，带着群众干。”闵洪艳带着大伙夜以继日地干，顶风冒雨地干。常年风吹日晒把他变成了“闵黑子”，而换来的是堰河村发生了明显的变化。

1998 年，刚刚崭露头角的闵洪艳被调到镇里创办茶叶公司。虽然舍不得奋斗了 6 年的堰河村，但他还是服从组织安排，踏上了经商之路。短短三年时间，他创立并推广的“玉皇剑”茶叶品牌在市场上一炮打响，前景大好。

这时，堰河村却出事了——村“两委”班子集体辞职了！

原来，虽然离任前闵洪艳带领堰河村走出了困境，但接任的村“两委”班子缺乏经验，面对繁重的村级事务两眼一抹黑，难以为继，只好撂了担子。乡亲们强烈呼吁：“叫闵黑子回来！”

回吧，村干部一个月就 400 元津贴，还有操不完的心；不回呢，对不起渴望的乡亲们和那巨大的信任……。一番纠结，闵洪艳还是放弃高薪回村了，他把种茶的路子也带了回去。

乡亲们没有看错人。从开发基地入手，闵洪艳在堰河村的荒山坡上建起了“绿色银行”，先后发展茶园 1 200 亩、杜仲 1 000 亩、经济林 3 000 多亩。没出几年，村集体年收入从不足 3 000 元增加到近 10 万元，同时上缴税收超过 8 万元。

2003 年秋，村民李华同新房落成，欢天喜地迎回了在深圳工作的女儿。可没想到，女儿住了 3 天就要走。她说，房子是盖得不错，但到处又脏又乱，住不成个人！

别人家的一件小事沉甸甸地压在了闵洪艳的心头。他认为，这应该是全村的大事。社会主义新农村究竟该如何建？他决定，从村里的垃圾分类着手。

十几年前，垃圾分类在城市里都算个新鲜事儿，更别说在农村。不少村民质疑：“这是作秀。”但闵洪艳顶住了所有压力，硬是让垃圾分类在一家一户实施起来。一个星期里，堰河村把所有陈年垃圾全部清走了；一个月后，村貌实现了大变样。

为了让村庄更环保，闵洪艳还请来了华中科技大学的专家教授实地考察。很快，村里投资 20 多万元的污水处理站建起来了，大部分的污水统一进入处理系统，日处理污水 20 吨。

垃圾不准乱倒乱甩，污水不直接排到河里，大树、名贵树不准砍不准卖，堰河村的“三不”政策远近闻名。不仅如此，堰河村家家户户还建起了沼气池，既保护了森林植被，又节省了开支。

堰河村组组户户、各个景点、产业基地之间都通了水泥道路，全村 100% 的农户饮用的是干净卫生的水，90% 的农户住的是宽敞漂亮的小洋楼，80% 的农户用的是沼气、太阳能等环保能源……

总体布局显山露水，交通道路依山顺水，产业结构保山护水，生态资源养山润水。知山水，而后树林木，这为堰河村发展乡村旅游奠定了良好的生态环境基础。

## 扬　乡　情

山水变风景，资源变资本，产品变商品，农民变股民，走向脱贫致富之路，追求富裕棋高一筹。

时间的指针拨到了新世纪，此时的堰河村村民在闵洪艳的带领下，依靠种茶完成了第一次资本积累。但是，怎样才能让村民在致富的路上走得更好更远呢？

/ 闵洪艳（中）与村“两委”班子成员讨论堰河民俗园建设

翠绿的茶山，清清的河水，漂亮的民居，堰河村吸引着全国各地的人前来考察学

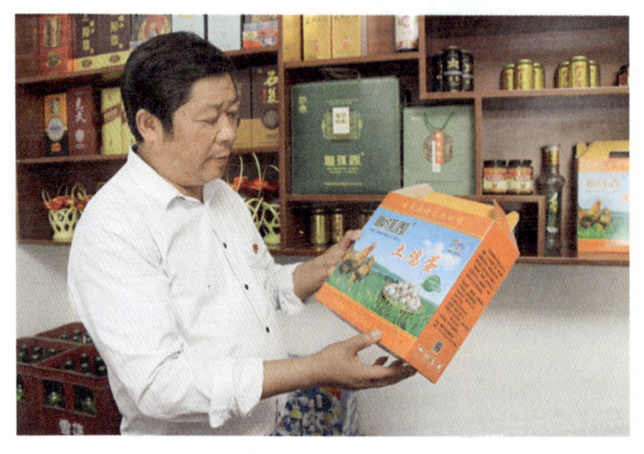

/ 闵洪艳查看旅游合作社在销农产品

习。如画的山水，每每让前来参观的人惊叹不已。这触动了闵洪艳的灵感。“城里人喜欢堰河，这就是致富奔小康的最大资本，乡景乡情也能变成钱！”

于是，闵洪艳再次将眼光投向绿色经济，以此为基础发展乡村旅游。

2002 年前后，闵洪艳提出村里要大力发展农家乐。这个主意让很多村民难以接受：农家乐谁也没干过，咋个办？谁来吃住？怀着对陌生事物的天然恐惧，村里没人敢第一个吃螃蟹。

为了取经，闵洪艳带队组织党员、村民代表到神农架林区考察。可考察完回家都一月有余了，还是没人愿意搞。

闵洪艳坐不住了，“别人不办我先办”。在说服妻子李桂茹后，他第一个承包村集体房屋办起了农家乐。接着，又把村里闲置的几间房腾出来，免费供村里几名党员经营使用，让他们一起带头办。

一年后，第一批办农家乐的党员方洪军赚了 2 万多元，李桂茹的农家乐也生意红火。这回，不用劝，越来越多的村民主动开始加入办农家乐的行列。看到农家乐成了气候，闵洪艳却默默退了出来，把地理位置绝佳的店面转给了更需要的村民。

农家乐的红火，使闵洪艳发展乡村旅游的思路逐步清晰：“把山水变成风景，把资源变成资本，把产品变成商品，把农民变成股民。”

借堰河村农家乐火爆发展之势，闵洪艳以“领头雁”的责任和担当，投资 4 900 多万元改扩建乡村旅游公路，集中投资 800 多万元新建了一座集观光、会务、休闲、游乐、品茗、食宿于一体的乡村旅游接待中心及配套设施……

在担任堰河村党委书记、村委会主任的同时，闵洪艳还有另一个身份：堰河生态旅游经济合作社理事长。这个合作社最初是由他私人成立的。后来，闵洪艳无偿将合作社转化为了村里的集体经济组织。现今，初步形成了道乡寻踪游、茶色生香游、田园风光游三大特色旅游品牌和腊蹄子、风干鸡等“堰河香”系列旅游商品。合作社已成为村里扶持、帮助贫困户脱贫致富的最有效载体，把一家一户组织起来抱团发展、融资开发。全村有 32 户村民从事旅游接待服务，并有 3 家茶场、5 家香菇木耳基地、8 个农特产品超市门店。

合作社实行统一价格、统一服装、统一接待设施、统一服务标准，诚信经营，受到游客好评。2017 年，全村共接待游客 30 多万人次，经营收入 8 000 余万元，从事旅游业经营的农户人均增收 5 000 元以上，户年收入都在 10 万元以上。

堰河村已具备同时供 300 人入住、5 000 人餐饮的接待能力，成为湖北省唯一一家整村发展乡村旅游的村和中国乡村旅游模范村，拥有 3 家国家金牌农家乐和湖北省首家四星级农家乐，村集体资产上亿元。

## 筑 新 梦

2015 年，堰河村实现了“家家有产业，户户有项目，人人有事干，个个有钱赚”的基本目标。而闵洪艳的下一个目标是在 2020 年前带领全村率先向着每个家庭“一个稳定的产业项目、一栋小洋楼、一部小轿车、人均 10 万元存款”的“四个一”小康目标迈进。

共享脱贫攻坚成果，奔向小康再筑新梦。对闵洪艳来说，小康路上一个都不能少，全村村民都应共享发展成果。而这更需要村干部身体力行地持续奋斗。

为了修通通往百日山景区的公路，闵洪艳一次次攀行在悬崖峭壁上勘测路线。“有一次不小心被竹茬子戳伤了脚板，回家后脱下解放鞋，里面结下厚厚的血饼。”收起回忆，他说，“作为党员干部，我们没有享受的权利，我们要始终为群众奋斗。”

带着班子扎实干事，成了令老百姓拍手称快的优良作风。村里慢慢形成了具有堰河特色的党委会议事、村民代表大会定事、村民委员会理事的“三会治事”机制。堰河村的村党组织、群众自治组织、新型经济合作组织“三位一体”，被总结升华为“三三制”，确定为组织创新的典范，在省市推广。

这么多年，“闵黑子”就是这样带领着堰河人一步一个脚印，在贫乡僻壤开辟出一

/ 堰河村游客接待中心

番新天地。这番新天地里，有你，有我，更有他。

闵洪艳提出，村里对所有建档立卡贫困户，无偿给予配股，共同参与合作社分红；易地扶贫搬迁户同样无偿给予配股，“搬来就入社，当年就分红”。

有村民质疑：“有些老人没有参与劳动，怎么也给他们分钱?”闵洪艳就上门解释：“老一辈人曾经为堰河村的发展出汗出力，我们不能忘本，不能忘恩。”

依托乡村旅游产业，堰河村对全村贫困户实施不同的帮扶措施：带动其中的 1/3 发展旅游项目，对其提供信息、资金帮助；对另外的 1/3 提供就业帮扶，吸纳他们到旅游服务队伍中去；对因病因残丧失劳动能力的 1/3，由党员干部“一对一”帮扶脱贫。

贫困户张宾富在村里的支持下，开起了农家乐。开业之初，闵洪艳四处奔走帮他找赞助、拉客源，并按政策给予 1 万元补助。如今，张宾富家依靠农家乐年收入达到 8 万元左右，不但快速脱了贫，而且通过扩大经营规模搞起了民宿，成了致富小能手，还吸纳其他贫困户务工。

同样是贫困户的李先俊，房子破旧不堪，闵洪艳就无偿帮忙赊来建筑材料，帮他盖起新房；孩子的大学学费没有着落，闵洪艳知道后，找遍熟人为孩子争取助学金。2018 年夏天，李先俊的儿子大学毕业，顺利考上研究生；家中新房正在装修、即将入住，一家人将彻底断掉“穷根”。

合作社带动 100 多名贫困人口就业，18 户易地扶贫搬迁户依托民俗园乡村旅游项目拎包入住，后续收入稳定，实现了“出穷窝、住新楼，会创业、能就业，走富路、拔穷根”，每年分红率达到 50%。

在抓好脱贫攻坚的同时，闵洪艳积极推动生态文化建设和人居环境建设，配套完善农村公共服务，村内卫生室、小超市、文化大舞台、旅游服务站、居家养老中心等一应俱全，实现了公共服务均等化，让全村百姓幸福指数像芝麻开花一样节节攀升。

一花独秀不是春，万紫千红春满园。以堰河村为核心，带动周边 7 个村共同发展绿色产业、开展乡村旅游，堰河“1+7”脱贫致富格局逐步形成，富裕之花正遍地开放。

了不起的“闵黑子”，守着堰河的绿水青山干了 20 多年，依然志在千里，壮心不已。

青山作证，绿水代言。

堰河村，大山深处乡村振兴一面旗！

闵洪艳，百姓心中脱贫致富领头雁！

（撰稿：周艳　照片提供：任雪平）

张育贤，中共党员，巴山牧业股份有限公司董事长兼总经理。曾获四川省优秀诚信企业家、四川十大科技创新改革人物提名奖等荣誉。他辞掉外企高管职位，舍弃高额年薪，回乡参与脱贫攻坚，探索出“政府＋企业＋银行＋保险＋贫困户”的“五方联动”养殖模式，带动上千户建档立卡贫困户稳定增收脱贫。他坚持“优先流转贫困户土地、优先培训贫困户技术、优先收购贫困户饲粮”三个优先原则，让 2 000 余户贫困户摆脱贫困。他利用“互联网＋”，在融 E 购开展青峪猪义卖，捐资救助贫困重病残疾儿童。他单列贫困家庭子女招聘计划，使公司员工中贫困家庭人口占比达 40%。

# 在贫瘠土地上腾飞的“巴山猪王”

北大博士、清华硕士、中国生态环境保护领军人物、四川省优秀诚信企业家，荣获四川十大科技创新改革人物提名奖、四川省首届农村乡土人才创新创业大赛金奖——耀眼的学历、突出的成绩，这些怎么也让人想不到会与养猪、扶贫联系在一起。这就是张育贤，他还被老百姓称为“巴山猪王”。

“现在，我们养的一头有机育肥猪，市场售价近万元。”张育贤自豪地说。他荣获英国非政府组织世界农场动物福利协会颁发的“金猪”奖。他饲养的青峪猪荣获世界农场动物福利协会“福利养殖金猪奖”。“青峪黑猪”“青峪黑豚”等 100 多个产品，与世界 500 强企业家乐福、伊藤等营销合作，产品远销意大利、法国等国家，受到外国消费者的青睐。

2017 年，青峪猪出栏 2.5 万头，实现产值 1.2 亿元，利润 2 100 余万元。同年 11 月 7 日，巴山牧业成功登陆“新三板”，成为巴中市首家上市企业。目前，公司已通过“政府＋企业＋银行＋保险＋贫困户”模式，带动 2 000 余户贫困户养殖青峪猪脱贫致富，预计到 2020 年公司将带动 1 万户农户通过养猪稳定致富。

洗去铅华，张育贤有了一个新的称号——“巴山猪王”。

## 不恋高薪，回乡创业当猪倌

通江县位于四川省东北部，地处秦巴贫困区，是我国扶贫重点县。全县贫困村有

157个，贫困户32 782家，贫困人口10万人。

出生于通江县偏远山村的张育贤，家境贫苦、父母早逝，读大学的费用都是在乡亲的帮衬下交足的。生活过得艰难，但这样的人生经历却促使张育贤奋发图强：当面临毕业后每月工资200元时，张育贤毅然丢下“铁饭碗”下海打工，后来成为广州某上市公司的总经理，年薪达300多万元；为了提高自己的管理能力和业务水平，他先后取得清华大学工商管理硕士、北京大学经济学博士学位。

在很多人看来，张育贤已经完成了鲤鱼跃龙门的跨越，达到了人生和事业的高峰。但谁能想到他会推倒重来，不恋高薪，回乡创业当猪倌，成立了通江县巴山生态牧业科技有限公司。这还要从他吃到的一盘腊肉说起。

2008年春节，张育贤在朋友家做客。吃饭时，一盘肥而不腻且嚼劲十足的腊肉给他留下深刻印象。“我当时就很好奇，这是什么品种的肉，在哪儿买的？”张育贤说。经过咨询，这是青峪猪，口感、营养远远高于其他品种。

经过慎重考虑，张育贤决定回乡养青峪猪。这个想法一提出，就遭到妻子和合伙人的反对。“我当时在广东一家生物制药公司担任总经理，他们觉得我瞎折腾。妻子跟我吵了一架，但没能阻止我回乡的步伐。”

2009年，张育贤辞去总经理职务，回到家乡，创办了通江县巴山生态牧业科技有限公司，开始了青峪猪保种选育和高端猪肉养殖产业化的发展。

接触后，张育贤才发现，养殖青峪猪并非易事，选种是第一道门槛。当时国家推广白猪养殖，经济效益好，百姓积极响应。而青峪猪生长周期长，濒临灭绝，通公路的地方基本上没有这个猪种。

/ 张育贤查看青峪猪生长情况

张育贤意识到，自己做的是一件抢救优良猪种的事情，于是他更坚定了决心。他联合科研院校以及省、市、县的畜牧专家，深入通江、南江、平昌、南郑、万源、城口等偏远村落，筛选了8种血缘共36头公猪和416头母猪，建立了原种青峪猪场，获得了第一张省级种畜禽生产经营许可证。

面对张育贤提出的青峪黑猪养殖计划，朋友们持不乐观的态度。当时，老百姓吃了几

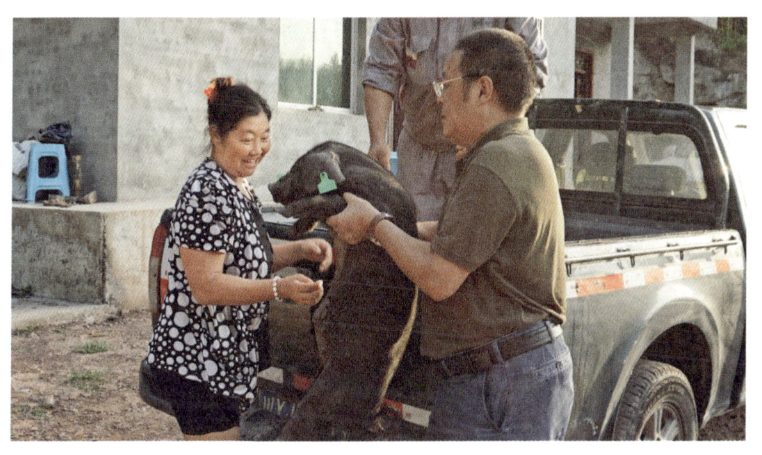

/ 张育贤（右一）向贫困户赠送仔猪

十年的白猪肉，知道黑猪肉的人很少，而且养猪是一个投资长、见效慢、风险高、回报率低的项目。但是，张育贤仍然没有动摇。

“也许是父母去世早，造就了我认定的事一定要去做的性格。”张育贤笑着说，“做人不能忘本，更不能忘恩，我拿到人生第一桶金后，就想着要为曾经接济过自己的父老乡亲们摆脱贫困，让他们走出大山，过上好日子做些贡献。”

创业初见成效的张育贤决定，把帮扶重心放在建档立卡贫困户上。但是，扶贫并没有那么简单。很多贫困户并不热心，张育贤吃了无数次闭门羹，受过不少冷脸，甚至被驱赶。对此，贫困户王伟记忆犹新：“我经常脸色不好看，但是张总还是耐心解释，介绍养猪经验，了解我家困难需求，征求我的意见。”

一个多月里，张育贤翻山越岭走访了 200 余户贫困户。“他都快魔怔了。一天走访十多户，鞋子磨破了好几双，只要听说‘扶贫’两个字他就精神。”司机小张说。

通过调查，张育贤找到了贫困户不想养猪的原因：担心没钱买仔猪；担心市场价格起伏，猪肉卖不出好价钱，辛苦一年没钱赚；担心没有养猪经验，不懂疾病预防，发生猪瘟不知怎么办。如何让贫困户想养、敢养、能养？张育贤多次邀请贫困户实地参观，把青峪猪的成本账、收益账、对比账，一笔一笔算清楚，并保证贫困户养的猪出栏时全部回收。

一次又一次，张育贤不怕冷眼和误解热心推荐，帮助贫困户解决了一个个养猪问题。一传十，十传百，养猪脱贫致富的口碑渐渐树立起来了。不到 3 个月，公司从门可罗雀变得门庭若市。

“做农业一定要依托农民。在贫困地区，产业发展与扶贫工作有机结合，是产业转型的重要方式。”张育贤说。2013 年，公司联结 687 户农户，出栏土猪 1.3 万头，户均收入达 2.4 万元。2014 年，联结 1 340 户贫困户，出栏土猪 3 万多头。

为了打消人们对食品安全的质疑，张育贤又开发了“巴山土猪”App，消费者在手机上就能认养、购买、信息追溯、下单，随时观看畜场情况；手机扫描包装上的二维码，就可以查看土猪 365 天的“心情指数”“运动指数”……从养殖到加工的安全透

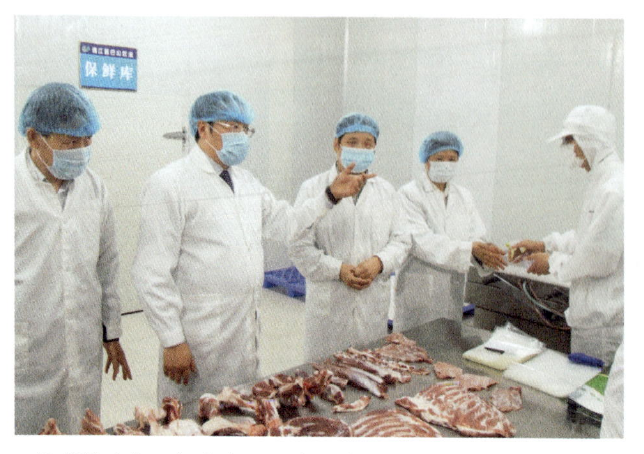

/ 张育贤（左二）在车间指导工作

明，助推巴山牧业通过了欧盟有机食品和国内有机食品的认证。

张育贤通过现代化市场营销，迎合了食品安全有机绿色的需求，产品销售供不应求；通过让猪过上“吃有机粮、舔富硒土、听轻音乐、开运动会、饮山泉水”的悠闲生活，一头有机育肥猪市场售价近万元。“这套系统，不仅消除了食品安全疑虑，还建立了良好的诚信。”张育贤如是说。

## “五方联动”，让贫困户在家门口赚钱

道理懂了，账目清楚了，张育贤也找到了打开脱贫致富的“钥匙”。他与中国工商银行总行、通江县政府等部门合作，构建了“政府＋企业＋银行＋保险＋贫困户”的“五方联动”模式，即政府出规划、企业出仔猪、银行出资金、保险防风险、贫困户获纯利。这种产业扶贫模式，向每户贫困户提供一定数量的仔猪，并且提供饲料、技术，为每头猪购买了保险，对土猪保底收购，养一头土猪的贫困户可获利 2 000 元以上。这些措施既打消了贫困户的顾虑，也打造了品牌，开拓了养猪规模。

张育贤从事畜牧行业多年，对现代畜牧业的发展有新思路、新见解，开创了青峪猪全产业链开发模式，带动贫困户创收致富。

“五方联动”如何对接产业扶贫？张育贤如数家珍。

“五方联动”产业扶贫的模式是：定点帮扶一个贫困人员，帮助其购买 5 头仔猪，为贫困户提供饲粮、技术、防疫、收购等服务，并为每头猪购买 21 元保险，若发生死亡，贫困户每头猪可获 700 ~ 2 100 元的理赔，贫困户不出一分钱，每人每年有上千元的纯收入。

对无劳动能力、重病残疾、年迈体弱等无养殖能力的贫困户，采取集中托管代养方式，公司给予 500 元 / 头的纯收入补助。其中，代养大户每头获利 350 元，贫困户获利 150 元。对有意愿养殖的代养大户和贫困户，公司集中培训 10 天，每季度开展一次实操培训，并进行考核。第一批猪出栏后，公司免费提供同数量仔猪给贫困户，实现滚动发展，持续增收。

对有养殖能力的贫困户，由村集体将政府投入的产业扶持基金折股建设贫困户养殖

圈舍，公司免费提供仔猪、技术、防疫，购买保险和收购，贫困户每养一头猪可以获利 2 000 元以上，村集体每年按照纯利的 10% 收取回报。第一批猪出栏后，帮扶干部督促贫困户利用扶贫小额信贷、养猪收入等，同等数量补栏，不仅解决了贫困户稳定收入问题，还增强了其劳动意识，防止贫困户产生“等靠要”的思想。

除“五方联动”外，张育贤还坚持优先流转贫困户土地、优先培训贫困户技术、优先收购贫困户饲粮的“三优”政策，在铁佛、广纳等乡镇流转 2 000 余户贫困户土地 7 000 余亩，再通过收购贫困户红苕藤、苕叶等青绿饲料和玉米、稻谷、小麦等粮食作物，贫困户每年可增收 2 300 ~ 20 000 元。

三合乡负责人深有感触地说：“‘五方联动’不仅解决了贫困户稳定收入问题，还提高了他们的劳动技能。”

“五方联动”模式得到贫困户认可后，张育贤又与信用联社、人保财险、四川扶贫基金会等机构合作，扩大覆盖面。沙溪、铁佛等 20 多个乡镇的 78 个村实施“五方联动”，帮扶带动 1 600 多户贫困户、6 000 多贫困人口实现高质量脱贫。

路建设说：“过去，我家一年收入只有 5 000 元，我和儿子、儿媳妇在外打工。村里号召大家养猪，我看到邻居摆脱了贫困，并且可以在家门口就业，还能照顾父母和孩子，于是我就回家养猪。现在，我家一年的收入达两万元，彻底甩掉了贫困的帽子。”

“五方联动”让老百姓在家门口赚了钱，脱了贫，大家称张育贤为“巴山猪王”。

“您对这个称呼有何感想？”张育贤笑着说：“我感到这个称呼是对我最高的奖赏。”

## 挥洒爱心，扶弱济困显真情

扛得起千斤担，下得了绣花功。

在当地贫困户眼里，张育贤总是能量满满，有操不完的心，使不完的劲，让人真正感受到他是扶真贫。

“每当我看到一道道渴求的目光，我就离不开他们。”谈起成绩，张育贤有些张不开口，但是说到工作，他却眉飞色舞。谈到农村空心化、只剩下一老一小时，张育贤满是忧虑。他就是这样一个人，有情有义，干得多，说得少。

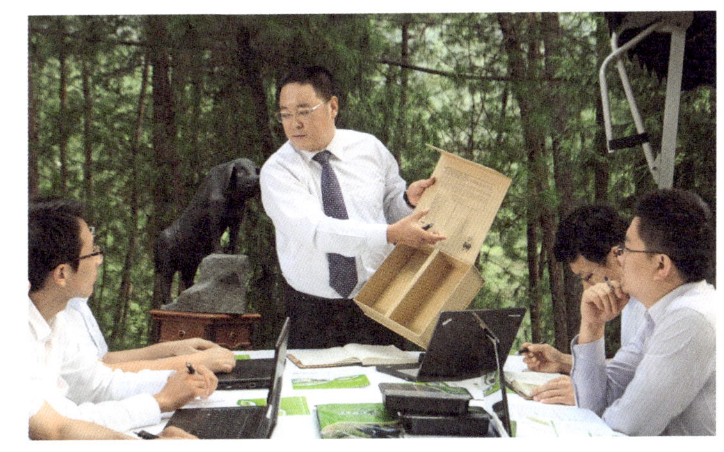

/ 张育贤（中）对员工进行业务培训

公司单列贫困家庭子女招聘计划，是张育贤在公司立下的扶贫规矩。张育贤深知，稳定就业是贫困户脱贫最直接、最有效的方式。他规定，公司员工按不低于 30% 的比例聘用贫困家庭大中专毕业生，并保证同工同酬。在公司 216 名固定员工中，有 87 名来自贫困家庭。2017 年，这些来自贫困家庭的员工人均工资超 4 万元，直接促进 87 户贫困户稳定脱贫。张育贤说，公司将通过这种模式，为产业扶贫出一份力量。

设置基金帮助特困对象，是张育贤扶贫的又一举措。为了帮助解决贫困孤残儿童就医、上学问题，张育贤建立了“爱心救助基金”，借助融 E 购，开展青峪猪义卖活动，他将卖出每头青峪猪抽取的 500 元和公司每年交易额的 3% 注入爱心救助基金，用于贫困孤残儿童应急救助，累计捐赠资金 100 余万元，救助贫困孤残儿童 50 多名。

民胜小学五年级学生李成，年幼时患严重眼疾，因家庭贫困，一直没有进行治疗。张育贤得知后，立刻派人送去两万多元的救助金，李成才得以到医院做手术，视力恢复到了正常水平。同时，张育贤还动员社会力量，积极参与教育扶贫。他联合大学同学向通江县捐赠现金 50 万元，以鼓励、资助扎根偏远山区的优秀教师。近年来，张育贤个人捐款捐物 30 余万元，资助 60 多户贫困户和 50 余名贫困学生。

巴山牧业被评为“巴中市十大扶贫爱心企业”。

面对可圈可点的成绩，张育贤说：“我的成功既有人生的机遇，也有乡亲的大力支持。我的幸福既有经济效益带来的满足，更有乡亲们认可带来的灵魂满足。特别是我看到贫困人员通过养猪走出茅草屋、喝上自来水、融入新时代，我感到特别骄傲、特别自豪。”

谈到未来，张育贤直言：“到 2020 年，我们将通过‘五方联动’模式，实现出栏 15 万头育肥猪，将带动 100 个村、1 万余户、3 万多贫困人口稳定脱贫不返贫。我会当好‘巴山猪王’。”

（撰稿：李庆华　照片拍摄：李孛孛）

/ 巴中市巴山牧业股份有限公司

陈春芳，河北省灵寿县南营乡车谷砣村党支部书记。十三届全国人大代表。曾获河北省千名好支书等荣誉。为了改变家乡的贫困面貌，他毅然放弃了煤炭生意和城里的生活，回到贫穷闭塞的车谷砣村并全票当选为村党支部书记。他拿出自己多年的积蓄，并瞒着家人把县城的房产抵押贷款，将长 9.8 公里的山区路修通，在海拔 1 500 多米的两山之间建成了一座可容水 15 000 立方米的“高峡平湖”。全村人均收入从 2012 年的不足 800 元达到 2017 年的 6 300 元。他牵头联合周围 3 个贫困村成立了沟域旅游开发和产业脱贫联合党总支，启动了中国车谷砣生态旅游度假区项目。



# 一名共产党员的初心

“习总书记在带领我们实现中国梦，我们车谷砣村也要实现车谷砣梦，实现村民的致富梦。”这是黑脸庞、壮身板、山里味儿十足的汉子陈春芳的坚定信念。位于太行山深处的河北省灵寿县车谷砣村是革命老区村，也曾经是远近闻名的贫困村，全村 69 户 204 口人，2012 年人均收入不足 800 元，但却有着丰富的人文自然资源：聂荣臻、白求恩曾战斗过的地方，千年古茶树，新中国第一代工人诗人李学鳌故居……然而，由于在大山深处，交通落后，这些宝贵的资源难以开发。贫困就像周边大山一样，压得村民喘不过气来。

## 党的使命永牢记

陈春芳是乡亲们公认的好人。虽然事业有成并定居在县城，但他始终惦念着村里的父老乡亲，时常从县城给乡亲们捎东西，给五保户送煤过冬，帮村民看病垫钱，村里人大事小情都愿意找这个城里人帮忙。2011 年秋冬，村里有老人托他帮忙安排到县医院看病，当他要为老人缴费时，老人却一边阻拦一边念叨，“我这儿有好多钱”，随即层层翻衣服，终于从最里层的衣兜掏出个装满零钱的小布包。“我算了算，总共不到 130 元，当时做一个 CT 就要 180 元。”陈春芳说。布包里还有已不流通的一角钱钞票，他偷偷替老人缴了费。“当时我心里特别酸，村里人不容易，一百多块钱对他们来说就已经是很多钱了。”陈春芳心里一直惦记着这件事。

/ 陈春芳（中）指导红色旧址维修工程

同年底，村“两委”即将换届，村里两个新中国成立前入党的老党员找到陈春芳。他们说：“乡亲们穷怕了，七八年来，姑娘外嫁，小伙子也都入赘他乡。再这样下去，用不了多少年，车谷砣将成为没有人烟的空村、死村，你回来领着大伙儿干吧！”

陈春芳连续多日失眠了。“我一个人干好了，富我一家；回去把村子搞好了，两百来口人都受益。我是车谷砣养大的，不能忘了这片山山水水，忘了父老乡亲。”他决定：“回家，带领乡亲们开发旅游一起致富。”带着这样的信念，2012 年 1 月，陈春芳回村参加党支部书记选举，并全票当选。

上任伊始，陈春芳深感村民脱贫最大的难题是没有“领头雁”，党员干部没有身份感。他意识到，治村先治党，必须从党员干部抓起。在规范组织生活的同时，他率先垂范，带着大家一起干。为凝聚村民思想，陈春芳多次召开会议，组织党员、村民外出考察，统一认识，探索出路。考察期间所需费用均由他垫付。与此同时，陈春芳把解决 4 个自然庄吃水难、行路难等民生问题摆在了第一位。资金困难，他就带头并动员村“两委”班子垫资铺设饮水管道 4 000 多米，将山泉水引进每家每户；为方便村民夜间出行，村“两委”班子垫资 1.5 万元在村内安装了 19 盏路灯；为解决学校房屋破旧问题，陈春芳带头集资 7 万多元修建校舍；为美化村内环境，他带领村民大力开展环境整治整村推进工作，拆迁路边厕所和猪圈 27 个，建设垃圾池和公厕各 5 个，清理残垣断壁 5 处，清理垃圾 500 余方，改造提升农家院 10 个，建设村民文化广场 1 180 平方米，使村容村貌焕然一新。

南营乡有着丰富的铁矿资源，许多村靠卖山采矿一夜暴富。每当提起为什么不像其他村一样靠矿挣“大钱”“快钱”时，他总是憨实地说：“刨山，挖矿，把老祖宗留下来的绿水青山糟蹋成什么样子了。10 年、20 年都恢复不了，富了的只是少数人，苦的还是咱大多数老百姓。乡亲们选咱，那是信任咱。咱可不能干那消耗资源、破坏生态的事。”为保护村内珍贵的绿水青山和文化古院，他带领村“两委”班子，抵制矿山开采的巨大利益诱惑，收回了集体产权，不仅保住了可以让村民脱贫致富的“摇钱树”，还不断在被挖矿破坏的山体上栽树，对山体植被进行了抢救性恢复。为此，陈春芳得罪了一些开矿的人，有人通过各种渠道威胁他。有一次一户村民找陈春芳闹事，堵在家门口一直骂了三天，还找社会闲散人员拿着砍刀到他家滋事，当时只有他 69 岁的老母亲独自在家。事后，老人拉着儿子的手说：“娃，咱不当这个干部了行不？我这把老骨头被他们怎么骂都行，万一你有个三长两短，当娘的可怎么活啊！”陈春芳安慰母亲说：“我当这个干部就得管事、管人。管了人家，人家不高兴，你是我娘，不骂你骂谁呀？但是，我又没干亏心事，不怕他们。”村里一名老党员感慨地说：“春芳这孩子自从担任支书后，受了不少委屈，没少得罪人，可是他从来没有抱怨过什么，乡亲们都记着呢，好人一定会有好报。”

人心齐、泰山移。陈春芳的努力终于把全村老少乡亲们的劲儿都拧在了一起，最终大家统一思想，制定了“共同参与、共同谋划、共同发展、共同致富”16 字发展目标，确定了以开发旅游实现脱贫致富的总思路。当谈及他为何能顶住压力，放弃自己的事业，甘愿为家乡建设尽心尽力时，陈春芳坚定地说：“这是一个共产党员的职责。”

## 脱贫攻坚勇担当

车谷砣村虽然耕地贫瘠，但山峦起伏，植被茂密，号称“天然氧吧”。这里还有古长城、古炮台、知名红色遗迹，发展旅游得天独厚。然而，落后的交通条件却严重制约着村子的发展。山高、路险、崖陡、沟深，只有 1 条长 9.8 公里的山路通往外界，路基狭窄，路面宽不足 4 米，路况差，急弯多，大型车辆难以通行。许多投资商对村里的风景及深厚的文化底蕴非常感兴趣，但都对这里的交通状况摇头。投资人大多认为：车谷砣村很有开发价值，但仅修一条进山路，加上前期投资就得两个多亿。路，成为制约旅游开发的“瓶颈”。

“要想富，先修路。”陈春芳的脑子里一遍遍思索着。道路不畅是招商引资的“短板”，一旦把路拓宽了、顺畅了，就能变“短板”为优势，自己就把握了选择合作伙伴的主动权，村民就有了致富路。于是，陈春芳作出了一个令人难以置信的决定——不等不靠自己修路。

/ 陈春芳在悬崖上修路时排除险情

村里的老干部、老党员提醒他说，修路是好事，我们全力支持，但千万要记得，别买不回米来再丢了布袋。陈春芳理解他们的担心，也知道修路面临的风险，但他还是坚定地说：“修不好路，就不会有人来投资，砸锅卖铁、开山凿洞也要修好咱的路！”“这是村里的唯一出路，我不去蹚，谁去蹚。万一失败了，损失算我个人的，如果成功了收益是全村的。”他首先动员村“两委”干部集资并带头拿出 5 万元共凑了 18 万元开始启动路基建设。由于沿途涉及其他几个村的占地赔偿等问题，他背着家人把县城 140 平方米的商品房做了抵押，贷款 30 万元用作赔偿资金。在他的带动下，家庭困难的报账员聂金平连夜到亲戚家借了 2 万元，村主任李建设也瞒着家人拿出了自家房产证抵押贷款，村干部的工资卡都交给了报账员，工资到账随即投到修路上。同时，他们积极争取上级部门支持。

为保证修路质量、加快修路步伐，陈春芳带领大伙始终奋战在修路第一线，每天坚持工作 11 个小时。雇不起工人，他们就发动村里的党员、入党积极分子带头出工，每人每天只发 30 元的出工补贴。由于长期高负荷地工作，加上睡眠不足和工作压力大，陈春芳病倒了，医院要求他住院治疗，但他的心始终在修路一线，于是恳求医生把输液瓶拿到工地挂在树上，边输液边指挥，大家劝他好好住院治疗，陈春芳却无论如何都不肯。

为最大限度保证修路人员安全，陈春芳身先士卒，带领村“两委”干部加班排险。有个叫狐仙洞涯的地方，高 40 多米，岩层厚 15 米左右，只有打眼爆破才能削除崖头，开通公路。这里山石大、裂纹多，容易塌方，非常危险。陈春芳毫不犹豫把大绳拴在山顶大树上，另一头拴在自己腰间，吊在半空中，用杠子和钢钎排险，直到当日施工爆破、消除险情才收工回家。爱人担心发生意外，劝他说，再遇到这种事，让手脚利落的年轻人去排险，他却说：“别人上去就不危险啊，大伙儿都是上有老下有小，我是支书，这种危险的事儿就得我先上。”村民们被他的真诚所感动，纷纷主动参与到道路建设中。

陈春芳把发展旅游业、带领乡亲们致富当成了自己一份义不容辞的责任。他几乎把家当成了旅馆，早出晚归，天天不是在外边找资金、谈项目，就是在工地抓工程。有时候饿了就在路边吃顿炒饼，困了就把车停在路边躺会儿，自家私车公用从来没有在村里报过一次账。有一次下大雨，父亲忽然头晕动不了，陈春芳正要开车拉父亲去县医院检查，却接到了一个电话，因为道路还不通畅，有 4 个游客在山上迷路了，通知他找人上山营救，他二话没说，拔腿就走，边走边告诉母亲先找村里医生看看。第二天早晨回到家，父亲一只眼已几乎失明了，他赶紧把父亲送到县医院后才知父亲得了脑血栓，却已经错过了最佳治疗时间，直到现在，父亲一只眼仍看不清东西。在老人住院期间，他让妻子和妹妹照料父亲，自己随后又返回村里。妻子不止一次跟他抱怨说："为了这个村，你到底还要不要这个家，要不要你的妻儿老小了？"每次提起这件事，这个山里汉子就眼圈发红，开始哽咽。为了家乡、为了乡亲，他亏欠家里的太多了。然而，他却赢得了百姓的交口称赞，乡亲们亲切地称他为"太行新愚公"。



陈春芳带头修路的事迹引起上级部门的关注和支持，县扶贫办给予车谷砣村 100 万元体育彩票扶贫资金，县农工委给予车谷砣村老区重点村项目奖补资金 189 万元，县交通局也把进村路定为县道，按三级公路标准投资建设。至 2016 年春天，终于完成了全部路段的路基建设。2018 年春天，崭新的公路已经完成铺油，有效改善了交通状况。

## 咬定青山不放松

道路问题解决了，陈春芳开始着手在打好手里的"旅游牌"上做文章。有一天，他走到一个叫"手把崖"的地方，站在两山对峙之间，突发灵感，想到了毛主席《水调歌头 · 游泳》中"更立西江石壁，截断巫山云雨，高峡出平湖"这句经典诗句。于是，他立即邀请水利专家到现场实地考察，最终确定在两山间距 40 米处做坝基修建拦水大坝。项目确定后，由于资金少，工地不通路，建材运不上去，有意承包的工程队到现场一看，都扭头就走。陈春芳看在眼里急在心上，再次作出一个令人为之震惊的决定：不伸手、不求援，靠双手、自己干。他带领全村干部群众，再次发扬愚公移山精神，自力更生，全身心投入到大坝建设中。水泥、沙子靠着 10 多个人沿着羊肠小道一袋一袋背上去，晴天一身汗，雨天一身泥，除了吃饭睡觉，一天 10 多个小时干在工地上。为节省开支又不耽误工程进度，村里分别花 800 元和 3 800 元买了一辆旧三轮车和一台旧搅拌机，修理后由 8 个村民硬是用双肩扛到了千米之外的工

陈春芳荣获全国脱贫攻坚奖奋进奖

地上。正是靠着这股子在困难面前不低头的拼劲，经过 1 年的努力，一座 14 米宽、20 米高的主坝和 5 米宽、7 米高的副坝终于完工，可容 15 000 立方米水的高峡平湖，像明珠一样闪耀在了深山峡谷中。

如今，通往车谷砣村的路上，猕猴桃、苹果、核桃、板栗……各种山果让山沟果香四溢，市民可游览、可采摘。在这里，市民还可品尝农家大锅菜、贴饼子……。农家乐里经常住满市民。拥有 40 多个商铺的商业步行街初具规模，正在进行装饰装修；8 层带电梯的居民楼建设进展迅速，预计 2019 年 11 月入住；茶王庙景点由原来的 50 多平方米，扩建到 1 500 平方米，水宴山宾馆和三拱石桥主体已经完工，6 000 平方米的生态停车场、沿河观赏步道、迎宾大道、红色旧址维修、新民居建设和仿古文化街等工程有序推进，初具规模。旅游产业的发展，使全村人均收入由 2012 年的不足 800 元增加至 2017 年的 6 300 元，实现了脱贫。

对于脱贫攻坚战，陈春芳的最大体会是：党的组织力就是生命力、就是凝聚力、就是战斗力，党支部的政治功能越强、政治优势越大，人民群众就越听党的话、就越会跟党走，抓党建就是脱贫致富的制胜法宝。他深情地说：“村民们看到希望了就更愿意跟党走，更愿意支持我们的工作。党员、群众心往一处想，劲往一处使，我们的工作才能干好，老百姓的日子才能越来越红火。”

“总书记说的关于乡村振兴的许多话都非常契合咱们村目前正在大力发展的旅游产业。守住绿水青山，奔向全面小康，到 2020 年，车谷砣不光要富起来、强起来，还要美起来，要成为‘乡村振兴’的样本……”陈春芳信心满满。

（撰稿：刘晖　照片提供：陈春芳）

车谷砣村

帕夏古丽·克热木，中共党员，广东省东莞市绿洲鞋业有限公司员工。曾获新疆维吾尔自治区农村富余劳动力转移就业先进个人等荣誉。2006年，她到广东省务工，当年就把1.5万元的劳务收入寄回家，实现家庭脱贫。她现身说法，向家乡的兄弟姐妹讲解劳务输出的好处，帮助他们走出贫困。2015年以来，她帮助521名新疆克孜勒苏柯尔克孜自治州籍人员前往广东务工，其中贫困家庭人员210人，帮助179户贫困户持续增收。她帮助务工人员学习劳动技能、解决生活工作中的问题。作为劳务输出致富带头人，她4次受到新疆乌恰县人民政府表彰。



# 新疆姑娘帕夏古丽的三次蜕变

帕夏古丽·克热木用辛勤劳动摆脱贫困，用对家乡的爱为乡亲们摆脱贫困尽心竭力，在脱贫攻坚的道路上展示了小女子的大情怀和不容小觑的能量。

2006年外出打工至今，她不仅掌握了娴熟的生产技术，还会用普通话与东莞企业的工友们交流。她的月工资收入从刚开始的1 000多元增加到现在的4 700元。2015年以来，在她的影响和带动下，克孜勒苏柯尔克孜自治州越来越多的贫困群众放下羊鞭、走出大山，用勤劳和智慧改变了贫困状况。她帮助521人外出务工，其中贫困家庭人员210人，帮助贫困人员创收63万余元，帮助179户建档立卡贫困家庭实现增收，摘掉了贫困帽子。

## 小妹帕夏古丽穷则思变

帕夏古丽·克热木的家乡乌恰县膘尔托阔依乡阿合奇村，是深度贫困地区，这里自然环境恶劣，交通不便，当地居民以放牧为主，经济来源单一。

1997年，只有14岁的帕夏古丽·克热木的父亲去世了。“我们家是村里的贫困户，住的是土坯房。家里养了十多只羊，一年收入只能维持基本生活，日子过得紧巴巴的。”帕夏古丽·克热木回忆说。小小年纪的她看着母亲每天辛苦地劳动，就萌发了一定要赚钱、让家人过上好日子的念头。从那时起，她就有走出大山的想法。在她心里，“走出去”就代表着有更多的就业机会。

/ 帕夏古丽·克热木在工作

2006 年 6 月 2 日，帕夏古丽·克热木参加乌恰县组织的劳务输出现场会。她好奇地问工作人员：“什么是劳务输出?”工作人员告诉她：“就是走出大山，到外地去挣钱。”刚满 23 岁的帕夏古丽·克热木果断作出决定，出去打工，看看外面的世界到底是什么样子。

这一出去，帕夏古丽·克热木的人生轨迹发生了翻天覆地的变化。

2006 年 6 月 28 日，一列从乌鲁木齐驶来的火车到站了，30 多名来自新疆乌恰县的务工人员开始了一段全新的工作生涯。他们走出家门、走出大山，从天山脚下来到广东这个改革开放的前沿阵地，将用技能改变自己的命运。

“这是我第一次坐火车，也是第一次出这么远的门。说实话，这次出来打工我心里没有底。在火车上我一直在想，广东是什么样？有羊肉、有馕吗？那里的人能听懂我说话吗？在工厂能挣到比家乡更多的钱吗?”帕夏古丽·克热木说，在没有走出乌恰县时，她不知道外面的世界有多精彩。

下了火车，帕夏古丽·克热木来到了东莞市横沥镇电子元器件厂。初到异地，语言不通成为最大的障碍。“由于语言不通，工友和师傅们说话我听不懂，他们也不明白我在讲什么。”帕夏古丽·克热木说。这让她真正感到不懂普通话会给自己的生活、工作带来许多麻烦。此后，她逼着自己天天练、天天说，很快，她就能用不太流利的普通话和工友们交流了。

要强的帕夏古丽·克热木还经常缠着师傅学技术，不懂的地方就虚心请教身边的工友。周围的人看到这位新疆姑娘这么努力学习和工作，都热心帮助她，师傅也愿意给她“开小灶”。

凭借认真踏实、肯吃苦、不服输的倔强劲儿，帕夏古丽·克热木迅速适应了东莞市的生活环境，熟悉了新的工作。在师傅们的帮助下，她不仅过了语言关，技术也日渐成熟，并且成为同时进厂务工者中的佼佼者。

“你还记得自己第一次领了多少工资吗?”

帕夏古丽·克热木脱口而出：“当然记得，我第一次领到的工资是 1 800 元，这是我打工以来第一次挣到这么多的钱。捧着这些钱，我兴奋得一晚上都没有睡好。”回想当年，帕夏古丽·克热木眼里仍然噙着泪花。

转眼一年过去了，帕夏古丽·克热木把 1.5 万元的收入寄回了老家。母亲收到钱后，打电话告诉她，这笔钱可以把家里的旧房子翻新一遍，还可以买一些牛羊，这让她更坚定了努力工作的信心。

不久，帕夏古丽 · 克热木来到了东莞绿洲鞋业有限公司工作，这是她的第二份工作。

谈到新工作，帕夏古丽 · 克热木说："我被分配到成型车间。说实话，我对制鞋工序一无所知，只能做些放模具、剪线头的工作。"为了早日成为一名真正的产业工人，她按照新疆时间睡觉、东莞时间上班，别人下班，她会加班多练习。她认为，只有过硬的本领才能挣更多的钱，赢得别人的尊重。

为了学习做鞋技术，帕夏古丽 · 克热木遇到不懂的地方就请教师傅。看到这个吃苦耐劳的小姑娘这么好学，师傅在她进厂 3 个月时就教她拉帮，这道工序是厂里最复杂，也是收入最高的工作。在师傅的帮助下，帕夏古丽 · 克热木做鞋的技术日渐成熟。

经过一年的努力，帕夏古丽 · 克热木不仅成为东莞绿洲鞋业有限公司一名技术成熟的工人，而且每月工资涨到 2 800 元。

2018 年，帕夏古丽 · 克热木已是东莞绿洲鞋业有限公司技能熟练的工人，每月工资涨到 4 800 元。每年她都被公司评为"优秀工人"。她用务工挣到的钱在县城买了一套房，让母亲、弟弟从破旧的土坯房搬进了新房。"这在以前，我想都不敢想，"帕夏古丽 · 克热木说，"现在家人可以一起其乐融融地在家里看电视、聊天，别提有多高兴了。"

## 大姐帕夏古丽热心助人

为了帮助更多家乡的兄弟姐妹摆脱贫困，帕夏古丽 · 克热木利用返乡探亲机会，向大家宣讲劳务输出的好处，并且用自己的亲身经历动员和引导乡亲转变观念，走出大山，改变家庭贫困面貌。在她的积极引导下，新疆克州越来越多的贫困人员走出大山、走进工厂。

2015 年，帕夏古丽带着家乡的 30 多位姐妹来到公司务工，由于她们技术不熟练、不能独立上岗，每月只能拿 2 000 元的基本工资，帕夏古丽 · 克热木看在眼里、急在心上。她利用闲暇时间教姐妹们普通话、做鞋技术，并且向她们讲述自己的学习、生活经历，帮助她们及早适应新的生活环境，在最短的时间内学到技能，拿到尽可能高的工资。大家都称她为"热心大姐"。

务工人员哈亚丽娜说："我们在帕夏古丽 · 克热木的帮助下，学习普通话，学习生产工艺，两个月就能独立上岗。我们的月工资从 2 000 元提高到了 3 500 元，别提有多高兴了，我们姐妹们从心里感谢她。"

同乡工友阿瓦巴克力说，在他的印象中，帕夏古丽 · 克热木经常凌晨两点起床，到

/ 帕夏古丽·克热木在检查产品质量

火车站接前来务工的兄弟姐妹们。有时，她还为工友们垫付交通费，特别是一些经济困难、没有能力支付路费的工友，她会免费为他们提供火车票。3 年间，她为工友们垫付火车票达 3 万余元。

有一次，同乡阿瓦巴克力突然疼痛难忍、满头大汗，在床上直打滚，这可把帕夏古丽·克热木急坏了，她连夜与工友们把阿瓦巴克力送到医院。经检查，他是疝气急性发作，需手术治疗。但是，阿瓦巴克力刚到工厂几个月，没钱交医院押金，帕夏古丽·克热木二话没说，当场垫付了 1.9 万元的手术费。手术后，阿瓦巴克力身体虚弱下不了床，她就主动向公司提出申请，在医院照顾了阿瓦巴克力 10 天。

工作后，帕夏古丽·克热木经常为自己没有接受过良好的教育而感到遗憾。在 2012 年返乡时，她得知村里的一个姑娘古丽吉娜提考上了大学，虽然政府给予了扶助，但由于家庭困难，家人为她到校后的生活费发愁。帕夏古丽·克热木知道情况后，一边勉励她好好学习，一边劝其父母让她完成学业，并与她达成了无论多么困难都要完成学业的“口头协议”。为此，帕夏古丽·克热木每周都要与古丽吉娜提通电话，了解她的学习、生活情况，每月按时为她寄去 300 ～ 500 元的生活费。在帕夏古丽·克热木的资助下，古丽吉娜提顺利完成了学业，她逢人就说：“是帕夏古丽·克热木姐姐帮我完成了学业，我一定好好工作，做一个像姐姐一样的热心人，去帮助更多的贫困人员。”

对祖来哈·买买提依明来说，没有帕夏古丽·克热木的帮助，就没有他们一家三口到东莞上班的机会。他在工厂从事刷胶工作，父亲做杂活，母亲负责绑鞋带，一家三口每月能赚一万多元，这是他们在老家乌恰县一年的收入。“没有姐姐的热心帮助，就没有我们家的今天。”这是祖来哈·买买提依明的心里话。

2016 年，在帕夏古丽·克热木的热心帮助下，乌恰县、阿合奇县的 30 余名贫困人员到东莞务工。

2017 年，在帕夏古丽·克热木的积极宣传和鼓励下，6 名返乡大学生选择寒假时间到东莞绿洲鞋业有限公司务工。阿里玛汗·叶儿盖什是新疆昌吉农校毕业的大学生，他从父母那儿了解到帕夏古丽·克热木的励志故事，并且听说她在村里宣讲，鼓励返乡

/ 帕夏古丽·克热木在制鞋车间

大学生外出务工。于是，他就暗下决心，寒假一定要到东莞市去务工。寒假到了，阿里玛汗·叶儿盖什跟着帕夏古丽·克热木到工厂务工，他在帕夏古丽·克热木的细心指导下，基本掌握了技术操作。虽然进度较慢，但为了保证鞋子的质量，他做得非常认真。“对我来说，这是一次非常好的社会实践机会。在厂里，我学到了技术，挣到了学费，开阔了眼界。”阿里玛汗·叶儿盖什说。

“在这个时代，一些被年轻人抛弃的优良品德，我们在帕夏古丽·克热木身上看到了，她生活简朴、学习努力、吃苦耐劳。在她身上，我们感受到了什么是正能量。”东莞绿洲鞋业有限公司人力资源部主任说。

在东莞的十几年里，帕夏古丽·克热木的热心得到了大家的认可，公司把克州籍员工的接送、技术指导等工作都交给她负责，她还担任着公司里制鞋班组的组长。

“大家都支持我的工作，这让我带领乡亲们一起致富的信心更足了。”帕夏古丽·克热木说，工友们从遥远的新疆到广东务工不容易，回想自己刚到东莞务工时遇到的重重困难，是身边的热心人帮助自己渡过难关。现在，她有这个能力，也会像当初帮助自己的师傅们一样帮助别人。

看到家乡的兄弟姐妹们有了稳定的收入，技术也一天比一天成熟，帕夏古丽·克热木非常高兴，鼓励他们：“政府为我们提供了这么好的生活环境，管吃管住，还帮助我们就业，大家一定要好好珍惜，用自己的双手摆脱贫困，勤劳致富，创造更美好的生活。”

## 自强帕夏古丽务工“领头雁”

2018 年，回到家乡的帕夏古丽 · 克热木过几天就要出发去东莞了，又有一些附近村子的兄弟姐妹们聚在她家，听她讲述赴内地务工的经历。帕夏古丽 · 克热木对他们说：“我能有今天的改变，就是因为十几年前勇敢地迈出了外出务工的脚步，以及自己的不懈努力。在这些年里，我看到了更广阔的世界，学到了更多的新技能，有了更好的收入，生活才有了翻天覆地的变化，家里才摆脱了贫困，摘掉了穷帽子。”

“帕夏古丽，我要跟你一起去务工。”

“姐姐，我也去。”

“帕夏古丽，别忘了把我也带上。”

……

听了帕夏古丽 · 克热木的经历，看到她坚定的眼神，大家都积极报名到东莞务工。

对于帕夏古丽 · 克热木积极引导家乡人外出务工，东莞绿洲鞋业有限公司负责人龚平阳感慨道：“在从新疆到广东来务工的人员中，像帕夏古丽 · 克热木这样坚持十几年的年轻人不多，她不仅实现了自己的脱贫梦想，还带领家乡的贫困姐妹们共同致富，值得大家尊重。我们期待有更多的帕夏古丽 · 克热木出现，也欢迎更多的新疆少数民族年轻人到公司就业。”

帕夏古丽 · 克热木从一名打工妹成长为劳务输出的“领头雁”，她用自己勤劳的双手和智慧摆脱了贫困窘境，赢得了经济独立和尊严。

现在，在政府的引导帮扶下，越来越多的像帕夏古丽 · 克热木这样的女性走出家乡，为美好幸福的人生而努力奋斗，她们从扶贫对象变成了脱贫攻坚的重要力量。

（撰稿：李庆华　照片拍摄：都依夏 · 斯地克）

/ 帕夏古丽 · 克热木打工地——东莞绿洲鞋业有限公司

孟征，中共党员，山东省邹城市宏伟电子商务服务中心总经理。曾获山东省残疾人创业标兵、山东省十大创业精英、山东省十佳自强模范等荣誉。他身残志坚，通过电子商务帮助养殖农户销售牛羊，带动起当地牛羊养殖业，在轮椅上带领贫困群众脱贫致富。2007 年与当地养殖户合作网上销售牛羊，当年获纯利 1.2 万元。2010 年创建了大型牛羊驴养殖调拨基地，带动 2 000 多户农户发展养殖。积极传帮带，先后招收、帮助 10 多名残疾人，组建邹城残疾人电商团队。创造了“公司 + 农户”的农村畜牧业电子商务发展模式，全镇通过电商年销售牛羊达 12 亿元，带动 1 000 余人实现脱贫。



# 轮椅上的脱贫致富带头人

因意外不幸致残的孟征，并没有因现实的打击而放弃追求，而是靠着坚强的意志闯出了新的人生道路。他通过电子商务帮助养殖农户销售牛羊，创造了“公司 + 农户”的农村畜牧业电子商务发展模式，树立了农村畜牧交易电子商务发展的标杆，先后获山东省残疾人创业标兵、济宁市道德模范等荣誉。2015 年被山东省委省政府评为全省十佳自强模范，2017 年被山东省残联评为山东省残疾人电商创业十大标兵。他的事迹先后多次被中央、省、市主流媒体报道。

## 振作起来，寻找适合自己的挣钱门路

孟征出生于山东省邹城市大束镇东山头村的一个普通农民家庭，自幼勤奋好学，努力刻苦。1994 年，他以优异的成绩考入南京交通高等专科学校。作为全村第一个大学生，孟征在校期间还光荣地加入了中国共产党。1997 年大学毕业后，孟征被分配到山东泰安市公路局工程二处，负责工地项目部的技术工作。工地上的工作总是很忙，遇上工期紧的时候，常常是几个月都回不了家。2001 年 12 月的一天，他抽空回家探望父母，在连夜返回工地的路上遭遇了一场车祸。这场突如其来的车祸致使孟征高位截瘫，从此彻底改变了他的生活。

此后的三年里，父母带着他辗转各地去求医问药，但是治疗效果却是微乎其微。巨额的医疗费，使原本并不富裕的家庭欠下了十几万元的债务，新婚的妻子也弃他而去。

/ 孟征（右一）和养殖户一起查看养殖情况

接连的打击让孟征一下子坠入了人生的深渊。“当时天都塌了！好好的人一下子就站不起来了，我接受不了那个落差，脑子里经常一片空白。”孟征回忆起当时躺在病床上的情景：望着天花板，仿佛一眼看到了头。万念俱灰的他，甚至想过绝食以寻短见。母亲流着眼泪对他说：“我能养你小，就能照顾你老！”看到年迈的父母每天不辞劳苦地照顾自己，孟征深有感触：“父母都没有放弃我，我更没有理由放弃自己的人生。我不能就这样消沉下去，不能让人看不起我。身体倒下了，我还可以让自己的思想站起来。我一定要振作起来，好好活下去！寻找适合自己的人生道路，给自己寻找挣钱的门路！”

从此，孟征走上了一条艰苦的自食其力的奋斗之路。

## 在轮椅上，一样创造自己的人生奇迹

2006 年，孟征开始创业。他曾用细绳把笔绑在手上写文章，想通过写作挣稿费，然而因文学功底有限，投出去的稿子总是石沉大海。他也曾买来漫画书籍自学漫画，想靠卖画为生，结果这条路子也行不通。后来他东拼西凑借来了 2 万多元钱，买了 10 台计算机，在村里搞起网吧，生意刚有起色时，却因无证经营被查封，网吧创业也就此告终。

创业路上的种种失败并没有击毁孟征的信心。2007 年，电子商务开始兴起并逐渐被人们所认识，这也给孟征带来了新的灵感，他开始琢磨上了电子商务和网店经营。在当时，济宁有很丰富的牛羊资源，但多数是散户养殖，销售仅限于周边地区，牛羊的网上销售基本是空白，没有品牌，买卖信息也不通畅。孟征便盘算着在互联网上帮养殖户卖牛羊，为他们开辟新的销售渠道。

他先是购买了很多牛羊养殖方面的书籍，在家抱着书本啃了两个多月。在掌握了足够的基本知识以后，他开始了洽谈之路。

然而，孟征的电商之路起初并不顺利，当时农村还缺少电商意识，大家都不相信活牛羊也能在网上售卖。尤其是当他们看到一个坐在轮椅上的男人跑来洽谈业务，很多养殖户和养殖基地负责人都直摇头，他们都不相信眼前这个身有残疾的小伙子能给他们带来大生意。“只听说在集市上卖牛羊，还没听说在网上卖牛羊的！”“一个连路都走不了的人，还卖什么牛羊？瞎闹！”不仅不被认同，他还曾经有过被当成骗子赶出来的经历。一次次的受挫并没有磨灭他的斗志，孟征依旧坚持着他的电商创业梦想，并为之坚持不懈。终于有一天，在一百多公里以外的一个养殖场，孟征找到了一位对电商感兴趣的养殖场场长，经过连续三次现场奔波和艰苦谈判之后，孟征终于与之谈成了合作：每卖出一只羊提成 5 元，卖一头牛提成 10 元。合作条件虽然有些苛刻，但这毕竟是一个好的开端！

孟征从养殖场回家后，便立即开始制作网站，在网上发布牛羊供求信息。一张床、一台计算机、一个鼠标、一个摄像头、三四个手机，这就是他当初的全部装备。由于长期坐在床上打字，他生了褥疮，褥疮又磨出了血水，使他无法久坐，他就趴在床上用双肘支撑着干；由于无法用键盘，全靠鼠标点字，双肘起初是痛、肿，随后结出一层厚厚的老茧。

/ 孟征（右一）向农户讲解养殖方法

“我收集了很多农业和养殖类的行业网站，将信息一个个发布上去。”孟征说，“那个时候网络还不被人信任，网上很多人也以为我是骗子。但我相信自己所做的是对头的，只要坚持不懈，一定能走出属于自己的一条路来。”

为了扩大宣传，提高被客户发现的概率，孟征除了在自己的网站上发布信息，还去同行业的网站和相关的论坛发布广告。功夫不负有心人，经过两个月锲而不舍地发帖、更新、顶帖之后，他终于接到了第一个网上订单：一位河南客商通过孟征的网站一下子购买了 300 只羊！1 500 元，这是孟征在互联网上赚到的新生后的第一桶金！随后，来自全国各地的咨询电话和客户也越来越多，生意像滚雪球一般越做越大。截至 2007 年底，他一共在网上卖了 1 200 只羊和 690 头牛，获利 1 万多元。2008 年，孟征在网上销售牛羊超过了 5 万头（只）。他不仅还上了之前看病欠下的十几万元债务，还攒下了一部分积蓄，孟征也初步尝到了成功的喜悦。

销路打开了，但是一个新问题也随之出现：牛羊养殖需要一定的周期，散户的牛羊越来越不能满足网上的销售需求。为防止货源不足，孟征与人合伙投资建了养殖场。同时，在经营牛羊的基础上，他又将经营品种扩大到肉驴、肉兔。2010 年，他与人合伙投资 500 万元建成了大型牛羊驴养殖调拨基地。2011 年，他主动联合其他养殖大户，把养殖场发展成大型合作社基地，带动了周边地区 2 000 多户农户加入养殖队伍中来，数千人一起做起了牛羊生意。他创办的山东大地牛羊养殖基地通过电子商务渠道平均每天能卖出数百头（只）牛羊，一年能卖出牛羊近 20 万头（只），2012 年交易额达到了上亿元。他创造的“公司 + 农户”的农村畜牧业电子商务发展模式，成了当地畜牧交易电子商务的标杆。

2011 年的一天，一位迪拜的客商通过网络找到孟征，打算购买 3 000 只小尾寒羊和 500 多头奶牛，价值 1 000 多万元。但是由于小尾寒羊属于国家保护品种，不可以出口，生意没有做成。不过这也让孟征看到了更大的希望：“连外国人都来找我买牛羊了，就更加坚定了我在网上卖牛羊这条道走到黑的决心！”

除销售牛羊等牲畜之外，孟征又将目光投向了山东省内技术成熟、适合网上销售的环保设备、电力杆塔、建筑材料、农副产品等多个领域。2014 年，孟征开启了跨界整合创业之路，他联合创办了嘉祥正大电力杆塔有限责任公司，把电线杆远销到海南三亚和黑龙江佳木斯。2015 年，他又创办了山东着力环卫设备有限公司，经营洒水车、雾炮等环卫设备。凭着自己的能力，孟征把此类大宗货物通过网络，从山东卖到了海南、黑龙江、广西、甘肃等地。

孟征说：“我最大的心愿就是做大自己的电子商务团队，帮助更多的贫困群众把农产品卖出去。”生意上的成功让孟征更加坚定了自己的信念：人生无论遭遇多大的坎坷和困难都不要气馁，坐在轮椅上一样能创造人生奇迹！

## 背起行囊，继续投入脱贫攻坚战役

从小生活在农村的孟征了解贫困农民生活的困难和艰辛，更深知残疾人创业的艰辛

/ 孟征（左二）在培训班讲课

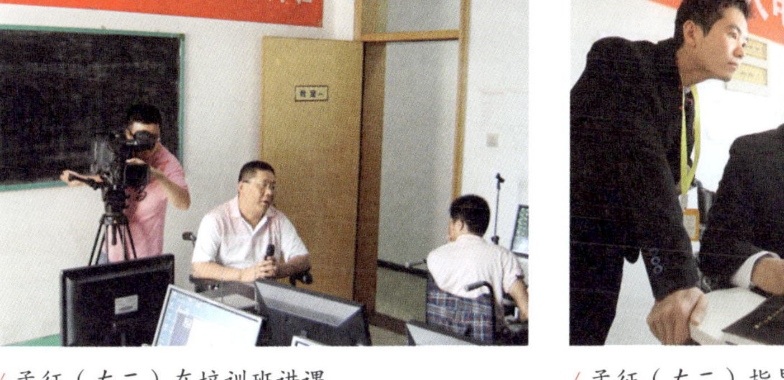


/ 孟征（左二）指导员工工作



与不易。自己创业有了些许成就之后，孟征就想着要去帮助残疾群众脱贫致富，他说：“自己应该带动残疾人，应该帮助更多像我一样肢体残疾的人，让他们能够养活自己，自食其力。”

在了解到郭里镇独山村几户贫困残疾人家庭情况后，孟征发挥自己的特长，主动出资购买了两只母孕羊，通过邹城残联送到了两户贫困残疾人家中，帮助他们发展养殖脱贫致富。

作为残疾群众眼中的致富榜样，孟征深知“授人以鱼不如授人以渔”的道理。为帮助更多的残疾群众，孟征积极参与到各种为残疾群众举办的培训活动中。他还主动担任了邹城市残疾人电子商务培训班的义务讲师，把自己掌握的电子商务运营经验和心得转换成满满的“干货”，倾囊相授传给更多的残疾人。从最基础的作图、编辑到搭建平台、搭建店铺，他都耐心地对学员进行手把手指导。他的讲座重点突出，实用性强，深受大家欢迎。

2017 年 5 月，在济宁市贫困残疾人电商培训提高班上，孟征还牵头联合其他几名省级电商创业标兵、电商带头人，连续两天到场与参训学员进行座谈交流，讲授电商实战经验，分享个人成功历程，激励残疾学员自立自强。

2018 年 4 月，孟征又主动对接济宁市残联，申请承办了济宁市贫困残疾人电商创业培训班，培训残疾人 49 名。之后，他又创办了济宁市残疾人电商创业实训基地，挑选了创业培训班的 10 名残疾人，以自身经营的牛羊、环卫设备等项目进行实际操作训练，进一步增强他们的创业实践经验。

在孟征的电商创业实训基地总能看到一群来自贫困家庭的残疾青年，他们在那里学习和工作。除了对他们包吃包住发工资外，孟征总是亲自耐心地进行授课，让他们真正学会，弄懂核心技术技能。孟征到邹城大束镇的“蘑菇小镇”和太平镇的蘑菇种植公司进行实地考察后，经过实训留用了 6 名残疾人，组建了邹城残疾人电商团队。在邹城市

/ 孟征认真检查公司电杆质量

举办的残疾人就业招聘会上，孟征的电商工作室又招聘了 5 名会操作计算机的残疾人。这些残疾人在他的培养和引领下，有好几人都成了独立的电商人。

邹城市中心店镇贫困户张玉，出生于 1988 年，15 岁时因摔伤导致高位截瘫，2012 年参加完残联举办的培训班后，跟随孟征开始电商创业之路。目前，他已注册两家专营家纺和玉石的网店，从建档立卡贫困户变成了月收入 3 000 元的网店小老板。贫困户刘真洲在孟征的帮扶和带领下，也在淘宝开了一家主营电动车的网店，一步步走上了依靠电商致富的道路。

沉甸甸荣誉的背后，是孟征面对生活不屈不挠的勇气。他用行动创造了生命的奇迹，谱写了残疾人艰苦创业、奋发有为的动人乐章。他说:“知识改变命运，自强不息的拼搏精神更能改写命运。互联网让我‘站’了起来，我还要帮助更多的人‘站’起来。”身残志坚、脱贫致富的孟征，正用自己的力量，践行着自己的诺言，帮助身边的残疾群众，改变生活，改变命运。

他用实际行动告诉大家：就算坐在轮椅上，也可以一样奋斗，一样阳光。他曾经叫“孟宏伟”，现在改回原来的“孟征”，就是要为老百姓、为残疾人，背起行囊，继续出征!

（撰稿：张正宇　张奕　照片提供：孟征）

莫文珍，广西壮族自治区百色市田阳县那坡镇尚兴村村民，曾任尚兴村党支部书记，现为田阳县人大代表。十届全国人大代表。曾获全国劳动模范、全国十大扶贫状元等荣誉。31 年前，他带领全村群众开始易地扶贫安置搬迁，用 8 年时间将全村 14 个自然屯 220 户 1 300 多人从“九分石头一分土”的大山深处搬迁出来，因地制宜发展生产，引导村民们“搬了出来、稳了下来、富了起来”。

# 带领贫困户走出大山奔小康

他自己家从前也是贫困户。作为村党支部书记，他以贯彻落实好党的政策为引导，带领群众实施易地扶贫安置搬迁，用 8 年时间将全村 14 个自然屯 220 户人家，陆续从大山深处搬迁出来。他钻研农业科技，成了百色有名的芒果种植专家，并无私向村民传授技术，教会大家通过互联网把芒果销出去……

他，就是全国闻名的农村脱贫致富带头人、广西田阳县尚兴村原党支部书记莫文珍。在扶贫这条路上，莫文珍扎扎实实地走了 30 多年。

## 走 出 深 山

现在的尚兴村，一栋栋漂亮的楼房参差错落。

在莫文珍的家门口，贴着一副他自撰的对联：“穷则徒迁告别山村过去，富而思进再创尚兴未来”，横批是“苦尽甜来”。风吹日晒，这副对联已经斑驳褪色，但坚毅的字体却静静地述说着尚兴村脱贫致富的光辉历史。这是尚兴村易地开发的第一个点，从前的旧村在远处的大石山后面。

1996 年，中国记协组织记者到广西采访扶贫工作，他们重点采访了被评为“全国十大扶贫状元”的莫文珍。从山外到山里 4 公里的山路，一行 18 位记者都是 20 多岁的青年人，他们却艰难地行走了 4 个小时。而且，只有 4 人走到了莫文珍曾经居住过的旧村。

/ 莫文珍为芒果树修枝

莫文珍所在的尚兴村，是广西出了名的缺土、缺水、缺粮、不通电、不通公路的特困村。说到缺土，全村 1 300 多人分布在一座座怪石嶙峋的大石山脚下的 99 个山弄里。全村只有 213 亩耕地，人均不足 0.2 亩。耕地“碗一块、瓢一块”地嵌在石山坡上。“6 斤玉米种子种一亩地，”莫文珍说，“213 亩的数字就是用这种方式量出来的。”村民种的粮食只能解决几个月的吃饭问题，其余都要靠政府来救济。

尚兴村还是一个严重缺水的地方，每年旱季，村民们只能到村对面的山腰上一个近 50 米深的岩洞去打地下河水，并且要用 12 条牛绳连接着，吊上一个个小竹筒，一筒一筒地往上提，操作起来非常辛苦。村里每户人家每天要用一个劳动力负责解决吃水问题，可谓滴水贵如油。为了珍惜用水，村里人常常“一水三用”，洗了菜的水洗脚，最后拿来喂猪。

一方水土养不活一方人。莫文珍在尚兴村担任村干部 42 年，其中有 16 年就是专门跑政府、跑部门找救济粮、救济款，以解决群众的生存问题。

穷则思变。

莫文珍召集村里的党员、生产队长、老族长开会动员，打算带领乡亲们搬迁到山下开荒。在 26 名党员中，只有 6 人支持他的想法。莫文珍的堂叔甚至撂下狠话：“我看你怎么把人带出去，就会怎么把人带回来。”

谈话不欢而散，但莫文珍并不孤独，全村有 16 户人家选择跟他下山开荒。流传了 30 年的“青蛙粥”的故事，不仅反映了莫文珍最初走出大山的艰辛，也说明了他艰苦创业、让村民摆脱贫困的决心。

1987 年，跟着莫文珍一起搬出来的 16 户村民在荒山坡上搭了一个工棚，几十号人晚上睡在大棚里，白天开荒修路，一日三餐就是一大锅粥。一天晚上，村民们疲惫不堪地回到大棚，做饭的师傅没注意，几只青蛙不小心跳进了煮粥的锅里，等大家快吃完粥的时候才发现。为了填饱肚子，他们将青蛙连皮带内脏将就着吃了。

无志山压头，有志人搬山。

从山外租来的 450 亩荒坡对莫文珍来说就是宝，可以播种希望和未来。他组织村民修道路、修水利、造田造地、发展产业……。在当地政府的支持下，尚兴村的村民陆续搬迁。

“我逐步把全村 1 300 多人全部搬出大山，形成了 10 个移民搬迁点。走出大山的村民通过发展芒果产业都摆脱了贫困。”莫文珍自豪地说。

现在，这些搬迁出来的村民因为种芒果致富，住上了楼房、开上了汽车。

## 科 学 推 动

万事开头难。

“刚开荒时，我们种玉米，3 年没赚到一分钱。”莫文珍回忆说，他只能另想出路。1989 年，莫文珍向银行贷款 3 600 元，这在当时不是一个小数目，相当于现在的几万元。莫文珍的父亲知道这事后，非常生气。当天晚上，他父亲就给了他一巴掌，并指着他的鼻子骂道：“你这是找死啊，我养你们几兄弟这么大都没向银行借过一分钱，你却向银行贷款 3 600 元。如果你想死，该去跳河就去跳河，该去跳山崖就去跳山崖，不要再回来了。”

回想此事，莫文珍说：“我当时哭了。父亲的不支持、不理解，让我感到很难过。我知道，父亲是担心我日后还不了贷款。但是，我决心已定，还是带领村民种上了甘蔗。”当时，莫文珍连吃饭的钱都没有，却把甘蔗种子分给搬下山的 6 名党员，他拍着胸脯说：“你们拿去种，成功了大家有份，失败了贷款由我一个人承担。”在此期间，莫文珍听说县里的糖厂可以赊肥料，他就从糖厂赊了肥料分给大伙。

功夫不负有心人。

1991 年 9 月，不支持搬迁的堂叔偷偷下山看莫文珍种的甘蔗，发现绿油油的甘蔗长势喜人。11 月，甘蔗喜获丰收，当年种的 40 亩甘蔗总收入达 1.2 万元，扣除贷款后，还收入 8 000 元。还了甘蔗种子和肥料款后，每户分了 200 多元。年底，堂叔带领全家从山中搬迁下山。

莫文珍不断探索新的种植品种，希望贫瘠的土地能够给村民带来更多的收益，摆脱贫困。1993 年，莫文珍又盘算着将甘蔗改种成芒果。没钱买种苗，他就带着村民去捡别人丢弃的果核来培育种苗；没钱买肥料，他就和村民们提着箩筐去捡猪粪、牛粪，甚至到人流量大的码头厕所去挑“人工肥”；不懂技术，他就到县里的农技培训班旁听，回来再用方言告诉村民。连续 4 年，莫文珍边做木工边用赚来的钱自费学习芒果栽培技术。

“那时，我们在县里、镇上举办栽培技术培训班，都能看到莫文珍的身影。”田阳县人社局负责人说。莫文珍还到高校旁听，没有位置坐，就站在教室门口、站在窗户外旁听。

/ 莫文珍（右一）对贫困户进行芒果种植技术培训

有一次，广西大学园艺系教授欧世金看到莫文珍站在教室门口，就问他怎么不进去，听莫文珍说明缘由后，欧世金教授深受感动，主动请他到教室里听课，并且到尚兴村指导村民种植芒果。4 年后，尚兴村的 5 000 株芒果树硕果累累，挂满枝头。

莫文珍的“芒果大王”之路没有止步。1996 年，莫文珍被评为“全国十大扶贫状元”，他在北京第一次吃到了“台农一号”芒果。那时，广西还没有种植这个品种，此后两年间，莫文珍对那口芒果念念不忘，他想把这个品种带回村里种植。

1998 年，有一个老板到田阳县收购芒果，他听莫文珍说起此事后，就告诉他海南可以找到这个品种。当即，莫文珍向镇政府借了一辆车到海南，寻找“台农一号”芒果种苗。

一路上可谓惊险万分。莫文珍借的车刚开到平果县，车前轮螺丝就掉了好几颗，险些酿成事故。当他千辛万苦到了海南，商家开口一节 5 厘米“台农一号”的枝条要 2.5 元。“我咬咬牙，拉着同行的村民凑齐了 8 000 元，买了一泡沫箱的枝条回来育苗。”莫文珍回忆说。后来，“台农一号”成为百色，甚至广西芒果的主力军。同年，莫文珍又引进了金煌芒，成为当地芒果产出的第二主力军。

莫文珍深知，要把种芒果变成奔小康的龙头产业，必须要有自己的“核心竞争力”。只有高中文化的他刻苦自学，理论联系实际，撰写了《芒果栽培技术》一书。有了科学支撑，尚兴村的芒果越种越好，从而激发了更多村民从山上搬到山下，走出深山开荒种地。目前，尚兴村的芒果种植示范基地已扩大到 3 200 多亩。2017 年，村里仅芒果产业一项收入就达千万元，全村人均纯收入达 8 520 元。尚兴村走出了摆脱贫困之路，还带动了田阳县乃至百色地区近 130 万亩芒果产业的发展壮大，这也成为当地最大、最富有成效的扶贫产业，莫文珍也被远近村民称赞为“芒果大王”。

## 未有穷期

“老牛瘦来角不瘪，老汉六十志不衰，为了四化宏图现，敢与后生赛起来。”这首山歌道出了莫文珍宝刀不老的雄心壮志。60 多岁的莫文珍 2012 年就卸下了村支书的担子，但他比以前更加忙碌。因为，新一轮的脱贫攻坚给他提供了更大的舞台。

党的十九大后，莫文珍主动报名参加了县里组织的“农民讲习所”，他把课堂搬到芒果园里，向村民宣讲党的十九大精神，手把手教村民种植芒果技术。莫文珍不仅用自己的故事激励当地农民，还经常去给果农义务授课，鼓励他们勤劳致富。

双达村，原位于田阳县南部山区，全村 930 人整体搬迁到凤马片区。“听了老莫的课，村‘两委’班子很受鼓舞，也打算种芒果。头塘镇附近有一片坡地，村里打算成立一个合作社，把这片地包下来，发展芒果产业。”双达村党支部书记说。

2017 年，莫文珍联系了 46 户贫困户，指导他们脱贫致富，并且帮助一些贫困户承包了果树，传授芒果种植技术。“对于这些贫困户来说，我们只要拉一把，他们就能摆脱贫困，不拉他们就会后退。”莫文珍说。

为了做大做强芒果产业，2009 年，莫文珍组织成立了田阳县“七月香芒果专业合作社”，解决村民卖果难、收入低问题。他自告奋勇担任社长，不辞辛劳，走南闯北，了解市场行情。

2016 年，“七月香芒果专业合作社”接纳了田阳县扶贫办 500 户贫困户和县残联 100 名残疾人的培训任务。合作社通过服务，让越来越多的果农摆脱了贫困。

为了加快脱贫攻坚步伐，田阳县启动了 20 万亩芒果示范基地项目，主要是解决新移民贫困群众的就业问题。为此，县里聘请莫文珍到示范基地负责技术培训，他手把手地教贫困户管理芒果，让他们有稳定的收入，尽快脱贫致富。

/ 尚兴村芒果产业成为村民主要收入来源

为了解决贫困户卖水果难的问题，莫文珍通过互联网，与全国数十个城市建立了购销合作关系，“一站式”把全村水果和邻近村的水果直接销往消费区，既方便了外地顾客，又让当地农民的水果卖了个好价格。近年来，尚兴村仅水果销售价格提高部分就使全村每年增收 100 多万元。

9 月，是尚兴村芒果丰收的季节。金色的果实压弯了枝头。眺望山峦叠翠，芒果树一层又一层，从山头望到山坡，再从山坡望到山谷，望得见的是芒果树，望不见的也是芒果树。村民们正在芒果集散市场忙碌着，他们把新鲜采摘的一筐筐芒果用三轮车运到这里，来自全国各地的商贩过秤后，把芒果装上大货车拉走。当村民们接过一沓沓钞票时，每个人脸上都洋溢着幸福的笑容。

莫文珍除了给村里留下一大片生机勃勃的芒果园、一座生活幸福的新家园外，他还给村里留下了“五条要求”。

这五条要求对村里和村民有什么意义？

莫文珍解释说：“为了让村子发展得更快更好，村委会工作需要由有朝气、有能力的年轻人来干。我交班时，给他们提出了‘五条要求’。一是要跟党走，依靠党的政策发家致富；二是要与为我们提供土地的‘老东家’搞好关系；三是要依靠科技发展；四是要教育好下一代；五是要做事有公心、有民心。”

“莫支书虽然退休了，但他依然坚持在扶贫一线，他的‘五条要求’不仅符合我们村的实际，还给我们村里留下了最宝贵的财富，我们新班子一定会继续沿着这条路走下去。”尚兴村村支书梁德东说。

莫文珍在脱贫攻坚这条路上已经奋战了几十年，终于走出了一条移民搬迁致富的路子。他说，自己能为脱贫攻坚做一些实事，感到荣幸自豪，看到乡亲们脱贫了、富裕了，就安心了。

“为了生存，永远不放弃；为了发展，有弃才有得；为了更多的群众脱贫致富，我还要继续战斗！”这是莫文珍的心里话，也是他对自己脱贫攻坚事业的最好诠释。

（撰稿：李庆华　照片提供：莫文珍）

/ 田阳县那坡镇尚兴村新貌

黄丽萍，海南省陵水黎族自治县文罗镇五星村党总支书记、村委会主任。党的十九大代表。曾获全国农业劳动模范、海南省劳动模范、海南省优秀共产党员等荣誉。她致富不忘乡亲、不忘责任和使命，通过“党支部＋合作社＋农户”模式抓党建促脱贫，引领村民先后成立新型农民种养专业合作社、妇女黎锦专业合作社、朝天椒种植基地、陵水文罗乡缘生态农业发展有限公司，积极发展壮大村集体经济，将村民的年人均收入从2016年的不到4 000元提升到2018年的近7 000元，带动133户573名贫困人口脱贫。



# 海岛上绽放的“木棉花”

木棉花是南方的特产，它开得红艳但又不媚俗，花掉落后，树下落英缤纷，花不褪色、不萎靡。木棉花被称为英雄花。在海南省陵水县五星村，黄丽萍是村民们公认的女能人。为了摆脱贫困，她以执着奋进、决不放弃的精神，以勤劳勇敢和智慧，战胜了一个又一个艰难险阻，她不负众望，带领着村民走上了康庄大道，展示了一名农村基层党组织领头人的风采，被称为海岛上绽放的“木棉花”。

## 决不向贫困低头

创业致富对于黄丽萍来说，是始终坚持的信念，从年轻时的外出务工到后来的返乡创业，她一直在与贫困较量。

2001年之前，她和丈夫一直在海口打工，做些蔬菜批发生意，对反季节蔬菜和市场行情比较了解。回到村里后，她发现有很多荒地无人开垦，于是，她盘算着把这些撂荒的土地全部租下来发展种植业。黄丽萍自小就勤奋好学，是海南省第一批农村干部大专学历教育班的优秀毕业生。为了掌握先进技术，她克服交通不便、经济拮据等困难，多次外出学习，不断总结积累种植经验，掌握了多种瓜果蔬菜的种植技术。随后，她开垦了这些荒地，种上了反季节的豆角、南瓜等蔬菜，同时还饲养100头猪和几十只鸭，成了村里的种养大户。

有了些积蓄后，黄丽萍又投入到木瓜种植上。没料到的是，眼看就要到收获的季节

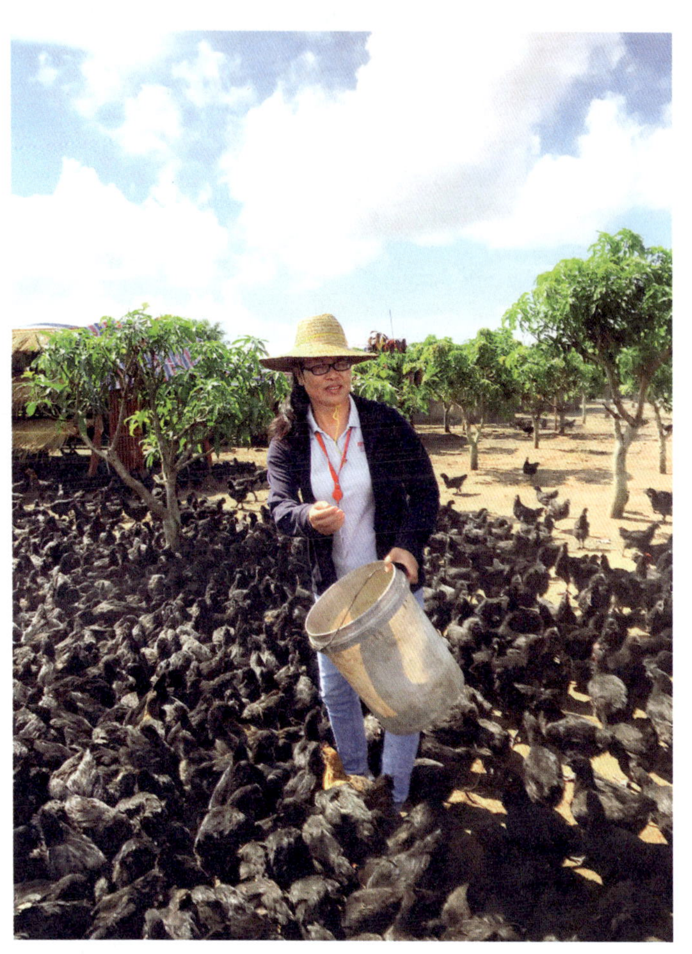

/ 黄丽萍查看家禽生长情况

了，一场台风，一夜之间就把种植的几十亩木瓜树全部损毁，一下子就损失了几十万元。但是，难过至极的黄丽萍在丈夫的安慰和鼓励下，心中又燃起了斗志。她四处筹钱，准备东山再起。

她和丈夫跑到几十公里外的三亚学习种植芒果。“老庄坡是人家搞砖瓦灶的地方。在那儿种芒果，简直是用钱打水漂！”2003 年，黄丽萍承包下五星村老庄坡 60 亩砖瓦厂荒地种芒果树的举动，让不少村民很不看好，家人也是极力反对。黄丽萍却认为，人勤地不懒，黄土变成金。她又一次开始了向土地要效益的奋战，晴天一身汗，雨天一身泥，起早贪黑，开荒、耕地、育苗、学习取经……她硬是将 60 亩荒地变成了良田，种植下 2 000 多棵芒果树、几百棵龙眼树，以及 2 000 棵槟榔树。2012 年海南冬季瓜菜展销会期间，黄丽萍联合几家芒果种植户在冬交会上展销自家种的芒果，成功与商家签订销售合同，销售量高达 10 万余斤。辛勤的汗水收获了丰厚的回报，家里的经济条件明显改善。此后，黄丽萍开始全力种植芒果。

“我和大家一样经历过苦日子，希望能带大家一起去过甜蜜的生活。”靠自身的努力打拼富裕起来后，黄丽萍没有忘记乡亲们，她无私地教乡亲们芒果种植技术，还与 6 户农户联营，成立芒果种植销售合作社，统一管理，统一销售。

董亚青家有 3 亩地与黄丽萍家的芒果地挨在一起。看到黄丽萍家靠种植芒果赚到了钱，他也想试试，但由于没有掌握技术等种种原因，一直没有种植成功。黄丽萍就主动送给董亚青 200 株芒果苗，还手把手地教授种植方法。几年后，董亚青的芒果地开始有了收成，他索性将 3 亩芒果地给合作社承包进行统管统销，夫妻俩则到海口打工。“收入每年都有所增加，我家准备盖楼了。”董亚青兴奋地说。

因痛风而长期行动不便的董亚强，家中老母亲长期生病卧床，日子过得很是清苦。热心肠的黄丽萍不仅劝说董亚强将其两亩地加入合作社，还与他结成对子，全面进行帮扶，使他家出产的芒果不仅卖出了好价钱，还能从合作社提前预支钱来解决生活难题。2017 年，黄丽萍又帮助董亚强开垦了两亩地种植莲雾，董亚强家的日子越过越好。



## 党旗引领战贫困

2016 年，黄丽萍在全体村民的信任和期盼下，挑起了村党总支书记、村委会主任两副重担。“一花独放不是春，万紫千红春满园；一人致富不是富，人人致富才是富。村民选了我，是对我的信任，我一定要给他们一个满意答复。”这是她庄严的承诺。

如何带领五星村 672 户 2 678 人发家致富，帮扶 153 户 634 名建档立卡贫困户脱贫奔小康，黄丽萍开始深入细致地走访调研和思考。恰好在当年，陵水县委提出以“党支部 + 合作社 + 贫困户”模式开展脱贫攻坚，这一下子打开了她的思路，更坚定了她带领乡亲们脱贫致富的决心和信心。

她首先着手加强村“两委”班子建设，保证科学决策、民主决策、公开决策。她从选优配强队伍、健全管理机制、加强教育培训、凝聚班子成员的战斗力和向心力入手，努力建设守信念、讲奉献、有本领、善团结、重品行的村“两委”班子，为村党组织建设提供坚强的政治保证和组织保证，并先后发展预备党员 4 名。她认真组织学习贯彻习近平总书记关于扶贫工作的重要论述，严格按照党组织学习教育的相关要求，积极开展“两学一做”学习教育等活动。在她的带领下，通过规范组织建设、党内政治生活、党员发展、党员教育、党员管理、党员服务、阵地建设、台账资料八个方面的工作，五星村党总支和下属三个党支部一改过去的工作作风，成为如今管理规范、组织健全、制度完善、工作规范、活动正常、作用明显的基层党组织，为脱贫攻坚提供了有力的组织保障，汇聚了坚强的战斗力。

/ 黄丽萍在发言

与此同时，黄丽萍以村党总支为核心，成立各种合作社，并动员贫困户加入。为了进一步激发贫困户的内生动力，村党总支耐心细致地做好各项服务帮扶工作。他们向上级争取扶贫资金，根据资金规模和实际情况确

/ 工作中的黄丽萍

定发展项目，帮助贫困户进行土地流转并发放租金，为贫困户提供就业机会和技术指导等，使贫困户充分参与合作社运营，既可以参与种养生产过程，又能获得分红收入。2016 年当年，就有 32 户村民合作成立了五星村新型农民种养专业合作社，有 12 户村民合作成立了五星村妇女黎锦专业合作社。在黄丽萍的动员下，村里的贫困户自愿将政府发放的近 300 只五黑鸡苗作为入股物资，加入种养专业合作社。“她是致富带头人，我们相信她的创业能力。”贫困户黄海学说。2017 年，他带着政府发的 50 只五黑鸡入股五黑鸡合作社并在社里打工，每天可获 100 元工资，年底还得到了 2 000 元分红。

由黄丽萍担任理事长的五星村妇女黎锦专业合作社每年产出 10 多条黎锦，每条市场价在 800 元左右，合作社里的黎丽霞、董亚丹等 4 户贫困户已顺利实现脱贫。

2017 年以来，五星村又先后成立了朝天椒种植基地、陵水文罗乡缘生态农业发展有限公司，村集体经济得到进一步发展，村民的年人均收入从不到 4 000 元提升到近 7 000 元。

打赢脱贫攻坚战，产业扶贫固然重要，但做好贫困户的思想工作，更新他们的观念，提振他们摆脱贫困的信心和决心则更为关键。

一年种两季水稻，然后土地闲着什么也不种是当地的“老传统”。黄丽萍决心改变这一习惯。她带领村“两委”班子，挨家挨户耐心解释、反复劝说他们调整种植方式。贫困户王亚春一个人养着两个孩子和一个老人，生活十分困难。村里引入辣椒种植项目后，黄丽萍不厌其烦动员并帮助王亚春种起了一亩地的朝天椒，当年就收成 4 000 元。王亚春动情地说：“要不是黄书记四次上门跟我讲道理，手把手帮我，我现在还只能眼睁睁看着别人赚钱。”如今五星村水稻只种一季，剩下的时间用来种冬季瓜菜，让农户一年四季有可持续收入。

在实际工作中，黄丽萍注重因人因户施策，精准帮扶贫困户树立信心、战胜贫困。村民符运杰一个人要赡养 80 多岁的父母，同时还要照料精神失常的大哥，家境贫寒，直到 39 岁还没娶上媳妇，一度对生活失去了信心。黄丽萍了解这一情况后，经常到他家嘘寒问暖、动员鼓励、开导启发，并将他家列为第一批危房改造对象，帮其盖起了新房，接着又联系协调当地派出所给符运杰安排了一份协警的工作。2017 年，符运杰终于娶了媳妇成了家。

黄丽萍用实实在在的行动，向信任她的村民们交上了一份满意的答卷。上任不到两年，五星村就有 133 户 573 名贫困人口脱贫，成功摘掉贫困村帽子，剩余的 20 户 61 名贫困人口也有望实现全部脱贫。贫困户年均收入约 4 800 元，个别贫困户达 10 000 元，生活水平明显提高。

## 以身作则促发展

无论是生产经营还是担任村干部，在要求别人时，黄丽萍总是先要求自己，处处以身作则，积极发挥着引领示范作用。

2010 年 10 月，海南遭受 49 年来最大的洪涝灾害，在抢险救灾工作中，她始终坚持在第一线。虽然是个女同志，但她主动要求与男同志一样分管两个自然村，组织撤离受困群众上百人，确保了群众的生命财产安全，得到了广大干部群众的称赞。

2016 年黄丽萍上任前，村“两委”执行力差，在贫困户核定和环境卫生整治等工作中，存在不同程度的相互推诿现象，工作效率在镇里排名最后。上任后，她在做好思想工作和规范管理的同时，以身作则，用实际行动影响和带动班子建设。生产组织化程度较低、效益不好、思想观念落后等问题一直是五星村发展的阻力。“那段时间，黄书记常常利用空余时间到田间地头、家家户户做思想工作，讲解相关政策和产业发展前景，想方设法将村民组织起来合力发展，是个有责任、有担当的人。”五星村村委会后备干部董其飞感慨地说。黄丽萍鼓励大家多学习、开阔眼界，她自身也在不断地学习充电，积极参加自考大专、本科学习。

2016 年以来，黄丽萍对村里的基础设施和环境卫生整治工作一直久抓不懈，亲力亲为。过去，五星村 10 个自然村都是土路，一下雨人难行，车子更是开不进去。上任伊始，她在镇政府的支持下，通过多方努力，排除种种困难，带领全村干部群众大干苦干，使 10 个自然村村村通了水泥路。为了保持村里的整洁，她以贫困户为主，组织了 18 人的保洁队，以公益岗位的形式解决了这些贫困人口的收入和全村的保洁问题。“这里修剪一下，这里再清扫一下。”刚从外省参加美丽乡村建设培训交流会回来，黄丽萍就到村里各个角落查看保洁员们的环卫工作，边说边亲自动手干。“距离早饭还有些时间，

/ 黄丽萍（中）与村民合影

全国脱贫攻坚奖奋进奖

/ 五星村便民服务站

我也出来捡捡垃圾。”村民符才强说，“我不是保洁队的，这要是在以前，别人会笑话我傻，但黄书记身体力行，经常这么干，大伙都学着呢。”符才强边说边把一个椰子壳扔进了垃圾桶。

从打工妹到致富带头人，从村干部到党的十九大代表，黄丽萍说，如今的自己多了一份“领路人”的自觉，但不管是什么样的角色，最重要的就是要做好每一件“平凡事”。她带着精心编制的《五星村美丽乡村规划》，又和几名村干部热烈讨论起来，一幅以村集体经济形式建设共享农庄的生态农业旅游画卷，正在黄丽萍的脑海中徐徐展开。

（撰稿：刘晖　照片拍摄：陈思国）

彭夏英，江西省井冈山市茅坪乡神山村村民。2018年当选全国妇女代表大会代表。彭夏英曾受到习近平总书记的亲切看望，她将总书记的关怀化为脱贫致富的巨大动力，依靠党的扶贫政策，自力更生，开办了全村第一家农家乐，从此摆脱贫困过上了好日子。她带动乡亲共同致富，推动成立神山旅游管理协会，组织16户群众开办农家乐，从业人员56人，占到全村总人口的近1/4，全年接待前来学习、旅游的客人超过22万人次。她还主动放弃低保、主动申请脱贫，鼓励教育身边的贫困群众脱贫，是全村脱贫致富的“标杆”。



# 幸福生活是干出来的

“政府只能扶持我们，不能抚养我们，要致富只有靠自己动手。”“有了政府帮扶，加上自己的努力，生活肯定会越来越好！”“亏就亏点，不要因为我们不同意，影响了全村合作社发展。”说这些话的人叫彭夏英，今年52岁，家住井冈山市茅坪乡大山深处的神山村。早年，彭夏英的丈夫摔残了脚，干不了重体力活，一家的生活重担便落在了她的肩上，家里的日子越过越艰难。2015年，彭夏英一家被识别为村里的贫困户。

2016年春节前，习近平总书记到神山村给乡亲们拜年，了解精准扶贫情况，到贫困户彭夏英家看望。习近平总书记曾一间一间屋子察看，坐下来同夫妇俩算收入支出账。只有小学文化的女主人彭夏英，把那天的对话记得很牢：“习总书记问，家里种了什么，养了什么？鼓励我们，让我们相信日子会越过越好！”

只要有信心，黄土变成金。铭记总书记的嘱托，彭夏英和家人商量后下决心拿出多年积蓄，又把住了大半辈子的农房腾出来，按照同时容纳60人用餐的规模，置办了餐具、桌椅，开办了全村第一家农家乐。短短一年多时间，仅此一项年收入就超过10万元。“自己动手，丰衣足食。”彭夏英不等、不靠、不要，自力更生，抓住机遇积极改变命运，树立了脱贫致富的时代榜样。

## “苦”出名：不是会显苦，而是能吃苦

彭夏英的日子曾经有多苦？她出生成长、结婚成家的神山村，是远近闻名的贫困

/ 彭夏英（前一）前往果园劳动

村，偏远、闭塞、条件差。在这样的村庄，彭夏英家又是最苦的人家，三双筷子、三个碗、一箩谷子，是彭夏英和丈夫的全部家当。

刚结婚的时候，她和丈夫每天清晨爬上陡峭的高山砍毛竹背回家，用双手做成细细短短的筷子，再用板车拖到茅坪街市去卖，曲曲折折的山路，要花上两个多小时。起早贪黑，花一天时间辛苦做出来的 3 000 多双竹筷，最多卖上 60 来块钱。“那时候的日子真是难，一家人还住在破旧的土坯房里，买不起油，只能吃不放油炒的‘干锅菜’，过节都不一定能吃上肉。”回忆那些苦日子，彭夏英不禁哽咽。一次女儿生病住院，为了省点钱，病情刚有好转彭夏英就想把孩子接回家，医生交代得拿些药回家吃。在缴费窗口前，她摸遍了浑身上下的口袋，还是差 10 块钱……

最苦的还不是贫穷，而是接踵而来的意外。热心的丈夫去帮邻居家拆房子时，一堵危墙塌下来砸在身上，在床上躺了半年多才下地。从此，丈夫的脚落下了残疾，再也无法干重体力活。还没待她缓过劲来，自己又在上山砍竹子时因劳累过度摔了一跤，腰部重伤，紧急送到医院抢救，手术整整做了 5 个小时。花了一大笔钱不说，她还得卧床养伤，难以动弹。

然而，这样的苦日子，没有压垮彭夏英。丈夫受伤后，她当起家里的顶梁柱，做饭、带孩子、喂猪、种田、砍竹子，一边照顾丈夫和孩子，一边想方设法改善家里的生活。自己摔伤后，医生嘱咐她至少要休养半年。可看着家里的光景一天不如一天，好强的她实在躺不住了，硬是咬着牙下地干活。

“没办法，家里只有我一个人能干活。”那时，神山村多数人只能靠出售井冈山产的毛竹生活。不少年轻人因此离开这个只有 54 户人家的小山村，外出打工挣钱。摆脱贫困，是彭夏英和神山村村民的梦想。

哪怕生活再难，考验再多，坚强的彭夏英也一步一步走过来了，“幸福生活是干出来的。我相信只要自己多干点活儿，多吃点苦，生活一定会好起来”。



## “拼”出名：不是拼命争，而是拼命干

/ 彭夏英在给农家乐客人准备午饭

过去的神山村群众面对贫困多是淡然。“等靠要”思想严重，部分人“等着扶、躺着要”，甚至一些地方出现“争”当贫困户的现象。但小学还没毕业的彭夏英一直有着不同的看法，“我不想当贫困户，贫困户小孩找对象都难”。

彭夏英坚信，幸福生活是干出来的。2016 年，习近平总书记的看望和勉励，暖透了彭夏英的心，也更加坚定了她自力更生的决心。她将总书记的关怀化为脱贫致富的巨大动力，发动家人开办了全村第一家农家乐，从此摆脱贫困过上了好日子。

彭夏英是真敢“拼”。为了开农家乐，她把建房的“老本”全部拿出来，将住了大半辈子的农房腾出来，简单置办了餐具就开张了。她带领一家人齐心协力，不断改善菜品质量，提高服务水平，使农家乐生意红红火火，年收入超过 10 万元。更有游客称她为“神山最美厨娘”。

在经营农家乐之余，彭夏英和丈夫还开起了神山特产小卖部，除向游客出售自家制作的果脯、米果子、茶叶、笋干等，两口子重新拾起放下多年的竹篮编织和竹筷制作手艺，制成竹制品，还从山上挖些杜鹃花等做成盆景出售，每月能增收不少。现在，家里还养了娃娃鱼，种了黄桃，加入了黄桃合作社，加上毛竹等收入，生活越来越好。

## “傻”出名：不是拎不清，而是怀公心

好日子刚过上没几天，彭夏英就干了几件“傻”事。

第一件，她贱卖自家的羊，做了一单亏本买卖。40 多头黑山羊，是她从政府送的 7 头种羊开始，起早贪黑风雨无阻放养、侍弄的成果。羊群“淘气”，总是闯进基地“偷

吃”，影响黄桃、茶叶的生长。为促进全村贫困户早日脱贫，2016 年 6 月，村里紧急召开大会号召全村人禁养牛羊。天气热，羊卖不上价，熬到入冬卖，至少能多得一半钱。村民们个个都观望，谁也舍不得先卖。彭夏英和丈夫也舍不得。经历了一番心理斗争后，彭夏英劝说丈夫：“亏就亏点，不要因为我们，影响全村合作社发展，害大家都脱不了贫。”在她的带动下，村民们纷纷主动卖羊，解除了对黄桃、茶叶产业的“威胁”。

第二件，她拆了自家的房，当了一回“败家”媳妇。在农村，大家把土地和房子看得比什么都重，盖房子被称为做事业，可彭夏英却把自家的房子给拆了。有一年，村里推进“消灭撂荒土地，发展致富产业；消灭危旧土坯房，建设美丽乡村”的“两消”专项行动，其他村民还在犹豫、踌躇的时候，她又率先带头，积极响应号召，牺牲自家生活的便利，带头拆除了自家的土坯杂房，还主动拆除了牛栏、厕所。看到“那么苦”的彭夏英都拆了房，村民们一个接一个地动起来，谁也没有拖后腿。

第三件，她放弃低保待遇，少了一份固定收益。2016 年，村里评审低保时，乡、村干部上门要她去填表，她摇摇头拒绝了：“还是留给更需要的人吧！”邻居笑她：“国家给的钱，别人用得，你用不得？”她笑了：“死水不经舀，要细水长流。我们两个现在还能动，生活还过得去，总有比我们更需要的人。”

/ 彭夏英生活地——神山村新颜

一传十，十传百。听说了彭夏英的“傻”故事，有人问她：“对你也没啥好处，你为啥总冲在前面？”彭夏英笑笑不说话，心中却想着：“做人要有责任，政府帮了我们这么多，我们也该为政府多担当……”

## “富”出名：不是一人富，而是大家富

过去，彭夏英是贫困户，自力更生不拖后腿；如今，她是带头人，带动乡亲共同致富。“光自己富不算富，必须在自己富的同时，带动和帮助其他贫困户脱贫致富，共同发展。”这是彭夏英对脱贫致富的理解，也是她在生产生活中坚守的原则。



她现身说教，鼓励乡亲们自力更生。村里一贫困户是彭夏英同族亲戚，经过乡村两级帮扶，2016 年达到各项脱贫指标。但该贫困户拒写脱贫申请，想得到政府更多的扶持。彭夏英得知后，主动找到亲戚讲事实、摆道理，“政府只能扶持我们，不能抚养我们”，一席话让不想脱贫的贫困户顿然释怀。

她利用自己的优势，积极争取更多的游客前来神山休闲旅游和参加红色培训。为提高村里的接待能力，使更多的群众能在旅游市场中获取收益，她主动提出成立神山旅

/ 彭夏英近照

游管理协会，并挨家挨户上门宣传，动员他们加入旅游协会。通过她的努力，全村共有 16 户开办了农家乐，从业人员 56 人，占到全村总人口的近 1/4，来神山村体验农家乐的游客越来越多，大伙的收入也越来越多。2017 年，全村农户人均纯收入 1.78 万元，其中贫困户人均纯收入达到 8 737 元。

她坚定脱贫信心，从依靠“一把斧子、一把刨子、一把锯子”靠天吃饭养家糊口的昨天，走到了组织村民“一桌佳肴、一份特产、一块果园”脱贫致富奔小康的今天，成为革命摇篮井冈山脱贫致富奔小康路上一朵艳丽坚强的“红杜鹃”。

虽然彭夏英只是神山村的一位普通村民，但在她的影响下，更多的神山村人坚信，幸福是靠双手奋斗出来的。如今，越来越多的年轻人回到神山村，积极创业，发展家乡的产业。

（撰稿：胡琳　照片提供：井冈山市茅坪乡政府）

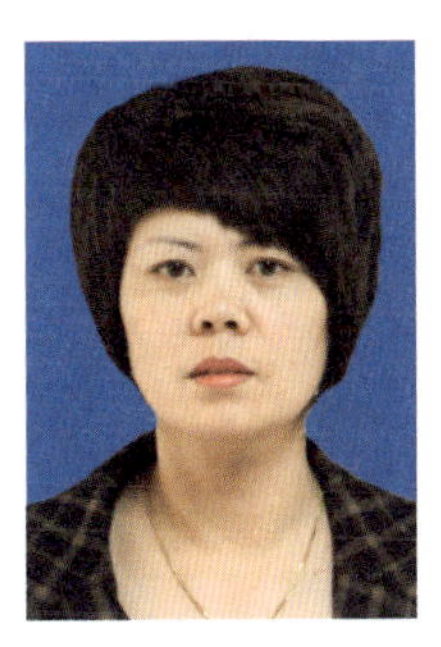

程玉珍，山西省长治市壶关县五龙山乡刘寨村党支部书记、村委会主任。山西省第十三届人大代表。曾获全国三八红旗手、全国孝亲敬老之星、山西省脱贫攻坚奋进奖、山西省五一劳动奖章等荣誉。2011 年，面对乡亲们的期盼，程玉珍放下正在经营的饭店、旅行社、美容院等产业，放弃城市的优越生活，毅然返乡，团结带领全村干部群众挖山修路、填沟建房、开荒造地、兴业富民，把昔日破旧、贫困的小山村，发展成远近闻名的特色示范村。2016 年刘寨村实现整村脱贫，村民人均年收入突破 6 500 元，交出了组织放心、群众满意、社会认可的优异成绩单。



# “贴钱”村官程玉珍

2011 年以前，山西壶关县五龙山乡刘寨村是远近闻名的贫困村，“路不平、条件差，收入低、生活难，穿旧衣、喝稀汤，蹚小路、住破房，媳妇少、光棍多，粮食少、外出多，治安乱、纠纷多”。如今走进村子，整洁的居民区，通达的柏油路，一座座现代化的大棚，一个美丽乡村已见雏形。村民都说，这样的变化，多亏了“当家人”程玉珍。

## 从老板到村官——一人富不算富，全村富才算富

1992 年，程玉珍嫁到刘寨村。后来的十几年里，她和丈夫白手起家，跑过运输，摆过地摊，学过理发，开过饭店。凭着独到的眼光和勤劳的双手，在县城开了美容院、旅行社，还做起了房地产，事业风生水起，成了村里有名的能人。富裕起来的程玉珍从没忘记村里的乡亲，只要村里有需要，她二话没说，捐钱捐物。但村里却一年又一年延续着贫穷，村长、书记改选了很多次，可谁来也干不长。

2011 年，又一次村干部改选的时候，很多村民想到了程玉珍。连续一个月，乡亲们一拨又一拨去县城找她，动员她回村当支书。“当时，我爱人的生意正在转型，自己的美容院和旅行社也离不开人，总不能把生意丢掉吧？而且孩子才 5 岁，谁来照顾？”程玉珍十分为难。有一天，老支书和几名老党员登门，程玉珍说了自己的难处，老支书说：“我们村太穷，我们也穷怕了，你平常做的好事让村里人知道你是好人，是有本事的好人，你就回村帮帮大家吧。”就是这句“穷怕了”戳痛了程玉珍的心窝，她答应参

/ 程玉珍在劳动

加选举，选上了就回去。最终，她高票当选刘寨村村支书，这一年程玉珍 40 岁。“我当时真没想到能选上。我离开村子十几年了，很多村民见面都不认识，怎么会选我？当选的那天，我彻底蒙了。”

既然选上了，这就是份沉甸甸的责任，就要好好干，“一人富不算富，全村富才算富”，程玉珍下定了决心。

全家人也十分支持程玉珍。她把美容院和旅行社交给别人打理，把孩子留给了父母，一心扑到刘寨村的脱贫致富上。然而，凭一腔热血走马上任后她才发现，当村支书和做生意完全是两回事。

刘寨村 260 户村民，在册人口 720 人，年轻人大多外出谋生，常住的只有 268 人，大多是老弱病残。荒凉的山坡上，星星点点散落着几户破败的房子，房后就是干巴巴的山沟。村民人均年收入长期徘徊在 1 000 元左右，村委账上基本上没有余钱。地下无资源，地上无优势，面对这名副其实的“包袱村”，想改变、想发展该从何下手？

去县里开会，程玉珍压根儿听不懂人家的讲话。回到村委会，琐事一堆，也不知道该怎么干。对刚上任的程玉珍来说，如何“经营”好一个村子，是个巨大的挑战。

面前这样的状况，从小在外打拼的程玉珍没有打退堂鼓，她挨家挨户走访，切实了解村民的难处，摸清村子的情况，为刘寨村的脱贫致富订计划、找出路。

“闺女，你能不能让俺们用上自来水？岁数大了，走不了远道提不动水嘞。”“闺女，你不是有小汽车么，能不能拉上俺们上县城瞧瞧？”回忆起老人们当年这些最朴实的心愿，程玉珍忍不住落下了眼泪：“因为交通闭塞，我们村虽然距离县城只有 20 多里路，但好多老人一辈子都没去过县城。”

对于程玉珍来说，从“生意人”变成贫困村村支书后，花钱的地方和挣钱的理由都与原来不一样了。



## 新官上任三把火——修路、通水、盖新房

一番深入的探问后程玉珍得知，路和水是全村的“心腹大患”。解决村民吃水难、行路难，成为新任村官的头等大事。方向找准了，项目确定了，资金从哪里来？那时，村集体经济收入为零，程玉珍把自己经营多年的美容院作抵押，贷款 150 万元给村里修路、通水。她说，当时没想那么多，只牢牢记着一句话：要想富，先修路。

原来的出村路坡陡弯多路窄，路面坑洼不平，出行非常不便，群众最大的心愿就是有一条像样的路。程玉珍领着大家勤干、苦干，很快修通一条通往壶关县城的公路，村民从此告别了羊肠小道，到县城原本 40 分钟的路程缩短为 20 分钟。

多年来，村民一贯喝的是旱井水，既不方便也不卫生。在程玉珍的带领下，村委统一实施自来水入户工程，让村民户户通上了自来水，喝上了安全水、放心水。

水有了，路通了，村民们发自内心地高兴。然而，自掏腰包“砸钱”扶贫的程玉珍在朋友中引起了不小的议论：“你是不是傻啊？放着城里的舒服日子不过，为什么偏要接这么个烂

/ 程玉珍（左）在蔬菜大棚查看蔬菜长势

/ 程玉珍（右二）和老人们在一起

摊子?”程玉珍很坚定：“乡亲们找到我，是对我的信任，我答应了，就要竭尽全力。”

刘寨村位于一处山洼里，周围遍布荒沟和山坡，山坡最高处 20 多米，荒沟最深处 40 多米，村民的房子多是依山而建，张家的房顶有可能和李家的房子地基齐平，爬山下沟，村民出行极不方便。2011 年程玉珍当选时，全村 260 户人家大多住的是土窑洞，只有一幢新房子。

在程玉珍看来，得把旧房子改造一下，改变村容村貌才能稳住村民的心。为此，程玉珍召集村“两委”干部一起商议后，决定采取拆旧建新、以新补旧的办法，在新建住房时，把山坡削平，把荒沟垫平。工程量很大，资金缺口也不小，但更多的阻力却来自拆迁工作。村民都想住新房子，但又担心程玉珍要是哪天走了，新房子修不起来，连旧房子都没得住。村民的质疑提醒了程玉珍，思来想去，她决定给村民吃颗定心丸——“我垫钱，先盖房”。

程玉珍再次说服爱人抵押贷款 150 万元，开始了愚公移山般的拆旧房建新房工程。历时两年，统一规划建设的 40 余套二层小楼竣工，村里 44 户 109 人搬出了阴暗潮湿的土窑洞，住上了宽敞明亮的新楼房。

村民如愿住进了二层小楼，程玉珍却高兴不起来，因为在这期间她听说了一件事：村里的一位五保户在家去世两天以后亲戚们才发现。

“一定要安顿好 27 位五保户，绝不能让这样的事再次发生。”程玉珍有了一个更大胆的想法：修建养老院！

2012 年，程玉珍再次自筹资金建起了养老院，并提出了“以孝治村、推动发展”的治村理念。村里的五保户和孤寡老人全都免费入住。养老院一位老人激动地说：“现在不光村里的日子过得好，我们这些无儿无女的老人也有的住、有的吃，每月还有零花钱。”

几年来，刘寨村累计投入资金 1 700 多万元，不但建起了养老院，改造了办公楼，硬化了街巷，安装了路灯，还建成了标准化的村级卫生室、文化活动室、文化广场，基础设施配套完善，村容村貌干净整洁，实现了旧貌换新颜。许多了解刘寨村过去的人都说，没想到刘寨村的变化这么大、这么快。

在每一项工程建设过程中，程玉珍都是亲自上阵。因长时间休息不好，有一次程玉珍摔倒在工地，导致左胳膊骨折，到医院检查包扎后，她打着绷带又返回工地。一项项工程，一件件实事，村民们看在眼里，记在心上。尝到了甜头、看到了希望的村民，对程玉珍的态度也发生了变化，不论程玉珍说什么、干什么，大家都跟着干、抢着干。

有人说她傻，拿自己挣的钱给别人花。她却说：“我有一儿一女，如果只是给他们留一大笔钱，没什么意思，还不如让他们知道这钱怎么花才更有意义。”

## 摘掉穷帽子，过上好日子——“程玉珍来了，咱日子有盼头了！”

村里的环境大变样，乡亲们很开心，见了程玉珍就夸。可是，程玉珍的心里依然压着一副沉甸甸的担子。她深知，授人以鱼不如授人以渔，如果不能给乡亲们找到一条致富路，现在的一切都长久不了。

“自己再苦再难，也要让乡亲们摘掉穷帽子，过上好日子”，这是程玉珍任前作出的承诺。如何让大家的口袋鼓起来？这成为程玉珍日思夜想的问题。

要富口袋，先富脑袋。程玉珍坚持扶贫与扶志扶智相结合，聘请专家到村里开展技能培训，组

/ 程玉珍（右二）领取流动红旗

织有意愿的村民外出接受培训，累计开展种植、养殖、厨师、家政、电焊、理发等培训30余期，帮助贫困户提高就业技能，实现一技在手、致富不愁，一人就业、全家脱贫。近年来，全村有40余人找到了就业岗位。

2013年，通过深入调查研究，程玉珍发现建设蔬菜大棚见效快、收益大、带富能力强，于是筹资80万元在村里建起10座冬暖式大棚，计划承包给贫困户经营。但村民们却顾虑重重，都担心经营不好反倒赔了钱，谁也不敢开这个头。了解这一情况后，程玉珍找到了村里的旱地蔬菜种植户张雷平，和他达成了无风险承包协议：蔬菜大棚挣了钱算张雷平的，他上交村委承包费；赔了钱算程玉珍的，由她支付承包费。

此后，程玉珍积极帮助张雷平联系技术人员，打通销售渠道，一年后算账，张雷平净收入30多万元。张雷平的成功示范，打消了村民的疑虑，大家纷纷上门找程玉珍提出承包大棚的想法。程玉珍趁热打铁，采取“合作社 + 能人大户 + 贫困户”的模式，成立了新天地、新世纪两个种养专业合作社，新建大棚88座，通过金融贷款、社员入股、土地流转、荒地复垦，吸纳贫困户56户，实行统一建设、统一贷款、统一育苗、统一标准、统一管理、统一销售“六统一”，全部承包给能人大户和贫困户经营。

村委出资硬化了路面、接通了水电，为经营户办了种植保险。“程玉珍来了，咱日子有盼头了!”这是村民的心声。听说守家在地就能挣钱，一批原先外出打工的人也返乡回村，加入承包经营大棚的行列。

大棚做起来了，程玉珍并不满足，她一直在琢磨新的致富路。程玉珍又积极争取项目，引进资金，上马建设了100千瓦光伏发电站、养殖场、小杂粮加工厂，种植了旱地蔬菜250余亩、小杂粮150余亩，开发了农家乐，形成了设施种植、旱地种植、小杂粮、农产品加工、光伏发电、养殖、手工艺品、乡村旅游八大产业。村民一天天富起来，这个曾经人均年收入仅1 000元的山村，2016年实现了整村脱贫。刘寨村人均年收入已突破6 500元，村集体经济收入达到21万元。乡亲们不光住上了好房子，也过上了好日子。程玉珍当年选择的这个“包袱村”，已成为远近闻名的美丽乡村。

很多人都称壶关人为“壶关疙瘩”，意思是精明，执着，不服输。程玉珍就是典型的“壶关疙瘩”。她坦言，大话自己不会说，就想带领全村村民，发扬这种“疙瘩”精神，过上幸福生活。

（撰稿：胡琳　照片提供：程玉珍）

壶关县五龙山乡刘寨村全貌

靳永明，中共党员，青海省海东市互助县台子乡富农蔬菜专业合作社理事长。2008年自筹资金1.1万元，种植菌类、油茄、辣椒、黄瓜等经济作物，全年纯利润达到8万元。2011年创办台子乡富农蔬菜专业合作社，种植反季节蔬菜，实现亩产经济收入5 000多元。他始终牢记要带领村民一起致富的目标，邀请农技专家为村民开展培训200多期、8 000余人次，培养农业经纪人140余名，无偿为贫困户提供外出培训、学习119人次。合作社吸纳了70多名贫困户常年就业，让贫困户做到了“一人就业，全家脱贫”，辐射带动周边560多户农户走上种植蔬菜增收致富的小康路。



# 合作奔小康　辐射同致富

在青海省海东市互助县台子乡，提起靳永明，可谓无人不知。在他的身上，有着不少的光环：优秀新型职业农民、农村致富带头人、农民创业新型个人、优秀农民创业者……这一连串荣誉的背后，是他脚踏实地一步一步奋进的足迹。

## 摸爬滚打，练就功底

2002年，刚过而立之年的靳永明，背起行囊踏上了去往山东寿光的打工之路。

来到寿光，这里的一切都让他感到陌生，也不知从何做起。几个月过去了，他依旧没有固定的职业，只能东跑西跑地打零工，搬砖、装卸……什么活都干过，什么苦都吃过。虽然起早贪黑辛勤工作，但挣来的钱却仅仅能够维持基本生活。

一个偶然的机会，使他的生活出现了转机。一天，靳永明和伙伴们到菜市场搬运蔬菜，任务完成后，别人都拿着工钱高高兴兴地“打道回府”了。只有他，不顾疲惫，将自己送菜区的满地剩菜烂叶打扫干净。老板回来看到其他批发区一片狼藉，而自己门前干干净净，高兴地拍着靳永明的肩膀说：“小伙子，好样的，跟我干吧！”就这样，靳永明终于有了固定的工作。

寿光蔬菜批发市场是全国最大的蔬菜集散中心，每天这里都车辆云集，人来人往，靳永明从早到晚忙得不亦乐乎，他如饥似渴地学习知识，积累经验。从蔬菜搬运到买菜再到批发，每项工作他都能打理得井井有条。他厚道热情、待人亲和、勤于动脑、善于学习，得到了老板的赞赏。

后来，老板将采购这项最重要的工作交给了他。靳永明心里明白，这是老板对自己的信任，自己绝不能辜负。他想：做好采购就需要广泛接触货源，做到货比三家，购买到物美价廉的菜。于是他就奔向田间地头，与本地菜农打成了一片，建立起稳定、安全、价格合理的货源关系。老板看在眼里喜在心头，不断地对他进行指导，靳永明渐渐成了老板的得力干将。

在认真比较货源、做好进货的同时，靳永明也乐于帮助菜农干些零活，从中学习蔬菜种植技术。他对蔬菜种植越来越感兴趣，常常向菜农虚心请教。付出总有回报，六年过去了，靳永明对从蔬菜种植到采购再到流通的整个环节都了如指掌，这为他后来发展蔬菜种植产业奠定了坚实的基础。他迎来了种植蔬菜致富的曙光。

## 稳抓机遇，立志创业

2008 年，在互助县政府的支持下，台子乡建成了 1 000 个蔬菜大棚。听到这个消息，靳永明认为这是一个千载难逢的好机会，他立即返乡回村，当即承包了 6 个大棚。

在当时的台子乡，多数村民担心赔本，对承包蔬菜大棚顾虑重重。别人连 1 个都不敢承包，而靳永明却大手一挥承包了这么多！一夜之间，他成了村子里“疯子”的代名词。他的举动父母不理解，村民更不理解，大家认为他投入的这些钱肯定会打水漂。面对家人的不理解与村民的质疑，靳永明没有退缩。他心里只有一个信念：要坚持下去，开创一片属于自己的天地！

根据学到的种植经验，靳永明在两个大棚里种上了蘑菇、平菇、金针菇等食用菌，在另外 4 个大棚里种上了油茄、辣椒、黄瓜等蔬菜。经过精心的选种和科学的种植，当年纯利润就达到了 8 万元，在村里引起了不小的轰动。

/ 蔬菜大棚

尝到了种植带来的甜头后，靳永明的劲头更足了。针对互助县地理环境偏僻、蔬菜市场供应匮乏的特点，在继续发展食用菌生产的同时，靳永明又开始探索发展高效蔬菜种植的路子。

2011 年，在上级有关部门的大力支持下，靳永明贷款 10 万元，组织 7 名村民创办了台子乡蔬菜专业合作社，在承包的 11 个大棚里种植反季节蔬菜，引种陇椒、豇豆、晶莹十一号西葫芦等优良品种，创造了亩产经济收入 5 000 多元的奇迹！

靳永明也意识到：要做到增产增收，提高种植技术水平很关键。于是他又带头参加各种新型职业农民、农民田间学校、农民创业培训，从知识中增加新鲜血液，在田间地头汲取养分，成了蔬菜种植的行家里手和土专家。



## 富而念邻，言传身带

靳永明不仅吃苦耐劳、勤学善思，而且淳朴善良、热心助人。他通过蔬菜大棚种植致富后，村民们纷纷前来取经求教，他没有忘记周围尚在贫困中的乡亲，积极为乡邻传技授艺，带领大家一起走上致富之路。

他先是毫无保留地给乡亲们讲解技术要点，无偿指导周边村民发展蔬菜大棚种植，无偿提供技术资料。他手把手地教，不厌其烦。每当村民遇到难题，他都亲临现场，细心指导，帮助解决。每遇刮风下雪的恶劣天气，他最惦记的是村民们的蔬菜大棚，总是第一个冲过去帮助周边乡亲们加固大棚，宁可自己的大棚受到风雪侵袭，也不让乡亲们受到一点儿损失。

他无偿提供菌种、菜苗，还帮助村民解决销路问题。村民种蘑菇、平菇、金针菇等食用菌需要菌种，靳永明就组织生产并无偿提供给村民，使食用菌生产在台子乡很快得

/ 靳永明（中）讲解种植技术

到普及，成为当地农村经济中的大亮点。农户育苗难，他每年无偿给周边农户提供近10万株蔬菜苗。乡亲们都十分感激他："有些人怕'教会徒弟，饿死师傅'，可他不怕，他总是先人后己。"

通过各种不懈的努力，他经营的蔬菜合作社规模一步步扩大，惠及乡邻的辐射带动作用越来越强，不仅带动了周边560多户农户走上了种植蔬菜增收致富的小康路，而且有70多名贫困户在合作社里常年就业，真正做到了"一人就业，全家脱贫"。

刘应甲是下台二村的贫困户，一家人的收入全部来自在合作社打工和种植蔬菜。他说："在合作社打工，一年的收入就有两万多元，闲暇之余还能顾上自己家的一栋温室大棚。靳永明教会了我们种植技术，指导我们种植蔬菜，蔬菜种好后统一收购，收购价格还高于市场价，一年下来，一栋温棚也有小一万元的收入，比种植大田划算得多。"

通过发展蔬菜大棚种植，靳永明成了当地有名的创业致富带头人。靳永明觉得，在带领村民奔小康的路上，他这名共产党员就应走在最前面。

## 科技当先，合作致富

农业要发展，科学技术是关键。多年从事蔬菜种植的靳永明深知"授人以鱼不如授人以渔"的道理。过去的台子乡下台二村，虽也曾种植蔬菜，但规模不大，科技含量不

/ 靳永明（中）和农户一起查看蔬菜苗

/ 靳永明（右）查看草莓生长情况

高、产量低、品质差，产品附加值低，往往是增产不增收。如何提高单位土地的产值，一直是靳永明苦苦思索的问题。他用大量时间去做深入调研，广泛了解群众在科技方面想什么、盼什么、最需要什么，在培育有文化、懂技术、会经营的新型农民上下足了功夫，想方设法在合作社里开展科普教育，通过各种宣传和培训，使菜农们熟练掌握了蔬菜种植的整套技术。

靳永明每年邀请县级农技专家、蔬菜技术服务中心专业技术人员和当地种菜能手，对村民现场培训百余次。几年来，共举办蔬菜技术培训班 200 多期，参训人数达 8 000 余人次。他还经常利用专栏、展板等形式宣传无公害蔬菜种植技术，先后组织农户到山东、甘肃、四川、云南等地学习种植技术，使无公害蔬菜主导产业优势在当地得以发挥。

近年来，在靳永明的主持和带动下，“学科学、讲科学、用科学”在下台二村蔚然成风，全村 90% 以上的种植户掌握了科技致富的“金钥匙”。通过提高农民的科技水平，这个村蔬菜种植亩收入从当初的 1 500 元增加到现在的 5 000 ~ 7 000 元。

除此之外，靳永明还为合作社社员和下台二村农户提供多种形式的生产经营服务，千方百计增加农民收入。为有效解决当地蔬菜难卖贱卖的问题，他亲自找市场、跑销路，到全国各大超市联系摊位，在蔬菜净菜、包装、贴标识上市，以及市场营销理念等方面真抓实干。他还培养了一支由 140 多名村民组成的农业经纪人队伍，自主开拓蔬菜市场。现在，村里的无公害蔬菜的市场认知度不断提高，无公害蔬菜一直供不应求。为顺应市场需求，靳永明还经常指导村民调整种植品种，通过合作社统一联系购买蔬菜种子、地膜、肥料，以及蔬菜病虫害防治药物等生产物资，并优惠 2% 供应给合作社成员及蔬菜种植户。仅 2015 年一年，合作社就为社员代购复合肥等肥料 1 000 余吨，代购农药 3 000 多公斤，为社员及种植户提供了放心的农资和优质的服务。

## 精诚所至，金石为开

/ 靳永明荣获全国脱贫攻坚奖奋进奖

靳永明致富不忘乡亲，他采取“专业合作社 + 基地 + 农户”的模式，先后投资 800 余万元，建成温室大棚 400 栋，蔬菜冷藏库 3 000 平方米，交易大棚 800 平方米，办公用房 140 平方米，包装车间 700 平方米，购置冷藏设备 12 台。合作社目前建有标准化露地蔬菜连片种植基地 1 500 亩，带动蔬菜种植专业大户 600 户，年生产各类蔬菜 5 000 吨，年销售收入达 2 850 万元，纯利润 400 万元。同时，合作社在县城设立蔬菜直销点，向县内市场提供优质平价绿色蔬菜产品，进一步扩大销售市场。

靳永明把助农增收作为重点，全力做好土地有序流转，充分发挥规模效益，拓展现代农业种植发展空间。他每年都要亲自为菜农牵线搭桥，到村内外承租土地，实行蔬菜规模化种植。下台二村有大约 700 人从事种植业，全村总耕地面积 5 800 亩，集中流转面积达到了 1 500 亩以上，村里有 100 人到村外租赁土地 2 450 亩，村内外共种植蔬菜 4 650 亩，人均耕作面积达到 7 亩以上，种植产量逐年增加，效益也水涨船高，“以地生财”的土地经营机制促进了村民持续增收。

在靳永明的带动和大力支持下，许多乡亲都过上了富裕的生活。彩电、冰箱、洗衣机、移动电话等已进入寻常菜农家庭，不少农户家中还盖起了二层小楼，购置了小轿车、农用运输车。经过多年的不懈努力，靳永明为下台二村和周边农户找准了一条好的致富路子，得到了村民们的交口称赞：咱们之所以能有今天，靳永明这个创业带头人立了大功。

靳永明的创业之路，向人们讲述了一个创业者艰辛的奋斗历程，也向人们充分展现了一名新时代创业者的风采。

（撰稿：张正宇　张奕　照片拍摄：马尚年）

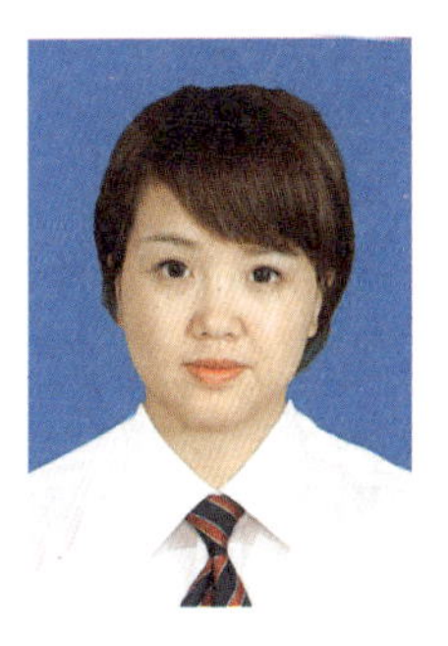

谭艳林，中共预备党员，湖南省湘西土家族苗族自治州龙山县惹巴妹手工织品有限公司总经理。她始终把贫困群众的利益放在第一位，按照“公司＋车间＋农户”经营模式，采用产品回收、劳动力入股、产业帮扶等方式，带领贫困户通过编织手工艺品脱贫致富，走上幸福之路。惹巴妹手工织品有限公司在龙山县12个乡镇贫困村里设立扶贫车间，每年培训3 000人次，带动全州2 000人就业。公司先后被评选为全国就业扶贫基地、湖南省创新创业优秀企业。



# 惹巴妹爱心织出就业大家园

第一眼看到谭艳林时，你可能不会相信，这个眼睛大大的、外表文雅、气质率真的女孩子会是一位被誉为湖南省最美苗乡姑娘、当地贫困山区无人不知的扶贫模范。

/ 湖南省最美苗乡姑娘谭艳林

谭艳林的家乡龙山县位于湖南省西北边陲，地处湘、鄂、渝三省（市）交界之地，辖21个乡镇、397个村，是少数民族县、革命老区县，也是湖南省深度贫困县。在龙山县全面推进精准扶贫精准脱贫工作的众多亮点中，谭艳林创办的惹巴妹手工织品有限公司当属一颗璀璨的明珠。总经理谭艳林在创业的崎岖道路上，凭着爱与责任的担当，带领弱势群体，用小小的手工艺品编织出了脱贫致富的就业大家园。

## 义不容辞让扶贫助残诞生

/ 惹巴妹手工织品有限公司工作车间

谭艳林出生于龙山县石羔街道的十字村。16岁那年，因为家境贫寒，本来学习成绩优异的她，为了让弟妹完成学业，只好辍学远离家乡南下广州打工。单薄弱小的谭艳林来到人生地不熟的大都市，生活的点点滴滴都要从头学起。她依靠老乡的介绍在建筑工地当小工，晴天一身灰、雨天一身泥。两年多建筑工地的经历，磨炼出谭艳林坚强的意志，也开阔了她的眼界。一个偶然的机会，她进入一家外企公司当文员。在工作之余，她努力学习平面设计知识，通过考试拿到了设计师资格证书并担任了部门经理。经过七八年的打拼，她积累了一些资金和经验。

谭艳林24岁那年，离异的姑姑在家乡干农活时意外摔伤，半身瘫痪，失去了务农的基本能力。谭艳林与姑姑感情深厚，帮助姑姑是她义不容辞的事。当她用最短时间赶回家去的时候，看到的是几乎绝望的姑姑。谭艳林忍着泪水，冥思苦想如何帮助姑姑重振生活信心，让她能够自食其力地生活。想到姑姑是个心灵手巧的人，手工活娴熟，她灵机一动，设计了几种图案让姑姑用毛线编织成工艺品，试着放到网上销售。让她们始料未及的是，手工织品被抢售一空。姑姑脸上露出了久违的笑容。

手工织品热销，市场空间极大！谭艳林发现了商机。她想到，周围十里八乡像姑姑这样的残疾人和贫困妇女还有很多，如果办个公司，让她们用民族传统手工织品来实现自身价值，在家门口就业就能挣上钱，还能更好地照顾家庭，这岂不是一举多得的好事！于是，一个源于善良与爱的创业设想在谭艳林心里萌生。

毕竟大山里的孩子最爱山，经历了多年外出打工磨炼的谭艳林，毅然放弃大城市的生活回乡创业，2011年正式注册成立龙山县惹巴妹手工织品有限公司，主要生产手工编织婴幼儿鞋帽、居家摆件及车载摆件。身残志坚的姑姑谭金桂成为公司第一名员工，随后报名人数逐渐增加。这样一个以残疾人、贫困妇女为主要招聘对象的企业，成立伊始就得到了龙山县党和政府相关部门的大力支持和帮助。公司在全县21个乡镇开展了手工编织巡回培训，培训的第一天就招聘了 89 名员工，其中包括 23 名残疾人。在深山苗寨办厂的消息像长了翅膀一样传遍了山里山外，越来越多的残疾人和贫困妇女加入谭艳林创办的温暖大家庭。

## 诚实守信让事业根基牢固

创业的路总是充满着崎岖和荆棘。公司刚起步时，经常碰到新员工技术不过关、资金周转困难等问题，但不管面临任何风雨，谭艳林总是坚守诚实守信的原则，真正做到一诺千金，用实际行动诠释诚信的含义，用诚信焐热了员工的心。

“材料浪费很大，织出的产品数量少、质量差，根本不能摆架出售。”说起这件事，谭艳林记忆犹新。原来，公司与员工在合同中约定，员工按照公司的设计图案编织工艺品，公司负责提供原材料和回收销售。但因为新员工全部来自贫困山区，没有经过系统训练，编织手法各不相同，技术水平参差不齐，生产过程中既浪费了大量的材料，又缺少合格的产品交付，公司遭受了很大的经济损失。

“诚实守信、质量为本，公司必须保证产品质量才能更好地生存下去，而为弱势群体谋福利也是公司创建的初衷。”谭艳林心里非常清楚，钱损失了可以再挣，员工们对企业的信任却是万万不能缺失的。她说：“我和公司员工的关系不仅仅是简单的雇佣关系，还象征着政府和社会对她们的接纳和关怀。”谭艳林毅然回购了第一批不合格产品，这让所有的员工为之动容，大家更增加了对谭艳林这位带头人的信任。

虽然回购了不合格产品，暂时维持了员工从事手工编织的信心，但是如何熟练掌握技术仍旧是一道需要解决的难题。谭艳林决定，必须先培训后上岗。她先挑选出几个基础好、学习能力强的员工，自己亲自做示范，统一编织标准，使她们成为第一批合格的员工；再由她们做师傅，一对一地对其他员工进行技术培训。经过两个月的时间，公司每一位员工都能够独立编织了。很快，生产出的 6 000 件优质产品就上市销售了。

/ 谭艳林（右）设计手工编织图案

诚信体现在谭艳林管理公司的各个方面。她制定了一条“铁律”——按时发放工资。这是公司与员工建立牢固信任关

/ 谭艳林（左二）对留守妇女进行手工编织培训

系的基础，也是这么多年员工与公司风雨同舟、相互依存走向成功的保障。公司在经营过程中难免会出现回款不及时、现金周转不开的情况。有一次，公司接到一笔大单，流动资金几乎全部订购了原材料，但是发工资的时间又到了，谭艳林为此急得吃不下饭。财务人员心疼她："谭总，要不和员工商量推迟一周发工资吧，他们都会同意的。""不行，必须讲信用，既然承诺每月 5 日发工资，无论如何也不能拖欠。"她奔走四方、求亲访友，终于筹集到发放工资的钱，如期将工资发了下去。"每次看到员工领工资时的笑容，我就觉得特别有成就感！"谭艳林觉得，只要能看到贫困弱势群众在自己的帮助下重树生活的信心，过上好日子，自己受再多的苦都值得。

诚实守信让谭艳林的事业根基稳固，公司历经风雨见到彩虹。惹巴妹手工织品有限公司在龙山县设立了 6 个生产部，还在湘西州其他县市进一步拓展。为了打破传统手工产品生产效率低、标准化差的瓶颈，谭艳林和她的团队花了两年时间，将生产工序中的各个环节拆分，分段集中制作，统一拼装，实现了手工产品流水线式生产。这样做，使员工各个工艺阶段的操作更加专业化、统一化，解决了产品生产效率低和缺乏标准化的问题。她还带领员工到湖南高校学习设计知识，先后与湖南大学、湘潭大学合作，建立了"产学研"综合体。公司开设了阿里巴巴批发站、境外电商亚马逊以及国内淘宝店，产品得到市场的认可。2017 年公司年产值达到 2 136 万元。

2017 年底，在第 22 届意大利米兰国际手工艺品展销会上，龙山惹巴妹手工织品深受意大利等多个国家消费者的青睐，产品全部销售一空。产品销到英国，得到英国皇室安妮公主的赞赏。安妮公主来中国时还专程到展厅参观并留言：“这是一个爱心企业，是惹巴妹让残障人士实现了人生价值。”

## 居家就业让村民充满希望



龙山县的村寨里绝大部分年轻壮劳力都选择远离家乡外出务工，留下的是无依无靠的老人、无人照顾的小孩、缺乏劳动能力的妇女和残疾人。从小在农村长大的谭艳林深知，回报家乡、建设家乡，首先要让家乡留得住人，要让留守村民不仅能在家里孝顺老人、看管小孩，还能在家门口就业创造收入。“把湘西手工编织技艺推向世界，让民俗织品产业化，这些都是创造就业机会的手段。我们不断扩大企业规模，就是要帮助更多需要帮助的家乡人，让他们的笑容成为自己的幸福。”谭艳林是这样说的，也是这样做的。

为了帮助村民学会手工编织技能，谭艳林每到一个乡镇设立的扶贫车间，都要亲自召集贫困村民开会，启发他们的思维，传授他们技能。对于一些基础差的学员，谭艳林总是不厌其烦地教，一次又一次免费提供材料让他们操作。她常说：“只要你们肯学，

/ 谭艳林（中）与大家讨论编织技巧

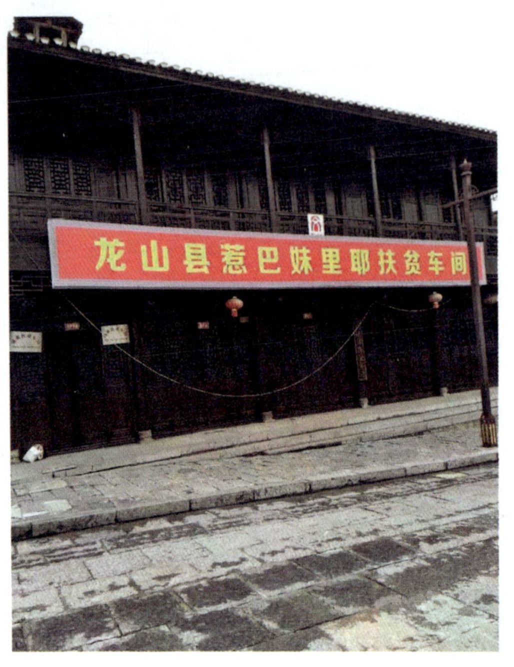

/ 龙山县惹巴妹里耶扶贫车间

浪费点材料没有关系。”谭艳林的好心肠让不少村民深受感动。陈幺妹，龙山县内溪乡人。她天生畸形，下肢瘫痪，家中无任何经济来源，生活无以为继，几度想要轻生。2013 年，谭艳林知道后多次上门劝导，手把手地教她手工编织技能。当自己编织的第一批产品售卖出去后，陈幺妹感动得哭了，生活的希望之火在她的心中重新点燃。龙山县红岩溪镇贫困村民陈英，离异，女儿因病早逝。她因为要带养外甥，无法外出务工，家庭十分困难。2016 年，她经人介绍参加了手工编织培训，半个月后就学到了技术。为了既能看管外甥又能种好两亩稻田，她每次都把材料带到家里抽空编织，每月可创收 2 000 多元。她逢人便夸：“那个谭妹妹好人啊，是她给了我生活的希望。”

谭艳林始终把贫困群众的利益放在第一位。她采取产品回收、劳动力入股、产业帮扶等方式，按“公司 + 车间 + 农户”经营模式，带领村民开发编织产品，逐步走上幸福之路。村民做手工编织，平均每月可收入 2 000 元左右，不仅有了稳定的增收渠道，而且还能够在家里对老人尽一份孝心，同时照看好自己的孩子。惹巴妹手工织品有限公司成立以后，龙山乃至湘西州建档立卡贫困人口留在家里的越来越多了，足不出户的老人和残疾人都主动来参与手工编织，空寂的村子重现了欢声笑语，处处充满生机与活力。

让农村兴旺起来，让村民们幸福起来，是谭艳林不懈的追求！她坚决把扶贫车间设立在乡村，龙山县已有 12 个乡镇的贫困村设立了扶贫车间。从 2018 年开始，公司面向全州 8 县市开展免费手工技能培训，每年培训 3 000 人次，带动全州 2 000 人就业。“扶贫车间设立在农村，运输和管理成本可能会高些，但是可以让孩子妈妈回家，一边照顾老人、孩子，一边为家庭创收。我会尽全力织出一个温暖的就业大家园，为孩子们留下妈妈。”这是谭艳林的梦想，情深意长。

（撰稿：王若地　照片拍摄：黄大师）

谭德才，云南省昭通市永善县茂林镇永兴中药材种植专业合作社法人代表。十三届全国人大代表。曾获云南省优秀共产党员、云南省云岭楷模等荣誉。30多年来，他始终心系群众，带领村民集中连片造林累计3万余亩；学习并推广先进农业科技，解决了村民的温饱问题；积极用好扶贫资金和惠民政策，自力更生建设美丽家园。2013年5月，他离任村党支部书记、村主任后，又牵头组建了永兴中药材种植专业合作社，5年带动7个村民小组129户486名贫困群众脱贫致富。他的初心和担当，被当地群众和政府誉为“离任不离富民岗，一片丹心照人间”的“云岭楷模”。



# 风雨兼程三十载　不忘初心勇担当

沿盘山公路曲折蜿蜒地走进云南永善县茂林镇，你会为沿途高山峡谷间绿色植被的广袤而惊叹。30多年前，一位普通的村民小组长说服村民，把刚刚分到手的土地收回一部分，集中连片造林，这成为现在茂林镇甘杉村村民提起他时最初的回忆。

他叫谭德才，是云南永善县茂林镇甘杉村的一名退休老支书、村主任。他本可当老板赚大钱，但最终选择了与村民同甘共苦，共同脱贫致富。从植树造林到推广农业科技，从办砂厂、修电站，到修路、通电，从在职时拼命奋斗到离职后初心不改，他像一位开拓者，每一步都超出想象，每一步都带来变化，每一步都充满梦想。一步一步，他硬是把一个原先靠借粮度日的特困村带成了脱贫率高达98%的幸福村。

## 风雨谭家营

永善县地处云南东北部中山山原西北边缘，最低海拔2 300米，最高海拔3 150米，生存条件十分恶劣。甘杉村就是其中的一个特困村，谭德才所在的谭家营尤其困苦。

谭家营有60多户人家，全部住在海拔近3 000米的高山上，典型的高寒冷凉地区，只能种些荞麦和洋芋，但村民们最忙碌的就是为了做饭、取暖，到村子的林子里砍柴——树木植被越来越少，荒坡秃石越来越多，水土流失越来越严重。到20世纪80年代初，发展到每隔几天，村民们就要相约到十几公里外的大山深处去砍柴。

/ 谭德才（右一）和乡亲们一起劳动

/ 谭德才（左一）讲解种植技术

砍柴花费了大量的劳动力，水土流失又加剧了土地的贫瘠，许多人家连基本的生计都难以维持。时任谭家营社社长（村民小组组长）的谭德才心里想，不能让子子孙孙就这样靠找柴砍柴过日子，要解决起码的燃料问题，必须先种树。

他召集大家开会，说把已经承包到户的土地收回来一部分集中管理，用于栽种速生成材的松树。

刚刚分到手的土地又要收回去，不是种粮而是种树，是不是疯了？大家都激烈反对。

谭德才苦口婆心：荒山不种树，没柴烧不说，时间再长点，水土流失就更严重，那时连种粮的土地都保不住了。这个浅显的道理大家都懂，但争来吵去，就是不答应。

会后，谭德才挨家挨户做工作，率先说服了自己的姐夫。农村人有个观念，你近亲说服了，大家就会跟你。于是，一场荒坡上集体造林的行动开始了。

谭德才告诉乡亲们：三年人不在，三年粗过人——这就是封山育林。为此，他制定了特别严格的纪律，就连自己的父亲救急在自家林子里捡了一些枯枝，都被"无情"地罚了 3 块钱。连自己的父亲都罚，村民们从此再没有从林子里"捡"过一根枝条。

三年过去，1 540 亩松树林长成了。这不但彻底解决了谭家营的燃料问题，水土流失也得到了有效的遏制。谭家营的乡亲们彻底理解了谭德才的用心和眼界。

办完了这件大事，谭德才觉得自己也该出去闯一闯了。1988 年，他来到了昭通市新民镇，承包了一个砖窑。一年时间，他的银行存款就有了 8 400 元，距离当时富裕的代名词"万元户"仅一步之遥。然而，谭德才却并不兴奋。他说："昭通城郊的农民都有黑白电视看，而我家乡的夜晚却是黑洞洞的。想到这个，心里就不是个滋味。"

1989 年底，谭德才作出了人生的一个重大决定：怀揣这张银行存单，回到生他养他的谭家营。他要在家乡施展自己的抱负，和乡亲们一起勤劳致富。

机遇就是这样，总是追着有梦想的人跑。

1991 年，国家拨付巨额资金实施长防林建设工程。谭德才抓住这个机遇，立即组织了一个由 40 多名精壮村民组成的造林组，揽下了莲峰林场 1 510 亩长防林栽种任务，一则植树造林是谭德才本来就有的理念，二则可以获得“可观”的劳务收入。谭德才给这个造林组取了个好听的名字：合心致富组。

挖塘、点种、浇水、养护，这一干就是整整三年。由于国家实行的是成活苗木补贴政策，谭家营承包营造林地的成活率比莲峰林场自己的还高，1992 年合心致富组获得国家补贴收入 6 万多元。谭德才分发组员劳务收入 3.5 万元左右，提取集体积累 2.6 万余元。

谭德才用 2 万元，将谭家营小学翻修一新；用 6 000 元搞成了谭家营自来水工程；用 1 200 元给造林组每个人分配了一辆自行车——骑着自行车去造林，成为当时轰动全县的一件新鲜事。

多管齐下。到 1993 年，谭家营的积累达到 6 万多元，固定资产 8 万多元，人均有粮破天荒地达到 389.5 公斤，人均纯收入更是达到了连他们自己都不敢相信的 436.78 元。

谭德才没有停下他的脚步。1994 年，在国家政策的鼓励下，他趁热打铁，组建了自己的建筑工程队，并建起了一个规模达 1 000 多只的乌骨鸡森林养殖场和一个砂石料厂，吸纳村里的能工巧匠和养殖能手就业。几年下来，作为“老板”，他个人的年收入已达 4 万余元，而谭家营也成为远近闻名的富裕村落。就在这一年，他面对党旗庄严宣誓，成为一名光荣的共产党员。

## 担当甘杉村

2000 年 10 月“村改”，中国的村干部第一次由村民自己来选，47 岁的谭德才以几乎全票当选谭家营村民小组所在的甘杉村村党支部书记、村委会主任。

当时，谭德才面对的是一个由散落在崇山峻岭中的 11 个村民小组、608 户、2 300 多口人组成的大村子。接任时，甘杉村合计借粮 5 万多斤，人均年现金收入仅有 245 元，而全村在信用社的贷款和私人债务则高达 94.7 万元。

在外人看来，这就是一个烂摊子，或者是一个烫手的山芋。放弃年收入几万的逍遥“老板”不做，不能再一心经营家底已经厚实的谭家营——你会做怎样的选择？但谭德才却把这看作了一个更加广阔的舞台：一个共产党员为党分忧、为民谋利的舞台。

民以食为天。但土地有限、贫瘠，唯一的办法就是依靠农业科技提高粮食产量。

玉米、洋芋、荞子、燕麦是甘杉村的主要作物。谭德才首先从玉米入手，在县农技人员的帮助下，带领群众推翻传统广种薄收、靠天吃饭的种植模式，推广地膜覆盖、单株定向的新型移栽技术。那些日子，谭德才和谭家营已经出道的玉米种植骨干日夜奔走在各个村民小组，手把手地将这种看似麻烦、成本又高的技术教给每个种植户，后期则定期巡视，悉心指导。

/ 谭德才在党参基地

功夫不负有心人。这一年，整个甘杉村的玉米种植从 800 亩一下增加到 1 200 亩，单产由原来的不到 400 斤一下提高到近 700 斤。村民尝到了甜头，开始主动接受新型种植技术。荞子拉线点播、洋芋高厢垄作等农业科技纷纷落地。仅仅两年，甘杉村就告别了寅吃卯粮、吃“回销粮”和“空仓粮”的历史。

“当年，是谭支书亲自到地里操作制钵机，和农户一起打营养坨，手把手教农户一窝一窝地移栽。”马家营村民小组的蔡昌亮还清楚地记得当年谭德才指导他们科技种植玉米的情景。

解决了吃饭问题，甘杉村特有的石灰岩资源如何通过合理开采来提高集体的收入就成了头等大事。集体有了钱，才能办事情，也才能惠及全村群众。

甘杉村地处昭（通）永（善）公路线上，茂林镇和邻近的伍寨乡只有甘杉村有石灰岩。由于管理不善，村民私挖乱采，资源破坏了，村民却没有从中得到实惠，而且隐藏着严重的安全隐患。谭德才召开村委会讨论决定，取缔所有个体开采，由村委会组建集体企业统一开采经营。但村里没有一分钱的启动资金，他一方面向县镇申请了专项资金 9 万元，另一方面以个人的名义请朋友担保贷款 3 万元购买打砂机。其他材料，能赊的他出面赊，能借的他出面借。他搞建筑时的设备、材料，也都无偿地拿出来使用。

为了降低打砂的成本，谭德才与村委会商量，建一个 55 千瓦的微型水电站，用水电取代柴油。为建电站，他又以自己的名义请人担保贷款 3 万元，购置水泥、钢管等赊不来、借不到的材料。修堰沟、筑坝，统统发动群众投工投劳。记好工时，有效益了再付给工钱。通过动员，群众的积极性很高，特别是水电站所在的龙门寨一、二、三组劳动力全部上阵，三个多月没有停过一天，有月光的时候，夜间也干得热火朝天。

65 岁的村民马仕才回忆说：“村上这样热闹，从我记事起就没有过。这些年来我们一直盼望有一个好的带头人，谭德才来了，甘杉村有盼头了。”

几个月的创业有了成效。甘杉村的石灰岩产品供不应求，拉砂的车辆有时午夜 12 点还在排队；小电厂不仅让打砂的成本下降了许多，还解决了龙门寨一、二、三组的照明。谭德才连续看了砂厂一个月的收支账务流水，悬着的心终于放了下来。

但需要他操心的事情还有许多。水、电、路是土地能不能增值、农村能不能发展、农民能不能致富的重要基础，而路又是基础中的基础。谭德才从镇里争取到“一事一议工程”9 万元，争取到县扶贫办补助雷管炸药钱 2 000 元，新修洗羊塘一、二、三组和老母坟村民小组村组公路。因为资金有限，必须一分掰成两分用，他亲自测量，与村民一道挖土凿石，几个月时间修通了 7.2 公里的村组公路，使甘杉村在茂林镇率先实现了组组通公路。

2002 年，甘杉村迎来了一个前所未有的发展机遇。这一年，甘杉村争取到国家投资 90 余万元的危房易地搬迁工程，要在村委会所在地新建一条街盖房，计划 60 户，每户 128 平方米，政府补助 15 000 元 / 户，群众自筹 8 000 元 / 户。这项工程，当时的市场承包价是 240 元 / 平方米。为节约资金，谭德才坚持不搞外包，实行自管自建。同时开工的还有 106 户安居工程。一时间，200 多万元的工程在甘杉村同时展开，昔日寂寞宁静的穷山野岭成了一个大工地，机器轰鸣，人声鼎沸。最后决算，工程最终造价为 190 元 / 平方米，比外包节约 50 元 / 平方米。这令分管市领导赞叹不已，当场拍板，另拨 9.9 万元帮助甘杉村架设通电线路，一下解决了 7 个村民组的照明问题。

2003 年 10 月 15 日，谭德才去镇财政所的路上发生了严重车祸，双腿差点被截肢。然而出院后躺在病床上休养的谭德才依然在为村里的事情忙碌着，四个多月时间，家几乎成了村委办公室。

2004 年 2 月，村委换届选举，谭德才仍然躺在病床上，上厕所都需要人搀扶，他提出要退出选举。然而，村民们不答应，县委组织部、镇党委也出面挽留，为着群众的愿望、党组织的嘱托，谭德才在病床上参加了村“两委”换届选举并高票连任。为了方便他工作，茂林镇政府特意买了一辆摩托三轮车送给他。组织的关怀、群众的信任，让谭德才忘却了残疾和伤痛，拄着拐杖一干又是 9 年。

## “永兴”致富路

2013 年 5 月，60 岁的谭德才正式离任，做起了一名普通的共产党员。但他仍然没有闲着。为帮助甘杉村群众寻找脱贫致富的新路子，谭德才早在 2012 年就前往甘肃、丽水等地考察党参种植，经过 3 年试种、两次失败，终于掌握了党参种植技术。

2014 年 8 月，谭德才筹资 246 万元，牵头组建的永善县永兴中药材种植专业合作社正式成立——他被推举为理事长。他以谭家营为基地，动员 86 户村民以土地入股；

入股社员除了分红外，还参与育苗、除草、移栽、施肥和收挖等工作，年均收入达到10 000元左右。谭德才就是要让村民得到最大的实惠，尤其是老弱病残和缺乏自我造血能力的贫困家庭。

2017年，谭德才建起了规模达1 000头乌金猪的养殖场，利用废弃的党参枝叶进行饲养；2018年，谭德才又建起党参初级加工厂，增加了党参销售的附加值——围绕党参，谭德才是想打造一个产业链，让党参能够在甘杉村稳固生根。

截至2018年10月，永兴中药材种植专业合作社入股社员增至363名，其中残疾人33名；党参种植面积从最初的600多亩扩大到1 400余亩；实现年收入700多万元，带动了7个村民小组129户486名贫困群众脱贫致富。

对此，时任镇党委书记的刘兴德特别感慨。他说："甘杉村在老谭的带领下，摸索出了一条高寒山区脱贫致富的新路。我们计划在茂林镇大面积推广，将中药材种植面积扩大到两万亩以上，让高寒山区的村民与我们同走中药材种植致富之路。"

如今，甘杉村已开始走向富裕，村容村貌也已初步改观，就连有些外出务工的小伙都回来了，有的自己创业，有的直接在永兴合作社里工作。25岁的刘勇就是其中一位。前些年，他辗转外地打工，2016年回家过年后，就没有再出去，而是跟着谭老干了起来。他说他一直被谭老的精神感动着："他自己不缺吃少穿，还要每天起早贪黑忙碌，只是为了让全村人都过上好日子。"

三十多年风雨兼程，老骥伏枥初心不改；勇于担当不问西东，只为青山福佑乡亲。这就是谭德才，一个共产党员的信念与追求。

（撰稿：宦平　韩焕玉　照片提供：永善县联席办）

/ 永善县永兴中药材种植专业合作社基地

翟小丽，甘肃省庆阳市庆城县蔡家庙乡大堡子村党支部书记、蔡家庙乡脱贫攻坚业务主办。曾获全国“脱贫攻坚·青春榜样”大学生村官典型人物等荣誉。自 2015 年 9 月担任大堡子村村主任助理以来，她全身心投入脱贫攻坚战役中。在她的努力下，大堡子村充分利用自有资源，大力发展本土农牧产业，成立了牛、羊、蜂等养殖专业合作社，增强了村民的自我造血能力；充分利用扶贫资金，建设起美丽乡村居民点。短短 3 年，使全村人均年收入达到 5 800 余元，建档立卡贫困户从 55 户 273 人减少到 8 户 38 人，贫困发生率降至 3.05%。她被村民们亲切地称为“女娃书记”。



# 大堡子村“女娃书记”的扶贫故事

青春是用来奋斗的。翟小丽对此的理解是：我是一名土生土长的农村姑娘，我要回到农村，为家乡的发展做点事。2012 年 9 月，翟小丽如愿被甘肃省委组织部选聘为大学生村官；2015 年 9 月，脱贫攻坚战役打响，翟小丽主动请缨，来到庆城县有名的贫困村——大堡子，担任村主任助理，一年后当选为村党支部书记。这里讲述的就是她在大堡子村三年间的点滴故事。

## 用真情沟通民心

苗条、清秀、时尚，还有一张略显腼腆的“娃娃脸”……这就是大堡子 48 岁的村民翟淑芳对翟小丽的第一印象。她不相信，这么一个 20 多岁的小姑娘，在这个穷乡僻壤能做出什么来。

破旧的窑洞里，破旧的炕、破旧的灶台、破旧的饭桌，除了“破旧”几乎一无所有。这个失去丈夫的农妇，奉养着 80 多岁的老母亲和外出打工的儿子留下的几个月大的孙子……。儿子寄回来的钱很少，她守着几亩薄田，起早贪黑，努力地支撑着这个家。这是翟小丽第一次走进翟淑芳家留下的第一印象。

此后，翟小丽就成了这个特殊家庭的常客，帮着料理一些家务、照看一下孩子——这让翟淑芳感到了久违的温暖和心灵的依靠。不久，翟小丽就带着县扶贫工作队和专项扶贫资金，在翟淑芳的窑洞旁盖起了一个小小的羊圈，又在她辛苦劳作的土地上建起了

/ 翟小丽（右）和村民补植瓜苗

一个大大的蔬菜大棚——翟小丽感受到了她强烈的脱贫愿望，感动于她的含辛茹苦和勤劳朴实。10 只从“滩羊之乡”盐池县引进的优质品种，很容易饲养且没有销售之忧；而蔬菜种植又是翟淑芳的强项，经过农技员的几次辅导，她就掌握了温控、浇水、施肥等关键技术。

“小丽真是帮了我的大忙了。她知道我一个人忙不过来，还经常跟我一起下地干活，她就是我的亲闺女。”翟淑芳说。

把翟小丽看成亲闺女的远不止翟淑芳一个人。杨学信家是大堡子比较特殊的一户，他说自己一不懂技术，二没有门路，是翟小丽帮他看到了希望，养起了寒羊，摆脱了贫困。刚开始他只是试着养了 5 只寒羊，是翟小丽从这 5 只羊入手，多次上门宣传政策，做思想工作，引导他发展养殖产业，帮他联系技术培训和动物防疫等。现在，他养羊 86 只，2016 年羊绒收入 8 000 多元，整羊卖了 3 万多元，加起来超过了 4 万元。这是他以前做梦都想不到的。

翟小丽关注的不仅仅是翟淑芳和杨学信。短短一年，翟小丽访遍了大堡子全村 262 户人家，聊家常、问冷暖、谈发展，家家户户的情况了如指掌，大大小小的困难解决了一堆。村主任王有升由衷地夸奖说：“像小丽这样的大学生越多越好，她懂得多，人又勤快，一门心思都扑在村民身上了。”

2016 年 9 月，翟小丽高票当选大堡子村党支部书记，此后村民们都亲切地叫她“女娃书记”。这一年，村里的养殖户悄然增加到 138 户；而翟小丽日夜所思的，早已不单是只适合家庭单打独斗的养殖了。

## 用温情浇灌产业

庆城县地处黄土高原中心地带，而大堡子所在的蔡家庙乡又处于自然条件更差的丘陵沟壑地带。虽然这里的连片良田很少，但零星分布的河谷地块特别适合一些植物的生长，村民又有养殖的传统。翟小丽在逐户走访中发现了一些种植、养殖能人，但是由于信息闭塞、技术落后，他们要么外出打工，要么勉强糊口。

王恒国长年在建筑工地做小工，一家老小的吃穿用度全靠他每年两万元左右的收入。他年过五旬，工地上的体力活已渐渐干不动了，收入减少，入不敷出，日子越发艰难。

在王恒国的牛棚前，翟小丽看到了两头膘肥体壮的肉牛，问他为何不多养几头。王恒国说，养牛只是为了补贴家用，多养一没本钱，二怕牛一旦生病就得亏钱，三怕栽在牛贩子手里还得亏钱。

村“两委”会议上，翟小丽认为王恒国的例子在大堡子村具有普遍意义，解决这个个案，可以为大堡子村民，特别是贫困村民各尽所能、自我造血，乃至发展整个村子的产业起到一个标杆作用。最终形成决议：支持王恒国回乡养牛。

对象精准，项目精准，措施精准，成效精准。翟小丽为此制订了这个个案帮扶的评估标准和实施计划：申请专项贷款 4 万元作为启动资金；申请 6 000 元专项补贴，用于翻修牛棚；联系县畜牧站，负责疾病防治。王恒国心里踏实了，他不再外出打工，一心一意在家养牛。2017 年，对大堡子来说，注定是一个不平凡的年份——王恒国出栏肉牛 30 头，获得净利润近 10 万元，直接摘掉了贫困户的帽子，还盖起了三间砖混结构的大瓦房；翟小丽则成立了以王恒国为骨干的振强肉牛养殖农民专业合作社，引导有养牛经验的村民 44 户加入其中——大堡子终于有了自己的主打产业。



翟小丽的另一个精准扶贫对象是年近花甲、有着 40 多年养蜂经验的“老蜂王”王有虎，精准项目就是大堡子传统的中蜂养殖业。大堡子一带草木丰富茂盛，本来就是个饲养中蜂的好地方，只是个体养蜂，规模小，方法旧，又是自产自销，效益自然就很难提高。

翟小丽找到王有虎，一起分析市场行情，说了自己对发展中蜂养殖业的初步想法，这坚定了王有虎的信心和决心。很快，在翟小丽的协助下，王有虎组织村里王樊有等 7 个“养蜂大户”成立了隆庆中蜂养殖农民专业合作社——从收蜂、分群、饲养、割蜜、摇蜜到熬蜜等流程，王有虎依照祖传的养蜂秘籍，又进行了一系列的技术改良，实现了产量和品质双丰收。而翟小丽则借助县里产业扶贫政策推动合作社中蜂养殖规模化发展，借助电商平台将优质蜂蜜顺利销往庆阳、兰州等地。仅仅一年，合作社养蜂收入就达到了 20 余万元。

/ 翟小丽（左）研究养蜂技术

对于养蜂合作社的未来，翟小丽信心满满：“接下来，

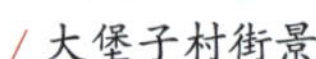
/ 大堡子村街景

/ 翟小丽（右二）和乡亲们一起劳动

我们将吸纳更多的养蜂专业户加入，注册‘中蜂蜂蜜’商标，继续拓宽村民的增收渠道。”

有思路，有点子，这是大学生村官的优势。翟小丽说：“我大学学的是人文科学，我把学校学到的东西运用到现在的工作中，就是要吃透党和国家的扶贫政策，帮助村民改变陈旧的思想观念、掌握现代先进技术和思维方式，同时帮他们解决一些实际问题，让他们通过自己的工作体会到党和国家对民生福祉的重视，对每个百姓具体生活的关怀和帮助。”

## 用柔情抚出温度

翟小丽至今还记得 2015 年 9 月来到大堡子报到的第一天，当汽车将她丢在大堡子村委会门前时，眼前的景象还是让已经有思想准备的她非常吃惊：这是村口一块平坦的河谷，“矗立”的是 5 间破旧的土坯房和 2 间临时搭建的塑料彩钢房。登上屋后的高地极目远眺，沟壑山谷间星星点点的“门”似乎在告诉她，那里面住着的就是她要为之服务的大堡子 262 户村民。

“一个冷冰冰的村部，怎么能为群众提供服务？一个破破烂烂的村部，怎么让群众看到希望？”

第一次参加村“两委”会议，翟小丽提出了自己的想法，也提出了自己的疑问。周边很多地方的村容村貌早已发生了很大的改变，为什么大堡子似乎没有什么动静？也就在这次会议上，翟小丽了解了事情的原委：2014 年，庆城县就启动了危窑改造工程，经过严格评估，大堡子符合改造条件的多达 126 户。根据政策，这些危窑改造分为两大类：一是就地整修，二是易地重建。虽然这次政府对危窑改造的支持力度很大，但一些村民就是不愿意。村民谷胜财家就是最典型的一户，村“两委”为此焦头烂额，迄今没有解决，也就顾不上村部自身的改造了。

为什么这么好的政策，老百姓还是不领情？翟小丽开始寻找答案。她先后十几次找谷胜财聊天，这个“固执”的汉子根本不相信眼前这个黄毛丫头能办成什么事，总是一句话：窑洞冬暖夏凉，几十年住习惯了。看着他家两孔窑洞，一孔已经坍塌一半，用来堆放一些杂物；另一孔也摇摇欲坠，坐进去不时会有土渣窸窸窣窣地落下。翟小丽动情地说：你在外打工的儿子快要结婚了，难道你想让你将来的儿媳就在这样的窑洞里成亲吗？这句话一下击中了谷胜财的软肋，他终于无奈地说出了实情：易地重建，政府只补助 1.4 万元，其余的十几万元到哪里去弄啊？

大堡子村是省市县挂了号的贫困村，经过多年的努力，虽然 80% 左右的村民已经脱贫，但人均收入并不高，而且很不稳定。要这样的村民一下拿出几万甚至十几万，确实让人难以承受。好的政策不能落地，乡亲们看不到现实的好处，不知道小康生活究竟是个什么样子，怎么会相信？怎么会动心？

又一次村“两委”会议，翟小丽作了深度发言。她说，这次脱贫攻坚战役，关键在“精准”二字。我的想法有三点：一是精准选择有持续发展潜质的扶贫对象，按照政策分类、分步帮助他们实施危窑重建；二是精准选择项目，运用扶贫资金因地制宜、因户制宜，帮助他们走上“自我造血”的脱贫之路；三是精准实施兜底保障，确保深度贫困人口基本生活，并争取在 5 年内和全村村民一起过上小康生活。

翟小丽的发言语调很平和，内容却中肯，一举赢得了村“两委”成员的思想共鸣。大家议论纷纷，认为大堡子村的脱贫攻坚工作确实需要改一改过去那种上面布置什么就做什么的“惰政”思维了，必须有自己的整体思路，这样才能用好各种政策，让大堡子村抓住这历史性机遇，和全国人民一起奔小康。

说干就干。在翟小丽的建议下，村“两委”将需要搬迁重建的危窑和村公共设施的翻建改造一体打包规划，一起争取项目资金。不到半年时间，就建起了一栋集办公室、卫生室、残疾人活动室、便民服务中心于一体的、面积达 2 100 平方米的二层综合办公楼，还在办公楼前建起了文体广场，竖起了太阳能路灯，铺完了连接村组的所有砂砾路。在文体广场两边规划出一处美丽乡村居民点，动员符合搬迁重建政策的危窑贫困户在此重建新房。针对谷胜财，则首先让他加入专业合作社，重点帮扶他尽快实现“自我造血”，让他看到脱贫建房的希望。

2016 年，谷胜财享受到危窑房改造补助 14 100 元，以及期限 10 年的贴息贷款 12 万元，建成了五间砖木结构的新房，还打了一眼小电井，喝上了自来水。

如今，已经有 23 户像谷胜财这样的村民搬出了危窑，住进了宽敞明亮的新房，这个崭新的居民点和村委会综合办公楼、文体广场一起构建了大堡子村美好的未来。

谷胜财说：“能享受国家这么好的政策，住上这么漂亮的房子，过去连做梦都不敢想，这都是这个‘女娃书记’的功劳。”

“脱贫攻坚，最根本的是要了解群众的需求和担忧，这样才能因户施策、对症下药，他们才能认可你、信任你，也才能跟着你感受到党和国家送来的民生温度。”这是翟小丽的体会。

/ 翟小丽在节目现场

三年转瞬即逝。大堡子村建档立卡贫困户从 2015 年的 55 户 273 人减少到 2018 年的 8 户 38 人，贫困发生率下降到 3.05%；全村人均年收入超过 5 800 元；三大主导专业合作社健康持续地发展；大堡子村成为庆城县美丽乡村建设示范村。

面对这些，村主任王有升感慨地说：“这姑娘攒劲得很，别看是个女娃娃，韧着哩。”而翟小丽则一脸腼腆地说：“这都是大家的功劳，能实实在在为群众干点事儿，是一个大学生村官的职责。虽然我的力量很弱小，但我愿把我所有的热情都奉献给我热爱的农村，我会竭尽全力为群众扛起一片天，做好全村群众的小当家。”

（撰稿：宦平　照片拍摄：路娜）

# 全国脱贫攻坚奖贡献奖

QUANGUO TUOPIN GONGJIANJIANG GONGXIANJIANG

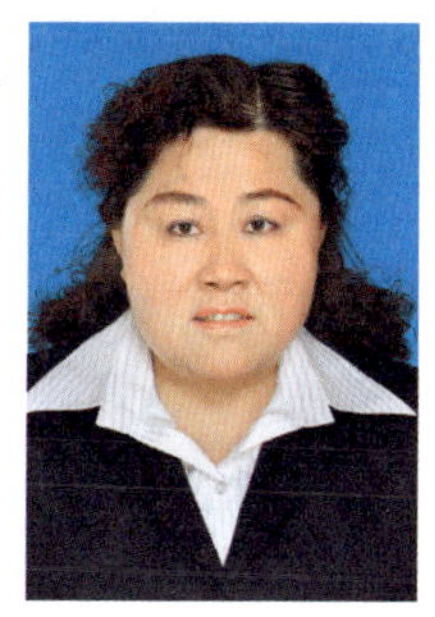

丁海燕，宁夏回族自治区吴忠市水务局工会主席、妇委会主任。2015年至2017年派驻同心县预旺镇贺家塬村任驻村第一书记。她能够俯下身子下真功夫，真心实意察民情，竭尽所能办实事，把群众的事当成自己的事，把村里的事情当成自家的事情。带动村民修通了路、规划发展起脱贫“十大产业”，被老百姓亲切地称为“当家人”。



# 了不起的“第一书记”

“人生的意义究竟是什么？”有人曾经这样问过丁海燕。

“尽自己的责任，多为群众办点好事，办些实事。”丁海燕这样回答。

这句话看似平常，但只有真正践行过的人才能理解这其中的不易。多年来，这句朴素的话语始终伴随并激励着丁海燕，促使她无论在任何工作岗位都兢兢业业，丝毫不敢懈怠。

## “我要留下来干”

2015年初的一天，宁夏吴忠市水务局的领导找到丁海燕，说：“海燕，局党组准备交给你一个很重要的任务，希望你能够到同心县去担任预旺镇贺家塬村驻村第一书记，任期两年，你考虑一下。”其实，让一个年近50岁的女同志去担任驻村第一书记，水务局党组也是经过深思熟虑的。熟悉丁海燕的人都知道她不简单，是个能干事、干得成事的人。从1984年参加工作到2007年离开乡镇，23年扎根农村基层，造就了她做事泼辣、雷厉风行的性格。同事们对她的评价是：一个要强的女人。

在乡镇担任人大主席、副书记、副乡长时，计划生育等工作都搞得很好，农业新技术推广为全市树立标杆。在吴忠市水务局担任工会主席、妇委会主任时，群团工作搞得好，仅2012年就为局里捧回来十个区市奖牌，其工作成为区工会、妇联在全市树立的一个典范。她定点帮扶过的红寺堡杨柳村、利通区扁担沟村的群众一说起丁海燕，个个都对这位回族妇女干部、做事很能干的老大姐竖起大拇指……

接到担任驻村第一书记这个任务之初，丁海燕心里也犯了难，并不是因为自己不愿意到穷山村里去，只是因为舍不得家人还有刚出生不久的小孙子，况且自己这个年纪去村里扶贫，家里人能同意吗？

那天晚上丁海燕一宿没有合眼，想着如何说服家人。第二天一大早，丁海燕就把家人召集到一起，把自己要去贫困村当第一书记的决定告诉了大家。不出所料，家人合起伙来反对。“你这么大年纪了还去村里，你身体受得了吗？”“孙子出生才几个月，你到村里去，难道不想孩子吗？”“现在扶贫干部很多累病的甚至牺牲的，你要是有个好歹，咱们家的日子可怎么过？”……这次家庭会议在家人的极力反对下不欢而散。

从那天以后，就去不去当第一书记这件事，丁海燕和家人展开了拉锯战。有一天，丁海燕把小儿子叫到了身边：“孩子，妈也舍不得你们，妈也想一直陪着家人，但是现在贫困村里的老百姓还过着苦日子，妈作为一名共产党员，不能不管。妈是公家人，组织的信任和召唤始终是第一位的。你们就让我去吧。”

“妈是公家人，组织的信任和召唤始终是第一位的。”这句话深深地打动了小儿子，因为他知道，尽自己的责任，多为群众办点好事、办些实事，是母亲一直以来的信仰。“妈，你放心去村里吧，家里的工作我来帮你做。”看着母亲坚定的眼神，小儿子最终同意了母亲的要求。

2015 年 3 月初，小儿子陪着母亲进了村，可是刚一进村就傻了眼。到处都是破房烂屋，村里见不着一个年轻人，没有一条像样的公路，全是坑坑洼洼的泥路，连个路灯都没有。再看看丁海燕和驻村工作队员们即将入驻的“驻村工作室”——两间破瓦房，一张大通铺。小儿子看在眼中，疼在心里。“妈，这里太苦了，你不要来了，我去找你们领导去。”

“孩子，你看这里的老百姓到现在还过着这么穷的日子。我要是走了，不干了，心里能安稳吗？我要留下来干，让这里景气了，我回去就放心了。”丁海燕说。

拗不过母亲，丁海燕的小儿子红着眼，一步三回头地离开了贺家塬村。就这样，丁海燕留了下来，开始了她的驻村扶贫之路。

## 一定要让老百姓过上好日子

干好农村工作，带领群众致富，丁海燕有一套办法。而她心里觉得做任何工作最重要的还是以心换心，必须带着感情、肩负责任、勇于担当、甘于奉献、脚踏实地，才能把工作干好。

大山深处的贺家塬村由沈家湾、梁家沟、黄花岔、靳家沟、靳家塬 5 个自然村组成，是预旺镇最贫困的村。恶劣的自然环境、广种薄收的土地，迫使大部分人口通过自发转移或生态移民搬迁了出去。全村户籍在册人口 227 户 862 人，常住人口只剩下 47 户 178 人，建档立卡贫困户 44 户 165 人。

进村走访的第一天，丁海燕就倍感压力。“这个村给人的第一印象是破落、没生气，47 户人家房屋都很破旧，50 岁以上的住户占 3/4 以上，由于道路难走，甚至有村民常年不出村。”丁海燕说，村里稍微有点致富门路的几乎全出去了，留下的以老年人、残疾人居多，要让这部分人真正脱贫难度巨大。

“办法总比困难多！让穷山沟早日脱贫奔小康，是我内心对村民的承诺，再苦再难我也一定要让老百姓过上好日子。”丁海燕暗自下定决心。

经过多番走访，丁海燕发现这里是属于靠天吃饭的干旱地区，最突出的问题是“三缺”：进出村庄缺路，种田养殖缺水，世世代代生活在这块贫瘠土地上的群众缺长期发展思路。

调查摸底完成后，丁海燕立即召集村干部、村民代表开会，研究制定脱贫方案。会上，一些村民代表暗自思忖：村里的扶贫干部来了一茬又一茬，连男人们都没法让这个穷村子富起来，你一个女人家，还能挖掉这里的穷根不成？就连村干部也认为，要让贺家塬脱贫，那简直是不可能的事！

让大家意想不到的是，丁海燕的态度十分坚决：“组织派我来，就是对我的信任。无论如何，得让乡亲们脱贫致富过上好日子。”驻村 40 天后，她在村民大会上公开承诺：到 2016 年底，要将贺家塬的路修好、水接通，帮助村民培育出增收产业。

要想富先修路，丁海燕来到贺家塬村要做的第一件事情就是修路。她在群众会上说：沟里过不来，塬上上不去，老百姓进村出村也难，路要是修不通脱贫就更加难了。

丁海燕与群众一起进行道路清淤

可修路的钱从哪里来？给群众摊派，对群众来说就是雪上加霜。她找到县扶贫办，扶贫办负责人对她说：“扶贫资金都是到户资金，买酱油的钱不敢买醋，每一分钱都要打到贫困户的一卡通上，再说，贺家塬村是移民迁出区，根本没

/ 丁海燕（中）到田间查看种植情况

/ 丁海燕（右）了解贫困户中药材种植情况

有修路的项目。”修路的钱没有着落，她对群众说：“路一定要修通，修路的钱需要我们共同想办法，工程得先干起来。”

从开始修路，到路上铺上砂砾石，她带着驻村干部天天出现在修路现场，领着大家干，每天身上都沾满了泥土。在吴忠市水务局党组大力支持下，在镇村干部群众共同努力下，经过 30 多天的奋战，一条笔直的砂石路终于修好了，群众出门搭个车再也不颠簸了。大家高兴地说：“这下折子沟的路不再打折了，水务局驻村干部为我们办了一件大好事，这个女干部真是了不起。”

土地是贺家塬村最大的资源，虽然面积不小，但都是旱耕地，土地的回报值非常低。一亩三犁三耱的歇地，种植春小麦，就是雨水很充沛的年景，纯收入也不过 100 元。

贺家塬人也和天下的农民一样，视土地为命根子。他们是最传统的农民，除了种植春小麦，其他什么作物都不种。

丁海燕看在眼里，急在心里。她一次次开导群众，单种春小麦拔不掉穷根，要彻底改变这个传统，多种一些收入高的经济作物。

丁海燕亲自带上村干部和群众，近到盐池、隆德，远到甘肃临夏参观学习取经。这一举措开阔了群众的视野，给他们“洗了脑”。回来后她趁热打铁，立即动员群众拿出好地，种植覆膜玉米、无核葫芦、黄花菜、中药材和小杂粮等。

2018 年贺家塬村规划发展脱贫“十大产业”，其中种植无核葫芦 300 亩、黄花菜 300 亩、中药材 300 亩、红葱 300 亩、小杂粮 2 100 亩、豌豆 200 亩、覆膜玉米 1 200 亩、苜蓿草 3 000 亩。俗话说：人勤天帮忙。开春后降了 4 场及时雨，整个旱塬上绿色尽染。

留守在村里的大多是老人和妇女，为了使有劳动能力的人都动起来，丁海燕费尽了心思。她根据每家的特点，引导老百姓发展周期短见效快的滩鸡养殖。通过积极争取局党组筹措资金，为村上每一家建档立卡贫困户配送了 50 只小鸡，并配发了鸡笼、鸡饲料，还及时举办了养鸡培训班。看到活泼可爱的小鸡一天天长大，老人和妇女的积极性全被激活了。从小鸡进村的第一天起，丁海燕每天总要跑到各家各户看看小鸡生长情况，手把手教给大家饲养方法和疾病预防技术。有一天下大雨，她连夜赶到村上，挨家挨户叮嘱乡亲们给小鸡防雨防病。建档立卡户黑正银感动地说："我都还没起床呢，她就到我院子看鸡了。"截至 2018 年 8 月，就滩鸡养殖一项，每户收入 6 000 元。

自治区领导到贺家塬村调研，看到这里种植的各种作物长势喜人，高兴地说："干部群众的思想观念在变，旱塬的面貌也在变，人勤地不懒，照这样干，脱贫攻坚就不难。"

## 情系"英雄"双胞胎

贫困户马彦智的儿媳妇马米乃生了一对双胞胎。虽然孩子的父亲马全才是位盲人，孩子的妈妈也是一位残疾人，但他们向往美好生活，给孩子取名为马海英、马海雄。

"英雄"双胞胎出生时，正赶上贫困户建档立卡"回头看"，他们是贫困人口中年龄最小的。孩子出生后，妈妈没有奶，全靠奶粉喂养。买奶粉的钱从哪里来？真是愁坏了马彦智一家人。

丁海燕闻讯赶到马彦智家，对他们说："生了这么可爱的双胞胎，真是大喜事，两个宝宝是你们一家人的希望啊！高兴都来不及，孩子吃奶粉的钱我来想办法。"丁海燕的一句话，舒展了马彦智一家人的愁容。

两个小家伙一天一个模样，由五天吃一桶奶粉，变成了两天吃一桶。丁海燕每次回家归来，由带几桶奶粉变成了带几箱奶粉。马彦智一家人心里过意不去，他们对丁海燕说："丁书记，这两个娃娃已经五个月了，多亏了你，以后你就不要再买奶粉了，我们给他们泡馍馍吃。"丁海燕笑着说："娃娃还小，正是吃奶粉的时候，我还能负担。"就这样，她本人承担并动员好心人募捐，一次性给两个宝宝购置了半年的奶粉。

/ 丁海燕（右）看望双胞胎

/ 贺家塬村

舍不得让群众吃苦的丁海燕，在村中的工作环境却异常简陋。贺家塬村成立了村“两委”，但没有村部。丁海燕办公的地方，借用的是村民老黑家的一间旧房，里面精准扶贫的档案资料以及政策宣传的书籍、展板一应俱全。

翻开每一个册子，一家一户有几口人，圈棚里养的啥，地里种的啥，致贫的原因是啥，脱贫的措施是啥，记录得清清楚楚。她说：“不但要因户施策，还要因人施策，每个人都有长处，也有短处，要善于发现和利用长处，才能激发他们的积极性。”

村支部书记杨汉强说：“这个女人确实‘叶子麻’，干起工作真是不要命，推广种植无核葫芦和黄花菜的那些天，早上老百姓还没有到地里，人家就到地里了。”

村主任李文明说：“跟上丁书记干工作，天天都不得闲。”

村民李世贵是个流动户，建档立卡“回头看”时，因为没有进入建档立卡户，他对丁海燕很有意见，想回来给她找碴儿。可是当他回到村上一看，想法全没有了。他说：“村里发生了很大变化，丁书记确确实实是给老百姓办实事的，外面的工越来越不好打，我也想回来跟着丁书记大干一场。”

与丁海燕交谈，从她的言语表达中感觉到她在贺家塬村谋划长远发展的打算还很多。“一个干部不可能在一个地方干一辈子，但要为这个地方发展铺好路子，离开了以后群众还挂念着，我们就知足了。”

531 天，她对村里的每一户都了如指掌，村民把她当作不可缺少的亲人，是大家的“主心骨”；531 天，她让原本荒芜的土地披上了绿装，焕发出生命的魅力；531 天，她用“金钥匙”开启了小山村的变化发展之门。丁海燕不愧是了不起的“第一书记”。

（撰稿：张津津　照片提供：丁海燕）

马秀云，江苏省连云港市赣榆区黑林镇党委书记。曾获江苏省三八红旗手标兵、江苏省农业科普宣传先进个人等荣誉。她常年扎根贫困山区，奋斗在扶贫一线。2013 年调任到赣榆区条件最艰苦的革命老区黑林镇后，她团结带领广大干部群众因地制宜发展果林产业，把荒山变成“金山银山”，实现了经济发展和生态环境保护的双丰收。黑林镇发展特色水果 3 万亩，引进 15 家农业企业，培育上市企业 2 家，建成全省最大的红心猕猴桃基地。全镇年人均增收近 3 000 元。2017 年，全镇农民人均纯收入 1.27 万元，低收入人口数同比减少 78%，14 个村集体经济年收入均超 18 万元。

# 马秀云的小康画卷

“看得见山，望得见水，记得住乡愁”，在江苏省连云港市赣榆区黑林镇，群众的这一愿景已经变为现实，昔日的穷山沟瓜果飘香，荒山坡变成贫困群众脱贫致富的“金山银山”。黑林镇，这片曾经贫困的革命老区，树起了乡村振兴的“黑林样板”。

这样的变化离不开一位在这片红色土地奋战了 5 年的巾帼英雄——区政协副主席、镇党委书记马秀云。是她带领黑林干部群众开拓进取，从无到有，探索出了一条具有普遍意义的乡村振兴道路，浓墨重彩描绘出了一幅人民群众过上美好生活的小康画卷。

## 画卷一：访贫问苦暖人心

今年 45 岁的马秀云 1997 年毕业于南京师范大学。当年，怀着为老家人民做点实事的朴素追求，她放弃在大城市工作的机会，回到家乡，先后到石桥中学、赣榆职教中心任教，2005 年考上公务员，分别在县纪委、赣马镇、欢墩镇工作过。

2013 年 2 月，马秀云就任黑林镇镇长后，第一件事就是看望困难群众。

黑林镇位于赣榆区最西部的丘陵山区，地处两省两县一区的交界处，属于革命老区，是刘少奇、陈毅、罗荣桓等老一辈革命家曾战斗过的地方。黑林，名字里含林，其实到处是成片的贫瘠荒山，山上缺水缺电，交通不便。黑林镇经济薄弱村有 17 个，占行政村总数的 81%；共有低收入人口 8 751 人，占总人口的 25%；农民人均纯收入低于全区 3 000 多元，黑林镇每年考核都倒数第一，是公认的赣榆“锅底”“西伯利亚”。

/ 马秀云（左一）入村走访民情

在孙老汉家走访的时候，马秀云感受到了黑林的难，也更认识到了困难群众对她的期待。老屋墙壁四处透光，家中仅有的大物件是一个做饭的煤球炉、一张床、一张吃饭的小木桌子，床上的棉被露着黑硬的棉絮，孙老汉蜷缩在露出棉絮的破被里瑟瑟发抖。村干部告诉她，黑林历来地薄人穷，像孙老汉这样找不到媳妇的老光棍还有好多。看到眼前景象，马秀云鼻子酸酸的。“一定要把黑林的落后面貌扭转过来，再苦再累也要让老百姓过和美幸福的日子。”她暗暗下定决心。

马秀云详细询问孙老汉家的情况。原来，孙老汉年轻时在工地摔伤瘫痪，妻子弃他而去。为续香火，过继了大哥的一个儿子。然而继子不仅从不尽赡养义务，还惦记孙老汉的宅基地，不把户口迁出，使得孙老汉不够五保户条件。

了解清楚情况后，马秀云组织民政办、派出所的同志介入调解。当天，她回镇后专门买来厚厚的棉被和许多生活必需品给孙老汉送去，解了他的燃眉之急。在她多次过问下，最后终于做通了这位继子的工作，户口转走了，孙老汉也顺利入住镇五保供养中心，过上舒坦日子。此后她每年都会协调企业或上级部门，争取资金数万元用于特困家庭的帮扶，定期看望敬老院的老人。

困难群众没有富起来，就谈不上乡村振兴。马秀云利用一个多月的时间，逐户走访像孙老汉一样的低收入困难家庭，每个村分别召开村干部会议和村民代表会议。一个月下来，她脚底板磨出了水泡，走村入户脚崴了，就一瘸一拐地扶墙走。在她看来，与一些病残者家徒四壁、白发苍苍的老人靠拾荒艰难度日抚养小孙子相比，自己吃的苦又算得了什么。

脚板底下见真情。正是通过细致的走访，广泛征求意见建议，马秀云摸清了黑林镇的家底。马秀云的走访让黑林镇每个村的人都记住了她，也信赖她。她走访过的困难户，都愿意听这样一位暖心的书记指挥。

## 画卷二：产业兴旺甜日子

产业兴旺奠定乡村振兴的物质基础。马秀云深知，没有兴旺的产业，农民就业增收就保障不了，农村留人聚气也会很困难。摸清家底后，马秀云逐步理出了一条“生态立镇，富民优先，绿色发展”的脱贫致富思路。

就在马秀云考虑从哪里入手的时候，一个几乎夭折的招商引资项目引起了曾担任过招商局局长的马秀云的注意。

江苏沃田集团为了上市，亟须扩大蓝莓种植规模。而当时黑林镇没有多余的土地满足沃田需要。马秀云敏锐地觉察到，这将是黑林洼地崛起难得的机遇，在时任镇党委书记吴军的支持下，马秀云领衔项目建设，全力以赴开展协调服务工作。

镇里没有用地指标，马秀云就带领相关单位人员上县、到市、进省沟通协调有关部门，汇报说明有关实际情况，用了半年的时间，把 3 000 亩基本农田调成一般农用地，2 000 亩用于沃田集团扩大蓝莓种植面积，1 000 亩作为项目深入发展的预留地。

马秀云果断务实的作风，打动了沃田集团负责人，坚定了沃田集团在黑林发展的信心。公司累计投资 3.5 亿元，全力打造蓝莓研发、种植、加工、销售全产业链，扩大蓝莓种植，相继建成蓝莓研发、冷藏、分选及深加工中心，年销售额预计达到 3 亿元、利税 5 000 万元，成为全国单体种植规模最大、唯一蓝莓全产业链新三板上市公司。

马秀云顺势而为。2013 年冬天，镇里整合各类扶贫项目和土地整理项目资金，先后投入 1.2 亿元对全镇山荒地进行综合改造，安装滴灌设施，推广水肥一体化，进一步改善农业生产条件，为土地连片规模流转奠定了基础。

春节假期，马秀云利用广泛的招商人脉资源，四处推荐猕猴桃基地，最终促成金傲

/ 马秀云（左二）在河西猕猴桃基地调研

/ 马秀云（右二）在沃田蓝莓庄园调研

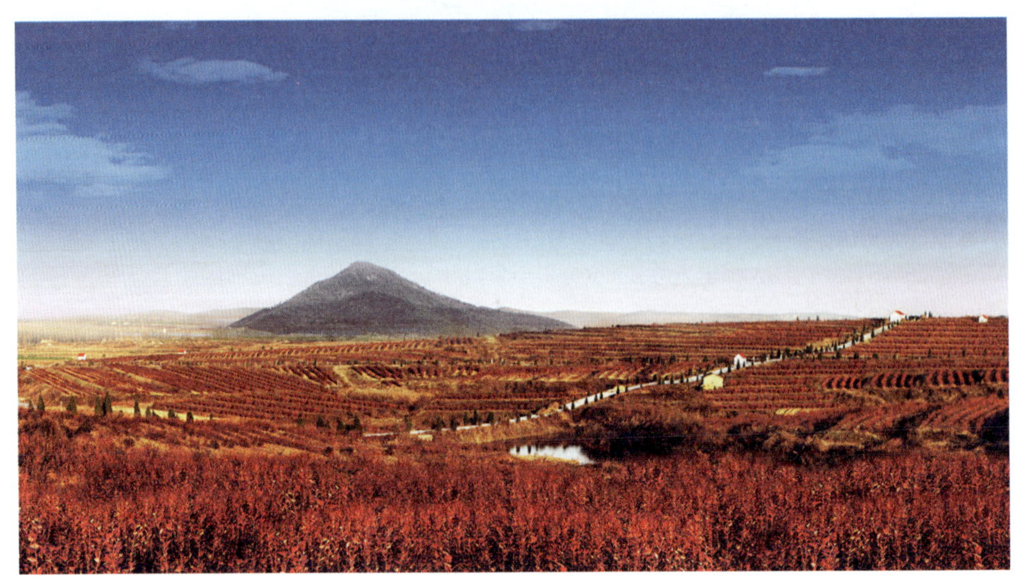

/ 黑林沃田蓝莓庄园

来、西石沟农业、红果林、农发集团等公司先后落户。全镇形成河西—富林—秦埠地猕猴桃、大树蓝莓、富林红桃、新埠地苹果、芦草沟黄桃、石沟现代农业等特色鲜明的绿色产业体系。其中，红心猕猴桃基地规模为全省最大。一个几乎夭折的项目招来一批产业，绿了荒山，富了农民，在赣榆传为佳话。

特色水果产业的发展，加快了农民脱贫步伐。马秀云推广“龙头企业 + 合作社 + 农户”模式，鼓励村集体和老百姓依托龙头企业致富。全镇 21 个行政村有 3 个村建设千亩集体农场，17 个村发展林果产业，“十三五”省定经济薄弱村全部脱贫。其中富林村集体年收入超百万，河西、石沟等 6 个村集体年收入超 50 万元。建成 19 个家庭农场、47 个农民专业合作社、41 个农业企业，农民年人均纯收入 1.6 万元。

## 画卷三：精致小镇美环境

生态宜居衡量乡村振兴的内在品质。黑林与山东省莒南县接壤，242 省道穿镇而过，长期以来，镇区脏乱差现象一直是历届领导的心病。为了改变这种状况，广泛调研后，马秀云提出实施“精致小镇”建设工程。

这项工作刚开展时，有的老百姓不理解，说是“穷干净”，工作难以推进。马秀云有空就往村里跑，与村干部现场办公。“马书记讲话老百姓爱听，她说，村子就像一个姑娘，穿着朴素不要紧，干净齐整是必须的。她的话引起了群众共鸣，村里的违章建筑、‘三堆’顺利清除。”镇水利站站长邹跃说。

在黑林三村，横在街中心的13栋老房子引起了马秀云的注意。周边村民不无怨气地告诉她："这些房子18年没有拆下来，挡在正路上来往真碍事。"马秀云了解到事情的背景：当年村里建设中心街，拆迁户中有一位是时任村书记的弟弟，他坚决不拆，导致了这个问题长期遗留下来。

马秀云亲自来到那位老书记家里，请他做弟弟的思想工作。见到马秀云登门，老书记被她干事的认真负责打动了，当即表态：他的弟弟常年在外，房子早就闲置不住，拆迁的事包在他身上。最后老书记冒着被弟弟打上门来的风险，带头将房子拆除。

房子拆掉后，村民们高兴地说："20世纪70年代的女书记李传花给咱们修了'连心桥'，今天的女书记马秀云为我们打通了18年的'堵心路'。"

道路疏通了，马秀云带着班子成员跑资金，累计筹措5 000多万元，打造沿河景观带，分别形成了旦头河6公里滨河生态景观与十里荷花长廊，青口河2.6公里湿地景观，建设休闲广场2处，在全面完成镇区主街道硬化、美化、亮化的基础上，新开发2个住宅小区，新建70米健康文化墙和60亩乡贤文化广场，兴建了2万多平方米的体育公园，并完成4个市级美丽乡村及6个村的便民服务中心建设，使镇域面貌焕然一新。

2017年盛夏时节，为做好省级卫生镇建设工作，马秀云与班子成员顶着近40摄氏度的高温，组织人员从镇区到各村，一条街一条街打扫，一条渠一条渠清理，一处一处违章建筑拆除，长时间的超负荷工作，让她累倒在创卫一线，被送到医院输液时，高烧达到39摄氏度。让马秀云欣慰的是，黑林镇顺利通过省级卫生镇验收。

长期奋战在乡镇一线，马秀云无暇打理自己，脸变黑了，人变瘦了，穿着还是那么朴素，但黑林镇百姓生活的环境好了，马秀云心里就美了。

## 画卷四：党建引领提精神

一个地方的发展，需要干部敢闯敢干、不甘落后的精气神。然而，从未有过的成绩让一些干部沾沾自喜，认为这几年打赢一个又一个战役，实在太辛苦，可以暂时歇歇了。

面对这种不良倾向，马秀云及时敲响了警钟。她在全镇干部大会上指出，黑林的发展才刚刚起步，现有的水平离群众对美好生活的需求差距还很大，必须撸起袖子加油干。

激发干事创业活力，必须发挥好基层党组织和党员的作用。马秀云提出"组织共建、产业共兴、发展共享"的党建工作思路，利用大树村刘少奇旧居这一革命教育资源，创设"大树党员讲习所"，经常带领党员忆初心、强党性。通过把支部建在产业链上，企业、村党组织和党员、村民共画"致富同心圆"，取得党建与发展的双赢。

在干事业上，马秀云以身作则。她把家庭抛在一边，夜以继日工作。白天，为了项目落地、问题解决，她经常在镇里和上级部门之间来回跑。晚上，她带领班子成员研究工作，经常到深夜十一二点，对此大家虽累无悔，他们知道，马秀云比他们付出更多。

马秀云的丈夫仲伟涛在区农办工作，家里的事情全由他张罗。儿子两次骨折，马秀云都因为工作忙没有陪在身边。父母年事已高，父亲身体不好，病倒住院特别嘱咐不要告诉马秀云。一位亲戚家盖房子，有两个建筑工是黑林人，得知马秀云和亲戚家关系，由衷地夸赞："我们黑林的女书记好，为老百姓做了很多实事。"父亲听说后很高兴。

在马秀云的带领下，黑林镇捷报频传：先后被评为全省"蓝莓小镇"、"江苏最美百果园"、省生态文明镇；市 2017 年农业类十强镇第一名；2017 年全区目标考核，黑林镇破天荒获得一等奖。

"九条岭，多彩田园；四季节，果香黑林。"在生态优先、富民增收的大道上，马秀云和她的同事们正信心满满，阔步前行。随着集水果种植、加工及乡村旅游于一体的三产融合示范区的运行，黑林，这座"看得见山，望得见水，记得住乡愁"的现代休闲小镇越来越清晰地展现在人们面前。

（撰稿：高永伟　照片提供：马秀云）

/ 黑林特色园区全貌

王寿梗，中共党员，中央纪委国家监委信访室三处副处长。他担任大凉山彝区腹地深度贫困村第一书记以来，倾心真扶贫，仅用一年多时间就完成磨石村 79 户 366 名贫困人口脱贫任务。带领村民依法民主完成村级党组织换届，选举完善村务监督委员会，发展党员 2 名，培养村后备干部 2 名；整合各类资金新建安全住房 102 套，修建村委会综合体 1 300 平方米、校舍 400 平方米、通组路 10.2 公里，全面完成改水、改厨、改厕、改圈；引进种植紫山药 30 多亩、猕猴桃 20 多亩、山桐子树 400 多亩，同时发展林下养殖和中药材产业，丰产期预计每年可为村集体和村民增收 200 余万元。

# 大凉山上春潮涌

2016 年 7 月，中央纪委国家监委选派王寿梗到四川省凉山彝族自治州雷波县帕哈乡磨石村担任第一书记。

初到大凉山，让王寿梗感受最深刻的是行路难。一直在北京生活的他，第一次从县城到村里，面对又窄又陡的山路，虽然系着安全带，但手还是不由自主抓得紧紧的，甚至连脚趾头也使劲儿！

好不容易安全到了磨石村，王寿梗才知道为什么叫“大”凉山，真的是地广人稀，村民们的房子分散在不同的山坡上，遥遥相望就是难以靠近。入户时走的路都是从农田里直接穿行，既泥泞又湿滑，一不小心人就摔了一个跟头，还沾上了一身的家畜粪便。好一个“蜀道难”！“其险也如此，嗟尔远道之人胡为乎来哉！”王寿梗的斗志一下子就被激出来了，为脱贫攻坚！

## 两个小目标

王寿梗是山东农村出来的孩子，磨石村的村容村貌，一下子把他带回到 30 年前：大部分土坯房，近一半的贫困户，狭窄泥泞的羊肠小道，家徒四壁、烟熏火燎的室内场景，那些曾经熟悉的记忆，在改革开放 40 年后的今天，突然真切地出现在面前。看来，这次挂职比想象中还艰难。

大山里，乡镇干部的交通工具大都以摩托车为主，作为中央纪委干部的王寿梗，也

/ 王寿梗（右一）为村民发放“三建四改五洗”活动物资

坚持入乡随俗，乘坐摩托车进入山村调研，从不因个人外出工作单独安排车辆，坚持与乡村干部干一样的活，走一样的路，吃一样的饭。很快，他就成了驻村工作队的普通一员，成为磨石村普通的一分子。

在不断的走村入户中，王寿梗了解到，头一天摔的跤还真不是给自己的“下马威”。2007 年以前，磨石村连通村路都没有，只有一条群众用脚踩出来的羊肠小道，去趟县城得走 20 多公里的山路，一天时间还不够，得在半路找个人家住上一晚，第二天上午才能到县城。之后村里通了路，那都是用大型机械在半山腰从石头上生生刻出来的。由于施工难度大、资金不足等原因，路面比较窄，错车非常困难，有时候要倒很远的车才能错开，再加上陡峭又缺乏防护设施，恶性交通事故时有发生。

王寿梗决定跟路“死磕”到底，把解决行路难问题作为脱贫攻坚的头一仗。于是，他带领工作队四处协调道路维护资金约 300 万元，在通村路的沿途增加错车道、波形护栏，修缮改造路面 14.5 公里，同时还协调资金 600 多万元，为磨石村修建了通组路 10.2 公里，既保障了群众出行安全，也为后期的脱贫致富提供了很好的交通保障。

第一个小目标顺利实现，王寿梗趁热打铁，坚持以基础设施建设为支撑，着力解决磨石村发展瓶颈问题。多方筹集、整合国家政策资金帮助村民新建安全住房 102 套，修建村委会综合体 1 300 多平方米，全面修缮村防洪排污工程，磨石村旧貌换了新颜。

作为第一书记，王寿梗更是把发挥村党组织在脱贫攻坚中的战斗堡垒作用和党员的先锋模范作用摆在重要位置，全面强化磨石村党组织领导核心地位，切实提升村党组织的组织力。把群众信任、能干实事、组织信任的好干部选出来，把村“两委”班子建设好，是王寿梗的第二个小目标。

在磨石村村“两委”换届选举期间，他认真组织大家学习村民委员会组织法等法律法规，充分发挥各村民小组组长作用，防止出现拉票贿选、家族势力干扰选举等问题，很是较真。

2017 年 3 月，磨石村村“两委”换届如期举行，没有串门拉票，也没有家族势力“搅和”，选举现场井然有序，村民们排着队郑重投下了自己的选票。村民们高兴地说：“这次选举像模像样！”“感受到了作为选民的权利！”……

较真，也体现在村“两委”的运行上。“‘两委’职责是什么?”“例会怎么开?”“重大事项怎么定?”……

王寿梗通过“三会一课”“村民夜校”等方式，筑牢党支部战斗堡垒，积极发展农村党员干部，发展党员 2 名，培养村后备干部 2 名。注重党的民族政策和扶贫政策宣传，教育引导彝族群众感党恩、听党话、跟党走，推动各项村务活动有板有眼开展起来。与此同时，他还发挥专业优势，在磨石村组织选举了雷波县第一个村务监督委员会，让村“两委”班子既能干，又干得“敞亮”。

## 能挣钱才是硬道理

只靠政府补助脱不了贫，把村民的收成换成钱才是硬道理。经多方考察并请有关专家论证，围绕磨石村土地和海拔等自然特点，同时充分考虑到市场需求和销售前景，王寿梗带领全村采用“公司 + 合作社 + 农户”的方式，逐步建设发展了紫山药、猕猴桃、白及、山桐子和蛋鸡养殖五项产业。

2017 年 3 月，听说县教科局要去南充考察学习紫山药种植，王寿梗就主动“贴”上他们，跟着一起去了。那次学习，让他瞄准了号称“紫人参”的紫山药：当年种当年收，产量高且市场价格稳定，每亩地每年能增收 5 000 元以上。

兴冲冲的王寿梗一回去就召集队员们向群众宣传。磨石村是纯彝族聚居村，大部分村民说不了也听不懂汉语，要连手带脚地比画半天才能明白。一户姓山的村民，两口子

/ 磨石村紫山药丰收

/ 王寿梗（中）在西昌市考察学习猕猴桃种植技术

/ 王寿梗（左）与村民一起种植白及

都比较抵触，明确表示不想种，而他家的地正好在规划试种地域中间，如果不种将直接影响紫山药后期的整体科学管理，也影响其他农户的积极性。工作队反复登门，终于说服了连同该户在内的 10 户村民。虽然他们思想没有真正转变过来，态度也不积极，好歹是勉强同意了参与种植。王寿梗的心还没放下，种植时问题又来了：一些村民东躲西藏不参加劳动，甚至连除草、翻地、起垄等最简单、最基础的活儿都不愿意干。他只好拿起工具，和村组干部一起去地里。

功夫不负有心人。等到了收获的时候，拿到钱的村民脸上都笑开了花。其他村民看到有好收成也纷纷要求参与种植紫山药，种子还没到，就早早地把地翻好了。两年来，工作队先后引进种植了 30 多亩紫山药。

紫山药的成功，让工作队赢得了群众的信任，得到了大家的支持，很多问题迎刃而解。2017 年 11 月，王寿梗主张建设 20 多亩优质猕猴桃产业示范基地。发展猕猴桃产业的思路，来源于磨石村香甜可口的野生猕猴桃。经朋友介绍，王寿梗到西昌实地考察学习，并把猕猴桃专家请到了村里。专家在品尝了野生猕猴桃后，表示品质上乘，可以进行规模种植。在雷波县农委的大力支持下，磨石村筹措资金 120 万元，引进新西兰优质种苗，建成了现在的标准示范基地。

为了充分发挥猕猴桃林下土地的经济价值，王寿梗又请来了四川农大的专家现场指导，最终决定在猕猴桃树下套种中草药白及。预计 3 年后，猕猴桃和白及两项产业每年将为村集体和村民增收 50 万元以上。

山桐子号称“树上油库”，山桐子果可以提炼高档食用油和航空用油，当年红军长征路上就曾经煮野生山桐子果来解决食用油短缺问题，未来市场前景非常可观。王寿梗带领全村充分利用荒山荒坡种植了 400 多亩山桐子树，预计 4 年后，每亩地每年将收入 3 600 元以上。

除此之外，工作队还与赶街网合作，扶持贫困户杨格伯用 10 亩山林地建设了生态蛋鸡养殖基地，将来的生态鸡蛋主要依托赶街网销售，预计每年能为村上增收 20 多万元。

说起这个合作，还有一段小插曲。每当王寿梗动员老百姓发展产业的时候，他们总要问一句：“你们包回收吗？不包回收我们就不干。”刚开始听到这些话，王寿梗心里还有点不是滋味，惊诧和无奈于村民的“等靠要”思想，可后来他想开了：群众常年生活在大山深处，交通不便，与外界交流少，没有销售渠道，再好的东西要让他们自己去卖，确实也非常困难。

群众利益无小事。只有帮群众解决困难，才能增强群众脱贫的信心和决心。于是，发展产业前，王寿梗都会先思考销路。在不断探索和论证过程中，村里逐步形成了三个销售渠道：一是动员亲戚朋友和爱心团体“以购代捐”一批；二是由公司以合同、协议等方式负责兜底回收一批；三是村合作社通过微商、网络销售一批。两年的优质农产品培育，逐渐为村里打开了销路，村民们也开始自主地探索和拓宽销售渠道。

## 扶贫先扶志扶智

磨石村没有小学，孩子们要走一两个小时的山路，去乡镇上学。由于这又远又险的上学路，孩子们往往上午 10 点多了还没到校，下午 3 点又必须放学。每当看到村里的孩子们徒步翻山越岭，身上、脸上沾满了泥土时，王寿梗总是无法控制自己的情绪：这是一种身心共鸣的心疼！

不仅如此，村里很多孩子十来岁了才上一年级，而且存在跟不上学习进度的问题。孩子们上学前只说彝族语言，不会说也听不太懂汉语，课堂上老师们都是用汉语教学，一个学期下来一些孩子的考试成绩只有七八分，加上传统的民族习惯，年满十五六岁就要挣钱准备成家了，导致辍学问题比较突出。

必须得做点什么！根据凉山州委州政府“一村一幼”建设规划，王寿梗带领工作队和村“两委”筹措资金 400 多万元，建设完善了 400 平方米的幼儿园教学楼，并招收了 4 名既能说彝语又能说普通话的幼儿园老师，开展“双语”教学，让孩子们从幼儿园开始就既说彝语也说普通话，为将来上小学打好基础。

/ 王寿梗在填写贫困户资料

光这些还不够，王寿梗又协调社会爱心团体免费为磨石村幼儿园建设完善了标准厨房，科学调剂饮食，让孩子们吃上既免费又有营养的热乎饭菜，并对全村 0 ~ 2 岁婴幼儿实施营养包计划。有了这么好的条件，家长们改变了原来带孩子下地干活的做法，每天早早地就把孩子送到幼儿园。此外，王寿梗还组织磨石村成绩优异的10名中小学生两次参加“走出大山看世界”活动，孩子们大开眼界，兴奋不已，一个个都说将来一定要更加努力学习，报效祖国。

众人拾柴火焰高。王寿梗积极动员社会力量，实现社会爱心捐赠与贫困群众个性化需求的精准对接。协调河北省沧州市东篱采菊纺织品公司组织企业600多名女工，为雷波县帕哈乡和汶水镇1 211名幼儿园学生编织帽子、围巾等毛线制品2 557件，价值14万余元，并与16名贫困孩子结成“一对一”帮扶，每年资助每名孩子1 200元；协调成都理工大学法学院筹集善款1.3万元，为磨石村幼儿园90名师生每人购买了春季校服一套、鞋袜各一双；协调掌众集团为磨石村捐赠10万元，为全部村民各购买一双雨鞋，为幼儿园90名师生各购买一套夏装；参与协调赣州市全标生物科技有限公司为磨石村幼教点捐赠40张幼儿床和90套床上用品……社会力量的参与，让老百姓得到了实惠，他们对王寿梗的用心付出纷纷拍手称赞。

在扶志的同时，王寿梗积极探索网络扶智和培训扶技。协调相关部门为磨石村架设网络光缆，并在村委会建设了互联网终端，方便村民开通和使用互联网；协调赶街网在磨石村建成并运营电商便民服务站，为村民提供代卖、代买以及互联网知识普及等服务；协调微医集团在村委会建设远程接诊点，大幅降低了群众寻医问药成本，解决村民就医需求；协调北京市华博创科公司选拔3名贫困初中毕业生，到北京参加5年免费计算机技术培训，培训结束后推荐就业，其间公司出钱支持他们完成大专学历的进修。

王寿梗还注重提升群众公共文化服务获得感。坚持每周为村民播放一场公益电影，重温革命历史、普及文化知识；2017年三八妇女节和端午节，分别举办健康义诊、文艺表演和农民运动会等系列活动，弘扬传统美德，活跃村民精神文化生活。

驻村以来，王寿梗的用心付出，让磨石村村民得到了实实在在的好处，老百姓从开始的怀疑和犹豫，转变到现在的信任和感激。2018年8月，中央纪委国家监委的领导到村上考察他的挂职成果，在与乡村干部和村民代表谈话时，大家一致的要求就是让这位第一书记再留两年！

王寿梗的心里暖暖的，自己没有辜负驻村时光。尽管磨石村群众还是说不了太多流畅的普通话，但有一句他们却说得很流利，那就是“感谢共产党”。自精准扶贫以来，大凉山地区的彝族群众高声歌唱：

精准扶贫瓦几瓦（非常好），

习总书记卡莎莎（谢谢您）！

（撰稿：周艳　照片提供：王寿梗）

/ 磨石村全貌

白晶莹，内蒙古自治区兴安盟科尔沁右翼中旗人大常委会党组书记、主任。白晶莹以图什业图王府刺绣文化产业为突破口，针对农牧民妇女进行刺绣培训，探索出了一条传统技艺带领农牧民脱贫增收的路子。她推动成立祥瑞刺绣扶贫服务有限公司、科右中旗大学生创业就业扶贫服务协会、图什业图刺绣基地，集中举办刺绣培训班 32 期，共培训绣工 5 782 人。通过绣工们的传帮带，共培养一级绣工 1 300 人、二级绣工 5 000 人、三级绣工 8 000 人，带动科右中旗 2.1 万名妇女从事王府刺绣产业，形成 51 个各具特色的产业嘎查。



# 草原绣娘：飞针走线绣前程

2018 年 6 月，马耳他驻华大使卓嘉鹰先生（Mr.John Aquilina）收到一份特殊的礼物——图什业图王府刺绣作品“芍药绽放”。卓嘉鹰大使对中国文化抱有浓厚兴趣，在得知这幅色彩协调、绣工细腻的作品是由一位贫困户一级绣娘制作完成的后，他忍不住竖起了大拇指。

图什业图王府刺绣（即王府刺绣）起源清代，是图什业图地区传承的一种风格独特的蒙古族传统美术手工技艺。王府刺绣讲究针法及纹路，每一件服饰制品堪称是精美别致的艺术品。2018 年深圳文博会上，一件件王府刺绣作品——文创产品、蒙古袍、桌旗、抱枕、五彩缤纷的挂件，受到时尚人士及各大批发商追捧，咨询、购买、商谈合作的商客络绎不绝。

法国国际订货会、米兰时装周……王府刺绣在国际时尚界刮起了一阵中国民族风。不为人知的是，这些美轮美奂的刺绣品，几乎全部来自科尔沁草原上两万多名农家妇女，其中贫困户就有近 3 000 名。

草原上的王府刺绣远销海外，这得从她们的领头人—— 一位草原绣娘讲起。

## 绣娘白老师

白晶莹现任内蒙古自治区兴安盟科尔沁右翼中旗人大常委会党组书记、主任，从 1979 年参加工作以来，她一直在科右中旗工作，先后担任过医院药剂师、大学团支书、旗宣传部部长，她还有一个不被很多人知道的称号——绣娘。

出生于传统蒙古族家庭的白晶莹，母亲和姥姥都是远近闻名的刺绣高手。她记得，自己从小穿的衣服、鞋子，家里盖的被子，挂的门帘、窗帘上都绣着花。小时候最快乐的事，就是每天晚上在煤油灯下看妈妈做手工活。耳濡目染下，白晶莹从小就练就了一手娴熟的刺绣技艺。

成年后，忙碌的学习和工作让白晶莹把刺绣的针线压到了箱底，然而由于对传统文化的喜爱，白晶莹始终关心着蒙古族刺绣的发展。王府刺绣原是专供图什业图王府的一种刺绣技艺，既有山水，又有花鸟，或质朴、清新，或漂亮、华贵，错落有致，反映了蒙古民族悠久的民间服饰习俗。2009 年，图什业图王府刺绣被列入第二批自治区级非物质文化遗产名录。

近年来，随着现代服饰的普及，王府刺绣衣物越来越少。有些从小就学习刺绣的农牧民妇女，也渐渐失去了刺绣的兴趣，丢失了原有的刺绣本领。看着蒙古族刺绣正逐渐从人们的生活中消失，白晶莹很焦急：图案精美、色彩鲜艳、表现力强的蒙古族刺绣不能就这样被遗忘。

脱贫攻坚战打响以后，时任科右中旗政协党组书记、主席的白晶莹下乡调研时发现，农闲时，尤其是冬季很多妇女都在家，也没什么事情做。白晶莹看在眼里、急在心里。科右中旗是全区蒙古族人口比例最高的少数民族聚居旗，农牧民多使用蒙古语，不会讲汉语。由于语言不通，外出务工受限，致富门路比较窄。

一边是日渐被遗忘的传统手工艺，一边是在贫困边缘挣扎、致富无方的农闲妇女。白晶莹有了一个念头，为什么不能通过刺绣摆脱贫困呢？何况嘎查里很多妇女跟她一样，从小就学过刺绣。白晶莹作出了一个决定：培养、挖掘刺绣能手，把王府刺绣技艺传承到下一代，让这门传统手艺在新时代带领群众脱贫致富。

/ 白晶莹为科右中旗建档立卡贫困户讲授刺绣技巧

在白晶莹的倡导和努力下，“建档立卡”与“非遗刺绣”挂上了钩。她协调旗妇联、旗就业局等相关部门，组织开办蒙古族刺绣培训班，免费培训，并提供针线、布料等。白晶莹成了王府刺绣扶贫计划的发起人、领路人。

培训班开办之后，白晶莹是最上心的一个。她利用早晚和节假日，到苏木、嘎查为妇女们上课。看着一双双渴望的眼神，她仿佛看到了自己小时候学刺绣的样子。从刺绣图案设计、色彩搭配、艺术审美到具体的绣、贴、堆等技法，她倾囊相授，耐心指导。伴着晨曦，踏着夕阳，这个足迹踏遍科右中旗巴彦呼舒镇莫力哈达嘎查、嘎旦扎拉嘎六队、罕乌拉嘎查等地的白书记、白主任，也在一次次奔波后，变成了绣娘们口中的白老师。

在白晶莹的带动下，两年来蒙古族刺绣培训班已遍布全旗 12 个苏木镇 173 个嘎查，集中举办刺绣培训班 32 期，共培训绣工 5 782 人。通过绣工们的传帮带，科右中旗全旗参与刺绣的妇女达 2.1 万人，实现 825 万元的产销收入，其中建档立卡贫困户 2 895 人，人均年增收 1 809 元，农村地区刺绣人数在 50 人以上的嘎查已有 51 个。通过近两年的动员培训，掌握刺绣手艺的人群年龄拓宽了，从 18 岁到 70 多岁，老少齐动手，靠自己双手，绣针尖上谋幸福。

“非遗刺绣”也在绣娘们的手中大放异彩，民间能工巧匠都参与进来，设计图案、创作样图。王府刺绣 3 次代表内蒙古参加全国性的展览活动，在内蒙古自治区成立 70 周年大庆兴安盟文创大赛中获得金奖。

## 绣花功夫扶贫

自己的刺绣作品能被选中赠送给马耳他驻华大使，这是白喜荣以前想也不敢想的事。白喜荣家在科右中旗巴彦呼舒镇乌逊嘎查，丈夫常年卧病在床，一家的生计全靠她一人操持。精准扶贫以来，白喜荣家被确认为建档立卡贫困户。2017 年 4 月起，白喜荣在驻村工作队推荐下，到王府刺绣扶贫车间学习刺绣。

王府刺绣的绣工分三级，一级绣工主要负责接国际订单，二级绣工负责接国内订单，三级绣工负责接本地订单。白喜荣从小就喜欢刺绣，她很珍惜这个机会，白天黑夜琢磨。慢慢地，她的刺绣水平越来越高，从三级、二级，一直晋升到一级绣娘，现在照顾丈夫之余，单刺绣一年收入就能有 3 万～5 万元。

走进白喜荣学习的王府刺绣扶贫车间三楼，映入眼帘的不仅有一排排课桌，一把把剪刀和绣布、绣架，更有琳琅满目的王府刺绣作品挂在墙上，作品上的花鸟草虫、湖光山色绣得栩栩如生、活灵活现，一针一线尽显图什业图王府刺绣独特韵味。

这个车间属于祥瑞刺绣扶贫服务有限公司。祥瑞刺绣公司是在白晶莹的推动下成立的。在 900 多平方米的车间里，来自额木庭高勒苏木兴隆屯嘎查的低保户吴满喜飞针走线，一只栩栩如生的凤凰缓缓跃然绣布上。吴满喜指着绣布喜滋滋地说：“做梦都没想到，我一个患有心脏病，不能干重体力活儿的低保户会靠刺绣改善生活，让生活

/ 王府刺绣扶贫车间

变得不再苦闷。现在我一个月的刺绣收入达到了2 000多元，这让我对未来的生活充满了信心！”

除了祥瑞刺绣公司，在白晶莹的推动下还建立起了科右中旗大学生创业就业扶贫服务协会和图什业图刺绣基地。白晶莹完成前期培训后，让绣工们通过传帮带培养更多绣工，她把时间腾出来，想着怎么做细、做精，让贫困户真正受益，她是铁了心要在扶贫上下一番“绣花”功夫。

王府刺绣绣工绣出产品，如何与苏木镇对接？如何进行产品推荐？就由设在扶贫车间一楼的大学生创业就业协会来完成。

大学生创业就业协会入驻大学生50名，25人在基地抓培训、抓新产品研发，25人跑市场、抓订单，形成了集图案设计、产品订单、电商、网络销售、市场开发于一体的刺绣产业人才团队。

“在这个扶贫车间，不仅实现了自身的就业创业，还帮助乡亲们走上靠刺绣脱贫致富的路，在这里找到实现自我价值的平台。”2017年毕业于内蒙古农业大学的彬彬说，“我2018年3月份被派往新佳木苏木组织培训农村妇女发展刺绣产业，经过两个月积极努力，刺绣从业人员从150多人发展到700多人，到年底有望发展到2 000多人。”

2017年，刺绣扶贫车间25名销售员拿回了450万元的订单，加上在当地拿到的订单，销售量突破了500万元，并在区内外建立了48家实体店。2018年发展到约100家，每家的年收入都达到3万～5万元，全年实现1 000万元的销售额。

“企业＋协会＋基地”模式分工不同，互相配合，图什业图王府刺绣慢慢走向成熟。

图什业图刺绣基地设在科右中旗职业技术学校内，基地配有缝纫车间、刺绣车间、成品室、研发室、展览室，在旗里支持下，已经发展到能同时容纳1 000人工作，现已入驻的660人里，40%为建档立卡贫困户，并在全国设有50处销售合作点。

## 绣针翻飞民族风

“花随玉指添春色，鸟逐金针长羽毛。”王府刺绣作为一项古老的手工技艺，虽然有很多独特的韵味，但是想走出深闺远销国内外市场，还需要融入时尚元素，满足国内外客户的审美需求。

经对口帮扶单位中宣部挂职干部牵线搭桥，2018年湖南长沙县与科右中旗开展了

“携手奔小康”活动。3 月 16 日至 26 日，长沙县组织 12 名湘绣专业技师，在全旗 12 个苏木乡镇举办了 10 期“蒙湘牵手，绣美生活”刺绣技能培训，重点教授了湘绣的基本针法、单面绣的基本绣法及设计构图方法，先后有 3 500 多名绣工参加了培训。

“现如今，太传统的东西不好卖了。融进湘绣技艺后，我们的刺绣做工更加精细，色彩更加丰富了，绣出来的产品更加受欢迎了！”赛罕达坝嘎查的农民龙梅指着正在刺绣的产品说，这种“改良”而不“变质”的做法，保证了王府刺绣鲜活的生命力，提高了市场竞争力。

王府刺绣与湘绣的深度融合，让王府刺绣“民族风味”变得更加时尚，陆续开发出了以古今名画为题材的“富贵荣华”以及山水花鸟等寓意深刻、色彩艳丽的刺绣艺术品，成为酒店、商场、宾馆、居家悬挂的装饰佳品。

“我们接到了融合湘绣技艺的绣制‘富贵荣华’大单子，对方要求 3 天之内交货。于是，我们老少‘绣娘’齐上阵，有纫针的、有分线的，大家轮流刺绣，连续奋战 3 个昼夜，及时交付了订单。虽然每个人只分得 300 元，但齐心协力完成一幅巨作让我们回味无穷。”额木庭兴隆屯嘎查刺绣车间主任其木格回忆起 10 多人一起刺绣时的情景，

白晶莹（右二）到贫困户家中指导刺绣

兴奋之情溢于言表。

付出就有收获。2018 年 6 月 26 日，大学生创业就业扶贫服务协会在巴彦呼舒镇四楼会议室举办手工刺绣产品订购会。订购会上，图什业图刺绣协会为 194 名绣娘发放了 20 余万元的先期订购款，同时与 154 名绣娘签订了近 5.3 万元的新刺绣订单。

握着刺绣订单收入，绣娘们激动不已、感慨万千。巴彦呼舒镇哈日道卜嘎查的山英是位新晋绣娘。她说，单是这次订购会她就领到了 3 800 元的订单收入，而自 2017 年 3 月以来，通过自己的不懈努力，光是王府刺绣就为她增加了 14 000 余元的家庭收入，对山英来说，这是一笔意义非凡的“巨款”。

这些都离不开白晶莹的努力。她知道，除了有好产品，还要开拓市场，寻找销路。

她不断寻找商机，多方奔走协调，联系相关企业。通过洽谈，祥瑞刺绣公司、大学生创业就业扶贫服务协会与骄阳湘绣厂签订了协议，设立蒙绣研究所，落实订单生产，借力推动王府刺绣产品漂洋过海走出国门；与非遗生活文化产业有限公司合作，签订的协议采购销售额达到 2 200 万元；与内蒙古自治区传统工艺工作站合作，建设内蒙古自治区传统工艺工作站分站；与内蒙古展览馆合作，扩大王府刺绣产品的社会影响……

白晶莹，这位草原绣娘，刮起了这阵最炫中国民族风。

白晶莹获得了 2018 年全国脱贫攻坚奖贡献奖，那一刻，在众多的头衔里，她只记得自己是绣娘白老师。她向全国的观众讲述了蒙古族刺绣给当地贫困妇女带来的变化。谈到未来发展，白晶莹对她草原上的绣娘学生们充满了期望与信心：“到 2020 年，科右中旗的一级绣工能达到 5 000 人。”

绣针翻飞、丝线勾花，来自科尔沁草原上的绣娘们，正用自己的双手，一针一线“绣造”锦绣前程。

（撰稿：高永伟　照片提供：科右中旗人大常委会办公室）

兰念瑛，江西省抚州市资溪县乌石镇新月畲族村党支部书记。十一届、十二届、十三届全国人大代表。曾获全国劳动模范、全国三八红旗手、全国民族团结进步先进个人、全国双学双比女能手、江西省十大井冈山之子等荣誉。她通过“公司＋农户”形式，带领群众发展苗木花卉特色产业，先后成立资溪县新月苗木发展有限公司，3家苗木专业合作社，村办、户办、联户办种苗场21家，建设苗木基地1 000多亩，开发50多个品种。在她的带领下，到2017年底，新月村苗木年产值突破350万元，全村村民人均年收入超过1万元。

# 大山里的“领头雁”

依山傍水间，一排排新建的楼房整齐有序；田间山坳里，一片片苗木绿意盎然。走进江西省抚州市资溪县乌石镇新月畲族村，宛如步入陶渊明笔下的“世外桃源”。

这个位于江西省东部赣闽边界的少数民族村，十多年前还是一个穷得叮当响的“茅棚村”，如今成了省内外有名的“小康村”，闻名遐迩的“中国少数民族特色村寨”。村民们都说，多亏了有一位致富领路人——全国人大代表、村党支部书记兰念瑛。

在兰念瑛的带领下，昔日武夷山区闭塞落后的贫困村走上了苗木种植生态旅游富民强村的绿色发展之路。脱贫致富了的乡亲们，亲切地称他们的支书为大山里的“领头雁”。

## 偏僻山坳变了样——敢闯敢干带头致富

20世纪60年代末，11岁的兰念瑛跟随父辈举家从浙江新安江地区迁到江西资溪一处偏僻山坳（现在的新月村）安家落户，开启拓荒发展之路。畲族人自力更生勤劳朴实的品格在年幼的兰念瑛心里扎下了根。

1982年初，得知许多城镇在搞大规模绿化建设，年轻有闯劲的兰念瑛从浙江老家找来枳壳苗，自己尝试种植。但她一没经验二没技术，种植并不顺利，不到一年，种下的苗木就全部“夭折”。“当头一棒”没有让兰念瑛低头，她开始读书看报，寻师访贤，刻苦钻研苗木栽种的方法。

/ 兰念瑛（中）和村民在一起

1984 年的一天，兰念瑛从报纸上得知浙江黄岩办有苗木种植培训，同丈夫商量后，把猪卖了作路费和学费，去黄岩上培训班。

学成归来的兰念瑛边种边钻研，第一年就喜获收益，第二年她拿出家中全部积蓄将种植面积扩大至 4 亩，当年出苗 16 万株，纯获利 1 万多元，成为全村首个“万元户”。这个 20 多岁的姑娘，一下子成了当地知名的苗木种植专业户，村民们都跑到兰念瑛家拜师学艺。

“那个时候没见过‘万元户’，大家都羡慕小姑娘能靠种树致富。”谈起兰念瑛，村民兰小水说。

新月畲族村是资溪县一个少数民族村，1995 年组建民族村的时候，兰念瑛全票当选村委会主任。当时，村集体经济收入低，村民致富无门路，人均不足一亩的耕地有 1/3 是冷浆田。兰念瑛一上任就担起带领新月村走向产业富民的重任。

“一人富不算富，要带动更多乡亲发家致富。”兰念瑛是这样想的，也是这样做的。她毫无保留地向乡亲们传授育苗技术，办农家小苗圃，经她手培育嫁接的苗木，成活率都在 95% 以上。

兰念瑛成了新月村的榜样。“村民推举我领头带着大家干，我就一定要为村里多做点实实在在的事。”为了让所有村民都从苗木种植中获益，兰念瑛先后制定苗木栽种制度、信誉制度、销售制度等，做到先村民后党员再村干部，带领村干部与村民结成帮扶对子，出资金、传技术，帮助村民搞好苗木生产。在她的带领下，苗木产业逐渐成为新月村兴村富民的支柱产业。

随着技术日趋成熟、种植面积不断扩大、品种不断更新，在兰念瑛主导下，村“两委”带领村民以“公司＋农户”形式，组建资溪县新月苗木发展有限公司，由公司出资金、教技术、供苗种、包销售，让村民吃下“定心丸”，“零风险”种苗。

一年 365 天，兰念瑛与家人聚少离多，大部分时间在外跑市场、找信息、签订单，无怨无悔地为村民为村集体奔波劳累。有一年春节，年关将近，还有一笔款没到，当兰念瑛抱着 86 万元现金出现在村口时，村民们感动地流下了眼泪，更坚定了跟着村支书干的决心。

在兰念瑛的带动下，新月村苗木产业不断发展壮大，最顶峰时，村里成立了 3 家苗木专业合作社，村办、户办、联户办种苗场 21 家，苗木基地面积达 1 000 多亩，有杜英、丹桂、含笑等 50 多个品种，远销福建、广东、上海等 10 多个省市，年产值突破 350 万元，苗木人均年收入超过 1 万元。新月村家家户户告别旧土屋住进了小洋楼，成为远近闻名的富裕村。

## “有困难找念瑛”——群众冷暖记心头

兰念瑛有很多头衔，十一届、十二届、十三届全国人大代表，全国劳动模范、全国三八红旗手、全国民族团结进步先进个人、江西省十大井冈山之子，但她感到最亲切的，还是村民们口中的“念瑛”。

在新月，村民有一句口头禅——“有困难找念瑛”。多年来，无论村里的大事小情，兰念瑛都用心去做，尽力去帮，心系每位村民，用真情去帮助每一位需要帮助的人。

苗木种植初期，兰念瑛主动与 50 户村民签订了 100 亩苗木种植合同，承诺提供种子、技术和销售一条龙服务，村民不投入一分钱，所有风险由她一个人承担。村民雷国根年老体弱，家庭困难，兰念瑛知道后，出工出资出技术，保障雷国根种的苗木先销、卖好。这激发了雷国根的干劲，他后起赶追，勤劳致富，不仅买了彩电、空调等家用电器，还在村里第一批建起了小洋楼。

村民王丽珍的丈夫常年患病，家里有 3 个年幼的孩子，兰念瑛主动和她家结成帮扶对子，出资 2 000 元种苗木、教技术。王丽珍家逐渐摆脱了困境，王丽珍见人就说：“多亏了念瑛！”

村里老兰一家的情况有点特别，5 个儿子都是壮劳力，建窑厂没建成，欠下一屁股债。兰念瑛动员老兰家种板栗苗。到苗木销售时节，老兰家的苗长势一般，无人问津。正当一家人不知所措时，兰念瑛揣上 4 000 元，把这些苗木全部买下赊销了出去。三年后，卖出去的果树挂果了，客户不仅送来了购苗款加三年的利息，还再次买去了一

/ 兰念瑛（右三）给村民讲解苗木种植技术

批树苗。但兰念瑛除了拿回4 000元本金外，其他的都给了老兰。老兰家头一次在银行有了存款。

几乎村里户户都有“念瑛”的帮扶。哪位村民生病没钱看医生了，谁家建房款还没凑齐啦，谁想创业缺资金……兰念瑛都会四处打听，然后自掏腰包把钱送上或想办法解决，少则几百，多则数千。1998年特大洪灾，月山村小组发生山体滑坡，村民被困，兰念瑛不顾众人的劝阻，带领村干部一道蹚过齐腰深的洪水，组织村民转移到安全地带。灾后重建时，兰念瑛又把经营苗木积攒下来的8万元全部借给了苗农。

有一次，相邻的汉族村长源村一户姓陶的人家因电线着火房屋被烧。得知火情，兰念瑛带领畲族村民第一时间赶到现场和汉族同胞一道扑灭大火，避免更大损失。第二天，她又发动村民为陶家送上大米、油等生活物资，帮盖新房。隔壁村小组卢国荣患有眼疾，妻子有精神障碍，兰念瑛为他家申请了低保，并在村老年活动中心安排他做保洁工作增加每月收入。这么多年，兰念瑛自己也说不清帮过多少人，捐过多少钱。

“我们在兰书记心中永远是最重要的！”新月畲族村村民说得最多的就是这句话。她记得别人的冷暖，唯独不关心自己。

2001年夏天，兰念瑛内腔出血住进了医院，但当她得知一高速公路绿化招标会在南昌举行时，意识到这是一次难得的机会，就不顾医生和丈夫的劝阻，悄悄地“溜”出医院直奔南昌，一下拿到了40万元的订单，可她却在返回时晕倒在车站里……

她的倾心付出没有白费，新月村抓住了发展的契机，几年下来，全村村民富了，新月村也先后获评全国绿色小康村、全国民族团结进步示范村、全国文明村镇、全国农业旅游示范点等。

## 牢记总书记的嘱托——建设特色旅游新畲寨

“前年两会，习近平总书记面对面的殷殷嘱托，给了我巨大的信心和鼓舞！”兰念瑛口中的“面对面”，是2015年3月6日，在十二届全国人大三次会议江西代表团的审议会上，习近平总书记亲切关怀畲寨建设，询问作为人大代表的兰念瑛：“高速公路通到你们那里了吧？”“农家乐办起来了吗？”当晚，兰念瑛激动得睡不着，反复想该如何

/ 兰念瑛（右二）与村干部共同规划发展

完成习总书记的嘱托。与习总书记面对面的交流，让她深刻认识到，建设好新畲寨必须跟上转型升级的趋势，也让她更加坚定大力发展乡村旅游打造新畲寨的信心。

两会结束后，兰念瑛回到家乡的第一件事就是请来省建筑设计院的专家，实地勘察，对新月村进行科学设计。她几赴浙江、福建考察，并邀请民俗专家对畲族文化进行收集整理，保护江西省非物质文化遗产——畲族祭祀文化和畲族山歌，完善畲族歌舞、服饰、饮食、武术、宗教等文化，建设村畲族特色文化馆，成立了武术表演队、青年山歌队，《春耕曲》《种田歌》等十余首民歌被收录于由人民音乐出版社发行的《畲族民间歌曲集》，充分展示了畲族独特的历史文化和人文景观。

在新月畲族村，农房改成了民宿，统一房型、统一筑路、统一绿化、统一配套，并投资 330 多万元对房屋外立面进行改造，画上畲族“三公主求雨”“蓝灵公赴徽州治病”等民间传说，实现雨污分流及强弱电下地。新月村被打造成了特色鲜明、风格独特的畲寨。

2015 年 12 月，新月村成立新月畲族民俗文化旅游发展有限公司，小山村旅游有了专业化市场运作，当年就被评为全国乡村旅游示范点、省 4A 级乡村旅游点。2017 年，新月村建设了山哈广场，修了环村公路，并举办了一年一度的新月畲族民俗文化节。

除了新月村建设外，兰念瑛心中还念念不忘习总书记的另一个嘱托——把高速公路修到家门口。

早在 2008 年，首次当选全国人大代表的她，就提交了“新建资溪—光泽—邵武区间高速公路”的建议。之后几年，她又不断完善该建议。2013 年 10 月，在省市县共同

/ 兰念瑛在北京参会

努力下，穿越资溪全境的资溪花山界至里木高速公路开工建设。2017 年元旦刚过，公路正式竣工通车，连通三清山、龙虎山、大觉山、武夷山等诸多著名景区，连接鄱阳湖生态旅游区和海峡西岸旅游区，成为“鄱湖—海西”生态旅游圈的黄金通道，加快了抚州融入浙闽赣皖生态旅游协作区和海西经济区的步伐。

在谈及家乡的变化时，兰念瑛感慨万千。“现在从新月畲族村到县城的时间由原来的 30 分钟缩短到 15 分钟，上高速也只需十来分钟，有了路，新月这只凤凰才飞得起来。”走在绕村的游步道上，兰念瑛感慨万千。交通的便利，为资溪带来了源源不断的外地游客，乡村旅游业发展驶上了高速路。

如今，新月畲族村民俗风情旅游业小有成效，规模和规格渐成气候的畲族民俗文化节已举办三届，吸引数千名省内外游客前来观光体验。2017 年，新月村接待游客已突破 2 万人次，村民还利用互联网销售畲族特色小吃，全年畲族特色小吃总销售收入达 10 万元以上。

2018 年，新月村共接待游客 8.2 万人次，实现旅游综合收入 85 万元，农民人均纯收入达 13 000 余元。新月村成为第二批中国少数民族特色村寨。

对于未来，村口的对联上写着的“不忘初心永远跟党走，牢记使命振兴新畲村”，是新月村村民最直接而响亮的回答。

虽已年过六旬，兰念瑛依然兼职村第一书记，这只大山里飞出来的“领头雁”，正带领村民向着振兴乡村的梦想展翅飞翔。

（撰稿：高永伟　照片提供：吴志贵）

/ 新月畲族村接待中心

伊学义，国家税务总局延边州税务局主任科员，吉林省延边朝鲜族自治州汪清县天桥岭镇天平村第一书记。在脱贫攻坚工作中，始终牢记重托，把群众当亲人。他每月撰写 2 万多字的扶贫日记，形成“扶贫日志、村志”。为了让老百姓过上好日子，绞尽脑汁想办法，不辞劳苦找项目。在他的努力下，村里发展了“扶贫鸡”项目、菌包户项目、金融扶贫项目、松针鸡项目、太阳能光伏项目等。2017 年扶贫项目实现红利 337 500 元，为 144 名贫困人员进行了分红，全村 95% 的贫困家庭收入超过 3 500 元贫困线。



# 天平村的知心人

亲切、有爱心、热心肠，在吉林省延边自治州汪清县天桥岭镇天平村，只要提起伊书记，村民们全都赞不绝口，说他是一个干实事的好干部。

2017 年 7 月，50 岁的伊学义来到天平村担任驻村第一书记。从他的双脚踏上天平村的土地开始，他就给自己定了位：要当村民的知心人，要把天平村当成自己的第二个故乡。驻村期间，伊学义始终满怀赤诚之心，夙兴夜寐辛苦付出，以不脱贫不离村的豪情，以强有效的工作方法，带领百姓走上一条脱贫致富之路。

## “我就是想为老百姓干点实事”

2017 年 6 月，国家税务总局延边州税务局接到通知，要从本单位选派一名干部到天平村担任驻村第一书记。听到天平村，延边州税务局的领导发起了愁。那时的天平村是出了名的上访村、告状村，村民经常会为了争夺各种名额大打出手。除了这些，天平村还是个出了名的穷村。总之一句话，谁去了天平村当第一书记肯定有谁好受的。

延边州税务局虽然有选派的权力，但是首要的还是尊重本单位干部的个人意愿。正当局领导为这事头疼不已的时候，伊学义敲开了领导办公室的门，表达了自己想要去太平村扶贫的意愿。有了下派的人选，领导终于松了口气，但还是忍不住多问了一句：“老伊，你年纪也不小了，为啥要去村里干扶贫？”伊学义回答道：“我就是想为老百姓干点实事。”

/ 伊学义（后）入户走访途中

2017 年 7 月 1 日，伊学义到天平村报到。从这天起，他就过上了“脚打后脑勺”的忙碌日子，天天早上 4 点半起床，晚上 10 点以后睡觉，有时电话打得脑袋都疼。

为了做好工作，他给自己约法三章：一是做事要公平公正，二是不拿群众一针一线，三是不搞小团体。在履新后的第一次村民代表大会上，伊学义表态：我在天平村一无亲二无故，做事一定会公平公正。可没想到底下不少村民开始起哄道：“别瞎扯了，你说你能公平公正，谁信你！”

听到起哄的声音，伊学义没有生气，但有些痛心。那天开完村民代表大会，伊学义把自己关在办公室里想了一下午：“乡亲们这么不相信我们，肯定是之前做得不好，失去了他们的信任。我一定要让乡亲们看到，党的干部是能够公平公正的，是能够为老百姓干实事的。”

要想为老百姓干实事儿，首先要了解清楚各家的具体情况，于是伊学义开始对村里的贫困户进行挨家挨户的走访。

天平村是天桥岭镇的镇中村，有贫困户 92 户 144 人。村民们分散在镇内的各个角落，最远的两户相距 10 多公里，下户走访就像捉迷藏，找不到村民的家。为了能尽快摸清村里贫困群众的家庭情况，伊学义每天早上 7 点半吃完饭就准时出门，开始一天的走访工作，白天走访不完，吃完晚饭就继续走访。两个月的时间他走遍了天桥岭镇的大街小巷、旮旮旯旯，贫困家庭他去过多少次已经数不清楚了。

“其实他很忙，但是每到一家他都能耐心地和贫困群众唠嗑，经常一唠就是一上午。有时候我问他，你哪来的耐心？他总说，老百姓愿意唠表示他们不反感我，这正是我和他们拉近距离的好机会。再说了，多和他们唠唠，也能更清楚他们有什么困难、有什么想法。”扶贫工作队队友赵志云说道。

伊学义做的事不单单是跟贫困群众唠嗑这么简单，每次从贫困户家中出来，他会根据每家的实际困难提出解决方法，为贫困群众能早日脱贫绞尽脑汁出主意、想办法。白天忙完了，晚上他还要整理资料，写扶贫日志，每天晚上 10 点睡觉算是早的。每月他都会撰写出两万多字图文并茂的扶贫日记，形成了“扶贫日志、村志”。这不仅是他扶贫的记录，更是他和老百姓之间真挚感情的写照。

驻村两个月时，伊学义第一次有时间回家。刚一进家门，妻子看着眼前的丈夫一下子哭了出来。走的时候还是满头黑发，才两个月，头上长了许多白发，整个人黑了、瘦了，像是老了好几岁。看着泪流满面的妻子，伊学义心里很不是滋味，不知道该说什么好。

那天晚上吃完饭，伊学义对还红着眼圈的妻子说道："村里的老百姓还过着苦日子，为了让他们过上好日子，我辛苦些是应该的。"

第二天一早，忙着为村里办事的伊学义饭都没有吃就往外走。这时，妻子叫住了他："老伊，现在孩子们也不用我照顾，我在家也没啥事儿，要不我跟你去村里吧，能照顾照顾你，也能照顾照顾村里的贫困户。"听到这话，伊学义一把拉住妻子的手，红了眼圈。

从那时起，伊学义的妻子成了天平村的"编外"扶贫人。她主动承担起给 5 名驻村工作队员做饭的工作，并与伊学义一起下户走访群众，为贫困群众送钱送物，解决生活困难，和村中百姓建立起了深厚的感情，成了扶贫工作的得力助手和坚强的后勤保障。靠着跟婆婆学的一手做面食的好手艺，她经常做些可口的饭菜送给村里的贫困户。一次她从下午 2 点多开始站在灶台前烙饼，一直烙到晚上 7 点多，烙了 120 张饼，第二天给贫困群众送去。伊学义因为扶贫工作事迹突出，总计得了 5 000 元奖金，妻子说：

/ 伊学义（中）和贫困户一起干农活

“你每月工资就好几千，贫困群众一年才能挣几千元钱，所以这个奖金我们一分都不能动，全部都要用在扶贫上。”她将伊学义得的 5 000 元奖金全部都花在了贫困户身上。

在一次走访过程中，有贫困户向伊学义抱怨：“伊书记，这收入情况表也太难填了，填得俺头都大了。”听了这话，学过计算机的伊学义立刻回去编写了一套“一键输出”建档立卡报表数据系统。通过这套智能报表系统输出的报表，不但使每个贫困户家庭的收入不再是一本糊涂账，而且算出了党和政府多年来对贫困家庭的关心和爱护。有的贫困户说：“不算不知道，一算吓一跳，原来政府给我们分了这么多钱呀！”

由于伊学义工作积极主动、认真负责、勇于担当，在不知不觉中，他把村干部们的心凝聚起来了，把党支部的战斗力加强了，在群众中树立起了威信，群众有大事小情都愿意找他。

## 让百姓腰包鼓起来

“能不能脱贫，主要看有没有项目，没有产业项目就挣不到钱。”伊学义为了村里的项目可没少费劲。

看着自家院中悠闲自在觅食的鸡，72 岁的村民李兆满笑着回忆两年前的事：“那可都是 2 斤重的大鸡雏呀，我们回去现借的三轮车拉回家的。”那时，伊学义刚到村里任驻村书记，为带领大家脱贫致富，挨家挨户介绍“扶贫鸡”项目，免费为贫困户发鸡雏，他负责按市价卖。

那时候天平村还是个出了名的上访村，“等靠要”思想严重的贫困户很多，况且不少贫困群众也觉得“这天上哪儿有掉馅饼的好事”，任凭伊学义磨破了嘴皮，全村 92 户贫困户中也就只有 9 户报名参加“扶贫鸡”项目。

“老百姓不支持，是因为怕鸡雏成活率低，养大了卖不出去。只要让老百姓看到效益，他们就会参加这个项目了。”伊学义对扶贫队友说。

4 个月后，当第一批“扶贫鸡”长成以后，伊学义每天凌晨 4 点起床，冒着零下二三十摄氏度的严寒，扛着编织袋往城里送鸡。“120 元一只，散养的笨鸡，微信群里城里人争着要。”伊学义说。

“6 000 多元啊，大新票子，点起来咔咔的。”李兆满笑着对伊学义说，“他们都笑我看钱的眼神，伊书记你说得对，那是对致富的渴望，我这么大岁数，是第一次这么痛快地挣到这一大摞钱。”2018 年，“扶贫鸡”项目在全村顺利铺开，大家争着养。

伊学义帮助村里上的项目还有：投入 63 万元为村里购买了农机，每年实现红利 5 万元；菌包户项目，每年创收 8.4 万元；金融扶贫项目，为每个贫困户家庭分红 3 000 元；松针鸡项目，实现红利 2 万多元；太阳能光伏项目，年创收 4.5 万元；黑木耳定植车间项目，年创收 28 万元。

伊学义为村里老百姓做的还不止这些。为了给百姓谋福利，伊学义经过调查协调，实现了天平村道路硬化，安装了 35 盏太阳能路灯，又投入 20 万元修筑了天平村开展农业生产的必经之路；花 18 000 元为新村部安装了 6 盏太阳能路灯，投入了 5 万元购买办公家具；建立了有 10 台电脑的电教室，为村民开夜校；建立爱心扶贫服装超市，为贫困户发放了上千件衣服；为 87 名贫困人员办理了城乡居民社会养老保险，平均每人每年能领到 2 400 多元的养老金；抓好贫困人员的职业技能培训，实现了"培训一人，脱贫一家"。

通过一系列的扶贫措施，2017 年天平村扶贫项目取得了丰硕的成果，实现红利 337 500 元，为 144 名贫困人员分了红，全村 95% 的贫困家庭收入超过了 3 500 元贫困线。

"村子新了，日子富了，书记可累'旧'喽！" 64 岁的吕贵荣大娘感慨道："我们伊书记今年才 52 岁，这一年多头发掉成老头样了。我从小生长在这个村，哪能想到会发生这样天翻地覆的变化？"

伊学义说："每当我听到百姓点钱的那种唰唰的声音时，我就感到特别幸福，比自己挣到钱心里都舒服。"

伊学义在颁奖现场

## 为群众保驾护航排忧解难

当百姓碰到困难、发生重大矛盾时，伊学义总是第一时间冲到前面去，帮助群众解决困难、化解矛盾。

2017 年天桥岭镇发生了特大洪水灾害，汹涌的洪水几乎就要漫过河堤。在这危险时刻，他与全镇党员干部一道，顶风冒雨连夜转移群众，保证了群众的生命安全。直到天亮了，他才浑身泥水落汤鸡似的回到家里，又赶上多年的老胃病犯了，疼得直不起腰来，妻子看到后心疼得直掉眼泪。洪灾过后伊学义又挨家挨户了解受灾情况，当他听说有两户群众受灾比较严重，家里孩子刚考上大学没有钱上学时，他及时联系有关部门，为这两个家庭分别争取到了 3 000 元的助学金，解了他们的燃眉之急。

天平村 144 名贫困人员中患慢性病的有 83 人、有各种残疾的 42 人，他们平时吃的药都是报销目录以外的药品，经济负担很重。为了减轻老百姓吃药的经济负担，伊学义经过找多家药店商谈，确定了扶贫定点打折药店，反响非常好，其他村的贫困群众听说后也都到这个打折药店买药。

在扶贫过程中，伊学义深刻认识到只有物质扶贫是远远不够的，更重要的是精神扶贫。他成功地化解了部分群众对低保政策的不理解，以及村干部与百姓之间的矛盾，平息了多起上访事件，为村里百姓解决生产、生活矛盾几十起。在他的努力下，曾经对生活失去希望、一度想轻生的村民丁玉兰重拾对生活的信心；因失恋、失业导致三年没出门的青年大学生走出了精神抑郁，重新扬起了生活的风帆。为促进精神文明建设，伊学义还在村中开展传统文化教育，组建村民乐队、舞蹈队，丰富了群众的业余文化生活。

真情换真心，一直为乡亲们办实事的伊学义也一直被乡亲们惦记在心上。“70 多岁的时景发老夫妇，冒着风雪走了三里多的冰雪路只为给我送豆包；村民吴学柱骑着摩托车满街追我，非要送我小河鱼；贫困户祝瑞英在春节前就要送给我一只乌鸡，我不要，结果他把这只鸡从春节一直养到了 6 月……”说起村民对自己的好，伊学义的眼眶红了：“扶贫会让你的精神世界充实起来。”

（撰稿：张津津　照片提供：伊学义）

刘昌法，山东省淄博市扶贫开发领导小组办公室副主任。曾获山东省优秀共产党员、山东省脱贫攻坚先进个人等荣誉。三任驻村第一书记，以村为家。坚持发展产业，引导上小峰村成立山东上峰旅游开发有限公司，实现村集体、贫困户双增收，成为全国扶贫改革试点典型村。帮助西沙井村发展莲藕和优质果品种植，带动贫困户脱贫致富。为石柱村争取资金硬化道路，结束了不通水泥路的历史。他带领3个村500多名贫困群众实现脱贫，被群众亲切地称为松穷土啃穷根的“蚯蚓书记”。



# 松穷土啃穷根的“蚯蚓书记”

6年里，先后驻3个贫困村任第一书记，他说这个活干不够。

2 200多个驻村日子里，留下3支队伍、50多万字的驻村日志、43个挽留的红手印，他说这是一种使命。

扶贫清单上，有1家乡村旅游公司、1个山泉水厂、1个莲藕基地、3个日光大棚……，他说他要为村民铺出脱贫致富路。

他，就是山东省淄博市扶贫办副主任刘昌法。自2012年4月以来，他主动请缨，先后担任博山区上小峰村、西沙井村和沂源县石柱村驻村第一书记。

## “红手印”的情谊

2012年，将到知天命之年的刘昌法，出人意料地报名参加第一书记遴选。快50岁的人了，下去操心受累，图个啥？他笑笑，并不回答，等接到上任通知，心里才踏实起来。

两年时光飞速而过，鱼水情也有了新寄托——一封按满43个红手印的挽留信。2014年，驻村满两年的刘昌法即将离开，村民们希望他能继续帮扶上小峰村，于是集体写了这封挽留信。写信的人中有63岁的宋远仓，他说，刘昌法是个“腿很勤”“重感情”的人，村周围有些山名或美景，许多村里的人都说不上来，刘昌法却都知道。得知他要走，大家都想留住他。

/ 刘昌法（左）在上小峰村调研

2012 年，刘昌法刚驻村时，包括村支书牛占月在内的许多村民都以为他是来“镀金”的。“当时看到上面派来一个年过半百的小老头，我心想，咋不派个年轻能干的来？但又一想，老的年轻的一个样，估计都干不长。”牛占月笑着回想第一次见刘昌法时的情景。

听到村民的议论，刘昌法决心严格按组织要求驻村，不到一个月就把全村 189 户走了个遍，工作局面迅速打开。“能感觉到村民的态度在改变，特别是老人，你真是给他一点点好，他就忘不了你。”

驻村期间，妻子来村里，碰到有 6 户村民来送菜、送鸡蛋，这让妻子大为吃惊，一直追问刘昌法：“你是怎么在村里为人的？老百姓为啥对你这么好？”

“当时我也没有过多解释，因为和老百姓的感情不是一句半句话就能说清楚的。”刘昌法说，这种感情是通过平时一些不起眼的小事，在与老百姓频繁接触中建立的。要想赢得老百姓认可，绝不能说空话、放空炮。记得刚驻村的时候，村民正为修塘坝的水泥不够用犯愁，他马上和单位联系，两三天之内就帮助联系了 35 吨水泥，两个塘坝建设顺利竣工。事虽不大，但老百姓看到了这位第一书记帮扶的力度。

2014 年春，刘昌法患上严重过敏性湿疹，全身上下瘙痒难忍，抓挠得内衣上血迹斑斑。年近七旬、有听力障碍的赵心山得知后，不顾山高路险，天一亮就上山，专门为他采集草药，跑了五六个山头才把草药采集齐全，晚上 8 点多才回来。

“我只是做了一些力所能及的事，却换来村民那么多的好。”每每说起这些，刘昌法格外激动和感激，他珍惜与群众的这份感情。

如何增进与群众的联系和感情？刘昌法总结了三个字：走、看、说。“走”就是多往村民家里走一走，就像走亲戚一样越走越亲；“看”就是遇到村民生病或每逢家里有婚丧嫁娶时，多去看一看；“说”就是多替老百姓说话，宁可得罪某些干部，也不亏待、欺瞒老百姓。

“红手印”留了刘昌法一年。2015 年 6 月，他被调到更需要的石马镇西沙井村任第一书记。

“刘书记一到村里就挨家挨户转。300 多户人家，好多人白天不在，他就晚上去串门拉家常。”西沙井村村支书、村主任魏绍德介绍。2015 年 12 月，刘昌法走访时发现不少老人家里没有煤过冬，在向单位汇报后，立即买了 10 吨煤帮助村里老人烧暖了炕。几天后，81 岁的张大娘爬高坡为他送来了自己做的炸豆腐：“刘书记帮俺过冬，俺怎么也得还个情。”

2017 年 7 月，刘昌法又到沂源县大张庄镇石柱村任第一书记。自 2012 年主动请缨到农村开始，他先后担任两个县区三个村的第一书记，他把每户贫困家庭的“家底”摸得一清二楚，一一写在本上，条条记在心里。“我愿做一条蚯蚓，在贫瘠的泥土里耕耘，让这片土地肥沃起来，为百姓带来丰收的年景。”

## “这样的干部，俺真服”

“平常吃住都在村，一待就是 40 多天，忙得掉了十几斤肉，但他从不叫屈喊累，这样的干部，俺真服！”上小峰村党支部书记、村主任牛占月对刘昌法的敬佩之情发自肺腑。

在上小峰村的三年时间，刘昌法为村里争取各类建设项目 14 个、资金 200 多万元，各类帮扶物资折合 8 万多元，上小峰村面貌发生了根本性的变化。

/ 刘昌法（左一）在西沙井村走访

“给钱给物，不如建个好支部；给金给银，不如选个带头人。”在为基层为群众上项目、办实事、解难题过程中，刘昌法注重在思路上“引”，在工作上“促”，在分歧上“拉”，在作风上“带”，把村里党员干部推向前台，想方设法帮助村干部树立威信。2014 年村“两

/ 刘昌法（右一）在石柱村了解情况

委”换届选举，上小峰村实现了村支书、村主任“一人兼”，结束了村“两委”班子18年无连任的历史。

“驻上小峰村三年，刘昌法留下了一个全国扶贫改革试点典型村、省级生态文明村、省级旅游特色村，更给村民留下了一个发展思路清晰、富有干事劲头、齐心协力的村‘两委’班子，这才是最宝贵的！”博山区委组织部领导说。

替老百姓办事得讲究一个公正、实在，不能回避矛盾，更不能敷衍。2017年夏，刘昌法带领石柱村党员正在开大会，十几户王撇沟组的村民闯进来，向村里要说法："到底还修不修路?"

原来，石柱村有3个自然村，相距都在2公里左右，均没有硬化道路，祖祖辈辈行路难。特别是通往王撇沟组的路更难走，夏天涉水过，冬天冰上行。虽然可以争取到钱修路，但有户“钉子户”的工作没做通，路就迟迟没修成。刘昌法二话没说，冒雨赶到王撇沟，实地查看后，当场就表态，一定把路修起来。随后，他一边积极与派出单位协调修路资金，一边给“钉子户”做思想工作。

2017年11月初，当第一条4米宽、1.2公里长的水泥路竣工时，83岁的朱明兰老人笑得合不拢嘴："没想到俺老婆子80多岁了还能走上水泥路。"

2017年以来，经多方联系，刘昌法争取到项目资金74万元，先后硬化生产路3条。争取资金10多万元，为3个自然村安装了65盏太阳能路灯。"刘书记为我们操了不少心，办了不少事，一点儿虚的也没有，这样的干部我们打心眼里喜欢。"2018年当选的石柱村村支书、村主任李敦山这样评价。

## “分红证”的来历

过去，上小峰村一穷二白，集体经济为零，群众观念落后，环境脏乱差。如何挖掉穷根、改变落后面貌？靠着一双脚板，刘昌法转遍了村里的角角落落、山上的沟沟坎坎。在充分调研论证后，他与村“两委”研究决定，立足地处鲁山风景旅游区和生态保护区的地理优势，发展生态型、资源型产业。

刘昌法首先将目光放在了做好“水”文章上。上小峰村有矿泉水资源，何不招商引资建水厂？2013 年 3 月，清冽的泉水打了出来，村民们欢呼了起来。水厂不仅吸纳近 10 名村民就业，每年还为村集体增加了 5 万元的固定收入。

“不仅要整村脱贫，老弱病残贫困群众脱贫也要有保底机制。”这是脱贫攻坚战必须啃下的硬骨头。如何保底？如何攻坚？

刘昌法提出了“资源变资产、资产变股本、村民变股东”的发展思路，积极探索资产收益扶贫“三三制”管理模式。建立由贫困户参与的股东会、董事会、监事会“三会制度”，实行扶贫股、基本股、脱贫股“三股互补”，做到项目运作规范、扶贫资金安全、贫困户获得稳定收益“三个确保”。

“100 万元扶贫资金平摊到每个贫困户身上也就 4 000 多元，这个钱如果直接分了，估计不到一年就花完了。”刘昌法说。通过让贫困户入股成立公司的模式，使贫困户保持长期收益，变“输血”为“造血”。

2015 年，刘昌法发动群众投资投劳，成立山东上峰旅游开发有限公司，将 100 万元扶贫资金折股量化给贫困户，支持公司改造闲置房屋，大力发展农家乐乡村游。由于上小峰村背靠鲁山国家森林公园，游客慕名而来，农家乐火了起来，全村发展农家乐 50 余家。2016 年 8 月，村民们手持“分红证”参加上峰旅游开发有限公司第一次分红大会，所有村民全部拿到了分红，每个人都难掩喜悦之情。

刘昌法的喜悦不比任何人少，但他的辛苦却默默咽下了。“光让贫困群众自己掏钱改造农家乐，当然没有积极性。”刘昌法说。项目刚启动时，除了村“两委”班子、党员带头，他也不断入户进行动员。争取到政府的扶持项目资金，对群众进行资金补贴，让大家看到希望，这是上小峰村农家乐乡村旅游启动的关键一步。

“2016 年养蜂加上农家乐收入 10 万元左右，比我之前在镇上干保安强多了。”第一批加入农家乐的徐传伟说。为了动员徐传伟加入农家乐，刘昌法可是费了不少工夫，多次骑着自行车去镇上找他聊天谈心，最后徐传伟终于决定试一试，没想到这一“试”就成了。

“守着穷山没思路白搭。俺这个小院，每年能带来几千块钱收入呢，这都得感谢刘

/ 驻村第一书记刘昌法

书记，是他帮俺蹚出了致富路！”贫困户牛思恩说。之前他和老伴一年种板栗收入才 3 000 元左右，2015 年借助部分扶持资金整修了两个房间，加入了村里的农家乐，一年收入近 10 000 元。在外面打工的儿子也非常看好乡村旅游这个产业，也想回来跟着老两口一起干。

2015 年上小峰村仅通过乡村旅游集体收益就达到 10 多万元。在上小峰村实现整村脱贫的鼓励带动下，包括西沙井村在内的 10 个邻近山村在发展乡村旅游产业方面也积极行动起来。西沙井村在刘昌法和村“两委”规划的蓝图中，依托附近的五阳湖景区，发展农家乐和莲藕、林果蔬菜种植，村民们将在产业扶贫中有更多的获得感。

6 年来，刘昌法情牵百姓，深耕乡村，带领三个村 500 多名贫困群众实现脱贫，蹚出了各具特色的致富路子，得到了贫困群众的高度评价：“刘书记就是这块贫瘠土地上的蚯蚓，松了穷的土，啃了穷的根，他就是俺们的‘蚯蚓书记’！”

（撰稿：周艳　照片提供：孙玉强）

/ 石柱村

羊风极，海南省白沙黎族自治县打安镇副镇长兼田表村党支部书记、村委会主任。党的十九大代表，十三届全国政协委员。曾获全国劳动模范、海南省民族团结先进个人等荣誉。他创业致富后不忘回报村民，从事基层工作 30 多年，担任村党支部书记 20 年，带领村民将一穷二白的田表村打造成远近闻名的富美乡村。为增强村集体凝聚力，带头出资并发动党员群众集资出力建设村级组织活动场所。积极拓宽致富门路，带领黎族群众大力发展橡胶种植及多种林下经济产业，先后牵头成立 5 家种植养殖专业合作社，将村民人均纯收入由不到 600 元提高到 9 000 多元。

# 脱贫路上“领头羊”

“山也是白沙，水也是白沙，好山好水织就这一幅美图画……”绵延险峻的黎母山横亘海南省中部，千百年来，她就像宽厚的臂膀，将一座座小村庄怀抱其间，也孕育了淳朴善良的黎族百姓。

在白沙县，每当提起“羊风极”这个名字，大家都赞不绝口。“我听说过，那可是一名好干部！”“他当了几十年村支书，给老百姓做了不少实事呢！”在田表村村民的眼中，他又是一名讲公道、有原则的村干部。在他的带领下，田表村从一个人均年收入不足 600 元的贫困村变成了一个人均年收入 9 000 多元的富裕村。在巨大变化的背后，隐藏着什么秘密呢？

## “他总是有新点子”

白沙黎族自治县地处海南省中部，是国家级贫困县，羊风极所在的打安镇田表村是一个传统的黎族村落。“这周围全是大山啊，全村 1 200 多人却只有 500 多亩水田，那可真是穷得叮当响。”回想起昔日的田表村，羊风极记忆犹新。如今，这里的变化用“翻天覆地”形容绝不为过：村民人均年收入达到 9 000 多元，全村实现脱贫，家家户户都有二层小楼和小汽车……，田表村成为远近闻名的富美乡村。这些，都源于羊风极 20 多年前的灵机一动。

1998 年，田表村唯一的一名高中毕业生羊风极被推选为村支书。他上任后的第一件事便是带领村民想办法脱贫。刚走出校门的他，对于治理一个村庄并没有多少思路。当时，村民们只有通过种植甘蔗、木薯等来挣钱。传统产业投入大、产出少，挣到手里的钱自然少得可怜。如何打破长久以来的产业发展瓶颈，是羊风极亟待解决的问题。

田表村的土地面积有 8 000 多亩，但是可耕种面积仅有 500 多亩。可用的耕地有限，羊风极将目光瞄准了大山。“我们改变不了地理环境，但是我们可以改变发展思路，向大山要地，向坡坡坎坎要钱！”乡亲们要发展，首先要有一个好产业。经过村“两委”集体讨论之后，大家将目标对准了橡胶。田表村土层深厚、肥沃而湿润，正适合橡胶生长。确定了发展思路，这个小伙子的劲头儿被激发了起来，但是后面发生的事情却给他浇了一盆冷水。

“种这个有啥用，种出来市场又没有人要。”“种橡胶需要好几年才能开割，不像甘蔗来钱快。”“我以前没种过橡胶，不懂割胶怎么办？”“高中毕业还是个娃娃，看来也不过如此嘛！”羊风极提出来的发展思路瞬间在村民中炸开了锅。有人怕市场前景不好，有人担心自己没有种植技术，甚至还有人想看他的笑话。面对群众的顾虑，羊风极逐一从市场、技术等方面耐心解释，他还从中国热带农业科学院请来专家传授橡胶管理和割胶技术。“请大家放心，我有信心发展好橡胶产业，我做过了研究，认真分析了市场需求和技术难度，大家种橡胶一定合算！”听到他的话，村民们还是畏首畏尾。“我愿意做

/ 羊风极在橡胶林查看橡胶树长势

/ 羊风极（右二）为群众讲解橡胶割胶技术

第一个吃螃蟹的人！”羊风极立下了誓言。

为了彻底打消乡亲们对橡胶产业的发展顾虑，羊风极带头承包了19亩山地种起了橡胶。从那之后，他变成了大忙人。遇到台风，他彻夜住在橡胶林的棚子里；遇到种植难题，他就给专家打电话……。功夫不负有心人，在他的照料下，橡胶林一天天成长起来。“呵，羊书记种的树还不错！”这片茁壮成长的橡胶林，被乡亲们看在了眼里。

在一个晴朗的早晨，羊风极把乡亲们请到了橡胶林。“把我们叫到这里有什么事？”“可能是让我们参观一下林子吧。”村民们悄悄议论着。“胶乳可以制作成橡胶，今天我就让大家看一下割胶的操作方法。”说着，羊风极略显粗糙的双手操作着割刀飞快地在胶树上切割出圈圈树皮，一股股乳白色的胶水沿着树皮流下。“哎呀，真的有胶乳！”“看起来种得不错呀！”看到羊风极种植橡胶获得成功，田表村人吃下了一颗“定心丸”，开始跟着种植橡胶。凭着黎族人勤劳能干的精神，大自然给了他们最好的回馈：2015 年，全村橡胶树达到 18 万株，全村收入达 715 万元，人均年收入 [illegible] 800 元。

种植橡胶获得了初步成功。羊风极并不满足于单一的橡胶产业，他又积极寻找其他的致富门路，用以市场橡胶价格涨跌所带来的波动。“平地种田，山地种胶，还有空间发展其他产业吗？”羊风极思索着。

2007 年，从深圳返乡创业的黄金芳找到了羊风极。“羊书记，我打算利用橡胶林下的空闲资源搞点文章。”“这个点子好！”经过彻夜讨论，大力发展“林下养殖业”的致富思路在羊风极的脑海中徐徐展开。

具体发展什么？羊风极有了目标：林子里通风好，积水少，有发展养鸡产业的天然优势。但是黄金芳却有些犹豫。“羊书记，我以前没养过鸡，咱们能行吗？”“没关系，咱们一起去取经！”为了把养鸡技术学到手，羊风极带着黄金芳辗转周围县市的多个乡镇。回来后，黄金芳联合 5 户村民成立了乐华养鸡专业合作社，并由羊风极提供担保，在信用社贷款 5 万元，第一批试养了 2 000 只鸡，出栏时一只纯收入有 20 多元。

村民们看在眼里，心动了，纷纷找到黄金芳想要学习养鸡技术，田表村的林下养鸡规模不断扩大。

有了林下养鸡的成功尝试，羊风极以建立专业合作社作为发展田表村林下经济的手段，牵头组织村民成立了养鹅、养蜂、养羊等 5 个养殖合作社。

教师每周送教上门，启发二儿子的语言思维能力，同时四处打听康复机构，准备送去做智力康复训练。

2017 年，只有 5 岁的丁龙痛失多位亲人：1 月爸爸病亡，妈妈离家后再没了联系，8 月爷爷摔了一跤不幸去世，5 天后奶奶又突发脑出血死亡。丁龙只得借住在堂伯家。严克美联系企业捐款，并和丈夫商量后，决定收养丁龙为干儿子，负责丁龙从小学读到大学的学费开支。

许道敏、陈继莲两人身患肿瘤，她到县城跑手续，分别为两人报销 2 万多元。

贫困户杨绪英住的茅草房，严克美为其申报 D 级危房改造……

然而，她一岁半的二女儿，却长期交给父母照顾，她连做点辅食、陪一陪的时间都没有。

到玉灵村任第一书记后，低保家庭、孤寡老人、困境儿童等是严克美重点关注的对象。严克美说，他们对美好生活的向往更为迫切，改变贫穷更为困难，刻不容缓。

两年来，严克美累计走访群众 2 000 余人次，遍访全村的每一个贫困户和每一个村社角落，做到对每一个贫困户的家庭情况都掌握。

严克美，就是这样一位懂农业、爱农村、爱农民，扎根脱贫攻坚第一线的年轻干部，她是第一书记的典型代表。严克美用她的经历告诉我们，打赢脱贫攻坚战，实施乡村振兴战略，年轻干部大有可为。

（撰稿：张津津　照片拍摄：肖自强　李文科）

/红槽村的种植产业

李玉兰，青海省海东市民和县农牧局干部。2015年，她主动申请担任青海省海东市民和县隆治乡桥头村驻村第一书记。驻村期间，她在贫困户精准识别上做到公平公正，赢得群众的信任；多方争取资金，在村内实施各项基础设施建设，带领村民发展种植业；始终惦记贫困群众，为他们排忧解难。在她的带动下，桥头村于2016年底实现脱贫摘帽。

# 一朵盛开的“玉兰花”



争取资金75万元，新建了村级综合办公服务中心和村级幼儿园；投资190万元，修建了3个村级文化广场；投资800万元，使村道基本实现硬化；投资70万元，发放软梨等果树苗2 048株，为产业发展奠定基础；落实资金200万元，占地4亩的冷藏库于2018年8月竣工……。自2015年以来，昔日贫穷落后的青海省民和县隆治乡桥头村发生了翻天覆地的变化，而这些成就的取得，离不开群众称为“书记大姐”的李玉兰的辛勤付出和忙碌奔波。

## “李书记是个公平公正的好书记”

2015年9月，一条“小道”消息在民和县畜牧局（机构改革后为农牧局）传开：“听说组织上要从咱们单位选一名干部到农村去当驻村第一书记。”不少干部听到这个消息都发起了愁：要是选上自己肯定不能辜负组织的信任，可是扔下自己的工作去农村扶贫，等回来以后原来的工作会不会受影响？自己走了家里怎么办？只有一个人听到这个消息非常兴奋——当时已经51岁的李玉兰，她跃跃欲试地想要报名。

出生在农村的李玉兰，从小对农村就有一种不能割舍的情怀。考上大学后学农业，毕业后在县畜牧局干农业，她一直觉得农村是她的根，她一定要为村里的乡亲们做些什么。选派第一书记的正式通知一下来，她毫不犹豫地写了申请。单位领导说，你年龄大了，恐怕组织上不会批准。周围有人说，农村环境艰苦、工作千头万绪、扶贫任务很

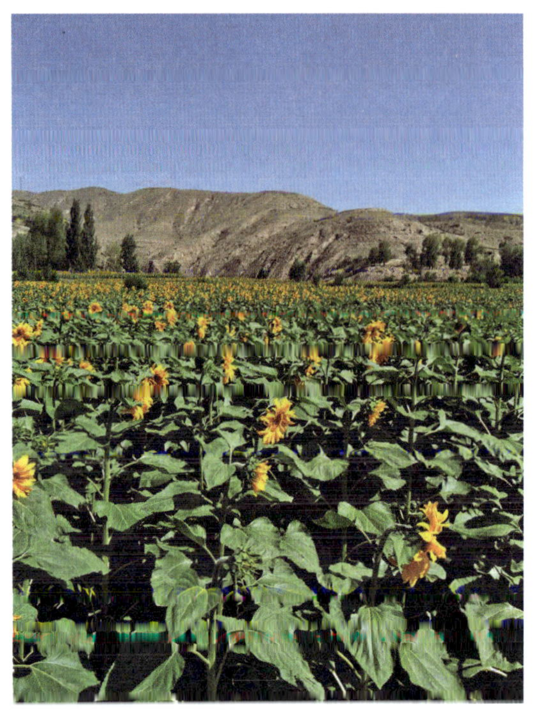

/ 桥头村葵花基地

的基础。

梨树种下后，李玉兰又将目光放到村后山上那800亩撂荒地上。由于道路不通、水渠老化，早些年乡亲们只能在这里种些玉米，随着年轻人逐渐外出打工，这片地也就荒了。李玉兰想：要重新利用这片地，给乡亲们带来更多收益，就得先把配套基础设施搞起来。

那段时间，李玉兰白天借来乡农科站的测量仪器，找来村干部，一边测量村道里程，一边征求对村道、渠道硬化的意见。晚上召开支委会，商议解决办法。会后，其他村干部都休息了，唯有李玉兰还在拟制方案。村道、水渠硬化施工时，李玉兰每天都在现场，和乡亲们一起抬水泥、搬材料，累得直不起腰。村民们心里都很过意不去，劝说道：“李书记，你快回去休息吧，不要累坏了身体。”李玉兰回答：“我就是桥头村村民，我要和大家一起干，我要带着大家一起富。”

2016年下半年，在党员大会上，支部书记宣布全村实现水渠、村道硬化全覆盖。路通了，水渠通了，李玉兰带领乡亲们在后山的800亩撂荒地上种上了葵花，建成了葵花基地，收获的葵花籽远销甘肃省瓜州县，当年实现经济效益28万元。2018年桥头村进一步将葵花种植面积扩大到1 500亩，让更多的乡亲在家门口挣上了钱。

## “一名共产党员要始终坚守初心”

火车跑得快，全靠车头带。李玉兰刚来桥头村时，村党支部召开固定党员大会，参加的党员寥寥无几，支部书记简单传达一下上级指示便宣布散会。李玉兰看在眼里、急在心里，找机会与村“两委”成员交换意见，集中分析制约党支部发挥战斗堡垒作用、党员发挥先进模范表率作用的原因。

她利用一个月时间走村串户，深入田间地头与党员群众座谈交流，全面了解掌握党员情况，共梳理出十几条造成党支部缺乏凝聚力和号召力的因素。“五一”前夕，李玉兰决定组织村内的党员开一次与众不同的党员大会。为了确保党员们按时出席，李玉兰挨户上门通知他们要按时参加。党员大会上，李玉兰与党员们真诚地谈心，共同商讨村上的有关事务。那天的党员大会，在场党员掌声不断。会后，李玉兰与支部书记倡议大家一起到新建的村综合服务中心场地参加义务劳动，现场党员、村“两委”成员争先上前，积极参加。很多党员纷纷表示，好久都没有开过这样有意义的党员大会了。

在村里的党员面前，李玉兰说过最多的话就是“我是一名共产党员，组织好村内的党支部建设是我的责任与义务。一名共产党员要始终坚守初心，必须全心全意为人民服务。”

李玉兰是这样说的，也是这样做的。2017 年 5 月，李玉兰到贫困户李成瑾家中走访，一进门便听见阵阵呻吟声。她疾步上前询问得知，李成瑾患有急性胸腔积水、关节积水，无钱住院。当时李玉兰觉得自己很失职，作为村里的第一书记，贫困群众得了这么严重的病，自己竟然不知情。接下来，李玉兰找到了乡民政负责人说明情况，了解到乡政府只有 500 元临时救助权限。李玉兰挤上公交车到了县民政局，找到主管局长说明情况，但因未带贫困户户主相关资料，无法办理手续。李玉兰再次挤上公交车，回到贫困户家中。当李成瑾看到李玉兰空手而归时，泪水浸透了衣领。李玉兰叮嘱道：“你放心，我一定想办法将你送到医院。先把你的身份证、户口本给我，我到县上去办理住院手续，你们在家准备一下住院的生活用品。”拿齐证件后，李玉兰拖着疲惫的身体再一次挤上公交车，到县医院先行垫付了住院手术费用，落实了床位，之后又一次挤上公交车，回村去接李成瑾。傍晚时分，李成瑾住进了县医院，准备次日手术。安排好医院

/ 李玉兰（右）在贫困户家了解收入情况

的事情，李玉兰才感觉到自己的双腿已不听使唤了。

2016 年 6 月的一天早上，大雨倾盆，雨点砸在窗户上咔咔作响。正在翻看贫困户资料的李玉兰突然从椅子上站了起来。原来，她看到了还没有进行危房改造的刘生荣的资料档案，心想："下这么大的雨，他家的房子会不会出问题？"当李玉兰跑到刘生荣家时，发现他家的两间主屋部分已塌陷，围墙倒塌。顾不上湿透的衣衫、满脸的雨水，李玉兰冲进屋子将刘生荣残疾的儿子搀扶出屋，抢搬物品，转移家具，并安排刘生荣一家先搬到村委会暂时住下来。随后几天，李玉兰向乡党委反映刘生荣家的情况，积极为他家争取危房改造的指标。当刘生荣家新房建成时，他握住李玉兰的双手哭着说："感谢大姐，要不是有你，我们父子俩别说住上这么好的新房子，怕是早就埋在那间破屋子里了。"

2016 年底，桥头村实现了脱贫摘帽。2018 年李玉兰退休了，但乡亲们始终忘不了，在贫困户李长青的软梨树下，有李玉兰讲解种植技术的身影；在赵晓莲的农家菜铺里，有李玉兰指导销售的身影；在老党员赵成全家中，有李玉兰探望慰问的身影……。她就像一朵盛开在桥头村村民心头的"玉兰花"，带给了村民们脱贫致富、奔向小康生活的希望。

（撰稿：张津津　照片提供：李玉兰）

/ 桥头村全貌

李红冈，辽宁省扶贫开发领导小组办公室督查考核处处长。曾获辽宁省优秀共产党员、人民好干部、辽宁好人·最美振兴发展带头人等荣誉。2014 年以来两次任辽宁省锦州市义县稍户营子镇五台沟村驻村第一书记。扶贫工作期间，成立谷物种植合作社、溜达鸡养殖合作社和葡萄种植合作社，建成服装加工厂、光伏发电站和 1 100 平方米杂粮加工厂，引进投资 1.1 亿元、年产 4 万吨的单一性动物饲料项目。五台沟村 204 户贫困户全部脱贫，实现整村脱贫，全村人均收入超过 5 000 元，村集体收入超过 5 万元。

# 精雕细琢画出最美扶贫画卷

土地贫瘠，十年九旱，遇有大旱基本上颗粒无收；全村没有一条像样的路，村民出行要爬过狭长的陡坡，每年都有人摔伤；连续十多年村集体没有经济收入，村账户里存款是零。这是 2014 年之前辽宁省锦州市义县稍户营子镇五台沟村的真实状况。李红冈，一位体格结实、办事利索的中年人，2014 年受命担任五台沟村驻村第一书记。几年过去了，五台沟村现在怎么样了呢？

## 强堡垒、建队伍，脱贫致富干劲增

李红冈参过军、从过警、下过基层、做过领导，工作办法多，政策执行力强。刚刚来到五台沟村，他立刻就一户一户地挨家串门儿，和村民们唠家常。他进门端起碗来喝水，就着一个话题能深入地聊下去，一点儿都不生分。这样耐心细致地把全村家家户户都捋了一遍，也就把村里的大事小情都装在了心里。回到家，他又分门别类地记在笔记本上。经过细致分析，他很快就发现了五台沟村长期贫困的症结是村党支部组织涣散、先锋作用丧失，党员带领致富、带头致富能力弱，导致村民心聚不起来、劲拢不起来。

村里具有 30 多年党龄的老党员董国昌对李红冈说："村党支部除了收党费，一年也组织不了一次活动，群众有事找村干部都不知到哪里去找！"村委会只有一间 23 平方米破烂不堪的办公室，里面几乎没有桌椅板凳。村里没有一个像样的组织常设办公地点，缺少一个固定的"家"。李红冈第一次召开村民代表大会，会议定好上午 9 点开，可眼

鸡舍、提供饲料，每户年收入增加 2 000 元，村集体年收入 1 万元。利用河道荒滩建起 230 亩辽峰葡萄园，直接对接到 30 户贫困户。2018 年葡萄进入丰产期后，每亩收入预计 1.5 万元。

2016 年 7 月，李红冈与一家服装加工企业签订协议，在村里建起了服装加工厂，安排 51 名贫困妇女干服装加工，每月收入 1 500 元，村集体每年收入 1.2 万元。

李红冈还用足用好国家扶贫政策，建成 62.4 千瓦光伏发电站，2017 年 1 月并入国家电网，惠及 65 户贫困户，之后又新建 18 千瓦光伏发电站，村集体年收入增加 4 万元。

2018 年 5 月，李红冈作为第二批乡村振兴下派干部，在五台沟村开始探索以商养农新路，与河北乐亭县坤越饲料有限公司达成合作意向，引进投资 1.1 亿元、年产 4 万吨的单一性动物饲料项目。项目实施后，能够为贫困人口提供 120 个就业机会。在产业管理和产品销售上，与供销快线合作，利用其先进的管理经验、成熟的生产技术和便捷的销售渠道，扶持订单式种植产业，启动五台沟村杂粮加工厂，通过线上线下同步销售杂粮、水果，增加村民和集体收入。

## 强素质、转民风，打造和谐五台沟

脱贫致富，不仅是指物质生活的改善，还需要精神文化生活的转变。

李红冈带领工作队多方联系，为村里建设了设备齐全、功能完备的卫生室，还安排村医到大连进行专业进修，实现了村民们多年梦想的“小病不出村、大病能诊断”。

过去，五台沟村人情赶礼风盛行，弄个猪圈都要放挂鞭炮挨家收份子钱，村民苦不堪言。李红冈发动村民重新制定村规民约，日常家事禁止大操大办、借机敛财。此举得到了村民的一致拥护。大家都说，有了新的村规民约，俺们村的精神文明一下子跨越了几十年。村里成立了秧歌队、广场舞队、篮球队。现在每年要评选脱贫模范、劳动能手、致富带头人、道德模范、五好家庭，举办春节联欢会、中秋节晚会、母亲节感恩宴，村干部定期走访慰问贫困老人。

/ 李红冈陪贫困户过年，为老人煮饺子

五保户崔仲选右臂残疾，妻女几年前过世。2015 年大年三十晚上，

/ 五台沟村



崔仲选正独自在家看电视，一阵敲门声让他好生纳闷："大过年的，谁来看我这个孤老头子?"打开门，原来是李红冈带着工作队员和村干部陪他过年来了。贴春联、包饺子、放鞭炮，向来清冷的家突然热闹起来，久违的笑容又浮现在老人的脸上。李红冈驻村的几个除夕，他都是在陪孤寡老人过年后，下半夜才赶回沈阳家中。

村民崔春和是远近闻名的"麻将王"，曾经三天三夜不下麻将桌，家里的地撂荒了都不管不顾。自从村里建了文化广场、组织了秧歌队，这位昔日的"麻将王"摇身一变成了"秧歌王"。2017 年他种葡萄、谷子收入 3 万多元，日子过得红火了起来。

2016 年 11 月，经辽宁省、锦州市两级考核，五台沟村 204 户贫困户全部脱贫，实现了整村脱贫，全村人均年收入超过 5 000 元，村集体收入超过 5 万元。村民的腰包鼓了，精神头足了，脸上的笑容多了，谈起家乡的巨变，无不用"翻天覆地"来形容。

4 年来，五台沟村连续被评为锦州市文明村镇标兵。五台沟村党支部连续两年被评为锦州市先进基层党组织。李红冈连续 3 年被评为辽宁省定点扶贫先进工作者、省

（中）直单位驻村扶贫工作先进个人。2015 年他被评为辽宁省人民好干部，2016 年被授予辽宁好人 · 最美振兴发展带头人称号，2018 年被评为辽宁省优秀共产党员。

2015 年 7 月，省直机关上要到村里检查工作，村民们以为李红冈要回机关了，487 名村民自发地冒着大雨来到村委会，在挽留李红冈的请愿书上摁下了红手印，他们以最朴素的方式表达对第一书记的热爱和不舍之情。村民们知道是李红冈用共产党人的坚定执着，推走了五台沟村的贫困大山；用驻村书记的精雕细琢，画出了五台沟村最新最美的扶贫画卷。

（撰稿：王若地　照片提供：李红冈）

肖冰，湖南中烟机关党委副书记、群团工作部副部长兼公司扶贫总顾问。曾获湖南省最美扶贫人物、湖南省省派驻村帮扶工作优秀驻村干部等荣誉。2015—2018年担任湖南省郴州市宜章县黄沙镇新垒村驻村帮扶工作队队长、村党支部第一书记。三年间，他坚持扶志送智、统筹规划，带领村民系统改善基础设施，建成规模化脐橙、烤烟、果蔬、家禽等种植养殖基地，升级母猪养殖企业、建材企业。截至2017年底，新垒村工农业总产值从2014年的不到2 000万元，一举突破1个亿，人均纯收入突破6 000元，提前一年实现整村脱贫摘帽目标，成为湖南省产业扶贫先进典型、脱贫攻坚示范村。

# 脱贫摘帽：新垒村第一书记的“小目标”

2015年3月11日，肖冰率扶贫工作队进驻新垒村并担任村党支部第一书记。这个贫困发生率高达40%的村子给他的第一印象，让他心情凝重：污水靠蒸发、垃圾任风吹，村路脚踩出、茅棚乱搭建；贫困户家徒四壁、不避风雨，衣衫褴褛、杂食充饥。还有两个大山深处的自然村，更加艰难。他对身边的工作队员和村干部说：“三年，如果不改变这一切，我们愧对新垒的父老乡亲！”

## 金龙溪＋生态圈

穿行于湘西罗霄山脉深处新垒村中的6个自然村落，就任不到两个月，肖冰就遭遇了一场连续三天的暴雨，新垒低洼、平整、连片的最“优质”农田顿时成为一片泽国。

面对村民无奈的表情和无声的眼泪，肖冰知道，这两三年就要发生一次的洪涝，既淹没了新垒的口粮，也淹没了村民的希望。

站在村中高坡，望着眼前的一片汪洋，肖冰想到了这汪洋下一条贯穿全村的水渠。这是前人用智慧和顽强挖出来的抗旱排涝的核心水利工程，如今已是宽不足2米，深不到1米的浅沟，晴天一沟污泥，雨天污水四溢。当下，要重修水渠，重塑希望，让信念的种子深深扎根于这片土地，不可撼动。

大水退去。肖冰请来水利、农业、规划专家，一个围绕旧水渠改造的农田、农业、农村的整体改造计划很快形成。但规划容易落地难。村民们期盼的不是图纸上的愿景，

全国脱贫攻坚奖贡献奖

/ 吴国良进村入户走访

2014年、2015年连续获评汤丹镇优秀工作者，2017年被中共东川区委授予优秀共产党员称号。

汤丹镇是昆明市东川区深度贫困的乡镇之一，下辖28个村民委员会、170个自然村。全镇境内最高海拔达4 328米，最低海拔950米，峰峦叠嶂、沟谷深幽、百步九折。远远望去，许多村子就像是悬挂在山梁上。其中，6个村子需要整体易地搬迁，涉及人口8 233人；20个村需要进行危房改造，涉及4 458户人家。2017年10月，党组织将这块最硬的骨头交到了吴国良的手上。

清晨6点，吴国良在镇政府工作人员去向牌上写下：下村。按照计划，他要去大地坡村、汏朵村、三家村、洒海村，入户核对危房改造补助资金兑付情况。只睡了四五个小时的他揉了揉还有些发红的眼睛，拎起公文包匆匆地出发了。

扶贫办工作人员杨钦说：“如果没有实地勘察和精确数据来支撑，是很难做好这项工作的。他刚上任的时候，我跟他跑了三个星期，每天都要跑四五个村子、一百多户人家，少则一百多公里，多则二三百公里，全都是崎岖陡峭的山路。他没日没夜地，几乎把全镇的每个角落都跑遍了。”

项目建设要提速，掌握进度是关键。房子盖到哪一步，工程款拨付了多少，还缺啥，只有做好了入户跟踪，及时录入系统，才能更精准地推进工程。

掌握了基本情况，吴国良将重点落在了工地上，仅1个月，他就在高低落差2 000多米的各工地之间来回穿梭了30多趟，及时而精确地拨付工程款项3 900多万元。

在吴国良办公室的电脑键盘下，压着两张汤丹镇整体搬迁与危房改造进度表。杨钦说：“第一张是他刚来时，我们做的数据，不那么精确，开工率和竣工率都不太理想。”第二张是吴国良上任8个月后做的，数据显示：开工率达到100%，竣工率从18%提高到84.62%，已建成房屋村民入住率达到51.3%。

为了让群众都能尽快住上安全漂亮的新房，也为了绝不拖“脱贫摘帽倒计时”的后腿，吴国良一天当着三天用，最怕时间不够用。

这一天，他又一次带着困顿和疲惫出发，踏上了进村入户实地核查的征途。一转眼就到了傍晚时分，三家村的唐元龙老汉对起身要走的吴国良说：“天不早了，吃完饭再走吧！”

“不了，还要去下一家，您把户籍资料都收好，以后还用得着。”吴国良说着话，脚已经迈出了唐元龙家的门槛。

然而，几分钟后，一声巨响传来。唐元龙连忙跑出门去，不想竟目睹了吴国良的车在离自家几十米外的一个弯道滚下了山崖。

吴国良被抬上来时，手还是热的，可心跳已经没有了。唐元龙说：“我们这里的路太难走了，别看两个村之间只隔条沟，可真的跑起来就是几十里，稍不留神就会翻车、坠崖。这么好的娃就这样没了，都是为了我们啊。”

## 32 岁，3 个账本

吴国良的账本就是他进村入户所记的一本本原始笔记，就是他电脑文件夹里汤丹镇脱贫攻坚的一幅幅美好蓝图。吴国良心中始终有着三本账。

第一本是中河村的“账”。对吴国良来说，这本“账”记的时间最长也最难。相信他在“走”前弥留的那一刻，脑海里一定会想过这本“账”。

中河村，一个被镇党委定义为班子软弱涣散的村子，2012 年以来，以危房搬迁改造为代表的脱贫工作一直难以展开。2014 年 8 月，吴国良受命驻村，担任这个村的党支部书记。他将办公室设在村为民服务站的一个角落里，他和每个班子成员谈心，从交纳党费到基层党建，从建房修路到发展产业，从邻里纠纷到美丽乡村。他说：我们欠账太多，必须抓紧时间还；要还债，党员必须带头，干部必须冲锋；立规矩，担责任，所有工作落实到个人；国家精准扶贫，我们中河村党支部必须首先精准“还债”。只有这样，才能带领村民建设一个新的中河村。

很快，在他的笔记本里，清晰地记录了中河村必须偿还的基本账目：5 个村民小组，3 个需要整体易地搬迁，其余 2 个有 300 多户需要就地进行危房改造；村中道路全部需要修整，水电需要通到每户，农田沟渠需要疏通，2 000 多亩废弃荒坡需要开发利用。其中，易地搬迁和危房改造是重中之重。

吴国良率先垂范，带着一班人走村串户、访贫问苦，解民难、排民忧，全盘谋划、逐点执行。党员服了，村民的怨气消了，干部的劲儿铆足了。

一排排新房拔地而起，白墙灰瓦；一条条道路逶迤蜿蜒，宽阔整洁；农田沟渠全面疏通，荒坡野地披上绿装。

2017 年的冬天，中河村村民第一次尝到 200 亩草莓带来的甜头，而一片一片的青椒地也正等待着又一次的收获。

/ 中河村村务工作会议

2018 年 5 月 26 日，距离吴国良去世刚好一个月，中河村村干部们聚到一起，在副书记杨燕华的主持下，召开了一次特别会议。

“这些年国良带着我们建房修路、绿化养殖、扶贫助困，老百姓日子好过多了。可我们原来的欠账太多，村里的贫困发生率还在 30% 以上。他走了，我们要像他还在的时候一样，把国良生前想做还没来得及做的事继续做下去，要做好。这样，国良也能走得踏实些，也不枉他带了我们 3 年 8 个多月。”

第二本是汤丹镇的“账”：在贫瘠的土地上扶贫，做到底数清、原因清，才能对症下药。这是吴国良在“斗穷”路上悟出的道理。

2017 年 10 月，吴国良第一次来到洒海村关上一、二组。村里的状况让他很是吃惊——大多是留守老人、妇女和儿童，村道狭窄，生活物资都是靠肩扛手提，产业为零，老百姓在地质灾害隐患点守着几亩薄田，几乎是刀耕火种。

“精准扶贫，缺啥补啥。”吴国良梳理出村里的痛点，对症下药：整体搬迁，重建家园；发展产业，脱贫致富。

一年后的 2018 年 9 月，洒海村关上一、二小组村民已经整体搬进了乌龟山农村危房改造搬迁点，159 户村民在这个有着深深“国良印记”的村庄开始了新的生活。

洒海村村委会副主任李建荣说，村落新址水资源丰富，温度、光照适宜，村里已经按吴国良生前规划的项目实施，房前屋后种上了芒果树，贫困户入股合作社种植番木瓜，村中大道两侧和新村周边进行园艺式绿化——洒海已经有了花园式村落的雏形。“如果国良能够看到，那他该有多高兴啊。”李建荣说到高兴处，突然伤感起来。

2018 年 5 月 20 日的午后，暴雨即将来临，天气陡然燥热起来。竹山村党支部书记张仕荣匆匆跑进 2 000 平方米的猪舍，打开 8 个直径 1 米的换气扇，给猪舍通风，生猪养殖基地里 100 头猪仔一下安静了下来。

张仕荣很早就有带领村民搞养殖致富的打算，但苦于没有启动资金又担心市场风险，一直没有付诸行动。直到一年前，吴国良带着他跑市场、做分析，从项目申报、基地选址，再到一家一户鼓励贫困户参与，吴国良的亲力亲为，让他吃了定心丸。“村集体 + 合作社 + 贫困户”的经营管理模式，不仅为贫困户脱贫致富找到新路径，还能解决村集体经济的“空壳”问题。

还是这个 5 月的一天。清晨，江西村中坪子小组依然笼罩在一片浓雾中。但村民阳家福被家里公鸡的打鸣声叫醒了。两个月前，他从村里领了 30 只鸡苗，两个月后卖掉了 2 只 2 公斤成鸡，每公斤 50 元，卖了 200 元；再过几个月，他可以再拿 6 只成鸡换 30 只鸡苗，并卖掉其余的成鸡。鸡的数量没变，阳家福却可以净赚两三千元。对阳家福来说，这是一笔“无本”买卖——他养鸡的钱村上都给他“报销”了。家里的生活变了样。可当初那个给他指点迷津的吴国良，却再也没法来串门了。

第三本是孤寡老人和特困户的“账”。82 岁的魏翠英是独居老人。吴国良为她做的事多得她自己都记不过来。每次到达朵村，吴国良总要到老人家看看，陪她拉拉家常，比儿孙还要贴心。魏奶奶至今还留着吴国良给她买的一件外套，那是 2016 年腊月的一天，吴国良在下乡途中看到老人没有像样的御寒衣物，便买了这件御寒新衣托人转交给老人。这对于从来没有收到过礼物的老人来说，无疑是收到了一个青年扶贫干部的心。如今，这份礼物成了永久的纪念。噩耗传来的那几天，老人一针一线，一心一意要为吴国良缝制一件棉布衣，除了吃饭上厕所，几乎没有休息过。她说，即便眼睛缝瞎了，也要让国良走的时候穿上自己亲手为他缝制的衣服。

孟树奎一家是特困户。他的女儿读大学，吴国良不但帮助解决了助学贷款问题，还自己拿出 2 000 块钱以镇政府的名义资助她，却没有对其他人说起。

73 岁的陈发明和老伴住在危房里，生活无人照顾。吴国良不但帮助他盖好新房，还帮他以土地入股村里的合作社。平日只要路过，必定进去嘘寒问暖，让两位老人感受到亲人的温暖和政府的关怀。

## 32 岁，一封情书

这是吴国良涂写在工作废纸背面的一封情书。2018 年 10 月 17 日，中央电视台在《庄严的承诺——2018 年全国脱贫攻坚奖特别节目》中，特邀嘉宾张光北以《给我内心最亏欠的你》为题，向节目现场吴国良的妻子李梅深情地朗读。

/ 吴国良的妻子李梅（左七）替他领奖

亲爱的老婆：每次我离开家门的时候，不敢和你对视，并不是因为匆忙赶时间，其实是因为内心的愧疚，让我不敢看你的眼睛。除了我爸妈，我内心觉得最亏欠的就是你。记得2014年结婚的时候，我说过，要让你成为这世上最幸福的人，一辈子都不让你受委屈。结婚后我们一直聚少离多，好不容易盼到你考到我们单位，本想能结束两地分居的日子，没想到脱贫攻坚工作开始了，你被分到汤丹镇最北端的弯腰树村驻村，我作为最南边的中河村党支部书记长期驻村，两村之间隔着两个多小时的山路，两个星期都难见上一面。你知道我喜欢孩子，一直跟我商量着，什么时候要个孩子，可是我想，咱们这个宝贝计划，还是等年底脱贫摘帽后再规划执行吧。那样我们可以稍微修整一下，把身体调理到最佳状态，这样我们未来的孩子，一定是一个健康、漂亮、可爱的孩子。反正咱们还年轻，美好生活刚起步，往后还有大把时间，你说是吧？好了，我们又要出发啦，不多说了。

读到这里时，座位上的李梅早已泣不成声。这是她第一次知道这封情书，也是第一次听到吴国良如此直白的内心独白。

结婚四年了，她知道吴国良不是一个浪漫的人，两人见面的时间是那么少，就是偶尔聊起天来，说的要么是工作上的事，要么就是鼓励她要多学习，不要怕吃苦。

在李梅的手机通话记录里，很少有吴国良的来电，两人每次通话都不会超过30秒。“不接电话、不回短信是经常的事，接起来他也说在开会或是下村路上，匆匆两句就挂断了。”

在吴国良不大的家里，电脑前还摆放着《昆明市东川区脱贫攻坚责任书》和写满工作日志的笔记本。电脑对面靠角落的地方，一张方凳上的纸箱里，放着各种药物，这些是吴国良常吃的。2015年，他被查出患有慢性肾炎。不能太累、定期复查，这是医生的嘱咐。可作为中河村党支部书记的他，这个医嘱几乎就被忘掉了。去扶贫办工作后，通宵达旦就是家常便饭。李梅说：“直到今年又一次出现了严重的尿血，我才强求他同意这个‘五一’抽空去做一次全面的检查和治疗。可‘五一’没到，他却走了。”说到这里，李梅忍不住又泪流满面。

斯人已去，好风长吟。“我会坚强地走下去，尽我个人的全部力量，把这个家撑起来；我也会像国良那样，把属于自己的扶贫事业干下去。”李梅说。

青春、智慧、忠诚，这是吴国良留给汤丹的一笔财富。这笔财富被镌刻在深山之间的绝壁上，浸润在高坡密林的泥土里。每当夜幕降临，群山隐去，不经意间你又会看见一盏灯，很远又很近，汤丹人都知道，那是吴国良在昭示他未竟的扶贫事业，正在汤丹大地上如火如荼地加速推进：汤丹的未来一片光明。

（撰稿：宦平　照片提供：东川区汤丹镇人民政府）

何方礼，武警广西总队柳州支队政治委员。党的十九大代表。曾获国际青少年消除贫困奖、全国民族团结进步先进个人、中国青年五四奖章等荣誉。他把参与少数民族地区打赢脱贫攻坚战作为政治任务，引导群众激励斗志拔穷根。他积极协调地方政府、爱心人士，帮助贫困村打通出山路，建设信息高速公路，助力贫困群众步入电商致富快车道。他创办“武警红瑶春蕾女童班”，让458名女童受益。他在柳州、北海、来宾等地，关爱帮助500余名留守儿童、残障学生、农民工子弟，为30多名孤寡老人排忧解难，还支持30多人学习成才，走上教师、医生等岗位。

# 脱贫攻坚战场上的绿色背影



大西南的暮秋，偶有凉雨。武警广西总队柳州支队政委何方礼，翻山越岭来到广西壮族自治区柳州市融水苗族自治县大瑶山了解群众脱贫致富情况。“何政委好啊！”一路上，不时有瑶族群众与他亲切打招呼，还邀请他到瑶寨木楼上喝碗油茶。而何方礼与红瑶乡亲的深厚情谊，要从他帮助那里的女孩子上学说起。

## 助学，让女孩子走进学堂

广西是全国脱贫攻坚主战场之一，而红瑶是国家级贫困县——广西融水苗族自治县白云乡的一个瑶族分支。因受传统习俗和经济困难的束缚，20世纪90年代前，红瑶人家是不送女孩子上学的。

1993年，列兵何方礼与红瑶女童结下不解之缘。“入伍不到半年，我第一次进瑶山，参加中队组织的‘进瑶寨学雷锋’助学活动。在白云乡中心小学教室里，我看到木条钉成的课桌下，伸出的是一双双光脚丫。教室外，十多名女童正趴在窗台边眼巴巴地望着里面上学的男孩子们。”何方礼回忆说，“那一刻，我的眼眶湿润了，暗下决心，一定尽最大努力帮助这些女孩子上学。”

从那天起，何方礼把每月21元的津贴分成3份：8元用来资助红瑶女童上学，8元寄给正在读书的妹妹，5元留作日常开销。何方礼是从大巴山走出来的农家子弟，为了省出8元助学金，他从嘴边省、手里抠，一个搪瓷杯用十几年，杯口瓷都掉完了仍在在部队的帮扶下，以网络为载体发展起来的乡村旅游、农家民宿、壮锦瑶绣、竹木加工、香菇种植等特色产业不断涌现，群众实现了创业不出村、销售不出村、购物不出村，生产生活更加便利。

## 帮扶，让村民日子红火起来

“真扶贫，扶真贫”是何方礼坚守的信念，他不仅让群众富起来，还要让他们强起来，防止临时富裕、随时返贫，确保日子越过越红火。

跟进服务。针对留守老人、妇女和儿童，农民工子女，复退老军人等特殊群体，帮助他们改善学习和生活条件，既能让其亲属安心发展生产或在外务工，也有利于社会和谐稳定。为此，何方礼积极倡导“手牵‘守’，一起走”活动，他先后帮助了北海市特殊教育学校、金秀县武警共和希望小学、融水县武警红瑶春蕾女童班等 500 余名留守学生、残障学生和农民工子弟，提供资助，让他们安心上学并给予精神关怀。他发起“爱老敬老”活动，常年为一名抗战老兵、3 名越战老兵、30 多名孤寡老人送温暖，让他们安享晚年。

跟踪问效。在扶贫过程中，何方礼不搞短期行为、见好就收，而是相伴而行、跟帮到底。他关注受助学生就业创业问题，按照“找一条致富路、学习一门技术、联系一个岗位”的思路，全程帮扶，确保短期有效益、长期有保障。

曾经的红瑶女童陈英花在何方礼的支持下，成为红瑶第一位女企业家；贫困女童凤金花建起了木材加工厂，带动 20 余名贫困人口就业；凤秀娟、凤桂鲜、兰芝玲等 30 多人成为教师、医生等，用知识回报乡亲。

大瑶山区洪涝等灾害多发，加之少数贫困群众有赌博酗酒等不良嗜好，卫生防病意识差，容易因灾因赌因病返贫。为了防止返贫，巩固扶贫成果，何方礼协调相关部门进村评估地质灾害，组织防灾减灾训练；开展“美丽乡村、健康生活”活动，引导群众树立健康生活理念和文明生活方式，远离赌博、传销、酗酒等行为。

近年来，何方礼组织部队开展法律知识、卫生常识等讲座 30 多次，受众两万余人；巡诊 10 多次，发放药品价值 8 万多元……

作为武警部队一位政治工作干部，何方礼的本职工作已经十分繁忙。但是，他加倍努力，积极完成党中央、中央军委赋予的参与脱贫攻坚的任务，尽职尽责。他荣立一等功一次、二等功一次、三等功四次。这些荣誉，也是对何方礼倾情帮助瑶乡群众摆脱贫困的最好诠释。

（撰稿：李庆华　照片提供：何方礼）

汪四花，中共党员，浙江大学医学院附属第二医院急危重症科片护士长。曾获县域医疗榜样力量“县域医院优秀院长”、贵州省脱贫攻坚优秀共产党员等荣誉。2016 年 9 月，她接受组织委派，义无反顾地深入贵州贫困山区，到贵州省黔东南苗族侗族自治州台江县人民医院担任执行院长一职。她通过各项举措提升该医院内涵建设，成功将 JCI（国际联合委员会）医疗服务标准“嵌入”台江医院，分批选派医务人员外出学习进修 155 人次，开展新技术、新项目研发 162 项，使医院综合服务能力大幅提升。



# 健康扶贫：医者仁心在路上

因病致贫、因病返贫是山区农村贫困的主要根源。2016 年 5 月，在中组部驻贵州台江县扶贫工作组的协调下，台江县人民医院与浙江大学医学院附属第二医院签订对口帮扶协议，并成为浙医二院台江分院；9 月，汪四花受命担任台江分院执行院长，开始了她为期 5 年的健康扶贫征程。

## 让医院成为仁爱之地

台江，号称“天下苗族第一县”，地处云贵高原东部、苗岭主峰雷公山北麓、清水江中游南岸，16 万人口分布在 1 100 平方公里的高山、盆地、河谷间。尽管有文学作品中描述的美丽风光和世代相传的神秘苗医，但这里的 16 万人民群众只拥有一座现代意义上的二级甲等综合性医院——台江县人民医院。

来台江前，汪四花做足了功课。从如何适应这里的山地气候、饮食习惯，到如何实现“一年有起色，两年有一定影响力，三年获明显成效，四年实现辐射周边地区，五年建成贵州省内具有一定影响力的二级甲等医院”的工作规划，她胸有成竹，带着使命、带着豪气，跨越 1 500 多公里，从杭州来到台江。

然而，当真实的台江县人民医院呈现在面前时，汪四花还是感到意外：院内，没有一个角落是干净的，多年的落叶和垃圾堆积在那里；候诊大厅、诊室、病房的卫生也让人不得不怀疑自己身处的是不是一家医院；有打着吊瓶的病人呼喊着不知在哪里的护士

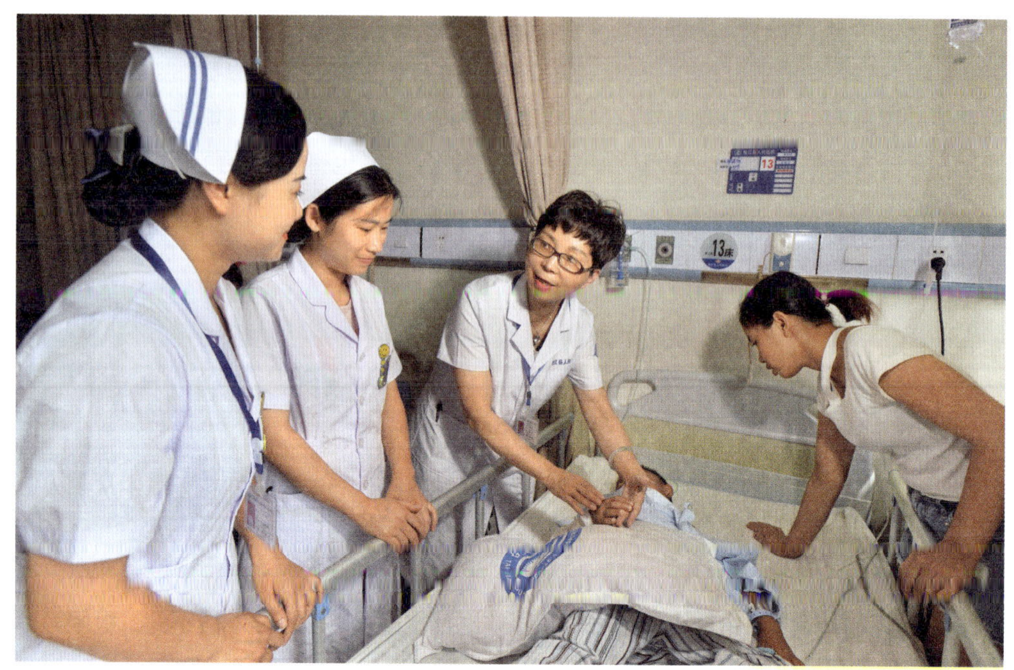

/ 汪四花（右二）指导护理人员

生就自主发现了 7 例类似的病人，全部因得到了及时有效的救护而彻底治愈。

“看到他们从拒绝改变到渴求恶补知识，从头痛医头脚痛医脚的单一思维到多方考虑、综合诊治，医疗水平确实提高了。我感到我来这里是值得的。”扶贫期满，李袆这样对汪四花说。

针对台江医院的弱项，汪四花请求浙医二院先后派来 30 批次 49 名泌外、内镜、麻醉等 16 个学科专家前来进行技术帮扶，同时派出医务人员赴浙医二院等上级医院进修学习共 155 人次。她说：“优秀的医护人员多了，台江医院的医疗水平才能有效提升，健康扶贫才能真正落到实处。”

在中组部、浙江大学和贵州各级政府的强力支持下，台江医院的医疗硬件水平也得到快速提升。尤其是浙医二院捐赠的价值 40 万元的名医远程会诊设备，将台江医院建成了黔东南首个名医远程可视会诊中心，现代网络技术将浙江大学医学院及其附属医院的专家名医与 1 500 公里外的台江医院连为一体。

1.5T 磁共振、超声刀、钬激光碎石机、电子胃肠镜、无创呼吸机、床旁 DR、有创呼吸机、急危孕产妇 B 超机、掌上 B 超机等先进医疗设备一一到位；妇科微创技术、骨髓穿刺术、泌尿外科微创技术等新技术开始实施；无痛结肠镜息肉摘除术、B 超引导下的动静脉穿刺等项目填补了台江医院的技术空白……

与 2016 年被帮扶前相比，台江医院服务人次翻了几番，门急诊人次增长 107%，住院人次增长了36%，手术人次增长了121%，转诊率下降了39%，外县来就诊人次增长302%，外县来住院人次增长263%。

数据是枯燥的，但最能说明问题。现在，台江医院不再是只能看看感冒的二甲医院，综合实力的提升，使当地群众的疾患除了少数大病之外，基本都在台江医院得到救治，而病人对医院的满意度一直在持续上升之中。

“山区许多病人，出山看病本来就很困难，转诊不但费用高昂，也非常麻烦，有些还会贻误最佳治疗时机。所以，对很多病人来说，台江医院基本上就是他们看病的终点站。我们没有理由不为他们提供高水平的医疗服务，让台江医院成为病患的希望之地。”汪四花这样说。

## 让医院成为苗疆福地

坐等患者上门，大概是医护人员的常规意识，但在汪四花的心里，送医上门更是仁心医德的具体体现。台江是贫困县，让苗族父老乡亲在家门口获得优质的医疗服务，不仅是脱贫攻坚的需要，更是让仁心医德成为台江医院医护人员精神支柱的最好实践。

当浙医二院第一批帮扶专家抵达台江，汪四花就组织专家和台江医院骨干医生组成医疗团队，利用双休日，走村串寨，开展义诊。

台拱镇南省村6组邰光芬，鼻癌晚期，因长期治疗花光了家里所有积蓄，把能借的亲戚朋友也都借了个遍，但病情还是在不断恶化。汪院长带领医疗团队专程来到她家，经过详细问诊检查，确定病人癌肿多处转移，难以治愈。她一方面安排病人前往台江医院给予免费的关爱治疗，另一方面给予病人真诚的精神慰藉。这令被病痛折磨着的邰光芬感动不已，这个明知生命已不长久的坚强农妇，只说了一句话：“谢谢汪院长和专家，能得到你们这样的关心，我这辈子都知足了。”

74岁的张天华是贫困户，因不慎跌倒导致骨折，在村卫生室简单处理后选择回家休养。帮扶专家了解情况后，立即携带必要的医疗器械，上门给他免费诊治换药，指导他进行康复训练。专家们临走前，他从衣兜里掏出了5元钱，又从床褥下拿出舍不得花攒下的10元钱，硬塞到专家手里，说：“这15元肯定不够，可哪有看病不给钱的道理？这点钱必须收下。”这种淳朴让专家们感动不已，也给整个台江医院的医护人员上了最为生动的一课。

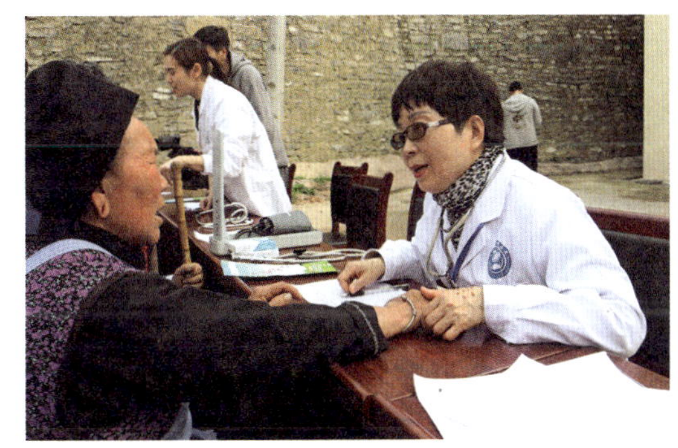

/ 汪四花（右一）进村义诊

120多次的下乡义诊，义诊病人近

全国脱贫攻坚奖贡献奖

7 000 人次，其中让多少人的病情转危为安？没有统计，也无须统计。但是台江人民知道了台江县有一个人民的医院，那里有一群可以信赖的来自杭州的专家和台江自己的专家团队。

崎岖的山路，一路的颠簸，4 个多小时，汪四花清晰地记得第一次义诊的第一站，是山坳深处一个只有 200 余人的南牛村。

“很多村民扛着锄头、挽着裤脚从田里赶到村头的义诊点。对卧病在床的，我们就入户诊治。”回忆起首个义诊日，汪四花非常感慨：这个几乎与世隔绝的小山村，很多群众小病不治，甚至大病不知，然而，他们对健康的渴求是那样的强烈，对专家的那份感激是那样的真挚——这让汪四花对健康扶贫有了新的想法。

2017 年 2 月，汪四花制定了一项新规定：台江医院 6 个科室分别与县内 6 个乡镇卫生院签订帮扶协议与责任状，把当地老百姓的就诊情况纳入科室考核。

这是一个健康扶贫机制的建设，要满足台江基层群众对普惠性医疗服务的需求，单靠外来的专家义诊是做不到的，只有在台江医院接受外来专家对口帮扶的基础上，将医德、医术下移到乡镇卫生院、村级卫生室，才能够让更多的群众受益，也才能够让国家的分级诊疗制度得到现实的支持。这本不属于汪四花的职责，但群众“苗乡白衣天使”的赞誉和一名白衣天使的仁心让汪四花义无反顾地承担起了这个使命。为此，她反复向贵州省卫计委等上级部门争取项目支持，提高基层医疗机构疾病诊治能力、疾病康复能力和综合管理能力，让百姓实实在在享受到医疗对口帮扶的好处。

贫困农民吴开成，感觉身体不舒服已经多年，但一直没有就诊，直到一天自感不看不行时，才来到乡卫生院。台江医院第一时间就知道了这个病人，按照接诊医生的初步报告，吴开成被送来台江医院。经帮扶专家会诊，他被确诊为前列腺癌，立即实施了切除手术。这虽然是个个案，但管中窥豹，对口帮扶辐射乡镇的效果已初步显现，台江人民医院已今非昔比，台江县群众的就医难题已开始破解。

“心系台江，心存患者，从城市中来，到山区中去，哪里有需要就到哪里”，这就是汪四花院长。2017 年 10 月，汪四花院长携帮扶团队在台江工作的事迹“洒向苗疆都是爱，育得苗岭花盛开”代表浙江大学参加教育部第二届直属高校精准扶贫精准脱贫评选，获得十大典型项目之一。2018 年 3 月 28 日，以汪院长帮扶事迹为素材的“天使日记”在贵州省卫计系统先进事迹巡演首演式上被搬上舞台。

帮扶时间不算长，但汪四花做得很多很多，医者仁心的种子已发芽、生长。可以想象，即便汪四花任期期满离任，她也是一个楷模，她的精神将继续带领着台江县人民医院全体医护人员，将医院打造成照护整个苗疆的健康福地。

（撰稿：宦平　照片提供：柴彪）

宋瑞，国家统计局河南调查总队直属机关党委调研员，河南省信阳市息县路口乡弯柳树村驻村第一书记。曾获全国农村调查系统先进工作者、河南省科技扶贫十大功臣、河南省十大爱心女性奖、河南省优秀驻村第一书记等荣誉。在驻村工作中坚持“扶贫先扶心，产业促脱贫”的思路，设立弯柳树村德孝讲堂，用德孝文化引导村民积极向上；成立弯柳树村德孝文化传播有限公司，用德孝文化引导村民创业增收；以德孝文化招商引资，发展生态有机农业，培育集体经济。引领弯柳树村走上了一条“明礼守信、孝亲重道、和谐幸福”的可持续发展小康之路。



# 德孝文化：弯柳树村第一书记的扶贫支点

垃圾遍地、污水横流；赌博成风，纠纷不断；老人独居窝棚无人问，只等扶贫干部送钱来——这就是河南省息县有名的省级贫困村弯柳树。2012 年 10 月，宋瑞来到这里，担任驻村扶贫第一书记。

## 用“德孝文化”打造淳朴村风

弯柳树是一个传统农业村，人均收入不到 2 000 元，460 多户中建档立卡贫困户就有 146 户。找项目，做产业，这就是宋瑞出发时对驻村工作的基本想法。

在贫困户邓学芳家安顿下来，宋瑞便踏上了跑项目的征程。很快，一笔 40 万元科技养殖专项扶贫款划拨到了弯柳树的账上，可是一个月过去，竟然没有一个人来领。

“过去驻村扶贫，都是直接给钱，现在你要我们种、要我们养，太麻烦，我们不要了！”村干部道出了其中的原委。

宋瑞懵了：“给钱都不要，这贫咋扶？”

那些日子，宋瑞彻夜难眠：古语云穷则思变，又曰人穷志短。怎样让村民由人穷志短转为穷则思变？这个“心”的问题

宋瑞（中）在贫困户家走访

不解决，再好的政策和项目也无济于事！

从何入手呢？与房东邓学芳、邻居杜继英、号称“赌博队长”的许兰珍、老党员陈文明等聊天，与村里的党员、村“两委”成员不知聊了多少次，宋瑞发动的由外来志愿者和热心村民组成的“义工团”终于行动了。

集中攻坚20多天，拉走了积垢多年的100多车垃圾。走在前所未有的干净整洁的村道上，村民的心态似乎有了改变。

2014年开春，一支工程队开进弯柳树。村民们十分好奇：这个省里来的干部，会给村里造一个什么呢？

不久，一个现代板房竣工了。典雅、古朴、简洁的造型在村中很是扎眼。村民们走近一看，门楣牌匾上写着六个大字“德孝文化讲堂”；走进去，一个宽敞明亮的大教室，可以容纳200人，讲台、黑板、投影仪，新式扶手软座椅，坐着真是舒服。

当村民们得知，宋瑞动员爱心企业家捐资30万元建造的房子，是用来给他们上课的，一下就“炸”了。

不会是搞传销的吧，要不人家企业怎么会赞助？孩子们在学校上课，我们要做农活、搓麻将，一把年纪的人，上什么课？

宋瑞买来水果、瓜子、茶叶，先请村里的老人前来聊聊家长里短，再带动这些老人的子女陪着一起来，说说村里的一些事儿……

经过这样的蓄势，弯柳树德孝文化讲堂的第一堂课终于开讲。宋瑞自己作为主讲人，题目是“德孝行天下，幸福弯柳树”。

德，从清理村中垃圾开始；孝，从孝敬自家老人开始。

宋瑞请来的志愿者和热心村民一起，再次打扫村中道路，对村中沟渠进行清淤，很多村民站在一旁看热闹。李桂兰老人一边清理垃圾，一边气不过地说：“人家大老远来我们村帮忙，我们却在一边看热闹，这是什么事儿！”村民觉得确实是这么个理，开始有人加入清理垃圾的行列。

/ 宋瑞带领村民打扫卫生清洁乡村

随着时间的推移，村中乱丢的垃圾越来越少了，而自觉清理垃圾的村民渐渐多了起来。

宋瑞以爱心人士的捐赠，为老人设立了弯柳树村德孝基金。基金会成立的那天，爱心志愿者现场为村中100多位老人洗脚，一起吃饺子，场面很是温馨，也极富感染力。看着自己年迈的父母被如此厚待，一些村民坐不住了。

杜继英和丈夫骆国军悄悄将独居老屋的80多岁老母接回家中居住。一位原来沉溺赌博的村民开始对 98 岁的婆婆嘘寒问暖了，她说："听了德孝讲堂的课，知道咋做人了。我有三个儿子，我对婆婆尽孝心了，也为儿媳做榜样了。"

……

宋瑞说：这些变化，并不是因为自己课讲得好，而是中国优秀的德孝文化本来就根植于村民的心中，弯柳树本来就有着淳朴厚重的民俗村风传统，只要有人带头，就能重新春风拂面。

宋瑞的判断没有错。"天理、良知、人心""存好心、说好话、行好事、做好人"的朴素理念渐渐从德孝讲堂弥漫整个弯柳树。

"美丽乡村"从"心"开始。这次，宋瑞用申请到的专项扶贫资金，首先建起的是弯柳树德孝长廊、文化广场，然后以此为中心将全部村道整修一新。有细心的村民用心丈量过，这村道总长有 12 公里，但无论分叉到哪里，都会回到德孝文化长廊。

一年过去，弯柳树村隆重表彰"十大好村民""十大好媳妇""十大老人楷模"，他们的照片和事迹被张贴在文化长廊最醒目的地方，被村广播站定期播报，被德孝文化讲堂提炼为经典故事。

邓学芳也被评为"十大好村民"。这个一直受穷的老人领奖时老泪纵横："宋书记不嫌俺穷，住在俺家，是给俺一个光荣啊！俺没什么报答她，她干啥俺就跟着干啥！"

弯柳树村的德孝文化引来了许多参观学习的访客，好些团队负责人要求到有村级荣誉的村民家中吃住并了解情况，这使获得荣誉的村民格外珍惜，生怕哪里做得不好有损名声，而原来对这种评选不以为然的村民倍感失落。这，正是宋瑞想要的结果。

2014 年 8 月，弯柳树成为河南省第一个"中华孝心示范村"，2015 年获评河南省"弘扬中华优秀传统文化示范新村"。



## 用"德孝文化"打造脱贫产业

宋瑞坚信，一切都是人做的，"人"做好了，事情就一定能做好。这样，一个以德孝文化带动扶贫产业的构想成熟了。

2015 年 1 月，弯柳树村德孝文化传播有限公司正式成立。宋瑞说服爱心企业家出资 30 万元作为主要股东，以"德孝 + 贫困"为标准，遴选了 40 户村民每人以 500 元保证金入股。

公司的经营模式是：村民股东在公司的资助下，将自家打造成有接待能力的"德孝之家"，专门接待前来参观访问的宾客，住宿餐饮收入归己；成立由 22 名弯柳树媳妇大妈为主的德孝歌舞团，用乡土歌舞传播爱国爱家正能量。

中华青少年德孝感恩乡村夏（冬）令营、中国民营企业家孝道文化论坛……，一时间，弯柳树门庭若市。他们吃住在"德孝之家"，感受着浓浓的德孝文化，别样的体验，特别的满足。

何桂仙是第一个报名成为公司股东的弯柳树媳妇。丈夫长年在外打工，她在家安心抚养孩子、照顾公婆，是公认的好媳妇、好村民。现在她已经是公司的服务助理、德孝文化演出团的主持人，不仅在家接待来访的领导、游客，农闲时还随演出团先后登上过北京、郑州、信阳的大舞台。看到那么多人喜欢德孝文化，她觉得自己过得特别充实、特别有意义。她说："我相信，若十年后，我一定是一个完全不一样的何桂仙。"

德孝文化引来金凤凰。王春玲是华润股份公司冷鲜肉销售的息县总代理，一次偶然的机会，她结识了宋瑞，便萌发了在弯柳树二次创业的念头。

那是 2016 年 3 月 6 日，火箭军文工团来弯柳树村进行公益演出。王春玲和县里的一帮姐妹随队前来表演"旗袍秀"，村中所见、所闻让她非常震撼。不久，她就带着丈夫找到宋瑞，详细了解这里的孝心生态产业规划。第三次来时，她当即决定投资 1 500 万元。

很快，息县远古生态农业科技公司注册成立。王春玲在弯柳树流转土地 300 亩，种植有机蔬菜、软籽石榴，养殖龙虾、大白鹅。不但为村民创造了 200 多个就业岗位，还专门为建档立卡贫困户提供苗鹅、收购成鹅，为他们的增收提供绿色通道。

王春玲说，本来其他地方开出了更加优惠的招商条件，但她和丈夫最终还是决定把钱投在弯柳树村，不为别的，就图个踏实。因为她感受到了这里村民的诚信和纯朴，看到了村民的友爱和善良。

被德孝文化之风引来的还有郑州约汗公司刘子帅，在这里流转土地 150 亩，种植果树，办农家乐和生态采摘园，搞立体养殖，开发生态种植认种园，组织城市消费者到田间地头体验。

/ 宋瑞（右二）招商引资邀请企业家到村考察

沈建军春节期间到弯柳树走亲戚。这一"走"，就当即决定投资 1 000 万元，在弯柳树建立无公害蔬菜深加工企业。

短短两年，6 家企业入驻弯柳树，发展"孝心农业"和生态旅游业，总投资达到了 5 000 余万元。

与此同时，专门面向贫困户的"荷塘月色生态园"暨莲藕种植专业合作社也开始运作，政府科技扶贫资金启动，爱心企业市场帮扶，村中所有的池塘都种下了莲藕。夏日，满池荷叶摇曳，是村中一景；入秋，莲藕丰收，带给村民灿烂笑容。这样的合作社，弯柳树已经有 3 个。

德孝文化的传播，注入了宋瑞“百企帮百户，扶贫献爱心”“城乡手拉手，助力奔小康”“精准扶贫奔小康，同圆美丽中国梦”等主旨活动，引来了北京尚品、驻马店新百佳福、南阳万达、郑州北辰机电、河南白象集团等 10 多家爱心企业为弯柳树设立扶贫车间，提供就业岗位，培训就业技能，牵手特困家庭，资助孤寡老人，定点定向帮扶……

一份实打实的德孝文化产业成绩单展现在大家眼前：截至 2017 年底，弯柳树村人均纯收入达到了 6 000 多元，贫困户减少到 11 户——弯柳树在 2015 年整体脱贫的基础上奔向小康。

## 用“德孝文化”打造坚强堡垒

“往年的弯柳树，垃圾堆成山，来了好领导，同吃同住一起干，不怕苦不怕累不怕脏不怕怨，永远走在前，是我们好模范。今年的弯柳树，与往年不一般，绿树成荫水也蓝，日子比蜜甜。”这是弯柳树村民德孝歌舞团李桂兰根据《南泥湾》曲调编写的新词。

宋瑞说：歌词中的“好领导”是一个群体。我从这段歌词中得到的启示，就是群众的心地是善良的，只要有一个好的班子带，就能够振奋精神，脱贫致富奔小康。现在的问题是，驻村扶贫干部走了怎么办？如何打造一支“不走的扶贫队伍”？

其实，这个问题在宋瑞刚到弯柳树时就开始思索了。

宋瑞对全村 30 名党员进行了分类登记。对外出务工的，建立微信群，加强联系和管理；对在家的定期组织学习，将党中央的“三严三实”与《论语》中的德孝菁华联系起来，要求党员修身养性，做群众的表率。

群众利益无小事，打铁必须自身硬。这是宋瑞给村“两委”班子定下的铁律。德孝之风形成后，弯柳树的群众有了更为清晰的是非曲直的评判标准，过去一些不认为是“问题”的问题不断被村民反映，宋瑞认为这是天大的好事。每一次村“两委”会议，每一次民主生活会，宋瑞总是将这些问题摊到桌面上。渐渐地，一些历史积淀下来的村“两委”成员利用职权侵占村民利益的问题得到了解决。

但是，2017 年的又一次村民投诉引起了宋瑞的高度重视，屡次违反村规民约的行为，简单的批评教育显然已经不足以引起当事人的警醒。经上级审查批准，宋瑞痛心地先后免去了村支书和村主任的职务。此时恰逢党的十九大胜利召开，习近平总书记在报告中强调：“党的基层组织是确保党的路线方针政策和决策部署贯彻落实的基础。”宋瑞更觉责任重大，将村“两委”班子建设提到工作的首位。

/ 宋瑞参观决胜 2020 脱贫攻坚展

村里的水电工王守亮是入党比较早的党员，是德孝文化开始时的热心村民之一。宋瑞觉得他服务态度好，干活质量高，就连临近几个村子的水电活都舍近求远找他去做。以小见大，这是个不错的人选，但宋瑞找他谈话时，却被拒绝了，理由是怕干不好，给宋书记丢脸。宋瑞说，你不是为我干，是为弯柳树的村民干，为家乡的子孙后代干，干得好不好，老百姓心中自有一杆秤。

2017 年 12 月，解开了心结的王守亮成为弯柳树的代理支书。他上任第一件事就是戒掉了 20 多年的烟瘾，因为村规民约规定，无论是谁，给群众办事不许接受对方敬烟。村民们也从王守亮戒烟的行动看到了他当好村支书的决心，对王守亮的工作更支持了。2018 年 4 月，弯柳树村党支部换届选举，王守亮全票当选。王守亮也不负众望，这年的“七一”前夕，弯柳树村党支部被息县县委组织部评为“生态宜居红旗党支部”和“乡风文明红旗党支部”。

另一个最早参与德孝文化建设的热心村民王学华是个能人，村里的粮食经他手，总能卖出个好价钱；讲义气，爱抬杠，遇到不平事敢于直言。他平时也喝酒打牌、小毛病不少。宋瑞觉得，人品最重要，毛病可以改。从最早的村义工团成员，到第三届义工团团长，宋瑞看到他的变化，特别是他做了德孝歌舞团副团长后，将平日里喝酒打牌的时间全用在了节目策划和排练上，村里的公益活动几乎都少不了他。2016 年底，他被推举为村委会副主任；2018 年 4 月，村委会换届选举，他高票当选村主任。

2017 年 10 月，宋瑞第二轮驻村时间届满。得知她即将离任的消息，村民将村委会挤得水泄不通，弯柳树需要她继续留任。息县县委向上级组织部门写了长达 5 页的挽留报告，希望宋瑞再干一个任期。面对乡亲们的热情挽留和党组织的殷切希望，已经 55 岁的宋瑞义无反顾地选择了坚守。

宋瑞说：这是一个伟大的时代，我是如此幸运，能够为全面决胜小康、实现民族伟大复兴战斗在脱贫攻坚一线！时代选择了我，我会用自己的生命和汗水，让党旗永远高高飘扬在人民的心中！

（撰稿：宦平　照片提供：宋瑞）

张渠伟，中共党员，四川省达州市渠县扶贫和移民工作局局长、渠县人民政府办公室副主任。在患上严重“耳石症”和“青光眼”之后，仍工作在脱贫攻坚一线。他撰写理论文章、政策解答和宣讲课件10万余字，组织干群轮训10.9万余人次；调研提出20余种脱贫攻坚方法；创新设计“六个一”社会爱心扶贫，示范引领形成“铁军扶贫”“巾帼扶贫”“电商扶贫”“社会扶贫”等渠县扶贫特色品牌。几年内，全县共整合投入资金79亿元，减贫136 610人，贫困发生率从12.1%降至0.6%。他为全县贫困人口脱贫、贫困村脱贫和整县摘帽贡献了自己的智慧和力量。



# 宁愿自己失明　也要群众脱贫

四川渠县地处渠江流域核心区，是嘉陵江上游的“洪水走廊”，十年九灾，经常暴发特大洪涝灾害。全县总人口150万，居四川省第二位。2014年精准识别建档立卡贫困村130个、贫困人口143 802人，居四川省第二位，贫困发生率达12.1%。

2014年，正值全国深入推进精准扶贫的关键时期，张渠伟由县畜牧局长调任扶贫移民局长。县委书记说：“让张渠伟到扶贫移民局，就是让他扛着‘炸药包’去攻山头的。他义无反顾地挑起这份重担，夜以继日地战斗在脱贫攻坚一线。”

## “铁军扶贫”让红色基因根植宕渠大地

脱贫奔小康，产业是关键。但渠县的贫困村基础条件非常差，本地企业都不愿投资，更不用奢望外地企业来投资了。怎么吸引更多的投资呢？张渠伟萌生了“引老乡、建家乡、助脱贫”的想法。

了解到渠县籍退役军人王超在福建发展得不错，但对返乡创业、助力脱贫的邀请却不感兴趣。张渠伟三赴福建去做他的工作。初次见面时，王超礼貌有加，却绝口不提返乡投资的事情。张渠伟不甘心，第二次又请了王超的父亲一道去劝说。张渠伟对他说：“你当过兵，应该有血性，想想还在受穷的乡亲，为啥不拉他们一把？”他的父亲也劝他：“儿啊，渠县是你家，叶落要归根啊！”在张渠伟和父亲的劝说下，王超的态度有所松动。第三次见面，张渠伟刚一开口，王超就说：“张局长，你别说了，我跟你走！”

/ 张渠伟（中）在老兵扶贫之家指导工作

返乡后，王超建了4个老兵创业扶贫基地，带动400多户贫困户就业，人均增收1 600元以上。还组织29名退役军人，成立了退役军人联合党支部，以党建引领脱贫攻坚。这一创新做法得到了中央领导同志的肯定。县委又择优选派186名退役军人担任“第一书记”，组建扶贫“铁军”，把“好钢”用在了“刀刃上”。让退役军人“打硬仗”，这为贫困群众带去了脱贫的希望。这支扶贫“铁军”充分发挥了“敢于冲锋、敢打硬仗、能打胜仗”的优良传统，他们带领群众脱贫奔小康的先进事迹，被《人民日报》《光明日报》等报道，称他们用实际行动诠释了“退伍不褪色的红色基因”。

张渠伟从王超的铁军精神那里得到启发，倡导开展“干群一家亲”活动，增强了帮扶工作的实效性，增进了干群鱼水深情。同时，张渠伟还策划开展“六个一”爱心扶贫活动，全县认捐认助社会扶贫资金7.2亿元，修路333公里，建桥18座，建山坪塘206口，建房137座，发展种植业9.1万亩、养殖业34.5万只（头），资助孩子1 746名。

/ 渠县农旅融合示范基地碧瑶湾

党员干部的真情付出，社会各界的倾情帮扶，群众看在眼里、记在心里，大家凝聚在党的旗帜下，自觉感党恩、听党话、跟党走。从此，在历次国家、省考核评估中，渠县脱贫攻坚群众满意度和认可度均超过 99%。

## 保证贫困户搬迁后收入比现在只多不少

易地扶贫搬迁是全国脱贫攻坚的一道难题，渠县的情况也是如此，很多贫困户不愿搬迁。全县易地搬迁的贫困户有 35 295 人，需建成 210 个集中安置点，4 年任务 3 年完成。

张渠伟作为扶贫移民局长，常年奔走在山山水水之间，深入贫困村，挨家挨户了解情况，寻求解决问题的办法。一次，张渠伟问一位住在深山的贫困户为什么不搬，这家人反问道：“下山后我去哪里养羊？生活怎么办？”这个问题深深地触动了张渠伟，易地搬迁绝不是简单的一搬了之，必须解除群众的后顾之忧才行！于是，张渠伟提出了“产业围绕房子转，房子围绕产业建”的工作思路，着力解决贫困户搬迁后的生产生活问题，切实做到搬迁一户脱贫一户，使各方都受益：农民的房子挨着产业园，工作机会多了；产业主们也很高兴，请工人方便多了。各方纷纷称赞。

贫困户万清阳以前住的房子地势低洼，经常被洪水淹没，是易地搬迁户。但是由于万清阳腿有残疾，他担心搬迁后离土地太远，找不到其他收入来源，不愿搬迁。张渠伟对他说：“你别担心，我保证你搬迁后，收入比现在只多不少！”经多次开导后，万清

/ 张渠伟（左二）现场督导易地扶贫搬迁点建设

阳终于同意搬迁，被安置在大山村柠檬产业基地聚居点。他在基地干些除草、修枝等力所能及的活，每月务工收入都能在 1 500 元以上。现在他逢人便说："搬进新家太方便了，房前屋后都有产业基地，像我这样腿脚不便的在家门口都能挣到钱！"

张渠伟先后十余次带队外出学习考察，总结出了一套切实可行的易地搬迁模式：选择交通最便捷、产业基础最好、居住环境最优的地方安置群众；坚持发展产业、帮助就业、扶持创业"三业并举"，确保了搬迁一户、稳定脱贫一户，着力解决了"一方水土养不活一方人"的难题。作为样板，渠县渠南大山村成了 2017 年"全国易地扶贫搬迁现场会"的现场点，向各方广泛推广成功经验。

渠县是劳务输出大县，40 万人长年外出务工，偏远农村"三留守"问题突出。与沿海地区相比，县工业园区的月薪比沿海地区低了 1 000 多元。偏远农村的农民到本县园区打工，一方面工资收入没有沿海地区多，另一方面老人、孩子同样无法照顾。张渠伟经过反复琢磨，想到了一个好办法：何不启动"逆向搬迁"？于是他建议县工业园区的老总们把自己的车间办到贫困村去，这样既可以利用农村闲置资产解决用工难题，又能为农民就近提供就业机会，使农民便于照顾家庭，实现了"工厂进农村、就业在家门、工农两不误、脱贫早致富"。

## 不曾开过口的贫困妈妈说了"谢谢你们"

因为扶贫，张渠伟还多了三个孩子。这三个孩子来自一个极其贫困的家庭：爸爸外出打工，妈妈患有精神病，多年不言不语，全家就靠 70 多岁的奶奶一人操持。房子是石头垒的，到处是洞，风来漏风，雨来漏雨。张渠伟走访时，看得眼圈都有些发红。

一个周末，张渠伟特意带爱人去看望这一家子。一进门，就见三个孩子穿着破旧的衣服，趴在破烂的桌子上写作业，脚边是好几摊雨后的积水。这次探访极大地触动了张渠伟的爱人。她说："孩子太可怜了！我也是个当妈的，见不得孩子受罪，我也要来和你一起帮助他们。”从此以后，逢年过节，张渠伟的爱人都会装好红包、买好衣服，给乡下的三个孩子送过去。2017 年，张渠伟帮助他们申请了易地搬迁，一家人住进了新房。张渠伟现场走访时，十多年来都不曾开过口的妈妈突然说了一句：“谢谢！谢谢你们！”让在场的人们都激动万分。村民们都说，是张渠伟的真情感动了她，说这简直是个奇迹！

张渠伟（左二）在水口乡大田村走访贫困户

## 等脱贫摘帽任务完成之后做手术

由于长年超负荷工作和熬夜奋战，张渠伟在 2016 年患上了“耳石症”，严重眩晕导致他不得不 5 次住院治疗。即使这样，他还是好几次在凌晨偷偷拔掉输液管，从医院返回工作岗位处理紧急事务。

作为扶贫人，宣讲好扶贫政策是分内职责。为此，他常常挑灯夜战、勤学苦研。他撰写理论文章、政策解答和宣讲课件 10 万余字，组织干群轮训 10.9 万余人次，调研提出攻坚督战队暗访、专题片曝光亮丑、七大战役攻坚、九比九看问效、驻村纪检员和义务监督员双推监督等 20 余种扶贫方法，破解督导、推进、监管三大难题。2017 年国庆刚过，张渠伟正在办公室准备课件，突然，左眼莫名其妙地流泪，眼珠也隐隐作痛。这种状况持续了一周，看东西一片模糊。到医院一检查，结果出乎意料：右眼视力降到 0.4，左眼仅有 0.06，被诊断为青光眼。接下来他三次被迫住进重庆西南医院，医生告诫他说：“青光眼是排名第一的致盲性眼病，必须马上手术，否则就会变成睁眼瞎！”

那几天，张渠伟彻夜难眠，十分纠结。他何尝不害怕变成“睁眼瞎”？可在这个关键时刻，没人能比自己更熟悉全县的扶贫工作了，如果去做手术，临阵换将，影响了今年全县脱贫摘帽目标的实现怎么办？思来想去，他挂念着脱贫攻坚、挂念着贫困群众，3 次偷偷溜出医院回到渠县，急匆匆赶赴工作岗位。家人求、朋友劝，他总笑着说：“瞎了再说嘛，等脱贫摘帽任务完成之后就去手术。”

张渠伟没有向组织报告病情，只是揣着眼药水，简单护理着，他的双眼长期都是“泪蒙蒙”的，视力也在一直下降。这意味着什么他心知肚明，他也做好了思想准备。那时，张渠伟只要回县城上街，就会走一走盲道，他开玩笑道：“就是为了适应一旦失明后的生活。”同时他也说：“能让 14 万贫困群众脱贫，就算是失了明，也无怨无悔！”

1 600 多个日日夜夜，张渠伟弃假不休、掌灯鏖战，他将自己的全部精力和心血都献给了生他养他的这片土地。家人的支持，更让张渠伟增添了一份动力。父亲宽慰地

/ 大山村柠檬基地

说：“儿子，爸爸不愿你变成‘睁眼瞎’。你做的是大好事，我相信好人一定有好报！”张渠伟的爱人也说：“你心头能装着非亲非故的贫困群众，就一定能装着我和这个家。你放心，将来如果你看不见了，我就是你的眼睛！”

“贫困不除、愧对历史，群众不富、寝食难安。”张渠伟这种“舍我其谁”的责任和担当，感染着全局干部职工、感染着全县党员干部，凝聚起了脱贫攻坚的强大正能量。几年来，在县委县政府的正确领导下，全县把脱贫攻坚作为头等大事，共整合投入资金79亿元，全县减贫158 610人，贫困发生率从12.1%降到了0.6%，渠县脱贫攻坚工作受到省委省政府表彰，连续两年荣获“四川省脱贫攻坚先进县”荣誉称号。

组织上对张渠伟的健康非常重视，省、市、县领导多次催他去做手术。张渠伟终于下定决心，尽快去治疗，他还盼着有一双永远明亮的眼睛，继续带领乡亲们脱贫之后奔小康！

（撰稿：张正宇　张奕　照片拍摄：万绍荣　刘剑）

陈俊业，新疆生产建设兵团第一师四团三连党支部书记。他深入调研分析三连职工群众贫困的原因，对症下药，制订了三年脱贫计划。以党支部"三会一课"制度为抓手，狠抓党支部制度建设，提高了支部的战斗堡垒作用。依靠科技致富，稳步推进林果产业发展。他经常深入贫困户家中进行走访慰问，增强贫困户脱贫的愿望和动力。职工群众人均收入由原来 3 000 元增加到 10 000 元左右，全连贫困户全部实现脱贫。

# 争当脱贫攻坚排头兵

陈俊业祖籍河南省鄢陵县。2004 年 7 月，他从西北农林科技大学毕业，8 月到新疆生产建设兵团农一师四团工作，一干就是十多年。他先后担任过林管站林业技术员、副站长，2016 年 2 月调到第一师四团三连，担任连长、党支部书记。

## 思路决定出路

三连地处新疆维吾尔自治区托木尔峰山脚下的戈壁边缘，距离团部 10.8 公里，拥有户籍人口 301 人，其中 1/3 为 2011 年从甘肃岷县迁移过来的农民，全连职工为 45 人。三连拥有 8 278 亩土地，全部为果园，因土地瘠薄，风沙较大，冻害严重，群众收入不高。2016 年三连建档立卡的贫困户为 24 户 73 人，贫困占比为全连总户数的 23%。三连"名声响亮"，不是因为好连队出的名，而是因为贫困和矛盾突出而出名，被扣上了一师深度贫困连队的帽子，党支部也被称为软弱涣散党支部。

面对这样的窘况，初到三连的陈俊业没有气馁，而是认真思考改变的思路与方法。经过调研，他认为只要苦干加巧干，就能让这里的贫困群众脱贫致富过上好日子，同时也能让涣散的党支部重新焕发活力。

陈俊业如是想，也如是做。他认为，要想做好这些事，就要坚持群众利益无小事的办事原则，个人在想问题、办事情、做决策上，时时刻刻都要把群众利益放在首位，只要心里装着群众，全心全意为群众服务，没有干不好的工作。三连要想摘掉贫困的帽

/ 陈俊业在工作

子，必须坚持从群众中来到群众中去，以群众的利益为根本出发点。有了思路之后，陈俊业深入走访三连的贫困群众和职工，与他们谈心交心，真心关心贫困户的疾苦，和他们一起探讨增收的办法以及三连发展的策略和方法。

由于连队工作点多面广、纷繁复杂，处理问题要合情合理合法，费劲劳神，处理不好还会得罪人。经过一系列实地走访，他了解了制约三连发展的症结。陈俊业认为，三连发展遇到了机遇，要紧紧跟上党中央脱贫攻坚的步伐，对症下药才能根治陈年旧疾。他根据三连贫困的实际情况，深挖贫困根源，与全连干部一起制订了三连 3 年脱贫计划。

## 组织建设不放松

单位要走上坡路，关键还看党支部。火车跑得快，全靠车头带。作为“领头雁”的陈俊业，首先瞄准班子建设，从夯实脱贫攻坚的基础入手。群众看党员，党员看班子，只有班子成员在党员中发挥模范带头作用，才能更好地带动党员在群众中发挥模范带头作用。他根据连队实际情况，重点从连队班子队伍建设抓起，强化班子成员的执行力，不断提升他们为职工群众办事的能力。

陈俊业说，制度建设是长远性的工作，三连在学习、工作、会议、行为规范等方面都有制度，以保证每项工作都有章可循。支部制定的连规民约简易可行。经过宣传教育，领导带头、党员发挥先锋模范作用，已经变成了大家的自觉行动，共同营造了“门前种树养花摘果蔬，家中窗明几净无异味，文明礼貌我先行，人人动手争先进”的浓厚氛围。

抓问题要抓住牛鼻子，党建工作也一样。三连坚持以党支部“三会一课”制度为抓手，始终把连队党支部建设作为脱贫攻坚的首要任务和第一责任，提高了支部的战斗堡垒作用。仅一年时间，三连的党支部就焕发了生机，组织能力不断加强，受到群众拥护，摘掉了软弱涣散党支部的帽子。党支部的组织堡垒作用的不断增强，为贫困户脱贫提供了可靠保障。

陈俊业在领着职工抓经济建设的同时，时刻不放松对干部群众的思想教育，把党员干部队伍建设始终作为一件大事认真抓好抓实。思想教育首要的是坚持理想信念、宗旨意识教育，解决“我是谁、为了谁、依靠谁”的问题，使连队干部树立起正确的人生观、世界观、价值观。在党支部会上，他经常说：“我们共产党人的宗旨是全心全意为人民服务，一切工作的出发点和落脚点都是为人民谋利益，这个问题什么时候都不能忘记。当干部就不能怕吃亏，怕吃亏就不能当干部。”他是这样说的，也是这样做的。理想信念教育靠正面灌输，在教育问题上，三连的“连队主官”给业务干部带好头，业务干部给职工群众带好头，言行一致，产生了强大的凝聚力、号召力。

/ 陈俊业（右一）指导果农吊干杏修剪技术

## 致富兴连靠产业

依托优势扶志，强化落实扶贫。身为党支部书记的陈俊业，依托党建阵地强化宣传教育，引导党员致富带头人通过项目示范，带动有能力的职工群众依托林园优势，全方位发展畜牧养殖。通过大力开展“不等不靠、艰苦奋斗”“精准扶贫不是养懒人”等思想教育，一大批贫困职工群众在陈俊业的带领下，增强了脱贫致富的信心，昂扬了脱贫致富的斗志，有效提高了自身收入。三连职工高锐，靠借来的资金起家，饲养杂交肉羊，仅三年时间就成了年收入超过 50 万元的致富能人，获得了“兵团劳模”荣誉称号。

依靠科技致富，稳步推进林果产业发展。三连地理位置特殊，所种植的吊干杏树前期见效慢，职工群众收入少，只得靠打工维持生计，对果树基本不管，形成了不管不结、不结不管的恶性循环。陈俊业看在眼里，急在心里。

为了改变现状，他发挥自己的林业特长，制定了连队吊干杏管理办法，并深入职工家中，与职工促膝谈心，了解他们的所思所想。在了解情况后，他进入果园，手把手地教会职工群众修剪、拉枝、疏花疏果。他还推行“主干纺锤形”栽培技术，经过传帮带，2018 年三连 1 960 亩进入挂果期的吊干杏由 2016 年亩均单产 100 公斤增加到 600 公斤，亩均毛收入由原来的 1 000 元增加到 8 000 元。职工群众人均收入由原来

/ 三连党支部办公楼

/ 陈俊业在剪枝

的 3 000 元增加到 10 000 元左右。2018 年 5 月，经过对 2017 年全连职工群众收入摸排，贫困户全部实现脱贫，三连职工人均收入也由原来的 10 000 元增加到 30 000 元。

政策支持是先导，挂钩帮扶紧跟上。贫困不是一朝一夕形成的，脱贫更要一步一个脚印地做实做好。身为领头人的陈俊业，积极向团党委反映实际情况，最大限度地争取政策支持。陈俊业积极争取从其他农业连队划拨高等级农田给三连职工种植订单作物，2016 年共有 5 个农业单位吸纳三连 11 户职工 20 人承包订单作物。陈俊业还积极争取生态公益性岗位，为全连 6 户 10 人安排了护林员岗位，每人年收入增加 10 000 元。

陈俊业深知，等靠要不是办法，唯有激发内生动力，增强“造血”功能才能真正致富。为此，他带领支部一班人经常深入贫困户家中，开展走访慰问，增强贫困户脱贫的愿望和动力；提供资金、技术、信息，帮助他们夯实脱贫的基础。陈俊业在组织广泛调研过程中，重点了解连队基本情况、产业发展和基础设施现状、农户致贫原因和期盼解决的问题，为精准帮扶想法子、找路子、出点子。两年间，陈俊业为缺少生产资金的贫困户借款 10 000 余元，解了贫困群众的燃眉之急。

上下联动谋发展，打赢脱贫攻坚战。三连党支部每季度为贫困低保户发放最低生活保障金，每年为重度残疾人发放护理补贴金。鼓励残疾人和家庭成员充分利用优惠政策

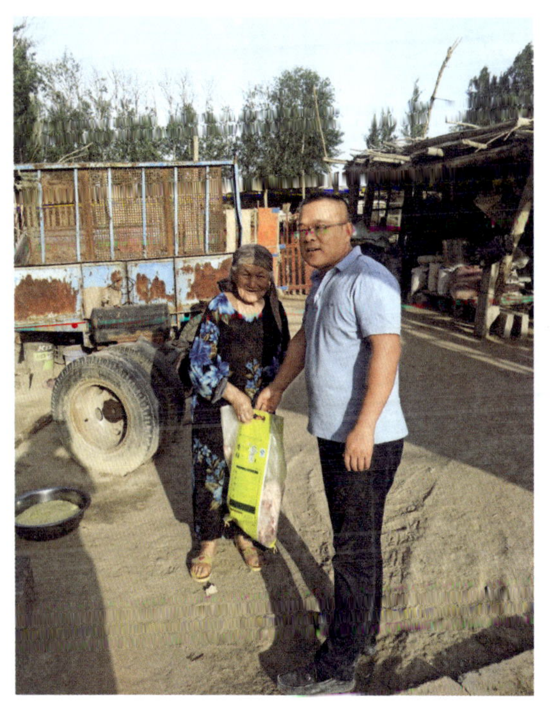

/ 陈俊业（右）与群众在一起

和个人特长，通过勤劳致富，实现稳定脱贫。连队还组建了以连队挂钩领导、科室、连队班子成员为主体的工作队，制定了年度脱贫目标、阶段攻坚计划和“一户一策”“因户施策”帮扶措施，分别按照“科室到连队、干部到户、责任到人、措施到位”的要求，对帮扶户进行走访，建好走访档案，帮助职工群众算好时间账、经济账，找准脱贫致富的路径。对因病、因学、因灾致贫的重点贫困户，开展一对一、点对点的结对帮扶，确保连队每户贫困户都有一名干部帮扶。

在二连，干部群众都说，他们有一个团结的党支部，更有一个优秀的“领头雁”。职工群众生活富裕、愉悦充实，都得益于他们有一个工作认真、作风扎实、为人正直、廉洁奉公的好书记——陈俊业。

（撰稿：宋军伟　照片提供：李莹娟　罗清玲）

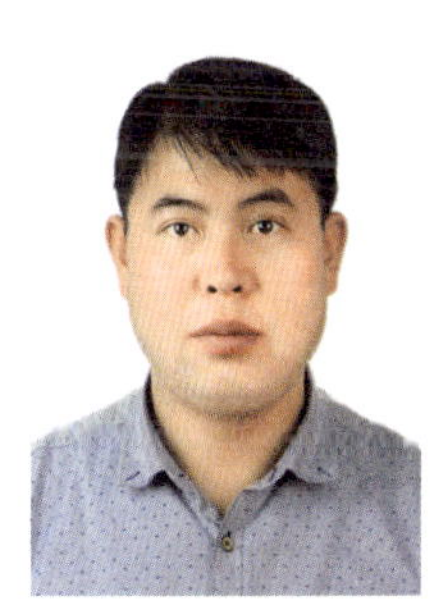

郑访江，甘肃省中医院团委书记、主管医师，定西市通渭县第三铺乡侯坡村第一书记兼驻村帮扶工作队队长。曾获甘肃省卫计委系统优秀共产党员、省青年五四奖章、省最美人物等荣誉。他利用扶贫专项资金，建成设施农业种植基地；积极协调帮扶企业投资兴建扶贫车间，解决贫困人口就近就业，为贫困户每年增加1 000元以上收入；促成占地100亩的光伏扶贫电站项目落户侯坡村，带动贫困户每年分红3 000元以上；协调帮扶单位出资建成百亩红花种植基地，并开展消费扶贫每年100万元以上。侯坡村贫困人口从88户439人下降到20户94人，贫困发生率从42.2%下降到9.03%。

# 无愧于新时代的扶贫青年

侯坡村，这个陇中黄土高原上的小山村，是甘肃省通渭县第三铺乡的一个贫困村。这里自然环境贫瘠、种地完全靠天吃饭，缺医少药、资源难觅，是扶贫工作中一块难啃的“硬骨头”。

郑访江出生在甘肃省大山深处的农村，是一位从深山里走出来的大学生。作为地地道道农民的儿子，在省城学习工作15年后，他毅然放弃城市优厚的工作待遇和优越的生活条件，选择到艰苦的农村从事驻村帮扶、脱贫致富的工作。2017年，他来到贫困程度深、脱贫难度大的侯坡村担任驻村第一书记兼帮扶工作队队长，勇敢地接受来自各方的严峻挑战。

## 情真意切，交心才能赢人心

表面看上去，黄土高原上的侯坡村与周围的村子没有什么特别大的差别。但是，一个在此生活、成长的人却能够痛彻地体会到一个贫困人口多、发展潜力弱、脱贫难度大的贫困村带给人的考验。郑访江到侯坡村的时候，双脚刚踏入村口，随行的干部向村民介绍说，这是咱们村新来的帮扶队长，立刻就有人丝毫不顾情面地说：“一个省中医院的能帮扶个什么？”火辣辣的话语顿时给郑访江一个下马威。他同时也感受到了村民们心中积攒的怨气。郑访江绝不是一个轻易服软的人，他暗下决心，一定要做出个样子来！他凭直觉就判断出，要完成脱贫任务，制订脱贫计划前必须要深入了解致贫的深层原因。到底是什么让村民们无法摆脱贫困？每个贫困家庭的经济和生活状况到底怎么样？从到侯坡村的第一天起，郑访江就在思考着这些问题。

他在村里踱着焦虑的步子，边走边思考，头顶的烈日在干燥贫瘠的土地上投下了浓重的身影。他知道，作为村书记，一定要真正地了解村民最关注的身边事，知道他们最需要的是什么，才能与他们的心贴近，用真情感动他们。

郑访江挨家挨户走访调查。每到一户，他都细心地观察家中生活的每一个细节：床铺、家具、厨房、上下水设施，甚至每顿饭吃的什么都一一记录下来。在和村民们聊天的时候，他也从不把自己置于外来干部的位置上，而是和他们聊家常，就自己所看到的问题询问原委。经过一个多月的深入了解，他对侯坡村的村情民意有了基本掌握，逐步摸清了每个贫困户的家庭情况。一幅如何在侯坡村扶贫的蓝图逐渐在他的脑海里清晰起来。

面对村民的质疑和不友善，倔强的郑访江反而更加坚定了寻找工作突破口、打开扶贫工作新局面的决心。当时恰逢新农合保险缴费的时间，村里有位出了名的象脾气村民侯国军，老人已经连续四年不愿缴纳新农合保险费了。每年这个时候，任凭村干部吵个脸红脖子粗，老人就是一个字“不”。“浇花浇根，交人交心”，郑访江想了个办法。他先不跟侯国军说收新农合保险费的事，而是上门找老人家聊天，观察他的性格，揣摩他的心理，了解他的背景……。最后他竟然发现，老人颇有几分自己父亲的倔强劲儿。郑访江一次次地往侯国军家跑，给他送棉衣、带中药，嘘寒问暖，将他当作父亲一样看待。靠着一股执着和热情，他慢慢地打动了侯国军。郑访江从老人的口中了解到，他并非是一个不讲道理的人，而是对以往的工作有些误解。掏心窝子的话语在侯国军和郑访江之间搭建了信任的桥梁，缴费的事情自然就迎刃而解了。老人极为动情地回忆过往的经历：“热情，太热情，真把我给感动了！这个年轻干部靠谱，说话办事我相信！”郑

/ 郑访江行进在冰天雪地的扶贫路上

访江认为，从涉及老百姓的点点滴滴小事情做起，小事情做多了，日积月累就是大事。能做通侯国军的工作，村民们一下子对郑访江刮目相看。紧接着，这位80后第一书记就开始着手干下一件实事了。

/ 郑访江（中）了解贫困户情况

因病致贫是侯坡村许多贫困户生活艰难的原因。从医院下村的郑访江对此格外敏感。优先解决患病村民的实际问题，可能就是打开脱贫致富这扇大门的第一把钥匙。很快，侯坡村贫困户陈功“看病没花钱”的事儿在村里流传开了，村民纷纷为此伸出大拇指。

半年前，陈功感觉腰部疼痛、腹部肿胀不适，去定西市医院做检查后，初步诊断为肾功能衰竭、肝硬化腹水、糖尿病等多种重病。诊断结果让陈功和他贫困的家庭如遭晴天霹雳。得知这一情况后，郑访江告知了陈功家的帮扶责任人张丽平，让她帮助联系看病。他还协调村里写了证明信，驱车5公里山路将信送到陈功家里，催促他早点去省城诊治。在他和帮扶责任人的多方协调下，陈功在省中医院做了全面的检查治疗，数千元的检查费、诊疗费和药费都由帮扶干部和相关科室为其垫付。

“陪前陪后给我看病，就和亲人一样，还给我垫钱检查和拿药，真不知道怎么感谢。”说起自己看病的事，陈功流下了感激的泪水。

2018年3月，侯坡村的村民贾继珍赴省中医院诊治眼病，意外发现有乳腺肿瘤。在郑访江和同事的协调下，肿瘤外科主任杨维建为她免费做了手术。“看病一分钱也没有花，还请我们吃了午饭，像郑书记这样的干部真是我们的贴心人。”贾继珍的丈夫侯学仪说，“他们像对待亲兄弟一样对待我们，他们是我们的救命恩人。”

郑访江在村中推行的“送人就医，送医上门”的健康扶贫举措，给侯坡村患病的村民带来了诸多便利，解决了他们的看病难问题。从前，侯坡村的村民小病扛着、大病忍着，不同程度地受着疾病痛苦的折磨。如今，侯坡村已有10多名患者先后到省中医院诊治疾病，还有6批次30多名省级医疗专家来到当地为贫困患者诊疗，共为群众节省医疗费8万多元、义诊送药6万多元。郑访江还通过在甘肃省第三人民医院工作的妻子，联系到大爱清尘基金会的尘肺病集中救治项目，为 5 名尘肺病患者实施了每人 1 万元的医疗救助。

## 产业扶贫，多项增收致富快

郑访江深知，要让贫困群众稳定脱贫，必须做好产业扶贫这篇大文章。在他与帮扶队员的共同努力下，侯坡村的牛羊产业、种植产业、光伏产业、扶贫车间等都逐步发展起来。全村新建牛棚 83 座，其中贫困户新建 78 座；养肉牛 406 头、奶牛 10 头，其中贫困户养牛 143 头，实现了户均年纯收入 6 000 元以上。

郑访江积极协调当地政府，利用扶贫专项资金 10 万元，建成侯坡村设施农业助力脱贫攻坚种植基地。该基地现有蔬菜大棚 10 座，采取“企业 + 党支部 + 基地 + 农户”的种植发展模式，以村党支部为引领，设立 4 个党员示范棚，吸收 6 户贫困户种植，签约 1 家酒店订单收购，每年既为村集体经济创收 1 万元以上，也为每户贫困户增收 3 000 元以上。2017 年以来，郑访江按照当地政府产业发展总体布局，带领帮扶队员和村干部，引导群众种植花椒 604 亩、金银花 70.8 亩、早熟土豆 200 亩，并套种黄豆、玉米等经济作物，多渠道增加群众收入。

/ 郑访江（左一）和村民一起采摘金银花

/ 郑访江（右）和村干部一起整修水毁道路

他积极协调帮扶企业投资 200 多万元，整合扶贫资金 95 万元（其中 45 万元为 45 户贫困户每户入股 1 万元），在侯坡村投资兴建了小杂粮加工扶贫车间，既可解决 30 多名贫困人口就近就业，又增加了贫困户每年 1 000 元以上的分红收入。同时，积极宣传动员光伏扶贫项目，在国家能源局和当地政府的大力支持下，占地 100 亩的光伏扶贫电站项目落户侯坡村。通过光伏发电收入，可带动贫困户每年每户分红 3 000 元以上，积极协调帮扶单位出资建成百亩红花种植基地，并以职工福利的形式开展村内农产品消费扶贫每年 100 万元以上。经过几年的帮扶与发展，侯坡村贫困人口从 88 户 439 人下降到 20 户 94 人，贫困发生率从 42.2% 下降到 9.03%。

## 精准扶贫，雪中送炭施善举

作为省中医院团组织的负责人，郑访江全力做好共青团助力脱贫攻坚的工作。他带领医院团干部结对帮扶 16 名贫困大学生完成学业，联系社会爱心人士捐赠书包、雨伞、笔记本及衣物 740 多件（套），价值 13 万余元。他协调帮扶单位对 2017 年、2018 年考入本专科院校的 26 名贫困大学生给予 10.8 万元的资助，其中自己资助 1.2 万元。

在村里待久了，郑访江对每户农户情况有了更深入的了解。在他看来，群众除了因病、因学、因缺产业等现实问题造成的贫困之外，更多的是发展基础薄弱造成的。于是，郑访江将更多精力投入到改善基础条件的工作之中。通过多方筹措资金 10 多万元，建起了村文化广场，申请配套了健身器材，极大地丰富了村民的文化体育生活。同时，借助全省美丽乡村示范点建设项目，侯坡村创建成为全省“卫生村”，现已成为通榜公路沿线一道亮丽的风景。

何虎虎家是侯坡村最困难的贫困户之一。他因患眼病而失明，后来又诊断出得了直肠恶性肿瘤。他家的房子是 20 世纪 70 年代盖的，随时都有塌陷的可能。郑访江积极协调帮扶单位为其资助 1.5 万元，又动员帮扶责任人及责任科室共同捐助 0.5 万元，帮助何虎虎家盖起了新房子并建起了牛棚。他还动员何虎虎两个女儿外出务工。如今，何虎虎家住上了新房子，养起了牛犊，两个女儿也能打工挣钱补贴家用，生活状况明显好转。

经过郑访江积极向帮扶单位汇报争取，侯旭武、侯平国、侯建平、姚建武 4 户特困户也得到省中医院和帮扶责任人、帮扶科室每户不少于 2 万元的资助，于 2018 年上半年修建了新房。他还协调帮扶责任人帮助 2 户贫困户拉通了安全饮用自来水，帮助 2 户特困户建起了牛棚，补齐了村里特困人口“两不愁、三保障”中的短板。

郑访江的真心帮扶，感动了当地的干部群众，赢得了各级党委政府的充分肯定和多次赞誉。侯坡村党支部、村委会向他赠送了印有“用情用心用力，真帮真扶真做”的锦旗。他所带领的驻村帮扶工作队被授予“全省优秀驻村帮扶工作队”称号。中央电视台、《中国青年报》、人民网、新华网、《甘肃日报》、甘肃电视台等多家媒体先后以“贫困村来了个‘靠谱’年轻人”“贫困户的贴心人”等为题报道了他的先进事迹。

侯坡村蜿蜒的山峦见证着一个年轻干部全身心投入扶贫事业的壮志情怀和卓越贡献，也见证着这片土地拥抱他的深情厚谊。“就算青春渐行渐远，我也会庆幸。因为在我的青春里，有一个响亮的名字，叫侯坡村。”郑访江动情地说。

（撰稿：王若地　照片提供：郑访江）

郑贵章，中共党员，河北省邯郸市广平县扶贫和农业开发办公室主任。曾获河北省扶贫开发先进个人等荣誉。他以摆脱贫困为己任，坚持群众利益无小事，参与扶贫工作8年来，兢兢业业，呕心沥血。在他的努力下，广平县9.06万名贫困群众摆脱了贫困，2017年农村人均可支配收入增加到11 781元，贫困发生率下降至0.87%，连续五年（2013—2017年）在全省扶贫开发综合考核中名列第一。他提出的合同联结、合作联结、股份联结、劳务联结“四个联结”产业扶贫模式在全国推广。

# 沉睡的英雄

褪去冬装的冀南大地，新芽吐嫩，万物复苏。可是，昏睡了两年之久的郑贵章还是没有醒。

“只要自己在扶贫战线上工作一天，我就一定会奋战到底。”这是郑贵章发自内心的铮铮誓言。面对脱贫的繁重任务，他连续在乡村开展工作。2016年11月16日傍晚，因长期超负荷工作，劳累过度引发脑出血，他倒下了。

几次开颅手术，多次专家会诊，妻儿老小的深情呼唤，社会各界的殷殷关切，没能把这位河北省广平县扶贫办主任从深度昏迷中唤醒。他的爱人赵文华喃喃地说：“贵章太累了，非想着一次睡个够不可！”

郑贵章的办公室里挂着两幅书法作品，一幅上书“民贵有章”，一幅上书“贵有章法”。两幅字恰如其分地体现了郑贵章对父老乡亲的深情和对扶贫工作的领悟。

## 民贵有章，但愿苍生俱饱暖

广平县地处河北省邯郸市东部，1994年至2010年被确认为国家级贫困县，2011年后属省级贫困县，全县30万人有70%生活在农村，扶贫任务艰巨而繁重。闻鼓鼙而思良将，2009年10月，郑贵章出任县扶贫办主任。郑贵章出生于农民家庭，自幼父亲早逝，家境贫寒，乡亲们对贫穷的无奈和对富裕生活的向往他感同身受，所以，对这个岗位他格外用心。上任后第一次到省里开会，广平位列全省扶贫系统行风评议倒数第一，给了这名意气风发的扶贫新兵当头一棒。郑贵章铁青着脸，匆匆赶回了单位，他当众立下誓言，苦干几年，翻身摘帽！自此以后，郑贵章就把全部身心扑在了贫困群众身上，扎根在了扶贫第一线。

东张孟乡牛庄村，2015 年底贫困人口 114 户 365 人，贫困发生率 22.04%；2016 年底贫困人口 17 户 30 人，贫困发生率下降至 1.81%。村支部书记牛孟霞介绍说，这个村的贫困发生率显著下降，原因就在于郑贵章引导大家搞起了蔬菜大棚种植。

牛孟霞回忆道：“当时郑主任召集村里人开会，商量种大棚的事，大家没有底气都不吭声。郑主任就带我们到山东莘县、朝城参观。回来路上他问我，老牛，你看这个蔬菜大棚咋样？能不能搞？我说我听你的。郑主任就像这样使劲一挥手说，不搞项目，村里啥时候能富起来？你要是听我的，就得搞起来！”牛孟霞手势比画着，好像这些事就发生在昨天，历历在目。“买什么种子，用什么篷布，怎么办五户联保，村里有啥事都找郑主任。有一次，蔬菜大棚征地时两家闹纠纷，村里调解不了，就去找郑主任，郑主任二话没说就到地里丈量去了。那天是正月十六，我们这讲究吃包子。郑主任说，过年呢你们别闹，赶紧量完回家吃包子去。这么实地一量，两家谁也没意见了。”

像牛庄村一样，全县四镇三乡 37 个贫困村，都留下了郑贵章矢志扶贫、笃力前行的身影。胜营镇马宋固村 60 多个蔬菜大棚刚建起便遭遇大雪，为了防止积雪压塌大棚，郑贵章踏着齐膝深的积雪艰难步行 3 里路赶到村里，与村民一起清雪。

十里铺乡南小留村村民郭强彬经营草莓大棚，2014 年冬天马上就要上冻了，购买大棚棉帘的钱还没有着落，他急得直跳脚。郑贵章看在眼里，当即让妻子取了自家 5 万元存款来救急。在郑贵章的一次次鼓励下，经过 3 年滚动发展，郭强彬拥有了家庭农场——广平县惠农家庭农场，流转土地 160 亩，引种错季桃树 3 万株，建起草莓大棚 20 个，1 个大棚每年净赚 8 万元。

/ 郑贵章（左二）在大棚

南阳堡镇后大寨村 65 岁老党员高奉彬，靠种植大棚葡萄成了村里的“冒富大叔”。高奉彬说，他上这个大棚，全靠郑贵章给他出点子、搞培训。2014 年大棚被一场大火烧个精光，又是郑贵章给他拉来了贷款。如今，高奉彬经营着4个葡萄大棚，年收入达20多万元。得知郑贵章昏迷的消息后，高奉彬含着热泪说："我去医院看郑主任时，我还跟他说，我在村里搞了一个合作社，叫扶勤合作社，因为郑主任说过，扶贫不扶懒。合作社现有37户贫困户，我要带动他们都富起来。也不知道郑主任听见了没有？"

涓涓细流，汇聚成河。

郑贵章上任一年后，扶贫办在全县行风评议中获得第一。

郑贵章上任第三年，扶贫办再夺全县行风评议第一，在全省扶贫系统名列第三。在这一年的全省扶贫系统行风评议经验交流会上，郑贵章作典型发言。

绳锯木断，水滴石穿。

8年中，在郑贵章主导下，广平县累计减少贫困人口9.06万人，贫困发生率下降至2017年的0.87%，农村人均可支配收入从2009年的4 338元增加到2017年的11 781元。

广平县副县长吕恩成分管扶贫工作，想起一件小事他无限感慨："有一次，我正跟郑贵章谈工作，一个贫困户打电话找他咨询补助的事，郑贵章撂下我就去处理贫困户的事了。当时我脸上还有点挂不住，后来跟郑贵章接触多了，我也就理解了，他把老百姓的事、贫困户的事当成天大的事，他就是这么一个人。"

## 贵有章法，一枝一叶总关情

"阳光普照在大地上，你白白地浪费掉，没有充分地让无机能转换成有机能，这就是贫困落后的根本原因！"这是郑贵章动员贫困群众建大棚的开场白。

在扶贫工作上，郑贵章更注重从机制体制、方式方法、发动合力上找路子，既用心又动脑。

2012年麦收刚过，他带队到胜营镇马宋固村开动员会，要求每户来个"当家人"。马宋固村老党员施振山说，贵章说的"当家人"，就是在家既管事又管钱的人。郑贵章从老辈儿"一分园，一亩田"的大白话切题，讲政策，话发展，鼓起了群众建大棚的劲头，当场就有人报了名。会后，郑贵章拿着名单入户拜访，三言两语，就知道哪户真心干，哪户想套资金。结果，3户村民打了退堂鼓，直到第二年，其中的两户上了大棚，也享受到了扶贫补贴。

发放扶贫款，郑贵章有个"三步工作法"：墙垛子建起来了，发放第一笔；竹竿立起来了，发放第二笔；塑料薄膜盖上了，发放第三笔。每次都拍照存档。

施振山风趣地说，贵章是个"小心眼"干部。2012年冬，马宋固村建起60多个大棚，看到人工卷草帘费时费力，郑贵章就安排购买电动卷帘机，结果，第一批只运来了28台。郑贵章担心分配不公，便开车来到地头，拿着名单比对。

/ 郑贵章（中）在了解情况

做事有章法，郑贵章的工作方法都是本着为贫困户着想，从扶贫工作的效果出发。

在确定建档立卡贫困村、贫困户的过程中，郑贵章发现，基层扶贫力量严重不足，扶贫队伍缺乏稳定性。在他的建议下，广平在乡镇设立扶贫工作站，在贫困村设立扶贫工作室。这一做法比河北其他县（区）提前了一年，被新华社《国内动态清样》刊稿宣传。

在鼓励农民开展特色种植时，郑贵章发现，大多数贫困户不敢尝试，消极观望情绪比较浓。为了解决这一难题，郑贵章积极推行合同联结、合作联结、股份联结、劳务联结的"四个联结"扶贫模式，使扶贫龙头企业、合作社与贫困户之间形成了利益共享、风险共担的利益共同体。截至 2017 年 3 月，广平全县已累计培育省、市级扶贫龙头企业 12 家，辐射带动全县 3.2 万余人发展特色种养业。贫困户可以通过合作社入股分股金、种植企业打工挣薪金、流转土地拿租金，成为名副其实的"三金"农民。用扶贫办工作人员周俊杰的话说，"四个联结"是广平县打好脱贫攻坚翻身仗的一大法宝。

一分耕耘一分收获。2013 年、2014 年广平县连续两年在全省扶贫开发综合考核中名列第一；2015 年，在全省扶贫开发考核中位居同类县第一。三个全省第一的奖杯熠熠生辉，映射着郑贵章永不停歇的扶贫足迹和奋斗历程。

"凡是县委县政府安排的任务，郑贵章不谈任何困难，坚持冲锋在前，说干就干。"

广平县委书记董鸣镝这样评价郑贵章，“郑贵章同志的扶贫事迹和崇高精神，生动诠释了当代共产党员的优秀品质，为我们树立了一面光辉旗帜。”

## 立身持正，斯人千古不磨心

郑贵章是个爱下去“转”的领导，一有空就往村里跑。但他有个规矩：过了 11 点就不下村了，下村的话中午 11 点半必须回县里，他经常说，不要给村里添麻烦。

邯郸市富硒农产品科技开发有限公司是广平县的农业龙头企业，与很多贫困户签订了富硒小麦收购合同，是广平县“四个联结”扶贫模式的典型代表，郑贵章这些年没少跟这家企业打交道。谈起郑贵章，公司董事长张东明印象深刻：“贵章来的次数不少，但从来不在我这儿吃饭。有一次我俩在公司商量种子采购的事，合计到很晚，愣是不吃饭就走了！后来我实在磨得他没办法了，扭扭捏捏答应来我这儿吃顿饭，结果，自己在路上买了只烧鸡买了点凉菜带来了。我说我这么多粮食还管不了你饭啦，他说他从不在村里吃饭，不能破了这个例。”

郑贵章不愿给村里添麻烦，但帮助贫困户时，他又愿意“麻烦”别人。张东明说，每年签合同时，郑贵章总是翻着合同一页一页地提醒他，哪几个人是贫困户，让他在收购小麦时特别关注一下。每到收购小麦时，郑贵章还会特意给他打电话，请他找车去帮那些没有劳动力的贫困户拉麦子。

对贫困户全身心投入的郑贵章，对亲朋好友却有些“不近人情”。郑贵章的哥哥搞了个建筑施工队，原指望郑贵章能给关照关照，却被他一口回绝：“扶贫项目要公开招标，谁也不能走后门，这个口子，我不能开。”郑贵章有一个老朋友，孩子上学想申请雨露计划，因为不符合规定被郑贵章拒绝了，郑贵章说：“雨露计划只能安排贫困户，这个口子，我不能开。我个人可以资助你 3 000 块钱。”郑贵章老家亲戚想在村里打口井，找到郑贵章请他给拨点扶贫资金，

郑贵章（中）在工作现场

郑贵章义正词严地说："咱村不是贫困村，不能申请扶贫资金，这个口子，我不能开。"多年来，他上下班都是步行，从不用公车。他的妻子直到退休，也只是一名普通的加油工。

郑贵章心里装着群众，唯独忘记了自己。

2016年11月16日上午，郑贵章向督导组作汇报，陪着督导组到南阳堡镇东胡堡检查工作；下午，去了后大寨村、丁村，直到17时才回到单位。其间，他头有点不舒服，但因为广平县正处于脱贫摘帽的关键时刻，他想亲耳听听督导组的意见；傍晚，他因脑出血被紧急送到医院重症监护室。

"那天，郑主任离开俺村不久就被送进了医院。"后大寨村老党员高奉彬痛心地说。

"要不是郑主任，俺哪能建起蔬菜大棚？哪能过上幸福生活？"广平县十里铺乡后堤村老党员郝全金流着眼泪说。

"他没事，只是太累了！这几年，他说梦话都是扶贫的事儿，睡一觉就会好起来的。"郑贵章的妻子赵文华说。

"当他躺到病床上的时候，我反而有时间去真正认识他了……"郑贵章的大儿子郑俊杰说。在儿子眼里，父亲是陌生的：他回家根本没有准点儿，孙子上幼儿园他没有接送过一次，母亲生病住院，他连一顿饭都没去送过。"我们很少坐一起唠唠家常，有一次，全家一起看电视，电视里演一个穷苦农户，他说，这个不叫穷，无非是环境艰苦一点，没有劳动力才是真的穷，没有出路、没有盼头才是真的苦。他在家都是琢磨扶贫的事，看电视也能想到扶贫，这会儿躺在病床上，肯定爱听我们念《扶贫快报》吧。"为了唤醒父亲，大儿子郑俊杰每天贴在父亲耳边读《扶贫快报》。

由于成绩突出，郑贵章先后获得了河北省扶贫开发工作先进个人、燕赵楷模，邯郸市优秀共产党员、市扶贫开发工作标兵、市劳动模范等荣誉，被邯郸市政府荣记二等功，连续两年被授予县优秀人民公仆。

燕赵自古多慷慨悲歌之士。英雄睡着了，但他的精神正在河北广袤的平原上生根发芽，鼓舞着更多人为打赢脱贫攻坚战而奋斗。我们热切期待英雄醒来，再带领我们创造更大的辉煌！

（撰稿：高永伟　照片提供：周俊杰）

赵金祥，北京市平谷区农村工作委员会调研员，挂职西藏自治区拉萨市尼木县委常务副书记。他作为北京市第八批援藏领队干部、指挥部党委第七支部书记，分管尼木县经济、“三农”和北京市对口支援工作。进藏两年时间里，他团结带领指挥部党委第七支部全体成员克服严重高原反应等困难努力工作，提出了切合当地工作实际的产业融合发展规划并获尼木县委同意，为援藏重点项目精准持续建设奠定了基础。他勇于担当，大力实施产业结构调整，引进大桃产业，发展藏鸡和特色高原种植，培育本地经营主体，为尼木县打赢脱贫攻坚战做出了突出贡献。

# 思路变　人心齐　高原美

2018 年 7 月，尼木连续多天阴雨。这天是周六，赵金祥在办公室里望着窗外的雨，不禁自言自语：“援藏快满两年了，也该好好总结一下了。”

## 治穷，先要知道何以致穷

时针拨回到 2016 年 7 月，这是一个夏花绚烂的季节。北京市平谷区农村工作委员会副主任赵金祥来到了受援地——尼木县，担任尼木县委常务副书记，按照党委常委会分工，他分管经济、“三农”工作和援藏项目的承接落地。

“那一天，在拉萨贡嘎机场候机楼取行李时，我已经是头昏脑涨，哪怕是稍微加快脚步也会上气不接下气。简短的欢迎仪式和晚餐过后，我的脑袋已经完全发蒙，昏昏欲睡。”初到拉萨的经历，赵金祥历历在目。

剧烈的高原反应没有吓倒赵金祥。为了能尽快融入新的生活环境，赵金祥开始向身边的藏族同事学习，喝起了酥油茶，吃上了糌粑。他开心地说：“像我这样，在这么短时间内就能喝酥油茶、吃糌粑的援藏干部，还真不多！”

适应生活是第一步。更重要的是与藏族干部群众交流沟通。 赵金祥主动学习藏语，很快就能用藏语与大家交流了。

“我到尼木县任职前，就从同事那里听说了在北京援建的 4 个县（区）中有‘当雄苦、尼木穷’的说法。到任后，我才真正体会到了这句话的分量。”尼木县是西藏自治

/ 赵金祥（右）了解贫困户情况

区拉萨市所辖的一个县，平均海拔 4 000 米以上，海拔最高的村落达 5 500 米。尼木辖 7 乡 1 镇 32 个行政村、127 个自然组，总人口 3.6 万。其中，农业人口 3.1 万。当时，建档立卡贫困户 1 289 家，贫困人口 5 450 人。2015 年，县财政收入仅为 5 560 万元，经济总量在拉萨市各县区排名末位，是西藏自治区、拉萨市扶贫开发工作的重点县。有着多年农村工作经验的赵金祥深知，想改变贫穷面貌，先要弄清穷的原因。他在到任工作的第一周便深入各乡、村、组进行调研。

援藏项目很多都在高海拔的农牧区，山高路险，检查一个项目来回常常要一整天，有时还会遇到雨雪、道路塌方等危险情况。赵金祥和援藏同事们不畏艰险，认真负责地做好每一项工作。

卡如乡是尼木县西侧边界一个以种植为主要产业的乡，紧邻雅鲁藏布江，自然景色优美，全乡下辖两个自然村，共计 245 户、1 352 人，人均土地不足 0.6 亩。农民以种植青稞为主，收获的粮食勉强够吃。要是算笔经济账，土地年亩产出仅 1 400 元。吞巴乡，藏文字创始人吞弥 · 桑布扎的故乡，也是藏香的发源地。但是，这里的藏香产值仅占整个西藏自治区的 1%，历史文化背景少有人知。优势资源为什么不能发挥作用？这是赵金祥一直在思考的问题。

就这样，经过一个月的调研，赵金祥走遍了尼木县的各个乡（镇），也弄清了这些地方为什么贫穷——生产与经营方式传统，产业结构单一，资源开发利用率低。

## 北京大桃来到尼木

原因找到了，解决方案渐渐有了，北京的精准对接项目也有了眉目。赵金祥还依托尼木县特有的旅游资源优势，按照三产联动、融合发展的理念，提出了尼木县贫困农牧民搬迁安居、精准扶贫、特色沟域经济等建设项目。

2017 年清明节前后，赵金祥从北京平谷引进了 8 个大桃精品品种，共计一万株，在尼木县全部栽植完毕。三四月份的尼木县，天气反复无常，时而烈日炎炎、晴空万里，时而狂风大作、尘土飞扬。这是当地气压、含氧量最低，人体高原反应最强烈的季节。但是，赵金祥心里牵挂着桃树苗的存活情况，每天都会出现在农田里。他仔细观察苗木的生长情况，随时根据苗木的状态，研究桃树高原防风、防晒、防旱的具体措施和办法。按他的话讲，“我当时着实为自己捏了一把汗，撑着一股子劲儿”。

功夫不负有心人。赵金祥从北京平谷引种的一万株桃树，苗木成活率高达 90%。在从地里回来的路上，赵金祥流下了激动的泪水，尼木县老百姓脱贫有希望了。

在桃树苗木栽植培育的过程中，赵金祥按照既定规划，在长达 40 公里的沟域经济产业带内，在项目设计内容中，他本着全域旅游的发展理念，依托项目建设区千年核桃树和百年桃树林背景，以及农牧民养殖藏鸡的传统，重点建设了以新栽植大桃、藏鸡保种育种基地、建档立卡贫困户标准化养殖基地为主的休闲农业，以尼木县现代农业产业示范园区为主体的观光农业发展区，以建档立卡贫困户为主体的藏式风情民俗接待和特色产品展示展卖区，以国家森林公园为背景的森林体验区；依托项目区现有温泉资源，开发建设了温泉生态园；实施了沿途高海拔地区贫困农牧民搬迁工程，建立了藏香体验园，形成了“两园一路”的发展格局，搭建了产业发展平台，有效提升了接待能力。

产业发展了，但对有多年“三农”管理经验的赵金祥来说，发挥产业效能、促民增收、实施精准扶贫，这只是万里长征迈出的第一步。要想让尼木县老百姓脱贫致富，甩掉贫困的帽子，必须大力推进农村改革，转变当地生产经营管理方式，建立经营机制，在管理上下功夫。

赵金祥（左）看望慰问结对贫困户

好想法必须抓落实。赵金祥多次深入村、组，与当地干部群众进行交流座谈，通过耐心细致的工作，他推动了当地第一宗土地流转，实现了流转土地所有权、承包权、经营权三权分置，使贫困农牧民由传统的产业农民转变成为产业工人，实现了收入的多元化。

谈到农民增资增收，赵金祥如数家珍：“现如今，尼木县的贫困农牧民，建档立卡户收入有土地收入、工资收入、资产性收入和经营性收入。这四种收入，让昔日的贫困农牧民甩掉了贫困的帽子，脱了贫，致了富。”

再过一个月，尼木县就要进入冬季了，这里草场稀疏依旧。可是，56 岁的贫困户索朗旦增一点儿也不愁。过去，他们靠天放牧时的牲畜“夏肥、秋瘦、冬死”已成为历史。这是因为北京援藏干部让昔日的戈壁变了样，采用覆膜技术试种，打破了海拔 4 000 米以上不能种苜蓿的定论。

“我们靠放牧为生，饲草很重要，这一点援藏干部赵金祥心里最清楚。”索朗旦增望着眼前数百亩苜蓿说，“一亩地年产 2 500 公斤草，相当于 100 亩天然草场的饲草量。苜蓿收割后扎捆储藏，牲畜过冬就不愁没吃的了。种苜蓿还能防风沙，以前我从没见过这么一大片绿色牧草。这些都是托北京援藏干部的福，我们真心感谢他们。”

36 岁的白玛旺久过去是一名只会种青稞的农民，如今成为种桃能手，他的收入从 3 000 元涨到 15 000 元。“我只有初中文化，刚开始种桃，我什么也不懂，是北京援藏的师傅手把手教我，从育苗到剪枝，从施肥到喷洒农药，他们不厌其烦地指导，让我懂得了种植桃树的知识。现在，我可以独当一面了。”白玛旺久自豪地说，“如今，我家盖了新房、买了轿车，日子过得有滋有味。要想摆脱贫困，就种北京大桃吧。要想脱贫致富，就要学习新技术，练就真本领。”

两年来，赵金祥把智力援藏作为助力尼木县脱贫攻坚的重要举措，由“输血”变“造血”，这是他的心愿，他想给尼木县留下一支永不走的人才队伍。为了实现这一目标，赵金祥统筹谋划人才培养模式，加强农业产业建设，实现了基础设施建设和人才培养的同步。

为了增强尼木县脱贫攻坚的“造血”能力，赵金祥引进的大桃项目已经成为当地贫困人员致富的“摇篮”，成为贫困人员脱贫致富的新路子。在尼木县，越来越多的贫困农牧民受益于赵金祥的“造血”式援助，他们的观念在转变、技能在增长、干劲在增强，大家纷纷行动起来，不等不靠，努力用自己的双手去创造，走上了脱贫致富之路。

## 扶贫越是精准，致富步子越稳

尼木县，是大名鼎鼎的藏鸡发源地。赵金祥主管农业后，他就去学习，找正儿八经的藏鸡场，想跟人家合作，一来教教农户们怎么能养好鸡，二来也想为这些藏鸡做做市场推广。养鸡场负责人很高兴，对合作也表示欢迎。但是，这个养鸡场规模有限，只能提供鸡苗、回收部分鸡蛋，对于养大的肉鸡他们不要。这个模式养了一段时间，赵金祥

/ 赵金祥（左一）下乡调研

/ 赵金祥（左）现场指导果树冬季种植

发现，每家的鸡越养越少。于是，他找农户询问，才知道每只鸡在每年的 4 月底到 10 月才下蛋，其他时间不产蛋。鸡不产蛋，农户就干赔，因为肉鸡没人收，不如自己杀了吃肉。赵金祥对农户说，你们接着养啊，到了明年 4 月鸡不就又下蛋了吗？但是，农户给赵金祥算了一笔账，鸡苗是企业提供的，国家有补贴，农户不用花钱，可鸡饲料的钱得自己掏。这拨鸡下完蛋杀了吃肉，农户不赔钱，要是接着养，还得花钱买饲料，不划算。

赵金祥这才明白，不是藏鸡不好，而是养殖环节出了问题。要想让农户们一心一意养鸡，就得给他们提供一条完整的产业链，并且找个规模更大的企业才行。于是，赵金祥回北京，他相中了一家著名企业。这家企业的鸡蛋行销全国，规模大、产业链完整，他把这家企业领到尼木县搞调研，用了近一年的时间，这家企业终于在尼木县落地了。

框架协议签订后，这家企业答应给尼木县贫困户提供鸡苗，农户负责养殖，企业负责回收鸡蛋和肉鸡。尼木县领导表示没问题，鸡苗国家有补贴，农户也不用花钱，这事肯定能推行下去。但是，赵金祥不同意，他说：“这个政策是好，但咱们得让农户有危机感。我建议，每只鸡收农户 5 元，不是国家补贴不起，而是要让农户有成本意识，让他们对养鸡真正上心。”

在吞巴乡，一个农户一口气养了 2 000 多只鸡，他很精明，在山上包了一小片林地，还搞起了林下养殖，一年可以养两批鸡，年底一算账，净挣 4 万元。这种示范效应比什么都好使，村里的乡亲们一看养鸡有赚头，纷纷加入养鸡行列。

当地的藏族干部也很服气，别看从北京来的赵金祥没养过鸡，可他知道怎么能动员老百姓养好鸡。当地受益的老百姓都知道这个点子是赵金祥想出来的，他们养鸡挣到钱后，就想感谢他。

有一天，在尼木县委大院门口，有人提着一篮子藏鸡蛋找赵金祥，他说什么也不要，并且告诉这位农户：“您知道咱们的藏鸡蛋能卖多少钱吗？那可是 500 元一盒，而一盒只有 30 多枚。您拿这么多鸡蛋来看我，不是让我犯错误吗？您赶紧回去吧，过两

/ 尼木县掠影

天企业来收鸡蛋，您算算今年能多挣多少钱啊！”

两年来，赵金祥充分利用北京和本地资源，先后引进了北京北控清洁能源有限公司、北京顺鑫农业股份有限公司、航天五院神州绿鹏农业科技有限公司、七芝堂集团等国家级产业龙头企业入驻尼木县，以参股和技术合作等方式参与新建项目经营，并加快培育本土经营主体，形成了“政府搭台、贫困农牧民主体、企业专业化经营”的项目运营保障机制，并建立了“直接带人、经营联户”的精准扶贫机制。

赵金祥通过项目创新，带动当地干部群众发展经济，取得了良好的效果。2017 年，项目所在地卡如乡建档立卡贫困户专业合作社、卡如村集体共计收入 368.59 万元，项目建设期内实现分红，全乡建档立卡贫困户户均增收 3 000 元，达到脱贫线标准。2018 年，由域上和美文化旅游集团与建档立卡贫困户合资的经营公司已与 8 家旅行社签订合同，年内计划接待游客 5 万人次，实现利润 300 万元。同时，还带动了县内藏香、雪菊、藜麦种植的建档立卡贫困人口 1 173 人脱贫增收，进而整体拉动全县农业产业调整增收，惠及 3.1 万名农牧民。

一路耕耘一路歌。两年来，赵金祥不顾高原缺氧和身体的极度疲惫，与同事们并肩作战，用“缺氧不缺精神”的信念让当地老百姓摆脱了贫困。在赵金祥的带动下，尼木县越来越多的产品销往全国各地，产品遍布很多商场、超市，有些还远销海外。尼木县走上了一条可持续发展的新路！

（撰稿：李庆华　照片提供：赵金祥）

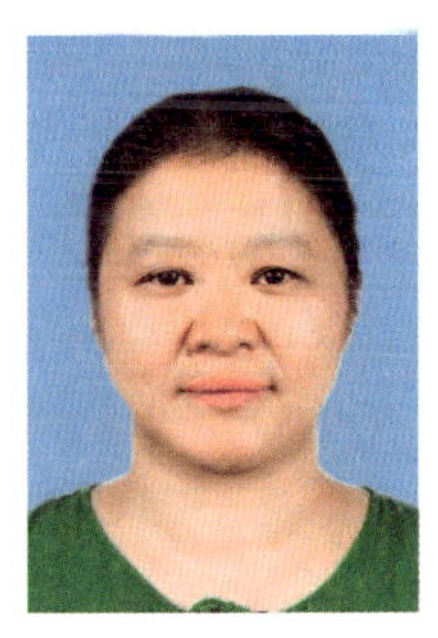

徐冬梅，中共安徽省委党校（安徽行政学院）副教授、副处长，九三学社社员，原安徽省派驻阜阳市颍泉区伍明镇王寨村扶贫工作队副队长。她情系“三农”，立志扶贫，坚持在扶贫第一线走村串户摸实情，精准施策谋实招，帮扶王寨村发展了“一村一品”，建起了光伏电站、就业扶贫车间和电子商务扶贫驿站，实现了从“输血式扶贫”向“造血式扶贫”的转变。她身患肺癌、甲状腺癌，一直坚持工作，直到被强行调回治疗时，仍然强烈要求重返扶贫一线。她无愧为村民贴心的“徐大姐”、孤儿最亲的“徐妈妈”。

# 我的梦　你会懂的

2017 年 4 月下旬，安徽行政学院党委发布紧急通知：学院要组建扶贫工作队驻村扶贫，为期三年。徐冬梅立即要求报名参加。她所在部门支部书记笑着回绝：“你又不是党员！”她一听就急了，虽然知道学院要求共产党员冲在前，可谁规定只有共产党员才能去扶贫？习近平总书记不是说过嘛，要动员全党全国全社会力量，齐心协力，打赢脱贫攻坚战。于是，徐冬梅赶紧找学院领导，表达了自己的愿望，还打电话给九三学社安徽省委领导，请求支持和帮助。4 月 27 日傍晚，徐冬梅接到学院通知：请你前往阜阳市颍泉区王寨村报到。那一刻，徐冬梅别提有多高兴，多年的期盼终于变成了现实。

翌日一大早，学院举行隆重而简朴的欢送仪式，欢送徐冬梅等四位扶贫干部启程奔赴脱贫攻坚第一线。此时的徐冬梅，手捧鲜花，脸上洋溢着发自内心的幸福微笑。她在微信朋友圈发了这样的信息：“当个人理想与组织需求相契合时，那叫幸福！”

## 以苦为乐，圆梦扶贫

作为一名生活安逸平静的女教师、九三学社基层委主委，是什么让她一而再、再而三地向组织申请参与扶贫？是什么让她如此情系贫困地区、义无反顾地奔赴脱贫攻坚第一线？

作为一名研究农业领域的专家，多年以来，徐冬梅深入农村走访调研，亲眼见到了乡村的苦、贫困群众的难。每到一处，她都细心了解情况，想方设法帮助群众解决实际困难。同志们都说，她心系农村，情系农民。她自己也说，最大的心愿就是到农村去，为农村的发展、为更多的贫困群众做实事，为了实现这个心愿，遇到什么样的苦自己都会义无反顾。

王寨村位于颍泉区西北部，地处三县交界，辖 18 个自然村，有村民 1 599 户 7 015 人，地理位置偏僻，缺乏富民产业，是阜阳市颍泉区伍明镇未出列的贫困村。对贫困村的穷困状况，徐冬梅虽然早有心理准备，但踏上王寨村的土地，她还是感到很震惊：触目可见的竟都是昏暗的颜色。

第一种颜色是灰色。人们一直以为农村没有什么工业，应该没有污染，天空应该是湛蓝的，可是这里的天空竟然是灰色的。空气中弥漫着呛鼻子的尘埃，漫天飞舞的杨絮也是灰蒙蒙的。每次走访贫困户回到驻地，徐冬梅的头发、鼻孔、衣服上都会披上一层灰色的絮绒，一张口就会呛到嗓子里，直咳得快背过气去。村中只有一条新修的水泥路，其余都是尘土飞扬的土路。最让人心酸的是村民的面容黯淡无光。生活拮据，环境脏乱，不少村民整日“守着墙角晒太阳”，“没盼头”是常态，“等靠要”成依赖。房前屋后垃圾、粪堆随处可见，蚊蝇乱飞。

第二种颜色是黑色。不少贫困户家中人畜混居，随处可见黑黢黢的牛粪、羊粪。初夏的天气已经很热，人一进门，蚊子、苍蝇直扑脸面，气味熏天。每当回到驻地，扶贫工作队队员们总是要在满身被蚊虫叮咬的包块上擦上风油精、红花油。

看到这些，徐冬梅真是心痛，但是这并没有使她退却，反而更坚定了她做好工作的决心。这也是她后来始终坚持“脱贫首先从改变环境开始，产业发展不能以环境污染为代价”的缘由。

徐冬梅进村后，和扶贫工作队的同志一起深入各个自然村，走村串户，踏访田间地头，摸实情、想实招。五月飞絮的季节，原本可以待在教室授课的她，却迎着纷飞的杨絮，没日没夜地在村里跑来跑去。有人提出戴眼镜、戴口罩去农户家，徐冬梅坚决反对：“眼镜、口罩隔去的不仅仅是杨絮，更是隔断了我们和贫困户的亲密联系。”她忘记自己的年龄，忘记自己的性别，和工作队的年轻男同志一同早出晚归、“5+2”“白加黑”地奔波在扶贫一线。徐冬梅的私家车底盘低，乡间路况差，扶贫没两个月，车子几近报废。于是，家里又购买了一辆高底盘的 SUV，专门给她

/ 徐冬梅下村走访

/ 徐冬梅（右）入户调研

用于村里扶贫工作。

说起家人的支持还远不止这些。或许是受到妈妈影响，女儿硕士研究生毕业后放弃了曾经向往的“北上广深”，而是报考了选调生，成为一名服务在乡镇农村一线的村干部。徐冬梅的爱人也积极支持她的决定，并主动报名参加单位选派，希望和妻子、女儿携手并肩，舍小家为大家，为脱贫攻坚贡献力量。爱人最后虽未被选派，但他始终用爱和行动支持着爱人和女儿的扶贫梦。说起这些，徐冬梅总是微笑着说，我是代表一家子在这干工作的，哪有不尽力的道理。

贫困村里有个 5 岁的孤儿叫赫登清，跟着年迈的伯父、伯母生活，天天在路边玩泥土砂石。教师出身的徐冬梅看到后甚是心疼，便经常在工作结束后去他家，教他识字、背诗、做算术。冬天到了，徐冬梅又给孩子买了新棉衣新棉鞋，还让女儿一起陪着去野生动物园游玩。赫登清在路上拉着徐冬梅女儿的手悄悄地说：“姐姐，你和阿姨真好。”回村后，当老伯母再次看到徐冬梅时，脱口而出地对赫登清说：“你妈妈来了，你妈妈来了。”

贫困户张克江身体残疾，且有儿子要抚养，家庭负担较重，缺乏生活信心。了解情况后，徐冬梅隔三岔五前去走访，她拉家常、讲政策，找“穷根”、开“药方”。徐冬梅上门次数多了，张克江脱贫的劲头也足了。种药材、卖馓子，如今的张克江一家不仅摘掉了“穷帽”，还盖了处新房。张克江逢人就说：“只要踏实肯干，往后的日子肯定越来越好。多亏徐大姐的帮助啊！”

徐冬梅到村之后也格外关注教育扶贫。有一次到坝张小学走访，了解到学校想建一个图书角，但现有图书数量少，又十分陈旧。得知情况后，徐冬梅立即想办法动员社会力量，为学校送来了价值上万元的图书。

如今，王寨还是那个王寨，“颜色”却已悄然改变——平整的水泥路直通村民家门口，修葺一新的农舍，自来水甘甜清冽。在徐冬梅的号召下，村民养牛养羊做到了人畜分离，村民的环境意识明显增强了，卫生环境也得到了有效改善。环境变，人心变。村民脸上，灿烂的笑容多了，文明乡风越发浓厚，小康的旋律在田野上奏响。

## 以思谋变，产业扶贫

贫困村的可持续发展和贫困户收入的可持续增长是扶贫工作的重中之重。徐冬梅和扶贫工作队走遍了所有自然村，入户访问了所有贫困户，足迹踏遍了村中的田间小径。每每走在这崎岖的路上，徐冬梅都满怀希望。她认为：此地贫困的原因，主要是产业发展有问题，产业结构不合理，技术不成熟，产品销售渠道少，产品卖不出去，也有基础设施差，群众对脱贫信心不足，缺少基本技能等问题。她先组织扶贫工作队认真探讨，悉心研究，制订了一系列扶贫计划和实施方案，一户一策，综合治理，整体推进发展。之后她又跑项目、拉赞助、筹资金，把设想落到实处。

他们深挖传统优势产品，开发推广新产品。王寨村有种红薯的传统，但多年来，带动村民增收作用有限。在徐冬梅的努力和奔走下，村里搞起了粉丝加工，把红薯变成了粉丝。又组织成立了村电子商务扶贫驿站。经过努力，粉丝在网上热销。仅2018年春节期间，村扶贫驿站就通过网络销售了上千斤粉丝。据统计，2018年王寨村集体经济收

/ 徐冬梅到村里了解种植产品品种

/ 村民文化广场一角

/ 徐冬梅在新建的村民文化广场



入达 17.2 万元。

从 2017 年 4 月起，仅仅用了半年多的时间，徐冬梅和扶贫工作队就组织完成了自来水工程、环境治理、河渠疏通、村民体检、贫困儿童救助、贫困家庭对口帮扶等项工作。村里建立了扶贫车间，对村民进行产业指导和培训；组织新建了有实际运转意义的农民专业合作社，互帮互助，形成生产规模，组织开展土地流转，让土地发挥更大效益。

为了丰富群众精神生活，把对产业的扶贫与对村民的扶智、扶志结合在一起，徐冬梅和扶贫工作队又组织完成了党员活动室、村民服务大厅、村民文化健身广场等建设。如今的王寨村，从村容村貌到村民的精气神都已完全换了模样。

## 抗争病魔，心系扶贫

夜幕降临，徐冬梅在笔记本上认真记录着一天的访问情况，并把调研结果写成建议，通过九三学社省委参政议政部上报了省政协。不到半年，她已写满了五本扶贫笔记。她说一定要把它整理出来，精准扶贫需要的是“精准”记录和发现。她满怀信心，夜以继日地加班加点，仿佛有使不完的劲儿，用不完的精力。她享受着扶贫带给她的幸福，享受着“工作着是美丽的”状态。

然而，徐冬梅累倒了。

2017 年 11 月初，徐冬梅正在街上给孤儿买过冬的衣服，收到体检结果通知，怀疑是肺部恶性肿瘤。她愣了很久很久，最终选择还是回村，忙完年终所有计划内工作。2018 年 1 月，徐冬梅回到合肥就医，被确诊为小细胞肺癌，随即进行了手术。她在手术后看见大家的第一句话是：“我没事，歇几天就可以回村扶贫了。”

在医院期间，她半躺着打点滴，左手被吊针固定着，就用右手拿着笔写。让大家感动的是，她写下的第一行字竟然是扶贫工作建议。

2018 年 5 月，在接受了 4 次化疗后，她不顾家人反对，又带着抗癌药品义无反顾地回到了王寨村。由于身体严重不支、药物反应强烈，徐冬梅才不得不从村里第一线撤回。2018 年 7 月，徐冬梅又进行了第二次大手术——甲状腺癌全切手术。

再次躺倒在病床上时，徐冬梅还坚持要求：“像我这样研究农业农村的人就应该去农村，把自己研究的东西奉献出来，落到实处；像我这样民主党派人士就应该去农村，支持国家的扶贫大计，为了百姓共同富裕而奋斗终生。”

是什么样的信念，让一个人这么执着？

是什么样的精神，让一个人这么忘我？

是什么样的力量，让一个人这么奋进？

徐冬梅在参加轮训班结业式上发言说：“当年红军爬雪山、过草地，为的是劳苦大众的翻身解放；今天我们脚踏实地深入贫困地区为贫困人口的脱贫致富助力，为的是走共同富裕的康庄大道。这就是造福于民，这就是不忘初心。”

值得欣慰的是：2017 年 12 月，王寨村以优异的成绩通过了第三方评估，全村 178 户 379 人全部顺利脱贫，通过率 100%；她带领的驻村工作队被颍泉区授予“先进扶贫驻村工作队”荣誉称号；她自己获全国脱贫攻坚奖贡献奖，成为 2018 年安徽省唯一一位获此奖项的扶贫干部。

（撰稿：张正宇　张奕　照片提供：徐冬梅）

梁丽娜，广西壮族自治区玉林市陆川县乌石镇党委委员、副镇长，陆河村党总支书记。曾获中国青年五四奖章、全国三八红旗手、全国农村青年致富带头人等荣誉。80后的她已在农村扎根8年，主持制定了陆河村整体发展规划，建立了村里“一事一议”、多方协商的长效机制，带领乡亲们积极改善村内基础设施，千方百计寻找适合陆河村发展的产业。通过种植橘红、百香果，养殖陆川猪，增加村民收入。创新村集体经济发展模式，开发光伏发电项目，发展“高架网床＋益生菌”项目。经过不懈努力，实现了陆河村整村脱贫摘帽。

## 庄严的承诺

2017年4月20日下午，习近平总书记在广西主持召开基层代表座谈会，广西陆川县乌石镇副镇长兼陆河村党总支书记梁丽娜，作为一名基层村干部代表参加了座谈会并发言。她说：“回到村里以后，我要多深入村民家中，跟村民们多沟通、多交流，共同探讨村子的发展，研究怎么脱贫致富。让村民都知道、都了解党的各项政策，带领村民早日脱贫致富！”这是梁丽娜向习近平总书记的承诺。

“通过帮扶干部的精准帮扶和大力发展特色产业，陆河村正逐步实现脱贫致富，请总理放心，我们的目标是2017年实现整村脱贫摘帽！”2017年3月8日上午，在李克强总理到十二届全国人大五次会议广西代表团与代表们共同审议报告时，梁丽娜也曾这样向总理承诺。

在梁丽娜及全体村民的共同努力下，陆河村得到了长足的发展。2017年底，陆河村脱贫108户373人，人均纯收入由2011年的不足2 500元增加到7 560元，实现了整村脱贫摘帽。

### 女硕士当起了村干部

梁丽娜，1985年10月出生于陆河村的一个普通家庭，土生土长的她，对这片泥土地充满着感情。2011年6月，梁丽娜从广西师范大学理论物理专业硕士研究生毕业，原本打算做一名教师，可是在毕业的前一天，当她回村找老支书办理党组织关系转出时，满头白发的老支书语重心长的一番话让她改变了主意。

“村里特别需要一名像你这样有能力的年轻人带领大家脱贫致富。”老支书满怀期待地说。

陆河村地处广西、广东交界处，是个山多地少的革命老区贫困村，贫穷落后，交通不便。总人口为 1 046 户 4 575 人，建档立卡贫困户为 130 户 454 人，贫困发生率为 9.92%。2011 年以前全村没有一条水泥硬化路。村“两委”干部老龄化严重，村委会办公场所是 20 世纪 70 年代建成的旧瓦房。村里的拦河坝早已被洪水冲垮，村民种田只能靠天吃饭，收入低，生活困难。村里没有什么产业，年轻人都外出打工，留在村里的多是老人和孩子。

在梁丽娜看来，读书不仅是为了改变自己的命运，更是为了帮助更多的人改变命运。她毅然打消了在城市工作的念头，返乡做起了当时月工资只有 620 元的村干部。2011 年 8 月 18 日，陆河村举行村支部换届选举，梁丽娜高票当选为陆河村党总支书记，成为广西第一位女硕士村支书。

“读了那么多年书，还要回这个穷山沟里吃苦，真不如在城市里捡垃圾呢！”一时间，村民们像炸开了锅一样，纷纷议论着这个小女生。连她的妈妈也慌了，劝她说：“你还是不要当这个村支书了，别人会瞧不起我们家的。”但年轻的梁丽娜很有主见：“正是因为读了这么多年的书，所以我才决心为村里谋一个好未来！”“城市的发展需要人才，农村的发展更需要人才，一批批农村人才不断流入城市，那谁能从城市再回到农村来改变家乡面貌呢？这个人为什么不能是我呢？”面对别人的议论，梁丽娜暗下决心：“既然选择走这条路，就要为实现带领村民脱贫致富的梦想坚持到底，别人越是不看好我，我就越是要好好干，不能半途而废。”

做好农村工作并不像书本上说的那么容易。尽管梁丽娜从小在农村长大，但很快她就认识到，要真正做好群众工作，还需要从头学起，除了虚心向邻村和镇上的干部学习，还得跟老百姓打成一片。

/ 陆川县乌石镇陆河村村委大楼

读万卷书，行万里路。梁丽娜深知要想做好农村工作，就要走到农户家里，用脚步丈量陆河村的每一寸土地。陆河村 18 个村民小组、1 046 户人家，她一家家一户户地走访，3 个月时间走遍了所有的农户。

/ 梁丽娜在开会



大到村里的人口、土地、教育、医疗，小到家长里短，梁丽娜全都摸得清清楚楚。

针对村里存在的诸多问题，梁丽娜通过和村干部讨论商量、召开村民代表会议，制定出陆河村整体发展规划，建立了村里“一事一议”、多方协商的长效机制。

为了改变陆河村面貌，梁丽娜付出了艰辛的劳动，以前的娃娃脸上失去了光泽，更多的是岁月留下的坚毅和汗水。看着陆河村一天天发生变化，梁丽娜说：“我的工作得到大家的认可，我很满足，要继续干下去。”

## 泥土地开出芬芳的梦想之花

2015 年，党中央吹响了脱贫攻坚的号角，脱贫攻坚战全面打响，陆河村也积极投身到打赢脱贫攻坚战的行列。“村民富不富，关键看支部”，而支部的关键在于支书。梁丽娜认真分析了陆河村 130 户贫困户的致贫原因，精准施策，提出要从发展特色产业、发展村级集体经济和重视教育等方面入手，让陆河村脱贫摘帽，让泥土地开出芬芳的梦想之花。

然而，发展产业怎么搞？从哪里下手？为了发展适合陆河村的产业，梁丽娜作了很多尝试：养殖三黄鸡，种植苦玄参、铁皮石斛，等等。由于种种原因，最后这些产业都没能发展下去，她感到备受打击。但是，梁丽娜发展产业的心始终坚定不移。失败是成

/ 梁丽娜（右一）和村民一起查看当地特色产业橘红树生长情况

功之母。经过努力探索，她发现种植橘红是条不错的致富路子。

橘红是一种具有止咳化痰功效的中药材。为了带动村民种植橘红，梁丽娜和其他陆河村“两委”干部先带头种植。乡亲们看在眼里，也都纷纷在曾经荒废的土地上种植了橘红。陆河村种植橘红面积达到 530 亩以上。为了尽可能增加村民收入，梁丽娜还引导村民种植百香果，全村种植面积达 300 多亩，每亩可获得 8 000 元收入。看着村民们欢快的样子，梁丽娜说：“我心里比他们还高兴！”

种植橘红和百香果大获成功，极大地鼓舞了梁丽娜发展产业的信心。她开始动员村民生态养殖陆川猪。梁丽娜联系到相关企业，可以将村里的陆川猪直供珠江三角洲一带，解除了销售的后顾之忧，大大调动了村民的积极性。梁丽娜还通过电商销售猪肉，进一步拓宽了陆川猪的销售渠道，让村民真正感受到了“互联网 +”给农村发展带来的变化。

要实现整村脱贫摘帽，发展村级集体经济是梁丽娜一直关注的重要问题。她曾先后到广西上林县、东兴市以及安徽、江苏、重庆、贵州等地进行专题调研，学习先进经验。

梁丽娜和村干部商量后，决定发展清洁能源，在村委办公楼顶建设太阳能光伏发电项目。该项目建成后实现了当年 2 万元的村级集体经济收入，2018 年增加到 5 万元。梁丽娜还联系到广西聚银集团，采取“公司 + 村民合作社”的模式，发展“高架网床 + 益生菌”生态养殖，增加村级集体收入。陆河村高架网床生态养殖场已经建成，年出栏生猪 1 500 头左右，每年可增加集体经济收入 10 万元以上，彻底走出了村集体没有经济收入的困境。

## 将脱贫进行到底

“党的十九大报告中提出了脱贫攻坚的新方法、新手段，包括注重扶贫同扶志、扶智相结合。”在农村长大的梁丽娜深深地体会到知识对一个孩子的成长有多么重要，更加清楚地知道掌握知识技能对一个贫困家庭实现脱贫的重要性。为让孩子们能在好的环

/ 梁丽娜查看百香果生长情况



境里读书学习，在她的带领下，村里对学校实施改造，建起了一栋二层教学楼和一栋教师周转房。为激励孩子们好好学习，梁丽娜还提出实行成绩优秀奖学金制度，奖学金由她负责牵头筹措。为了帮助贫困学生筹到学费，梁丽娜寻找企业资助，让更多贫困家庭的孩子能够圆大学梦。

2015 年 8 月，梁丽娜争取到了北京朝阳区海外留学联合会的资助，组织陆河村 8 名学生参加北京夏令营活动。孩子们第一次走出大山到了北京，开阔了视野，激发起强烈的求知欲望。梁丽娜还号召村里的经济能人、爱心人士关心支持陆河村的教育，带头捐款奖励考上重点学校的孩子。2013 年资助了 1 名考上陆川文昌中学的学生，2015 年资助了 1 名考上华南理工大学的学生，2016 年资助了 1 名考上玉林高中、3 名考上陆川中学的学生。

作为帮扶干部，梁丽娜与 5 户贫困户“结对子”进行帮扶。她经常深入贫困户家中了解情况，和贫困户交心谈心，帮助贫困户申请危房改造、“雨露计划”补助以及办理小额信贷、发展产业等，5 户贫困户已经有 3 户实现了脱贫。她帮扶的贫困户覃厚少说：“丽娜这个孩子啊，就像我女儿一样好！”

在梁丽娜和乡亲们的共同努力下，陆河村各项建设逐渐完善，面貌焕然一新。修建水泥硬化路 12.8 公里，覆盖陆河村 18 个村民小组，大大方便了村民的生产生活。建设

/ 梁丽娜（右二）到脱贫户家详细了解脱贫后的家庭生活情况

了一个篮球场和舞台、一个农家书屋，组建了农民篮球队、文艺队，丰富了村民的精神文化生活。修建了 2 个水坝，改善了水利灌溉系统，提高了粮食产量。申请了 3 个自来水项目，解决了村民的饮用水问题。村委会办公楼已经建好，办公室配置了电脑，连上了网络。村里建起了一座座新楼房，有的村民家里购置了电脑，有的村民家买了小汽车，村里的商店也用上了手机支付。

8 年来，梁丽娜凭着对梦想的执着追求，扎根基层，奉献青春，从当初一个羞涩的小女生成长为一个村的当家人。她率领陆河村的党员干部，在脱贫攻坚战中啃下一个个“硬骨头”，为一个贫穷落后的小山村带来了新面貌、新气象。她在这片深爱的泥土地上，兑现了带领村民脱贫致富的庄严承诺。

（撰稿：宋军伟　照片提供：梁丽娜）

樊学双，中共党员，福建省福州市闽侯县副县长，宁夏回族自治区固原市隆德县委常委、副县长。他是闽宁协作挂职干部，在打好精准脱贫攻坚战座谈会上，作为东西部扶贫协作挂职干部唯一的代表，他向习近平总书记汇报工作，受到充分肯定。习总书记勉励他：“继续做好，再接再厉，久久为功。”他在援宁两年中帮助10个重点贫困村脱贫，协助建立了11个村级车间，帮助600多名贫困村妇女实现在家门口就业；促成闽宁两地互访50多次，组织开展贫困户技能培训3 000多人次、助学500多人。



# 扶贫倾全力　攻坚不畏难

隆冬时节，宁夏回族自治区固原市隆德县前庄村52岁的农民工丁娟，麻利地把人造花打包入盒，每天计时工作，机动灵活，干起来得心应手，她一年收入1.5万元。

持家、务农、就业三不误，把车间建在村口的“送岗上门”模式，是福建援宁挂职干部樊学双针对隆德县农村妇女无法离家就业想出来的好办法。目前，像这样的人造花扶贫车间在隆德县有11个。

谈到闽宁东西部扶贫协作项目，樊学双感言：“1996年，习近平总书记在福建工作时，亲自部署，实地调研，开启了闽宁东西部扶贫协作征程。”20多年来，在对口帮扶市县党委政府的鼎力支持下，援宁挂职干部一任接着一任干，取得了丰硕成果。扶贫协作模式从单纯的政府行为，发展成为政府、企业、社会相结合的对口协作，成为东西扶贫协作和对口支援的生动例子。樊学双祖居河南农村，对身陷贫困又没有出路的无奈有切身体验。他从清华大学博士毕业后放弃留在大城市的机会，成为福建省委组织部基层引进生。

## 车间建到村民家门口

2016年11月，时任福建省闽侯县人民政府副县长的樊学双，毅然克服家庭困难，响应组织召唤，成为第十批援宁工作队队员，到宁夏隆德县扶贫。

11月的福建气候温暖，而宁夏隆德已经冰天雪地。光是生活环境变化就让樊学双一时难以适应。而更大的考验是能否高质量完成组织交给的扶贫任务。

/ 闽宁扶贫车间

宁夏，本来就是经济欠发达地区，而隆德县所在的南部山区西海固更是自古贫瘠。一方水土养不活一方人，贫穷困扰了一代又一代人。在走访贫困户时，不少人是这样对樊学双说的：我们也不想靠着墙根晒太阳，但农活不用天天干，零工不是天天有，只能闲着晒太阳。另外，村里很多妇女要照顾老人和孩子，无法出家就业，只能待在家里。

了解到这些情况，樊学双想到，闽宁扶贫产业园中人造花加工厂技术门槛低、用工量大，十分适合留守妇女。于是，他提出将闽宁产业园的扶贫车间建到村民家门口的设想，通过“龙头企业 + 扶贫车间 + 贫困群众”的方式，送岗上门。樊学双的建议得到闽宁两地政府的大力支持。

不到两个月，第一个闽宁人造花扶贫车间在前庄村建成。接着，樊学双组织老乡们到县城参观人造花总厂，他们看到那么大的厂房、那么多的机器，很是兴奋。回来后，前庄村的十多名大姐抱着“试一试”的想法到车间干活。扶贫车间第一个月发工资的时候，樊学双特意举办了一个发放会，一位大姐捧着 1 600 元的工资脸上笑开了花，她说：“娃娃一直想要的故事书，终于可以给他买了。”

有了良好口碑，村里更多的人被带动起来。2018 年 1 月 1 日，中央电视台《焦点访谈》把闽宁人造花扶贫车间作为东西部扶贫协作的典型经验进行了报道。现在，扶贫车间不断复制推广，已在全县建成 24 个，带动就业 868 人。其中，贫困户 420 家，年增加收入 15 000 元。隆德人造花工艺有限公司董事长潘文贤说，结对扶贫让当地贫困人员既不耽误农业生产和照顾家庭，又能在家门口稳定就业，真正实现了脱贫。

“我们积极引导闽籍企业把车间建到贫困村，建在产业密集型企业，或者利用贫困村闲置房屋建立来料加工基地。经过一年多的发展，扶贫车间带动了 600 多名留守妇女就业，人均月收入达 2 000 元。”樊学双说。村级扶贫车间不仅解决农村富余劳动力的就业问题，还减少了“空巢老人”“留守儿童”等社会问题的产生，为实现乡村振兴战略，助力脱贫攻坚，带动城乡共同发展奠定了基础。

## 让大病家庭不再因病返贫

大病是农村家庭无法承受之痛，因病返贫是隆德地区致贫的重要原因之一，也是脱贫路上的“拦路虎”。樊学双在调研时发现，隆德县老百姓患先天性心脏病问题严重。于是，他一方面安排县医院摸底筛查；另一方面奔波于北京、福建，对接优质医疗资源和社会救助基金。

听说北京、福建的专家到隆德，先天性心脏病患儿姚胜凡的父亲拉着樊学双的手说：“知道娃娃得了心脏病后，他妈经常抹眼泪，可哭有啥用，家里没钱，又不知道哪里能够治得好，您可要救救娃娃啊！”

为人父母，樊学双的心在颤抖，他意识到自己做的事情是在与时间赛跑，必须加快推进。樊学双数十次到北京、福建等地，促成清华大学第一、第三附属医院，福州市第一医院与隆德县人民医院结对子，构建“健康扶贫”医联体，培养当地骨干医生，义诊1 800多人次。数月里，樊学双行程几万里，对接优质医疗资源和救助基金。但是，樊学双一岁多的儿子手臂骨折，他却没时间陪伴照顾。

2018年元旦假期还没结束，樊学双就送患者赴京治疗。2月23日，隆德县11名先天性心脏病患者在清华大学第一附属医院成功做完手术、康复出院。

北京、福建的一些医院与隆德建立了长效机制，已诊疗患者42名，为19名患者提供免费手术。让人高兴的是，15名6个月到10岁的先天性心脏病患儿，从此可以跟正常儿童一样茁壮成长了。

樊学双把照片发给妻子。看到家长们在孩子治疗成功后的激动表情，樊学双的妻子被打动了，她主动提出想去看看手术治疗的孩子，鼓励丈夫继续扶贫。有了妻子的认可，樊学双干劲更足了。

46岁的建档立卡贫困户李银珠，因心脏病房缺达36毫米，丧失劳动能力，危及生命。她辗转多家医院，花光了家中积蓄，不得已放弃治疗。就在绝望之际，救治项目的落地让她重新燃起希望，接受手术后的李银珠彻底摆脱了病痛的折磨。活了大半辈子，李银珠头一次过了个不用担心发病的春节。

/ 先天性心脏病患儿赴北京手术

全国脱贫攻坚奖贡献奖

为了减轻隆德县患者医疗费用负担，清华大学第一附属医院积极沟通，由北京市政府、爱佑慈善基金会、北京金石慈善基金会共同承担了隆德县患者40余万元的治疗费用，实现了患者家庭零负担。随后，樊学双发动福州的金融、教育、医疗等资源，争取到了大北农集团、兴业证券等30余家企业捐资1 800余万元；对接清华大学，设立远程教育教学站；邀请西安交大等高校25名师生到隆德支教。通过对大病患者的精准扶贫，从根本上解决了隆德县贫困户因病致贫、因病返贫的问题。

## 残疾人重拾自信就业脱贫

除了留守妇女，残疾人群体的脱贫增收也是一个棘手问题。他们有的不能自食其力，有的还要拖累家里人照看，是脱贫路上的难中之难、坚中之坚。樊学双认为，实施精准脱贫，要关注弱势群体，让残疾人员重拾自信，就业脱贫。

隆德县有1.5万多名残疾人，占全县总人口的8.36%。樊学双认为，要把残疾人托养放在脱贫攻坚的大局中，精准聚焦深度贫困残疾人员，解决他们的就业问题。

建档立卡贫困户辛宝同的父亲瘫痪卧床，母亲一边照料父亲，一边供他读书。辛宝同大学毕业，本以为苦日子终于熬到头了，可是突如其来的一场大病，让他的双腿也瘫痪了，重重磨难让这个年轻人多次产生轻生的念头。

脱贫路上一个都不能掉队，这些残疾人家庭怎么办？樊学双一直在思索。当他得知隆德县残联正在装修残疾人托养中心时，就想到了把托养中心与扶贫车间相结合的办法，配套建设起手工制作、电商创业孵化等基地，打造残疾人托养创业中心。

为此，樊学双提出“托养＋康复＋就业创业”模式，把托养中心与扶贫车间相结合，打造闽宁残疾人托养创业中心，让赋闲在家的残疾人员成为自食其力的劳动者，也让照顾他们生活的家人得到解放，增强残疾人家庭的幸福感和获得感。

隆德县委县政府把残疾人托养中心建设纳入为民办实事工程，投入1 380万元，建起了一幢6层6 000平方米的楼。通过托养中心电子商务创业中心，为有特长和技能的残疾人员提供就业岗位，让他们发挥才能，实现自我价值。

2017年夏天，隆德县闽宁残疾人托养中心正式投入使用，这是宁夏第一家县级残疾人托养创业服务中心，在精准扶贫工作中打响了“残疾人脱贫一个都不能少”的攻坚战。该中心帮助64名残疾人就业，实现月收入300～2 000元，让残疾人重拾自尊自信，就业脱贫。“托养＋康复＋就业创业”模式，切实增强了残疾人家庭的幸福感和获得感，让他们对美好生活的向往变为现实。

一户多残的辛宝同一家搬入托养中心后，全家吃住有了保障，他和母亲成为托养中心扶贫车间工人，不仅方便照顾瘫痪的父亲，每月还有3 000元的收入，年底就能靠自己双手摆脱贫困。“比起曾经心如死灰的日子，我在这里找到了新生！”辛宝同说起生活

/ 樊学双（右二）调研闽宁示范村

的变化时热泪盈眶。

隆德县打造的“国家级残疾人星级托养模式”，助力全县精准脱贫奔小康。隆德县闽宁残疾人托养中心拥有崭新的大楼、现代化的设备、贴心的服务，这样的托养中心在东部发达地区也少见。

在残疾人手工艺制作坊，24 岁的聋哑姑娘孙亮亮正在石头上画画。展室里，有很多张她画的有当地特色的作品。据中心负责人介绍，孙亮亮的作品在电商平台上销售很好。20 岁的杨杰是一名肢残人员，他原本在隆德县电商平台工作，现在，他被托养中心挖来做电商平台的美工师，月收入 2 300 元。杨杰和其他残疾朋友制作的雕塑、刺绣、编织、石头画、书法、绘画等特色作品，通过隆德电商产品销售出去。

据樊学双介绍，这个托养中心容纳了 108 名托养人员。其中，有 58 名建档立卡贫困残疾人员集中托养。中心按照残疾人员的生活需求修建了宿舍、厨房、餐厅，还设有医务室、康复训练室等。同时，托养中心将工业园区的人造花、食品、中药材、文化产品、土特产等在网上销售，不仅为工业园区产品拓宽了销路，也为托养残疾人员找到了创业途径，帮助他们实现自尊、自信、自立、自强的人生目标。

既授人以鱼，更授人以渔。樊学双认为，“富脑袋”与“富口袋”并重，才能做好闽侯、隆德两县人才理念交流的红娘。他开展携手奔小康探索，促成 15 个部门、乡镇、行政村“结对子”，有力促进两地观念互通、思路互动、技术互学、作风互鉴。针对福州市纺织化纤、轻工食品、冶金建材、电子信息、机械制造等产业发展优势，组织两地企业人才交流互访。针对隆德县文化优势，组织非物质文化遗产及农民书画作品走

/ 闽宁扶贫产业园

出去，举办两地联展 3 次，展出作品 600 余幅，促进文化交流和群众增收。

2018 年 2 月 12 日，在打好精准脱贫攻坚战座谈会上，作为东西部扶贫协作挂职干部的代表，樊学双向习近平总书记汇报了工作，习总书记勉励他：“继续做好，再接再厉，久久为功。”习总书记对隆德群众十分牵挂。他清楚地记得那个地方的水是苦水，喝了会拉肚子，十分关心群众用水现状。

樊学双把习近平总书记的牵挂和关怀落到实处。经多方对接先进技术、协调项目资金，对隆德县好水乡等 3 个水质不达标的饮用水厂进行改造，让 4.5 万名群众告别硬水，喝上健康水。好水乡的张大爷一边清洗他那结满水垢的烧水壶，一边笑着说：“在这生活 60 多年了，老汉我终于喝上了好水，感谢党中央，感谢总书记！”

樊学双认为，自己能投身到脱贫攻坚的主战场，是对个人本领的历练，也是对思想境界的洗礼。他十分珍惜这一为贫困群众服务的机会，希望在贫瘠的土地上砥砺品质，提升攻坚克难的能力，为闽宁协作再创新贡献智慧和力量。

固原，是红军长征胜利会师之地，也是当下带领群众奔小康的新征程之地。这里没有文人“自古逢秋悲寂寥”的气息，但流淌着《清平乐 · 六盘山》里“不到长城非好汉”的豪情。福建省援宁工作队立下愚公移山志，一张蓝图绘到底，用“爱拼才会赢”的福建精神感动着宁夏干部群众，获得“自治区 60 年感动宁夏人物（集体）特别奖”等荣誉。

隆德有今天的好成绩，离不开以樊学双为代表的闽宁人胸怀大局、勇挑重担的担当精神，薪火相传、久久为功的钉钉子精神，真抓实干、艰苦创业的奋斗精神，优势互补、互利共赢的合作精神。

（撰稿：李庆华　照片提供：马军）

# 全国脱贫攻坚奖奉献奖

QUANGUO TUOPIN GONGJIANJIANG FENGXIANJIANG

王伟，贵州兴伟集团公司董事长，全国工商联常委。曾获全国光彩事业突出贡献奖、爱国拥军先进个人等荣誉。他先后在贵州省普定县、晴隆县等多地大力开展帮扶行动，带领老百姓脱贫致富奔小康，是贵州省乃至全国民营企业参与精准扶贫的典型代表。他无偿投入3亿多元，帮助普定县龙场乡秀水村脱贫攻坚，带动全村贫困人口1 321人实现稳定脱贫。在晴隆县联合相关企业投资100亿元，打造大山地旅游精准扶贫项目。在安顺投资200亿元，建立兴东大健康产业园、大兴东国际旅游世界，全产业链可带动30万人就业。

# 一个认真扶贫的人

做过石膏像、理过发、当过兵，还干过几天电工，王伟在很多行业干过，吃过很多苦，但他一直记得，有些人，比他更苦。

商海搏浪几经沉浮，成就了现今拥有资产300多亿元、员工2万余人的贵州兴伟集团公司，但他一直没忘记，自己为什么要挣钱。

在一个贫困村投资3亿元，为打造一种可持续的扶贫模式；选择在贫困县帮扶，为带动一方百姓脱贫致富。王伟说："对扶贫，我是别人想象不到的认真。"

## 创业——挣钱为了帮穷人

1968年，王伟出生在贵州省安顺市普定县的一户乡村教师家庭，他对贫困最深刻的记忆，是上小学路上的一户五保户。

石头垒出的一米来高的南墙、玉米秆棚顶、泥地、泥灶，一个老人住在黑洞洞的屋里。王伟每天上学，从家里给老人带一把面条或一小捧大米，有时帮忙提一桶水，做一个小学生力所能及的事。

没过两年，老人去世了，但"要帮助穷人"的想法，在王伟心里扎下了根。

王伟说自己是"在大街上长大的"。1987年王伟高中毕业，他决定不带一分钱，从普定骑自行车去昆明。他随身带着一套修车工具、笔墨纸砚，还有一张写好字的宣纸。宣纸上，第一行是大字，写着"勤工俭学 / 卖字换粮 / 游览祖国大好山河"；第二行是小

/ 王伟（中）与村民商量帮扶事宜

/ 王伟（中）为村民讲解帮扶政策

字，写着“打气 5 分 / 补胎 5 角”。

一个月以后王伟从昆明回来，瘦了 10 斤，身上多了 27 块钱。

之后他做石膏像，步行 28 公里挑去安顺摆摊，结果一尊也没卖出去。接着，他借了 200 块钱学烫发，学了一个月就打着领带，穿着白衬衣、喇叭裤开起发廊。发廊开张两个月，部队来征兵，他把发廊盘给徒弟，参军去了部队。

他当了三年兵，立了两个三等功。在部队大力推行正规化建设时，他带着战友们用半个月时间把营部的办公室、会议室、图书室、荣誉室布置一新。他总能想出种种妙招，例如拿碎布蘸着广告颜料，往墙上拍，只花几块钱就装饰出一间有“墙纸”的荣誉室。

王伟退伍后，先是分配到电厂工作。辞职以后，几经周折，他抓住了一个挣钱的机会。普定县有一家银行要做几块招牌，当时县里没人会做这活儿。王伟在部队干过一点装饰布置的活儿，就用便宜的价格把生意揽了过来，赚到了他的第一桶金。

有了这次成功的经历，王伟确定了自己的创业方向——装潢设计。“因为外公是普定的书画家，我从小耳濡目染，所以在做装潢设计的时候能融入很多艺术的理念。”

王伟在创业中不断创新，把一手创办的普定兴伟装潢部做得有声有色。

他一边开店，一边资助困难学生。王伟的生意越做越大，开家具连锁店、办批发商城……。2000 年，32 岁的王伟获得“贵州十大杰出青年”称号，他当时已向希望工程捐资 10 余万元，投入社会其他公益事业的资金达 10 万元。

“民营企业能做大做强，是党和人民给予了发展的机会和平台。作为民营企业家，要懂得感恩，报效国家、回馈人民。”王伟一直记得那位五保户老人，他没忘记自己为什么要挣钱。

## 扶贫——投 3 亿多元探索“五股”扶贫新模式

现在，走进贵州省安顺市普定县龙场乡秀水村，青山环绕、绿水潺潺，一栋栋具有民族特色的小楼在绿水青山的映衬下煞是好看。凉亭别院里，各地的游人在这一处世外桃源里享受着难得的度假时光。

而在2014年前，这个村子的模样还是房屋低矮、村道逼仄，村民们在贫困线上挣扎。

秀水村是汉、苗、仡佬族等多民族老少边穷贫困村。早在1999年，作为普定人的王伟就为这个隐于深山中的村子修建了一条通往山外的公路。十多年过去了，这个自然风光秀美的村庄，贫困面貌几乎没怎么改变，直到2014年，仍有贫困人口1 321人，占全村人口的1/3以上。

2015年春天，秀水村村“两委”为了让村子更好地发展起来，和兴伟集团取得了联系。

秀水村村“两委”的到来，让一直思考如何真正帮助穷人的王伟有了更深刻的认识。单纯投钱搞基础建设不足以让老百姓脱贫，年年送钱送物的“输血式”帮扶不能实现同步小康。

秀水村地理位置偏僻、交通不便，很多人不愿意将项目放到这里。而这一点，正是王伟实地考察之后最看中的。

他带领扶贫团队三天两头跑秀水，一年跑了上百趟，召开一场又一场的院坝会，倾听村民心声。王伟把村民的意见和自己对市场规律的认识结合起来，从秀水村的实际出发，决定全面整合秀水的土地、山水与文化资源，走“农旅综合开发”之路。以开发旅游资源项目为主线，以开发农业产业为辅线，发展高效“农业＋旅游”产业。依托地理优势，结合当地经济发展需要，保留原生态，开发赛车场、跑马场、垂钓场、桂花园、漂流河道等56种农旅结合项目。

王伟扶贫是认真的。“咱挣钱就是为了帮穷人！”在跟普定县政府沟通后，王伟拿出3亿多元，探索扶贫新模式，决心要把秀水村打造成一个精准扶贫的样本。

要干就真干！他带领集团团队创设了一套秀水村“五股”模式，将全村土地入股开发，经营利润按比例分配。“五股”包括：

占比10%的人头股，只要是秀水村民，不分贫富老少，人人有份；

占比30%的土地股，每份土地不论优劣算一股，每年分红；

占比30%的效益股，只有参与建设劳动的村民才能分到，主

/ 王伟（左）了解情况

/ 王伟（左三）与晴隆县新圻川半坡组村民商量帮扶事宜

要用于给秀水村新成立的旅游公司、农业公司和花卉绿化公司员工发工资，这些员工 90% 以上为本村村民；

占比 5% 的孝亲股，65 岁以上的老人每月可以领到 500 元养老金；

占比 25% 的发展股，用于集体经济的后续发展投入，公共设施的维修、建设，以及公益事业。

短短 8 个月，秀水村逐渐被改造成一个集生态农业、特色旅游、餐饮商贸于一体的城郊休闲旅游基地，内设数十项旅游项目。2016 年春节，景区开业，秀水村接待游客 40 万人次以上，营业收入超过 120 万元。

“我亲身感受到，秀水村最大的改变是村民思想观念的变化。”被王伟从公司派到秀水驻村、负责这一项目的张著宇说。

张著宇记得刚来秀水村搞扶贫开发时，送给村民一些桂花树，让他们种在自家门口，有人种完之后跑来找他要种树的工钱。还有一回，送给村民一些油和米，结果有两家人把东西搬回家后，回来讨搬运费。“这种事叫人心里发酸。当然，这是个别现象。”

王伟最得意的，是秀水模式激发了村民自主脱贫的积极性，让出去的人回来了。

31 岁的秀水村人张贤胜在浙江和上海打工 12 年，曾计划离开家乡搬去县城。现在，他和妻子一起回到村里打理餐饮酒店。

这不是个案。秀水村留下的人越来越多，受益的是全村每个人。

现在的秀水村到处洋溢着勃勃生机，到处能看到忙碌的年轻人。过去村里 1 000 多名青壮年都在外面打工，现在回来了 80% 以上。入股让村民凝聚了起来，全村的发展成了每个村民的分内事。

秀水村村民人均收入已经从2014年的2 000多元增加到2016年的1万多元。短短一年半时间，秀水就摘掉了贫困村的帽子。

投3亿多元有没有亏？

“挣钱给穷人花，不亏！”这是王伟的回答。

## 扶贫就是创业——把产业布局在贫困地区

秀水村是王伟事业布局的新起点，从这里出发，他找到了如何真正扶贫、如何挣钱帮助更多人的道路。

“对扶贫，我是别人想象不到的认真。”通过扶贫实践，王伟发现，基础设施建设是扶贫的基础，而农民脱贫最终需要市场化产业支撑。

“把项目建在国家级贫困县，把产业布局在贫困地区。”王伟是这样想的，也是这样做的。

2016年，王伟走进晴隆县的大山里，准备实施新的帮扶计划。他清晰地记得刚到晴隆时的情景：山高、坡陡、谷深，土地贫瘠不说，还面临缺水等种种问题，在这里要想发展旅游，很难找到突破口。

王伟是个能折腾的人，他拿出创业的劲头，一次次往晴隆跑。越跑头脑越清晰，晴隆高山峡谷多，何不顺势而为，在高山峡谷间建一条索道？这样可以把这里的好山好水都连起来，另外在索道的每个站点建一个景点，让游客通过索道静静地穿越花海、竹海、峡谷、湖泊，一览晴隆的美景。

说干就干！王伟联合相关企业，投资100亿元着手打造大山地旅游精准扶贫项目。

世界天轨、24道拐声光电、度假酒店、扶贫搬迁棚户区改造，一系列项目带动了贫困户脱贫致富。

/ 王伟（右五）了解晴隆县新坪村半坡组情况

晴隆起步之后，兴伟集团在安顺投

全国脱贫攻坚奖奉献奖

资 200 亿元建设兴东大健康产业园、大兴东国际旅游世界。在安顺大兴东项目建设工地上，伴随着各种机械的轰鸣声，王伟规划着发展蓝图：“那边的演艺中心和博物馆群快完工了，加上那块儿的国际会展中心，这脚下大片的土地将会是中国西部最大的游乐场。项目建成后，全产业链可带动 30 万人就业。”

十几年来奔走过多少村寨，王伟自己也记不清了。他认为，积极参与精准扶贫是民营企业发展难得的机遇。

1991 年，王伟曾给自己订了一个 30 年计划：做好 10 年的安顺人，10 年的贵州人，10 年的中国人。他觉得前两个目标自己都实现了，现在正在向第三个目标迈进。

扶贫，就是他第三个 10 年要做的事。

2016 年 12 月，组建帮扶团队进驻贵州省普定县马场镇三兴村，无偿投资 2 000 多万元进行帮扶，完成 10 个自然村的饮水和 10 公里水泥路硬化工程。

2017 年 2 月，投资 2 亿元，在织金县珠藏镇建设现代循环农业园项目，该项目运营后，将帮助 5 397 名贫困人员脱贫。

2017 年 3 月，投资 5 000 万元，在晴隆县三宝乡建设年产 100 万羽生态鸡养殖基地项目。

2017 年 7 月，投资 1 000 多万元，帮扶贵州省镇宁县募役镇平桥村，实施 7 公里水泥路硬化、饮水及危房改造等工程。

2017 年向中国光彩事业基金会捐款 2 000 万元，用于光彩事业和扶贫项目建设。

2018 年 4 月，兴伟集团通过中国光彩事业基金会捐资 2 150 万元，支持普定县陈家寨村、水母村、田坝村三个贫困村脱贫攻坚，助力乡村振兴。

……

这条长长的时间线，见证着王伟做扶贫的认真劲儿。

（撰稿：高永伟　照片提供：王伟）

/ 贵州省安顺市普定县龙场乡秀水村

王均金，上海均瑶（集团）有限公司董事长。在他的带领下，均瑶集团先后投入10多亿元用于光彩项目帮扶，10多亿元用于教育事业，上亿元用于各种公益活动和慈善事业。2016年，均瑶集团成立精准扶贫行动领导小组，王均金担任组长，先后在贵州、湖北、云南、甘肃等6省13地开展精准扶贫工作。2018年4月，均瑶集团捐赠1亿元，在中国光彩事业基金会下设立“光彩·均瑶扶贫济困专项基金”，主要用于帮助贫困地区基础设施建设、贫困人口脱贫等公益慈善项目。

# 寄梦蓝天　脚沾泥土

吉祥航空的航班上，一款名为“哆吉栗”的开袋即食栗子让乘客们吃得嘴里心里都甜。不只是因为那甜糯的味道，还因为每一口之外的意义——这是来自贵州省黔西南布依族苗族自治州望谟县的“扶贫栗”。

大西南群山腹地里的原生态产品卖上了“天”，这要归功于一个人。

他从20岁出门打拼，从一无所有的渔民子弟，成长为中国第一家民航包机公司——上海均瑶（集团）有限公司董事长。王均金，他带领均瑶集团先后投入10多亿元用于光彩项目帮扶，10多亿元用于教育事业，上亿元用于各种公益活动和慈善事业。他的心从未离开过养育他的大地。

## 创　业　者

1991年7月28日，浙江温州机场，22岁的王均金忙前忙后，招呼来到这里的领导和各方来宾。他一边忙碌着，一边眺望蓝天。终于，一架银灰色的安-24飞机在天际出现，安稳地降落在温州机场跑道上。哥哥王均瑶与40多名客人一起走下飞机。

这安稳的着陆，对中国民航意味着一个新时代的开启：民营经济走进了曾经由国有企业一统天下的行业。王家兄弟被媒体评价为“胆大包天”。

这条长沙到温州的私人包机航线，改写了中国的民航史，也为王均金带有传奇色彩的创业历程书写了浓墨重彩的一笔。

上海均瑶（集团）有限公司董事长王均金

王均金的老家浙江省温州市苍南县大渔镇是一个东南沿海常见的渔业小镇。20 世纪 80 年代，改革开放大潮初起，少有国有大型企业，也缺少农田的温州，兴起了全民参与商品经济、勤劳致富的浪潮。王均金就是在这个时候跟着大哥王均瑶做起了小买卖。

卖不干胶、印饭菜票、制指示牌，走南闯北，王均金吃了很多苦，却也磨炼了意志。他坚信，一个人的潜能是无限的。

包机之前，王均金和温州同乡在湖南长沙做生意，返乡时多是坐大客车。1990 年春节，王家兄弟与在长沙经商的老乡一起包大客车回家过年，车足足开了一天多。大哥王均瑶在途中感叹车开得太慢、太耽误工夫，一位老乡揶揄他："想快，你包飞机呀！"

言者无心，听者有意，王家兄弟开始琢磨。当时，他们最常去的地方是长沙，当地不少温州同乡都苦于交通不便，大家为了省出路上的几个钟头，想尽了办法。王均金第一次坐飞机，就是从长沙先飞到邻省的福州，然后坐车回温州，辗转了 10 多个钟头，但已经比乘火车、汽车快得多了。"飞机就是快"的念头，在他们的心里扎下了根。

改革了，既然土地、工厂、汽车能承包，飞机为啥不行？王家兄弟决心一试。

王家兄弟登门拜访湖南省民航局，说想包机飞温州航线。当时，虽然"包地"早已不稀奇，但"包天"确实是前所未有。任何事情都是思易行难。在民航体制改革初期，想包飞机可真不是件容易的事，涉及的审批部门就有好几个，王家兄弟都一次次上门，谈想法、报方案、跑审批。

就这样，1991 年 7 月，长沙—温州包机开航，由安 -24 飞机执行首航任务。王家兄弟"胆大包天"，共同开启了民营企业家承包民航飞机的先河，他们的梦想实现了。

王均金的蓝天之梦有了一个成功的开端。经过诸多坎坷，从打工仔到创业家，王均金翱翔蓝天的追寻从未停止。2000 年，均瑶集团将总部迁至正在大力推进航运中心建设的上海。2004 年，王均金担任均瑶集团董事长。

自 2006 年以来，均瑶集团旗下的吉祥航空以平均每年引进 7 架飞机的速度发展，先后开通了国内外 100 多条航线，在安全优质服务的基础上连续 12 年实现盈利，差异化服务被社会和旅客广泛认同，被誉为"祖国蓝天一道亮丽的风景线""拥有中国最年轻机龄的机队""'一带一路'的空中通道"。

## 扶 贫 人

功成名就的王均金没有忘记自己来时的路。经历了创业的艰辛，他知道贫困对一个人的束缚，更知道每个人身上蕴藏的潜力。每次乘飞机飞翔在中西部广袤土地的上空，他都会忍不住想，如果自己当初也禁锢在大山里，那么翱翔蓝天的梦该怎么实现呢？

均瑶集团早在事业起步阶段，就参与到了扶贫济困行动之中。

1999 年，均瑶集团在三峡地区实施“万户奶牛养殖计划”，将公司、基地、农户密切联系起来，打通上下游产业链，让 1 000 多位三峡库区移民直接就业，带动产业链就业人数达到 5 000 多人。多年来，均瑶集团在三峡库区累计投资超过 13 亿元，拉动就业并推动当地产业升级。

脱贫攻坚战打响以来，王均金感受到了一种新的召唤。他一直在想，如何让山区摆脱贫困，让所有人获得像他一样的发展机会。

2016 年，均瑶集团调集精兵强将，成立“均瑶集团精准扶贫行动领导小组”，王均金亲自担任组长，到贵州望谟、湖北宜昌、云南陇川、甘肃文县四地开展精准扶贫工作。

王均金把当初跟着大哥跑部门包飞机的劲头拿了出来，带领团队到大山深处的贫困村调研。“产业扶贫比给钱更重要，给的钱总会花完的，不能形成持续的创收。”经过细

王均金（右）在贵州省望谟县与建档立卡贫困户一同上山劳作

建档立卡贫困户务工人员在接受板栗高产示范技术培训

致调研，均瑶集团提出了以培植当地产业发展为主的帮扶策略。

扶贫方向确定之后，王均金以集团管理方式紧锣密鼓地推进扶贫工作。

在贵州望谟，设立均瑶集团精准帮扶洛郎基金，首批投入 1 000 万元，采用“公司 + 龙头企业 + 种植大户 + 贫困户”的模式，建设望谟县“万亩板栗高产示范园”。通过五个步骤完成板栗从种植到加工、销售的闭环链条。一是吸纳建档立卡贫困户到示范园务工；二是聘请农技专家指导种植大户和贫困户学习板栗种植技术；三是资助每户种植 10 亩板栗；四是资助当地龙头企业每年保价全部收购示范园种植的板栗；五是帮助龙头企业通过航空食品审批，使其加工的板栗“哆吉栗”产品成为吉祥航空的机上食品。

以“上天”打开销路的“哆吉栗”，不仅增加了销量，还靠吉祥航空的口碑打了免费广告，知名度一路上升，成为地方上的拳头产品，实现产销顺畅。

在湖北宜昌，助力村办茶叶加工厂，实现了企业发展、农民增收、集体经济壮大三方共赢的良好局面，村里还用这些收入帮助了“因病致贫、因病返贫”的贫困户。

针对贫困地区管理滞后的情况，均瑶集团提供管理方面的帮扶。从集团公司选派员工挂职贵州望谟县政府，专职从事精准扶贫工作。帮助当地企业、贫困户建机制、细管理，助其提升管理水平。贫困地区在均瑶集团“定位产业、管理支持”的帮扶方式下，社会经济发生了巨大的变化。用先进的管理理念支持贫困地区打造扶贫产业，成为均瑶集团的一块金字招牌。

## 慈 善 家

多年来，王均金先后参加了中国光彩事业“南疆行”“宁夏行”“红安行”“信阳行”“感恩革命老区井冈行、延安行”等活动，并捐赠款项 5 000 多万元，支持老区建设。

2018 年 4 月，均瑶集团与上海市光彩事业促进会签订协议，捐赠 1 亿元，在中国光彩事业基金会下设立“光彩 · 均瑶扶贫济困专项基金”，主要用于帮助贫困地区基础设施建设、贫困人口脱贫等公益慈善项目。

均瑶集团在脱贫攻坚行动中，不仅在捐资上有所作为，还在扶智上积极探索。在云南沧川，资助 189 名建档立卡贫困户家庭的大学生，每人每年 5 000 元助学金。在贵州望谟，帮扶洛郎村贫困家庭的高中生、中专生、大学生共 26 人，按照在校期间每人每年 5 000 元助学金的标准，由均瑶集团从精准扶贫基金中列支发放。

在新疆喀什，创新支教模式，投入 1 000 万元参与援建图文信息中心项目。图文信息中心已成为当地教师培训学习的重要场所。均瑶集团先后在新疆喀什地区、四川都江堰、广西百色、云南等地投入 5 000 万元设立均瑶育人奖，用于奖励那些奋斗在教育一线的教师，已有 3 000 多位优秀教师获得表彰奖励，为教师们注入了精神和物质动力，促进了他们相互学习、深耕教研，在当地形成了尊师重教、人人争当先进的良好氛围。

均瑶集团帮扶洛郎村万亩板栗示范园建设——贫困户务工工资发放仪式

均瑶集团帮扶洛郎村贫困户“三校生”助学金发放仪式

种种捐资，件件帮扶，指向的是同样的关怀。王均金带领的均瑶集团秉持义利兼顾、以义为先的精神，以实际行动贯彻落实习近平总书记关于扶贫的重要论述，持续不断地为多省多地脱贫致富贡献力量。王均金，一位寄梦蓝天的人，他的脚上一直沾满泥土。

（撰稿：高永伟　照片提供：均瑶集团）

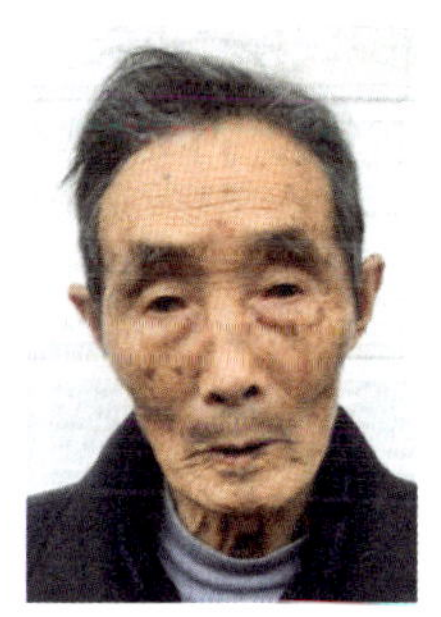

王振美，中共党员，江西省萍乡市莲花县人，曾创办和经营焰花材料厂。2018年入选“中国好人榜”。他数十载扶贫济困，修桥铺路、救济乡亲，一生都在坚守践行无私的奉献。他是家人、邻居眼中“抠门儿”的人，却在年逾九旬时把一辈子省吃俭用存下的50万元悉数捐出，成立“振美教育基金”，帮助乡里的贫困孩子上学。他用全部的力量倾注脱贫事业，已累计资助困难学生235人次。

# 信仰之光照耀奉献人生

一个人做一件好事并不难，难的是一辈子做好事；一个人乐善好施并不难，难的是倾其所有。在江西省萍乡市莲花县六市乡太沙村就有这样一位“难得”的好人。他数十载扶贫济困回报社会，修桥铺路、救济乡亲，一辈子执着于做好事做善事，用一生的坚守践行无私的奉献。他16年没有买过新衣服，是家人、邻居眼中“抠门儿”的人，却在年逾九旬时把一辈子省吃俭用存下的50万元悉数捐出，成立“振美教育基金”，帮助乡里的贫困孩子上学。他用全部的力量倾注脱贫事业，已累计资助困难学生235人次。他把成为一名共产党员作为毕生的愿望，矢志不渝，90多岁高龄时光荣加入中国共产党，用执着的追求诠释了信仰的真谛。他就是94岁的老翁王振美。

## 有一种扶贫精神，叫不忘初心

太沙村是江西省萍乡市莲花县北部的一个贫穷小山村。1925年王振美出生在太沙村一个穷苦家庭。大哥当年跟着红军走后杳无音讯，父亲在新中国成立前离世，母亲带着几个儿女节衣缩食，熬过一段非常艰苦的岁月。王振美成年后，务过农、教过书、做过生意。那时候虽然他们家的日子过得并不富裕，但是他始终铭记着母亲“要做个好人”的嘱咐，一直以来真诚为人、乐于助人，成为十里八乡小有名气的能人和好人。

念念不忘，必有回响。真正让王振美执念于扶贫济困事业的，还要从几十年前的那一次生死相助说起。

/ 王振美在工作

1965年，王振美患上了一种名为钩端螺旋体病的急性传染病，民间称之为“打谷黄”或“稻瘟病”，险些丧命。当乡亲们将奄奄一息的王振美抬到医院的时候，高昂的医疗费让全家束手无策，没有钱就只能等死。

王振美生了很严重的病、急需很多钱来救命的消息传回村里后，村民们纷纷表示：“我们都得到过振美的帮助，不能看着我们的大好人就这样没了。”就这样，一场自发的捐款活动在这个穷山村里开展起来，乡亲们你5元、我10元，纷纷慷慨解囊，硬是捐出了1 000元。当村干部将一叠皱巴巴的救命钱交到王振美手中的时候，王振美感动得热泪盈眶。要知道，在20世纪60年代，1 000元可以在农村盖出3栋楼房，对于太沙村这个贫穷落后的小山村来说，绝对是一笔巨款了。

至今，王振美还清楚地记得当时帮助过他的恩人：“张丙恩400元、严积发300元，谢仁安、严云开、严志贵……，2元、5元、10元……”因为收获了很多爱，所以想温暖更多的人。那些恩人的关怀救助，最终被王振美转化为更大更强的接力棒。更让王振美深有感触的是，带头捐款且数额最多的张丙恩，家中的条件并不好。王振美拉着张丙恩的手说：“老张，你家日子过得困难，孩子们上学也需要钱，这些钱你还是拿回去给孩子们交学费吧。”张丙恩的回答让王振美一辈子都深深地记在心里：“老王，我是一名共产党员，群众有困难，我无论如何也要出一份力。你不用担心我，安心看病就是。”

从那时起，王振美对共产党便有了一份特殊的感情。

## 有一种扶贫行动，叫坚守一生

王振美这一生，一直在做好事做善事。自20世纪60年代那场生死救助之后，王振美更是把毕生的精力投入到扶贫济困事业上。

太沙村村口有一条小河，河上一座破旧的吊桥是村民进出村子唯一的路。由于吊桥窄小且承重量小，车辆无法通行，村民们想要把自己家的农产品卖出去，只能靠人背马驮。而且，吊桥年久失修早已破烂不堪，村民们在桥上行走有很大的安全隐患。

将这一切看在眼里的王振美知道，不重建村口的这座桥，村里的老百姓是不可能富起来的。1968 年的一天，王振美将村民们召集起来，对大家讲了想要将村口的吊桥改建成石拱桥的想法。话一出口就引来了不少村民的反对。原来在那个年代，建桥工程量很大，耗费的物资多，对于太沙村这个一穷二白的村子来说，建造石拱桥几乎是不可能的事。

乡亲们不同意，王振美是能够理解的，毕竟日子过得苦，大家确实拿不出多余的钱来修桥。但是让王振美没有想到的是，没过多久，村里有不少人说起了风凉话："谁知道他在村里修桥是不是想要升官发财?""他是不是和卖建材的人有关系，想要让我们建桥买材料，他从中拿提成?"……

这些话传到王振美耳中，他的心像针扎一样地疼。自己一心一意想要为老百姓做点实在事，可老百姓竟然这样想自己。他想不通，就去找村里的一位大伯谈心，大伯的一句话点醒了王振美："振美，即便乡亲们不理解，咱们也不能忘了做个好人，做个对村子有用的人。只要一心一意干，老百姓是会理解的。"对，不能忘了做个好人！王振美暗自下定决心，一定要把桥修好。那天晚上回到家，王振美整宿没有睡着。第二天一早天刚蒙蒙亮，王振美爬上柱背着背篓就进了山，他决心一定要把建石拱桥用的材料从山里背出来。

让王振美记忆深刻的是，这一次又是村里的党员给了他莫大的支持。看到王振美一

王振美（右）与六市乡扶贫办主任商讨有关扶贫济困事宜

全国脱贫攻坚奖奉献奖

筐一筐地背石料，张丙恩坐不住了，他将村里的其他几名党员召集到一起，说道：“王振美只是一名普通群众，却能够为村里的发展不辞辛苦，咱们身为党员，什么都不做，脸还往哪儿搁？”几名党员二话没说，纷纷跑回了家，没过几分钟，他们每人身上多了一个背筐，组成了背石料的队伍。渐渐地，村民们被王振美他们的行为所感动，纷纷加入背石料的队伍，并且每家承担制作100块窑砖的任务。功夫不负有心人，经过一个多月的辛苦劳作，石拱桥终于建成了，一直到现在还在使用。

/ 王振美（左）与六市乡学校校长商讨帮扶贫困学生事宜

王振美是个能人，讲诚信、有才智，是市场经济的“弄潮儿”。30多年前，王振美在莲花县做生意时，一个客户因粗心多交款1万元，他发现后连夜赶到客户住处把钱如数归还。王振美的这份诚信为经商赢得了良好口碑。20世纪70年代，莲花县六市乡党委为发展社办企业搜寻人才，王振美被选调到六市乡煤矿任出纳兼采购。1985年，六市乡焰花材料厂产品滞销，王振美临危受命出任该厂销售副厂长。他很快就在浏阳、醴陵一带打开局面，并将400吨产品销往美国，成为当时国内焰花材料界的一条爆炸性新闻。

1992年，王振美67岁，家人都以为操劳了一辈子的老人终于能闲下来休息休息了，但爱折腾的王振美却打算自主创业，希望率领全家走上脱贫致富的道路。然而，创业资金是个大难题。家里微薄的积蓄都用在五个子女的教育和成家立业上了，根本没有多余的钱。他只得向邻居借了1 000元，凑钱参与了焰花材料厂的股份制改造，成为股东，栽下了第一棵“致富树”。1995年，他用分红加上乡亲们入股的钱，在浏阳与人合办了一家焰花材料厂，为全家、为乡亲们栽种了一棵更大的“致富树”。

对待有困难的乡亲，王振美总是默默地、不遗余力地给予帮助。2013年3月，长期在广东务工的村民吴国英患尿毒症回乡养病，难以负担昂贵的医药费用。王振美得知后，立即捐助1万元。家境困难的村民王水清突发脑出血送医院抢救，王振美累计捐助7 800余元。2014年，六市乡政府牵头成立“奖扶助学教育基金会”，他又带头捐资1万元。

2014 年，六市乡政府开展“结对帮扶”活动，王振美第一个响应号召，主动帮扶太沙村贫困户郭梅昌。和郭梅昌结上对子后，王振美顾不上自己年岁已高，立即到郭梅昌家了解实际情况，进行深入谈心。经过几天的深思熟虑，王振美没有简单地捐钱了事，而是把自己曾经自主创业、带头脱贫致富的经验重新“翻出来”，根据郭梅昌家的实际情况，拟订了一个“酿酒脱贫计划”。由王振美出钱购买了高粱、红薯种子及化肥送上门，教郭梅昌种红薯、高粱和酿红薯酒、高粱酒，有了成品后又帮着寻找销路。在王振美的帮助下，郭梅昌家的日子渐渐好了起来。

## 有一种扶贫力量，叫倾其所有

王振美并不富裕，甚至穷得有些“抠门儿”。他上次买新衣服还是 16 年前，被儿女称为“小气鬼”。即使在创业成功后，他生活仍然十分节俭。但这样一位“抠门儿”的老人，却在鲐背之年决定成立“振美教育基金”，将一辈子省吃俭用存下的 50 万元全部捐出，用来帮助贫困学生完成学业。

“我只上过小学，一直很遗憾自己没多上几年学。”由于自身的经历，加上目睹贫困家庭供孩子读书不易，王振美帮孩子们圆读书梦、大学梦的念头一直萦绕在心头。作为土生土长的六市乡太沙村人，王振美对村里、乡上的任何一处地方都非常熟悉，但他仍然花大量时间细心走访了六市乡 8 个行政村和乡上仅有的一所中学、一所小学。他了解到六市乡及周边还有很多贫困家庭的孩子虽然接受了义务教育，成绩优秀，却因“贫困”二字被拦在了大学门外。“农家娃要跳出‘农门’，几乎只有读书一条路，我想让孩子们都有书读，长大了都有出息。”王振美深知农村家庭的孩子想走出去上大学的渴望，所以才会毅然作出如此“惊人”的决定。

王振美看望小学生

决定一出，王振美的子女非常惊诧，立即提出了反对意见：“家里本来就生活条件一般，一家人都是靠体力劳动赚钱养家，老爷子一捐就是 50 万元，这不是打肿脸充胖子吗?”“老人家生活费一个月才两三百块钱，吃穿能省则省。帮他扔掉过期的食物，他还生气地说我们浪费。”对于子女们的反对、质疑，王振美是理解的。为了获得家人的支持和理解，他召集所有的家庭成员开了一个大家庭会议，一遍又一遍地给家人做思想工作，道尽肺腑之言。

“过去，我要养这个大家庭，大伙儿的吃穿用度都得靠我，我没法存钱。现在我不用养家了，有了余钱，只要留着吃饭的这几块钱就行了，剩下的全部都要拿去实现我当初的梦想——支持教育。”知晓了父亲的初心后，子女们最终理解了他，并且主动帮助他打理基金会的事宜。按照基金会章程规定，从 2018 年 8 月开始，基金会将每年对六市乡范围内学习成绩突出的学生和考上大学的学子及优秀教师进行奖励，对家庭困难的学生给予资助。

这位瘦削的九旬老人早已头发花白，走路颤颤巍巍，但在他的心中始终有一个愿望，那就是加入中国共产党。

“是共产党和乡亲们帮助了我。”1953 年，王振美第一次向党组织递交入党申请书，可由于父亲一个说不清楚的问题，他的入党申请书石沉大海。王振美坚定不移，多次向党组织递交入党申请书。2014 年，近 90 岁的王振美再次郑重地向党组织递交申请书。对于为什么要入党，老人朴素地认为：“共产党是为人民服务的党，是一个执政为民的好党。我生命垂危的时候是党给我送来了关怀，党的改革开放政策又让我发了家致了富。”

一位近 90 岁高龄的老人要求入党，在全乡、全县还是头一回，就是在全国也不多见。莲花县委组织部在请示萍乡市委组织部同意后，决定按照组织程序准予王振美老人办理入党手续。2016 年 4 月 19 日，91 岁的王振美被批准为中国共产党预备党员。这天，他乘车前往 100 多公里外的井冈山烈士陵园。站在烈士纪念碑前，面对鲜艳的党旗，他举起右手庄严宣誓：“我志愿加入中国共产党……”

2017 年 4 月 18 日，王振美成为一名光荣的中国共产党正式党员。王振美说：“这圆了我的一个梦。我从旧社会到新社会，经历了改革开放，我一生的经历证明，跟党走这条路走对了！”

（撰稿：张津津　照片提供：张德明）

巴桑，中共党员，西藏自治区山南市乃东区民族哔叽手工编织专业合作社理事长、西藏哔叽服饰有限公司总经理。传承藏民族优秀文化，出资开办职业技能培训基地，免费招收学员300余人，帮助贫困农民找到了致富出路。挽救濒临灭绝的泽当哔叽手工纺织技艺，并对其进行创新发展，打造“泽帖尔”著名品牌，将藏民族优秀文化潜能转化为当地农牧民脱贫致富的现实生产力。通过产业带动，直接解决就业人数达到122人，人均年收入近3万元，延伸产业间接解决就业人数达到400余人。

# 民族技艺的传承人

寒冬腊月，西藏自治区山南地区的气温已经下降到零度以下，但是走进乃东区民族哔叽手工编织专业合作社，眼前却是一副热火朝天的景象。一台台织布机“扎扎”作响，一个个纺锤“呜呜”低鸣。贫困农民洛措正在将刚刚包装好的哔叽产品依次装上车。用不了一周，他们手中的产品就会出现在千里以外的北京市场上。

哔叽又名“泽帖尔”，是藏族手工生产的最高级羊毛制品，为山南市乃东区泽当镇独有。“泽帖尔”因编织技术难度大、选料讲究、质地柔软、纹路清晰、冬暖夏凉、清洗不变形等特性而享誉西藏。旧时，用上等“泽帖尔”制成的服饰曾是供给达赖喇嘛等高僧和西藏地方政府高官的专属品。如今，精致的“泽帖尔”产品已经成为当地贫困群众脱贫致富的“法宝”，而带领乡亲们走上这条致富路的，是一位淳朴的山南汉子——巴桑。

## 学习技能，奔向致富之路

“只有体会过贫穷所带来的痛苦，才能有决心带领乡亲们同贫困作斗争。”每当巴桑回想起童年时经历过的苦难，眼神里就会流露出坚毅的光芒。时间回到1982年，这一年，15岁的巴桑升入山南地区东辉中学初二班。刚刚开始新学期的学习，父母一个艰难的决定如同晴天霹雳：“孩子，咱们家没有钱供你读书了！”听到这个消息，巴桑顿时泪如雨下。

/“泽帖尔”技艺传承人巴桑

离开学校的那一天，巴桑至今记忆犹新：可爱的老师同学、花坛里迎风盛开的格桑花、云朵间肆意飞翔的小鸟……。迈出校园大门的那一刻，巴桑下定决心：虽然无法完成学业，但是我一定不能被贫穷打败！

为了养家糊口，辍学以后的巴桑辗转拜师，先后师从著名画师桑丹尼玛和西藏自治区群众艺术馆的绘画教师，系统地学习藏传绘画中的壁画、唐卡、自然风景、泥雕塑像等绘画技法以及汉族老师所教的彩笔和工笔画技法。经过名师指点和多种绘画技巧的结合，巴桑的绘画艺术集藏汉名家之长，独具特色。

随着改革开放的不断深入，党的富民政策如一股暖流温暖着巴桑的心，让他看到了致富的希望。巴桑背上画箱，走上了依靠绘画手艺勤劳致富的道路。他起早贪黑，在泽当镇走街串巷，给人画家具，为新建的民房绘画。他一边靠绘画赚钱，一边继续学习提高。随着绘画水平的不断提高和艺术作品的不断展现，巴桑的名声越来越大，求他带徒弟的人也越来越多。

巴桑勤劳致富的足迹连同他的近百名徒弟遍布西藏的拉萨、日喀则、那曲、林芝以及山南地区的十几个县，巴桑画师远近闻名，绘画艺术也给巴桑带来了丰厚的回报。他不仅盖起了漂亮的新房，过上了幸福美满的生活，还有了十多万元的积蓄，成了当地首批靠自己的双手富起来的人。

## 不忘群众，勇担社会责任

随着山南经济的快速发展，当地城市建设的步伐也逐渐加快，在城市面积扩大的同时，泽当镇农民赖以生存的耕地越来越少。镇上一小部分青年人缺乏工作技能，无法在城市立足，甚至走上违法犯罪的道路。巴桑看在眼里，急在心上。2007 年 4 月，巴桑在泽当居委会的支持下创办了免费的职业技能培训点。

巴桑一边向贫困青年传授藏传绘画技能，一边对他们进行思想教育，讲授做人的道理和勤劳致富的理念。同时，巴桑还向学员宣传党的改革开放政策和富民政策，引导他们拥护党的领导，维护民族团结，树立勤劳致富的信心。

/ 巴桑（中）向贫困青年传授藏传绘画技能

家住当雄的 28 岁青年多吉此前一直以养牛为生，自从沾染上了赌博的恶习，多吉的生活重心便全都扑在了赌博上。“我和他经常吵架，劝他不要赌钱，可是他就是不听。”看到多吉深陷赌博的泥潭，多吉的父亲罗布十分焦急。

“你可以送儿子去学一门手艺。”看到罗布一家的情况，邻居乔吉大妈给他出了一个主意。“听说山南有一家教授藏画的职业培训基地，你可以送你儿子去试试。”听了乔吉大妈的建议，罗布带着多吉来到了山南。经过多方打听，终于找到了职业技能培训基地负责人巴桑。

“把多吉交给我，您就放心吧！”在了解到多吉的情况后，巴桑的心里有了主意。从那以后，巴桑每天带领多吉学习藏画，制作画布、构图起稿、着色染色……。经过几个月的系统学习，曾经赌博成瘾的青年变成了安分上进的好小伙子。

“多亏了巴桑老师！”半年后，当罗布再一次见到多吉时，不禁老泪纵横，“是巴桑老师拯救了我的孩子！”

近十年来，巴桑的职业技能培训基地已经免费招收学员 300 余人，帮助众多贫困群众脱离生存困境，解决了就业难题，找到了致富出路。

## 心系传承，广开脱贫门路

走进西藏山南地区泽当镇泽当居委会，一栋二层藏式小楼映入眼帘，大大小小五六间工作室里，摆放着制作“泽帖尔”用的各种工具和材料，在不锈钢制作的一个架子上，挂着一排已经完工的五颜六色的“泽帖尔”，这让来客在赞叹其工艺精巧的同时，更是爱不释手。“泽帖尔”的生产技艺有着上千年的悠久历史，一直以来都是藏民族的传统文化瑰宝。随着时代的变迁，各类现代化纺织产品不断涌现，“泽帖尔”已经濒临灭绝。

回想初次结缘“泽帖尔”，腼腆的巴桑话多了起来。在一次外出考察时，他发现别的地方把属于自己本土特色的手工艺都很好地传承和保护起来了。作为泽当人，巴桑心里不是滋味，当时就暗暗下定决心，一定要将制作“泽帖尔”这门技艺保留下来。从那一天起，巴桑便开始了他圆梦“泽帖尔”的辛苦耕耘。

2008 年 2 月，挽救和传承濒临失传的“泽帖尔”的工作正式开始。由于“泽帖尔”完整的制作工艺已经失传，巴桑四处寻访并聘请了阿旺措姆等 5 位高龄老艺人，其中最年长者已经年逾九旬。要让年迈的老人们来教授、制作“泽帖尔”不是一件容易的事情。是巴桑对藏民族传统手工艺的那份真挚的热爱与执着打动了老人们，他们纷纷把自己擅长的那一部分技艺倾囊传授给了巴桑。

“巴桑和我年轻时一样，对这门民族技艺怀有热情。”虽然已经 81 岁高龄，但是白宗老人仍然神采奕奕。白宗老人小时候家境贫寒，为了谋生，她离家去学习编织哗叽的技艺。如今，巴桑的坚持让她感动。“我年纪大了，教课有困难，但是我仍然愿意尽最大努力把这项手艺传授给下一代。”

/ 巴桑（左）和老艺人探讨“泽帖尔”纯羊绒经纬线整理方法

功夫不负有心人。经过不懈的努力，第一块“泽帖尔”成功制作出来了，这一刻让巴桑看到了希望，也让他对“泽帖尔”的未来充满了信心。

为了使“泽帖尔”纺织技艺发挥更大的经济效益，巴桑于 2008 年 5 月创办了乃东区民族哔叽手工编织专业合作社；2013 年 12 月，他又

/ 巴桑（中）给学员讲解“泽帖尔”服装面料纺织技术

注册创办了西藏哗叽服饰有限公司，并确立了“继承和发展民族优秀文化遗产，增加全体成员收入，带动当地失地贫困农民就业，帮助周边农牧民走共同富裕道路”的目标。针对市场需求，巴桑对“泽帖尔”纺织工艺进行了大胆创新发展，在原料上采用纯羊绒纺织，在纺织工艺和染色上引进先进的现代化纺织和染色技术，使“泽帖尔”产品的档次和质量提升，产品的种类实现了多元化，既彰显了藏民族的文化特色，又大幅度提高了产品附加值。

合作社及公司生产“泽帖尔”各类藏装、围巾、披肩等产品，同时经营生产藏地旅游纪念品、山南土特产品、民族唐卡绘画等，先后参加了第七届中国武汉农业博览会、藏博会等，所展示的“泽帖尔”产品受到各界人士的喜爱，已经形成了比较成熟的集原材料收购和产品生产、加工、仓储、运输、销售于一体的经营模式。

随着“泽帖尔”民族文化产品的传承和创新发展，它的社会效益和经济效益也逐步显现。合作社及公司从事“泽帖尔”产品生产、加工、销售等各项经营项目直接解决就业的人数达到 122 人，人均月工资 2 600 元。员工由山南市乃东区及其他各县贫困农民、残疾人员、失足待业青年等组成。“泽帖尔”延伸产业间接解决就业人员总数达到 400 余人，最大限度地缓解了本地失地农民转移就业压力和社会负担，同时带动了全区牧区羊毛、羊绒生产销售，带动了羊毛洗涤、分梳劳动力就业，带动了民族服饰缝纫加

/ 巴桑（右一）给学员讲解“泽帖尔”服装面料整理技术

工劳动力就业。

截至 2016 年，合作社及公司年创收 320 万元，实现年利润 106 万元；合作社直接帮扶泽当及周边贫困农民、救济病残困难群众及逢年过节送温暖折算资金 108 万元。

“泽帖尔”纺织技艺的挽救和传承发扬，不仅使一个民族的优秀文化得以延续，而且促成了一个民族著名品牌的崛起，同时还将藏民族优秀文化的潜能转化为当地农牧民脱贫致富的现实生产力。

巴桑与藏民族传统文化结下了不解之缘，他对传统民族文化的执着追求使他走上了富裕的道路；巴桑对社会的强烈责任感和使命感又使他与无数贫困农民、残疾青年结下了不解之缘，成为这些困难群体致富的希望；巴桑事业的成功和他人生目标的实现，使更多的社会矛盾迎刃而解，使许多社会负担得到缓解，也使他成了社会稳定和人民安居乐业的使者。他用自己的实际行动，谱写了致富不忘党的恩情、致富不忘困难群众的动人赞歌。

情系传承民族文化，心牵帮扶贫困农民。巴桑的精神不愧为当代民营企业家的楷模，是当之无愧的致富带头人的典范。

（撰稿：张俊凯　照片提供：巴桑）

对先·巧开西，柯尔克孜族，中共党员，新疆克孜勒苏柯尔克孜自治州阿合奇县苏木塔什乡阿合塔拉村三队牧民，“猎鹰之乡”牲畜养殖合作社负责人。政协克州第十三届委员会委员。他是阿合奇县远近闻名的养殖、屠宰大户和“致富能手”。他致富不忘乡亲，多次在群众遇上困难时挺身而出，先后资助20余名贫困学生上学，为贫困家庭送煤、面、米、油、肉等生活物资。创建了“猎鹰之乡”牲畜养殖合作社，带领贫困群众走上了脱贫致富之路。

# 致富路上的“领头雁”

“一人富不算富，大家都富才叫富。”这是对先·巧开西常说的话，也是他一直在坚守的信念。在新疆克州阿合奇县苏木塔什乡阿合塔拉村，提起对先·巧开西，乡亲们总是赞不绝口：他可是村里的养殖大户；村里谁家有困难，他总是热心帮助；他是带领大家过上好日子的人……

1994年，初中毕业的对先·巧开西跟着大哥在县城的“巴扎天”卖肉，由于勤劳肯干能吃苦，短短几年时间，诚信经商的对先·巧开西就靠着牲畜育肥、屠宰攒下了不少本钱和经验。通过多年的努力，对先·巧开西家中资产达百万元，大小牲畜存栏量1 000余头（只），是阿合奇县远近闻名的养殖、屠宰大户。

作为一名少数民族贫困地区的普通党员，对先·巧开西知道能够过上富裕的生活全靠党的好政策。同时他深知，自己富了不算富，大家都富才叫富。对先·巧开西下定决心，要让大家都能依靠党的好政策过上好日子。

## “因为我志愿做一名共产党员”

在阿合塔拉村，说起谁是热心肠，乡亲们的第一反应就是对先·巧开西。村里的贫困户布茹丽汗·努肉孜巴依告诉记者，要说起对先·巧开西为村里和乡亲们办的好事、实事，真是数都数不清。

2001年4月，正值春耕时节，为了保证庄稼成活，需要用地下水进行灌溉。由于

/ 对先·巧开西查看羊圈

高负荷运转，对先·巧开西所在小队的农业用水井出现了故障，这下可急坏了乡亲们。没有水井，新播种的庄稼得不到及时灌溉，不但影响出苗率，甚至可能会颗粒无收。

但是维修农业用水井需要乡亲们自筹 2 000 元，用来购买塑料管件，否则维修工程将无法开展。要知道，当年全乡人均纯收入不足千元，要这个只有三十几户，其中还有不少贫困户的小队筹出 2 000 元，无疑比登天还难。看着年过六旬的小队长急得直跳脚、队里的妇女们直掉眼泪，对先·巧开西坐不住了，拿着自己辛辛苦苦攒了一年的 2 000 元就要出门。妻子古丽努尔·木哈什看到了，死活拦着他不让走："咱们辛辛苦苦攒了一年，就攒下这么点钱，你要都给了队里，我们一家吃啥喝啥，咱们的日子还怎么过？""我在外面有活计，这些钱没了，辛苦些很快就能挣回来。但是乡亲们不一样，要是浇不上地，庄稼绝了收，他们的日子才真是没法过了。"说完这些，对先·巧开西甩开妻子拽着他的手，头也不回地走了。

早已泣不成声的古丽努尔·木哈什看着越走越远的丈夫直摇头，她想不明白，为啥在他心里，别人家的事儿比自己家的还要重要。可是让古丽努尔·木哈什更想不到的是，以后对先·巧开西办的事让她想不明白的还多着呢。

2006 年上半年，阿合塔拉村三队的贫困户阿不都拉的老婆患重病需要住院手术治疗，当得知各项治疗费用近万元时，阿不都拉一筹莫展，他实在没地方去筹这笔巨额的手术治疗费用，一时间他和老婆都产生了放弃治疗的念头。当对先·巧开西得知这一情况后，立即取出现金 10 000 元，送到阿不都拉家。“这钱你拿着，赶紧送老婆去医院做手术，钱不够再来找我，一定要治好病。”对先·巧开西的及时援助，换来了阿不都拉一家幸福的生活。

不仅是阿不都拉一家，周围的困难群众都是对先·巧开西关心、帮助的对象。每年，阿合塔拉村三队托合达洪·欧克来克、巴提开、苏云木汗等特困家庭都能及时收到对先·巧开西送去的煤、面、米、油等生活物资。平时，他还经常去这些贫困户家中看看有没有困难，一旦发现有困难立即帮助他们解决。对于困难家庭的学生，他总是慷慨解囊，先后资助了本村 20 余名贫困学生，资助金额达 10 000 余元。

作为一名养殖、屠宰大户，对先·巧开西特别注意雇用有劳动能力的贫困户，让他们在劳动中获得报酬。与此同时，还手把手地教贫困户学习牲畜养殖、育肥等技术，帮助贫困户尽早走出贫困行列。为改善贫困户生活，每次屠宰后，对先·巧开西总要留一些牛肉、羊肉，专门送到贫困户家中。

真心换真心，对先·巧开西对乡亲们的真心帮扶，换来了乡亲们的真心感激，朴实的牧民们用最朴实的方法回报着对先·巧开西的无私帮助。

对先·巧开西的妻子忘不了，有一天丈夫去县城办事，不巧刮起了大风，将家里的羊圈栅栏吹断了好几根，几只羊羔跑了出去。正当她不知所措在家门口直跺脚的时候，看见远处跑来了几位牧民，怀里抱着的正是自家的羊羔。原来，牧民们得知对先·巧开西家丢了羊，纷纷扔下手中的活计，自发到山坡上去找羊。

对先·巧开西的妻子文化程度不高，虽然她不太清楚丈夫经常挂在嘴边的“我志愿做一名共产党员”是什么意思，但是看着羊圈中失而复得的羊羔，她心中默默地想，这句话的意思大概就是，他要对老百姓好，老百姓也会对他好吧。

## 带着大家一起富

2011 年，对先·巧开西在苏木塔什乡牵头成立了“猎鹰之乡”牲畜养殖合作社，这是阿合奇县第一家牲畜养殖流转合作社。作为合作社的社长，对先·巧开西秉持扶贫助困、服务牧民的理念，向精细管理和规模经营要效益，短短几年时间资产规模就从成立时的 450 万元增加到 1 000 万元。合作社采取贫困户以牲畜折价入股、扶持项目资金入股、分红返利帮扶贫困户的形式，实现了自身盈利、贫困户增收、助推农村发展的共赢局面。

但是每每回想起合作社成立时遇上的种种问题，对先·巧开西都会直言道：“那时候真是吃了不少苦头啊！”

当时，村民们不理解为什么要成立合作社，当对先·巧开西向村民们宣布要成立养殖合作社并且将牛羊统一起来养的时候，村里一下子炸开了锅：“谁知道成立这个合作社是不是想要骗我们。”“我们的牛羊都交给合作社，是不是就成了他们的了？”“大家的牛羊归到一起养，到时候利润怎么分，到头来还是人家挣大头。”……

本想在家人那里得到一些安慰，没想到家里也是一片反对声。“你把乡亲们的牛羊都弄到合作社养，万一出了疫病，咱们上哪儿弄这么多钱赔给他们。你们共产党员是想着你们对乡亲们好、乡亲们也对你们好，可现在乡亲们根本就不信你，你瞎操个什么心。”妻子一股脑儿把心里的不痛快全都“吐”了出来。

那天晚上，对先·巧开西对妻子说，我说我志愿做一名共产党员，不是我对乡亲们好就要求乡亲们也要对我好的意思，共产党员的初心就是全心全意为人民服务，这是一名共产党员的职责，是不能要求回报的。

虽然因为得不到乡亲和家人的理解，对先·巧开西有些沮丧，但他在心里暗暗想，只要让乡亲们看到收益，他们就会相信自己。就这样，他决定从身边的人“下手”。

第二天，对先·巧开西起了个大早，骑上摩托车去了哥哥家。一开始哥哥对加入合作社十分抵触，对先·巧开西就对哥哥讲合作社的运营模式、分红模式以及抵御风险模式。看着弟弟坚定的眼神，哥哥心软了：“羊圈里的那 40 只羊，你赶走吧，就当是我入股合作社了。”

就这样，“猎鹰之乡”牲畜养殖合作社迎来了第一个股东。从那时起，对先·巧开西每天天不亮就起身去合作社，他说：“合作社承担着不少村民的脱贫致富梦，大意不得。”

入股第一年，对先·巧开西的哥哥就收到了 4 000 多元的分红。牛羊有人管、年底拿分红，解放了劳动力、多获取了一份收入，看到加入合作社的种种好处，之前担心合作社不靠谱的村民也开始一个接一个地加入了合作社。

/ 对先·巧开西照看羊群

哈拉胡力家是阿合塔拉村的贫困户，家有 60 只羊，主要靠放牧为生。哈拉胡力想外出务工但就是放心不下自家的羊，看到村民加入合作社，不仅牲畜养得好，而且年底有分红拿，他就把家里的 60 只羊全部交给合作社入了股，每年可以拿到 9 000 元的分红。哈拉胡力说，我现在有更多的时间去跑运输、种大蒜，合作社年底也有分红收入，这样我就有了两份收入。

/ 对先·巧开西给牛喂草

随着收益逐年增多，加入合作社的村民也越来越多。2014 年，苏木塔什乡动员 220 户贫困户通过折价入股的方式加入合作社，并签订了 5 年的年收益不低于股金 10% 的分红比例协议。3 年时间，合作社累计为入股贫困户分红 85.5 万元，每年分红比例都超过了协议标准，达到股金的 15%。2018 年，全乡又有 40 户贫困户以每户 1 头新疆褐牛作为股金入股合作社，签订了每户年收益 1 500 元的 3 年分红协议。“乡政府＋合作社＋贫困户”的合作模式，带动了贫困人口脱贫增收。

为加强合作社管理、做好精细养殖，合作社专门聘用了 4 名贫困群众，让他们拥有了“入股股东＋合作社工人”的双重身份，除了能够每年获得分红收入，还有了每月 800 ～ 2 000 元的固定工资收入，实现了贫困人口就地就近转移就业、增收致富。阿曼吐尔·吐尔都西没有一技之长，收入微薄，再加上儿子正在读大学，他家的生活捉襟见肘，对先·巧开西就优先雇用了他，让他在合作社工作。阿曼吐尔·吐尔都西说，我没有能力出去打工，在这里上班，每个月有 1 000 元钱的工资，这下好了，解决了孩子上学的学费。

在合作社的示范带动下，2017 年全乡 400 余户牧民发展了家庭养殖业。采取合作社提供幼畜、养殖户进行养殖、合作社统一出售的模式，形成了规模，聚合了实力。大家抱团发展，当年获得了 20 万元盈利，对先·巧开西终于实现了带领大家一起富的承诺。

## 一个“不想赚钱”的商人

/ 合作社的养牛场

近年来，阿合奇县各中小学校实施“肉蛋奶”工程，对先·巧开西通过招投标的方式，成为各学校的牛羊肉供应商。按照规定，供应商在为各学校提供牛羊肉的同时，要交纳一定的保证金，供应的牛羊肉要保质保量，且比市场价格便宜。

要交保证金，价格还要比市场价便宜，这就预示着竞标成功的供应商在这个项目上根本就挣不到多少钱。但即便面对这样苛刻的条件，对先·巧开西仍然毫不犹豫地交纳了保证金，并根据各学校的要求，按时按点、保质保量地完成了牛羊肉供应。

对此他表示：“政府实施的‘肉蛋奶’工程是对柯尔克孜族学生的关怀，我作为柯尔克孜族的一员，也应该尽我自己的一份力。虽说为学校供应牛羊肉的价格要比市场价便宜，但学校牛羊肉的需求量大，随着供应量的增加，总体而言我还是赚了。”

对先·巧开西致富不忘乡亲，时刻把履行脱贫攻坚社会责任落实到行动上。对乡亲们的实际困难，他总是看在眼里、记在心上，尽心尽力帮助解决。在开展贫困户识别工作的过程中，村里有个别群众认为自己条件差、年龄大、生活困难，应该享受政府给予的最低生活保障补助，没享受上就到村委会吵闹。在了解到这个情况后，他配合干部耐心细致地给这几位村民讲，中国共产党的职责使命就是为了人民谋幸福，全面小康路上一个都不会少，大家要明白现在的好日子源于党的好政策，生活上有困难，党和政府会义不容辞地帮助大家，但不能躺着要帮扶，补助要给更困难的人。政策好，自身更要努力，要通过劳动实现脱贫致富奔小康。

2016 年，对先·巧开西加入了中国共产党。他将继续牢记习近平总书记的嘱托，不忘初心，砥砺奋进，尽自己最大的努力，带领贫困群众脱贫致富，走上小康之路。

（撰稿：张津津　照片拍摄：张彦刚）

刘永好，新希望集团有限公司董事长。九届、十届全国政协常委，七届、八届全国工商联副主席。曾获中国十大扶贫状元、中国十佳民营企业家、中国改革开放30年30名经济人物等荣誉。坚守农业36年，始终将带动广大农户脱贫致富视为己任。作为中国“光彩事业”发起人之一，20多年来，在全国老少边穷地区投资50多亿元，兴办了150多家扶贫工厂，惠及上万人。实施“新希望1+1”精准扶贫计划，在云贵川等8个省（区、市）投资兴建20个产业扶贫项目，带动1万名建档立卡贫困户脱贫增收。

# 24年坚守扶贫路

认识刘永好是在1998年，作为中国改革开放10周年风云人物之一，当时他给记者的第一印象是，脸上带着温和的微笑，身上的T恤衫和休闲裤加起来不过百元，发型是那种花几块钱就可以理的自然式。再次见到刘永好，他还是20年前的样子，着装依然简朴，脸上依然洋溢着温和的微笑。

## 第一粒扶贫种子在凉山发芽

作为中国第一代民营企业家的代表人物，现年67岁的刘永好，不仅见证了中国经济由萌芽到蓬勃发展的历史过程，也经历了脱贫攻坚工作的心路历程。

20岁前，刘永好经常打着赤脚，最大的期盼是吃一顿红薯白米饭。可是，等他成为教师时却发现，全家仍然难得吃上一次肉。于是，他和3个哥哥一起被逼上了创业之路。在不宽松的经营环境中，他顶着巨大压力，如履薄冰，终于挺过来了。

刘永好搞养殖业，从餐桌入手，解决了人们“吃”的问题；他从事房地产行业，是想让人们住进舒适的房子；他投身扶贫事业，是想让更多的老百姓过上好日子……他在改变人们的生活方式的同时，多次荣登首富位置。他不喜欢别人称他是养猪大王、地产大亨、金融大鳄，他说：“叫我企业家比较好。”因为，他从事的是饲料、农产品产业，与老百姓生活息息相关。特别是“光彩事业”，对贫困地区实施精准扶贫，让老百姓摆脱了贫困。

/ 1994 年中国“光彩事业”第一家工厂——由刘永好投资 1 500 万元建设的西昌希望饲料公司

“您还记得第一个扶贫项目吗？它在哪个地区？”

刘永好脱口而出：“扶贫的第一个项目是饲料厂，地点在凉山。”

这是基于什么缘分？刘永好说，是源于 20 多年前一次坐火车经过西昌的经历。

1993 年，刘永好到云南昆明谈一个项目，火车途经凉山时，他作了短暂停留。在西昌火车站，他看见很多长头发、一身黑的小男孩，他们赤着脚、光着上身，背着篓子捡煤渣。四周的村庄，人畜一室，村民席地而坐，裹毡而眠；请人吃顿饭，就能倾家荡产。这一幕深深刺痛了刘永好的心。

“这里很贫穷，但环境好。当时我就想，能不能利用这里优良的环境，建立一个饲料厂，既能帮助当地百姓摆脱贫困，又能给公司开辟新的市场呢？”刘永好回忆说。

1994 年，刘永好投资 1 500 万元在凉山州建立西昌希望饲料公司，那时的凉山，是全国最贫困的地区之一。但刘永好只用了 63 天就把工厂建成，一举为当地带来 3 万个就业岗位。第一粒扶贫“种子”在凉山发芽，第一个扶贫工厂在凉山诞生了。

到 2000 年，西昌希望饲料公司就培育了 500 家科技养殖示范户，帮助 1.5 万人摆脱贫困。

对刘永好来说，选择凉山就意味着选择了奉献。凉山——我国脱贫攻坚的主战场，脱贫难度大、贫困程度深、致贫原因复杂，它还是我国最大的彝族聚集区，其中，贫困村有 1 618 个，贫困人口达 52.83 万人。但是，自从有了饲料工厂后，这里的彝族同胞生活发生了翻天覆地的变化。

凉山州甘洛县新市坝镇阿发村三组贫困户阿木什打通过帮扶部门推荐的就业信息，在西昌希望饲料公司找到了工作，月工资 3 000 多元。他家里还种了 6 亩核桃，每亩收益 3 000 元，实现了稳定脱贫增收。

和阿木什打一样摆脱贫困的还有昭觉县特布洛乡谷莫村的村民。该村有 30 户贫困户 138 人，是一个建档立卡的贫困村。在新希望集团扶贫项目的引导下，村里贫困户养鸡的饲料由公司提供，产品由公司销售。现在，该村建立了特色核桃、绿色阉鸡、生态乌金猪、高山苦荞、有机蜂蜜等产业链。另外，盐源村的苹果、会理村的石榴、金阳村的青花椒、雷波村的脐橙等农副产品走出凉山，贫困户的腰包鼓了，实现了“一人脱贫带动一群人脱贫”。村长高兴地说：“村里贫困户过上了好日子，得益于刘永好提出的‘稳定、持久扶贫模式’。”

对此，刘永好感言：“我每年都会到老少边穷地区做投资考察。在一些地方，老百姓放鞭炮欢迎我们，希望多办工厂，多投资扶贫项目。自从西昌希望饲料公司在凉山落地开花后，我就采取类似的思路，在许多贫困地区开办了饲料工厂，投资超过 50 亿元，帮助数万贫困户摆脱贫困，还让数以千计的贫困农家子弟成为公司的管理骨干。”

在扶贫过程中，刘永好转变传统扶贫方式，从投资扶贫、就业扶贫、助学扶贫，逐步向科技扶贫、市场扶贫、组织扶贫方面转变。“比如，我们成立的普惠惠农担保公司，每年贷款担保额达 40 多亿元。贫困农民有了贷款后，获得了发展，他们从农民变成农场主，成为农业合作社的一员，这是组织扶贫；我们帮助贫困农民建立生产体系，让他们成为市场经济体系中的一员，这是市场扶贫。”

20 多年来，刘永好在全国老少边穷地区投资 50 多亿元，在 14 个省（区、市）建立 150 多家扶贫工厂，培育了数以千计的科技养殖示范户，每年带动贫困农户 2.6 万余人，创收超过两亿元，让贫困户彻底摆脱了贫困，甩掉了穷帽子；修建 2 所“光彩希望”小学，使近千名失学儿童重返课堂；他们收购的三牧乳业，年销售额达 8 000 余万元，提供了 50 多个工作岗位，带动了 600 多个销售网点、9 个奶源基地，让 500 余户贫困奶农就业又增收。

刘永好在扶贫的同时还扶智，助学济困，助推贫困地区教育扶贫。公司先后发起了全国性的“暖冬行动”“希望有你”“美好计划”等助学行动，捐资新建、改扩建中小学 8 所，在 14 所农业院校设立奖助学金并连续发放 12 年，助学对象超过万人。仅新希望乳业公司就在云南、贵州、陕西等 18 省（区、市）、183 个县开展扶贫助教、公益爱心活动 226 场；在凉山州，捐助学校 40 所；在全国范围内为“学生奶”公益项目服务的学校达 300 多所，覆盖 500 多万名学生。

辛勤的付出，得到了社会的回报。刘永好被评为“中国十大扶贫状元”，新希望集团也被评为“光彩事业突出贡献企业”等。



## “喜德模式”“昭觉模式”构建扶贫新生态

有了凉山扶贫的成功经验后，刘永好又积极响应国家打好脱贫攻坚战的号召，在四川、山东、西藏、陕西、河北等省（区、市）试点产业扶贫项目，带领新希望集团实施精准扶贫工作。特别是在“硬骨头”——凉山，他们克服困难，探索出精准扶贫的“喜德模式”和“昭觉模式”，被农业部作为农业产业化龙头企业扶贫榜样在全国推广。

2016 年 3 月，刘永好决定在凉山州喜德县贺波洛乡跃进村试点集约化生猪养殖项目，采用“政府 + 龙头企业 + 养殖大户 + 多个贫困户”的模式，通过出栏 1 000 头的

/ 新希望项目团队与帮扶农户合影留念

养猪场，带动 21 个建档立卡贫困户脱贫增收。同时，集团在四川、贵州、云南等 8 个省（区、市）投资兴建了 20 个产业扶贫项目。

刘永好说：“我们在南充仪陇，建立了 7 个存栏 1 000 头扶贫养猪场。2017 年，该项目总出栏量 1 万头猪，当年签约贫困户按入股比例人均分红 3 400 余元，全部实现脱贫。”

在试点基础上，刘永好又把目光投向昭觉县特口甲谷村，这里海拔 3 000 余米，是一个弱资源、弱劳力的深度贫困村。为了“啃掉这个硬骨头”，他采取“政府 + 扶贫单位 + 龙头企业 + 村集体 + N 个贫困户”的方式，即“昭觉县政府 + 中国人民银行成都分行 + 新希望六和 + 村集体 + 特口甲谷村 62 户贫困农户”的方式。项目规划修建一个养猪场，年出栏生猪 5 000 头，由新希望公司、村集体组织（由昭觉县政府补贴和中国人民银行成都分行扶助）、贫困户（主要依靠扶贫贷款）共同投资。

在经营管理方面，新希望公司提供猪苗、饲料，提供全周期技术培训、专业技术人员支持，承担疫情、销售行情等一系列风险，可带动整村贫困户每年每户增收 4 000 余元，非贫困户可获得千元以上的分红，实现整村脱贫和稳定增收。

“集团上下总动员，全面推进产业扶贫。”刘永好说，在 2017 年的“光彩事业凉山行”大会上，他们捐款 110 万元；与凉山州政府达成战略合作，在当地建立 60 万头生猪养殖项目，带动 5 000 户建档立卡贫困户脱贫。集团上千名中层干部，以产业扶贫为引领，3 年内帮扶贫困户 1 万人，为决胜脱贫攻坚贡献力量。

随着“政府 + 扶贫单位 + 龙头企业 + 村集体 + N 个贫困户”方式的有序推进，一批扶贫项目陆续实施。

——在养殖扶贫方面，刘永好与陕西省乾县政府签订了 20 万头生猪产业扶贫项目协议；与四川南充市政府签订了投资 7 亿元的养殖项目；与河北张家口市阳原县签订 5 亿元的养殖项目；与贵州毕节市恒大集团结对子，建设规模 1.68 万头的精准扶贫养殖项目。

——在就业扶贫方面，南充新希望饲料有限公司入选全国就业扶贫基地。

——在订单种植方面，公司在四川简阳、云南砚山等地累计签约875亩年产2 400吨辣椒的扶贫采购订单，直接帮扶313户建档立卡贫困户。

——在电商扶贫方面，公司与四川泸州两河镇结对子，通过运输服务扶贫水果外销，已签约77户建档立卡贫困户。

——在金融扶贫方面，公司签约建档立卡贫困户的家庭农场、合作社，提供担保贷款780万元，惠及273人。

——在重点帮扶方面，公司向凉山"中央厨房"项目捐赠30万元，并与昭觉县政府签署了结对帮扶协议。

截至2018年6月，新希望集团累计带动建档立卡贫困户实现脱贫668人，带动1 679人增收；建设扶贫项目20个，带动3 000多人持续增收、稳定脱贫。

为此，刘永好被评为四川省"万企帮万村"精准扶贫行动先进个人，新希望集团获评"四川省带动脱贫攻坚明星农业产业化龙头企业""最有社会责任感产业扶贫企业"等。

## "绿领一族"让职业农民富起来

农村，是刘永好的起家之地，也是新希望发展的原点。为了反哺农村，刘永好决定实施"10万新农民培训计划"，培养一批让人羡慕的"绿领一族"，让职业农民富起来。

唯有授人以渔才能长久地保障农民脱贫不返贫。多年的扶贫经验告诉刘永好，扶贫更要扶智。在首届新农民新技术创业创新博览会上，刘永好提出要在全国开展"10万新农民培训计划"，探索新型职业农民培训方式，助力乡村振兴。他的这一行动受到国家领导人的高度评价。在2018年全国两会上，刘永好又提出了"绿领"概念，通过"10万新农民培训计划"在5年内为国家培养10万个"绿领"新型职业农民，带动农民脱贫致富，促进农村发展，此举得到社会各界的积极响应。

新希望驻村农技员在扶贫养猪场拍摄彝族服饰婚纱照

什么是"绿领"？

刘永好解释说："城里有白领、金领、蓝领之说，农村新一代的农民也应有一个名字。他们在蓝天白云下工作，生产绿色环保食品；他们在为乡村振兴、农业现代化耕耘，他们有活力、有创新意识、有较高收益。我希望这个群体能够成为让城里人羡慕的职业。”

新希望“10 万新农民培训计划”中的培训对象是生产经营型职业农民、社会服务型职业农民、专业技能型职业农民。培训内容有种植养殖、农机操作、农村电商、互联网、新型农技等。培训采取线上培训、线下课堂、实习实训等方式。同时，集团还将实施 1 万人表彰计划、100 名优秀合伙人计划。

“通过这一计划，提高农民的专业技能，实现扶贫先扶智，”刘永好说，“要完成农业现代化这个目标，必须要有一批年富力强的新型农民。我相信，这样一批年富力强的人，会成为新农村的建设者、推动者和引领者。”

在北京，刘永好建立了绿领空间创业孵化基地，它将成为全国双创基地、创新创业孵化平台，通过空间实体的复制、绿领会员体系的专业服务、投融资对接、专业培训课程设计等，为农业领域的创业者提供优质服务，打造农业创业者成长社群，孵化农业科技消费升级领域的创新创业项目。

2017 年 3 月 29 日，新希望“10 万新农民培训计划”首个基地在山东青岛落户。

同时，新希望集团在山东、四川等 25 个省（区、市）开展了 700 余场、21 133 人的培训，建立了“5+1”绿领培训体系。计划充分发挥“一乡一业、一县一品”优势，利用 5 年时间在全国打造 100 个特色“绿品”；在农业食品领域，孵化 50 余家科技型创业公司，培育 150 名事业合伙人。

新希望集团在山东、江苏、四川、北京创建了 4 个新型职业农民培训基地；与江苏农林职业技术学院、山东畜牧兽医职业学院共同举办了农村电商、青年农场主等培训班；与中国农业科学院、新津县人民政府共同成立“天府希望绿领学院”；成立“绿领公益慈善基金会”，设立 1 000 万元“绿领公益慈善基金”，制订“新希望绿领奖”奖励计划，出资 300 万元表彰新农民。

刘永好说：“我相信，在政府主导、众多企业和社会的参与下，将有 10% 的新型农民成为让人羡慕的‘绿领’，我愿意为国家培养一支‘绿领大军’！”

鞍马犹未歇，战鼓又催征。

扶贫正进入攻坚克难阶段。对刘永好来说，扶贫是没有终点的“长征”，他会一如既往做好做实，让更多的贫困户摆脱贫困。

（撰稿：李庆华　照片提供：刘永好）

李孝轩，云南工商学院创办人兼执行院长。十三届全国人大代表。在他的推动下，云南工商学院累计培养集中连片特困地区学生4 042人，累计投入和减免学费近900万元。承接教育部滇西青年创业学院项目，截至2018年6月，学院学员已有509人，其中70%的学员已创业，吸纳包含建档立卡贫困户在内的农村劳动力近3 000人。从2007年起，设立“少数民族发展扶持班”，10年来免收费用超过400万元。2018年开办怒江籍“人口较少民族扶持班”，对建档立卡贫困户开展定向扶贫。帮助怒江民族中等专业学校提升专业建设，引入优质企业资源进入校内开展招聘，提高学生就业率。

# 一位民办大学校长的梦想

2017年盛夏，接到云南工商学院电子商务专业录取通知书时，云南省保山市腾冲县清水乡驼峰村建档立卡贫困户瞿镂同学一家却陷入了深深的苦恼：瞿镂小时候因一次意外导致腿部畸形，失去了行走能力，到校后如何适应学校生活是个大问题；瞿镂父母以务农为生，收入微薄，在为瞿镂治病的过程中，家里欠下很多外债，学费没有着落。就在瞿镂准备忍痛放弃学业时，一个电话打到了家里：“瞿镂，你好！我是云南工商学院扶贫办的老师，李孝轩校长安排我们这几天接你到校报到。”

这改变了瞿镂命运的暖心电话，当年考取云南工商学院的贫困学子们都收到了。他们同时收到的，还有未来的校长对他们的期待。而让每一个贫困学子能读得起书、读得好书，正是这位素未谋面的校长坚持了19年的教育梦想。

## 19年初心不改

大学毕业后，李孝轩开始创业。在连正常发放员工工资都还困难的时候，他决定专门开班，免费对下岗职工进行再就业培训。看到第一批下岗人员依靠教育培训重拾自信改变了命运，李孝轩第一次深刻感受到教育扶贫的价值与意义。这也促使他立志创办一所学校，让更多学生上得起学，让教育改变更多人的命运。

19年来，学校从只有20平方米小教室、12台旧电脑、6名学生的电脑培训站起步，发展成扎根民族地区、边疆地区和教育欠发达省份，拥有在校学生近8万人的教育

/ 云南工商学院院长李孝轩

集团。集团于 2017 年 4 月在香港主板上市，市值逾 77 亿元。

办学一路取得成功，李孝轩没有忘记最初的艰辛。他记得，为了让学生拥有较好的学习环境，他跑遍昆明及周边郊区，顶着各种压力亲自带队在工地上一住就是 8 个月，每天工作 10 多个小时。当云南工商学院嵩明园区落成时，他却因长时间严重伤寒迟迟没去就医而导致肠穿孔，一度危及生命。

李孝轩更不会忘记的，是他为什么办学。民办大学招录的多是中等成绩的学生，大都来自农村家庭、贫困家庭。19 年来，他始终记得自己在那间 20 平方米的教室里立下的志向，民办大学有民办大学的优势，民办大学要主动承担起教育扶贫的社会责任，让贫困学生读得起书、读得好书。

如何让党中央扶贫政策的阳光雨露最大限度惠及学子？这是李孝轩这个大学校长心心念念的问题。为此，他定下了云南工商学院聚焦“三个深度”抓扶贫的工作思路：紧盯深度贫困地区（省内集中连片困难区）、深度贫困群体（建档立卡户和“直过民族”、人口较少民族学生）、深度贫困问题（困难学生入学和就业）。学院成立了扶贫办，专门负责扶贫工作，每年在招生录取、专业培养、就业创业等环节给予贫困学生持续的帮助扶持，努力帮到心上、扶到根上。

当像瞿镂一样的贫困孩子都能按时到校报到时，李孝轩才能放心。

## “无论你在哪里，我们都要找到你”

2017 年 8 月 25 日，云南工商学院党委书记于波带队奔波 1 200 多里，来到了瞿镂家，将他从腾冲的家里接到了学校。

学校为瞿镂有针对性地制定了一系列扶持措施：一是免除瞿镂大学期间的学杂费、住宿费等费用；二是捐赠一辆残疾人专用电动车，方便瞿镂今后的学习生活；三是安排专门宿舍，并对宿舍卫生间等设施进行改造；四是针对瞿镂所学电子商务专业，安排其进入学校京东电子商务运营中心勤工俭学。

在同学、老师的关怀下，瞿镂同学已顺利融入云南工商学院的学习和校园生活，通

/ 云南工商学院关爱怒江州人口较少民族贫困学生捐资助学仪式

过勤工俭学每月有近 2 000 元收入，加上校内各种奖助措施，完全可以满足生活支出。

瞿镂只是 3 年来在李孝轩关怀下成长的 1 407 名建档立卡贫困户学生中的一个。为了让每个贫困学子上得起学，国家精准扶贫战略实施以来，李孝轩第一时间组织云南工商学院成立扶贫办公室，针对来自建档立卡贫困家庭的困难学生，将国家资助、学校扶助、社会帮助和勤工助学有机结合，形成了精准识贫、精准录取、精准助学、精准就业的闭环，扩大了受助学生比例，保证了扶贫效果。

成果是显著的。近 3 年来，云南工商学院累计培养集中连片特困地区学生 4 042 人，其中建档立卡贫困学生 1 407 人。在 2017 级新生中，国家级贫困县学生占比高达 49.8%。学校把因贫辍学作为教育扶贫的首要问题，多方筹资，实施了“一个都不能少”的“兜底式”扶贫计划，将国家资助、学校扶助、社会帮助和学生自助有机结合，建立起奖、助、学、贷、减、补、免七措并举的资助体系，累计投入近 900 万元。

在李孝轩看来，这些都是他的“分内”工作。采访中，他谦虚地说：“一个都不能少，是云南工商学院应有的担当，也是我们深入贯彻习近平总书记关于扶贫工作的重要论述所必须履行的职责。”

为了这件“分内”的事，李孝轩推动开设了励志课程，设立了励志教研室、图书馆和放映室，开展专题讲座，强化对贫困家庭学生的心理疏导，培养他们的阳光心态和正能量。与此同时，学校每年投入上百万元设置勤工助学岗位，鼓励贫困学生通过勤工助学参与实践锻炼、融入学校生活，将励志教育与扶贫助学润物于无声地结合在一起，培养学生自强自立的奋斗精神。仅 2018 年上半年，学校就已提供勤工助学岗位 264 个，累计发放勤工助学补助工资 58 万元。

## 成才一名学生，脱贫一个家庭

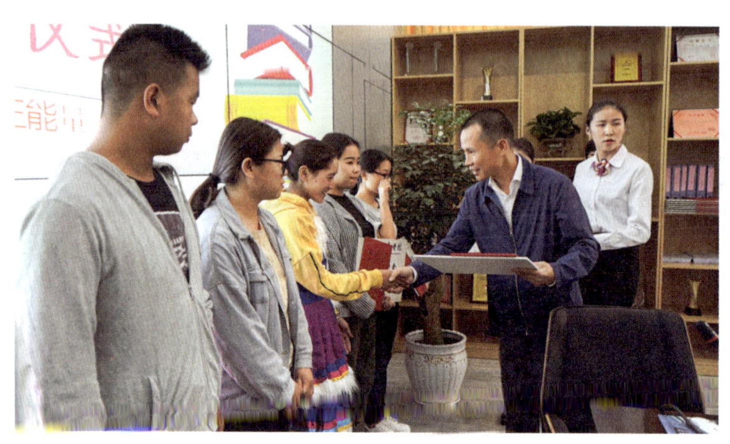

/ 李孝轩为贫困同学颁发奖学金

这几个月，每当有人喊高兴明一声“高总”，这个腼腆的小伙子总会一愣，之后才带着羞涩的笑容回应。高兴明家以前是贫困户，家里父母靠种洋芋、养猪为生，人均年收入仅 2 400 元。5 年前接到云南工商学院录取通知书时，高兴明作为长子还一度想放弃读书机会去打工，供弟弟妹妹读高中。学校得知其情况后，多方协调帮助他办理生源地助学贷款 12 000 元，解了燃眉之急。大二时，又为他开通了绿色缴费通道，并争取到了每学期 4 500 元的社会公益资助；同时通过提供勤工助学岗位，解决了他的生活费问题。

穷人家的孩子早当家。这个懂事的小伙子也十分争气，除了学习专业知识外，先后获得了 CAD 证书、维修电工中级证、驾驶证和导游证等。2018 年 4 月，在学校就业服务中心的帮扶下，他与另一合伙人在滇中新区创办了云南德仁兴滇信息科技有限公司。“公司主要做软件开发、区块链、电子商务等业务，年收入预计 50 万元左右。”高兴明对公司的未来充满信心。

这是李孝轩强化学生就业创业能力，进而自主脱贫的一个典型。从办学之初，李孝轩就认识到：与公办研究型大学不同，民办大学应该坚持应用型办学定位，必须把帮助学生高品质就业创业作为办学的重要目标，因为帮助一个孩子成功就业创业就能扶持一个家庭，就能让一个家庭的生活面貌焕然一新。

李孝轩对如何让贫困学生“读得好书”有清晰的认识。在他看来，云南工商学院开展教育扶贫，论资金投入比不上那些大企业大集团，但是有自己的独特优势，就是学校有老师、有课程、有岗位实践，可以教给同学们“打鱼”的本领。

为了这个“打鱼”的本领，办学实践中，李孝轩推动学校走应用型大学、产教融合发展之路，全面提升毕业生就业竞争力。他带领学校连续 9 年获得云南省教育厅“就业工作目标责任考核一等奖”，被教育部授予“全国毕业生就业典型经验高校”（又称“全国高校毕业生就业工作50强”）称号。对于建档立卡贫困户学生，李孝轩更是提出要求，实行“精准滴灌”的就业帮助，组织学校教务处、学生处、扶贫办与就业指导中心联动配合，全程跟踪，在校内实践、校外实习、创新创业、校企合作等方面向他们倾斜，定期召开建档立卡贫困毕业生就业精准帮扶座谈会，发放求职创业补贴，给予一对一个性化服务和指导。

2016年、2017年学校分别推荐贫困生就业863人、718人。2018年毕业生中建档立卡贫困户学生有239人，截至6月25日其中180人已经就业。

## 关爱少数民族孩子

少数民族地区孩子的上学就业难题，一直是李孝轩关注的问题。早在2013年，教育部和云南省共同组织实施了滇西地区“农村青年创业人才培养计划”，李孝轩主动承担该计划的基地建设，在云南工商学院成立了滇西青年创业学院，自己亲自任院长。

“农村青年创业人才培养计划”优先录取少数民族学员和建档立卡贫困户，发挥“互联网+”优势，将滇西农村产业扶贫和培养社会主义新农村建设带头人有机结合，通过做实做好该项目，计划用5年时间培养千名农村创业致富带头人，实现贫困地区万人就业，促进贫困地区百万人改变观念。

2014年5月第一期学员李举荣，已成功在普洱市景谷县创办了咖啡商贸公司发展生态咖啡种植园，年销售额已突破百万。采访时，李举荣兴奋地说：“参加滇西青年创业学院电子商务课程的学习后，打开了网销路子，我们村种的咖啡也当了回‘网红’，乡亲们钱包都鼓了起来。”

乡亲们的钱包鼓了起来，离不开李孝轩的奔波。他聘请云南省青年企业家组建导师团，以云工商365网络大学为教学平台，建立完善了养殖、种植、电子商务、互联网金融等模块的技术技能培训课程体系，着重结合云南区域经济优势培养学生的创业能力。截至2018年6月，滇西青年创业学院学员已有509

云南工商学院免费招收怒江州人口较少民族贫困学生

人，其中 70% 的学员已创业，吸纳包含建档立卡贫困户（占比约 9%）在内的农村劳动力近 3 000 人。

为了给少数民族孩子一个好的起点，从 2007 年起，李孝轩在云南工商学院面向云南独龙族、德昂族、基诺族、怒族、阿昌族、普米族、布朗族 7 个人口 10 万以下、发展相对滞后的少数民族，设立“少数民族发展扶持班”，学费、教材费、住宿费由学院全额承担，10 年来免收费用超过 400 万元。

2018 年，李孝轩了解到怒江州教育事业亟待支持后，云南工商学院专门针对怒江州开办怒江籍“人口较少民族发展扶持班”，对州内人口较少民族、建档立卡贫困户学生实施学费、书费、住宿费全免并给予生活资助。同时，以汽修、护理、电子商务三个专业为依托，帮助怒江民族中等专业学校提升教学水平，采取送教到校、跟班教学的方式，通过 3 年时间将上述专业建设成为该校骨干专业。为了提升教学水平，云南工商学院出资并利用假期对州内教师进行培训；为了帮助学生就业，云南工商学院发挥在校企合作方面的优势，为州内学生推送就业机会，引入优质企业资源进入州内开展招聘。

李孝轩在校内设立启帆奖学金超过 200 万元，先后向民进中央开明慈善基金会捐资 252.7 万元、向云南省大中专毕业生就业服务中心捐赠大学生专项培训资助金 100 万元、向云南温暖工程慈善基金会捐资 100 万元、向云南财经大学捐资 200 万元，资助、扶持贫困大学生完成学业、自主创业。持续开展对云南保山、文山、红河等贫困地区捐资助教活动。10 多年来，社会捐赠捐资总额已超过 1 000 万元。此外，学校办学吸纳了下岗失业人员和农村富余劳动力 600 余人就业，通过学校在线平台远程教育惠及各类学生近 30 万人。2015 年至今，还积极帮助 1 000 余名退伍军人提升学历、掌握技能、实现就业。

李孝轩和他所创办的云南工商学院不断深化对民办教育扶贫工作的探索，力争在助力“中国梦”的征程中谱写新的篇章。这位大学校长让更多贫困孩子读得起书、读得好书的梦想，在更加广阔的天地里变为现实。

（撰稿：高永伟　照片提供：苗海洋）

/ 云南工商学院图书馆

李学海，山东省安丘市辉渠镇谋家河村党支部书记、村委会主任，山东学海农林集团有限公司党委书记、董事长。曾获全国道德模范、全国劳动模范、山东省优秀共产党员等荣誉。2010 年，他带着 10 亿元积蓄返乡，出资 1.3 亿元，改善交通、水利等基础设施；投资 5.7 亿元，开发留山古火山国家森林公园，带动周围 12 个村庄、1 300 多名农民到景区务工，人均年收入达到 3 万多元。为帮助建档立卡贫困户按期脱贫不返贫，设立 100 万元“红林党建扶贫基金”；投入 1 500 多万元，成立农民专业合作社 4 个，实现入社农民年均增收 500 多元，带动 12 个村集体年均增收 10 多万元。

# 大老李和他的乡亲们

他有很多“称谓”：董事长，道德模范，全国人大代表，村支书……而他最看重的，是乡亲们喊他“大老李”。

他曾有很多梦：生产队里挣最多的工分，供弟弟妹妹读大学，出海捕更多的鱼……而他最向往的，是在村里能过上城里一样的生活。

从穷孩子到当地知名企业家，再到山东省安丘市辉渠镇谋家河村党支部书记、村委会主任，李学海年过花甲选择回到家乡，是为了他儿时的梦。

## 忆苦思甜热心肠

“我是农村娃。”这是李学海常挂在嘴边的一句话。从记事起，一家六口人就挤住在两间土坯房里，作为长子，李学海很早就学会了担当。为了挣更多的工分、家里能多分点粮食，他起早贪黑地在生产队干活。

吃苦多，懂事早。“庄户人烂泥腿子干活，啥时候有个出路?”18 岁那年，他揣上母亲从箱子底扒拉出的两毛钱，只身到外地打工，几经周折，到当时的寿光县羊口公社渔业捕捞二大队当渔民。

从土里刨食到风浪里找吃的，这一转变并不容易多少。晕船就是一大关。那时的渔船小，除了必要的遮挡外，白天人就在船外晒。出一次海十天半个月，吐得胃酸都出来了，身上掉几层皮。这些困难，他愣是挺了下来，而且一干就是 13 年。

/ 李学海书记

改革开放的浪潮席卷齐鲁大地，李学海看到了机会。他从一片芦苇地里搞水产养殖开始，筚路蓝缕，创办了山东学海农林集团有限公司，积累了数十亿元的资产，成为当地有名的企业家。

受过苦的人知道苦难的滋味，更知道贫穷对一个人发展的限制。“是党的好政策让我过上了好日子，是党的好政策让我的企业发展壮大。”李学海一直记得，自己是农民的孩子，是党的好政策让他一路走到了今天。

1998 年事业刚起步时，李学海就向镇民政部门提出申请，对 8 名残疾人进行资助，每人每月发放 100 元救济金。2002 年，他出资为镇上 800 名下岗职工、困难户、五保户和残疾人缴纳了医疗保险费。2006 年，李学海拿出 0 万元，带头成立扶贫助困基金会，并组织企业家捐款，一天时间就筹资 78 万元。

日积月累，时间见证。十几年来，李学海累计出资 1 200 余万元，救助孤寡老人、残疾人、下岗工人、家庭贫困学生，其中，出资 200 多万元帮助 46 名贫困大学生顺利完成学业。

桑梓情深凌河水，初心风动留山松。2008 年，父亲病故，他扶棺回乡。他最忘不了的还是养育他的故乡。

安丘市辉渠镇地处山东革命老区，是山东省扶贫工作重点镇，2014 年共有贫困户 5 442 户，贫困发生率高达 44%。李学海出生的辉渠镇谋家河村，离镇区较远，多是丘陵薄地，农民收入来源窄、收益少。每次回家，山里几十年不变的面貌、父老乡亲们的艰苦生活，总让他心中难以平静。

2009 年，安丘市委市政府和辉渠镇党委找到李学海，几番恳谈，希望他能回去，带领村民发家致富。

见到家乡来客，他想了很多。村里的穷困又浮现在眼前，他仿佛看到几十年前那个年幼的自己，一磕一绊去上学，十几岁就举着铁锨在地里和土坷垃抗争。

但他同样也在心里勾勒出一幅盘山路在密林中延展，孩子们骑自行车上学，乡亲们用先进机械耕作的画面。整洁的村庄里，时有闲暇，男女老少聚拢，打鼓唱歌，过生机富足的生活。那是他儿时的梦。

他决定回去。

## 大老李回来了

“大老李回来了。”这最先在村里老人圈里传开了。李学海每年回乡探亲，都会看望村里的长辈。离乡 40 多年，李学海的根，一直在谋家河村。

只是这次，他回来就不走了，还把创业的劲头也带了回来。2010 年当选为村支书、村主任后，李学海第一件事就是带领村“两委”班子，对村里的整体情况进行详细调查。

山前山后转完，村“两委”班子都同意，通村路的问题亟待解决。

道路带来的困窘，曾经担任辉渠镇曹家峪村村支书 30 多年的刘伟最有感触。“晴天一身土，雨天一身泥”，道路崎岖且破败不堪加剧了当地落后的面貌，不仅客商进不来，小商小贩也不来，道路闭塞了出路，也封锁了村民的心。

要发展，就要修路。这条路几十年都没变过，村里人都不信能修起来，坡陡不说，部分拐角需要开山伐树，填土量大。更何况，村里也没有钱。

村里没有钱，李学海自掏腰包，买原材料、租筑路机。工人不够，他带头上山。施工难度大的地方，他在前面踩点，推土机在后面跟进。为了不耽误最佳施工时间，他晚上就直接住在帐篷里。

这种创业的精神，打动了村里人。

村里的壮年自带铁锹上山了，外出打工的回来了，年纪大的也跟在后头拣轻活干，

李学海（前）在花生专业合作社基地查看花生生长情况

你一锹，我一锄，参与修路。

沉寂了数百年的荒山僻野一下子变得热闹起来。几个月后，一条双车道的硬化路，把村里和村外联系了起来。

谋家河村传统种植地瓜、小豆、绿豆和小米等作物，宽阔的道路吸引了外面的小商小贩，也吸引着客商前来收购，这给村里的生活带来了实实在在的改变。村民们发现，原来只要拧成一股绳，几个月就能改变几十年来的局限。

大老李回来了，带来的不只是一条路，更重要的是村里对摆脱贫困的认识。

“人生的价值不在于家有多富、名有多响，而在于为他人、为社会办了多少实实在在的事。”从修一条出村路开始，他把带动乡亲们脱贫，当成了自己后半生的事业。

## 山 村 筑 梦

“俺就想有一份稳定的收入，别吃了上顿愁下顿。”2011 年，在一次村里的会上，于安海说起了自己的梦想。

于安海是村里的低保户，家里的收入就靠几亩薄地种植花生、小米，妻子生病让于安海家境更加拮据。村里路通了，他想打一份工。

“俺想多挣钱，让孩子上大学。”“俺想有个三轮车。”“俺想盖大棚种百香果。”……农村人很实在，会上大家七嘴八舌地说着自己“想”要什么。

/ 李学海（左一）和村民一起修建游客接待中心

先要敢想，想好了就去干。那天大会上，李学海这句简短的话，村里人都听见了，也记住了。出村的路就是全村人一起修出来的，他们知道，这个村支书，是个敢想敢干的人。

村里人看到，大老李又上山了。几天山前山后转下来，李学海和村“两委”初步确定了依托留山及周边资源，发展乡村旅游、文化旅游、红色旅游，带动林果业发展的路子。

要发展旅游？这在村里炸开了锅。“就这穷地方也有人来？”“石头乱滚、杂草丛生的留山也能成风景区？”“那得投多少钱啊？”“占用土地怎么办？”

村民大会上，质疑声、不理解的声音没有动摇李学海的想法，他耐心和乡亲们解释：“别人说咱这里差，我说条件好，看咱的留山上有古火山，就是个优势。”“修路可以全村人齐上阵，务工还有收入。”“占用土地入股分红，家家户户都参与。”“大方向是以旅游为带动，发展休闲观光农业、特色种植业。”

几次大会开下来，人心动起来了。

于安海第一个参与。通村路后，他家的花生、小米卖出去了，这让他认可了这位大个子书记。他记着李书记在会上的话，“先要敢想，想好了就去干”。

“想种百香果”的韩仁亭也参与了进来。他相信，旅游办起来，游客多了，百香果的大棚就可以搭起来、种果子了。

慢慢地，不仅全村人参与了进来，在安丘市委市政府和辉渠镇党委的支持下，周边12 个村庄都参与了进来。

这一干就是 6 年。

6 年里，李学海投入 5.7 亿元，在政府的支持下，带着周边 12 个村的老百姓开发留山古火山国家森林公园，建设游客接待中心、环山绿道等项目，带动 1 300 多名村民到景区务工，人均年收入达到 3 万多元。

2017 年，于安海“想”的实现了。现在他每天到景区务工，有了一份稳定收入。

随着留山景区的开发，越来越多的游客前来游玩，回城之际也会捎上一些当地出产的特产。“光游客就买完了，再也不用骑着车子到四里八乡赶集销售了。”村里的农特产，家门口就卖出去了。

## 富起来，美起来

景区建起来，这一片山，活了。李学海不去山上转了，现在他到村里转。

劳动力去景区打工了。但地得有人种，老人得有人照顾。他想着，怎么让村里也活起来。

和村“两委”到外地考察后，他找到了让村里活起来的办法——成立合作社，抱团发展，共同致富。

在辉渠镇党委支持下，他组织成立了 4 个农民专业合作社，通过土地变股金、资源变资金，流转周围 12 个村 3 000 多亩土地统一经营，带动 670 户增收，每个村集体年均增收 10 多万元。

在合作社的大棚里，韩仁亭终于种上了百香果。他是技术工，一个月管吃管住，还能挣 3 000 多元钱。

合作社挣钱了，李学海从自己分红部分，给谋家河村 65 岁以上的老党员和贫困群众每年每人发放 1 000 元，为周边 12 个村 5 508 名村民缴纳医疗保险费，每逢重大节日还为周边 12 个村 60 岁以上、失去劳动能力的老人发放慰问金。

为进一步促进村集体增收，他几次三番找领导要政策，协调资金 400 万元，成立安丘市惠农石化有限公司，在谋家河村建设高标准加油站，每年可为村集体增收上百万元。

为改变村民生活条件，李学海出资 5 000 余万元建成了占地 3 万余平方米的谋家河小区，出资 1 000 多万元建成了便民服务楼，为周边 12 个村的 6 700 多名村民提供集约便捷的服务。

2018 年全国两会期间，习近平总书记在山东代表团提出“五个振兴”的乡村振兴路线图，作为代表团成员的李学海听后激动万分。他暗下决心，一定要打造一支过硬的党员队伍，把党建工作融入脱贫攻坚工作中，不仅带领乡亲们脱贫，还要让家乡富起来、美起来，把这好日子一直过下去。

围绕抓党建促脱贫，谋家河村党支部编制了《基层组织工作手册》，制定了《流动党员管理制度》《党员信息管理制度》，提出了“把骨干培养成党员、把党员培养成骨干、把党员骨干培养成集团高管”的“三培养”机制。

李学海带头帮扶 5 户特困群众，村“两委”班子成员每人帮扶 2 户特困、贫困群众，集团公司党委 88 名党员每人帮扶 1 户贫困群众。在他的倡议下，集团公司设立 100 万元的“红林党建扶贫基金”，对建档立卡贫困户实行定向长期精准帮扶。

为把扶贫助困根植到党员干部和青少年心中，使“红色基因”代代传承，他投资 1.5 亿元，建设了建筑面积 5 万平方米的中国共产党历史教育馆。

日子越过越好，不忙的时候，李学海也会到村集体出资兴建的小广场上跳广场舞。村里组织了锣鼓队，锣鼓敲起来、绣服舞起来，这村里的生活，要赶上城里人的了。

大老李儿时的梦就要实现了。

（撰稿：高永伟　照片提供：李学海）

冷友斌，中共党员，黑龙江飞鹤乳业有限公司董事长，黑龙江省工商联副主席，中国民间商会副会长。十三届全国人大代表。曾获全国五一劳动奖章、全国劳动模范、中国乳业十大科技人物等荣誉，并获得多项国家级研发成果和专利。他坚持“发展企业、回报社会、助力扶贫”的理念，通过产业基地扶贫、开展助学扶贫、捐款结对扶贫，帮助贫困群众参加生产自救，帮助贫困群众努力求学。在扶贫、助学、医疗等方面捐赠款物，为脱贫攻坚做出了积极贡献。

# 黑土地走出的扶贫企业家

为贯彻落实习近平总书记关于扶贫工作的重要论述，黑龙江飞鹤乳业有限公司董事长冷友斌始终牢记企业的社会责任，以脱贫攻坚为己任，坚持“发展企业、回报社会、助力扶贫”的理念，带领飞鹤乳业全体员工，通过产业基地扶贫、开展助学扶贫、捐款结对扶贫等多种形式，为克东县开展脱贫攻坚做出了积极贡献。

## 加强产业基地建设，吸纳农民就业促脱贫

冷友斌出生在黑龙江，大学学的是乳品专业。飞鹤乳业和冷友斌的交集发生在1989年。

那一年，冷友斌大学毕业后，进入飞鹤乳业的前身赵光乳品厂。当时的乳品厂是个亏损小厂，只生产全脂奶粉。他从技术员做起，通过整合大学老师、国家乳品中心等资源，建立工厂的研发体系，开发婴儿分段奶粉，很快获得市场认可。凭借出色的工作能力，1991年冷友斌被提升为副厂长，一年后便出任厂长。他用了10年时间，把连年亏损的工厂变成年销售额3 000万元的知名企业。

2001年，飞鹤乳业入驻克东县进行“二次创业”。

搬家的时候，冷友斌对兄弟们说：“此一行，从头开始，前途未卜，你们想走，我送安家费，咱们兄弟一场，不能亏了大家。”然而100多人没有一个离开。2004年，飞鹤乳业总部搬往北京。这100多位创业元老都是底层工作人员，很难跟上时代发展。

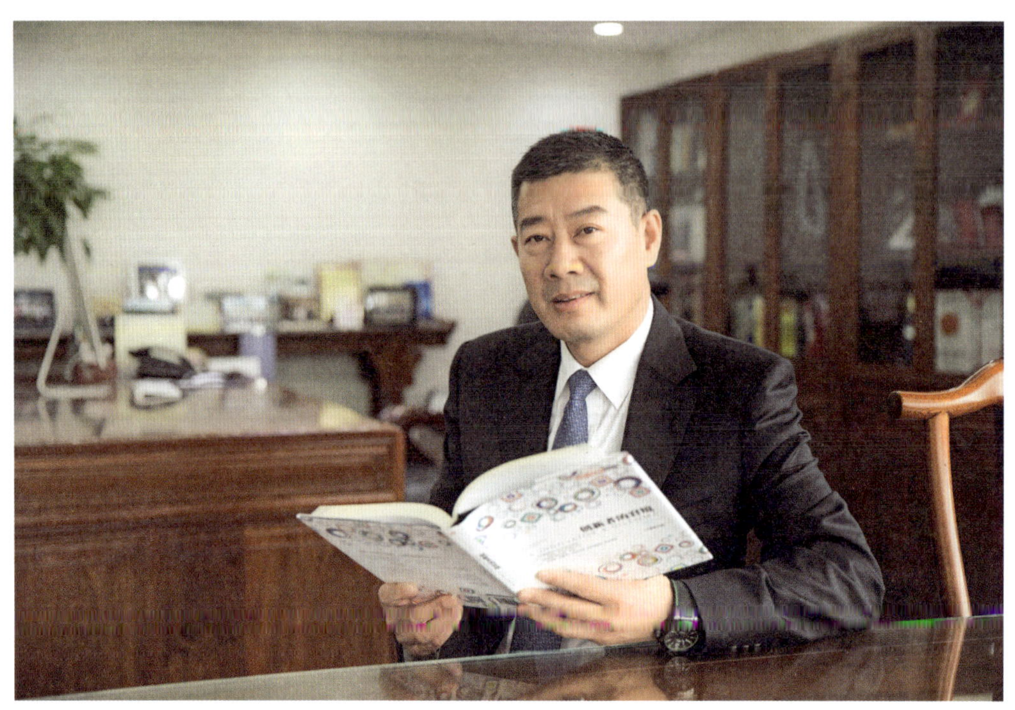

/ 飞鹤乳业有限公司董事长冷友斌

重情重义的冷友斌向他们承诺："你们就退休养老吧，企业绝不会撒手不管。"不管新老职工，吃喝拉撒，丧葬婚嫁……冷友斌全管。他说即使与潮流相悖，他也要坚持下去，这点情意一定要保留！

对企业二次创业的摇篮——黑龙江省齐齐哈尔市克东县，冷友斌更重情义。自 2001 年飞鹤乳业入驻克东县以来，冷友斌坚持打造中国乳业民族品牌和乳业全产业链的发展思路，在北纬 47 度世界黄金奶源带上，把产业基地建设作为企业发展的战略重点。

2008 年，飞鹤乳业在克东县建成了第一个万头牧场，此后陆续建成了 9 个紧密合作专属牧场、1 个观光牧场。如今，奶牛存栏 6 万头，年鲜奶产量 26 万吨，是全国存栏量最大、单产水平最高的现代化牧场之一。其中，克东县万头牧场 3 个，奶牛存栏 4.3 万头。飞鹤万头牧场以吸纳当地农民就地转移为主，提供了 1 400 个就业岗位，为农民就地转移、务工增收创造了有利条件。

## 推进全产业链建设，加快土地流转促脱贫

熟悉冷友斌的人，都知道他是名副其实的"工作狂"。2001 年至今，他带领飞鹤乳业不断拼搏、自强不息，在地方政府的支持下，积极抢抓机遇，做大做优做强，实现了

/ 冷友斌（左一）向来宾介绍飞鹤专属牧场情况

从牧草种植到奶牛规模养殖再到生产加工的全产业链模式，最终从地方乳品企业走向了世界舞台，并成为国产婴幼儿奶粉的领导者。

而全产业链的建立，也是历经坎坷。冷友斌考察了无数的国际知名乳业集团，参观了很多国外的大牧场。至今他仍记得，自己第一次站在澳大利亚的牧场上，那种难以掩饰的惊叹，他第一次亲身感受国内外牧业的巨大差距。惊叹之余，冷友斌暗下决心，他要建自己的万头奶牛大牧场，搞全产业链，只有这样，才能走出一条属于自己的路。而这条路，冷友斌走得异常艰难。

“2009 年到 2012 年，这个阶段非常艰难。我们从 2000 年开始，建标准化挤奶站，帮助合作社、小牧场规范养牛，但是后来发现这样不行，因为养牛户不听我们的，家里有啥就喂啥，有玉米就喂玉米，有豆饼就喂豆饼，管理也不科学。我觉得这样不行，标准化挤奶站只能保证养牛户到奶站挤牛奶的时候不掺水不掺假，但是控制不了奶源这个最关键的源头环节。没有好原料怎么能出好产品？所以我们从 2006 年开始建自己的大型农场、牧场。”

为了加强全产业链建设，从源头确保牛奶的优质，飞鹤乳业专属农业公司与基地县紧密合作，实现饲草种植产业化和集约化。截至 2018 年 6 月，企业农业种植面积达到 30 万亩。其中，在克东县流转贫困户土地 8 000 亩，每亩价格高于市场价 50 元，带

/ 飞鹤乳业向省级深度贫困村——黑龙江省齐齐哈尔市克东县润津乡人和村捐资 81 万元

动贫困户 400 户，户均年增收 1 000 元。同时，飞鹤乳业农业种植提供就业岗位 375 个，拓宽了就业渠道，带动农民劳务收入 700 万元。

经过多年的投入建设，飞鹤乳业从牧草种植、奶牛养殖、产品研发加工，到物流仓储、渠道管控乃至售后服务，打造了一条完整可控的全产业链。正是这样细心的经营，才使飞鹤乳业能够飞速发展。如今，飞鹤乳业拥有 8 个现代化核心工厂，年总加工能力 22 万吨；建成终端门店 10 万家，现有员工 2 万余人。同时，在克东县，飞鹤乳业依托全产业链模式，拉动贫困人口短期务工和长期就业 426 人，为地方发展和脱贫攻坚做出了贡献。

## 发挥企业主体作用，积极开展定点帮扶

脱贫攻坚事关困难群众幸福生活，事关中华民族伟大复兴。面对精准脱贫、精准扶贫工作，冷友斌勇于承担社会责任，主动作为，回馈社会，积极投身脱贫攻坚的伟大实践。

一是助力金融扶贫。克东县在脱贫攻坚工作中，把金融扶贫作为产业扶贫的重点，借助相关政策，确定了“户贷企用”和“社贷企用”等金融扶贫模式，并利用飞鹤乳业的平台发放扶贫贷款 1.75 亿元，给 8 735 户每户分红 756 元，共计 660 万元。

二是开展结对帮扶。飞鹤乳业第三个万头牧场坐落在克东县勇进村，该村贫困人口多、扶贫任务重，冷友斌先后几次走村进户，与村里研究帮扶具体措施。冷友斌将万头牧场生产的奶公牛犊，以低价赊给 60 户贫困户每户 5 头进行集中饲养，一年后企业按市场价全部回收，带动贫困户户均增收 500 元。同时，飞鹤乳业与克东县昌盛乡互助村结成帮扶对子，全力推进“一村一品、一户一策”脱贫工作的深入开展。

三是带头捐款扶贫。在克东县脱贫攻坚动员大会上，飞鹤乳业在会上表态发言，给社会各界做示范、做表率，并向克东县扶贫基金捐款 65 万元。

## 投身公益慈善事业，履行企业社会责任

点滴爱心聚沙成塔，爱心浇灌连木成林。近年来，在冷友斌的带领下，飞鹤乳业在自身发展的同时，始终坚持将企业发展与践行企业社会责任紧密结合，积极倡导爱心公益，组织开展公益助学、扶贫帮困等活动，资助数以千计的贫困学生圆了他们的大学梦。

一是建立助学基金会。2006 年 8 月，在冷友斌的推动下，设立了黑龙江飞鹤乳业有限公司助学基金会，为在校家庭贫困学生播撒爱心。截至 2018 年 6 月，已通过助学基金会资助黑龙江省齐齐哈尔市区、克东县、甘南县、龙江县、泰来县、拜泉县、克山县及吉林省镇赉县 80 多所学校的家庭贫困学生 5 000 余人次，累计捐助 500 余万元，

冷友斌（左一）检查青贮收割情况

/ 飞鹤乳业 55 周年庆典上，宣布向贫困县捐赠总价值 1.76 亿元的进口诊疗设备

受到社会各界的关注和好评。助学基金会已在克东县捐资助学 52 万元，惠及贫困学生 383 名，为基地县克东、甘南、泰来、克山考入清华北大的学子 19 人捐赠助学金合计 114 万元。

二是成立慈善基金会。2018 年，冷友斌倡导成立了黑龙江省飞鹤慈善基金会，飞鹤乳业将爱与责任熔铸于企业基因之中，持续推动公益事业的创新发展，为解决社会难题不断作出新尝试。在 2018 年中国乳业领军企业赴革命老区扶贫捐赠活动中，飞鹤乳业捐赠牧场经典奶粉 260 箱，总价值 14 万元；在 2018 年“中国小康牛奶行动”爱心助学公益活动中，飞鹤乳业为湖南、黑龙江、吉林三省家庭贫困学生，提供了 32 000 箱价值总额达 110 万元的优质奶品。

三是捐赠医疗设备扶贫。2017 年在飞鹤乳业 55 周年庆典上，冷友斌宣布，向齐齐哈尔市克东县、甘南县、克山县、龙江县、拜泉县、泰来县、依安县、富裕县、讷河市及吉林省镇赉县、陕西省陇县共 10 个贫困县 1 个县级市，计划捐赠总价值 1.76 亿元的进口西门子诊疗设备。截至 2018 年 6 月，已完成甘南、泰来、拜泉、克东等县的捐赠，在克东捐赠的诊疗设备价值 1 550 万元，受益 1 万余人次。

冷友斌以扎扎实实的行动，积极响应党和国家的政策号召，履行社会责任，践行公益慈善，助力脱贫攻坚，不断释放出民族乳企的爱心公益助贫力量。

（撰稿：胡琳　照片提供：兰天伟）

沙万里，山西省繁峙县第三建筑安装工程公司经理兼党支部书记。党的十九大代表。曾获全国五一劳动奖章、全国劳动模范、全国优秀共产党员等荣誉。1984 年创建了繁峙县改革开放以来第一代民营建筑企业，带领农民工凭借自身的辛勤劳动脱贫致富。他是捐资助教的“领头雁”，共建起 9 所以他名字命名的希望小学，累计近 5 000 名寒门学子受惠于他的无私资助而圆梦学堂。2016 年以来，先后捐资数百万元兴修水利设施、发展脱贫产业，带领繁峙县小砂河村贫困户找到了脱贫致富新路径。

# 扶贫路上排头兵

家境贫寒，靠自己摸爬滚打，公司资产超过千万；因穷辍学，30 多年为兴学助教捐资 1 200 余万元；衣着朴素、生活简单，为公益事业捐资 683 万元；可以资助素不相识的学生几千元，却只给读大学的儿子每月 300 元生活费……

他就是党的十九大代表、繁峙县第三建筑安装工程公司经理兼党支部书记沙万里。

## 创业致富重信誉

说起沙万里，那可是繁峙县一直以来都响当当的人物。

20 世纪 80 年代，改革开放的春风吹遍了祖国大地。面对改革开放的大好形势，沙万里始终坚持两条信念：一是敢于吃苦，坚持别人吃肉他啃骨头的经营方针；二是敢担风险，敢碰硬。

30 多年来，沙万里硬是凭着一股吃苦耐劳、拼搏奋进的精神，凭着“讲信誉、重承诺”的实干作风，凭着“先做人、后做事”的价值标准，凭着“宁舍利、不舍质”的经营思想，白手起家、艰苦创业，在不拖欠工人一分钱工资的情况下，将创办的民营建筑企业从最初的十几个人发展到如今的拥有 300 多名工程技术人员和工人、年上缴税金数百万元的企业。

“老老实实做人，结结实实盖房”是沙万里始终坚持的职业信条。他承诺：决不向人民交付一平方米不合格的工程。无论工程大小，为确保所有工序都能达到一次全优，

/ 沙万里（中）在施工现场

他每天死盯现场，严把质量关。他几乎放弃了所有的休息日和节假日，终日奔波在一个个建筑工地上。

为兑现诺言，沙万里把全部心血都用在了提高工程质量上，常年坚守一线阵地，坚持严细管理，对工程质量的要求近乎苛刻。只要他一到工地，项目负责人就发憷，因为他的眼睛像鹰一样锐利，一眼就能发现瑕疵。如果哪个工程水泥标号不够、哪块墙体里掺杂进一小块碎砖头，他都会坚决要求敲掉重建。

沙万里把信誉看得比金钱更重要。“说到必须做到，要做就做最好；钱财可以不要，诚信永不可失！”1998 年，在繁峙县饮食服务公司施工时，沙万里发现现浇配料不合格，立即要求返工。当时正值酷暑，地面温度达到 50 摄氏度。他整整两天一夜没离开过施工现场。施工方案一盯到底，关键部位一盯到底，工艺难关一盯到底，交叉作业一盯到底，质量验收一盯到底。他带领员工从一张图纸、一根钢筋、一块砖、一车混凝土抓起，严严实实地把住了每一道工序的质量关，最终保质保量完成了工程任务。

沙万里视信誉为生命。熟悉他的人常说：“把工程交给沙万里，放心！”2012 年，沙万里承接了繁峙县 8 万平方米的经济适用房建设任务。由于县财政资金紧张，需要由施工方全额垫资。一边是自己对政府的承诺，一边是安置居民早日搬进新居的期待，沙万里用自己的全部资产抵押贷款、筹集资金，按时保质完成了建设任务。2014 年 6 月初，沙万里承接了繁峙县实验小学、第一职工幼儿园两所学校教学楼的改扩建任务，时间紧、任务重，保质保量按时交付是首要考虑的问题。承诺可以在一分钟内作出，重要的是如何坚持诚实守信实现承诺的过程。从工程机械进场的那一刻起，整整 3 个月，沙万里吃住在工地，完成了按常规需要 8 个月才能完成的施工任务。9 月 1 日，学生们高高兴兴搬进新教室的那一刻，也是沙万里最感欣慰和自豪的一刻。

## 主动请缨战贫困

重信誉的沙万里，一直把自己“等我以后有能力了一定会帮助其他人”的承诺记在心上。幼年时的沙万里家中十分贫寒，一家人靠着街坊邻里的帮助才能勉强度日，从那时起沙万里便暗自下定决心，将来一定要回报社会。

繁峙县小砂河村地处砂河镇西北 2 公里处，有水浇地 709 亩、旱坡地 600 亩、退耕地 835 亩。全村人口 347 户 920 人，建档立卡贫困户 83 户 251 人。小砂河村土地紧缺，农户种植观念陈旧，脱贫攻坚任务艰巨。2016 年 3 月，沙万里主动向县委县政府请缨，开始帮扶小砂河村实现整体脱贫。

对于沙万里的到来，小砂河村村民一开始议论纷纷。“村里这么穷，十年八载也脱不了贫。”“不是本村本土的人，来了也是装样子走过场。”“不知道是哪儿的老板想要挣扶贫钱了。”……

面对这样的风言风语，沙万里不动声色，通过进村入户、走访调研，提出了“兴

/ 沙万里查看玉米长势

全国脱贫攻坚奖奉献奖

水、扶业、补脑”的六字扶贫诀。他先后捐资 265 万元铺路、修渠、引水、发展林果经济、改善文化生活和医疗条件，用实实在在的行动破解了群众的脱贫致富难题。特别是新建的 1 500 米水渠，有效解决了村里 700 亩耕地的防护、灌溉问题，全村的干部和群众高兴地把水渠称为“多功能万里渠”。

村民李全仁的家庭经济收入全凭种地，过惯了“雨水丰润衣食无忧、天旱灾年颗粒无收”的日子。自从有了这条水渠，旱涝保收，浇地从此不花钱，玉米亩产量由原先的 1 700 斤跃升至 2 300 余斤，一进一出一算账，亩均增收 400 多元。老李逢人便讲：是老沙的帮扶让我过上了好光景。

两年多时间，沙万里的足迹踏遍了小砂河村的每一处沟沟坎坎。在春播繁忙的田间地头，在晚归休憩的农户家中，随处可见他忙碌的身影。记不清流了多少汗、吃了多少苦，记不清多少次冒着高温酷暑、顶着雨雪风霜行走于贫困户之间。两年多的扶贫工作得到了村民的一致认可，他已与村民融为一体，成为村民的知心人。

为了进一步拓展村民的致富渠道，2017 年，沙万里又在小砂河村北部山地修建了一个 600 立方米的蓄水池，引水上山，把小砂河村的 700 亩旱坡地改良为经济林，种植了特色水果。走进现在的小砂河村，村周庄稼郁郁葱葱、长势喜人，坡地苹果红、鸭梨黄、白水大杏甜又香，一派“山上花果山、山下米粮川”的田园景象。真金白银的投

/ 沙万里（右二）和村民在一起共商致富门路

沙万里（后排中）为繁峙县第二中学优秀贫困生发放奖学金

入，换来了揣进农民兜里的经济效益，一桩桩、一件件实事好事办下来，小砂河村这个昔日的穷村旧貌换新颜，在阔步奔小康的道路上越走越欢实。

脚下沾了多少泥巴，心中就装着多少群众。2017 年 4 月，正值春耕关键时期，沙万里在一次下乡办事途中路过繁城镇民盛村，了解到村里的贫困户因为无钱购买化肥、籽种，眼看就要耽误农时。沙万里当即捐款 2 万元，为该村贫困户买来了化肥、籽种，解决了他们生产上的困难，为贫困户带来了收获的希望，用实际行动赢得了该村群众的点赞。贫困户都高兴地说："今年的生计不用发愁了！老沙的帮扶对我们来说真的是解了燃眉之急，让我们对脱贫过好日子更有信心了。"

## 群众安危记心上

党的十九大报告庄严承诺，让贫困人口和贫困地区同全国一道进入全面小康社会。决战贫困最后冲刺的关口已经来到。作为基层党代表，又是市县政协委员、优秀民营企业家的沙万里，在决战面前的"最后一公里"毅然选择了最难啃的"硬骨头"。

2018 年春节刚过，沙万里在一次下乡调研的过程中听到群众反映，横涧乡西连仲村多年来饱受夏秋洪涝之苦，村民不仅生产生活受到极大影响，就连生命财产安全也得不到保障。听闻这个信息后，沙万里当即赶往西连仲村实地调查了解情况。他了解到，西连仲村依山而建，群众房屋大都处于山脚下的低洼地带。每到雨季，顺山而下的洪水就会对村民的房屋、农田造成灾难性破坏。

1973 年最为严重的一次洪灾曾经把整个西连仲村冲毁，重建后的新村由于选址的局限，仍然年年遭受不同程度的洪涝灾害。当地群众由于经济基础薄弱，缺乏抵御洪涝灾害的长久措施。

连续一个星期，沙万里吃住在村里。田埂地头、灶间炕头，他访贫问苦，求计问策，掌握了第一手资料，帮扶计划也成竹在胸。通过多方论证和通盘筹划，沙万里毅然决定帮助西连仲村彻底解决这一制约村子发展的难题。2018 年 5 月，沙万里捐资 215 万元援建的东西 1 公里长的护村大坝和沿坝路顺利完工。为进一步加快脱贫步伐，一个 300 立方米的饮用水蓄水池也同期建成并投入使用，解决了村民的饮水安全问题。

谁也没有预料到，刚刚建成的护村大坝很快迎来了考验。2018 年 7 月中旬，繁峙县境内连降暴雨，特别是 7 月 16 日夜间，西连仲村短短两个小时的降水量达到了历史极值。这一晚，沙万里一夜无眠，揪心地惦记着西连仲村的安全；这一晚，西连仲村村民们同样也一夜无眠，时刻准备着抗洪抢险。由于有了护村大坝的防护，西连仲村上千亩农田、数百幢房屋安然无恙，村民财产无一损失，彻底告别了“年年防洪年年受灾”的历史。第二天天刚蒙蒙亮，性急的村干部尚仔端就拨通了沙万里的电话，电话声里难掩喜悦和激动，在报平安的同时，代表全村群众对沙万里的帮扶义举连声感谢。村书记付胜利见到沙万里就动情地说：“有了你的帮扶，全村老少比以往任何时候都更有信心拔穷根、摘穷帽，打赢脱贫攻坚战。”

沙万里从一名普通群众成长为一名优秀共产党员，风华正茂时跻身优秀群体，年届花甲仍然奋进不已。作为一名来自基层农村的“草根”劳模，他几十年如一日，挣下的钱不是拿来捐给学校，就是用来扶贫济困。1984 年，他将第一次干工程挣下的 1 500 元钱捐给了村里的小学；从 1995 年起，累计资助贫困大学生 500 余名、中小学贫困生 4 000 余名；从 2003 年起，以他名字命名的 9 所希望小学陆续在繁峙县建成；从 1984 年起，沙万里累计为兴学助教捐款 1 230 万元，为扶贫济困、救灾解难捐资 1 123 万元，为发展光彩事业垫资 8 000 余万元。他是穷人中的富人，更是富人中的穷人。在他看来，勤俭节约无关贵富贫贱，是一种美德，更是一种习惯，一种早已融入了他生活点滴中的习惯。30 多年来，自行车骑烂了一辆又一辆，廉价西服穿烂了一身又一身，他以一己之力为这个社会带来了融化在心里的温暖、流淌在身边的感动！他的精神就像前进路上的明灯，引领这个社会在道德之路上前行。

推动社会经济的发展，离不开平凡的劳动与坚守；实现伟大的中国梦，需要更多沙万里这样的平民英雄！

（撰稿：张津津　照片拍摄：魏宏光）

张茵，玖龙纸业（控股）有限公司董事长。全国第十届、十一届、十二届政协委员。曾获中华慈善奖、全国优秀企业家等荣誉。多年来，她积极参与精准扶贫工作，在“广东扶贫济困日”活动中，连续6年，每年捐助1 000万元；在国家脱贫攻坚关键的2016年、2017年、2018年，她更是将捐款分别提高到2 000万元、3 000万元、4 000万元，累计捐款超过1.5亿元。她长期坚持开办“玖龙班”，资助800余名偏远山区贫困学生学习深造，提供就业机会，公益支出2 000多万元；她建立多个爱心基地，为贫困学生提供“玖龙爱心午餐”。

# 纸上写春秋　不忘扶贫情

“财富如水，向低处湍流，汇入大海，才是它的价值所在。济弱赈灾，用浪花唤醒希望盛开；纸写春秋，用绿色点亮行业生态。一种大爱，发于血脉，长于时代。”这是2018年度第五届“CCTV慈善之夜”晚会上，主持人对玖龙纸业董事长张茵热心国家公益慈善事业的高度评价。

张茵热心扶贫事业，累计投入2.6亿元。她多次入选胡润慈善榜及福布斯亚洲慈善榜。

面对这些荣誉，张茵说，扶贫工作对她来说就像做环保事业一样，是必须做并且必须做好的事情。

## “中国的阿信”　巾帼不让须眉

圆脸、短发、个头不高，白色蕾丝衬衫、职业黑西装裤、得体的长外套搭配、漂亮的腰带与胸针，让张茵显得优雅干练。她看起来比实际年龄要年轻，性格随和，有亲和力，脸上挂着无拘无束的笑容。她心直口快、干脆利落，热情中透着几分爽朗，即使第一次见面也没有拘束感。

张茵在传统的造纸行业白手起家，多次荣登胡润百富榜，成为中国纸业的领军人物。在男性主导的商业世界，她自信、果敢、执着、专一，这是她的武器，也是她成功的秘诀。

1985年，27岁的张茵放弃在深圳优厚的工作和薪水，带着3万元只身前往香

/ 张茵在办公室

港闯荡，进入废纸回收领域，并且赚到第一桶金；1990 年，她到美国创办公司，把废纸贸易国际化；1995 年底，她成立玖龙纸业公司，开疆辟土，使之成为中国包装纸板之王。2006 年，她首次荣登胡润百富榜中国首富，胡润称她为“世界上最富有的女白手起家者”。

张茵的创业故事无疑给大家带来极大的鼓励，但张茵在创业过程中，也得益于一位榜样的激励和引导。“我觉得我的性格、我的故事与阿信很相近”，言谈间，张茵对日本电视连续剧《阿信》中那个从无到有的女主人公非常喜爱。对照自己多年来的创业经历，张茵说：“阿信从小就是一个苦孩子，白手起家，这一点和我很像。我们都有艰苦的财富积累过程。这对一个女性来说很有意义，有一种成就感。我希望自己能成为‘中国的阿信’，喜欢徒手打天下的感觉。”

张茵出生在一个“南下干部”家庭，她的父母为了建设新中国，从黑龙江来到广东东莞这片炽热的土地上，把自己一生的热血和智慧都浇灌在了这里，并在这里生儿育女。生长在这样勇于奉献的家庭环境中，张茵自小就受到了良好的教育和熏陶，父母向她灌输勤奋、诚信、责任等传统美德，并且言传身教。同时，通过各种方式锻炼张茵的独立能力，鼓励她勇敢乐观地面对生活、面对人生，这是张茵后来无论遇到什么挫折与磨难也不服输、不放弃的重要原因。

20 多岁时，张茵在一家香港公司从事贸易工作。其间，她结识了一位内地造纸厂的老厂长，他建议张茵做废纸贸易。“我好不容易来到繁华的国际大都市，你却让我以收破烂为生?”张茵心存疑虑。但是，这位深谋远虑的老厂长对她说：“你可别小看这些废纸，它是森林，将来造纸业肯定从资源造纸向再生纸方向发展。”于是，她带着攒下的 3 万元钱，与两位合作伙伴在香港成立了一家公司，业务是将香港等地的废纸运到内地的造纸厂。

“在创业过程中，信誉是最重要的。必须要让大家认可你、相信你，用广东话来说就是‘牙齿要当金使’。”张茵说。由于重承诺、守信誉，张茵在香港的事业发展得十分顺利。但是，香港发展空间有限，张茵把目标对准了美国。1990 年，张茵与丈夫一起到美国拓展废纸回收业务，成立了美国中南（控股）公司。

随着中国改革开放的深入，张茵发现，国内造纸市场潜力巨大。于是，她怀揣产业报国的梦想，在广东东莞投资 1.1 亿美元，建立了玖龙纸业公司。2006 年 3 月，玖龙纸业（控股）有限公司在香港上市，目前在东莞、太仓、重庆、天津、泉州、沈阳、唐山、乐山等地建立了造纸基地，并且响应国家“一带一路”号召，在越南建立造纸基地。2018 年还收购了 4 家美国的浆纸一体化工厂。玖龙纸业公司成为我国首个年产能过千万吨的造纸集团，连续多年蝉联中国造纸行业榜首，名列中国民营企业 500 强，解决了 1.7 万余人的就业问题，还带动中国造纸业在包装纸领域领先世界，将造纸行业改造成为一个“绿色、智能”的行业。

张茵用十年的时间，成为美国的“废纸回收大王”；同样用了十年时间，她又成为中国的“造纸大王”。张茵的成功激励着成千上万创业者的创新激情，被誉为平民创业的楷模。

张茵，“中国的阿信”，当之无愧。

## 实施精准扶贫　把钱用在刀刃上

成功后的张茵，不管财富榜上的数字如何变化，她心心念念的是扶贫济困，特别是精准扶贫工作。张茵说：“一个人、一个企业的价值，就在于为社会做贡献，这是我追求的方向。”

双手交叉，手臂搁在桌子上，张茵喜欢保持这样的姿势与人交流。在性格学上，这暗示着具有冷静的观察力，是喜欢掌控一切的领导者形象。这位玖龙纸业的执掌者，谈到会心处，会爽朗地大笑起来。她说：“一直以来，我怀着一颗感恩的心，想回报国家、回报社会。”她是这么说的，也是这么做的。

张茵在各种扶贫活动中累计投入达 2.6 亿元。特别是在“广东扶贫济困日”活动中，她累计捐款超过 1.5 亿元，采取“定点帮扶”的方式，进行产业、就业、教育扶贫，惠及粤东、粤北等地区，这是她持续时间最长、投入资金最多、扶助范围最广的公益活动之一。

张茵（左）捐款支持精准扶贫

张茵坦言，在积极参与“广东扶贫济困日”活动中，她收获了很多好的扶贫工作经验，其中最重要的一点就是政府对企业的引导，使企业从事的公益项目具有连续性。比如，政府搭建企业、公益组织、扶助对象三方平台，将有意愿、有能力献出爱心的企业与需要扶助的对象联系起来，进行结对帮扶。爱心企业将善款捐赠到专业机构进行统一监管和划拨，政府相关部门有专人对接相关扶贫工作，企业可以自愿选择扶助对象、积极参与扶贫工作、及时了解扶贫工作进展，真正实现了“精准扶贫”，把钱用在了刀刃上。

在玖龙纸业公司帮扶的广东省韶关仁化县周田镇平甫村，贫困户黄振平告别了两代人住了63年的泥巴房。在未涉及老屋与新居话题时，黄振平的父亲不善言辞，坐在角落里认真地听。三四十平方米的老房子采光不好，白天开着灯，几件简单的家具填满了房间。“我8岁那年住进来，到现在已经63年了。”年逾古稀的老人耳聪目明，听到儿子谈及眼前的老宅，忍不住插嘴，“过去家里种的果园不挣钱，能吃饱饭就大吉大利了。”老人种了一辈子奈李，可惜，果园的产出不能为他遮风挡雨。

平甫村位于湘、赣、粤三省交界处，当地农民以传统种植业为主，增收困难，被列为贫困村。村里有743户3 537人，贫困户有56户155人。黄振平一家，就是被核定的贫困户，直到2017年7月，黄振平的命运因脱贫攻坚而改变。

“过去，我们运奈李下山全靠肩挑背扛，遇到下雨天，只能看着泥巴路着急，打滑，上不去也下不来。”黄振平勤劳能干，但家庭负担重，上有双亲需要侍奉，下有4个孩子待哺，全家人的生活重担压在他一人身上，农田一年的收入不过一两万元。雪上加霜的是，他的妻子常年生病，有些年份，医药费就要花去十几万元。最困难时，他家连一袋盐都买不起。

要想富，先修路。在玖龙纸业公司扶贫专项基金的帮助下，一条长达2.5公里，投资60多万元的致富路跨越山丘，将平甫村奈李果园与山下四通八达的省道连接起来。“奈李挣钱了，我才敢想盖新房的事情。”黄振平说，“现在路好、天气好，奈李不愁卖，一年可以挣10多万元，我们家终于脱贫致富了！”

因脱贫攻坚拥抱“好生活”的，还有平甫村的李德良。“我今年养的鸡不多，但收益比去年高，这是因为学习了养殖技术，才捧到了金饭碗。”李德良语速很快，一张口就停不下来，“我是贫困户，因下肢残疾，还要养活一家老小。家里有3个孩子，两个在读书，最小的一个孩子要人照顾。靠种橘子养活一大家人，真不容易。如果不是扶贫工作队帮助建鸡棚，我还要为孩子的学费发愁哪。”

李德良的养鸡棚由玖龙纸业出资兴建，投入使用后，他与企业签订了协议，认领了2 500只优质三黄鸡，4个月后，他净挣18 000元。有了养殖技术，李德良决定自己单干，他购进了1 000多只三黄鸡，除去夭折的小鸡外，笼里还剩700多只，按照市场价估算，3个月后，他就有2万元的纯收入。尝到养鸡甜头的李德良打算今年连轴转，增加养鸡数量，加上橘园的收入，他家今年的收入有10万元。

看到帮扶的农民脱贫致富，张茵感言：“授人以鱼不如授人以渔，要引导贫困农民用自己的双手脱贫致富。”为此，玖龙纸业在平甫村投入450万元扶贫资金，除了整修乡村基础设施、兴建养鸡场之外，还支持平甫村蔬菜产业扶贫项目，采用“公司＋基地＋农户”的经营模式，在黄惊墩村小组建设起蔬菜产业示范基地，并且以年底保底分红的办法，给无劳动能力的贫困家庭和五保户带来每年每户 8 万元收益。其余有种植意愿和能力的贫困户、村民，则以订单式农业的方法，由其签约认种，种植计划、种植技术、肥料乃至销售，均由企业负责调配。采摘销售结算后，扣除成本，剩余利润都是认种人收入。

“没有种植经验、没有固定时间的人，可以选择在基地灵活务工，贫困户优先上岗，并享有多种务工模式，可计件、计日、计月，依照自己需求自选薪酬支付方式。”张茵说。他们扶贫不再是简单地给钱、给物，而是采取以工代赈、生产奖补、劳务补助等方式，让贫困人员多劳多得，用自己的辛勤劳动摆脱贫困，实现脱贫致富。

正是基于这样的扶贫理念，张茵和其公司使扶贫工作更加精准，累计投入高达 2.6 亿元。如此力度的善举，堪称脱贫攻坚大业中先富帮后富的典范。

2018 年 10 月，全国脱贫攻坚奖奉献奖公布，张茵名列其中。

## 不遗余力献爱心　持之以恒真扶贫

作为一家民营企业，如何把企业效益和扶贫工作有机结合起来？张茵说：“扶贫是一个长期工作，需要有恒心、有责任、有担当，不能今天有钱就弄一把，明天没钱就不做了。同时，要把扶贫与扶智有机结合起来，才能让贫困人员真正脱贫。”

张茵打开办公桌抽屉，拿出一封信，这是受企业资助的贫困地区孩子们写来的，信中附有一张她和孩子们一起吃午餐的照片。“我把这些信放在抽屉里，一打开就能看到，这就提醒自己为他们多做事。”

赠人玫瑰，手有余香。这是张茵持之以恒真扶贫的最好体现。

——举办“玖龙班”，让贫困地区孩子接受再教育。这个项目是张茵十几年来坚持的一项扶助贫困地区学员再教育、就业的“阳光工程”，900 多名学员全部是从全国各地招收来的贫困家庭子女。为了提高教育质量，公司与华南理工大学、广东轻工职业技术学院等国内著名院校合作，举办高中学历（含职高、中专、中技）为起点的制浆造纸、设备培训和机电培训等专业培训。学制一年，由公司承担学员在培训期间的学费、书本费、生活费、住宿费等。学员主要学习制浆造纸工艺、设备的理论知识及实操技能，并安排学员到公司实习。学员完成培训考核后，可以取得正规院校大专结业证书，分配到公司相关岗位工作。经岗位考核通过后，学员在公司享受与大专毕业生同等待遇。

通过职业教育扶贫方式，玖龙纸业为贫困家庭的孩子搭建了就业平台，鼓励他们通过学习劳动技能，改变自己和家庭的命运。这个项目从 2004 年开始已经成功举办 14 届，公司累计投入 3 000 多万元，培养出了 900 多名专业技工人才。让张茵感到欣喜的是，这些学员有的已经成为玖龙纸业的技术骨干，有的走上了管理岗位。

/“玖龙班”开班典礼

——开办“爱心午餐”，让贫困学童吃到午餐。2010 年一个偶然的机会，张茵了解到，贫困地区不少学生一天只能吃两顿饭，中午饿着，等放学回家才能吃上晚饭。于是，她立刻派工作人员深入贫困地区调研。

调研发现，彭水县 3 个学校的部分贫困学生吃不上午餐，其余两顿饭也只能吃红薯充饥。长期的饥饿和营养不良，使孩子们身材瘦小。在铜楼中心学校五年级一班，全班 42 人身高低于我国 11 岁儿童 1.41 米的平均身高。张茵看到这份报告后，心里很不是滋味，立刻制定了“爱心午餐”捐助方案，决定为彭水县 8 所学校的 800 名贫困学生免费提供“爱心午餐”。还为孩子们购买了饭盒，捐赠了衣服、鞋子、书包等。

——援建“爱心书屋”，为偏远乡村学生提供精神食粮。多一本图书，多一次梦想机会；多一本图书，多一扇打开世界的大门。“玖龙爱心书屋”旨在帮助孩子摆脱文化的贫瘠和观念意识的落后，向社会传达关注孩子健康快乐成长的理念，让孩子们获取更多的课外知识，拓宽视野，让梦想走得更远。

2017 年 10 月，张茵安排玖龙员工来到清远市佛冈县高岗镇长江小学，参加“玖龙爱心书屋”活动，给孩子们送上了书籍与书架，让书香熏陶孩子们的心灵，让孩子们看到丰富多彩的世界。

——参加公益活动，承担社会责任。在重大灾难发生时，张茵第一时间向汶川、玉树、雅安等地震灾区捐赠了 3 700 万元，支援灾区人民抗震救灾；参加国侨办组织的“侨爱工程——点亮藏区牧民新生活计划”活动，捐款 100 万元；为广东省高州市遭受洪涝地质灾害的灾民捐建“侨心居”，捐款 60 万元；支持中华慈善总会“一张纸献爱心”活动，捐款 520 万元，救助贫困地区先天性心脏病患儿；在香港为社会奉献爱心，捐款 6 200 多万港元。

真者，精诚之至。

张茵以大爱为种，播撒于初春，收获在金秋。

（撰稿：李庆华　照片提供：杨月霜）

周秀芳，浙江省宁波市李惠利小学退休教师。曾获2016年感动中国之感动湖南人物、浙江好人、湖南省最美湘女、浙江教育十大年度影响力人物等荣誉。2015年，她怀揣支教梦想，不远千里，从宁波前往湖南溆浦山区支教助学，她用大爱情怀、用暖心温情为贫困山区的孩子点亮了希望与梦想之灯，为山区脱贫架起了爱心之桥。三年多时间里，她发起爱心接力，将宁波、上海、杭州数万市民的爱心和物资源源不断地搬运到溆浦山区，累计捐建希望小学22所，让近400名贫困生得到结对帮扶，建校和资助贫困生累计捐献款物达2 000余万元。

# 山区孩子的“筑梦人”

她不远千里，舍家离子，从东海之滨来到雪峰山下的溆浦，支教助学，为山区贫困孩子点亮一盏盏希望之灯。她年已古稀，却甘当“搬运工”，牵线搭桥，把无数宁波人的爱心“搬进”大山深处，让一座座爱心学校矗立山乡。她，就是浙江省宁波市退休教师周秀芳。

## 支教报恩，少年受助老来助人

小学四年级时，周秀芳因家庭贫困没法上学。“后来老师来到我家，说我不读书可惜了，他愿意帮我交学费。”周秀芳说。正是因为这段困苦的少年时期经历，她希望有生之年能为和她有着相同经历的孩子做点什么。2014年，周秀芳已退休10年，她从一位曾在贵州支教过的大学生口中听说那里很需要教师，毅然放弃了清闲的退休生活，踏上了支教之路。2014年秋天，周秀芳

/ 周秀芳老师

/ 周秀芳团队在溆浦建的第一所希望小学——桐林弘盛希望小学竣工

/ 周秀芳（左三）在低庄野猪岭小学新校址工地察看进程

来到贵州黔南州惠水县蛮纳村小学支教，一待就是一年多。支教期间，周秀芳走访了班级里所有学生的家庭。2015 年春节周秀芳回家过年，听好友说起湖南省溆浦县北斗溪镇的教学条件十分艰苦。过完年后，周秀芳和好友孙绍富一起前往湖南溆浦，从此踏上了千里助学路。

## 筹资援建，山里的希望小学拔地而起

周秀芳一边支教，一边想着怎样改变这里的现状，为孩子们争取支援，她将桐林小学的图片配上文字发到了微信朋友圈。她早年在宁波教过的学生、企业家张刚看到后，亲自赶到桐林小学考察，当场决定出资 35 万元，委托周秀芳重建学校。在桐林村一所废弃的房子里，周秀芳住了下来。白天，她在借来的教室为孩子们上课，课余顶着烈日去监督新学校施工；晚上，她和村干部一起，与村民商量着解决一些建校中遇到的问题。在建设桐林小学期间，周秀芳和孙绍富还抽空走访了九溪江另外 9 所村小学和 1 所中心小学。一次次微信沟通、现场接待，周秀芳和孙绍富为 4 所村小学找到了援建

/ 桑基冲小学旧貌

/ 桑基冲小学新貌

/ 周秀芳（后排右四）获评“浙江骄傲”，溆浦山区孩子们赶赴现场，为她送上祝福



人。校服、被子、文具、滑梯、图书……除了筹建希望小学，周秀芳和孙绍富还通过各种途径，为当地孩子筹集了大批物资。“这些东西来自一个叫宁波的爱心城市，我只是个‘爱心搬运工’。”经周秀芳牵线搭桥，已经建成的学校达 8 所，还有 6 所将陆续完工，另外 8 所学校的部分建设款项也已经到位。北斗溪镇、小横垅乡、淘金坪乡、两丫坪镇、低庄镇、舒溶溪乡……这些遍布在溆浦山区的 22 所爱心学校，周秀芳老师都一步步用脚丈量、考察过。

## 爱心接力，一个人影响一群人

周秀芳膝盖不好，有恐高症，血压也高，但说起山区孩子的事情她滔滔不绝，却很少和别人说自己的苦。九江溪镇政府考虑在山区生活条件差，主动提出让周秀芳住到新落成的镇政府里，被她婉言谢绝。她说：“要是想享福，我还不如直接回宁波去。”为了省下钱用于助学，周秀芳老师过着清贫的生活。一张木板床、一个电磁炉、一只行李箱，就是她在溆浦县九溪江中心小学宿舍的全部家当。周秀芳为孩子们花钱却很大方，

/ 周秀芳在九溪江中心小学上爱心课

走访贫困学生时，她常送上几百元钱；留守儿童过生日，她常买来生日蛋糕。为了使留守儿童可以和在外打工的父母视频通话，她募集资金给当地学校买来电脑。

孤举者难起，众行者易趋。周秀芳的支教故事，不断感化着大家。她总是强调，自己的能力是有限的，她只是一个爱心“搬运工”。除了他的学生张刚，不少宁波人也纷纷伸出了援手，越来越多的人集聚在周秀芳周围，形成了一个爱心团队，宁波和溆浦也结下了“不解之缘”。很多人通过电话、微博、微信等方式联系到周秀芳，通过她帮助那些需要援助的学校修建明亮的教室，通过她找到需要助学的儿童，在她的牵线搭桥下，爱的火焰在宁波、溆浦已燃起燎原之势。宁波市江东区退休教师协会就是其中的一股力量，该协会会长王焕臣告诉记者，他们知道周秀芳的事迹后，都很感动，就发起了捐助活动。他们前后共收到捐款 25 600 元，全部买成了书，快递到了周老师支教的地方。北斗溪镇来凤村受地理条件限制，资源不足，学校基础设施薄弱，无法满足师生需要。经过周秀芳的牵线搭桥，宁波市象山石浦镇中心幼儿园教师傅萃拿出自己教书以来省吃俭用的 20 万元捐修来凤石浦岑玉希望小学。2016 年 10 月 19 日，该学校建成时，傅萃来到了现场。她说，自己也是在农村出生，作为一名教师，没有什么比看到山里的孩子们因为拥有明亮的教室、干净的桌椅而欢呼雀跃，为能拥有一双追求梦想的翅膀而感到由衷开心的了！“我要代孩子们向各位好心人深深地鞠上一躬。”在来凤石浦岑玉希望小学建成典礼上周秀芳说，她只是一个爱心助燃剂，将家乡人的爱燃烧到贫困山区，让山区的孩子们感受到来自异乡亲人的温暖和深情。

## 爱心支教，搭建“东西协作扶贫”新方式

怀化市人大常委会副主任、溆浦县委书记蒙汉说，周老师从繁华的都市来到边远的农村，牵线搭桥，捐资助学，把贫困学生当成自己的孩子一样关爱，给予温暖，这份情谊深似海，这种精神比金贵。我们要向周老师学习，不忘初心，不丢本色，汇集更多的社会力量推进脱贫攻坚，让贫困学生脸上绽放出幸福笑容。周老师把溆浦人民当亲人，溆浦人民永远把周老师当亲人！溆浦县委常委、宣传部部长杨必军说，周老师从东部宁波而来，到湘西溆浦爱心支教，开展教育帮扶，组建爱心团队，帮助溆浦贫困山区修建希望小学，事迹感人肺腑，感动湖南。周秀芳老师给溆浦的，不仅是物质层面的帮助，她身上散发出来的精神力量感动着山乡，激励着贫困山区的民众变得更加向善向上，这是无法用金钱来衡量的。在溆浦县副县长向宣绘眼里，周老师的爱心给溆浦带来了满满的正能量。“来我们这里支教，扎根山区，这对于70岁的老人来说确实非常不容易。由她这一个点带动一个面，在每一个孩子心中播下爱心种子的同时，社会上还会有更多爱心人士接力，不仅带动了溆浦教育工作的提升，也让东西部交流更加深入，并促进了相关产业的发展。”

周秀芳（后排右）给贫困孩子发放爱心救助金

周秀芳和她的爱心团队已发展到 3 000 多人，经周秀芳牵线搭桥，爱心支教还上升到了东西部协作扶贫的新高度。溆浦县选派中小学校长和老师去宁波挂职锻炼。在劳动力转移、产业扶贫等多个领域，宁波也向溆浦伸出了援手。

周秀芳虽非湘人，却早已融入了溆浦，融入了这方异乡的土地。溆浦的干部群众同样把她当亲人。2017 年 7 月 6 日，是她 70 岁生日，北斗溪镇给她颁发了荣誉居民证。重阳节，北斗溪镇桐林村一位老人打电话请她去过节。走进老人家，村里 10 多位老人聚在这里，一齐站起鼓掌。顿时，周秀芳泪水夺眶而出。

这就是周秀芳，一个普通的退休教师，一个让人钦佩的老阿姨，为了让山区的孩子们能够有书读、有学上，她早将个人生活置之度外，只留下一个纯洁完整的支教梦，和一颗忘我付出的赤子心。她以大爱无私的奉献精神，践行教育扶贫理念，播撒爱心希望，这样的精神难能可贵，让我们感动。

（撰稿：左小阁　照片提供：周秀芳）

钟玉英，浙江省湖州市安吉县溪龙乡黄杜村村委会主任。作为黄杜村发起向贫困地区捐赠“白叶一号”茶苗的20名党员之一，在得到习近平总书记的指示后，赴云贵川湘等国家深度贫困地区，认真研究当地气候、土壤等资源情况，为茶苗种植提出了实质性建议。因不适应西部地区陡峭蜿蜒的山路和高海拔环境，在白茶苗选址过程中，她身体不适，几次出现眩晕、呕吐，但仍坚持和同事们一起亲赴每个种植备选点，这种“求真务实”的精神让全体参与扶贫工作的同志深受感动。她用实际行动践行了“为偏远山区脱贫攻坚贡献力量”的诺言。

# 黄杜村：让一片绿叶再富一方百姓

如果你到杭州旅游，不妨再向西北走上 80 公里，就会到达安吉县溪龙乡的黄杜村。

群山环抱，满目葱绿，空气清新，水质清冽。徜徉村中，到处弥漫着浓郁的白茶文化，但吸引你的一定有一块“一片叶子，富了一方百姓”的叶片状石碑。钟玉英会骄傲地告诉你：这是 2003 年 4 月 9 日，时任浙江省委书记习近平来这里考察时所说的。十几年过去了，如今的黄杜村已经发展为国家级“生态白茶基地”，而当年的普通茶农钟玉英也成长为这个著名茶村的村主任。

## 黄杜村的嬗变

在浙江省安吉县，黄杜村一直很有名。只不过以前出名是因为一个“穷”字。这个坐落在浙西北群山旮旯里的村庄，30 年前的人均收入不到 400 元，几条弯弯曲曲的小路将村子和 20 公里外的县城连接起来，村小学是危房，村部是危房，家家户户都是低矮的泥土房，姑娘都不肯嫁到这里来。

/ 黄杜村

穷则思变。村民们尝试着在山坡上

种植毛竹、杨梅、板栗等，但都不对路子，无论哪样收益都不是太好。钟玉英结婚的时候，家里除了耕地上种小麦、水稻，也在山坡上种了些经济作物，日子还算过得去，就是手头没活钱，家里要是来个远方的客人，简单招待下，就得过上一段紧巴巴的日子。

/ 钟玉英查看白茶长势

让老百姓过上好日子，一直是政府的头等大事。经过全面普查诊断，省里的农业科技部门发现安吉县，特别是溪龙乡的土质、气候、海拔和环境非常适宜白茶生长，建议试点。1995 年，乡政府作出了“种一千亩白茶，助农民增收”的决定。

但是，吃够苦头又基本解决温饱问题的溪龙乡村民们并没有积极响应。直到 1997 年，“穷”得出名的黄杜村党支部书记盛阿林带头在自家山地里试种，第一批白茶苗才终于落户黄杜村。

书记带头了，钟玉英和丈夫商量，虽然吃不准结果，还是决定跟进参加试种——她相信，这是乡党委的决策，是帮助老百姓脱贫致富的。有试点户每亩 300 元的专项补贴，这相当于免费赠送了茶苗，参加白茶培植技术培训班的学习，还有每天 10 元的“误工”补贴。党和政府如此良苦用心，再不领情，不是和自己过不去吗?

经过两年的精心培育，盛阿林种下的茶苗终于可以采茶了；而这年清明到来之前，钟玉英家的茶园也开始采摘。这一年，盛阿林两亩地的茶叶获得了 7 000 元的收入，这在当时是一个惊人的数字。更重要的数字对比是：白茶收入是村中毛竹、板栗等经济作物的 5 倍以上。这一年，钟玉英也品尝到了白茶馥郁的清香。

眼热的村民开始行动起来了。一时间，茶苗价格暴涨，鼎盛时竟然达到了每株一元。有的村民选择了退缩，而更多的村民想尝试却面临着缺乏启动资金的尴尬。

村里种植白茶，宋昌美和董爱莲都是最早动了心思的。不同的是，宋昌美是党员，率先行动了起来，等到董爱莲下定决心的时候，没钱买苗。这时，钟玉英多方做工作，宋昌美以自家茶园给她担保，一下贷款 40 万元——尽管这个数字一开始让她有点喘不过气来，但信心比黄金重要。现在，董爱莲家的茶园已经发展到 1 000 多亩，成了黄杜村有名的种茶大户，和宋昌美一起步入了小康。

2002 年，在深圳打工的金喻星和妻子春节回家过年发现，村里左邻右舍的乡亲们都通过种白茶发家致富了，他也想种茶，可茶苗太贵了。此时，钟玉英向他伸出援手，赠送了茶苗。

“刚开始的时候困难真的很多，”村民阮波深有感触，“要不是村里的党员干部带头和帮助，要不是政府出面宣传、解决销售难题，我们村的白茶肯定是干不成的。所以，归根结底要感谢党的领导，是政府真心要我们过上好日子。”

黄杜村种茶致富的故事，引起了时任浙江省委书记习近平的高度关注。2003 年 4 月 9 日，他专程来到黄杜村，面对 5 000 亩茶园和人均超过 1 万元的白茶收入，他作出了“一片叶子，富了一方百姓”的评价。黄杜村再次出名了。

15 年过去，2018 年的黄杜村早已是国家级生态白茶基地，家家户户都在从事白茶种植、加工、销售和相关产业。茶园也已经从当初的 5 000 亩发展到了 4.2 万亩。现在，黄杜村不但卖白茶，还卖起了茶山风景、饮茶文化……，别具一格的帐篷客酒店、白茶民俗风情令人心旷神怡。

## 向总书记报告

2018 年 1 月 2 日，在“坚定两山路，奋进新时代”主题实践活动中，溪龙乡党委向全体党员提出了两个问题：“我们有今天，靠谁？”“我们富裕了，该做什么？”

两个大问号，钟玉英有着自己的思考。

从有名的穷山村，到有名的富裕村；从战战兢兢地试种，到形成白茶产业链。一是得益于大自然馈赠的气候、土质和环境，二是村民们一心致富的心态和勤奋的劳动，三是党的坚强领导和政府的长期扶持。特别是第三点，理由很简单，前两点历来就有，为什么没能让白茶走进黄杜村？为什么没能让黄杜村富起来？为此，钟玉英萌发了向贫困地区捐赠茶苗的想法。作为一个村民，吃水不忘挖井人是最朴素的想法；作为一名党员，为党的脱贫攻坚伟大战役做一点自己的贡献，是一份责任；作为一个村主任，先富帮后富，是黄杜村在从贫穷走向富裕的过程中形成的传统——将这个传统延伸到贫困地区，是黄杜村应该创造并积累的一笔最为宝贵的精神财富。

/ 钟玉英（右一）在茶园给茶农讲解白茶种植技术

村“两委”会议上，钟玉英提出了自己的想法，引发了热议：

“那时候我们没钱种白茶，是市、县、乡各级相关部门压缩办公经费，最后挤出 10 万元扶持资金给我们，这才开了头。”

“白茶种植面积扩大

后，我们打算买设备、建厂房进行茶叶加工，是县信用社办理了政策性‘彩虹贷’，这才开了工。”

“白茶种植需要技术，是政府联系了中茶所的专家长期对接服务，才让我们个个成了种茶能手。”

“我们村能有今天，都是党中央富民政策的结果！现在，党的脱贫攻坚战役到了关键时刻，我们必须有所行动。”村党总支书记盛阿伟作了最后的总结。

钟玉英提议捐赠茶苗的消息传了出去，在村民中引发了很多的议论，有支持的，也有质疑的、反对的，甚至还有曲解的：

“想作秀吧?”

“白茶市场竞争激烈，帮助别人种植白茶，岂不是增加了竞争对手，断了自己财路?”

面对这些，钟玉英开始走访村中所有的种茶大户，请来茶叶专家与大家一起分析白茶产业的发展趋势，探讨白茶扶贫的技术可行性和对黄杜村美丽乡村建设的长远意义。

钟玉英知道，村民们最感激的是习近平总书记。

“当年，是他在村里调研时的鼓励和鞭策，坚定了我们种茶致富的信心。”

“当年，是他指示政府给村里请来了科技特派员，让我们种茶有了专家指导。”

“当年，是他在安吉提出了绿水青山就是金山银山的理论，才使我们重视生态保护，让黄杜村成了‘气净、水净、土净’的‘三净’宝地。”

“总书记说‘最牵挂的还是困难群众’，我们捐赠茶苗，不就是为总书记和党中央分点忧吗?”

七嘴八舌中共识达成了：“向贫困地区捐茶苗，教他们种茶，让他们像我们一样富起来！”随即，黄杜村村“两委”向全村村民发出倡议：向贫困山区支援1 500万株“白叶一号”茶苗。

/ 钟玉英（左三）在四川省青川县指导白茶种植

钟玉英率先作出了个人捐赠茶苗不少于50万株的承诺。

2018年4月9日，即习近平总书记15年前考察黄杜村的日子，钟玉英联名20名党员提笔给习近平总书记写信，向总书记报告了15年来黄杜村的变化，提出了捐赠1 500万株茶苗，种植5 000亩茶树，帮助贫困地区5 000名农民脱贫的设想。

习近平总书记对黄杜村党员们致以亲切的问候，对这种为党分忧、先富帮后富的精神充分肯定。习近平总书记的指示“吃水不忘挖井人，致富不忘党的恩”，让党员们深刻地认识到，增强饮水思源、不忘党恩的意识，弘扬为党分忧、先富帮后富的精神，对于打赢脱贫攻坚战具有重要意义。

习近平总书记的问候和重要指示，给了黄杜村全体村民巨大的鼓舞，安吉作为“两山理论”的发源地，黄杜村是这一理论的第一受益者，村民们在欢呼雀跃中也再次深刻地认识到，捐赠茶苗不仅是对党恩的回报，更是坚持绿色发展理念、实现美丽中国梦的家国情怀。

1 500 万株茶苗很快被认捐一空。钟玉英从自己 50 亩茶园中精选了最好的 4 亩地，用最好的“白叶一号”进行茶苗培育。

党员干部的力量不在言语，而在行动。认捐后的村民特别是党员都精选了地块，“我们要育出最好的茶苗，争取 1 500 万株茶苗百分之百存活!”

为了防止送出去的茶苗不能全部存活，钟玉英还安排几位白茶大户多种了 300 万株做补苗。

## 让扶贫茶扎根

苗源问题解决了，捐到哪儿却是一个问题。白茶种植对土壤、气候等自然条件要求十分严苛，为了找到合适的捐赠地，在国务院扶贫办的帮助下，钟玉英踏上了赴云贵川等偏远山区的调研之路。

贵州，沿河土家族自治县，平均每平方公里就有三四个山头，高低落差 1 200 多米。第一次走进这绵绵不绝的大山深处，十几个小时颠簸在陡峭蜿蜒的山路上，钟玉英出现了严重的水土不服，几次眩晕、呕吐，这令当地同行的扶贫办干部很是不安，一再要求她在县城休息，只要她提出技术要求，让本县的茶叶专家前往实地考察。钟玉英说，捐赠茶苗只是第一步，只有让这茶苗在这大山里扎下根来，让这里的一方百姓口袋里鼓起了，才符合习近平总书记的指示精神，才对得起黄杜村全体村民的拳拳之心。

接下来的日子里，钟玉英在备选的山头来回奔波，了解气候资源、土地配置等情况。最终确定了四川、湖南、贵州 3 省 34 个贫困村作为黄杜村“白叶一号”茶苗受捐地。

茶苗在贫困地区种下后，村民不懂种茶技术怎么办?

其实，这个问题钟玉英早就想到了。在她拟定的《黄杜村安吉白茶支援西部精准脱贫工作方案》中，“捐得准、种得活、长得壮、产出高、销路好，全方位辅导种植、茶园管理、采摘加工等技术，确保白茶的产值和质量”被确定为基本方针，明确“捐赠茶苗不是一场作秀，而是一项长期的扶贫行动”。

钟玉英的思路也得到了村“两委”和党员茶农的一致支持，并成立以 20 名联名写信党员为骨干的3个对口结对帮扶小组。帮扶小组分赴三省受捐村落，在当地政府的支持下，指导做好了荒山荒坡的土地平整、园区道路建设、滴水灌溉管网铺设等前期工作。

2018年10月22日，贵州省黔西南州普安县地瓜镇屯上村，海拔1 600多米的乌龙山，第一批"白叶一号"扶贫苗如期落地。

为了保证"白叶一号"茶苗的品质，钟玉英不惜代价，租用冷藏车长途运输，并整合技术力量，全力指导好各地种苗的种植。

"好山好水大水塘，各级领导来帮忙，白茶铺就致富路，儿子儿孙永不忘。"看见昔日的荒山已经开垦成层层茶地，马上就要种上茶苗，古稀老人罗少伍情不自禁地唱起了山歌。

顺着山势逶迤延绵的1 500亩茶山上，呈现出一派热火朝天的景象，拉线、打窝、植苗、培土、压实、剪枝，在黄杜村对口帮扶小组的指导下，种植队伍一丝不苟，以最快速度把苗种下去。

与屯上村一样，其他贫困村的茶苗依次送达。钟玉英说，我们不种活不放手、不脱贫不放手。

"爱心茶苗到哪里，我们的技术指导就到哪里。"中国茶叶研究所第一时间作出响应。"我们和黄杜村结对已有十多年，茶农的捐赠行为体现了他们的情怀，我们与有荣焉。"肖强研究员表示，中茶所将在种植、管理、生产等一系列环节上，为受捐地茶农提供和黄杜村一样的一条龙服务。

"茶叶加工和销售不仅全包，我们还会帮他们建立品牌，开拓营销渠道。一定让他们像黄杜村一样富裕起来。"浙江省茶叶集团负责人也作出了庄严的承诺。

习近平总书记的有关指示精神、党中央脱贫攻坚的战略部署、黄杜村的茶农感召，让各方力量都纷纷行动了起来。

1 500万株茶苗，可带动3省4县34个贫困村1 862建档立卡贫困户5 839名贫困人口增收脱贫。让"一片叶子，富了一方百姓"和"两山理论"在脱贫攻坚战役中再续黄杜村的小康辉煌。这是钟玉英的心愿，更是黄杜村村民"吃水不忘挖井人，致富不忘党的恩"朴素思想在脱贫攻坚伟大战役中的行动逻辑。

（撰稿：宦平　照片提供：钟玉英）

/ 安吉县溪龙乡黄杜村新貌

俞敏洪，新东方教育科技集团董事长。民盟中央委员、全国政协委员。曾获中华慈善奖、中国改革30周年贡献人物、“希望工程”20年杰出公益伙伴、CCTV年度经济人物（2009）等荣誉。他设立“中国大学生自强奖学金”，捐建希望小学，成立“情系远山公益基金会”，开启“烛光行动——新东方教师社会责任行”，持续为乡村教育提供资金、设备、培训支持。截至2018年，捐赠现金用于教育公益事业已超过3亿元，义务培训乡村教师25 000人；举办励志演讲932场，直接听众达237万人，以自己的奋斗故事激励青少年为梦想而不懈努力。

# 行走的人生：情系远山的烛光

从一名初中毕业的拖拉机手，到一名乡村教师；从高考三次不中的落榜生，到北京大学高才生；从校园里内向自卑的丑小鸭，到英语系里耀眼的单词王；从在北大执教的普通教师，到名动大江南北的培训界领军人物；从大街小巷刷广告的个体户，到亿万身家的上市公司老总；从付不起学费无缘出国的追梦人，到全国巡讲、捐赠巨资激励千万贫困学子的“圆梦大师”——这就是俞敏洪，一个“胸怀世界，志在东方”的杰出企业家、学生粉丝无数的“超级”校长。

## 新东方，新希望

2008年5月12日，汶川发生8.0级特大地震。远在杭州的俞敏洪立即取消了所有预定活动和行程，奔赴新东方成都分部，要求全体员工两天内配齐50万元学习用品，驰援灾后在帐篷复课的学校。余震警报解除后，他获准进入核心灾区：一所所学校，一片片废墟，所见一切触目惊心。他一路默默无语，最后将瓦砾中露出一角的书包一个一个捡起来。俞敏洪在他的《灾区日记》中写道：“我们把书包集中在一起，能做的就是跪在地上，不愿意再爬起来。”

面对已经逝去的一个个鲜活而灿烂的生命，他一面电令新东方北京总部总裁办公室，将救灾捐款由计划中的800万元提高到1 500万元；一面下定决心，“新东方一定要在这座大山里，帮助孩子们建起一所再也不会倒塌的学校”。

/ 俞敏洪与四川雅安芦山新东方希望小学的孩子在一起

一晃十年过去了。2018 年 5 月 24 日，俞敏洪来到新东方德阳天元烛光小学。这所十年前新东方捐资 1 000 万元建造的学校，抗震等级达到 8 级。十年间，俞敏洪始终关注、支持着这所学校，新东方精神和“终身学习、全球视野、独立人格、社会责任”的教育理念，已经让这所乡村小学成为德阳家长们争相追捧的一个教育品牌。

在文化活动室，学校合唱团孩子们的歌声在俞敏洪的耳朵里格外美妙动听，他兴奋地和孩子们合影留念，再次勉励孩子们要“勇于挑战，放飞梦想”。

俞敏洪此次为孩子们带来了 10 台最先进的多媒体教学一体机，还有新东方大愚文化出版的 500 套图书。他希望孩子们即使身在大山深处，也能够始终放眼外部世界。

离开学校前，俞敏洪在校园一角的“新东方桃李园”再次种下一棵桃树。他说：“农村孩子在家门口接受良好的教育，这是一件理所应当的事情，对农村家庭和整个农村的发展特别重要。互联网提供了大量优质教育资源，但进入乡村学校必然需要有一个因材施教的改造过程。新东方将在教育资源配置、教育资源改造等方面不断创新，满足乡村学校的教学需求。让这个桃李园早日成林，是新东方的愿景，也是新东方的社会责任和历史使命。”

2016 年 4 月 20 日，四川雅安地震三周年纪念日。俞敏洪来到四川芦山县清仁乡新东方希望小学。这是三年前新东方捐资 200 万元筹建的又一所能够抵御 8 级强震的学校。

操场上，全校 126 名学生在自由地活动、嬉戏，这是俞敏洪最开心的时刻，然而他捕捉到了一个孩子闷闷不乐的表情。他走过去，盘腿坐在孩子身边，将孩子抱起，问他为什么不高兴。孩子只是轻轻地说了一句：我想妈妈了。

主席台上，俞敏洪在简短的致辞中说：“我知道有不少孩子的爸爸妈妈在外打工，我也知道同学们特别不容易，但是你们不要难过，因为爸爸妈妈的离开是为了让你们更好地成长。你们终有一天也会长大，会离开芦山离开雅安，去看外面的世界。新东方既然捐建了这所小学，从今以后你们就是新东方的孩子，新东方有两万多名老师，老师们会把很棒的学习经验和知识分享给你们，每年会为你们带来新的学习用品和好看的图书。新东方会陪伴你们一起健康成长。”

大山里的孩子早上起了床，
树梢上的鸟儿也开始歌唱，
放下柴火背起书包和干粮，
上学路上心情多么欢畅。
一眼望不见边的山，
你每天用脚步丈量，
树上掉落片片雪花，
亲吻着你冻红的脸庞。
……

一曲《大山里的孩子》旋律响起。俞敏洪触景生情："孩子们不少都是留守儿童，今天中国农村的孩子太不容易了。"这也许就是俞敏洪捐建希望小学累计超过 3 000 万元的缘由吧。

## 新东方，新烛光

2008 年 8 月 19 日，新东方与中国民主同盟共同发起的"烛光行动—新东方教师社会责任行"活动正式启动。

之所以取名为"烛光行动"，俞敏洪有着自己的诠释："中国教育真正的底层和基础是在乡村，助力乡村教育并非朝夕之事，也非个人之事。但是，当下城乡之间教育资源的不均衡严重制约了乡村教育的发展。一方面，国家和社会需要向乡村投入更多的教育经费，不断改善教学条件，另一方面，需要鼓励更多的优秀教师扎根农村，潜心乡村教育。'烛光行动'就是要着力培训乡村现有教师，提高他们的教育教学能力。新东方过去在做，现在在做，未来也会努力地做下去。"

四川，大凉山，中国最大的彝族聚居区，也是中国最贫困的地区之一。高山深谷，信息闭塞。原始的生产方式与落后的精神文化，使国家多年投入的扶贫专项资金无法产生应有的经济社会效益。教育，在这里具有了不一样的意义。

/ 俞敏洪（中）参加 2017"烛光行动"启动仪式

2016 年，俞敏洪将这里确定为新东方"烛光行动"重

全国脱贫攻坚奖奉献奖

点地区，并选定大山深处的普格县作为突破口，采用新东方新开发的网络直播“双师课堂”和志愿者教师面授相结合的方式，试图在重重云雾中点亮“烛光”，据点普格，辐射凉山。

2018 年 8 月 23 日上午 8 点，新东方志愿者教师周帅登上了北京飞往成都、再转飞西昌的航班。但飞机在成都延误，于是改签成都飞往昆明、再转西昌的航班。老天似乎要考验他的诚意，昆明的航班又延误了。到达普格时，已是 24 日凌晨。

8 月 24 日上午 8 点，周帅准时出现在“烛光行动”的课堂上，为来自普格各校的 200 名骨干教师授课。

就在同一个时刻，由普格向东 2 000 多公里，“烛光行动”江西南昌的课堂上，教室角落里的一个身影格外惹眼：几近谢顶的脑袋，始终挺直的腰杆，全神贯注的神情，以及快速流畅地做笔记。

他不愿透露自己的名字，只说自己姓程，是一名乡村初中教师，还有两年就要退休了。自己所在学校名额有限，他年龄大，没法和中青年教师竞争，也不好意思竞争，可这样的机会实在难得，就只能厚着“脸皮”自己来“蹭课”。

他说，自己是新东方的老粉丝了，经常在网上学习新东方的免费课程，所以这次即使不是“合法”听课，相信新东方是不会拒绝一个爱学习的老学生的。

他非常认可新东方老师的教学方法，就如何调动学生的学习兴趣、如何吸引学生的注意力，以及如何巩固学生对知识点的认知、记忆与理解、运用，从各种角度去实现教学目的，新东方老师的面授和课堂实践给了他前所未有的启示和信心。

2018 年 9 月 5 日，第三个“中华慈善日”。俞敏洪走进新东方北京总部“双师课堂”直播间。

“同学们，大家好，我是俞敏洪。”对着镜头，俞敏洪向 2 000 公里外的四川雅安市的同学们打招呼。而当天在雅安市落成的首个“互联网 + 教育”AI 双师课堂教室里，100 余名高一新生从巨大的荧屏上也看到了这位“超级”校长的授课风采。

看着面前屏幕里学生们灿烂的笑脸，俞敏洪分享了自己从农村到北大再到创办新东方的成长故事。在欢快活跃的隔空互动交流中，俞敏洪鼓励同学们要不断努力，向着自己的梦想和目标勇往直前。

“烛光行动—双师课堂”于 2017 年 8 月 24 日正式启动。这一天，俞敏洪在新东方北京总部向志愿者教师授旗。河北、云南、贵州等 6 个省份的志愿者教师和学员，通过网络直播见证了这个时刻。

截至 2018 年，新东方“烛光行动”累计派出近 600 名优秀志愿者教师，在全国 200 多个市县、乡镇精准助力 2.5 万名乡村教师专业成长。而首批对口援建的 10 县 10 校的“双师课堂”教学成果显著，2018 年当地农村学生考入大学的人数明显增加。

“只有把农村问题，尤其是农村的教育问题做好了，中国的未来才有希望。”这是作为全国政协委员、中国民盟中央委员的俞敏洪在历届全国政协会议上发言的主旨，也是新东方“烛光行动”躬行践履的精髓所在。

## 新东方，新情怀

俞敏洪说：“推动中国城乡教育均衡发展，为乡村孩子多提供一些有助于他们成长的支持和平台，是我给自己定的当下人生要去做的四件事之一。”但他知道，这个梦想之旅很长、很艰难，仅靠他一个人、一个新东方是远远不够的。

2017 年 11 月 29 日，俞敏洪与好未来教育集团董事长张邦鑫各出资 5 000 万元人民币，联合发起成立“情系远山”公益基金会。

为此，俞敏洪专门撰文写道：“好未来和新东方在日常业务之外，都已经开始做面向边远地区、农村地区的公益教育，通过互联网和现代科技，把我们储备的优质教育资源，以公益的方式向边远地区和农村地区倾斜，让那里的孩子们能够通过我们，或多或少得到更好的教育资源，让他们拥有更多的学习机会。两家中国最大的教育培训机构的团结合作，一定能够带动业内更多的人来参与这样的社会公益教育，受惠的，是大量山区和农村的孩子。”

俞敏洪写得很朴实、很用心，而他的公益团队在短短不到一年的时间里，就将他和新东方的大山情怀倾注到了大山深处的千万孩子心中，为乡村孩子插上梦想的翅膀。

与此同时，“情系远山”公益基金会获得了业内的热烈响应，近 30 家知名教育品牌企业成为基金会的理事单位。从在线课程到面授辅导，从系统建设到设备捐赠……，一张覆盖全国偏远农村的教育资源网络正以前所未有的速度和质量悄然编织。

其实，俞敏洪的梦想之旅从 2004 年就启程了。2004 年 9 月，他向贵州省乌蒙山腹地的毕节地区捐资 100 万元，设立了“毕节奖学金”。

俞敏洪（中）与获得“新东方自强基金·中国大学生自强奖学金”的学子们亲切交谈

2005 年，新东方联合共青团中央、全国学联共同启动“梦想之旅——中国大学生励志系列讲座”全国巡讲活动，为经济欠发达地区的学生带去新鲜的知识和思想。13 年过去，932 场讲座，237 万名现场听众，激励了无数学子的追梦情怀。

2007 年，新东方联合共青团中央，出资 5 000 万元设立“中国大学生自强奖学金”；十年后的 2017 年，

/ 俞敏洪在中国大学生自强之星颁奖仪式上做分享

新东方追加 5 000 万元，在全国高校继续寻访“大学生自强之星”。

十年间，100 名“中国大学生自强之星标兵”、1 000 名“中国大学生自强之星”、8 000 名“中国大学生自强之星”提名奖和 7 500 名西部特困大学生，为俞敏洪的梦想之旅增添了无限的情怀，也催生了他更多的关于远山的梦想。

2018 年 5 月 14 日上午，新东方“一校一梦想”行动走进甘肃省临洮县八里铺镇王家大庄村小学。这一次，新东方给这个村小学的孩子们带来了一场“新东方远方音乐会”，期望给予孩子们更多对于“远方”的憧憬。

根据俞敏洪的设想，“一校一梦想”是以解决乡村学校“个性化”困难为切入点，为“一所学校”每年实现“一个梦想”。通过连续 3 ~ 5 年的支持，推动乡村学校硬件、软件建设，改善乡村小学教学条件，增进乡村儿童教育福利。这场“远山音乐会”就是王家大庄村小学 2018 年的梦想。

2017 年，俞敏洪新作《行走的人生》出版，他将当年的版税 56 万元全部捐给了“一校一梦想”项目。

“新东方一直以承担力所能及的社会责任为己任。也许我们做不了太伟大的事情，但作为中国人民的一员，我们如果能够尽己所能，让有些事情因为我们的努力而更加美好，我们也会有成就感和幸福感。”这也许就是俞敏洪的大山情怀。

（撰稿：宦平　照片拍摄：安鹏飞）

/ 新东方大楼

闻彬军，湖北先秾坛生态农业有限公司总经理。他从北京返乡，累计投资 2.6 亿元创办以神峰山庄为核心基地的湖北先秾坛生态农业有限公司。突出产业扶贫，通过三产融合、村企联姻、群众加盟等新业态，打造生态循环农业立体开发模式，构建以英山县为中心、辐射全国 20 余省市的 4 亿元扶贫产品产销网络。突出"扶志、扶智"，为大别山国家连片特困地区培养了 1 万余名新型职业农民，公司直接安排就业 3 456 人，对接帮扶贫困户 1 204 户 3 611 人，年均为贫困对象直接增收 2.9 亿元，带动英山县及周边 7 万名农民增收脱贫，为大别山 3 省 19 县精准扶贫和乡村振兴树立了全新样板。

# 产业扶贫奔小康　神峰领秀大别山

2017 年 3 月，湖北先秾坛生态农业有限公司总经理闻彬军首创的"打造有机农业综合体，助力'两业'精准扶贫——湖北省英山县神峰山庄创业扶贫带贫模式"，入选全国十大产业扶贫典型案例。一时之间，中央电视台和湖北省主流媒体纷纷聚焦英山，解读其成功经验。

以神峰山庄为核心基地的先秾坛生态农业有限公司，2013 年上半年正式成立。短短几年间，公司以绿色发展的神峰理念、健康养生的神峰思维、合作多赢的神峰道路、三产融合两业扶贫的神峰模式，开拓了现代农业助推精准扶贫的新路子，引领大别山 3 省 19 县在产业、就业扶贫的实践中，探索出一条统筹乡村振兴发展及农业供给侧结构性改革的成功路径。2014 年，他作为中国农业企业代表跟随国家领导人出访俄罗斯，参加圣彼得堡国际经济论坛。2015 年，参加了国家领导人与印尼总统佐科的会见，并出席"中国—印尼经济合作论坛"。

但最让他感到自豪和欣慰的是，他的公司为当地农民解决了 3 000 多个就业岗位，直接带动家庭收入年增 2 万元以上，对接帮扶建档立卡贫困户 1 204 户提前两年摘掉贫困帽。

"让农民有尊严地脱贫！"他说到做到了，没让乡亲们失望。

## 扶贫扶心，激发自主脱贫内生动力

闻彬军是土生土长的英山人，大学毕业后进入一家中国 500 强公司，凭着"不怕

/ 闻彬军总经理

苦、不怕累，就怕被人看不起”的倔强劲儿，连续4年都是集团销售冠军。2000年，他创办了自己的公司，最高时年销售额突破4亿元。后来，他结婚生子，在北京买了房，在乡下给父母盖了别墅，一家人终于过上了梦寐以求的富足日子。

每年春节，闻彬军都要回老家住上几日。他发现乡亲们的日子，虽然比他小时候好很多，但仍不富裕，经济来源主要靠青壮年在外打工。正月十五一过，村口天天都会上演离别的场面：老人们抹泪送儿女出门打工，孩子们抱着爸妈号啕大哭，不肯撒手。看到这些，闻彬军陷入了深深的思考。为什么乡亲们非得外出打工？为什么村里的孩子要过着像孤儿般的生活？为什么这么多人外出打工了，家乡还是这么穷？事业有成的他有个想法：生我养我的那座大山依然贫穷，我能为家乡做点什么？ 2013年，恰逢国家提出精准扶贫方略，他深思熟虑后，决定回乡创立以神峰山庄为主体的先秾坛生态农业公司。

扶贫先扶志，治贫先治愚。乡亲们不仅口袋穷，更穷的是头脑。受传统思想制约，村民对现代农业认识不高，总认为一块土地再怎么摆弄也赚不到钱。不走出大山，视野就不会开阔，就看不到发展的方向和希望。脱贫，他们不缺力气，缺的是观念、信心和勇气。志智双扶，是闻彬军扶贫必须要解决的第一大难题。

闻彬军的第一个办法是带领神峰山庄所在地的孔家坊乡21名村党支部书记，去武汉参观几家现代化农场和生态果蔬卖场。看到平时被浪费的蔬菜成了市民抢购的货物，参观人员感叹不已。返程的车上，全乡与神峰山庄达成意向流转土地2 500亩。土地流转了，生产销售都需要人手。神峰山庄90%的用工人员是孔家坊乡周边的村民。

闻彬军的第二个办法是培训。为此，山庄成立农民培训学校，他亲自授课，与员工谈人生理想，聊市场营销。很多人有印象，仅用了两个月，所有员工都能大胆地在人前喊出两个字：我能！

拥有自信就能拥抱美好生活。员工沈小飞是孔家坊乡郑家冲村有名的贫困户，她有两个孩子，公公常年卧病在床，家里负债累累。刚到山庄时，她寡言少语，见人躲着走。闻彬军跟她说：“穷并不低人一等，咱们一起奋斗，一定能过上好日子！”渐渐地，她脸上有了笑容，走路抬起了头，腰板也挺直了。通过自己的努力，她很快被评为神峰山庄的模范员工，当上山庄工会女工部长、文艺晚会主持人、客房部经理，现任合肥市神峰山庄农乐园管理公司总经理，年薪几十万元。

“给钱给物等于施舍，而这种施舍不长久、不可持续。”在对待贫困户上，闻彬军认一个理儿：授人以鱼不如授人以渔。帮他们找到铁饭碗，让农民有尊严地脱贫，才是他想要的结果。

孔家坊乡郑家冲村留守妇女周爱玲，丈夫因出外打工腰椎受伤基本丧失劳动能力，公婆年迈多病，家境十分贫寒。2013 年初到山庄上班后，很快就成长为“民歌大王”，现在已经成长为武汉“黑禧猪神峰山庄农乐园”直营店店长，月薪近万元。公婆也在自家门口的果蔬农场上班，每年创收 3.6 万元，家里还养猪、养鸡，全年收入 6 万元。昔日贫困户，一跃成为小康人家。

像周爱玲一样，仅英山县就有 650 多名贫困人口在闻彬军的公司上班，月薪少则 3 000 元，多则上万元，实现了“当年就业、当年脱贫”。

几年来，一大批农村青年来到神峰山庄，实现了自己的梦想和人生价值。他们有一个共同的名字：神峰佳人。什么是神峰佳人？上台能做演职员，下台能做服务员，进店能做销售员，带团能做导游员。

可以说，神峰山庄带来的最大红利是，培训了一大批神峰佳人式的新型农民，为大别山区近千万农村群众开阔了视野，增长了信心，树立了榜样，为我国产业扶贫和乡村振兴战略实施提供了全新的样板和有益探索。

闻彬军以自己的创业经历为样板，帮助贫困乡亲激发自主脱贫的内生动力，点燃发展现代农业的星火，一大批神峰佳人正成为振兴乡村的脊梁柱石。

## 创新“带贫”机制，走出改革新路径

英山县是鄂豫皖大别山革命老区县、国家扶贫开发工作重点县、大别山集中连片特困地区片区县。全县 2014 年建档立卡贫困户 3.7 万户 10.49 万人，贫困发生率 30.78%。在建档立卡贫困户中，除 9 418 户（约占 25%）属无劳、弱劳户需要实行低保兜底以外，其余 75% 的贫困户需要通过产业带动和就业增收实现脱贫。于是，如何在因地制宜发展特色产业的基础上，有效推进“两业”扶贫（即产业扶贫、就业扶贫），为建档立卡贫困户提供更多的增收机会，成为英山县打赢脱贫攻坚战亟须解决的一个突出问题。

/ 闻彬军查看木耳长势

全国脱贫攻坚奖奉献奖

先椽坛公司充分利用英山县地处大别山腹地、山清水秀、空气清新、无任何工业污染的优良生态环境，将企业发展核心战略定位在开发高价值的山区有机农业上，全力建设和打造“有机循环农业＋食品加工物流＋都市门店直销＋乡村旅游观光”于一体的，多产业融合的有机农业综合体。以有机农业综合体为支撑载体，在企业盈利的同时，带动神峰山周边的农村、农户，特别是建档立卡贫困村、贫困户参与到有机农产品的生产、加工、销售和乡村旅游等各环节中来，把企业创业带动精准扶贫做实，使贫困村、贫困户通过神峰山庄“两业”实现稳定增收、精准脱贫。闻彬军以一种全新的业态，探索出统筹乡村振兴战略与农业供给侧结构性改革的新路径。

神峰山庄猪舍里，黑禧猪排泄物顺着管道流入沼气池。产生的沼气连接到农户灶台。沼液滴灌到果蔬基地，实现了有机种植，剩菜剩果又拿来喂猪。猪不吃商品饲料，菜不打农药，地不施化肥。

绿水青山就是金山银山，发展有机生态循环农业，才有真正的长远效益。

如何让养在深山中的好产品走出大山，真正为贫困户带来更多的效益？闻彬军有办法，营销是他的强项。

让农业与旅游相结合，让二者相映成趣。围绕生态农业，开发相关旅游产品，建设农旅融合基地，开发“千里挺进大别山生态循环农业四天三夜体验游”和“草原清凉游”等产品，与省内外景区合作，将神峰山庄打造成游客们“试吃”的体验地、会员加盟的引流点和大中城市市民休闲度假的集散地。

让旅游与文化相融合，让二者相得益彰。以实施“中国好农业——生态农业进万家工程”为载体，开展健康养生及国学教育，山庄已成为大别山区弘扬中华传统的重要基地。投资拍摄精准扶贫题材的励志电影《别墅里的农家院》《西河十八湾》，系统展示了大别山区精准扶贫和现代农业发展成果。

/ 闻彬军（中）查看有机蔬菜情况

/ 闻彬军（中）和农户探讨大棚蔬菜种植问题

让企业与农户相联合，让二者合作共赢。与大别山区近百家种植养殖专业户或公司签订了销售合同。立足湖北，放眼全国，在天津、安徽、内蒙古、黑龙江、河北、陕西等省（区、市）贫困地区，发展扶贫产业订购基地 25 个，共 22 500 亩，利用公司内部网络，每年为天津潮白河水产、河北西柏坡苹果、坝上燕麦、内蒙古锡林郭勒羊腿、安徽滁州胚芽米、霍山灵芝、金寨茶油、湖北秭归脐橙、房县蜂蜜、陕西安康魔芋、黑龙江铁力大米等近 4 亿元扶贫产品解决了销售难题。

让产品与市场相吻合，让二者衔接无隙。先秾坛公司旗下的 96 家直营店进驻鄂皖赣 3 省 8 市，主营有机蔬菜、土猪肉、土鸡蛋、茶叶、道地中药材等产品，采取体验消费、“私人订制”等模式，吸纳长期会员达 10 万多个家庭。“总部基地 + 互联网 + 实体店面 + 会员系统”的全网营销体系全面建立。

2017 年 5 月，全国政协精准扶贫调研组领导视察神峰山庄时，对闻彬军的创新思路给予充分肯定：“神峰山庄瞄准农业细分市场，定位很准，企业运行风险低，附加值高，扶贫成效好，是我国贫困地区发展现代农业的一个好例子。”

## 土地动起来，产业活起来，群众富起来

“赚农民的钱不算本事，让农民赚钱才算真本事。”闻彬军总是这样说。为此，他始终坚决兑现对贫困户的四条承诺：一是愿意土地流转的，无论肥瘠，全部接受，每亩支付不低于 500 斤稻谷等价的年租金；二是流转土地农户在山庄基地务工，日工资不低于 60 元；三是愿意接受山庄管理的农户，自行开展生态种养，无偿提供部分种子种苗和全程技术指导；四是符合质量标准的生态农副产品，保护价收购。

闻彬军的真本事，除了体现在多给农民安排就业岗位之外，更重要的是让农民的土地增值。这些年，闻彬军一直和当地农民一起在田地里挖“金元宝”。这个“金元宝”就是无污染、无添加剂，不打农药、不施化肥的有机生态食品。为了保证质量，闻彬军给自己的农场和养殖农户定了比铁还硬的规矩：养殖一律不喂有添加剂的饲料、不用抗生素，吃的全是地里产的粮食和作物秸秆；生猪必须生长 10 个月以上才能出栏，鸡 10 ~ 12 个月出栏；坚决不给蔬菜瓜果施化肥、打农药、打除草剂；每个猪场都必须建沼气池，各类粪便必须经过发酵后才能给蔬菜瓜果施肥，而沼液一律通过管道输送到农田施肥，沼气可烧水做饭，田里的菜叶还可喂猪养鸡。他有言在先：“你若是破了我的规矩，我就砸你的饭碗！”

带富了一大批村民，如何让村集体经济强起来？党的十九大报告提出要完善承包地“三权”分置制度。以此为契机，闻彬军积极推行公司占股 51%、村自强互助脱贫合作社占股 49% 的方式，将原 36 个基地村打造成 36 个专业村，探索“公司 + 集体经济组织 + 农户”模式，实现集体增利、农民增收、企业增效。在农产品销售上，闻彬军则

一改传统的先种后销模式，采取私人订制：根据市场决定产量，视订单多少组织生产销售，以都市农乐园为桥头堡，建立集实体店面、视频购物、电商购物、基地旅游、会员管理、农商基站于一体的市场营销网点，构建线上线下全网营销体系，以“千里挺进大别山生态循环农业四天三夜（两天一夜）体验游”为纽带，以实施“中国好农业——生态农业进万家工程暨助力冬奥膳养天年全国惠民工程”为载体，以“文化创意＋教育＋培训＋出版＋影视＋农业产业化解决方案”为新的盈利点，彻底打开了英山农特产品走向大都市、大市场的通道。从 2015 年开始，闻彬军将目光投向了农副产品深加工行业。先后投资 3 000 多万元，建成一个集米、面、油、干菜、茶叶等加工包装于一体的农副产品加工工业园。目前，贴有“先秾坛”标签的 96 种主打产品，已经在都市农乐园取得了不错的销售业绩。

郑家冲村是英山县第一个将全村土地整村流转给闻彬军的村子。全村 40% 的人口在神峰山庄上班，全村人均年增收 1.8 万元，村集体经济年均增收 20 万元以上。

2018 年，闻彬军还兼任了附近黄林冲村、孔家坊村两个行政村名誉村委会主任、村自强互助脱贫合作社总经理，最近又投资 2 200 万元建设酱菜加工厂，仅此一项，就可帮助两个村整体脱贫、户户小康。

截至 2018 年 6 月，闻彬军和他的神峰山庄，已安排农民就业 3 456 人，对接帮扶建档立卡贫困户 1 204 户 3 611 人，年均为所帮扶贫困对象直接增收 2.9 亿元，带动湖北省英山县及湖北、安徽等周边县市 7 万名农民增收脱贫，为大别山区 3 省 19 县实施精准扶贫方略和乡村振兴战略树立了全新样板。闻彬军为精准扶贫、精准脱贫做出了一名当代民营企业家的无私奉献！

回归家乡创业扶贫 6 年多，闻彬军两鬓斑白，头顶上的头发也都没有了，这些他都不在乎，他只在乎跟着他干的父老乡亲有没有挣到钱，有没有脱贫，有没有富裕起来！在采访中他动情地说道：“作为一个农民的儿子，我深爱着这个地方，更深爱着父老乡亲，我愿意把一生都奉献给伟大的扶贫事业！”

（撰稿：朱嘉　照片拍摄：闻继刚）

神峰山庄俯瞰图

耿福能，好医生药业集团董事长、四川好医生攀西药业有限责任公司董事长。十二届、十三届全国人大代表。从1995年起，他带领企业到凉山州发展种植中药材附子，带动彝族农户脱贫致富，其中布拖县有6个乡、28个村、4 000多户种植了附子，种植户累计收入达2 500多万元，户均增收5 000元以上。他在凉山州创办了9家企业，为2 000余人提供了就业岗位，其中建档立卡贫困户667人，人均年收入达3万元以上。同时，他积极投身公益事业，积极参与精准扶贫工作，近3年累计捐款捐物达3 000多万元。

# 大凉山走出来的扶贫先锋

他是一位从大山里走出来的人大代表，用一生的执着坚持，托起父老乡亲们的希望；他是一位热心扶贫的企业家，用绿色发展的理念，勾勒大健康事业的蓝图；他是一位常年坚守只做一件事的董事长，利用中药材牵手建档立卡贫困户，让彝族同胞摆脱贫困；他从大凉山走进大会堂，在扶贫路上努力践行着党的声音。他，就是好医生药业集团董事长——耿福能。

## 一草一木总关情

1956年，耿福能出生在凉山州越西县一个中医世家。从小耳濡目染的熏陶，让他和中医药结下了不解之缘。“我爷爷、父亲是县城里的中医。小时候，我就跟着他们采药抓药，对这一行非常有感情。”

凉山多灵峰，山间藏本草。凉山州有药用植物2 448种、药用动物91种，被誉为“川西南中草药宝库”。但是，这里山多地少，百姓谋生艰难。耿福能有8个兄弟姐妹，他排行老三，家庭并不富裕。为了挣学费，七八岁时，耿福能就开始上山采药，卖给县里的外贸公司，一次能挣一毛钱。

让耿福能记忆最深的是10岁时跟着哥哥一起去采药。“我们爬到海拔三四千米的大山上，看到了大黄长在岩石里，比我还高。”耿福能说，这是他初识中药材的课堂。

1974年，耿福能初中毕业后，成为一名小学代课教师。当时代课教师一个月只有

/ 耿福能董事长

28 元，要想让家人过上好日子，是远远不够的。所以，在代课之余，耿福能把药材贩卖到成都，一次能挣 10 多元。

1984 年，耿福能辞职下海。他选择了离西昌市 60 余公里的德昌县。这里离火车站近，交通便利，他认为这里适宜创业。

1986 年，耿福能筹措到了 500 元，办了一张个体户营业执照，成立了一个药材收购门市部，主要从事中药材贸易。 随着事业的发展，耿福能成立了好医生药业集团，开始涉足医药工业，他先后在凉山州布拖县、绵阳市安县收购药厂，组建了自己的销售队伍，创立了自己的品牌，使公司成长为四川医药行业的前三强。

说起创业历程，耿福能有些激动：“一路走来，我感到非常不容易。32 年坚守做一件事，很多人，甚至很多企业是很难做到的。但我做到了，并且做出了成绩。”

生于凉山州的耿福能，对大凉山地区的彝族群众、草木风物有着发自内心的深厚感情。此时的耿福能，已不再满足于自身的发展。他时常在想，如何能让家乡父老的生活好起来，如何带动大家一起富起来？而真正让耿福能下决心帮助乡亲们脱贫，是源于一次考察。

1994 年 7 月，耿福能到凉山农村考察一个项目，他走进一家农民的院子，里面堆满了草沤的肥，地上都是粪水，他穿着皮鞋踩一脚，鞋子一半陷在脏水里。村里的农民非常贫穷，一些农民终年没有换洗的衣服。村民们住的是破旧的瓦板房，家徒四壁……

“这个场景让我终生难忘。”耿福能含着泪说，凉山有许多村庄处于深度贫困状态，当地农民以种植玉米、土豆、荞麦等为生，每亩产值仅有几百元。但是，这里的气候、土壤、环境好，适合种植中药材，也符合当地农民的耕种习惯。如果在高寒山区发展中药材，凉山彝族农民就能富起来，彻底摆脱贫困。

于是，耿福能回到公司，向领导层讲授自己的理念：把中药产业导入产业扶贫是相得益彰的。只有好的药材，才能生产出好的中成药；只有好的中成药才能有好的疗效，才能解决患者病痛，这样才能形成良性循环。收集好药材，边远地区是首选，这里的土壤、水、空气没有被污染，可以大幅提高产品质量。农民通过种植高质量的中药材，可以摆脱贫困，二者互补，实现双赢，这是一件利民利企的好事情。

“我是想当一名既能治病救人，又能扶贫帮困的‘好医生’。但是，说起来容易，做起来难。”耿福能说。由于经济环境不佳、基础设施不完善等因素，到凉山进行产业扶

耿福能（中）在凉山州布拖县乐安乡火灯村指导农民种植中药材附子

贫的企业人都感到“心有余而力不足”。但是，耿福能知难而上。

在决定对凉山实施扶贫时，耿福能高瞻远瞩，他不是帮扶一家一户，而是要探索条“产业扶贫”的道路。“我认为，产业扶贫是脱贫的根本，是授人以渔。深度贫困地区农民要脱贫奔小康，归根结底要依托产业发展，变‘异体输血’为‘自体造血’。同时，还要建立科研、生产、品牌、市场的全产业链，既有利于企业发展，又可帮助贫困农民稳定增收，巩固脱贫成果，长期有效扶贫。”耿福能解释说。

为了把脱贫工作落到实处，1995 年，耿福能多次到布拖县与有关部门交流，终于获得当地政府的大力支持。扶贫工作的第一个试点村在补洛村落地。随后，耿福能带领公司技术人员到补洛村试种中药材附子，并且采取“企业 + 支部 + 协会 + 农户”“提供种子、负责技术培训、种出来的药材实行保底价收购”等方式，推广种植附子，降低农民的种植风险。同时，耿福能成立了“专业帮扶小组”，对补洛村进行产业帮扶，增强其“造血”功能。

把中药产业纳入扶贫范围，是耿福能为布拖县建档立卡贫困户建立的长效机制。在驻村干部的帮助下，指导农民种植附子，并收购其产品。但是，这种方式无法形成产业链，更难长期实施。于是，耿福能又在布拖县建立附子饮片加工厂，帮助农民种植中药材。

为了让农民增产增收、早日脱贫，耿福能制定了长远规划——建设凉山 10 万亩中药材产业扶贫百草园基地规划，力争用 10 年的时间在凉山 11 个深度贫困县种植 10 万亩附子、续断、木香等特色中药材，带动 5 万多贫困农民脱贫致富奔小康。

## 脱贫致富有乡亲

布拖县乐安乡火灯村是耿福能公司的对口精准帮扶村，这里是高寒彝族聚居区，面积 9.5 平方公里，但耕地只有 1 520 亩。全村有 176 户 724 人，其中建档立卡贫困户 53 户 177 人。按照规划，公司每年对该村提供一定的资金支持，使其种植附子的面积从 20 多亩发展到 230 亩。

“附子就是埋在地里的金子，可以让我们住上新房子、过上好日子。”火灯村农民马查阿俄指着自己的承包地，对生活充满了希望。马查阿俄是一个建档立卡贫困户，当年村里引入附子项目时，他热衷于种土豆，对种植附子没有热情。驻村书记和好医生集团的技术人员多次给他做工作，告诉他种附子比种土豆效益好、收入高，他都无动于衷。后来，他抱着试试看的心态，拿出 3 亩多地试种附子。他没钱买种子，公司免费提供；他不懂种植技术，公司派技术人员到地里培训，还请专家亲自指导。到了收获季节，马查阿俄算了一笔账：种一亩附子产量是 1 200 ～ 1 500 斤，公司收购价格每斤 7.5 元，种植一亩附子的收入抵种好几亩土豆的。

通过产业扶贫，马查阿俄所在村子的 20 多户特困户，如今只剩 6 户。

火灯村种植附子增产增收，农民收入翻番，摆脱了贫困。很快，附子种植在布拖县 6 个乡镇铺开，形成“燎原”之势。

经过两年多的发展，布拖县的 6 个乡、28 个村种植了附子，面积达 5 000 亩，种植户累计收入达 2 500 多万元，带动了 4 000 多户种植户，户均增收 5 000 元以上。如今，布拖县把附子产业作为特色支柱产业，并且提出了打造“中国附子第一县”的口号。布拖县参加“产业发展、产业扶贫”的农户越来越多，脱贫后的种植户走上了产业化发展的致富路。

看到彝族同胞摆脱贫困，耿福能从心里感到高兴。他说：“看来我当初的决定是对的，在布拖县种植附子，让高海拔地区的彝族贫困农民找到了致富路。我们将全力以赴，做大做强中药产业，使精准扶贫工作再上一个新台阶。”

2017 年，公司将布拖县的附子产业模式向越西、冕宁、昭觉、盐源、普格、会东等 9 个县复制扩展，已有 68 个村开展中药材（附子、续断、木香）种植，种植面积已突破 1 万亩。

为了解决产品销售问题，耿福能在布拖县投资建立了我国最大的附子 GMP 饮片生产厂，形成了“种植、加工、产品、营销”产业链，解除了建档立卡贫困户种植附子的后顾之忧，让他们的收入实现最大化。

每年 9 月，是布拖县附子的收购季节。当好医生药业公司的收购人员来到各乡镇和村社时，村民用最热烈的方式欢迎他们——村民杀猪、煮酸菜鸡招待这些贵客。在帮助当地农民脱贫致富的同时，规范化种植也保障了好医生药业公司中药全产业链的可持续发展，公司与种植户实现了双赢。

彝族农民马查尼尔，过去种植土豆、荞麦，年收入不足万元。2017 年，他种植了 3 亩附子，收入达 21 000 元，当年就实现脱贫，还在当地政府的帮助下盖起了新房。马查尼尔对耿福能说：“我在电视上看到党最牵挂的就是我们贫困的老百姓，我们要努力把附子种好。”

在彝区脱贫攻坚第一线彝家新寨，耿福能听到最多的就是“共产党瓦吉瓦”。“瓦吉瓦”是彝语“好得很”的意思。

此外，2006 年耿福能还在四川省西昌市、会理县和云南省建水县投资新建了果业加工基地，对建档立卡贫困户种植的石榴采取“公司 + 政府 + 农户 + 基地”方式进行统一管理、统一收购，解决了 55 万亩石榴的销售问题。几年下来，这些地区种植石榴的农民不仅实现了脱贫，还有部分家庭过上了小康生活。

## 扶贫扶志两相益

/ 布拖县乐安乡火灯村附子种植户马查尼尔喜获附子丰收

多年来，耿福能坚持产业扶贫、就业扶贫、教育扶贫和精准帮扶，帮助了近百万社会困难群体，并且在扶贫扶志上作了积极探索。

在凉山州境内，耿福能已投资兴办 9 家企业，为凉山地区提供了 2 000 余个就业岗位，其中有 667 人来自贫困家庭；布拖附子饮片厂、西昌制药厂的彝族员工分别占员工总数的 90% 和 30%，员工人均年收入达 30 000 元以上。

“为了让建档立卡贫困户如期脱贫、稳定增收，我们吸纳彝族同胞进工厂，接受现代企业管理教育，使他们的思想得以解放，生活习惯改变了，文明素质提升了，我们是既扶了贫又扶了志。”耿福能高兴地说。

在捐资助学方面，好医生集团投入上千万元，在四川大学、成都中医药大学、兰州大学、昆明理工大学、浙江大学、大理大学、西华大学、西南民族大学等11所高校设立了“好医生奖学金、奖研金”，资助贫困大学生，奖励在科研创新方面表现优异的研究生及本科生，支持彝族医药发展。

2015年，好医生药业公司等3家企业为200名凉山籍贫困大学生捐赠60万元助学金。2017年，举办“善心天下、大美凉山”艺术展，支持贫困山区艺术教育；捐赠100万元用于“中国光彩事业凉山行”精准扶贫公益项目；联合中国扶阳学派公益凉山行，为布拖县乐安乡火灯村的儿童捐款捐物共计20万元。2018年，捐款50万元，用于建设“中央厨房”以改善贫困地区小学生餐饮质量和条件的问题。

有付出就有回报。耿福能带领他的企业真情付出，换来的是政府的认可、社会的认同。好医生布拖附子种植基地于2009年通过国家食品药品监督管理局GAP认证，建立了布拖附子质量标准；布拖附子荣获“国家地理标志保护产品”“四川省名牌产品”荣誉称号；附子产品荣获中国进出口商会颁发的优质产品证书，被称为“离太阳最近的附子”；等等。

鉴于产业扶贫取得良好成效，耿福能获得四川省“光彩事业突出贡献奖”“四川杰出人才”“川商扶贫优秀个人”等荣誉；公司获得全国“‘万企帮万村’精准扶贫行动先进民营企业”、四川省“带动脱贫攻坚明星农业产业化龙头企业”等荣誉。

2017年全国两会期间，习近平总书记鼓励耿福能：“中医药大有可为，好好干！”总书记这句鼓励的话给了耿福能很大的信心和力量，让他倍感振奋，耿福能表示：“我一定要把总书记的嘱托和要求落实到工作中，让大凉山更多的农民通过种植中药材走上富裕路。”

（撰稿：李庆华　照片拍摄：潘显）

/ 好医生药业集团附子产业精准扶贫基地

夏森（曾用名夏福先、杨宇），中国社会科学院原外事局离休干部。自2006年以来先后捐出多年积蓄202.3万元，用于改善中国社科院定点扶贫县丹凤县、上犹县学校的教学条件，共资助120名家庭贫困大学生上学。捐献100万元设立“夏森助学金”，用于资助家庭贫困大学生。亲自审改“夏森助学金”资助办法，特别强调：“资助的学生不光要看他考入的是几类、几本大学，还要重点看他的思想道德表现。资助的学生必须热爱祖国！”夏森老人的善举令人感佩，催人进取，引人向善向上，受到受助学生、家长的由衷感谢和社会的广泛赞誉。

# 革命老人的扶贫深情

夏森生于1923年，1937年下半年奔赴延安投身革命，1938年加入中国共产党，1982年离休。在长达80多年的革命生涯中，她爱党爱国、服务人民、淡泊名利、清廉自律、勤奋工作、甘于奉献，被人们誉为老革命、老先进、老奉献。

陕西省丹凤县和江西省上犹县是中国社会科学院的定点扶贫县，两县都是革命老区县，上犹县还是原中央苏区，都为中国革命和建设事业做出了重大贡献。但由于历史、自然条件等多种原因，两个县的经济社会发展相对滞后，还较为贫穷落后。自2006年以来，夏森先后捐出多年积蓄202.3万元，用于改善丹凤县、上犹县学校的教学条件，共资助120名家庭贫困大学生上学。

## 耄耋之年，不忘初心

1937年7月7日，日军向卢沟桥一带中国军队开火，七七事变爆发；7月29日、30日北平、天津相继沦陷；8月15日，日机首次轰炸南京；9月25日，八路军一一五师在平型关伏击日军，歼敌一千余人……

一条条消息传出，震动着当时未满15岁女孩夏森的心，一个响亮的声音不断在她耳畔回响：“到延安去！到延安去！到革命最需要的地方去！”

这一年的下半年，夏森从家乡四川来到了她朝思暮想的延安，进入成立仅一年时间的延安抗日军政大学学习。“努力学习、团结紧张、严肃活泼是我们的作风；积极工作、

/ 夏森（左）与脱贫攻坚奖获奖者合影

艰苦奋斗、英勇牺牲是我们的传统。”当年，夏森与所有抗大学员一样，唱着这首《抗大校歌》走进抗日军政大学校园，接触到了马克思主义，读到了《共产党宣言》。在这里，她聆听了许多中央高级干部的演讲。一颗革命的火种在夏森的心中熊熊燃起，为她日后的前进道路指明了方向。

“我早年投身革命，在根据地待了很多年，吃过很多苦，对吃不饱、穿不暖感触很深。”每当回忆起自己年轻时的经历，夏森老人感慨万千。作为一名老革命、老党员，夏森对革命老区怀有深切而真挚的感情。2006 年，83 岁高龄的夏森老人重返延安，来到丹凤县实地考察。丹凤县是中国社会科学院定点扶贫县之一，地处秦岭东段南麓，因县城襟带丹江、背依凤冠山而得名。大自然赋予这里奇特的自然环境和美丽的自然景观，但是当地的人们仍饱受着贫困所带来的苦楚。

夏森亲眼看到龙驹寨镇西街小学艰苦的教学环境：破损的窗户透着风，简陋的操场上只有几个简易的篮球架，冬天教室里没有暖气，孩子们冻得瑟瑟发抖……。看着孩子们红扑扑的小脸，夏森老人的心情十分沉重。“作为一名老党员，我要积极响应党中央的号召，为扶贫和教育事业献出自己的一份力量！”从此，夏森老人便与扶贫结下了不解之缘，开始了她不寻常的捐资助学之路。

## 捐资助学，奉献不止

每当周五下午临近放学，西街小学的校园里一片喧闹，每周一次的大扫除正在进行。在五年级二班的教室里，学生唐伟正拿着抹布仔细擦拭着新桌椅。“我原来的桌子已经用了很多年，只剩下三条腿，平时上课必须用一个凳子垫上一摞书撑在下面。”西街小学很多课桌椅因使用年头过长而出现损坏，但是学校财力有限，无法及时更换。如今，全校有 80 名学生用上了新桌椅，这都得益于夏森老人对学校的帮扶。2006 年 4 月，夏森老人捐资 2 万元，为丹凤县龙驹寨镇西街小学添置课桌椅 80 套；2008 年 4 月，她又为该校捐资 2 万元，奖励优秀少先队员和三好学生各 165 名。2008 年，她捐资 20 万元，建起了龙驹寨镇赵沟小学教学楼，使 124 名学生得以在宽敞明亮的教室里学习。

党的十八大以来，党中央号召在全国范围内打响脱贫攻坚战，脱贫攻坚的力度之大前所未有。中国社科院党组也不断加大定点扶贫工作的投入力度，为定点扶贫县如期脱贫摘帽提供有力支持和帮助。夏森自觉向党中央决策部署看齐，按照院党组工作要求去做。她认为，扶贫重在扶教、治穷首先治愚，自己要在助学方面发挥更大的作用。

2013 年下半年，夏森捐献 100 万元设立了“夏森助学金”，用于资助家庭贫困大学生上学和改善学校教学条件。她亲自审改“夏森助学金”资助办法，特别强调：“资助的学生不光要看他考入的是几类、几本大学，重点要看他的思想道德表现，资助的学生必须热爱祖国！”经夏森同意，丹凤县教育体育局成立了“夏森助学金”领导小组，制定了助学金资助办法，明确了资助条件和资助程序，从制度上为规范助学金的使用提供了保障。

从 2015 年起，夏森每年从“夏森助学金”支出 11.8 万元，资助 20 名当年录取的家庭贫困学生上大学，直至这些受助学生大学毕业。2016 年 9 月，夏森还从“夏森助学金”中安排 6.4 万元，资助当年考入大学的 32 名环卫工家庭贫困大学生上学。2017 年，在助学金之外，夏森又捐出了 2 万元，资助丹凤县和上犹县的 4 名贫困大学生上学。2018 年，她又向“夏森助学金”捐款 50 万元……。这一笔笔款项不仅是助学款，更是一份份爱心。这浓浓的爱让孩子们的世界变得温暖，也让他们产生对美好生活的向往和憧憬。

/ 夏森在看报学习

夏森用心、用情、用爱捐资助学，她常对中国社科院扶贫办的工作人员讲，人都是有爱心的，但要把它献出来才算圆满。我早已排好“时间表”，在中国共产党建党一百周年之前，我要实现自己捐资助学的心愿，帮助更多贫困家庭的孩子接受良好教育，立志成才，回报祖国。

## 桃李不言，下自成蹊

夏森其人其事，受助者其言其行，交融凝聚，令人感佩，发人深思，催人进取，引人向善向上。夏森的大爱、善举功德无量，受到受助学生、家长的由衷感谢和社会的广泛赞誉。

“从踏入大学到现在已经有一年半时间了。我的学习和生活既忙碌又充实。通过努力，我取得了较优异的学习成绩，在 2017 年 11 月的综合素质测评中，我排名专业第一。本学期期末考试，我的成绩排名专业第二。我获得了国家励志奖学金、校三好学生等奖励。我利用课余时间做学校的勤工助学工作，生活费基本可以自理，不用向家里要钱。与此同时，我也在课余时间参加一些志愿活动，为社会奉献自己的一份力量。

“我要用行动报答您的恩情，我会更加努力学习，利用更多的时间去做志愿工作，回报社会。我准备考研究生，在学业上更上一层楼。”

写这封信的人名叫余汶芳，是湖南科技大学材料成型及控制工程专业的一名学生。她在信中所提到的“您”，就是夏森老人。余汶芳的家乡在江西省上犹县，她从小学习

/ 夏森在公园中

成绩优异，却在高考那一年面临一个无奈的抉择：由于家中贫困，父母无力承担她的学费和生活费，即使考上大学，也只能被迫辍学外出务工。面对人生的困境，余汶芳在无数个夜晚默默地流泪。有了“夏森助学金”的保驾护航，余汶芳的学费问题得以解决，她的大学梦实现了。如今，每当谈起夏森老人，她都会含着热泪说：“我一定好好学习，不辜负夏奶奶的期望！”

/ 夏森在景山公园留影

2016 年 8 月，夏森老人得知丹凤县 32 名环卫工贫困家庭子女因经济困难难圆大学梦的消息时，她深情地说，决不能让这些最基层、最辛苦的环卫工的孩子因家庭生活困难而失去上大学的机会。中国社科院扶贫办根据夏森的意见，及时给每位被录取的大学生资助 2 000 元，圆了他们的大学梦。受到资助的大学生在写给夏老的感谢信上争相签名，怀着真诚的心情向夏老表达感恩和决心。

2016 年 9 月，夏森再次捐资 6.3 万元，为上犹县社溪中学安装教学广播设备。社溪中学师生们在给夏森老人的感谢信中写道：“长期以来，我校由于经费拮据，教学广播设备十分陈旧。虽经多次修理，但使用效果仍然极差。当您得知这一情况后，慷慨捐出 6.3 万元，使这个 15 年没有解决的问题在一个多月内得到了解决。全校师生面对您和您的先进事迹，面对您的心愿和您捐资所安装的教学广播设备，我们决心好好教书育人，好好学习知识，使我们社溪中学又快又好地发展，以实际行动答谢您的关心、支持与帮助！”

夏森老人没有子女，却把贫困家庭学生当作自己的子女，经常挂记着她资助的学生，通过各种方式和渠道，了解他们的学习、生活和思想情况。2018 年端午节，她邀请在北京读书的两名受助大学生到家里做客，请他们吃饭，照相合影，让身在异地求学的年轻人感受到了亲人的温暖。

夏森老人与老伴都是早年参加革命的老党员，生活十分节俭，虽然已是高龄，但仍

/ 夏森和她的爱人汝信

然坚持自己买菜、做饭，吃穿用度皆是“够用”即可。但是，他们对捐资助学却是倾其所有、毫无保留。夏森家里的陈设十分简单，除了藏书以外就是一些花草，这样的环境正是她恬淡质朴、甘于奉献的最好诠释。谈及多年来的无私捐款，夏森老人平静地说：“我革命工作了一辈子，就是希望国家富强，人民能过上好日子。国家下大力气实施脱贫攻坚，我自己虽然离开了工作岗位，但要离岗不离心，要力所能及做点贡献！”质朴的话语饱含着深情、充满了力量，这是一名老共产党员发自内心的愿望——生命不息、奉献不止。

（撰稿：张俊凯　照片提供：曹启璋　钟代胜）

郭孔丰，海外华侨，新加坡丰益国际有限公司、益海嘉里投资有限公司董事长。他领导下的益海嘉里公司曾获中华慈善奖、绿色和谐奖、中国质量诚信企业等荣誉。他带领企业积极履行社会责任，在全国开展了广泛而持续的扶贫济困行动，先后投入数亿元帮助孤残及贫困群体。近年来，他主动参与精准脱贫攻坚，发挥企业在农产品购销和加工方面的优势，帮助贫困地区发展特色产业，取得显著成效。他创新性地把产业扶贫、教育扶贫、就业帮扶、定向帮扶相结合，在河北省蔚县探索形成了有益海嘉里特色的产业精准脱贫模式。

# 情系祖国　实干助力脱贫

从 1988 年起，新加坡华侨郭孔丰先生响应国家号召，回到祖国投资发展现代粮油产业，创办了益海嘉里集团，并带领益海嘉里成长为国内领先的粮油企业。30 年来，为国家的粮食安全、食品安全和粮油产业现代化做出突出贡献。

“如果更多企业和个人协助政府扶贫，中国会发展得更好，社会也会更和谐。”在 2018 年 10 月 17 日召开的全国脱贫攻坚奖表彰大会暨脱贫攻坚先进事迹报告会上，获得全国脱贫攻坚奖奉献奖的益海嘉里投资有限公司董事长郭孔丰如是说。在推动行业发展的同时，郭孔丰一直高度关注中国的贫困人口，探索创立了一系列有特色、见实效的公益扶贫、产业扶贫、教育扶贫新模式、新理念，为全面脱贫攻坚做出了突出贡献，为广大海外华人华侨参与脱贫攻坚树立了榜样。

## 不忘国家　倾情捐资扶贫济困

“改革开放 40 年来，中国发展得很好，很多人也富了起来，可是还有不少的贫困人口需要各界的帮助。”在郭孔丰的带领和亲自参与下，益海嘉里在全国开展了广泛而持续的扶贫济困行动，不断帮助贫困群体创造平等发展机会。经过多年的实践，逐渐形成了“复明工程”“助学工程”“奖助学金”“助行工程”“敬老抚幼”“金龙鱼烹饪班”六大特色扶贫项目。

其中，“复明工程”已经资助 25 000 例白内障手术，帮助 20 000 名贫困患者重

/ 郭孔丰董事长

见光明，目前每年仍有 2 000 名来自贫困家庭的患者受益于这项工程。“助学工程”则致力于帮助贫困家庭的孩子们享有和城市学生一样的教育条件，目前有 12 000 多名贫困学生和 1 000 多名教师可以在 31 所现代化的“益海学校”学习和工作。在改善办学环境的同时，郭孔丰更关注贫困学生的求学和成长问题。在他的亲自参与下，集团每年都有针对贫困学生不同阶段的帮扶活动和预算资金，确保在校贫困生能够及时得到帮助而不致失学。优秀的贫困生还可得到持续资助，读书成才。这些贫困生中最早的一批受益者早已大学毕业走上工作岗位，其中不少人饮水思源，加入益海嘉里，为这项扶贫事业不断注入新的生机和活力。

2007 年以来，集团仅在帮扶贫困群体方面的公益捐赠就超过 4 亿元，取得了良好的社会效益。当祖国遇到地震、泥石流等突发性灾难时，作为血浓于水的侨资企业，集团会率先积极投身于赈灾捐赠等工作。

## 响应号召　积极参与脱贫攻坚

2015 年，习近平总书记发出全面脱贫攻坚的号召后，郭孔丰积极响应。他认为，中国的贫困地区虽然落后，但一般都拥有良好的生态环境和特色的农副产品，只是由于信息不通、交通不畅、种植分散，这些好产品很难卖上好价钱，我们益海嘉里这样的规模化粮油企业集团，理应响应总书记的号召，发挥自身的优势为国家的脱贫目标多做些有益的事情。

在他的带领下，益海嘉里每年投入数十亿元资金，从 80 多个国家级贫困县收购水稻、小麦、油籽、花椒等农产品近 100 万吨，并通过订单农业等“三产融合”机制让农民享受到加工增值的收益，带动贫困人口脱贫。例如，在黑龙江省桦川县和桦南县，益海嘉里的水稻订单种植户相较于非订单农户能够稳定实现亩均增收 200 多元，让脱贫增收更有保障、更具稳定性和可持续性。

为了更好地帮助国家级贫困县实现脱贫目标，郭孔丰不断加大产业扶贫投资力度。黑龙江省富裕县位于大兴安岭南麓特困片区，有 11 569 户贫困户 27 659 名贫困人口。

/ 郭孔丰（中）在河北省蔚县检查公司扶贫工作

为助力脱贫攻坚，2018 年，郭孔丰决定在富裕县投资 80 多亿元，建设一个包括粮油食品工业在内的综合性现代农业产业园，把企业发展与地方经济发展、脱贫攻坚工作相结合，大力开展产业扶贫、就业扶贫和公益扶贫。首先，以订单农业等形式实现以“特”增收，稳定脱贫。其次，富裕产业园项目将吸纳 5 000 余人就业，这些就业岗位将优先录用本地建档立卡贫困人口，带动贫困户就业，增加务工收益。同时，企业还将在当地开展“教育脱贫”战略和公益扶贫行动，如“白内障复明工程”“假肢助行”等活动。

## 创新模式　探索市场化精准脱贫

自 2012 年起，益海嘉里员工就在国家扶贫开发工作重点县——河北省蔚县开展义务植树等公益活动。渐渐地，集团员工从义务植树、捐款捐物开始，帮扶贫困家庭及困难学生，并从 2015 年起尝试通过溢价收购当地贫困学生家庭的谷子，尝试变“输血”为“造血”，立足当地资源，从根本上解决贫困问题。

2017 年 3 月，郭孔丰亲自到蔚县考察调研后，提出：“完成全面脱贫任务，单纯依靠政府，不仅会让财政背上沉重的包袱，而且见效也比较慢，因此需要全社会的积极

/ 郭孔丰（右二）深入田间调研

参与。我们必须尽快做好两方面的工作：一是要马上倾集团之力，把集团品牌、营销资源与蔚县的小米等农产品资源全面对接，同时也必须动员我们上下游的合作伙伴共同参与；二是尽快摸索方法、总结经验，形成一种可推广、可复制的产业脱贫模式，吸引各行各业更多有社会责任的企业发挥各自所长，集社会之力带动蔚县相关产业同步发展，使蔚县尽快全面实现真脱贫、脱真贫。”

在他的带领下，益海嘉里公司成立脱贫攻坚工作领导小组及其办事机构，从 2017 年开始全面深度参与蔚县的精准脱贫工作，立足蔚县绿色优质的谷子产业，发起蔚县小米产业精准脱贫项目，利用集团品牌、营销、管理等优势探索建立了一个可复制、可持续的市场化精准脱贫模式。

该项目的基本模式是订单种植、溢价收购、品牌营销、利润返还。从 2017 年试验效果来看，小米产业扶贫项目种植户增收效果显著。在此基础上，郭孔丰亲自指导益海嘉里扶贫团队，从 2018 年起逐年扩大小米订单种植规模，让更多的蔚县小米种植户种粮有奔头，增收有保障，共同分享小米产业发展成果。为了把蔚县小米产业脱贫做实做强，益海嘉里在蔚县投资 2 000 多万元建设的万吨级小米加工厂于 2018 年底投产，自动化生产线显著降低了生产成本，创造了更大的惠农空间。除了小米，益海嘉里还将把自身产业与蔚县荞麦、杂粮等特色农产品对接，惠及更多蔚县农业产业。

## 斩断穷根　扎实开展教育扶贫

在多年的扶贫实践中，郭孔丰深切体会到：扶贫必须与扶智、扶志相结合，提供良好的教育机会是斩断贫困代际传播最有效、最可行、最根本的途径。尽管教育扶贫的效果需要较长的时间周期才能体现，但这能够帮助贫困家庭实现稳定脱贫。

为此，他要求集团借鉴此前在全国开展扶贫助学活动的成功经验，在蔚县开展三方面的教育扶贫工作：第一，爱心小米定向帮扶，每销售一袋“金龙鱼”爱心桃花小米即提取一元钱捐赠给中国儿童少年基金会，定向用于帮扶蔚县发展儿童少年教育成长项目；第二，改善当地教育条件，建设一所 1 600 人规模的高标准的公益小学，缓解当地教育资源匮乏的问题，持续资助支持当地贫困村镇中小学改善办学条件、提高教学质量；第三，建设助学中心，在蔚县与公益小学同步建设一所助学中心，让孤儿得到家庭般的全方位关心照顾，帮助孤儿健康成长，以完整人格融入社会。

在小米产业扶贫和教育扶贫项目的基础上，郭孔丰及益海嘉里还在不断丰富和完善

/ 益海嘉里公司在收购蔚县农民的谷物

全国脱贫攻坚奖奉献奖

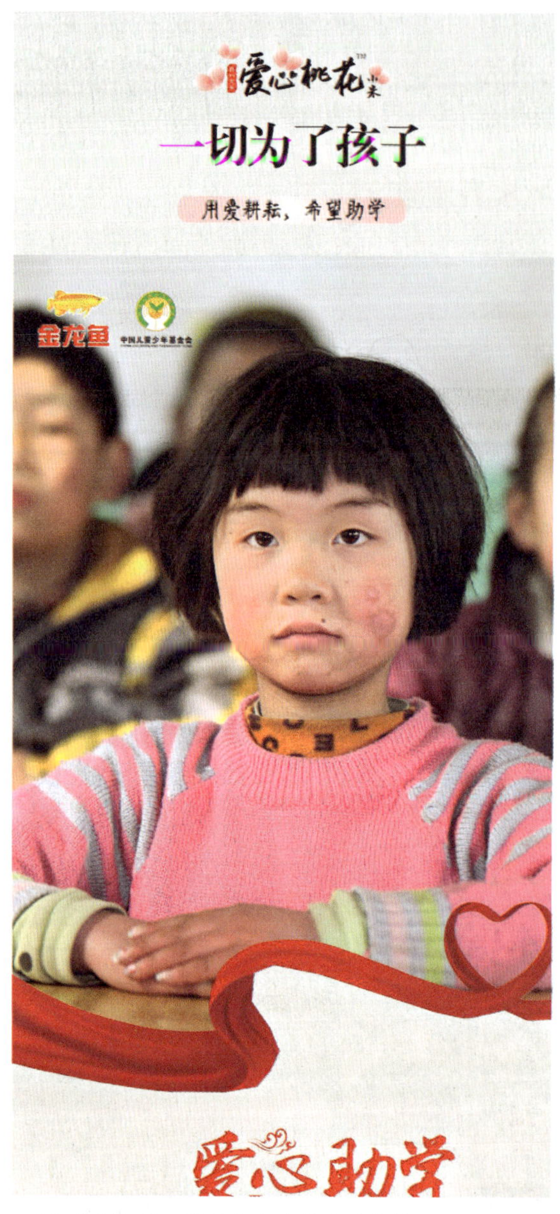

/“金龙鱼”爱心桃花小米助学活动宣传画

蔚县精准脱贫模式。下一步，郭孔丰及益海嘉里将面向蔚县本地为小米加工厂招录员工，并持续提升其专业能力；从当地初中毕业的贫困家庭待业青年中选拔可塑之才，由集团资助到扬州旅游商校金龙鱼烹饪班接受国内顶级餐饮大师的培训，帮助他们拥有一技之长自食其力；与蔚县职教中心合作委培专业技工，定向委培定点实习，培训合格后在京津冀区域集团工厂安排就业。郭孔丰希望通过这些努力，实现“一人就业，全家脱贫”。

作为海外华侨，郭孔丰心系边远山区贫困群众，主动参与祖国脱贫攻坚事业，并结合自身企业的优势和经验，与贫困地区的资源相结合，按照市场机制探索出了可持续、可复制、精准性较强、有效性较稳定、在理论和实践上都有较大创新突破的新型产业精准脱贫模式，为脱贫攻坚事业做出了突出贡献。

同时，郭孔丰及益海嘉里也是华侨企业中有规划、成系统地深度参与贫困县产业脱贫攻坚工作的先行者，为广大外资、华侨企业群体参与精准脱贫树立了榜样，示范带动作用显著。

（撰稿：胡琳　照片提供：郭孔丰）

陶正学，贵州省盘州市普古乡娘娘山联村党委书记。曾获全国五一劳动奖章、全国民族大团结进步模范个人、贵州省社会扶贫先进个人等荣誉。有着5亿元身家，却甘愿返回贫穷落后的家乡投身脱贫攻坚事业。投资4.2亿元成立银湖合作社，建设贵州娘娘山高原湿地生态农业示范园区。带领8 800多名父老乡亲“抱团发展”，探寻出“资源变资产、资金变股金、农民变股东”的“三变”改革创新机制，农民年人均可支配收入达14 600元，村集体年均增收稳定在10万元以上。

# 做娘娘山的好儿子

2018年夏，“热”可能是使用频率最高的一个字。当“烧烤”“桑拿”模式席卷中国大地时，中国凉都六盘水因“热”而火，来自全国各地的游客蜂拥而至，瞬时挤爆了当地酒店及景区，这其中就有国家级湿地公园——娘娘山景区。

位于云贵高原乌蒙山深处的贵州省盘州市娘娘山景区，2011年之前还贴着边远贫困落后的“标签”。短短六年间，究竟是怎样的凤凰涅槃，让这个少数民族聚居地区蝶变成了一个游客青睐、眷顾之地？这一切，都与一个人分不开，他就是舍烹村银湖合作社负责人陶正学。

## 立下脱贫志

娘娘山是陶正学的家乡，地处盘州市、水城县交界，祖祖辈辈靠天吃饭，一直过着吃了上顿没下顿的贫苦生活。

陶正学20岁那年，从贫穷中“落荒而逃”，离开家乡舍烹村这个山旮旯，走出去开始创业。离村时，他一步三回头，用力记住了娘娘山的模样，并暗自立下誓言：有钱了一定要回家，与乡亲们一起改变家乡贫穷落后的面貌。

30余年的打拼，陶正学吃尽了各种苦，流尽了辛酸泪。他当过货车司机、开过小餐馆、办过煤矿和洗煤厂、搞过房地产，最终成为村子里最先富起来的人。成功之后的陶正学，没有忘记娘娘山。2011年之前，他先后出资2 100余万元，为家乡修桥铺路，改扩建舍烹村小学，新建村委活动室，实施村寨绿化亮化工程等，还资助43名贫困学生上了大学。

的确，村里的环境好了许多，村民相处也十分和谐。逢年过节，陶正学还会给60岁以上的老人发红包添喜庆，老人高兴，他也高兴。可很快，陶正学就笑不出来了：乡亲们在家门口挣不上钱，80%以上的劳动力都远离故土外出打工，留下的全是老人和孩子，村里有一半是贫困户。他虽然改善了父老乡亲的居住环境和生产条件，但却无法让乡亲们实现真正意义上的脱贫致富。

真正触动陶正学，促使他返乡转型发展特色农业和乡村旅游，缘于一次"失败"的创业。2011年春，村民陶明章、陶永川、杜关红、陈高正、郭跃几人萌发了靠山水赚钱的想法，准备在舍烹村马场河最窄的地方筑坝，养养鱼搞搞农家乐，但拿不出筑坝的七八十万元。他们想到了在外地办煤矿的陶正学。听完大家的想法，陶正学觉得很好，既能把家门口的烂河滩充分利用起来，又能让村民有事做、有收入，于是决定提供资金支持，开工筑起了大坝。

然而到了6月，连续几天突降暴雨，随着"哗啦"一声巨响，洪水冲垮了大坝，投资上百万元的项目瞬间成了泡影。陶正学在河边站了一夜，看着一片狼藉的河床，他的心都碎了！

一个疯狂的想法钻入了陶正学的脑海。他重新审视之前的救助行为："输血式"扶贫只能救急，小打小闹的小农经济更是经不起风吹雨打，要让家乡有更长远的发展，必须"抱团取暖"，把要做的事情同受益群体联系起来，利益共享、责任共担，才能干成事、成大事。"我该回家了！"

## 梦圆共富路

陶正学决定带着所有的积蓄，回到生他养他的娘娘山舍烹村，带领家乡百姓创业，让这里的绿水青山真正变成金山银山，走共同致富路，实现家乡小康梦！

2012年，陶正学关停了煤矿、洗煤厂，带着4.5亿元资金毅然返乡，开始了他的开发式、造血式扶贫之路，也开启了娘娘山周边8个村寨的蝶变之旅。

陶正学的家人首先泼了一盆冷水过来，不支持他回村，整天念叨：近50岁的人了还搞什么二次创业，好不容易过上了城里人的日子，应该安度晚年才是。朋友不看好他的项目，说在这个穷山沟搞不出什么名堂来。乡亲们也不理解他的苦心。

重重压力之下，陶正学明白了一个道理：转变观念、统一思想才是解决问题的根本。于是，他自费组织旅游团队，其实就是想借机考察学习。他邀请本村及周边村村"两委"班子成员及部分村民代表200余人，分几批次到贵州省多个地区及云南、四川、山东、浙江等地考察，让乡亲们开了眼界。大家的思想观念得到了明显的转变，就

/ 陶正学（前排左三）与驻村干部讨论村集体经济发展

连村里最为古板的杜二梦都说：“我们娘娘山的自然山水那么好，只要适当开发肯定会引来很多游客，老百姓在家里都能挣到钱，我觉得真的可以干。”

在结合国家产业政策导向，深刻分析家乡发展优势，组织人员外出考察的基础上，陶正学将发展路子定位在农业休闲观光这一极具发展前景的项目上。2012 年 5 月，注册资金 2 000 万元的盘县普古银湖种植养殖农民专业合作社成立。2013 年 4 月，依托娘娘山奇特的喀斯特地貌、年均 19 摄氏度的气候优势、浓郁的民族文化气息和珍贵的高原湿地资源，注册资金 1 亿元的贵州娘娘山高原湿地生态农业旅游开发公司成立。

银湖合作社与娘娘山旅游公司成立之初遇到的最大困难不是资金，而是土地、山林、水域等分散在各家各户的资源，收拢资源成了“重大工程”。能不能把资源量化成“货币资产”，再以股权为纽带进一步将分散的资源、资金、农民等生产要素聚集到产业平台上来，采取“保底分红 + 收益分红”等方式，让农民从资源资产中获得财产性收入，使之成为“股份农民”，在“耕者有其田”的基础上实现“耕者有其股”呢？

由陶正学担任理事长，银湖合作社牵头，首先整合农村分散的土地，将集体的荒山、湿地、林地、水域等 10.68 万亩资源量化成资产。其次是积极动员村民参股，为了贫困户能顺利入社，陶正学拿自己的钱帮村民“配股”，解决村民想入股但缺资金的难题。最终，他出资 1 270 万元（含借给群众的资金），占股 28%；465 户村民出资 730 万元，占股 72%。

按照“生态产业化、产业生态化”的发展理念，贵州娘娘山旅游开发有限公司充分把大生态、大旅游、大健康和大扶贫有机结合起来，力求打造农旅一体化发展的国际大健康旅游度假目的地，让乡亲们彻底“拔掉穷根”，早一点脱贫，早一点实现小康。在打造建设3个民族村寨时，涉及625户村民房屋改造，但大家拿不出钱来，又没有资产到银行作抵押。陶正学就用自己的资产为他们担保贷了5 000万元，3 750份贷款合同，7 500多次签章，他一份一份地签字，一个一个地按手印，整整花了三天多时间，手都磨破了皮。就这样，将千百年来日出而作、日落而息的传统农民变成了“股份农民”和“产业工人”。

办好事情的关键在党，关键在人。如何带领周边村寨共同致富，是陶正学的一块“心病”。2013年，以陶正学所在的银湖种植养殖农民专业合作社党支部、舍烹村党支部为引领，将周边7个村党支部联合起来，成立了娘娘山联村党委，陶正学被推选为党委书记。他采取四个“1+8”模式，即支部“1+8”推动发展区域化、合作社“1+8”推动农业市场化、产业“1+8”推动产业优势化和驻村“1+8”推动帮扶集团化，实现了8个村3 105户8 875人抱团发展的目标。

以银湖合作社为总社，按照“整村发动、一户一入”的原则，采取“公司+合作社+村委+农户”模式，成立舍烹村、播秋村等8个村级合作社分社，形成“总社牵头抓管理、分社负责抓实施、农户参与抓生产”的运作方式。以土地经营权入股变为股东，累计撬动各类资金11亿元建设娘娘山高原湿地生态农业示范园区，形成了刺梨产业12 200亩，猕猴桃产业4 000亩，蓝莓产业1 080亩，红豆杉产业1 000亩，石榴、杨梅、碧桃、中国樱桃、车厘子、特色蔬菜及湿地生态植物2 000亩，实现了“农业规范化、产业生态化”的目标。

开发建成了娘娘山国家湿地公园、天山飞瀑、温泉度假小镇等多个旅游项目，成为国家4A级景区、全国休闲农业与乡村旅游示范点。开发旅游接待服务区、陶源酒店、温泉度假小镇等旅游景点18个，特色民居625栋，农家餐馆及农家乐共95家的农旅一体化园区。不到一年的时间，游客接待量达到近50万人次，实现综合收入6 000余万元，带动建档立卡贫困户1 117户3 962人脱贫，解决1 600余人就业，辐射带动周

/ 娘娘山国家湿地公园

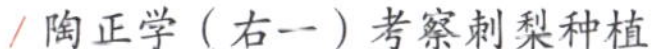

/ 陶正学（右一）考察刺梨种植

/ 陶正学作会后总结

边 6 万多人增收。

核心区舍烹村农民人均可支配收入从 2012 年的不足 4 000 元提高到 2018 年的 16 700 元，其他 7 个联村农民人均可支配收入从 2012 年的不足 3 000 元提高到 2018 年的 11 000 元，平均每个村集体经济达 60 万元，如期实现脱贫攻坚目标。

## 赤子心如初

原来没有公路的娘娘山，如今交通四通八达，每两个小时就有一趟进城的公交车，50 分钟可到达盘州高铁站，90 分钟就到六盘水机场，3 小时即可到省城贵阳，乡亲们进城比以前赶集还要方便，生活环境发生了翻天覆地的变化。

2015 年 11 月 27 日，中共中央总书记、国家主席习近平在中央扶贫开发工作会议上指出："要通过改革创新，让贫困地区的土地、劳动力、资产、自然风光等要素活起来，让资源变资产、资金变股金、农民变股东，让绿水青山变金山银山，带动贫困人口增收。"

陶正学抑制不住内心的激动：“2012 年以来，我们一直按照习近平总书记的要求，在脱贫攻坚中奋力探索、实干实践。”

不等不靠不要，创业创造创新，因返乡带领群众在脱贫致富路上贡献突出，陶正学先后获得了全国五一劳动奖章、全国民族大团结进步模范个人、全国十佳农民、贵州省优秀共产党员、全省脱贫攻坚奉献奖、全省首届返乡农民工“创业之星”等荣誉。崇高的荣誉也是无声的鞭策，这既让陶正学增强了信心和动力，又让他感到了责任和挑战。

现在，一进入娘娘山产业园区，就能看到绿意盎然的刺梨基地，整齐划一的猕猴桃基地，风格独具的三变街、银湖广场、银湖水上乐园、温泉度假小镇；再往纵深行进，呈现在眼前的科技示范园更是承载了改变落后生产力的梦想。山还是那些山，水还是那些水，人还是那些人，穷山恶水却变成了绿水青山，绿水青山又变成了金山银山，穷乡僻壤更变成了“全国文明村镇”。

看到村寨变美了，乡亲们住进了宽敞明亮的房屋，有的开农家乐、农家旅馆有了收入，有的每天坐着中巴车上下班，在自己地里干活还领着工资，家里老小相互照应和和睦睦，过上了上班族的生活，陶正学无比欣慰，为了这幅生态美、百姓富、企业兴的美好愿景图，自己所有的付出都是值得的！

站在新的起点，陶正学也有自己的“新事”，那就是不忘初心，继续前进，团结和带领娘娘山农业观光园区的党员干部群众，进一步深化“三变”改革，注重在脱贫实效、产权制度、股权分红、风险防范上狠下功夫，使“三变”改革真正成为农村改革的“牛鼻子”、农业供给侧结构性改革的“突破口”、精准脱贫攻坚的“新引擎”，以优异成绩回报党的关怀。

每一次眺望娘娘山，陶正学都心潮澎湃，那是一种血脉相连的养育恩情，那是一种休戚与共的浓浓乡情。他愿做娘娘山的好儿子，为联村百姓服务终生！

（撰稿：周艳　照片提供：陶正学）

/ 娘娘山景区带动的美丽乡村

黄定寿，广西扬翔股份有限公司董事长。作为一名有爱心的企业家，他本着“存于社会、回报社会”的责任理念，开展了“扬翔献爱心百万助学扶贫大行动”“龙宝猪产业化扶贫行动”等活动，覆盖广西21个省级贫困县、2 667个贫困村，使58 674户贫困户户均年增收4 533元，帮扶1万多名因贫困失学的青少年。他热心社会公益事业，捐款捐物累计1.2亿元。以“公司＋合作社＋贫困户”方式开创扬翔“一十百千万”精准扶贫养殖小区模式，已带动2.3万贫困人口脱贫致富。

# 扶贫路上的追梦人

黄定寿，广西最大农牧企业——广西扬翔股份有限公司董事长，出生于广西一个农民家庭，读书念的是农学，毕业后当起了农校老师，创办公司做的还是农业。黄定寿常说：“我这辈子与农有缘。”

20年来，在黄定寿的带领下，扬翔公司积极投身公益事业，捐款捐物累计1.2亿元。为了让农户有增收的技能，扬翔公司在广西各地举办的科技培训班累计达16 300场次，参训农民达232万人次。

党的十八大以来，党中央吹响了脱贫攻坚的冲锋号，扬翔公司积极响应号召，投身脱贫攻坚的伟大事业，利用公司农牧产业辐射带动村民脱贫致富，在广西21个省级贫困县、2 667个贫困村带动58 674户贫困户脱贫致富。

/ 黄定寿董事长



## 20世纪90年代的扶贫探索

1986年黄定寿从广西农学院毕业，到广西百色农校任教。由于对农业的热爱，他很喜欢这份工作，兢兢业业一干就是8年。黄定寿这份稳定安逸的“铁饭碗”在当时

/ 黄定寿董事长在办公室工作

很多人看来非常值得羡慕，但植根于他心中的对农村的深厚情感，还是促使他迎向了人生的重要转折，积极投身创办直接面向农民、服务“三农”、带动农民致富的农牧企业——扬翔公司。在他的带领下，扬翔公司的经营宗旨定位为“以农为本、以猪为业、以猪富农”，并始终坚持“存于社会、回报社会”的理念，以降低养殖户养殖成本为己任，带动农民走上产业化养殖致富的道路。

为了让公司更好地服务农民，黄定寿经常到农村调研、开拓市场。一个现象引起了他的注意：明明不是放假时间，却有许多孩子在家里不上学。他在充分了解情况后得知，这些在家的孩子都是因为家庭贫困而辍学的。因贫辍学这个沉重的话题紧紧地牵动着黄定寿的心。过去，他就有亲戚由于孩子上不起学而找他借钱。他慷慨相助了几个学期之后，心里思忖借钱不是长久之计，授人以鱼不如授人以渔，便给了亲戚家 5 头母猪，让他们通过养猪致富，从而解决了孩子的学费问题。

黄定寿深刻认识到，扶贫不能靠“输血”而要靠“造血”。1998 年，他与贵港市扶贫办、市教育局、市畜牧局、市科委联合开展“扬翔献爱心百万助学扶贫大行动”，以贵港市三区两县市为基点，对广西各地的农村贫困家庭、因贫困失学的青少年进行扶助。扬翔公司在每个村屯张贴活动公告，组织工作队入村入户排查贫困家庭、失学青少年，给贫困户送猪苗、送饲料。黄定寿除了自己常常下乡讲课，还请来四川农学院的教授对养殖户进行免费技术指导。扬翔公司每年投入 100 万元，在此后的五六年间共扶助了 8 200 多个农村贫困家庭、1 万多名因贫困失学的青少年。

最初那个借钱上学的孩子在 2001 年考上了清华大学，以优异的成绩获得博士学位，工作后在老家捐钱建小学、修路，传承了黄定寿的扶贫助困精神。

帮助别人、成长自己，名不见经传的扬翔公司随着黄定寿开展的一系列帮扶活动不断发展壮大。1998 年扬翔公司的饲料每月只有 1 000 吨的销量，到 1999 年翻了 8 倍，每月可以卖出 8 000 吨。在广西，“养猪致富找扬翔”成为具有时代印记的一句口号。所志所学一致为事业的成功提供了源动力，扬翔公司从一家以饲料生产经营为主的小企业，成长为横跨饲料生产、种猪繁殖、肉猪养殖、肉鸭养殖、肉食品加工销售等多方面产业一体化的大型农牧企业。

## 模式创新驱动产业扶贫

创新永远是前进的驱动力。黄定寿认为，要真正为农民做实事，就得以龙头企业运作为杠杆，组织带动农民走上产业化致富之路。立足，在开展扶贫的同时，扬翔公司还在

/ 黄定寿（左一）为养殖户讲解饲料生产流程

全国脱贫攻坚奖奉献奖

/ 黄定寿在公司大门前留影

养殖模式上进行了创新。

扬翔公司在“公司 + 农户”模式的实施中提供订单养殖与合作养殖两种选择，采用六个统一——统一规划、统一供种、统一供料、统一防疫、统一饲养管理、统一品牌销售的管理模式，帮助农民实现养殖增收。

黄定寿根据公司已有条件以及发展的需要，不断创新，果断作出决策：从 2000 年起，在广西全面实施“龙宝猪产业化”，并同时开展产业扶贫行动。扬翔公司在完整的生猪产业链业务上对农户进行指导，包括猪场选址规划建设（改造）、种母猪（仔猪）供应、种猪精液配送、饲料配送、防疫兽医等技术服务，以及组织生猪流通、屠宰加工、放心肉销售等，实现合作养猪产业扶贫，带动村民养猪现代化、规模化，达到农民增收、政府增效、企业增利的目的。“龙宝猪产业化”行动已覆盖广西 21 个省级贫困县、2 667 个贫困村、58 674 户贫困户。为了满足贫困户养猪的资金需求，扬翔公司先后为 3 000 多户贫困户提供总额达 8 000 多万元的养殖信用担保，新增规模猪场 117 个，贫困户户均年增收 4 533 元。

为妥善解决猪场粪便对环境的污染问题，从2011年开始，扬翔公司斥巨资在自有基地开展大中型沼气池建设，形成了一套既能改善场区和周边环境又能实现节能减排、既能为农林作物提供优质肥料又能减少养殖疾病发生率并提高产品品质的“清洁养殖”模式。这套模式的相关标准现已成为广西乃至全国养猪行业的标杆案例。

## “一十百千万”扶贫千千万

脱贫攻坚战打响以来，扬翔公司积极响应党中央的号召，根据不同时期的实际情况，积极承担社会责任，有针对性地开展脱贫攻坚工作。黄定寿担任扬翔公司扶贫领导小组组长，在开展扶贫工作过程中，不断探索有效措施，从以往的“献爱心助学扶贫”“科技扶贫”“饲料扶贫”的单一模式，逐步向“公司 + 合作社 + 贫困户”的多方模式转变，经过总结、创新，于 2016 年推出“一十百千万”精准扶贫养殖小区新理念、新模式。

黄定寿说，“一”就是由龙头企业统一规划建设生态养猪场并组建 1 个专业合作社，“十”就是每个合作社最少吸纳 10 户建档立卡贫困户入社，“百”就是每个合作社最少流转 100 亩土地，“千”就是每个合作社每年最少出栏 1 000 头肉猪，“万”就是每个入社贫困户年收入不少于 10 000 元。

/ 黄定寿（中）在扬翔养殖设备生产车间向客户介绍生产情况

这一模式的突出特点是以集团“作战”的养殖新模式，打破了以往贫困户产业发展各自为战的旧藩篱，使加入合作社的贫困户同时获得股金分红、土地流转、投工投劳三重收益，在家门口实现就近参与产业发展，从根本上改变了贫困户以往“在家辛苦种地养殖一年，不如外出打工半载”的状态。

该模式已运行两年多，从贵港市港南区辐射至广西南宁、百色、崇左、河池等 6 个市，以及田阳、天等、都安等 22 个县，带动 2.3 万贫困人口脱贫致富。

黄定寿说，“一十百千万”精准扶贫养殖小区既是脱贫攻坚的一种创新模式，又是扬翔公司向更高层次发展的需要。扬翔公司将在全国推广该模式，计划到 2020 年，建立 150 个养殖小区，帮扶 3 万户建档立卡贫困户约 15 万贫困人口脱贫。

从 1998 年启动“扬翔献爱心百万助学扶贫大行动”至今，扬翔公司在扶贫方面的支出达到了 7 300 余万元，累计受助 18 600 多个人及家庭。在 2013 年和 2014 年养殖业市场低迷、养猪养鸭严重亏损的情况下，扬翔公司信守承诺，宁愿公司亏损也要按照合同保价收购合作养殖户的商品猪和商品鸭，保障了合作户每头猪还能盈利 100 ～ 200 元，每只鸭盈利 3 ～ 4 元，尽最大努力保证了养殖户的利益。

黄定寿对扶贫工作的坚持与执着，被广西各地农民和各级领导誉为“扶贫先锋”。2000 年以来，他先后获得“全国扶贫开发先进个人”“第四届全国非公有制经济人士优秀中国特色社会主义事业建设者”“全国优秀乡镇企业家”“改革开放三十年推动饲料工业发展十大新锐人物”“中国农村新闻人物”“广西劳动模范”等荣誉。扬翔公司先后荣获“全国社会扶贫先进集体”“全国‘万企帮万村’精准扶贫行动先进民营企业”等荣誉。

脱贫攻坚需要人人皆能为、人人皆可为的大扶贫格局。黄定寿作为扶贫路上的追梦人，追求的是扶贫模式的创新、贫困群众的增收和国家脱贫攻坚的伟大胜利，这个梦既是黄定寿的脱贫攻坚梦，也是全中国人民孜孜追求的中国梦。

（撰稿：宋军伟　照片提供：韦勐）

/ 广西扬翔股份有限公司总部

黄振荣，中共党员，青海宏恩科技有限公司董事长兼总经理。曾获中国优秀创新企业家等荣誉。他1984年大学毕业后响应国家号召，主动申请到青海支援西部大开发。2010年起，组织农业专家成立科技攻关小组，在开发富硒农产品方面取得了多项发明专利和科技成果，为海东乃至全国利用富硒土壤开发富硒农产品、为农户的增产增收、为加强东西部协作扶贫开辟了一条富硒科技扶贫新途径。他的团队通过富硒农产品种植，带动海东市乐都区8个乡镇905户3 802人脱贫致富。

# 不忘初心西行千里　科技引领致富脱贫

1984年，黄振荣大学毕业。作为共产党员的他，义无反顾地递交了支援大西北建设的申请书，激情满怀地踏上西去的列车，来到了青海铝厂工作。当时这个怀着一腔热血、略显青涩的江苏青年还不曾知道，这趟旅程会把他的命运和青海紧紧地绑在一起，指引着他把人生最美好的三四十年青春芳华留在那遥远的青藏高原。

## 脱贫之路　风雨泥泞

黄振荣在国企上过班，也曾自己做过生意。他商海闯荡、事业有成，也加入了数不清的公益组织，捐资助学。经过十几年的打拼，他有了相当的资金积累。1998年，黄振荣回到家乡无锡发展，事业越做越大。可即便是回到了自己的家乡，拥有了令无数人艳羡的事业，黄振荣仍始终不能忘记在青海农村走访时，当地农民是怎样的贫困与艰难：不少人还住在四处漏风、摇摇欲坠的土坯房里；学校里连像样的桌椅都没有，三四个孩子挤在一张课桌上学习。他不断地扪心自问：黄振荣，当年奔赴大西北的初心到哪里去了？你愿意为这些贫困农民做点实实在在的事吗？

“我愿意！我愿意！”这个声音在黄振荣心里不断回响，越来越振聋发聩。

作出这个人生中非常重要的决定后，黄振荣最终打算在农业上大展身手，可他的想法一出口，便引起了大片的反对声。黄振荣公司的职员说：黄总，我们根本不懂农业，进入不熟悉的行业风险很大呀！他的妻子也坚决反对：别去吃这个苦受这个累了，想帮

/ 黄振荣在种植基地查看大蒜长势

助人有很多条路啊！他的一位生意伙伴说得更玄乎：老黄，你今天开着奔驰车去农村搞农业，将来你一定会开着拖拉机哭着回城的！

面对身边人的反对、劝阻，黄振荣不解释不争论，放弃了银行定期存款利息达百万元的安逸，带着多年打拼的积蓄毅然回到了第二故乡——青海，一头扎进村子开始研究农业。

资金有了，干什么好呢？面对陌生的领域，黄振荣一筹莫展。2010 年，一个好消息传来：青海海东市发现了 840 平方公里富硒土壤。硒被全世界公认为人体微量元素中的“抗癌之王”，富硒农产品比一般农产品价钱至少高出 3 倍，甚至更高！如果能带着农民种富硒产品，岂不是条赚钱的好路子！

振奋精神的黄振荣马上投入资金，引进人才，成立了科技攻关小组。他开始梦想着，让这片富硒的土地生长出富裕和美好，让乡亲们甩掉穷帽子！

科研小组成立了，但试验田在哪里呢？农户一听“富硒”这个新名词，都把脑袋摇得像拨浪鼓：你是大老板不怕赔钱，我们农民可就指着地里的收成过日子呢，万一有个闪失，你让我们怎么活呀？

那些日子，黄振荣和他的团队进东家、走西家，跑断了腿、磨破了嘴，跟农民讲富硒农产品的优势，讲市场前景，讲脱贫致富。可农民只信眼见为实，黄振荣讲得再好，他们也不买账。最终，海东扶贫局和农牧局的领导出面做群众的工作，在坚持不懈的努力下，农户们终于被黄振荣的决心打动。贫困户安祢贞主动拿出了自家 15 亩地，当地农户总共拿出 2 800 亩地试种。黄振荣承诺乡亲们，试种的富硒马铃薯全部按市场价上浮 50% 包收。

土地问题解决了，科研难题又拦在了眼前。刚开始种植时，黄振荣想当然地以为，既然土壤里富硒，种出来的作物自然富硒。可是，第一年收获的马铃薯送到相关部门一检测，却给了他当头一棒：含硒量根本不达标，与市场上的普通马铃薯相差无几。

即便如此，黄振荣还是坚决兑现了对农民的承诺，高价收购了所有马铃薯，这一年他投入了 500 多万元。第二年，黄振荣团队同时和海东乐都区的高店镇、雨润镇和城台乡的农户合作，在 2 500 亩土地上试种富硒大蒜等农产品，年底一算，黄振荣又投进了 800 多万元。接下来的第三年、第四年、第五年还是只有投入没有产出。

看着存款一天天减少，他的妻子彻底不淡定了：“劝你别干你偏要干，再这样下去，这个家就要败啦！你图个啥？！别干了！”她一顿数落，黄振荣的脾气也上来了，没好气地说：“我们现在的小日子是好过了，可我就是忘不了来大西北的初衷，我就是要帮农民，让他们挣钱！就算赔光了破产了，那又怎样？大不了从头再来！”

## 企业创新　农民脱贫

科研是一个漫长的过程，也是一个大量耗费资金的过程，每年都要投入好几百万元的科研经费，可黄振荣却认为这是值得的。他聘请专业的科研人员，建立了自己的“高级知识分子 + 公司科研团队 + 农民技术骨干”的科研创新体系。回顾那几年，为了找到最科学的富硒马铃薯配方，黄振荣团队曾经试验了一次、两次、三次……。当失败到第 100 次时，黄振荣感到了无力与失落：“说实话，那时真的不想干了。”这时，跟黄振荣团队合作的贫困农民安祢贞问黄振荣：“黄总，这个事你们还弄不弄呀？”面对他眼中的渴望，黄振荣不知该怎么回答。“我信你，只要你还弄，我就跟你弄呀！”安祢贞的话，瞬间点燃了黄振荣心中几乎熄灭的火苗，他感受到胸膛中那颗帮助农民过好日子的初心又顽强地跳动起来了。

那段日子真苦啊！黄振荣和专家们时常住在农户家，头戴草帽，腿裹泥巴，冬日寒风皴裂双手，夏日汗水湿透衣背。纵然艰苦，农民兄弟的支持却更让黄振荣感动：他们不会说漂亮话，却把自己舍不得吃的好饭食留给黄振荣和他的团队，把家中最温暖的床铺让出来，把最热的心肠毫不保留地捧给他们。安祢贞时常开着他的拖拉机，不要报酬，不顾危险，接送黄振荣团队来往田间地头。有一个下雨天，因山路泥泞湿滑，拖拉机翻下山坡，两位科研人员和安祢贞摔得头破血流，可他们却顾不上去医院，只是简单擦拭一番，又继续赶往试验田。

看着贫困户安祢贞和科研人员流的血、受的伤，黄振荣在心里暗暗发誓：哪怕投入再多的资金，也要把富硒搞成功！靠着这股子不要命的劲儿和必须成功的决心，他继续做着第 101 次、第 102 次、第 103 次实验……

黄振荣（中）在车间检查产品质量

经历了整整五年、720 次失败后，黄振荣团队的第 721 次实验终于获得成功！那年春天，当安祢贞把那颗希望的种子埋进泥土时，黄振荣看到他眼眸中闪着泪光。到了那年秋天，安祢贞和乡亲们的马铃薯亩产量由 1 250 公斤增加到 4 500 公斤，每亩收入由 1 000 多元增加到 9 000 元左右，安祢贞家当年收入突破了 10 万元！现在的安祢贞，不仅自己脱了贫，还主动带领其他贫困群众增收脱贫。他再也不是那个有些木讷、不善言辞的贫困户，而成了一个下地干活开着小汽车、与人侃侃而谈生意经的新农民。

经历了整整五年，黄振荣向所有人交出了这样一份答卷——《不同营养物质对马铃薯富硒能力影响初步研究》。这份报告经国内权威认定，达到国内领先水平；全国共有七个富硒农作物标准，其中富硒大蒜、富硒马铃薯两个标准以青海宏恩科技有限公司的标准为准；他们研发的“富硒农产品生物调控技术”为青海省乃至全国首创，为利用富硒土壤开发富含有机硒农产品奠定了基础。在科研创新上的大胆尝试让公司在 2016 年被青海省科技厅认定为“青海省科技型企业”，而黄振荣本人也被评选为中国优秀创新企业家。

富硒马铃薯和富硒大蒜取得成功后，黄振荣团队又尝试着指导农户种植富硒青稞、富硒蚕豆等，并采取订单农业，对农民实施保底收购。为了让富硒产业能持续带动农民增收，黄振荣又投资 6 800 万元建立富硒农产品深加工厂，使海东市的大蒜收入由每亩 3 500 元增加到 13 000 元。

现在，黄振荣的公司在海东已经建成了以“恩露”牌富硒黑蒜为主的富硒大蒜系列产品的精深加工基地，富硒马铃薯、富硒杂粮的深加工基地，以“公司 + 农户 + 基地 + 合作社”为经营模式的富硒乐都紫皮大蒜种植基地，以及无公害马铃薯种植基地。

面对农作物的营销问题，黄振荣始终坚持“科技创新、引领未来”的发展理念。他把传统营销模式和互联网结合起来，走出了一条自己的“复合”营销之路，使自己的公司真正成为一个“大众创业”“公司、员工、农民、消费者”利益共享的平台。

/ 黄振荣（右）给农户讲解注意事项

2015 年 10 月，黄振荣在江苏、浙江成立了分公司，在华东地区成立了面向全国的互联网营销中心，在华东地区建立了8家“恩露富硒”专卖店。2016年，黄振荣又追加投资1 060万元扩大生产规模，来自青海的富硒农产品走出了国门，销往世界各地。

/ 黄振荣在办公室

在黄振荣团队最早带动的寺台村和湾子村，80%以上的农户购买了小轿车；乐都城台乡坝口村，高店镇东村、西村等蒜农大多盖了楼买了房。黄振荣的公司直接吸纳89名贫困户就业，每年季节性用工18 300人次。通过富硒产业，黄振荣的公司带动了海东市乐都区8个乡镇905户3 802人脱贫致富，而村资产收益已使建档立卡贫困户1 033户3 002人成功脱贫。

农民脱贫了，企业也盈利了，黄振荣的妻子高兴地对他说：“老黄，看来你这一步走对了，富硒既帮到了农民又发展了企业。”农户们也高兴地给黄振荣的公司送匾、送锦旗，不断地说“谢谢你，谢谢你们公司”。

2018年，经江苏省和青海省东西部对口扶贫工作小组牵线，江南大学和黄振荣的公司合作，对公司富硒产品进行全面检测，并免费为公司在无锡设立了销售窗口。通过东西部对口扶贫，利用科技创新、资金支持，黄振荣团队的富硒产业升了级，并以产业升级带动了更多贫困户脱贫致富。由他带领的这一条脱贫致富之路，才刚刚开始。

## 肩负责任　引领未来

在艰辛的创业历程中，黄振荣深深地体会到，企业的发展壮大离不开党和政府的政策扶持和社会各界的热心帮助。他始终认为，企业是社会的企业，企业经营的最终目的就是要带动社会经济发展，回馈人民，回报社会。所以，他秉承“帮助他人、成就自我”的价值观，热心于公益事业。

当得知项目基地贫困大学生上学困难时，他积极地伸出援助之手，每人每年捐助5 000元直至大学毕业；当得知海东市互助五峰镇平峰小学和七塔尔小学缺少课桌等学习用品时，他又慷慨解囊，捐赠课桌、衣物、学习用具等物资；2017年1月，通过

“竹之梦”青海助学公益组织为困难学生资助10万元。他多年来累积资助百万余元。

不仅如此，为使脑山地区富硒农产品种植户能及时将产品送到公司，黄振荣协同乐都区交通、农牧等单位出资将部分乡村公路翻新，修建成高标准乡村公路；为让贫困家庭能真正实现永久脱贫，成立了“宏恩科技爱心基金会”援助贫困学生87人；为调动贫困户脱贫的积极性和信心，从企业项目资金中拿出600多万元，以10%的固定利率折股分红给企业定点帮扶的建档立卡户，到2017年累计分红56万多元……。他所做的一切，无不表达了一位企业家对社稷民生的强烈关注和赤子深情。

面对未来，黄振荣充满着热情和信心：“脱贫攻坚成就了我的人生梦想。我下定决心，跟着共产党，跟着习近平总书记，把有限的生命奉献给光荣的扶贫事业，把青海的富硒农产品卖到全中国、卖向全世界，让乡亲们的日子越过越红火！”

（撰稿：陈希浩　黎雪　照片提供：毛俊军）

/ 青海宏恩科技有限公司乐都分公司科研中心

崔根良，亨通集团党委书记、董事局主席。十二届、十三届全国人大代表。曾获全国优秀企业家、全国时代楷模、中华慈善突出贡献奖、中国十大慈善家、中国光彩事业20周年突出贡献人物、中华慈善奖最具爱心捐赠个人等荣誉。他退伍回乡兴办企业，解决2万人就业。致富不忘扶贫济困，帮助千名残疾人就业、摆脱贫困。成立亨通慈善基金会，扶持全国各类扶贫项目，先后参与助残圆梦行动、重庆农村失学儿童救助、云南先天性心脏病儿童救治、江西革命老区敬老帮扶等数十个项目，扶贫足迹遍布全国19个省（区、市），累计捐赠超5.5亿元。

# 一名老兵企业家的社会责任

崔根良出生在江苏省苏州市吴江区七都镇一个贫困农村家庭，对贫困有着刻骨铭心的记忆。在他的心里，从小就种下了奋斗脱贫、让更多人生活富裕的种子。20多年来，他依靠自主创新，以在军队练就的果敢、坚韧和对党忠诚的信念，使亨通集团从一个濒临倒闭的乡办厂发展成为中国光通信龙头企业、全球光纤通信前三强。在企业做强做大的同时，他常怀感恩之心，把扶贫济困、履行社会责任当作终生事业去追求。

## 赤胆忠心　以产业报国

1990年，崔根良临危受命担任吴江区七都镇农机厂厂长，当过通信兵的他敏锐地感到中国信息化时代的来临。经过充分调研，审时度势，在农机厂的基础上，他着手筹建了吴江七都通信电缆厂（亨通集团前身）。破旧的农机厂房、老掉牙的机器设备、120万元债务、散漫的人心……，面对这样的窘境，崔根良冷静应对。

崔根良先是通过“借鸡下蛋”，第一年干成了通信电缆；之后，“借梯登高”，拉出华东地区第一根合格光缆，填补了江苏省在光缆项目上的空白；再后来，“借船出海”，引进国外先进生产流水线和检测仪器，为产品质量提升和出口海外奠定了基础。到1995年底，仅仅用了5年时间，几乎是白手起家的亨通通信电缆产销量已跃居全国同行第一，站到了行业制高点。

接下来，亨通走上了合作发展之路。崔根良先后在全国13个省布局产业，在海外

/ 崔根良（中）与工程师交流探讨产品技术工艺改造

创建9个生产基地。2003年、2010年他创办的两家公司分别在上海、香港上市。公司从创业之初的78人，发展成为超2万人的大型民营企业。他的成功改变了当地几代人的命运，许多农民因此成了现代产业工人，许多员工成为职业经理人。通过推行企业转制、员工持股计划，一批批曾经穷困的员工家庭实现小康，过上了富裕生活。

光纤预制棒制造技术是整个光通信产业链条中最核心的一环，却一直被美国、日本等国家牢牢掌控，国内90%以上光棒依赖进口。在一片质疑声中，崔根良带领亨通再一次鼓足信心上光棒研发项目，决心摆脱“卡脖子”局面。崔根良说：“中国企业不突破这项技术，光通信产业就要一直看外国人脸色，将永远被人压制。”1 500多个日日夜夜，平均每天烧钱50多万元，经过无数次的失败，2010年8月，亨通自主研发的光棒终于成功下线！

做企业，既要考虑经济效益，也要兼顾社会责任。2012年，当获悉世界光通信巨头美国康宁公司正在研制绿色光棒，亨通及时终止了四氯化硅光棒扩能计划。“四氯化硅工艺有环境污染隐患，不能代表未来方向！我宁愿牺牲两年的光棒市场占有率和经济效益，也要尝试原创性、颠覆性的技术研发。”崔根良说。最终亨通用3年时间，自主研发成功了新一代绿色光棒。亨通也一举成为全球第二家拥有有机硅光棒核心技术的企业。

乘着“一带一路”的东风，亨通顺势而为，在欧洲、南美、南非、东南亚等国家和地区建立了9个海外产业基地，在全球30多个国家设立营销技术服务公司，在119个国家注册商标，业务覆盖130多个国家和地区，通过自主技术、自主品牌、自主高品质产品向海外输出中国技术。

崔根良以实业兴国为理想、产业报国为追求，敢为人先、敢争一流，实现了从无到有、由弱变强、从创业到创新、从制造到创造的华丽转身，成为中国光纤光网、智能电网领域规模最大的领军企业之一，跻身全球光纤通信前三强，并连续13年入围中国企业500强、中国民企100强，扛起了中国光通信发展的责任，为推动宽带中国战略实施、维护国家网络和信息安全做出了突出的贡献。

“是改革开放造就了亨通集团！我们必须坚定不移坚持党的领导，解放思想再出发，以创新驱动发展，用奉献回报社会，才能在未来道路上走得更稳更远。”崔根良的话，充分体现出一名共产党员、一名优秀企业家对党的事业的不懈追求。

## 济弱助残　彰显大爱无疆

一家成功的企业必须有大责任、大担当，必须要担负起对国家和社会的责任——这是亨通创办第一天起就坚守的信念。崔根良不忘党恩、不忘抚养他的这片土地，立志回报社会，以慈善救助为事业，为党分忧，为百姓解困，彰显中华民族的传统美德。

从小对贫困有切身感受的崔根良，深知残疾人生活的艰辛与不易。创业之初，他就把几十个残疾人安置到厂里，他坚持了近 30 年，先后安排近 3 000 名残疾人在企业工作。他对残疾人一视同仁、同工同酬，并鼓励他们自强不息，成为对社会有用之人。

为进一步激发残疾人自强自立自信的精气神，崔根良与特殊教育学校合作，组建亨通残疾人艺术团，每年捐助残疾人艺术团的节目排练和日常运营，鼓励他们面向全区残疾人开展公益演出，带动更多残疾人振奋精神、树立信心，不向命运低头，演绎精彩人生。2011 年，崔根良了解到吴江困难残疾人家庭连基本家电也没有时，就带领亨通连续 7 年实施了“助残圆梦行动”，实现全区困难残疾人家庭电视机、洗衣机、电冰箱、太阳能热水器和笔记本电脑全覆盖，受益家庭达 1 700 多户。

企业规模小的时候是股东的，规模大了就是国家的、社会的。崔根良秉持这一信条，把社会责任当作企业的第一责任，并提出“得诸社会、还诸社会”的慈善宗旨。2011 年，他在民政部注册成立了江苏省首家民企非公募慈善基金会——亨通慈善基金会，每年用于扶贫济困、助残敬老、赈灾助教等善款三四千万元。

农民工经常遭遇工钱滞发、雇主克扣等困境，为帮助他们，崔根良先后向江苏省法律援助基金会捐赠 200 万元，支持农民工用法律手段为自己维权。2008 年汶川地震，灾区通信全部中断，崔根良要求旗下的成都公司迅速把抢险光缆送到灾区，这批物资成为第一批到场的通信救灾物资。他还带领企业及员工向灾区捐赠款物达 1 200 多万元。2010 年玉树地震，崔根良又捐赠 220 万元。

2012 年，崔根良得知云南高原地带的儿童先天性心脏病发病率高、死亡率高，如不及时救治，对贫困地区家庭无疑是雪上加霜。他积极取得空军总院支持，出资为 100 多名患病儿童开展免费治疗。

2012 年，崔根良在江西出差时发现，革命老区的敬老院生活设施差，老人基本生活很难保障。他迅即带领亨通团队去考察策划，当年就启动了“鹤轩安耆”敬老院改造工程。3 年间，亨通为井冈山、兴国、于都等老区县改造了 25 所敬老院，捐赠 26 辆多

/ 崔根良（前排中）资助贫困地区先天性心脏病患儿治疗

功能救护车，改善了老人们的生活、就医条件，受益老人达 3 000 余人。

2013 年，雅安地震捐赠 844 万元；2016 年，盐城阜宁遭受龙卷风灾害，崔根良个人带头捐款，带动员工捐款总额近百万元。

## 无私帮扶　为了战胜贫困

崔根良深知：一人富不算富，大家富才是真正富！只有大家都富了，才能全面建成小康社会，实现中华民族伟大复兴的中国梦。

亨通集团在崔根良的带领下，积极响应江苏省“南北帮扶结对”倡议，从 2007 年起，持续与苏北贫困县贫困村开展“村企结对”，先后与泗洪县的 6 个贫困村结对，帮扶兴建村民服务中心、卫生室，为村里铺桥修路，累计资助 600 多万元，帮助贫困村解决村民看病难、出行难等问题。

扶贫必扶智，治贫先治愚。为帮助贫困家庭学子解决就学就业问题，崔根良 2009 年启动了“就学就业携手计划”，先后保障吴江近 200 名贫困优秀学子就学，这些学子毕业后在亨通就业，从此摆脱了贫困。他还与苏州市、吴江区慈善总会合作发起“亨通助学圆梦行动”，向更多贫困家庭学生实施帮扶，促进他们早日成才脱贫。

云南、重庆是中西部贫困密集区。2013 年，崔根良捐赠 500 万元参与重庆“光彩爱心家园——乐和之家”项目，为贫困地区农村留守失学儿童开展爱心助学行动，让留守失学儿童重返校园、重进课堂、重享温暖，从而阻断贫困的代际传递。2012 年至

/ 崔根良（中）参加党员组织生活会

2014 年，崔根良先后出资援建新疆伊犁哈萨克自治州、贵州铜仁、西藏桑日县希望小学，并设立中小学生助学基金、添置幼儿教学设施用品等，为边疆地区、贫困山区少数民族特困儿童就学成长送去了“及时雨”。2015 年，崔根良捐资 450 万元，在中国光彩促进会支持下实施“光彩助学行动”，帮扶江西广昌县 5 所贫困乡村小学改造翻新扩建、完善教学设施，有效改善了教学条件和学习环境。

扶贫不仅要“输血”，更要“造血”，只有发展产业，夯实脱贫根基，才能彻底摆脱贫困。为此，崔根良积极参与实施产业扶贫。2016 年，他向昆明东川区拖布卡镇捐资 1 000 万元，用于当地修建红军渡江纪念馆，帮扶该地区开发创建红色文化及爱国主义教育基地，培育壮大红色旅游产业，使 2 000 多名建档立卡贫困人口受益。2014 年至今，崔根良积极响应全国工商联、中国光彩促进会号召，参与甘肃庆阳、云南德宏、贵州晴隆的产业扶贫，捐款近 500 万元，定向帮扶当地贫困户发展特色养殖业及中草药种植业。2016 年，亨通还与晴隆县者布村结对，开展为期 5 年的“万企帮万村”结对扶贫，已捐赠 200 万元扶持贫困村民发展特色食用菌项目，全力帮扶 219 户建档立卡贫困户如期脱贫摘帽。

在脱贫攻坚战中，崔根良深深地感到，除了物质帮扶，精神扶贫才能从根本上解决思想和精神贫困问题。从 2014 年起，他与江苏省文明办、省美德基金会合作，设立“江苏省亨通美德基金”，先后捐赠 650 万元专项用于江苏好人、最美人物、道德模范、脱贫先锋等先进典型的奖励和重大项目活动开展。2015 年，崔根良又先后捐赠 400 万元，在吴江区设立“吴江亨通美德基金”“吴江公益文化基金”，专项支持吴江好人评选、文化演出进社区、创办市民书房、布设自助借阅机等，推动全民阅读活动、文化惠民活动。开展的“萤火虫图书捐赠计划”使吴江区 35 所小学 614 名贫困学生从中受益，以阅读助力个人成长成才。

为传承革命精神，弘扬红色文化，助力老区脱贫攻坚，在刘少奇同志诞辰 120 周年之际，崔根良捐赠 600 万元完成了电视剧《共产党人刘少奇》、纪录片《刘少奇的故事》的拍摄制作。

崔根良几十年如一日，始终不忘一名党员企业家的社会责任与时代重托，每一个事迹都诠释了他的责任担当，每一次行动都彰显了他回报社会、奉献他人的大爱情怀。他带领下的亨通集团播撒的慈善种子已遍及云南、贵州、四川、重庆、新疆等 19 个省区市，累计捐款超 5.5 亿元，唱响了民营企业奉献社会的时代凯歌。

崔根良说：“作为一名民营企业家，我将积极响应党和政府的号召，坚守脱贫攻坚第一线，努力做出经得起实践、经得起人民、经得起历史检验的扶贫业绩，不辜负党和人民的期望！”

新时代、新使命、新作为。今天，他以一名老兵企业家对党和国家事业的忠诚，谱写了脱贫攻坚奉献者的诗篇；明天，他将继续以时代楷模精神与奉献创新精神，在打赢脱贫攻坚战、实现乡村振兴的交响乐中，演奏新时代的强音。

（撰稿：刘晖　照片提供：崔根良）

/ 亨通光通信产业园

熊维政，河南羚锐制药股份有限公司党委书记。十届至十三届全国人大代表。曾获全国劳动模范、中国医药十大杰出企业家、河南省十大科技扶贫功臣等荣誉。他牢牢树立“听党的话、跟党走”的政治理念，始终坚持“诚信立业、造福人类”的企业理念，将一个作坊式的小厂办成资产近 40 亿元、年创利税逾 6 亿元的知名医药企业，带动上万人脱贫；他拓展医药大健康产业链，示范种植中药材，带动贫困户每户每年增收 3 000 多元；大力发展油茶产业，使种植户每年纯收入可达 10 000 元以上；他发动 178 名企业管理人员结对帮扶 211 户贫困户脱贫。

# 一曲响彻大别山的扶贫奉献歌

早在 20 世纪 80 年代，熊维政就与扶贫结下了不解之缘。他扎根大别山革命老区，从一个初创的科技扶贫小企业一步步做起，履职尽责、苦心经营，怀着一颗为老区人民脱贫奔小康的赤子之心，历经 30 多年的不懈努力，硬是将山区小厂子做成了全国知名的扶贫龙头企业。

## 从扶贫小药厂起步

1988 年，在国家科委大别山科技扶贫开发团的扶持下，河南新县依靠 25.8 万元贷款创办了一个科技扶贫企业——河南省信阳羚羊山制药厂，厂里工人多半是革命烈士的后代和贫困户子女，初期由重庆制药九厂承包经营。1990 年，承包期满，需要物色人选接续经营，这时，新县县委找到了在县药检所工作的熊维政，动员他去制药厂工作。从此，放弃了干部身份的他，一头扎进了无边无际、前途未卜的商海中。

刚开始，大家都不看好熊维政，认为懂中医药并不一定懂经营，有人甚至说，药厂新来的那个本地人，肯定没几天就把企业搞黄了。确实，当时厂里产品品种少、设备陈旧、资金有限、人员素质参差不齐，就连厂房也是租借来的民兵训练基地。熊维政顶着压力，殚精竭虑地进行了一系列大刀阔斧的改革，至 1991 年底，羚羊山制药厂工业生产总值达 600 万元，利税 100 万元，这是空前的好效益，也令羚羊山制药厂在新县名声大噪。随后，他又大胆招商引资，于 1992 年 6 月促成羚羊山制药厂与香港锐星公司

/ 熊维政在办公室

成功合资，以一整套与市场经济相适应的企业制度组建了现代化企业河南羚锐制药股份有限公司，专注生产虎骨麝香止痛膏，并逐渐打开了市场。

然而，正当企业蒸蒸日上之时，1993 年国家明令今后不得再用犀牛角和虎骨制药。这对羚锐公司来说非同小可，熊维政一连几天闭门苦苦思索企业今后的出路。经过连续研究探索，几经鏖战，羚锐公司终于找到了虎骨的替代配方，研制成功了壮骨麝香止痛膏。

深知产品单一的风险，羚锐制药每年都会提取一定比例的销售收入作为科研专项资金，全力投入技术创新和科研开发，致力于新药产品研发。1995 年，羚锐研发的纯中药制剂“骨质增生一贴灵”获批上市，作为全国独家产品，火遍大江南北。2000 年，羚锐制药成功上市。

历经 30 年的发展，熊维政带领下的羚锐制药公司由最初的一个深山扶贫小厂，发展成为以制药和医疗器械为主业，同时涉足保健品、食品、中药材种植等行业，企业资产近 40 亿元，年创利税逾 6 亿元的现代化集团公司，已成为大别山革命老区新县的支柱企业和产业扶贫的龙头企业，为产业扶贫奠定了坚实的基础。

## 做强做大健康扶贫产业

“羚锐是在红色土地上成长的企业，做企业如做人，我们要做造福人民的事。”熊维政回忆道，“羚锐的第一个药厂是用 200 万元扶贫款建起来的，这个钱是省医药管理局把自己的大楼抵押了给我们做的担保。”回报家乡，为政府分忧，帮扶贫困百姓过上幸福生活，熊维政继续着他矢志不移的事业，以产业扶贫开启了脱贫攻坚的征程。

新县有 30 万亩油茶林，是河南省油茶主产区和全国首批 100 个油茶重点县之一，油茶资源丰富，且 70% 的贫困户拥有油茶林。于是，他决定进军油茶产业，帮扶贫困户种植新油茶树、改造低产油茶林，带动大别山老区的乡亲们摆脱贫困奔小康。

/ 熊维政（右一）查看油茶林基地情况

熊维政先后斥资组建了河南绿达山茶油股份有限公司和信阳绿达山油茶资源发展公司，并成立了农民油茶专业合作社，以“公司 + 基地 + 合作社 + 农户”的模式，大力发展农民油茶产业基地建设，扶持油茶规模化种植，吸引农户特别是贫困户以油茶林作为资源入股到合作社，成为合作社社员。合作社整合所有社员入股的油茶园资源后，集中经营和管理，社员享有保底分红权利。先后流转了 10 万亩野生油茶林，建立了油茶良种育苗基地。合作社将农民组织起来成立专业队，由专业队队员对流转后的油茶园进行管理、改造。通过对油茶林进行低产改造、管护等，贫困户不仅能取得务工收入、分红收入，还能通过油茶果取得销售收入。改造后的油茶林，油茶籽产量大幅提高，平均亩产油茶籽由 75 斤提高至 250 斤左右，平均每亩增收 2 300 元左右，按照户均 5 亩油茶林计算，仅油茶林一项，人均年增收可达 4 250 元。合作社每年还以高出市场价的方式收购油茶果、油茶籽，让利于民，确保农民增收，解除了群众的后顾之忧，成就了精准扶贫的“山茶花模式”，带动了上万人脱贫。羚锐集团总部所在的新县，于 2017 年底在信阳市各县区中率先实现了脱贫，大别山特有的北缘区油茶林资源成为家乡父老致富的“一块宝”。

截至 2018 年，羚锐集团已在新县周河乡 11 个行政村设立了油茶服务站，大力推进油茶低产园改造，并与当地 799 户贫困户 2 523 名贫困人口建立了利益联结机制。计划到 2030 年，新县油茶林种植面积由现在的近 30 万亩发展到 100 万亩。

油茶作为木本食用油料树种，集生态效益、经济效益和社会效益于一身，其精深加工产品可以扩展到高级食用油、化妆品、保健品和药品等多个领域，经济效益好，综合利用的产业链条长，发展潜力大。发展油茶产业，对于推进山区综合开发、促进农民增收、改善生态环境、缓解耕地压力、维护国家粮油安全、改善人民健康状况、加快国土绿化进程、推进社会主义新农村和美丽乡村建设都具有十分重要的意义。熊维政对此有深刻的认识："曾经的大山，有些地方是荒山坡，水土流失严重，通过近两年的整地造林、种植油茶林，不但山青了、水秀了，还成了山里人的'聚宝盆'，油茶林成了贫困农民的'致富林'。"

下一步，他将遵循党的十九大报告中提出的"坚持人与自然和谐共生""树立和践行绿水青山就是金山银山的理念""坚定走生产发展、生活富裕、生态良好的文明发展道路，建设美丽中国"要求，充分依托当地资源，大力实施老油茶林的改造，积极推进油茶林基地建设，特别是油茶良种培育，加快产业发展，做强做大健康扶贫产业，带动大别山老区百姓特别是贫困群众彻底脱贫，共同实现小康目标。

## 倾情奉献不遗余力

熊维政带领下的羚锐公司，始终没有忘记扶贫初心。他始终要求公司优先录用贫困人员。截至 2018 年 6 月，羚锐公司共有员工近 6 000 人，其中新县籍员工 2 056

/ 熊维政（左二）查看油茶育苗基地建设情况

/ 熊维政（右二）查看中药材种植基地情况

人，人均月工资约 3 500 元，并享有“五险一金”，实现了“一人进厂、全家脱贫”。自 1995 年熊维政把自己的年度经营奖奖金捐给新县胡子石小学的贫困学生开始，羚锐人就不断捐款捐物，扶贫济困。2008 年，他带头捐款，发起设立了河南省羚锐老区扶贫帮困基金会，搭建了公益扶贫平台；随后，又成立了羚锐集团关心下一代工作委员会，建立了常态化的扶贫帮困机制。“羚锐受益于扶贫，更要反哺于扶贫，我们不能只考虑企业利益，还要有社会责任担当。”熊维政总爱在不同场合强调这句话。

作为第十届至第十三届全国人大代表，他在每年全国两会上总少不了为革命老区的发展建言献策。于是，他被冠以“熊老区”的绰号。

2016 年，羚锐联合共青团中央共同发起的“羚锐小羚羊爱心万里行”活动，覆盖 11 个省（区、市）的贫困地区、63 所留守儿童学校，累计捐款捐物价值达 1 000 万元，并先后捐建河南省新县羚锐希望小学、复羚未来星小学和四川甘洛希望小学 3 所学校。

与贫困村有国家、省级财政项目资金扶持相比，非贫困村的扶持资金较少，其中的建档立卡贫困户受益较低。为此，熊维政向公司全体管理人员发出了《关于认亲结对精准扶贫的倡议》。公司上下积极响应，迅速成立了扶贫工作部，6 个扶贫工作队深入周河乡汤冲、柳铺、冯楼、余冲、九龙、王边 6 个非贫困村，由 178 名管理人员结对帮扶 211 户贫困户 632 名贫困人口。公司还出资 62 万元资金，支持这些非贫困村进一步完善交通道路、文化广场、农家书屋等建设，改善人居环境。熊维政率先垂范，带动企业管理人员结对帮扶，既扩大了精准扶贫成果，也增强了全体羚锐人爱党、爱国、奉献社会的责任意识。

作为公司党委书记的熊维政，倾情奉献老区，全力扶贫济困，影响和带动着公司全体员工，公司逐渐形成了积极进取、奋发有为、互帮互助、乐于奉献的企业文化氛围。公司党委被中组部授予全国先进基层党组织称号，公司先后获得国家扶贫龙头企业、国家扶贫开发工作先进集体等荣誉，公司员工获市级以上劳动模范、五一劳动奖章者近 30 人。

熊维政是大别山的儿子，家乡发展与富强是他心中最强烈的愿望。经过近 30 年的不懈奋斗，他创立了驰名的医药品牌，而功成名就的他，依然孜孜不倦，扶贫情怀似火，以助力老区脱贫致富奔小康为责任与使命，在脱贫攻坚主战场发挥“领头雁”作用，为全面建成小康社会、实现乡村振兴而努力奋斗，唱响了一曲响彻大别山的扶贫奉献歌。

（撰稿：刘晖　照片提供：胡亮）

/ 秀美香山湖

魏宗平，中共党员，新疆宏博房地产集团有限公司董事长、重庆市劳务办驻新疆办事处主任。曾获全国优秀农民工、第八届全国农村青年致富带头人、重庆市第三届十佳农民工等荣誉。在他的努力带动下，重庆在疆流动务工人员达 12 万人以上，每年有近 60 亿元的劳务收入；结对帮扶贫困群众 5 户，持续资助家庭困难大学生 150 余名；帮助农民工追讨工资、工伤赔付事件 215 起共计 8 600 万元，解决 27 人次的农民工子女入学问题。2013 年以来，累计捐款 500 多万元，为家乡修公路、建学校、帮助孤寡老人和贫困学生，受到社会广泛好评。

# 不忘初心　扶贫济困

“我的命是父母给的，也是乡亲们给的。就是做牛做马，我也要记住他们的好，也要报答他们的恩。”魏宗平常常把这句话挂在嘴边。

魏宗平的老家在重庆巫山县铜鼓镇观阁村，那里山高坡陡、土地贫瘠。在他 12 岁那年，父母因无钱就医相继去世。在他没饭吃的时候，乡亲们东家管上顿，西家管下顿。他就这样吃着“百家饭”度过了艰难的年少岁月。

为了谋生，魏宗平 14 岁时便跟随乡亲外出务工，在煤窑挖过煤，在饭店当过服务员，在工地当过工人。2000 年，他带着 10 多名同乡从北京辗转到新疆乌鲁木齐，开始了创业之旅。他们从外墙保温工程做起，一直到现在发展成为集房地产开发、建筑施工和新材料生产于一体的集团公司。

魏宗平始终感念乡亲们的恩情，帮助家乡人在新疆创业、就业，尽力解决他们外出务工遇到的困难，并积极捐助家乡贫困人口和发展建设，体现了一名共产党员的一片初心。

## 从巫山到天山，带领乡亲闯出一片天

创业的路上，可以说是历尽了千辛万苦。在刚到新疆创业的半年多时间里，魏宗平基本没事做，就只是“跑”：他跑遍了乌鲁木齐及周边 600 多个工地，了解行情、了解政策，行程将近 1 万公里。终于，他成功地闯进了保温行业，并逐渐站稳脚跟。经过

/ 魏宗平在办公室

4 年的创业积累，2006 年，魏宗平成立了新疆佳能保温防腐安装工程有限公司。由于公司施工质量好、速度快、诚信度高，很快成为新疆保温行业的龙头企业。

随着公司的发展，魏宗平过上了富足的生活。但每次回老家看见乡亲们贫苦的生活，他心里总觉得不是滋味。他说："我是吃百家饭长大的孤儿，没有乡亲们的关怀及帮助，就没有我的今天，我要报答他们，带乡亲们一起走出贫困。"

2007 年春节，魏宗平借回老家过年之机，劝乡亲们不要守穷，过完年跟他到新疆发展。乡亲们看他衣锦还乡，了解到在新疆能挣钱，有 40 多人就答应了，但有少数人下不了决心。吴祖培就是其中一位，他嫌新疆路远，说"弄不好路费都挣不回来"。魏宗平主动上门劝道："在新疆打工，收入不低，做 8 个月相当于你在家乡做一年；外墙保温行业技术含量不高，上手快；路费我来垫，亏了算我的。"吴祖培听了很感动，当场表态："魏哥子，我听你的，跟你干！"经过几年的发展，吴祖培已经做到项目经理职位，收入不菲还在老家盖起了小洋房，买上了小汽车。

魏宗平知道"滴水不成海、独木难成林"，要想带动更多乡亲走上致富之路，需要有一批人走在前面。所以，他特别注重培养致富带头人，只要是做外墙保温的巫山人，自己有创业愿望，他都会不计个人和企业得失，全力支持其承包项目，无偿传授技术，分享创业成功经验。在有些创业者遇到资金、机械设备和材料不够时，他都会及时伸出援手，帮其解困。2014 年以来，魏宗平为创业者垫付资金、设备和材料费 1 500 多万元，培养致富带头人 110 余名，余清华、冯永虎、刘朝成、冯明、幸令等一批当年一贫如洗的农民工，逐步成长为企业当家人。

就这样，亲帮亲、邻帮邻，一个拉一个，一群拉一群，到新疆跟魏宗平一起干的乡亲就像雪球一样越滚越大……。到 2017 年，巫山在新疆从事外墙保温工作的人数已经超过 3 万人，每年创造劳务收入 15 亿元左右，数千个家庭因此摆脱了贫困。

2010 年，在巫山县各级党组织的培养下，魏宗平成为一名共产党员，担任重庆市劳务办驻新疆办事处主任和巫山县驻新疆劳务服务站站长，这也成为他做好扶贫济困工作和爱心奉献的平台。

魏宗平认为，外出打工创业是一条可以复制的脱贫致富之路，特别是对重庆地区，劳务输出这条路可以走得更远。

于是，他主动与各相关企业建立长期稳定的劳务输出合作关系，向乡亲们提供及时准确的就业信息，并协助签订用工协议。同时，他还组织家乡外出务工人员积极参与南疆开发建设，协调家乡农民到阿克苏种植水稻、到伊犁种棉花，为精准扶贫、生态移民、就业创业提供平台。在他的努力带动下，重庆在疆流动务工人员达 12 万余人，每年有近 60 亿元的劳务收入。

## 待乡亲如家人，纾难解困撑起保护伞

在家千日好，出门时时难。外出务工人员背井离乡，人生地疏，面临着工资拖欠、子女入学、失业就业等诸多问题。

随着重庆市在新疆务工人数的增多，不时出现拖欠工资的问题。魏宗平把维护农民工的利益当成自己义不容辞的责任。为了帮助农民工维权讨要工资，他想尽办法、吃尽苦头。他一面借助办事处建立了维权信息平台，开通了农民工维权热线，接待重庆籍务工人员的来电来访；一面亲自出面，到当地政府信访和劳动监察部门协商解决办法，并安排办事处法律顾问为农民工无偿提供法律服务、无偿代理案件，通过法律手段讨要工资。此外，还借助媒体力量帮助权益受到侵害的农民工。

/ 魏宗平（前排左）代表重庆劳务办驻新疆办与新疆城建集团签署战略合作协议

全国脱贫攻坚奖奉献奖

2015 年底，新疆博乐市一公司欠重庆籍农民工孙德志 10 余万元工资，被起诉到法院。但由于证据不足，孙德志没有得到支持，于是他找到了办事处。魏宗平多方帮助协调解决，收集整理证据。这时，孙德志家中老人突然患病急需用钱，魏宗平二话没说，取出 10 万元钱交给孙德志给老人看病，解了孙德志一家的燃眉之急。过了一年，他欠的工资也讨了回来。

2016 年，为了给重庆巫山的一位农民工讨要 1.2 万元工资，魏宗平驱车来回两天，跑了 600 多公里，找了 5 个单位和部门协调。当把这笔钱交给这位农民工时，办事处一名工作人员开玩笑说：“这钱差不多才是你这两天开车的油钱。”但魏宗平说：“这是我们办事处的责任，责任是无价的，维护农民工的权益是不能用金钱来衡量的。”近四年来，他协调解决了 215 起拖欠农民工工资和侵占农民工利益等方面的事件，帮助农民工追讨工资、工伤赔付共计 8 600 万元。

农民工子女上学难一度困扰着许多农民工家庭。如果孩子不能在当地上学，就将被送回老家，做留守儿童。魏宗平深知童年没有父母陪伴的苦，心里非常着急，他主动和教育部门联系沟通，为学校的公益类活动捐款捐物，还把学校领导请到相关企业和施工现场参观考察，让他们感受和体会农民工的艰辛和困难，校领导被他的真情打动了。近两年来，魏宗平一共帮助解决了 27 人次的农民工子女入学问题。

当外出务工人员就业遇到困难时，魏宗平总会及时组织各方力量开展援助。2017 年 4 月，由于当地房地产行业低迷，很多工地无法开工，致使前来务工的农民工找不到工作，时间一长，个人的吃住都成了问题。魏宗平发现这个问题后，号召包工队开展“扁担队”爱心奉献活动，不让一个重庆籍的务工人员流落街头。他率先安排所属公司项目部无条件接纳有困难的重庆籍务工人员，解决他们的食宿问题。在他的带动影响下，“扁担队”先后救济 700 多人，让远离家乡一时找不到工作且碰到难处的重庆人在异地他乡感受到了老乡的温暖。

/ 魏宗平（右）回家乡看望五保户老人

当创业者遇到突发事故面临破产时，魏宗平总会毫不犹豫地给予帮助。2014 年，一名工人在作业时不慎从六楼摔下来摔成重伤，在出事故的这位企业负责人感到无望、不知所措时，魏宗平出钱出人出力：一面积极救护伤员，一面稳定工人情绪，一面组织施工按时完成项目。事后，这

/ 魏宗平（左）资助家乡小学生

位企业负责人满怀感激地说：我们大家要感谢魏总一辈子，他不仅救了我，也救了我们这支队伍啊。

## 游子心故乡情，助力家乡脱贫奔小康

魏宗平始终不忘养育他的父老乡亲，他持续捐助家乡的孤寡老人、贫困学生和家乡的发展建设，被誉为温暖使者。

他关爱家乡的孤寡老人，每年回家都要去看望巫山县观阁村的孤寡老人、残障人士和贫困户，给他们送去慰问金和慰问品，帮助他们解决生活中的困难，把有工作愿望、身体健康的孤寡老人接到新疆，在所属公司安排保安等适当工作。老人们十分感动："宗平小时候我们也没有帮他什么忙，现在对我们这么好，比自己的亲生孩子还亲，真是一个好人。"

他关爱家乡的贫困学生，经常说自己由于家庭条件困难没有上成学，愿意支持每个学生完成学业。他资助了 150 余名家庭困难大学生，有的刚入学，有的已经毕业工作，有的考上了研究生。谭美五 9 岁时父母去世，由叔叔抚养，上高中期间打算辍学，魏宗平知道后，对他说："只要你能读，钱不用愁，我来出。你能读上大学，我资助到大学；能读上硕士、博士，我就资助到硕士、博士。"魏宗平持续资助他从高中到大学，再到西南政法大学硕士研究生毕业，现在他考上了公务员。看到自己资助的学生成为一个对社会有用的人，魏宗平感到非常欣慰。他对家庭困难的大学生有着一种特别的关爱，还建立了一个非常有正能量的“一起奋斗”微信群，经常帮助他们解决实际困难，鼓励他们努力进取。

他热心家乡扶贫济困工作。观阁村 2005 年以前穷得一塌糊涂：到处是裂缝多瓦片薄、冬天漏风雨天漏雨的土坯房；乡村公路只修了一半，还是碎石路。如今房子全部换成了楼房，水泥公路贯通全村，小车都可以直接开到院子里。2013 年以来，魏宗平为家乡修公路、建学校，帮助孤寡老人和贫困学生，个人累计捐款 500 多万元。其中，2013 年捐资 80 多万元，用于修建铜鼓镇观阁村村道、资助孤寡老人；2014 年捐资 200 万元，用于支持官渡小学、抱龙小学、朝阳小学、铜鼓观阁村小学建设美丽校园；2016 年 10 月 17 日参加巫山县扶贫日活动，捐款 100 万元；2017 年捐资 130 万元，用于硬化铜鼓镇观阁村 6 米宽村级道路 3.3 公里，方便 2 000 余名群众出行。此外，他还结对帮扶哨路村贫困群众 5 户，积极为贫困户解决生产生活具体困难，为贫困户购买电视机。他的善举受到社会各界的好评。

当有人质疑捐那么多钱是否值得时，魏宗平斩钉截铁地说：“扶贫济困是大事，我是巫山人、是党员、是人大代表，应该响应党的号召，作表率，起带头作用。”一颗石子儿不起眼，千千万万颗石子儿顶大用。脱贫攻坚的路上，魏宗平愿意做一颗不起眼的石子儿，继续做好帮带工作，让更多的乡亲脱贫致富奔小康。

（撰稿：张正宇　张奕　照片提供：郭燕丽）

/ 大美巫峡

# 全国脱贫攻坚奖创新奖

QUANGUO TUOPIN GONGJIANJIANG CHUANGXINJIANG

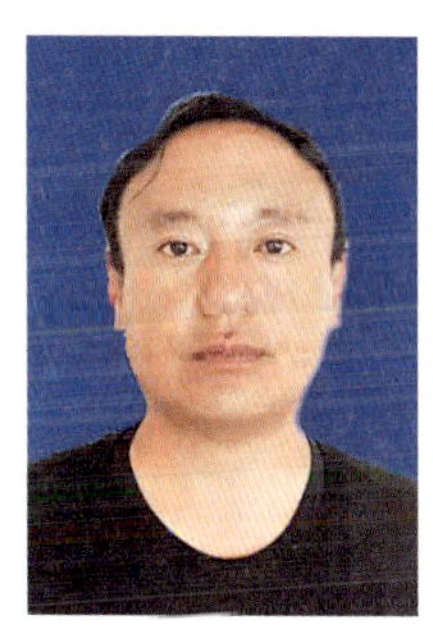

巴桑次仁，西藏自治区那曲市嘉黎县人大常委会副主任、麦地卡乡党委书记。他针对麦地卡乡的独特环境，建立牛粪加工厂，通过调研、建厂、与各单位签订售卖合同，将牛粪燃料这一理念变成摸得着、看得见的产业，让群众增收致富。成立麦地卡乡家政服务中心，带领干部、群众迎难而上，使服务中心运转良好。他通过多方面积极沟通协调，与企业达成共同建立油气站的协议，并成功将麦地卡乡贫困户与油气站连接起来，通过入股分红的模式保障贫困户的权益。

# 雄鹰盘旋在雪域高原

西藏，一片神秘广袤的雪域高原，巍然屹立于祖国的西南隅。它如同一面宽厚的肩膀，将无数美丽的风景和动人的故事围拢其间。从拉萨出发，向东北方向驱车行驶 500 多公里，在高山和大河之间，掩映着一座秀丽的小镇——麦地卡。

在藏语里，“麦地卡”意为“像马蹄印的地方”，大自然在这里踏出一个个马蹄形的水洼。雄伟连绵的山丘，零星分散的浅滩，星罗棋布的湖泊，支支叉叉的河流错落其间。“天堂比不过麦地卡！”去过那里的游客都这样称赞。

然而，就是这个风景秀丽的小镇，却隐忍着贫穷落后所带来的困苦。“麦地卡乡作为那曲市嘉黎县的贫困大乡，建档立卡贫困户有 400 户 1 936 人，贫困人口比例达 21%。麦地卡要在 2020 年前达到脱贫目标，做到脱贫后不返贫，在这个平均海拔 5 100 米的高寒地区，任务艰巨。”巴桑次仁曾经发出这样的感叹。

办法总比困难多。在深入调查研究后，巴桑次仁带领麦地卡乡村民大胆实施牛粪颗粒加工厂、加油加气站、家政服务中心等项目，带动近 400 人就业，顺利实现脱贫目标，开辟了一条脱贫致富的特色之路，群众生活水平明显提高。

## 牛粪“变形记”

“啥？牛粪还能赚钱？”麦地卡乡的村民第一次听说卖牛粪能挣钱的时候，都睁大了眼睛。

麦地卡乡是一个纯牧业乡，村民主要依靠传统的畜牧养殖业为生。“麦地卡不比拉萨，来这里的游客有限，我们必须从其他渠道想致富办法。”巴桑次仁是个务实的人，面对近几年兴起的“旅游开发热”，他却另有一番主意。

想发展产业，大家的意见却统一不起来。在一次集体讨论的会议上，巴桑次仁向大家表明了自己的想法：“将牦牛肉、牦牛皮、牦牛毛等原料进行深加工，成本高、周期长，不能很快见到效益。牛粪资源过剩，为何不利用牛粪作为生产原料发展新型能源呢?”在羌塘草原，牛粪是一种廉价燃料，随处可见、多如牛毛，但经过加工后，牛粪却摇身一变成了“高大上”的颗粒燃料。“首先，牛粪的燃点很低，即使在含氧量较低的高原，一张报纸就能引燃。其次，牛粪大都是由草料构成，烧起来没有臭气和烟雾，热度比较温和，是一种可再生的绿色能源。”巴桑次仁介绍。这个想法一经提出，马上得到了大家一致认同。说干就干，经过认真细致的市场调查和分析后，巴桑次仁带领大家多方筹措了 80 余万元，买了机器，修建了厂房。2017 年 9 月，牛粪加工合作社正式运营。大家用不到半年的时间建成了牛粪加工厂。

有了厂房，收牛粪便不成问题，这家一筐、那家一筐，生产原料全部是牧民群众提供的。牛粪“回炉”一方面解决了麦地卡乡农牧民群众牛粪出售难的问题，另一方面又为群众增收致富创造了新的门路。“我们家原本以养牛为生，全家两口人只依靠三头牛维持生活。”麦地卡乡村民晋美多吉说，“后来乡里有了牛粪加工合作社，我和妻子都进

入合作社工作，现在我们除了养牛，每月还有 5 000 多元的工资收入，这几天我们正商量着去拉萨逛一圈呢！”谈到现在的生活，晋美多吉非常满足。

牛粪加工合作社的全年产值已经达到 170 余万元，解决了 45 人的就业问题，实现人均年收入 3.78 万元。该项目的实施，打破了麦地卡乡经济发展的瓶颈，拓宽了致富门路，起到了良好的示范作用，为全面脱贫奔小康打下了坚实基础。

“我们在收购环节上也向贫困户倾斜。”巴桑次仁介绍。牛粪加工合作社按每吨 300 元的价格向贫困户收购，生产出来的新型颗粒燃料按每吨 1 300 元的价格出售。用牛粪加工的新型颗粒燃料上市以后大受欢迎，主要为那曲市海拔 4 700 米以上的乡镇供暖工程所用，供不应求，仅 2017 年下半年的销售量就达到 3 000 吨，2018 年销量更是突破 5 200 吨。短短一年半的时间，牛粪颗粒燃料的收入就已经达到了 676 万元。“可以预见，用牛粪加工成的新型燃料前景一片光明。”谈到合作社未来的发展，巴桑次仁非常自豪。

从脑子里的构思到实实在在的项目，巴桑次仁心里装的是怎样脱贫致富，考虑的是农牧民群众的切身利益，用行动践行了一名共产党员的庄严承诺。

## 爱琢磨的高原汉子

“罗布次仁，你这么早起床去做什么？”“去县城给车加油，今天我的货车要跑一趟

/ 美丽的那曲

那曲，去晚了就排不上队了。”早上 7 点，雪域高原的天空刚刚泛出鱼肚白，家住嘉黎县忠玉乡的罗布次仁就匆匆忙忙收拾好行李，坐进了货车驾驶室。他今天行程的第一站，是去 118 公里外的嘉黎县城加油站给车加满油。

“从忠玉乡到县城，开车要两三个小时。整个嘉黎县只有县城里有两家加油站。”说起加油站少的大难题，罗布次仁满脸无奈，“平时拉货的时候，我们只能带上备用油箱。在大山里车没有油可不是闹着玩的。”距离县城越来越近，路上的车也逐渐多了起来。“在这条公路上行驶的汽车几乎都是去加油的。”罗布次仁说。

嘉黎县地域宽广，车辆众多，但是全县境内仅县城有两处加油站和一处加气站，周围乡镇的车辆必须到嘉黎县城或更远的那曲县加油加气。“无论到嘉黎县县城还是到那曲县加油，都非常不方便。”一位正在等待加油的卡车司机说道。

这个现象同样引起了巴桑次仁的注意。“车多油少，能否依靠开设加油加气站带动乡亲们致富?”平时就爱钻研问题的巴桑次仁这次又琢磨了起来。对于他的这个提议，麦地卡乡的干部们纷纷表示赞同，但都面露难色：“建设一个加油站需要大笔资金，这笔钱从哪里来?”

巴桑次仁是个心细的人。对于这笔资金，他早有打算。在他的协调下，县乡齐出力，1 120 万元的建设资金很快筹措到位，但是大家又对加油加气站的建设位置有了不同意见。

“当然建在我们麦地卡，最好建在我们乡政府附近！”有人提议。但是巴桑次仁却“脑洞大开”：麦地卡乡不在交通要道上，而相邻的林提乡则地处嘉黎县和那曲县之间305 省道上。把加油加气站建在省道旁，有车流量保证，更有经济效益保证。利用吸纳贫困户入股的方式给予分红，还可以增加就业岗位。

“我们从全乡贫困户中通过考试选出具有一定文化程度、会说会写汉语的青壮年，并对他们进行一段时间的专业技能培训，使他们走上就业岗位。”巴桑次仁说。

麦地卡乡拥有全世界海拔最高的草原牧场，巍峨的雪山和纯净的湖水在这里孕育了优质的牦牛品种——娘亚牛。“我们麦地卡有丰富的奶源和优良的奶质，如果主打纯天然品牌，将其加工成奶粉出售，会大大提高牛奶的附加值。”在巴桑次仁的带领下，麦地卡乡奶粉加工可行性研究小组成立了。小组成员从市场、技术、资金等几个主要方面进行了详细的研究后，打造出了“麦地卡纯奶粉”这个品牌，盈利 70 余万元，解决了 15 人的就业问题，实现了人均年收入 4.67 万元。

47 岁的麦地卡乡勒根村村民嘎珠原本依靠放牛为生，但是在两年前，嘎珠被检查出患有白内障，这可急坏了一家人。“我的眼睛看不清，又挣不来钱，自己常常躲在角落里哭。”想起那时的情形，嘎珠颇为难过。2017 年初，在援藏省市等各方力量的帮扶下，嘎珠经过手术重见光明。恢复视力后，她又在麦地卡奶粉厂谋得了一份包装奶粉的工作。“这里不仅干净，还有很多同村的朋友。现在每月有 4 000 多元的工资，挣的钱可比放牛多多了！”谈到如今的生活，嘎珠的心里乐开了花。

爱琢磨才能有点子，好点子才能助脱贫。在贫瘠恶劣的高原环境下，巴桑次仁用一个个好办法帮助贫困群众走上了致富路。

## 小山沟期待大世界

“索朗，咱们一起把柜子搬到车上。”“昂珠，在拐角处注意一下，不要碰到桌子。”上午十点半，嘉黎县朗若卡村村民卡吉家中非常热闹。原来，卡吉一家今天就要搬进这里的新房。“需要搬的家具太多，我们就找到了这家家政公司，一上午就能搬完！”今天就能入住新家，卡吉的脸笑成了一朵花。

卡吉联系到的这家家政公司，就是刚成立不久的麦地卡乡家政服务中心。家政公司的成立，同样离不开巴桑次仁的功劳。

巴桑次仁常常说，要打开眼界，就要多出去寻找机会，抓住机遇。他是这样说的，也是这样做的。面对巨大的发展差距，巴桑次仁深刻体会到：要实现自主脱贫，就必须通过发展可持续产业，来解决牧民就业问题。

嘉黎县发展底子薄、基础差，很多产业还处于萌芽阶段，为紧抓契机，使麦地卡乡群众“有事做、有钱拿”，巴桑次仁在经过实地调查和严密推敲之后，在县城正式成立了麦地卡乡家政服务中心。

34 岁的麦地卡乡村民次仁玉珍婚后一直在家照料两个孩子，丈夫长年在外跑运输。“我和公公婆婆住在一起，每天只能依靠丈夫挣的钱维持生活，”次仁玉珍说，“我也想过要出去打工补贴家用，但是一直找不到合适的工作。”想缓解家庭压力，却苦于找不到合适的就业机会，次仁玉珍很无奈。

一个偶然的机会，次仁玉珍的丈夫从同行那里得知麦地卡乡成立了家政服务中心，次仁玉珍听说以后动了心。“早就听说大城市里的保姆紧缺，我现在还年轻，去学习家政、做个保姆是个不错的选择。”带着这个想法，次仁玉珍在家政服务中心报了名。

每天上午 9 点，次仁玉珍都会准时来到服务中心进行系统的技能学习。“从做饭的技巧到抱孩子的手法，做保姆所需要的基本技能都能在这里学到。”对于家政服务中心安排的课程，次仁玉珍非常满意。经过几个月的培训，次仁玉珍收到了第一份工作邀请：家住那曲的佐杰一家新出生的女宝宝，需要一名会照顾婴儿的保姆，他们看中了次仁玉珍。“能有一份这样的工作，我真是太高兴了！”临行前，次仁玉珍特地来到服务中心，向帮助过她的老师、学员们表示感谢。“多亏有家政服务中心，圆了我的就业梦！”坐在前往那曲的客车上，次仁玉珍热泪盈眶。

搬家、货运、装修、保姆、家教、临时钟点工……，麦地卡乡家政服务中心由麦地卡乡政府主导经营，业务涉及方方面面。截至 2018 年 6 月，服务中心已实现收入 100 余万元，解决了 100 名麦地卡乡群众的就业问题，人均年收入达到 1 万多元。

“‘特别能吃苦、特别能战斗、特别能忍耐、特别能团结、特别能奉献’，这是我在麦地卡乡干部身上所感受到的精神力量。”一位到麦地卡乡检查工作的领导干部说。2016 年 7 月，麦地卡乡党委被评为自治区先进党组织。2017 年 7 月，麦地卡乡荣获自治区法治宣传教育先进集体。这些奖，是对巴桑次仁工作最好的鼓励。

多年的坚持与奋斗，换来的是麦地卡乡扶贫工作走在全县乃至全区前列，换来的是麦地卡乡群众生活水平明显的提升，成绩的背后是艰辛的汗水和默默的付出。当人们盛赞麦地卡乡扶贫工作取得的巨大成就时，都禁不住想起麦地卡乡党委书记巴桑次仁——这位扶贫战线上的领头人、雪域高原上的雄鹰！

（撰稿：张俊凯　照片拍摄：时军）

龙秀林，中共党员，湖南省湘西国家农业科技园区党工委副书记、管委会主任，曾任湖南省花垣县委驻十八洞村精准扶贫工作队队长。曾获湖南百名最美扶贫人等荣誉。他探索创新扶贫模式，带领村民积极参与村里道路扩宽、农网改造、机耕道、游步道等项目建设，推行股份制合作模式，合作发展“飞地经济”，提出了“投入有限、民力无穷、自力更生、建设家园”的十八洞村精神，并努力实践，使曾经一穷二白的山村彻底告别贫穷，整村摘掉贫困帽子。十八洞村精神得到了党中央和习近平总书记的高度评价。

# 牢记总书记的嘱托

湖南省湘西土家族苗族自治州花垣县双龙镇十八洞村，地处武陵山深处，峰峦环绕，人均只有八分耕地，青壮年大多长年在外打工，都不敢说自己是十八洞村的，怕别人瞧不起，娶不上媳妇，是附近出了名的穷山沟。2013 年，十八洞村全村人均纯收入不到 1 670 元钱。当时，村里流传着这样一首顺口溜：

山沟两岔山旮旯，红薯洋芋苞谷粑。
要想吃顿大米饭，除非生病有娃娃。

2013 年 11 月 3 日，习近平总书记来到十八洞村与村民座谈，作出了实事求是、因地制宜、分类指导、精准扶贫的重要指示，要求十八洞村搞扶贫“不栽盆景、不搭风景”“不搞特殊化，但是不能没有变化”，扶贫模式要“可复制、可推广”。

习近平总书记的到来，让十八洞村村民看到了希望。

2014 年 1 月 23 日，花垣县委任命时任县宣传部副部长的龙秀林为十八洞村扶贫工作队队长，派出一支 5 人扶贫工作队和第一书记组成的“5+1”模式进驻十八洞村，与村民共同探索脱贫之路。从此，这位宣传部副部长的命运与十八洞村紧紧连在了一起。他牢记总书记的嘱托，坚持精准扶贫，与村民共同唱响了一曲脱贫致富的凯歌。

## 扶贫队长这一张嘴

龙秀林永远不会忘记第一次与十八洞村村组干部、党员、村民代表见面的场景——

/ 龙秀林（左一）在田间地头与村民共商发展大计

当时多么期待老百姓的掌声出现，不料盼来的竟然是村民们的窃窃私语，他们用苗语说：“看来县委对十八洞村没有重视，要是重视的话，这个队长最起码要从财政、发改、扶贫部门派来才对，宣传部要钱没有、要项目更没有，顶多只带了一张嘴，怎么能帮助我们脱贫！”

还别说，龙秀林这张嘴真管用。工作队进村第二天，就接到村民电话，叫工作队赶紧到竹子寨去处理一个可能引发火拼的紧急纠纷。原来村里修路要占用村民施长寿家的地，施家不同意，因此工程被拖了一个多月还没有动工。这一天，村民们聚在一起，集体喝了鸡血酒，要与施长寿一家人拼命。情况十万火急！当地人都知道，苗家有一个风俗，一旦喝了鸡血酒，就是死了也不回头。工作队赶到现场时，竹子寨、梨子寨 300 多名群众正团团围住施长寿父子三人，70 多岁的施长寿拿着大柴刀，大儿子拿着钢钎，二儿子拿着铁棍，摆出了一副与土地共存亡的架势。龙秀林来不及细想，大喝一声：“谁也不许动！我是扶贫队长，大家听我说一说！”在场的所有人一下子被震住了。

龙秀林走到包围圈中央，先对村民们积极支持村里公益事业建设的态度进行肯定和表扬，又指出十八洞村的发展不能有杂音，更不能以流血牺牲为代价。“施长寿家不是不愿意修路占他家的地，而是怕他家同意以后，后面的路又修不通，他的地就白白糟蹋了。大家能不能给我保证，如果施长寿家让路，后面的路一定要修通？”村民们异口同声地回答道：“能！”

龙秀林此时又想到十八洞村以后的公益事业建设，还会有很多用地的事情，趁着大家情绪高涨，又补充了一句：“以后在村里公益事业建设中，占地 5 分以内大家能不能无条件支持？”村民们大声回答：“能！”他再补充说：“口说无凭，签字画押敢不敢？”大家又齐声回答：“敢！”双方当场签字画押，一场械斗得到了化解，停工一个多月的项目也恢复了开工。很多村民发自内心地鼓了掌——这对龙秀林是一种认可，一种信赖。龙秀林这才算在十八洞村站稳脚跟。他回忆这一经历时不无感慨地说：“扶贫队长不能只带一张说空话的嘴，要知道群众想什么，要把如何解决问题想清楚，关键时候才能当机立断，才能化险为夷解决矛盾，说出来的话，才能让老百姓信服。”

## 赚钱路子四通八达

按照国家精准扶贫政策，十八洞村的每个贫困户都能获得一次性给予的 3 000 元产业帮扶资金。但是十八洞村村民多数没有经营经验，要让家家户户用好这笔钱，用发钱给个人“一条道跑到黑”的方法并不现实。如何才能让村民把这笔钱用在“钱生钱”的事儿上，实现尽早脱贫和可持续发展？仔细考虑之后，龙秀林和村委会商量决定：这笔钱不能简单发给贫困户，要集中起来发展产业。经过商议，村里与当地一家农业企业合作，共同组建了十八洞苗汉子果业有限公司，在这家企业的指导下，开始种植猕猴桃，

/ 龙秀林（右一）与村民一起劳动

全国脱贫攻坚奖创新奖

农民成为“脱丁”，十八洞村开始走上了发展猕猴桃产业之路。2017 年，猕猴桃开始挂果，当年每个贫困户就分得了 1 000 元。

2014 年，龙秀林提出了“11 · 3”工程的设想，他要助推十八洞村发展乡村旅游。他给全村每户发 10 棵冬桃树苗、10 棵黄桃树苗，带领村民种桃树林。“我们不卖桃子，只卖桃树的采摘权，每棵桃树每年盛果期的采摘权卖 418 元。”龙秀林说，“11 · 3”和“418 元”是为了纪念总书记来到村了的时间——11 月 3 日，下午 4 点 18 分。认购桃树采摘权的人，可以在桃树挂果的时候，随时来采摘，期限是一年；还可成为十八洞村荣誉村民，等到十八洞村旅游开发好了，可享受免门票进溶洞游览、免费坐观光车、免费停车等优惠待遇。龙秀林预计，到时候，每个荣誉村民还可至少带动 20 位亲朋好友来十八洞村旅游消费，这将为村民带来更多进账，每户均可拿到 6 000 元左右的桃树收入。从此，十八洞村全村上下满怀信心地发展旅游。

在扶贫工作队的帮助下，十八洞村村民的增收途径多了不少。除务工以外，开农家乐、卖苗绣产品、养殖和种植，都成了村民们的致富门路。龙秀林替村民高兴之余，不忘引导村民继续拓宽思路——赚钱的路子四通八达！

## 以情帮扶相亲扶贫

常言道，“先成家，后立业”。可十八洞村的大龄男青年有不少娶不上媳妇成不了家，算下来，因为贫困，十八洞村 40 岁以上的单身汉有 40 多个。

为解决这个实际问题，龙秀林和第一书记施金通琢磨出了“以情帮扶、相亲扶贫”的办法，独树一帜地实施精准扶贫“脱单计划”，积极筹备了以“相约十八洞，牵手奔小康”为主题的十八洞村首届鹊桥会。通过多方努力，最终使 7 名大龄男青年成功“脱单”。

/ 龙秀林（左）下村入户问计产业发展

2016 年 3 月 8 日，习近平总书记参加十二届全国人大四次会议湖南代表团的审议时，再次提到了十八洞村。他问湘西州州长，村里有多少单身汉“脱单”。州长报告有 7 人，其中就包括总书记去过的施成富家的儿子施全友。

十八洞村有 4 个自

然寨，龙秀林在每个自然寨都安排一户贫困户结对帮扶，用他的话说是认亲。贫困户龙先兰是个孤儿，懒得做事还爱喝酒，每天醉醺醺的，经常打架闹事，谁也不敢惹他。2014 年底，龙秀林主动与他结对，并认他做自己的弟弟，把他带回自己老家过年，让自己的父母和兄弟姐妹们也认龙先兰为家人，并为他寻找致富产业。通过龙秀林的倾情帮助，让龙先兰感受到了家庭的温暖，激发了创业热情，逐渐发展成了远近闻名的养蜂大户，脱了贫、成了家、买了车、购了房。“脱单”成家后的龙先兰逢人就说：“过去娶不上媳妇是因为自己懒、自己穷，只有勤劳才能致富，只有挣到了能过活的钱才能娶上媳妇，谁家的姑娘愿意嫁给一个穷光蛋呢?”他在十八洞村村口立了一块牌子，上面写着“蜜蜂助我脱贫，蜜蜂为我脱单”，以表达自己的喜悦心情。

## 跳出去发展十八洞产业

要想脱贫致富快，规划引领是关键。紧紧围绕“天更蓝、山更绿、水更清、村更古、民更富、心更齐”的十八字发展目标，龙秀林带领扶贫工作队与村委会进一步深入走访调查之后，共同制定了《十八洞村 2014—2016 年精准扶贫规划》，为推进十八洞村精准扶贫奠定了扎实的基础，为十八洞的乡村建设和产业发展确定了方向。

为了实现十八洞村的“十八字发展目标”，龙秀林带领大家走出去学习考察，拓宽村民视野，转变村民观念，增强村民脱贫致富的信心。2014 年，他组织村干部、村民代表到四川省成都市、蒲江县，湖北省武汉市，湖南省张家界市、怀化市、永顺县、保靖县等地参观产业基地和新农村建设。学习考察回到村子后，龙秀林又组织大家集中讨论，谈感想，出主意，集思广益，探索发展新路子。大家一致认为，产业发展是脱贫的关键。结合十八洞村“人多地少”的实际，确定了“跳出去发展十八洞产业”的思路，进一步明确了大力发展四大产业的措施。

一是发展猕猴桃产业。与本省的专业合作社实施产业股份合作的扶贫新模式，在湘西国家农业科技园区建设千亩精品猕猴桃基地。2017 年，十八洞村猕猴桃产果 30 吨，经湖南省检验检疫局检测，239 项指标全部合格，果品直供香港、澳门。

二是发展养殖业和肉制品业。以传统养猪为主，由农户分散饲养，精选饲料，确保生猪品质。利用十八洞乡村旅游火爆、农家乐红火的优势，用苗族传统工艺制作腊肉对外销售。2017 年，十八洞村全村共产腊肉 5 万斤，产值突破 200 万元。

三是发展苗绣产业。利用乡村旅游迅速发展的大好机遇，成立苗绣专业合作社，建设苗族文化展示中心。2015 年，参加深圳文博会，并通过电商平台把苗绣产品推向市场，从此十八洞村苗绣产品供不应求，创造了更大的经济效益。

四是发展乡村旅游产业。利用得天独厚的自然景观优势、特色民俗民风、特色建筑，将十八洞村打造成为乡村旅游胜地。成立了花垣县十八洞村游苗寨文化传媒有限责

/ 龙秀林帮助群众搬稻谷

任公司，发展农家乐9家，实现了游客有保障、有解说、有乐趣的全方位旅游服务体系。

说起村民开农家乐，施全友是第一个吃螃蟹的人。2013 年11 月，在浙江打工的他下班后上网浏览新闻，发现一篇新闻报道称习近平总书记进了他家。新闻报道里的一张照片上，他的父母一左一右和总书记坐在一起。施全友傻眼了，马上打电话回家询问，“我怪我父亲不早告诉我，但他说他也不知道总书记会来”。

一个月后，施全友辞职回家。春节后，看到日益增多的游客，他在家里开起了农家乐，主打的招牌菜是苗家豆腐、腊肉和酸菜。一年下来能纯赚五六万元。

在十八洞村乡村旅游产业发展中，龙秀林倾注心力，自编解说词，整理小故事，培训农民解说员，并亲自为游客解说。他的解说深入浅出，形象生动，形成了十八洞村独特的风格和品牌，让很多游客流连忘返。十八洞村平日来旅游观光游客量达 2 000 人以上，双休日和节假日更是达到 5 000 人以上。

龙秀林的 3 年努力，换来了十八洞村实实在在的发展变化，不仅贫困村摘了帽，同年还获得全国先进基层党组织、全国文明村镇等荣誉。

在十八洞村扶贫近 3 年后，龙秀林担任了花垣县扶贫办负责人，他把十八洞村的“思想建设、产业建设、设施建设”模式在全县进行了复制和推广。十八洞村精准扶贫和乡村建设被《人民日报》、新华社、湖南卫视、《湖南日报》、凤凰卫视和英国电视台等中央、省级国内主流媒体和外媒跟踪报道。十八洞村扶贫经验被推向了全国，推向了世界。

十八洞村村民们乐呵呵地说：“现在，大家的积极性非常高，都盼着早点过上更好日子呢！”

（撰稿：张正宇　张奕　照片拍摄：龙志银　麻志胜）

伊占伟，中共党员，解放军96601部队政治工作部保卫处处长，上校军衔。他组建扶贫志愿工作队，协调军地力量共同参与扶贫。近年来，各志愿队累计投入800余万元，帮助5省13个定点帮扶村864名贫困群众实现脱贫，资助6 000余名贫困学生，取得了良好的社会效益。他注重发挥部队信息技术优势，帮助贫困村打造综合服务信息中心，连接物联网平台，开设微店网店，开发销售App，推出微信公众号，把贫困村打造成为安徽首个“山泉流水养鱼之乡”。

# 部队里来的扶贫人

2018年的一天，安徽新安江源头某贫困村贫困户宋谷雨早早吃过饭，把家里内外收拾干净。这天，是他部队里的亲人要来看他的日子。

宋谷雨不会忘记，是来自部队的亲人，支持他搞起了泉水鱼养殖，每年收益4 000多元，盖起了新房子，孩子上学不再发愁。

同村的叶求基也不会忘记，2018年初家里因病致贫，是部队的亲人第一时间上门为他儿媳协调大病医疗救治，对家里两个上学的孩子进行教育帮扶，并让他和老伴到部队新建的集体鱼池打工增加家庭收入。

“就是部队的亲人好，如果没有伊处长的帮助，哪有现在的生活啊。”贫困户口中的亲人，就是解放军96601部队政治工作部保卫处处长伊占伟。

## 军人重返根据地——办实事

伊占伟，2001年入伍，现任解放军96601部队政治工作部保卫处处长，上校军衔。2011年，他第一次到革命老区开展结对援建，看到很多老百姓生活依然贫困艰辛，立志要帮助革命根据地老乡过上好日子。

去宋谷雨家的走访，是伊占伟对13个定点帮扶村贫困户常规走访中的一次。8年来，他跋山涉水、进村入户，走遍了部队在5个省的每一个扶贫点。

熟悉伊占伟的人都知道，为了设计扶贫路线图，他有空就往扶贫点跑，敲开群众家门，走进农家小院，与群众一起侃大山。一来二去，他把 13 个帮扶点的情况摸得一清二楚——老李家有几口人，老孙家有几亩地，老张懂什么技术，他张口就来。

按照标准筛选确定帮扶对象，彻底摸清“贫底”、找准“贫根”，为“扶真贫”“脱真贫”奠定坚实的基础。“摸清底数，才能心中有数。”这是伊占伟的扶贫心得。简短的话语，凝结着他的心血和汗水。为切实摸清贫困群众发展底数，他不止一次带着军地扶贫人员和贫困群众代表，反复排查扶贫点土地、劳动力和资源情况。

宋谷雨和叶求基所在的位于新安江源头的安徽省某帮扶村是一个革命老区，村里山涧众多，泉水常年低温，这里的鱼，肉质清鲜甘甜，自古以来就有山泉流水养鱼的传统。伊占伟敏锐地意识到，这些草鱼将来有一天会成为当地百姓脱贫致富的“金鱼”。

军人重返根据地，就是要带领老区人民再打一场硬仗。

他充分利用部队信息技术优势，推进“互联网 + 农业 + 旅游”工程。第一步，组织部队投入 200 余万元援建 100 口鱼塘，并且将泉水鱼养殖和乡村生态游有机融合。第二步，面对新安江源头扶贫村里因路窄车难行、网络难联通、山珍无人问津的现状，伊占伟深入村里，帮助铺设光缆近 2 万米，使村子与外界有了“信息公路”。第三步，帮助当地建起了综合性农业信息服务平台，之后又开设微店网店，研发销售 App，建立微信公众号，推开“品板桥泉水鱼、赏呈村油菜花、忆老区拥军情”特色旅游项目，打造物联网信息平台。第四步，采取新举措，用销路打开出路。他协调地方扶贫、民政、交通等部门共同研究解决制约产品销售的瓶颈问题，拉动部队共建企业走进帮扶村，帮助联系渠道、宣传品牌、拓宽销路，促成 26 家企业与扶贫村达成泉水鱼、黑毛猪、百

/ 部队援建的“八一”鱼塘成为热门小景点

香果、番鸭、覆盆子等定期采购协议，加大了产业扶持力度，增加了贫困群众分红收入。

功夫不负有心人。如今，泉水鱼养殖系统成功申报为“中国重要农业文化遗产”，养出的泉水鱼虽然比一般草鱼价格贵出好几倍，仍然供不应求，当地群众年均收入普遍比往年高出两倍以上，该村也成为安徽首个“山泉流水养鱼之乡”。

村里外出打工的人都陆续回到家乡，种上了自留地、建成了新鱼塘、开起了农家乐。村民叶利民得知部队要在家门口建设集体鱼池、发展乡村旅游的计划后，在短短 3 个月时间里筹集资金开了组里第一户农家乐，半年下来收入增加了好几万元。在他的带动下，还有 4 家也都在筹建农家乐。

两年中，伊占伟帮助当地新建农家乐 38 家，带动游客量增加 60%，泉水鱼销售额增长 80%。2017 年，安徽省委领导现场考察该村后，称赞部队“帮助群众把草鱼养成了‘金鱼’，走在了推动军民融合深度发展的前列”。

赏乡村美景，游山间古道，尝泉养肥鱼……

每年旅游旺季，都会有大批慕名而来的游客醉在乡间，流连忘返。随着乡村旅游搭上互联网快车，村民的收入也是芝麻开花节节高。

老区人民富起来了。每次看到群众脸上露出笑容，伊占伟心头都会涌起一股成就感。带领老区人民打赢这场翻身仗，是他最大的幸福。

## 攻坚战地军旗红 一鱼水情

“解放军，胜亲人；帮村民，脱贫困；鱼水情，心连心。”这是部队帮扶的某贫困村群众编的歌词。

2018 年 3 月，在驻地帮扶村开展学雷锋活动时，伊占伟得知该村原新四军交通员、“支红户”汪顺德老人由于腿脚不便未能到现场体检后，当即带领医疗人员上门检查身体。90 岁高龄的老人家眼噙热泪，拉着他的手感动地说：“感谢共产党，感谢解放军！”

长期扎根在一线，让伊占伟认识到，新时代扶贫工作不仅要让农民“吃得饱、穿得暖”，更应该努力求新求变求突破，实现“吃得好、穿得靓”的目标，人民群众才会打心眼里觉得幸福。

他知道，部队要在扶贫中真正发挥作用，就要主动靠上去、经常走下去、真正深进去，在“变”中厚植鱼水深情。负责部队扶贫工作后，他每年都组织与驻地市、县、乡、村四级共同召开的恳谈会，深入分析扶贫工作面临的形势，多次利用节假日和周末进乡村、跑点位，有时身体不适还带着药下乡，有时自己孩子生病也照不上。

2012 年，机关驻地某偏远山村因突然遭受冰雪灾害天气，很多村民御寒准备不足，时任群联干事的他得知这一情况后，立即向上级请示，经批准后连夜冒着大雪带队赶赴

/ 伊占伟（右一）上门看望老游击队员

受灾地区，及时送去棉衣棉被，保证了群众的生命安全。很多老百姓都感动地说："当年的红军又回来了，感谢习主席、感谢共产党、感谢解放军！"

多年来，贫困村教育难、医疗难、交通难、娱乐难等一批"老大难"问题始终无法得到解决，严重制约了村里的发展。为了破解这些难题，他大力推动"1+1"结对助学，举办留守儿童"小小解放军"夏令营，组织捐款 300 余万元资助贫困学生，帮助 1 690 名学生完成学业。

每次去定点帮扶学校，他都会向自己结对资助的学生王达了解近期学习情况，问问家里有没有什么困难。在他的帮助鼓励下，王达成绩一直名列前茅。王达说："一定不辜负解放军叔叔的关心资助，以优异的成绩回报社会。"

他指导部队医院全面推行贫困群众免费体检，捐赠 36 台（件）先进医疗器械，定期补充 60 余类常用药品，每季度组织医疗专家巡诊，为白内障患者开通"光明工程"；帮助扶贫村改造修缮校舍、村卫生室，新建音乐舞蹈教室、村民活动广场、沿河安全护栏、旅游停车场和太阳能路灯等。村里环境条件大大改善了，人民群众的获得感幸福感显著提升。

扶贫村被河流阻隔，不少村民探亲访友、小孩上学、购买日常用品都要蹚水过河，特别是赶上汛期河水上涨，交通阻断就根本无法出行。他多方筹款，为村里修建了 6 座水泥桥，不仅方便了群众，还在军民之间架起了一座座心连心的桥梁，百姓们亲切地称这些桥为“军民连心桥”。

村里有名的致富带头人汪跃良原本在杭州创业。2016 年，部队开展定点帮扶后，伊占伟主动联系汪跃良，动员他回乡带领村民一起创业致富，经常利用难得的休息日进村跟他一同研究“泉水鱼养殖 + 乡村旅游”特色产业发展模式。已经是村里致富带头人的汪跃良感动地说：“在解放军的帮扶下，我们村红色旅游出名了，每天都有很多游客来参观。”

同时，伊占伟还研究发展当地第二支柱产业，结合当地红色资源和茶园众多的优势，打造红军茶叶工坊，开发“红军茶”，帮助群众解决茶叶销售难题，走出脱贫致富新路子。将脱贫攻坚、助学兴教与爱民服务融为一体，创新开展学雷锋进社区、进校园、进乡村“三进”活动。

伊占伟把人生中最美好的一段青春时光献给了扶贫工作，把军旗树在了贫困群众的心中。“有事找解放军”成了帮扶地群众挂在嘴边的话。

## 部队下乡扶真贫——建机制

伊占伟深知，思想放不开，视野打不开，贫困的根子就挖不掉，这是贫困的症结。为此，他协调推动军地双方建立互学互帮互促机制，大力推动“军营文化进乡村”活动，解读惠民富民扶贫政策，捐建“农民书屋”，赠送农业科技书籍，引导群众不断增强“只要有信心，黄土变成金”的信念和“只要够勤快，人人都能富起来”的决心。

自 2011 年任群联干事长期负责扶贫工作以来，伊占伟组织官兵广泛参与爱民助民工作队，所在部队先后投入 800 余万元帮助驻地 5 省 13 个定点帮扶村 864 名贫困群众实现脱贫，资助 6 067 名贫困学生，为 28 170 名群众提供医疗援助，取得了良好的社会效益。

大部队参与扶贫也形成了制度。在部队，像伊占伟这样的不止一个。从白山黑水到南国密林，从东部沿海到高原戈壁，处处奏响爱民为民的扶贫时代华章。

伊占伟（右二）到小学探讨筹划教育扶贫工作

80 多年前，中央红军从江西出发，拉开了两万五千里长征的序幕。80 多年后的今天，部队机关与江西省某贫困村确定了定点帮扶关系，他们会同地方政府先后召开军地联席会、任务对接会，投入 1 000 余万元，实施基础设施建设、产业帮扶、助学兴教等 6 项帮扶举措，着力办好 20 件

/ 伊占伟（左）走访群众摸清脱贫实情

实事。进村道路、种植基地、助学兴教、军烈属危房改造等 9 个重点项目正在抓紧推进。

豫西贫困山区某贫困村，水资源严重匮乏，遇上干旱季节，不仅没有水浇灌庄稼，就连全村 2 800 名村民的生活用水，也要到数公里外的地方肩挑车拉。部队联合驻地水利局，翻山越岭勘探水源，先后在该村修建 3 座大型蓄水井池和水塔，彻底解决了全村吃水难题。当清澈的泉水流进村民家中时，男女老少发自内心地赞叹：“解放军给俺们办了件大好事啊！”

偏僻湘西，部队机关实施湘西助学帮扶工程，每年捐赠 30 万元资助 100 名特困生。贵州山区，部队每名机关干部都有 1 名资助对象。

部队助力帮扶村产业结构调整，向贫困户捐赠 500 只种羊，并签订市场收购协议，目前已实现收益 13.5 万元。部队投入 60 多万元支持帮扶村贫困户将民宅改造成东北风情特色小院，走出一条生态旅游扶贫路子，解决了 80 名村民就业问题，16 户贫困户每人每年分红 4 300 元，彻底摘掉“穷帽子”。

各部队与驻地数十个县、乡（村）医疗机构建立对口支援关系，常态开展帮带学科技术、捐赠医疗器械、培训医护人员等活动，积极参加驻地“爱心光明行”“万人复明工程”等爱心医疗服务行动，受益贫困群众 3 000 多人。结合全国扶贫日、重要节假日等时机，各单位还纷纷派出医疗分队进村入户为帮扶对象雪中送炭，巡诊群众 1 万多人次，送医送药价值 200 多万元。解放军总医院专家医疗队为四川甘孜 9 个重点贫困地区义务巡诊 1 080 人次。

扶贫路上，解放军奋勇担当；脱贫战场，子弟兵敢打硬仗。尤其是伊占伟以一名军人的担当，树起了脱贫攻坚战场上的猎猎军旗。

老区人民记住了这群穿军装的扶贫人。

（撰稿：高永伟　照片拍摄：于迪超）

刘彦随，中共党员，中国科学院地理科学与资源研究所研究员、博士生导师，发展中国家科学院（TWAS）院士。曾获全国优秀科技工作者等10余项国家荣誉，省部级科学进步奖一等奖5项、二等奖3项。2015年以来，带领全国千余名专家学者团队，创新实地调查“六个一”工作法，开发国家精准扶贫评估与决策系统，连续4年圆满完成扶贫开发成效第三方评估及2016年首批贫困县退出专项评估检查工作。探索出贫困化“孤岛效应”理论和工程扶贫模式，创建多个扶贫研究示范基地。注重精准扶贫创新成果交流，向发展中国家传播中国扶贫方案与经验。

# 将论文写在祖国大地上

“我是村里第一个大学生。因为我考上了大学，村里第一次放了电影。我始终记得村支书的那句话：‘以后哪个娃娃考上大学，就给哪个娃娃放电影。’乡亲们把美好生活的希望放在了我们这些走出山沟的学生身上。”如今，这名山里走出的学生娃，热爱祖国、心怀乡村、情系百姓，带领创新团队以国家重大需求为己任，长期扎根农村调查研究，服务国家战略决策，在农村发展与乡村振兴战略、扶贫开发理论、政策研究与示范推广领域，取得了重要的创新性研究成果和广泛的应用成效，将一篇篇论文写在了祖国的大地上。

他，就是刘彦随。

## 推进理论研究和战略创新

刘彦随的头衔很多：中国科学院精准扶贫评估研究中心主任，中国科学院地理科学与资源研究所研究员、博士生导师，长江学者特聘教授，国际地理联合会农业地理与土地工程委员会主席，中国地理学会乡村发展专业委员会主任，中国城乡发展智库联盟理事长，全国优秀科技工作者……。他对农村贫困研究情有独钟，长期致力于此，综合应用地理学地域分异、人地系统理论，融合经济学、管理学、社会学等，深入研究中国贫困问题。

刘彦随沉浸在研究里不能自拔，孜孜不倦地攀登一座又一座高峰。在扶贫理论方

/ 贫困县工程扶贫研究示范基地

面，他深入研究我国农村贫困化类型与分异格局，提出了农村贫困“孤岛效应”“木桶效应”及扶贫开发“边际递减效应”理论认知。针对转型期乡村贫困和衰落状况，在国际权威刊物《自然》上发表论文《世界乡村振兴》，提出了扶贫开发理论与乡村振兴战略新认知。

刘彦随不仅专注研究，还注重推进扶贫开发模式创新与示范，为典型地区脱贫致富提供重要科技支撑。他带领创新团队，坚持理论与实践相结合，用微观研究支持宏观决策，系统探究减贫与发展战略主题、关键问题和技术难题。主持完成该领域的多项国家自然科学基金重点项目、国家社科基金重大项目、国家科技支撑计划项目等，为创新中国特色扶贫开发理论与技术进行了积极探索与实践。

尤其是近十年来，刘彦随主持创建了多个探究新时期减贫与发展模式的观测研究站（基地）。在延安黄土丘陵区，着力创新治沟造地和“一季改两季、一业变三业”技术模式，倾心服务于革命老区的减贫与发展事业；在陕北毛乌素沙地，研发和推广了沙化土地结构化整治关键技术、现代农业双优工程技术，探索生态脆弱贫困区农业生产发展、生态宜居、生活富裕的“三生”共赢途径；在河北太行山区，建立了中国精准扶贫与县域发展研究示范（阜平）基地，系统探究山地综合整治工程技术与可持续模式，创新了工程扶贫新模式。

## 牵头组织第三方评估

2016 年 5 月，受国务院扶贫开发领导小组委托，刘彦随接受了一项重大任务：对 2015 年中西部 22 个省区市脱贫攻坚成效开展试评估，为从 2016 年起正式开展考核评估积累经验、探索方法。他也有了一个新的身份——中国科学院精准扶贫评估研究中心主任。

第三方评估，听起来很“威风”，可开展起来并不简单——没有先例、没有标准、没有平台、没有人员……，一切都要从零开始。刘彦随说：“当时我没想太多，领导让我牵头，我就爽快答应了。再大的困难也要克服。这不仅是一项科研任务，更是一种责任和使命。能参与这项全新的工作，也是我们的机遇。”

实行最严格的考核评估制度是打赢脱贫攻坚战的重要保障。对此，刘彦随有清醒的认识。“第三方评估服务于国家脱贫攻坚成效考核，是党中央脱贫攻坚决策部署落地见效的‘推进器’、‘质检仪’和‘温度计’。往小了说，关系着每家每户的生计和群众的心愿；往大了说，事关全面建成小康社会和中国梦的实现。因此，评估程序与结果必须经得起实践和历史的检验。”从方案起草、队伍组织、人员培训、实地调查到建立指标体系、研制调查问卷、制定标准规范、开发技术平台，他带领团队攻坚克难、不断探索，建立了评估调查的“两制度三系统”机制，保障评估调查的每个环节、每个数据、每个问题都规范、准确、客观。

这是一项庞大的工程，不仅需要精细的方案支撑，更需要得力的队伍。刘彦随牵头组织 33 个第三方评

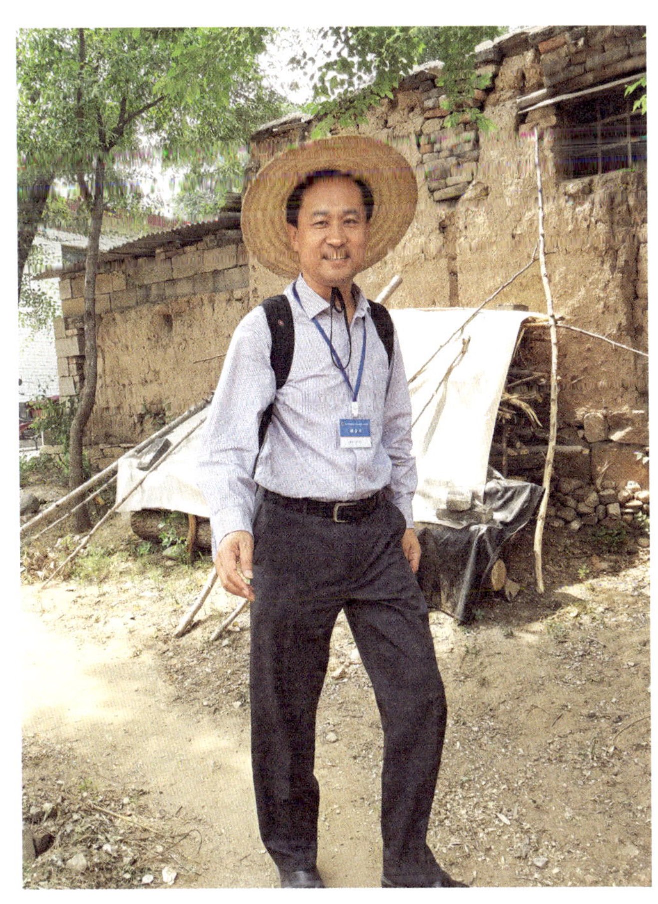

/ 刘彦随在河北省进行第三方评估调查

估机构，1 300 多名专家学者参与到评估调查大团队，完成了中西部 22 个省 113 个县 617 个村的 3.7 万户农户调查和建库工作。调查员大部分是地理学、经济学、管理学等相关专业的老师和硕士、博士研究生。为了保证评估方法、标准的一致性和公信力，在评估调查之前，系统开展业务培训，考核合格才能上岗。刘彦随设计了“六个一”工作法：调研员进村入户时要携带一套问卷、一部照相机、一台摄像机、一支录音笔、一个定位仪、一幅高分地图。

“接地气才有底气，有深度才有高度。在实践中只有发挥团队智慧，积极探索新技术、总结好方法和写出好报告，才能有效支撑真评实考、以评促改和科学决策。”第三方评估得到广泛认可，不仅客观反映了脱贫攻坚进展、成效和存在的问题，也为后续改进提高工作提供了重要的依据和参考。2016 年 12 月，刘彦随被国务院扶贫办授予 2016 年扶贫开发工作成效第三方评估工作先进个人荣誉称号。

2017 年，受国务院扶贫开发领导小组委托，刘彦随承担了 2016 年脱贫攻坚成效正式考核的第三方评估任务和 2016 年首批贫困县退出专项评估检查工作。

随着评估经验的增加，刘彦随创新了精准扶贫评估调查“六个一”工作机制和“六项”关键技术，开发了第三方评估技术平台系统“精评通”手持终端设备，实现了从空间抽样到入户调查数据采集，再到数据传输、质量监控、标准化分析输出的信息化、智能化。新技术方法的应用使工作效率提高了 30%、成本降低了 40%，保障了评估工作的客观、公正与科学性。刘彦随演示了平台系统的抽样方法，在占了一整面墙的大屏幕上，一个个村落化为亮点闪烁。“为了最大限度地避免人为干扰，专家组在入户调查前一天的晚上才公布抽样调查的村庄，进村后再随机抽取调查农户。”刘彦随说，“为了保证调查样本的可靠性、代表性，设置抽样时必须覆盖偏远的村庄。步行几个小时才能到达的村庄是否脱贫，最能说明扶贫的真实效果。”

最让刘彦随欣慰的是，他还培养了一批了解农村真实情况、对农民饱含感情的年轻人。“2017 年农历大年三十，我们的队员徒步 3 小时进入深山调查，连春节都是在村里过的。”在刘彦随看来，做学问、搞研究，既要读万卷书，也要行万里路，更要谋万民福。在评估调查中，这些年轻人进村入户见过、听过、体验过，等他们成长起来了，就能做出更大的贡献。

2019 年，刘彦随已连续 4 年负责组织这项全国规模最大、时代意义重大的脱贫攻坚成效第三方评估任务。这次，他带领来自全国 28 家科研院所和高校的 1 756 名专家学者参加了调查评估，创新推出第三方评估“两制度、三系统”管理体系，即实行分省交叉评估制度、评估员上岗认证制度和使用 App 全数字采集系统、数据传输监测系统、标准化分析转出系统。广泛应用自主研发的系列新技术，使评估人员减少了 20%。同时，科学支撑了地方以评促改和精准管理决策。

/ 刘彦随在第三方评估重大任务 2018 启动培训会上作报告

## 积极传播中国扶贫好声音

作为一名有影响力的学者，刘彦随十分注重精准扶贫科学传播工作。

2015 年，刘彦随应邀出席减贫与发展高层论坛，并作主题报告《中国实施精准扶贫重大政策第三方评估及对策建议》。2016 年，他受邀出席拉美区域协调发展国际会议，作大会报告《中国农村贫困区域分异与减贫对策》。2017 年，他出席国际科学院组织的科学减贫国际论坛，作主题报告《中国精准扶贫的成就与创新》，对传播精准扶贫的中国经验发挥了重要作用。2018 年，他出席发展中国家科学院第 28 届院士大会，作专题报告《中国精准扶贫与乡村振兴战略》，引起同行专家的广泛关注；同年，他应邀出席博鳌亚洲论坛 2018 年年会，主持分论坛“转型中的农民与农村”，系统报告了中国精准扶贫政策与考核评估制度。

刘彦随还多次主持召开精准扶贫与乡村发展国际学术研讨会，保持与国内外同行专家广泛而深入的交流与合作，与瑞典、英国、美国、南非、巴基斯坦以及拉美国家同行建立了长期合作关系，着力推进面向 2030 年全球可持续发展目标的合作研究，服务国家战略决策。

除此之外，刘彦随在《人民日报》《光明日报》发表人民时评、新论 17 篇，多篇聚焦精准扶贫理论与战略创新；在《中国科学院院刊》上发表与专题“精准扶贫重大战略与政策研究”相关的论文，全方位展示了精准扶贫国家战略、政策和技术方法创新的最新成果。他精心组织第三方评估专家学者团队论坛与学术交流，着力推进精准扶贫“三库”（大数据库、专家智库、系列文库）建设，引起了广泛重视和强烈反响。

世界银行发展研究组首席经济学家克劳斯听取刘彦随介绍中国精准扶贫成效评估后，评价道：“中国第三方评估工作很有特色，是中国精准扶贫实践的重要创新，对于全球减贫具有广泛的借鉴意义。”2017 年，刘彦随因其在中国乡村发展、土地利用与农村精准扶贫研究领域取得的杰出成就，获得发展中国家科学院科学奖。

理论源于实践，发展始于创新。刘彦随倾心投身国家精准扶贫事业，开拓创新、笃力前行，成功地“把论文写在了祖国的大地上”。

（撰稿：周艳　照片提供：刘彦随）

江奉武，重庆市城口县岚天乡党委书记。2015年被重庆市委市政府评为"双拥模范"先进个人。从县委宣传部奔赴有天无地、有山无田、有人无路的岚天乡，他将全乡仅有的几块"鸡窝地、巴掌田"发挥出几何级数增长价值，创新"产业生态化、生态产业化"发展模式，发挥山水林作用，变民房为民宿，变山区劣势为生态优势，变"输血"为"造血"，让穷山恶水变成了人间仙境。岚天乡贫困发生率由2014年的18.4%下降至2017年的1.8%，先后荣获全国文明村镇、全国美丽乡村、重庆市特色景观旅游名镇等称号。

# 穷山恶水变身记

2017 年 12 月，重庆市城口县岚天乡岚溪村连片彩叶装裹的大山里飘起点点雪花，为散布在山间的一栋栋古朴民房披上了一层薄纱。

贫困户廖贵桥老远便看见几个人踏雪而来，再一细瞅，原来是乡党委书记江奉武带着几名扶贫干部又来走访了。他赶紧迎上去，迫不及待地絮叨起来："政府把我们 100 多户村民的老房子改成了新民宿，还让我们加入集体经济组织，变成了股东。来年我也能办民宿、开餐馆，可以挣上钱了！"

## 土坯房的新出路

城口县位于秦巴山集中连片特困区，是国家扶贫开发工作重点县、重庆市深度贫困县。土生土长的江奉武，从小深受交通闭塞、信息不畅、经济落后之苦。从西南大学毕业返乡后，江奉武时时刻刻思考着改变家乡贫穷落后的面貌。2016 年 4 月，34 岁的他由城口县委宣传部调任岚天乡党委副书记、乡长。

当时，岚天乡全乡 93% 是山林沟谷，土地面积不足 7%，各村组织涣散，土地严重撂荒，70% 以上的年轻人不得不外出打工，"光棍村""空壳村"的帽子压得全乡村民抬不起头来。江奉武看在眼里急在心上，暗暗发誓一定要落实好精准扶贫精准脱贫措施，解决生产生活难题，尽快实现稳定增收。

为了全面摸清致贫原因、找准稳定增收之策，到岚天乡报到的第二天，江奉武就开

/ 江奉武（右）走访三河村贫困户

始下村进行走访。他早上六点出发，晚上七八点还召开社员大会，用两个多月时间走遍了全乡村社，访遍了所有贫困户。他一户一户访谈、一社一社调研、一村一村解剖，200页的笔记本写满了3本，形成调研思考报告20份，召开10次党政班子会进行反复研判。

一天，江奉武走访到三河村五社时，碰见贫困户汪成军准备拆掉住了几十年的土坯房，建一座“小洋楼”。江奉武立马叫住他：“这是宝贝，拆了你要后悔的！”

“不拆怎么住人啊？”汪成军回了一句。

一打听，江奉武才发现拆土房、建新楼房不是个例，仅五社就有40多户农户有此计划。他从内心不赞成大拆大建，可群众的现实问题也需要解决，怎么办呢？敢于思变的江奉武很快就找到了落脚点：贫困群众急于改善的土坯房，正是留住乡愁的根本性标志之一，岚天乡残留的土坯房、篱笆院、石径路等乡愁元素，不也正是难得的资源吗？能不能变废为宝，提升民房使用价值，让民房变民宿呢？

江奉武在脑海中反复酝酿并提出这个想法。可让他万万没想到的是，保留土坯房的话刚说出口，就遭到了乡党政班子和全乡群众的反对。“这个乡书记不知百姓的苦日子！”“他根本就是不愿帮我们修房子，还精准扶贫精准脱贫呢！”……

压力铺天盖地而来，这大大出乎江奉武的意料，可他坚信这是一条有效的脱贫致富路。此后，他苦口婆心地做工作，力排众议，打动了一些群众。他选准试点户15家，进行全方位设计规划，策划营销活动，并以个人名义为试点户担保融资400余万元。

功夫不负有心人，小茅屋、阡陌田园等“巴渝民宿”试点取得成功，2017年户均纯收入达10万元以上，大大激发了全乡干部群众的参与热情，观望群众开始纷纷自愿投入“民房变民宿”项目，保留土坯房最多的三河村更是响亮提出了“三河不比城里差”的口号。残留的土坯房成为积极保护的古村落遗产，摇身变为一道靓丽的乡土风景线。

江奉武的干劲更足了，通过进一步跟踪调研试点工作，创新形成了入户走访、发布公告、会议动员、确认民房、设计方案、组织施工、共同验收、投入运营、营销带动九步流程，为全乡做大做强“民房变民宿”项目积累了经验，开启了脱贫攻坚乡村旅游扶贫新思路、新作为。

在江奉武的规划引领下，岚天乡的土坯房有了新出路，20% 准备拆除重建的土坯房得以成功保留。“民房变民宿”项目参与户数占全乡农户的 45%，其中贫困户占比达 82% 以上，户均纯收入最低达到 4 万元，最高达 25 万元以上。

## 山水林引来致富活水

有了民宿，得有稳定的客源才行。

“世代岚天人，山高路不平，要过好日子，做梦才得行”的童谣扎痛了江奉武的心，牵扯着他的每根神经。山环山、山连山、山套山，连绵巍峨险峻，除了山还是山是岚天乡的真实写照。一方水土养不活一方人，是大自然给江奉武出的最难考题。

怎么办？既然组织信任，群众期盼，无论如何也要破题！一遍遍叩问，一回回调研，一次次深思，勤于探索、善于创新的江奉武提出了“依托山水林，吸引城里人，变山区劣势为生态优势，为民宿发展引来源头活水”的创新发展思路。

用穷山恶水做生态文章，这不是痴心妄想吗？建山水林项目，投资大不说，见效也慢，能否对民宿发展起作用还得打问号，哪儿能这么折腾冒险？从党政班子成员到村组干部群众，再一次对江奉武质疑起来。

但江奉武就是不信邪。他召集大家开会讨论，耐心细致地陈述自己的想法及项目规划、前景，一次不行就两次，两次说不明白就再开会说。前几次人家听着这天方夜谭，脑袋都摇得像拨浪鼓，一个个试图说服江奉武，没想到后来大家被江奉武“洗脑”，逐步统一了思想。接下来的事情就顺利多了：山水林如何发挥作用？科学编制规划项目；林地使用如何解决？召开社员会一事一议；项目审批如何加快？严格程序并联审批；建设资金如何筹集？多方争取上下联动；项目施工如何赶进度？倒排工期加强监管……

1 000 多个日日夜夜，江奉武连轴转在农户家、工地、办公室，协调着各方资源，充分发挥岚天乡山水林资源的作用，将穷山恶水的山区劣势转变成自然生态优势，引来了岚天乡脱贫奔小康的源头活水。他秉持的理念是：民房变民宿乃乡村旅游扶贫之形；置身山水林间，实现人与自然和谐共生，体验大巴山最美最亲最近的原生态，才是乡村旅游扶贫之魂。

江奉武（中）组织召开院坝会讲解脱贫攻坚政策

红岸村彩叶观光带是大巴

/ 江奉武（右二）实地查看灾情

山旅游线上的香饽饽，民宿已经不仅仅是一个接待地点，它融入于岚天乡优美的山水环境中，成为一道独特的风景。

“要不是当初江书记选我的农家乐当示范点，要不是江书记的山水林项目，我们哪会有现在的好环境，还能过上这样的好生活!”开办“阡陌田园”民宿的红岸村示范户冉光才说。

在江奉武的带领下，短短 3 年时间，岚天乡共实施山水林项目 120 余个，开发了落红溪慢时光主题园、夫妻树情感寄托地以及童趣园、水上乐园亲情体验场和三河村原始部落群等乡村旅游目的地，成为城口县消夏避暑节、彩叶节的重要举办地；打造了板栗采摘节、金瓜采摘节、百家宴等人气旺盛节会；成功创建了重庆市作家协会创作基地、重庆市音乐家协会创作基地、重庆市美术家协会创作基地。

山水林项目引来的不仅是致富活水，还有振兴的乡村面貌。江奉武统筹规划，全面实施了农村环境连片整治，实现了全乡垃圾集中清运，95% 的生活污水集中处理，75% 的流域实施了河流视频监控。不仅如此，全乡 65% 的贫困群众担任了生态护林员、渔政管护员、清洁环卫员，实现了稳定就业。

“现在我们这里山美、水美，游客也爱到我们这里来旅游，今后的收益一定会更好。”尝到甜头的大巴山“森林人家”业主张中艳对未来一脸憧憬。

## 村集体实现大变样

岚溪村地处偏远的大巴山腹心地带，属典型的高山区、深山区、石山区，素有“九分山水一分地”的说法。全村 223 户 889 位村民大多居住在海拔 1 000 ~ 1 300 米的大山里。然而，这样一个深山里的贫困村，却通过“三变”改革，打了一场漂亮的翻身仗。

对这个特殊的贫困村，江奉武格外青睐，仅走访就不下 20 次，介绍起来头头是道：“习近平总书记说过，绿水青山就是金山银山。民居变民宿和山水林的建设，为我们的‘三变’改革提供了基础，瞄准乡村旅游这个靶心，岚溪村探索建立了‘合股联营’机制。”

2017 年，在江奉武的大力推介下，重庆智达旅游有限公司进驻岚溪村，先后投入 800 余万元建成了大巴山乡村欢乐谷、大巴山水上乐园、草籽沟休闲观光步道等景点。接着，成立了岚溪村股份经济合作社，将村集体总估价为 439 万元的 8 项可经营资产，以及由 225 户村民闲置民房改成的民宿、水上乐园等联合入股，让村民们搭上乡村旅游发展的快车。

2018 年以来，岚天乡组织实施“三变 + 民宿”改造，引导岚溪村集体、闲置房屋农户（房东）与市场经营主体三方构建“经营主体 + 村集体经济组织 + 房东”的合股联营机制，共同确定民房改造设计方案，统一组织改造施工，统一运营民宿。民宿收益按股进行分配，建档立卡贫困户将得到不低于 6% 的年度固定分红。2018 年，贫困户人均分红达到 1 200 元左右。

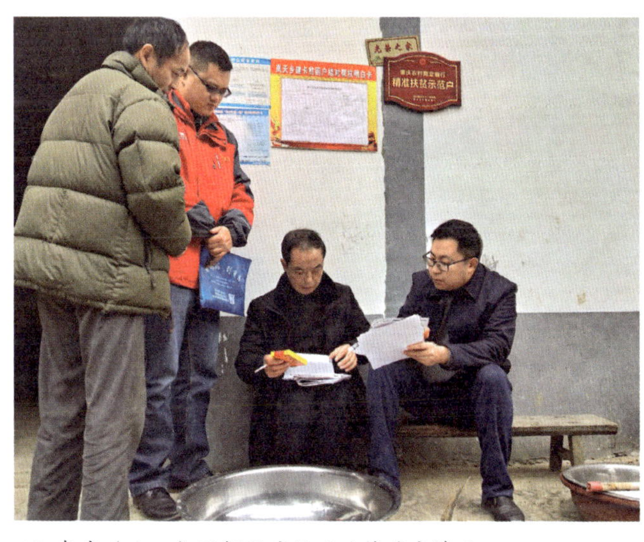


/ 江奉武（右一）了解医疗救助政策落实情况

经过不断研究探索，江奉武首创了村集体经济组织理事会、监事会商议项目—理事会制定实施方案—股东代表决议—理事会向乡党委和政府申请项目—乡党委和政府审议批复—理事会组织实施—乡党委和政府组织验收—项目结算审计八步程序，以此实施小技术含量项目，全乡村集体经济组织村村实现创收，童趣乐园、水上乐园项目高峰期每天收入达 5 万元以上。岚溪村也成

/ 江奉武（中）调研岚天钱棍制作工艺

为重庆市农村“三变”改革试点村。

廖贵桥开心地给记者算了一笔账：“明年我家经营民宿、餐馆，加上股东分红，收入少说也有七八万元，脱贫指日可待！”

农村富不富，关键看支部。勇于变革的江奉武，善于从实处着力，探索构建了贫困山区“基层党建＋社会治理”新格局，形成了村党支部、村民委员会、村集体经济组织、村社会组织“1+3”带动联动模式，根治了村组织涣散、村集体薄弱、村自治乏力的顽疾，告别了“输血式扶贫”，通过“造血式扶贫”实现人人脱贫奔小康。

在江奉武的强力推动下，全乡所有行政村选齐配强了村“两委”干部，筑牢了村党支部战斗堡垒，完善了村民委员会自治管理，破解了村级集体经济空壳难题，培育了村级社会组织，干部群众内生动力大大提升，贫困群众“等靠要”思想基本消除。

3 年来，江奉武始终奋战在扶贫第一线，带领“有天无地、有山无田、有人无路”的岚天乡累计建成乡村旅游示范点 50 个、旅游联合中心户 11 户，带动 147 户贫困户户均年增收 4 000 元以上，实现了有生产劳动力的贫困户户户有产业、户户能增收的目标。

3 年来，他创新“产业生态化、生态产业化”发展模式，将全乡仅有的几块“鸡窝地、巴掌田”发挥出几何级数增长价值，将穷山恶水变成了人间仙境。

3 年来，他带领岚天乡荣获全国文明村镇、全国美丽乡村、中国钱棍舞之乡、重庆市美丽宜居示范乡镇、重庆市特色景观旅游名镇等荣誉称号。全乡贫困发生率由 2014 年的 18.4% 下降至 2017 年的 1.8%，农民人均纯收入由 2014 年的 5 480 元上升至 2017 年的 12 600 元。

“江书记说的，我们都信！”“只要他承诺的事，都会实现。”这位敢于创新的乡党委书记，如今真正走进了群众心里。

（撰稿：周艳　照片拍摄：李小玲）

李亚华，湖北省农村信用社联合社党委书记、理事长。湖北省十三届人大代表。曾获全国青年民族团结与进步先进个人、全国科技进步先进个人等荣誉。他总结推出包含专项计划、专门档案、专优利率、专属模式、专门流程、专项资金、专项考核的“七专”机制，创新开发“政府＋市场主体＋农商行＋保险公司＋贫困户”等30多个“渔鱼兼授”的扶贫模式，建立1.35万个行政村的金融精准扶贫工作站，积极探索与政府等部门的合作扶贫模式，满足脱贫攻坚金融需求。

# 争当金融扶贫主力军

他是“排头兵”，牢记习近平总书记“四个切实”“六个精准”的殷殷嘱托，跑遍了湖北省16个市州30多个贫困县。

他是“领头雁”，带领3万农商人利用覆盖湖北省1.35万个行政村的网格服务站，洒下了167亿元金融扶贫之光。

他是湖北省金融扶贫体制、机制、模式当之无愧的创新先行者，27万贫困户因此受益，走上脱贫致富的道路。

他，就是湖北省农村信用社联合社党委书记、理事长李亚华。

“金融精准扶贫，农商银行先行。”在李亚华的带领下，湖北省农商行近三年累计发放扶贫小额信贷167亿元，居全省银行同业之首。

“要以抓铁有痕、踏石留印的作风，把根扎在深山里，让乡亲们彻底斩断穷根、摘掉穷帽！”正是秉持这样的信念，李亚华带领湖北省农商行根据各地资源禀赋，紧跟政府扶贫产业，将“一县一品”“一乡一业”列为信贷支持重点，先后推出30多个扶智扶志、输血造血、“鱼渔兼授”的金融扶贫专属模式，打造了一个又一个行之有效、璀璨夺目的“农商样本”。



## 务实创新，“七专”机制引领扶贫路径

因农而生，以农为本。李亚华说：“农商行是湖北省网点和人员最多、存贷款规模

/ 李亚华（前排左三）在湖北省房县与办理扶贫小额信贷的村民交流

最大、服务范围覆盖面最广的银行机构，服务扶贫脱贫义不容辞。”怀揣着湖北省委省政府“精准扶贫、不落一人”的脱贫目标，李亚华下网点、进村组、访农户、入企业、忙会谈，不辞辛劳，四处调研，深入了解金融扶贫情况，立志探索出一条可持续、能落地、见实效的金融扶贫之路。

在李亚华的带领下，湖北省农信联社精准施策，推出设立专项计划、建立专门档案、实行专优利率、开发专属模式、优化专门流程、争取专项资金、实施专项考核的“七专”工作机制，下足“绣花”功夫，努力实现对贫困户逐户走访建档，实行定制化信贷业务流程，确立建档立卡贫困户调查建档面、扶贫小额信贷需求满足率、执行基准利率“三个 100%”的目标。

为确保扶贫小额信贷贷得出、用得好、还得上、能致富，李亚华制定了“三个一律、四个严禁”的放贷标准。即：一律免抵押、一律免担保、一律基准利率；严禁发放冒名、垒大户贷款，严禁贷款资金挪作他用，严禁变相抬高利率，严禁放贷捆绑搭售保险。他还要求做到扶贫小额信贷产品、贷款基准利率、政银合作协议、数据上报口径“四个统一”，强化贷款准入、用途、额度、期限“四个管理”。

“要把思想和行动凝聚到金融扶贫的使命担当上来。”李亚华是这样想的，也是这样带头做的。在他的影响下，湖北省农商行重拾“挎包精神”，进村入户、走街串巷，加大扶贫贷款发放力度，不仅提前超额完成扶贫小额信贷投放目标，且存贷款总量和增量持续稳居湖北省银行机构前列，实现支农服务、资产质量和经营效益的跨越式发展。

## 敢为人先，专属模式打造农商样本

“斩穷根摘穷帽，一户不脱贫都不行。”这是李亚华对农商行金融扶贫工作的殷切期望。

2015 年 10 月，李亚华带领扶贫工作队进驻恩施市芭蕉侗族乡灯笼坝村后，走村串户为 257 户贫困户量身定制帮扶措施，为村里办起了农民技校，输送惠农政策、种养技术，并出资 100 万元成立扶贫专业合作社，让贫困户入社入股，从种苗购买、疾病防治、养殖技术到产品回购，实行一条龙服务。

村里的贫困户张成芳，早年打工多次遭遇意外，左臂和右腿骨折变形，劳动力有限，全家欠外债 4 万多元，女儿靠助学贷款维持学业，家中唯一的经济来源就是两亩茶园。看着省农信联社扶贫工作队送来的 10 只小羊羔，她感动得流下眼泪。农商行还为张成芳办理了 6 万元扶贫小额信贷。贩卖“恩施玉露”茶的资金有了，张成芳一家辛勤劳作，光这一项可创收 1.5 万元，再加上小羊羔养到年底还有扶贫合作社回购，年收入可达 3 万元。

/ 李亚华（左）在对口帮扶点恩施灯笼坝村向老人介绍手机银行功能

/ 李亚华在全省农商行金融精准扶贫工作推进会上发言

“要用产业扶贫的路子，帮乡亲们打牢脱贫致富的底子！”李亚华深知授人以鱼不如授人以渔，仅将信贷资金发放到贫困户手中不能解决根本问题，只有通过扶持有前景的特色产业，才能真正帮助他们走上脱贫致富之路。

经过艰难的探索，一个又一个行之有效、璀璨夺目的“农商样本”应运而生：

英山农商行创新“政府 + 市场主体 + 农商行 + 保险公司 + 贫困户”的“五位一体”产业扶贫模式，志顺茶业、宏图中药材等 39 家农村新型经营主体，获得农商行 1.15 亿元产业扶贫贷款而发展壮大，带动 8 780 户贫困户脱贫致富。

随州农商行推出“贫困户 + 农商行 + 土地流转”扶贫模式，累计发放 1.02 亿元贷款，支持 46 家专业合作社、家庭农场流转 6.06 万平方米土地开展规模种植，带动 819 户贫困户增收致富。

襄阳农商行打造“贫困户 + 农商行 + 乡村能人”扶贫模式，支持养殖能手带领全村贫困家庭发展黑毛山猪养殖。

竹山农商行通过“贫困户 + 农商行 + 创业大户”扶贫模式，累计发放外出创业及返乡农民工创业贷款 1.09 亿元，被创业老乡亲切地称为“娘家银行”。

恩施农商行推出“龙凤坝模式”，由龙凤镇政府牵头组建扶贫互助合作社，设立“互助资金池”，恩施农商行按 10 倍比例放大发放贷款，向该镇 35 家农民专业合作社累计发放贷款 1.81 亿元，带动 300 多户贫困户脱贫。

/ 李亚华（左一）在营业大厅向贫困户介绍扶贫政策和农商行金融服务

枝江、团风、宣恩、沙洋等地农商行也因地制宜探索出金融精准扶贫的特色模式。

近年来，湖北省农村信用社先后对 1.5 万户经营大户、1 772 个家庭农场、1 318 个农村合作社、4 500 家农产品加工企业等实行跟踪对接，累放贷款 318 亿元，支持农村新型经营主体和农村产业链协同发展，带动贫困户增收创收。

## 实干笃行，多措并举凝聚攻坚合力

在李亚华身体力行的推动下，湖北省农村信用社和各市县行逐级成立“一把手”任组长的领导小组，组建金融精准扶贫工作专班，加强扶贫贷款政策研究、组织推动和考核督办，并推行董事长、行长、监事长“三长”扶贫同责制，有效激发“三长”责任意识。他还主动上门对接各级党委政府及扶贫、市场监管、财政、税务、保险等部门，积极争取风险补偿金、扶贫再贷款、贷款贴息、税收减免、扶贫奖补等政策支持，先后争取扶贫再贷款 15 亿元、支农再贷款 18 亿元。

湖北省农村信用社建立了覆盖湖北省 1.35 万个行政村和 700 多个社区、校区、商区和园区的网格服务站，配备专兼职网格员 2.27 万人，实现了电话银行村村通、自助银行镇镇通、手机银行户户通“三通”工程，打造了普惠金融服务网格工作站、金融精准扶贫工作站、金融惠民便民服务工作站“三站合一”示范工程，并借助大数据平台搭

/ 农商银行宣传金融精准扶贫

建了“利农购”电商平台和“聚合支付”平台，推动农资下乡和农副产品进城，打通致富脱贫渠道，真正使乡村居民享受到高质量的金融服务。

2017 年全国金融扶贫北京培训会上，李亚华作为全国唯一参会的银行机构代表作经验介绍，获得国务院扶贫办“认识到位、行动迅速、措施得力”的高度评价。

湖北省农村信用社被湖北省委省政府评为精准扶贫优秀单位。

“我们努力打造听党指挥、替政府分忧、湖北人民信赖、普通百姓满意的责任银行，全省农商行要勇当金融扶贫的先行者和主力军，把扶贫政策措施扶到点上、扶到根上。”多年来，李亚华勇挑金融扶贫大梁，明确责任银行、合规银行、智慧银行“三大银行”建设战略，提出把金融扶贫作为践行“责任银行”的重要抓手，举全行之力服务脱贫攻坚，争当金融扶贫的主力军。

（撰稿：胡琳　照片提供：支青）

李实，北京师范大学经济与工商管理学院教授，中国收入分配研究院执行院长，教育部“长江学者”特聘教授，京师学者特聘教授，收入分配与劳动力市场研究创新群体学术带头人，兼任国务院扶贫开发领导小组专家咨询委员会委员。曾获孙冶方经济学奖、第八届中国经济学理论创新奖、全国扶贫开发先进个人等荣誉。他 30 多年致力于收入分配和贫困研究，探索贫困根源和消除办法，创立了三个国家相关高端智库，不断提出建设性政策建议、咨询报告，为国家脱贫攻坚战贡献智慧，提供理论支持。

# 三十年磨一剑　躬耕贫困研究

习近平总书记指出，收入分配是民生之源，是改善民生、实现发展成果由人民共享最重要最直接的方式。党的十八届三中全会提出，规范收入分配秩序，完善收入分配调控体制机制和政策体系，增加低收入者收入，扩大中等收入者比重，努力缩小城乡、区域、行业收入分配差距，逐步形成橄榄型分配格局。

在我国学术界，有这样一位长期研究收入分配的学者，30 多年来，他坚守初心，持续研究我国改革开放进程中，不同时期贫困人口的收入分配问题，挖掘贫困产生的根源，探寻缩小社会贫富差距、消除贫困的办法，为政府确保经济发展和社会稳定不断提供精准科学的决策依据。他就是被国际学术界誉为“中国收入分配先生”的李实教授。

## 专注学术　高瞻远瞩

李实教授从 20 世纪 80 年代起开展收入分配和贫困领域研究，一做就是三十余载，躬耕不辍、持之以恒。

在 20 世纪 80 年代，国内普遍缺乏西方经济学、计量经济学等当代经济学知识，对收入分配的研究还比较肤浅，缺乏对收入差距的整体比较和实证性分析。这导致研究的初期非常艰难。李实教授在研究过程中，引入了国外劳动经济学和发展经济学中普遍采用的方法，并依照国内实际情况加以改造，不断发展并完善了中国特色社会发展和收入分配理论。

/ 李实在人的发展经济学研究中心成立大会上作主题发言

他首先从研究我国城镇贫困入手，1992 年在中国顶级期刊《经济研究》上发表了《中国城镇贫困问题的经验研究》。对 1988 年 10 省市城镇居民收入的调查数据进行分析研究发现，改革开放 10 年后，居住在低收入地区，家庭人口多、就业人口少，家庭成员文化程度偏低，无固定工作或从事体力劳动的居民户最有可能成为城镇贫困户。并指出城镇居民中的贫困问题将趋于严重，建议政府通过建立完善的劳动力市场，使劳动力普遍减轻贫困。论文的发表奠定了他在贫困研究领域的学术地位。

20 世纪 90 年代后期是中国经济急剧转型时期，由于企业减员增效，出现了不少的城市贫困问题。李实教授非常关注，于 2004 年主持编写了《经济转型的代价：中国城镇失业、贫困与收入差距的经验分析》，客观分析了失业、贫困与收入差距的关系，指出了经济转型的代价。

2005 年，李实教授组织编写《中国人类发展报告 2005：追求公平的人类发展》报告。这是第一本完全由中国学者自己撰写的人类发展报告。报告从中国学者的视角来审视中国所面临的一系列最重大的人类发展问题，包括城乡差异和性别不平等，讨论了中国改革发展进程中的重大障碍，为中央有关发展和公平政策的制定提供了研究性建议。该报告在 2007 年获联合国人类发展奖的杰出政策分析和影响力奖。作为报告的主要撰写人，李实表示："这个奖不仅对于作者是一个巨大的荣誉，对于那些为此项由中国学者主持的独立研究获得成功而付出不懈努力的所有工作人员来说，更是一个巨大的鼓舞。我们相信这份报告所提供的分析结果和政策启示会对中国国家发展战略的改革产生积极影响。”

李实教授在收入分配和贫困研究领域具有广阔的国际视野。在30多年研究工作中，他频繁往来于世界各地进行学术交流与合作，曾任日本一桥大学教授，十余次前往英国牛津大学经济系、瑞典哥德堡大学从事研究交流。还在世界银行、亚洲开发银行和联合国开发署等机构任职。李实教授带领其团队与牛津大学贫困与人类发展研究中心深入合作，首次将中国贫困研究从一维的经济贫困扩展到多维贫困。经过李实教授及其团队的齐心努力，中国的收入分配和贫困研究达到了国际先进水平。

李实教授坚持不懈地对贫困问题作出理论和经验研究，在《中国社会科学》《经济研究》《管理世界》以及《发展经济学杂志》（*Journal of Development Economics*）等国内外著名学术刊物发表学术论文100多篇，出版发行了《透视中国农村贫困》《21世纪中国农村贫困特征与反贫困战略》等十余部中英文学术专著。李实教授凭借其在收入分配和贫困领域的丰硕成果，于1994年、2010年、2017年获得孙冶方经济学奖，2011年获得“全国扶贫开发先进个人”称号，2017年获得第八届中国经济理论创新奖。他的研究成果于1996年、2000年、2002年获得中国社会科学院优秀成果奖。

## 创立智库　助力扶贫

李实教授长期从事收入分配和贫困研究，始终走在扶贫第一线，取得了丰硕的学术成果。30多年来，李实教授及其团队对中国贫困问题作出全面系统的研究，不断提出有建设性的政策建议，以学者力量形成高端智库，为国家反贫困事业贡献智慧，为具有中国特色的扶贫事业提供了重要的理论支持，在国内外学术界享有盛誉。

/ 李实在与诺贝尔奖得主对话活动中作主题发言

2007年，受中国发展研究基金会委托，李实教授聚焦中国贫困问题，组织编写《中国发展报告2007：在发展中消除贫困》。报告第一次对中国政府所采取的扶贫政策措施进行了全面的评估分析。在肯定过去30年

/ 李实（中）在宁夏固原调研

中国反贫困事业取得的成就的同时，提出了扶贫战略、贫困线标准和具体扶贫措施等九方面政策建议。

报告对致贫原因进行分析发现，健康和教育方面的人力资本缺失，以及医疗、教育方面的公共服务缺失，已经越来越成为导致农村贫苦的重要原因。在“生存贫困线”的基础上，报告提出了包括医疗和教育基本需要在内的“发展贫困线”概念。

“当时对贫困的理解还局限在改革开放前的水平上，”李实教授说，“在政策层面，更多是就贫困谈贫困，没有从更广义的角度看待贫困问题。这份报告提出了一些新的扶贫理念。比如，不仅要看到绝对贫困，还要看到相对贫困（与社会平均水平相比，收入水平少到一定程度时维持的社会生活状况）；除了收入贫困，也要看到教育、卫生、生活水平等多维贫困。”

报告一经发布，就引起了国务院扶贫办的高度重视。2009 年受国务院扶贫办委托，由李实教授领军的扶贫高端智库开展了《中国农村扶贫开发纲要（2001—2010）》研究，对我国农村扶贫实施情况进行总结评估。这是中国扶贫史上第一次由官方委托第三方对阶段性扶贫工作进行总体评价。报告在肯定扶贫成果的同时提出了不少问题，如扶贫标准过低、城乡收入差距不断扩大制约扶贫效果、贫困户在扶贫资金分配中没有受到优待等。

“国务院扶贫办没有提任何要求，我们基本是从学者的角度，对十年的政策实施进行了实事求是的系统评价。”李实说，“当时虽然没有精准扶贫的概念，但是思路已经明确提了出来：一定要把区域发展和个人帮扶结合起来，使扶贫效果有效集中在贫困人口上。以前，贫困地区的发展过程中，可能非贫困人口收益更多。因此，怎么更集中地帮扶贫困人口，在当时是重点。”

此后，李实教授多次出色完成国务院扶贫办委托的课题研究。2010 年完成新时期中国农村扶贫开发政策体系研究，2011 年完成新阶段中国农村扶贫开发战略研究，2013 年至 2017 年，连续五年完成年度减贫形势分析。

李实教授预见性地判断，微观模拟方法将对政策研判起到越来越重要的作用。因此，他早在 2011 年就开始筹备，并于 2016 年正式成立北京师范大学政策模拟中心。邀请国际微观模拟协会主席等顶尖专家共同构建中国贫困微观模拟模型，对未来贫困状况作出模拟预测，出色完成了国务院扶贫开发领导小组专家咨询委员会委托课题 2020 年后扶贫标准及贫困人口规模。该成果得到了国务院扶贫办的认可。

李实教授意识到要根本解决贫困问题，必须解决贫困的代际传递问题。2017 年底，由中国发展研究基金会、北京师范大学联合发起的人的发展经济学研究中心在北京正式成立，李实教授任中心联席主任。该中心以反贫困和儿童早期发展为主题，旨在对人生命周期各发展阶段的营养健康、医疗卫生、劳动力市场表现等问题开展研究，以达到阻隔贫困的代际传递、促进贫困居民全面发展和社会公平可持续发展的目的。

## 言传身教　打造新军

李实教授深知贫困研究的复杂性、长期性，需要几代人持续不断地深耕。因而，他格外重视对青年学者的培养，努力打造一支由中青年生力军为主要力量的贫困研究团队。他鼓励青年学者要不怕辛苦，走出象牙塔、走进贫困地区，采集一手数据，发现贫困产生的根源。对青年学者的激励和对学生的培养，令其当之无愧地获得 2013 年度北京市优秀教师的称号。

他言传身教，经常带领青年学者深入贫困地区，在调研的第一线开展理实一体化教学。他深知，单纯研读文献、数据不能够解决贫困问题，鉴于贫困问题的复杂性和特殊性，必须理论联系实际，把脚印延伸到扶贫事业的最后一公里，要知难而上、见微知著，透过表面现象看到问题本质，多角度、多维度对贫困现象进行剖析。

在从事贫困研究的这 30 余年中，李实教授先后带队走访过上百个贫困县，关注基础教育和教育致贫问题、少数民族贫困问题、因病致贫问题、参与式扶贫问题等，提出了很多真知灼见。2017 年，李实教授在甘肃和宁夏贫困县调研时发现，贫困地区空心化问题在城镇化进程中非常严重，留守老年人赡养问题亟待解决，他提出了建设集中式养老院以便解决分散式养老的困境的建议。

/ 李实（左二）在贵州调研

2018年，为了了解互联网技术对于缓解贫困的作用，受中央网信办委托，李实教授专程前往贵州调研大数据、互联网在贫困地区脱贫攻坚战中的作用。他带队深入武陵山区实地走访贫困村和贫困户，通过问卷调查及座谈等形式了解贫困地区现状与互联网发展情况，为推进互联网助力精准扶贫、精准脱贫建言献策。在实地调研中，通过开展理实一体化教学，青年学者迅速成长起来。

李实教授不仅在实地调研中培养青年学者，还积极为团队中的青年教师搭建研究和发展的平台。作为加拿大国际开发研究基金会资助的“中国青年学者贫困研究网络”项目中方协调人，他积极为从事收入分配研究的青年学者寻找科研经费，为后起之秀搭建良好的互助交流、互相学习的平台。

除了中青年教师，李实教授也鼓励他的研究生加入科研团队，从事贫困研究。由于贫困问题本身的长期性和持久性，他要求团队成员在贫困领域坚持研究、持续积累，研究热情不能随着我国2020年脱贫攻坚战的全面胜利而减退。他同时强调结合理论观察不同发展时期的贫困特征，在贫困研究中有所建树，为脱贫攻坚事业做出贡献。

李实教授长期从事收入分配和贫困研究，取得了非常丰硕的学术成果，在国内外学界享有盛誉。他坚持理论联系实际，始终走在扶贫第一线，不少研究成果和政策建议产生了积极的社会影响，为打赢脱贫攻坚战、落实国家脱贫攻坚战略提供了重要的学术理论支持，做出了突出的贡献。

（撰稿：张正宇　张奕　照片提供：孙越）

杨良杰，山西中农乐农业科技有限公司董事长。曾获全国农业劳动模范、全国十佳农民等荣誉。他坚持技术创新和服务模式创新，把先进果业技术推广和脱贫攻坚工作紧密结合，形成了帮助农户有效脱贫的“中农乐技术扶贫模式”。他开发“千乡万村”App果业科技服务互联网平台，既延展了技术扶贫覆盖面，又推动了产业升级，注册农户已超过40万户。他建设十大现代果业基地，通过产业联盟带动农户持续增收。20多年来，杨良杰所做的每一件事情都是在帮助农民靠果业脱贫、靠技术致富。在他的带动下，数以万计的贫困户靠果业“打了翻身仗”。

# 做果农的贴心人

“八千里路云和月”，用这句话来形容杨良杰，一点儿也不为过。杨良杰人生的一大半时间都在做着与“三农”有关的事。在长达25年的一线农业技术推广工作中，杨良杰坚持技术创新和服务模式创新，把先进果业技术推广和脱贫攻坚工作紧密结合，形成了帮助农户有效脱贫的“中农乐技术扶贫模式”。他从果业科技工作者到现代新农人，从打通农技推广“最后一公里”到精准扶贫模式创新，从扎实研究果业技术到创新开发农村互联网服务平台，从打造“有身份证的水果”品牌到果品质量溯源体系在各大果区的落地，从建设数千个分布在全国各地的水果示范园到自建7 000亩现代果业基地……，所做的每一件事都是在帮助农民靠果业脱贫、靠技术致富。

## 扎根沃土静待花开

1994年，主修美术摄影的杨良杰成为《果农报》的一名记者，负责果业技术版采稿、画版。为了把工作做好，他经常跟果业和农校的专家联系。专家去哪里讲课，他就跟到哪里去听、去学习。这一跟，让他发现了果树管理技术的魅力。

几年下来，从本地农业推广部门的技术员到中国农科院里的大专家，从田间地头的“土专家”到来华讲学的“洋专家”，都成了杨良杰的好朋友。他常说：“果业专家为果农讲课是服务，《果农报》的记者写好稿子也是为果农服务。我只有学精学透了，把专家讲的内容写成果农一看就懂的文章在报纸上登出来，做好宣传，才能为果农服务

/ 杨良杰（中）对果农进行技术指导

好。”1994 年至 2004 年的 10 年里，杨良杰都在不断学习，完善自己的知识体系，用手中的笔把专家的先进经验、实用技术通过报纸“翻译”成农民能看得懂、用得上的“傻瓜式”实用技术，这在当时不失为一种大胆创新，也由此形成了报纸上独特的杨良杰技术推广模式。

在报社期间，他共撰写发表各类“大白话”专业科普文章上千篇，与专家合著出版果业专业方面书籍十多部。在果农心目中他成了“实战型”果业专家，他推广的技术迅速转化为果园里的累累果实，成为农户“产好果”的点金石。

2002 年 11 月，《果农报》更名为《瓜果蔬菜报》，报社迁至北京。杨良杰作为唯一的技术专家，被派往北京办报。也正是在北京的工作经历，让他接触到了真正的红富士苹果现代管理技术，发现了制约家乡苹果发展的短板。那时候，杨良杰第一次接触了北京京郊正在搞的现代化果园，全新的栽培模式、各种先进的设备，他对传统果树种植的固有印象被打破了：“原来果树还可以这么种，农村的果农们用传统的方式种出来的苹果，在产量和质量上肯定要差很多。”从那时起，杨良杰就萌生了回到家乡，将最先进的果树种植技术传授给乡亲们的想法。

当杨良杰将自己想要辞去记者的职务，到农村去教老百姓种果树的想法告诉父母的时候，杨良杰的父亲火冒三丈：“我和你妈舍不得吃舍不得穿，硬是供着你上大学，你说你好不容易在城里有了个体面的工作，你非要再回到农村，你是想气死我吧。”杨良杰理解含辛茹苦把自己培养成大学生的父亲失望的心情，但这并没有改变他为果农办实事的想法。过了一段时间，等父亲气消了，杨良杰找到父亲："爸，我知道你可能对我很失望，可是我是从农村出来的，农村是咱的根啊。现在咱们日子是过好了，可还有那么多乡亲过着苦日子。我现在有能力了，不帮帮他们，我心里过不去啊。"听到这些，杨良杰的父亲一下子愣住了，他从来没有想过自己寡言少语的儿子能说出这样一番话，自己的儿子都没有忘本，要为老乡们干实事，自己却阻挡孩子的决定，真是太不应该了。"你去吧，既然要干，就要干出点成绩来。"父亲虽然一时间心里有些难以接受，但是他还是为自己的儿子能有这样的想法感到骄傲。

2004 年 10 月，杨良杰毅然放弃了稳定的工作和收入，注册成立了民营果树科研所——北京果树新技术研究所，同时成立了一个专门开展服务、指导基层合作社的新型组织——运城中农乐果业联合社，办了一份专门服务果农的"技术明白纸"——《果业科技与信息》，指导果农学技术、搞生产、产好果、快脱贫。他带领中农乐的技术员们把苹果、桃、梨、杏、葡萄、樱桃等各类果树的技术要点绘制成彩色挂图，把老师在果园里的具体操作刻录成光盘，免费送给果农。

杨良杰这么做的目的是改变果农传统的经营模式，用新技术经营果园。但要改变果农们十几年甚至几十年来形成的观念谈何容易！杨良杰想要让果农们改变的第一步就是间伐，改造树形。把自己种了许久的果树砍掉，这对于把果树看得比命还重要的果农来说实在难以接受。

服务就是想尽一切办法让对方接受。面对果农的不接受、不理解，杨良杰想出了"10 棵树试验法"。"权当这 10 棵树是杨良杰的。如果这些树按照杨良杰说的方法来管理，产量没有提高，你见了杨良杰就踢他，骂他。"虽是一句玩笑话，但足见杨良杰希望帮助果农的真诚。第二年，参与试验的果树，不但苹果产量没有减，而且商品率提高了。第三年、第四年，当其他果树遭遇小年产量下降时，10 棵树仍保持着较高的产量和商品率。

杨良杰（右二）把技术课堂搬到贫困户的田间地头

十几年来，杨良杰带领中农乐共编辑出版了 400 多期 1 400 万字的《果业科技与信息》，赠送技术挂图 800 多万张、光盘 68 万套、技术手册 86 万册。这些"技术明白纸"和技术挂图被果农张贴在炕头或是果园看护房内，成为名副其实的“致富经”。同时，杨良杰还把乡土能人组织起来，帮助农户共同打造果品示范园4 000多个，带动更多贫困户照着干、跟着干、学着干，由此成为农户脱贫致富的黄金“跳板”。

## 既让果树“产好果”又让果子“卖好价”

帮农户通过“产好果”脱贫致富，杨良杰做到了。但随后，他又发现了果农面临的另一个痛点，那就是卖不动。在果品产量饱和、产业由数量向质量转型、消费市场和销售渠道都发生巨变的互联网时代，靠“产好果”脱贫的农户很有可能再次“返贫”。只有带动农户紧跟市场、与时俱进，才不至于让脱贫的农户再次掉队。

随着智能手机的普及，杨良杰萌生出利用网络传递技术的想法。他前往广州、上海、杭州、南京，拜老师、访工程师，向技术总监请教，但大家给的建议都是在网上开一个商城，方便快捷，操作性又强。在网上开商城，远远满足不了杨良杰“要跟果农交流，传递技术”的需求，他需要建一个网络平台。面对老师们“阿里巴巴、搜狐那才叫平台”“你知道建一个平台要多少钱吗”“投资几亿元你都建不起来”的质疑，杨良杰不为所动：“我要爬山，人家有钱花几百元坐缆车就上去了，咱没有钱坐不起缆车怎么办，可以凌晨两点就起来爬呀，总能同时到达山顶吧。”

2014年，杨良杰与中国电信联手，开发出了“千乡万村”App果业科技服务互联网平台，既能延展技术扶贫覆盖面，又能推动产业升级持续助农增收。这款App下载和注册的农户超过40万户，已经成为线上线下拥有众多“粉丝”的科技服务平台。果农可以免费下载App，了解市场、学习技术、咨询专家、销售果品……

/ 杨良杰（左二）在进行技术指导

平台的“聚粉效应”为杨良杰建立果品质量追溯体系创造了契机。

他聘任村级质量监管员，将果农生产的每个环节及监管数据逐一上传到平台，生成专属于生产者本人的二维码，让果品追溯到农户、果园成为现实。通过果品溯源体系进入市场的“有身份证的苹果”涉及果农 6 000 余户，平均销售价格比一般农户高出 20%。在中央电视台“大地之子”晚会现场，杨良杰对着亿万观众说：“我是农民的儿子，农民哪里痛，我就会在哪里下功夫。产不出好果子，我带领大家产；卖不动了，我就想方设法来帮大家卖！”

近年来，杨良杰面对苹果树、梨树、桃树等产量饱和、品质不高、销路不畅的传统经济作物种植“瓶颈”，自费到中国农科院果树研究所、郑州果树研究所、山东果树研究所求教学习，发现在果树新品种上有着巨大的发展潜力。他找准了方向，立马就干。

2015 年，他在西张耿村流转土地近百亩，从山东、郑州等科研机构引进了枣油桃、血桃、雪桃、蟠桃等几十个新优桃树品种，这些新品种几乎都有着“好吃、好看、好管”的特点，堪称目前国内最好的桃品种。结合品种特色，他在西张耿村建成了既好吃又耐储运的高标准电商桃示范园，建成了不同栽植密度和不同树形的血桃和雪桃示范园。针对西张耿村传统、低效的果园，他在村民的不解中，动斧动锯，流转回十多亩老园子，对其中植株全部“砍头”“腰斩”，改造成了设施冬枣以及高标准温室棚桃。

很多村民都说“杨良杰疯了，在瞎胡搞，咱干了一辈子果树，没见过杨良杰这种干法”。在这一轮让大家目瞪口呆的大动作之后，很多村民都在等、在看。2017 年，从桃树开花结果、冬枣结果长大，杨良杰的示范园就成了村民的观摩场，成了周边村民的交流点。客商来了，电商来了，传统的桃子几毛钱卖不动，而杨良杰示范园里的桃子被客商以 10 元以上的价格订购一空，效益翻了十几倍！在栽植当年，西张耿村十几户农户也有样学样，对传统果园进行了树形改造和品种优化升级，2017 年收益比之前递增了 22%。到 2018 年，全村人都加入了杨良杰的中农乐联合社。村民杨东说：“要发果树财，就跟杨良杰，因为他有想法、有干劲，是个能带领大家赚果树钱的大能人，咱农民要发财，离不开这样的‘新农民’。”

## 想方设法让农户立起站稳

在对果农进行培训的同时，杨良杰也常常被社会上曝光的食品安全问题困扰，他在调查中发现农民因市场原因而不愿去搞有机农业。同时，更多农民面临“种什么、谁来种、怎么种、卖给谁”的问题。于是，2015 年他在永济市流转千亩冬枣园，在生产中明确规定“不让一粒化肥进枣园”“不使用一滴非植物源农药”，且生产过程全程监控，果品全程溯源。因为不使用化肥和激素，冬枣个头会比一般冬枣小几个等级，批发市场根本不认可。于是杨良杰拿出十多万斤“小冬枣”在线下和线上让大家免费试吃，终于引来京东、苏宁、亚马逊等国内生鲜水果电商企业的高价订购。2017 年 6 月上旬，离冬枣成熟还有两个月，基地的“小冬枣”已经签订出去近 800 吨的销售合同。现在，在杨良杰冬枣基地周边的几千亩冬枣，也开始学习他的方法搞起了有机生产。

/ 杨良杰在现代果业基地

上海有个水果电商老板王宗才，听说杨良杰在大规模搞有机冬枣，说什么也不相信。为了一试真假，他千里迢迢从杭州来到杨良杰的基地，说自己是果农，想学冬枣技术。杨良杰仿佛遇到了知音，就安排王宗才跟着基地工作人员参与日常管理。一个星期过去了，基地人员向杨良杰汇报，说这个王宗才每天都“鬼鬼祟祟”，在基地物资仓库转来转去，而且私下里找基地生产人员问东问西，好像不是来学技术的。第十天，王宗才拉着杨良杰的手激动地说：“我终于找见真正用心搞有机水果的人了，您这是真正的有机冬枣、良心水果啊！”王宗才不但与杨良杰签订了冬枣的销售合同，而且与杨良杰签下了苹果、桃、核桃、山楂、樱桃的“大订单”。他动情地说：“这不是销售订单，这是人格订单。从您身上，我看到的是‘新农民’的新风范，看到的是一个人的品质和水果的品质。”

现在，为保证农户收益，把“冬枣真正的味道”做成品牌，杨良杰成立了冬枣联盟，组织客商提前订购这些真正的有机冬枣，以解农户的后顾之忧。在冬枣基地建设的同时，杨良杰 2011 年建立的 500 多亩核桃生产基地也已硕果累累，他研发并推广实施的“核桃矮冠自然圆头形”技术，已突破亩产干核桃 1 500 斤的瓶颈，被当地农户赞誉为“核桃大王”。在平陆县中农乐桃花源主题公园，千亩桃树基地正把一个个贫困户变成基地产业工人；在闻喜县血桃基地，原来的贫困户甚至成了指导农民生产的“技术员”……

杨良杰在帮助果农的过程中，始终把“创新”与“奉献”融进血液；他靠源源不断的创新与无私奉献精神，成为果农的守护者与贴心人。

（撰稿：张津津　照片提供：冯革才　张文和）

杨端明，中国农业发展银行总行干部，贵州省黔东南苗族侗族自治州锦屏县敦寨镇罗丹村第一书记。自2015年驻村以来，他因地制宜、精准施策，组建农民种植专业合作社，推动产业发展；融智融商，为山村引来金融“活水”。他带领罗丹村走出了一条脱贫致富之路，将一个基础设施薄弱、产业徘徊不前、人心涣散、动力不足的贫困村打造成一个脱贫致富的模范村，影响带动了锦屏县脱贫攻坚提质增效，成为金融扶贫带动专项扶贫和社会扶贫齐头并进的标杆。

# 京城来的好书记

在贵州省锦屏县敦寨镇罗丹村，人们经常看到一位戴着眼镜、说一口标准普通话的中年人走村串户，与村民一起劳动、一起唠家常，大家亲切地叫他“老杨书记”，他就是中国农业发展银行驻罗丹村第一书记杨端明。

在罗丹村，只要提到“老杨书记”，乡亲们都能如数家珍般说起他的故事：

他刚到村里才三个月，板凳都还未坐热，就忙着带领村民到北京闯市场“卖水果”，既当信息员又当搬运工。

2017年春节，杨书记组织村里开“脱贫攻坚新春恳谈会”，不能回家，他让妻子和儿子从北京赶到村里来过年。

按照有关规定，杨书记在罗丹村干两年就能回北京了，眼看两年时间就要到了，他却主动找到领导要求再干一年。

在罗丹村老百姓的眼中，“老杨书记”是村里的干部，更是他们的亲人。

## “我是来带大家脱贫的，不是来享福的”

2015年9月，中国农业发展银行总行办公室干部杨端明被选派到贵州省锦屏县敦寨镇罗丹村担任第一书记。罗丹村来了个北京“大官”当书记的消息，立刻成了锦屏县的头号新闻。不少外村人专程跑到罗丹村想要看看这个首都来的书记。但是当乡亲们看到斯斯文文、白白净净的杨端明时，全都直摇头说：“咱这里条件这么苦，怕是连半年也待不了。”“京城里来的官，到我们这山村苗寨，只怕是不习惯吧。”就连村“两委”班子成员也觉得让北京来的领导长驻在村里“有点悬”。

刚进村时，杨端明心里很明白，村里的乡亲们不信任他。“我也是农村长大的孩子，组织派我来，是来带人家脱贫的，不是来享福的。”见面会上，杨端明的一番表态，让老党员们很满意，觉得这个书记很不一样，纷纷主动献计献策。“老杨，给村里修一个文化活动场所呗。”“老杨，村里水果卖不出好价钱，请你帮忙想想办法。”……村民的称呼由“杨书记”变“老杨”，杨端明觉得自己迈出了驻村帮扶第一步。

2015 年 11 月，杨端明在村里走访时，发现许多成熟的果子无人采收，群众说采摘下来卖的钱还不够工钱，不如不摘！已经采摘的村民往往不讲合作，相互降价兜售，亏本成了常态。水果积压滞销问题引起了杨端明的重视。

“一定要为老百姓辛辛苦苦一整年种的水果找到销路！”杨端明及时组织召开支部大会，提出利用农发行总部基地的优势，由党支部牵头统一收购，将水果卖到北京去。杨端明建议一出，引来了在场党员的诸多质疑：“把我们穷山沟的水果卖到首都去，你这个城里来的书记怕是异想天开吧。”“书记，咱们村账上就 300 块钱，想把水果运到北京卖咱也出不起那个钱啊。”“运到北京去要是卖不出去，这损失谁负担得起。”杨端明心里清楚，自己再怎么跟乡亲们讲北京的水果市场前景有多好，都不如让他们亲眼看一看。

/ 杨端明（右）走访群众了解情况

/ 杨端明在水果园

2015 年 12 月，他自己掏腰包为几位村民代表买了车票，远赴北京考察水果市场。当乡亲们看到大城市超市里水果的价格，全都瞪大了眼睛："书记，咱种的水果可比那些小袋袋、小盒盒里的好多了，看来咱的水果到了大城市也能卖出个'黄金价'。"这次北京之行，既开阔了乡亲们的眼界，又了解了水果市场行情，很快，村委会一班人形成共识，罗丹村的精品水果必须走出县门，积极抢占北京大市场。

2016 年 1 月，冒着严寒，杨端明带领几位村民搭乘满载 33 吨水果的大货车上了去北京的高速。为了节省经费，饿了他们就吃些面包、方便面，晚上就挤一挤随便睡在车里。乡亲们对杨端明说："杨书记，我们没啥，你是大城市里来的，哪受过这些罪。咱往城里走一段，你找个好点的宾馆好好睡一觉吧。""你们行我也能行，我可没这么金贵。"杨端明婉言拒绝了乡亲们的提议。

一路北上，经过两天三夜的行程，杨端明和乡亲们终于抵达北京。杨端明在农发行总行大楼周边设点，发动农发行系统员工、亲戚朋友和过往群众购买，一周之内便将水果售卖一空。那天晚上乡亲们把卖的钱数了又数，5.5 万元！他们这辈子从来没一下子卖过这么多钱，大家受到了极大的鼓舞。

2016 年，杨端明力促党支部牵头组建了锦屏县首个农民种植专业合作社，流转 100 亩土地发展莲藕种植和养鱼，帮助群众销售水果 200 余吨，实现村级集体经济收入 45 万元；带动新化、隆里等周边乡村销售水果 6 000 余吨，实现收入 1 200 万元，共有 320 户贫困户增收。2017 年，杨端明拓展了电商渠道，全年通过合作社外销水果

/ 杨端明（右）看望老人

2 500 余吨，为村集体创收 200 万元。杨端明为合作社收购柑橘统一定价，价格是村民以前各自为战时的两倍多。农忙期间村民还可以为合作社打工赚取收入，2018 年合作社共向村民发放工资 30 万元。村集体经济也从 2015 年户头上不足 300 元，发展到 2017 年实现净利润 80 万元。为了壮大产业，杨端明亲自设计了水果包装和标识，并向农发行总行争取 30 万元捐赠资金建设钢架大棚，130 万元建设 1 000 平方米的冷库。村民返乡拾田，承包果园的越来越多。杨端明正着手把罗丹水果基地打造成为生态旅游园，推进产业融合发展，为产业扶贫蹚出新路。

## 为穷山村引来金融“活水”

为了加大对锦屏的帮扶力度，2016 年 11 月，农发行增派两名同志到锦屏扶贫，与杨端明组成“三人脱贫攻坚小组”，杨端明任组长。他带领“三人小组”不断完善金融服务方案，密切与贵州省分行联系，形成农发行全方位扶贫合力。他积极指导锦屏相关部门编制和申报融资项目，有力破解锦屏扶贫融资缺专业人才、缺政策信息、缺项目培育的困境，帮助申报农发行融资项目 9 个，发放贷款 22.27 亿元，支持易地扶贫搬迁、棚户区改造、教育、水利、公路、产业扶贫等重点领域的发展，同时谋划向其他金融机构申请多个项目贷款，改善了全县基础设施、公共服务和产业发展的条件。

杨端明利用一切可能的机会为罗丹村脱贫牵线搭桥。有一次他在南京推销村内水果时，偶然接触到了亚狮龙产业联盟——世界上最大的羽毛球毛片生产商。“如果把这个企业引进我们村，那老百姓还愁挣不着钱吗？”心中打着如意算盘的杨端明开始“盯”上了这家企业。

杨端明先后拜访过亚狮龙公司董事长 7 次，全都被以“你们村不符合我们投资开发的条件”为由拒之门外，但他并没有放弃。这一天，杨端明又拎着自己破旧的公文包“赖”在了亚狮龙公司的办公室里。董事长忍不住了，跑出来对他说：“你这个人真是倔，都拒绝你 7 次了，你怎么就是不死心。”“老总啊，我村里的乡亲们过得太难了，这个机会对他们来说太珍贵了。”看着眼前这个风尘仆仆一心为民的干部，董事长被深深地打动了：“有这样的好书记，在这儿投资我放心。”

就这样，杨端明促成亚狮龙产业联盟签约 13.7 亿元，已实际投资 6.65 亿元，两条生产线开始运营，养鹅产业已经落户，饲料、屠宰基地正在建设。项目完全建成后能吸纳锦屏 3 000 人就业，同时辐射带动黔东南州其他县的经济发展。

杨端明发现当地盛产的粽叶深受浙江市场的欢迎，出差时包里不忘放几片粽叶随时推销，最终借助农发行系统优势成功对接浙江著名的五芳斋粽品公司，将当地粽叶的收购价格提升了 2 倍，销量从每年 40 吨增加到 900 吨。杨端明又成功协调浙江鸿香源蜂产食品有限公司到锦屏发展中蜂产业，将锦屏打造成为“土蜂之乡”。

杨端明还积极向农发行总行汇报，发动农发行系统客户资源，协调广州、浙江等东部地区龙头企业与锦屏帮扶对接，成功吸纳锦屏 11 名残疾人就业，每人每月收入 2 000 元以上；捐资 389 万元支持贫困乡村发展产业，资助罗丹村 13 名贫困大学生 2.6 万元；2017 年先后三次输送锦屏县 47 名贫困山区教师和 60 名村社干部免费到江苏培训学习。

## 山村群众的贴心人

杨端明初到罗丹村时，当地群众认为他是从北京机关下到山旮旯里来的干部，只不过是到基层镀镀金罢了。但是，杨端明以深入扎实的帮扶深深感动了群众。村里的排水沟年久失修，垃圾堵塞，污水流到几户村民的家里。杨端明争取 20 万元资金，组织群众对排水沟进行清理，同时新建一条长 364 米、深 2 米、宽 3 米的排水沟，彻底解决了村寨雨天污水漫灌的问题。村小学条件艰苦，冬天孩子们只能用冷水洗脸洗脚，教师缺少办公设备。杨端明主动联系筹集 39 万元资金为学校安装太阳能热水系统，为全体教师配备办公电脑。看到很多群众在车来车往的公路边跳广场舞，他觉得这样很不安全，就多方筹集 40 万元资金，整合“一事一议”项目资金修建了 3 000 平方米的村级文化广场。

山村里的每一个人都是杨端明的牵挂。村民龙立潮是村里典型的因病致贫户，他的女儿长期患病，一家人也因此负担沉重。杨端明知道情况后立即带上龙立潮父女赶赴北

/ 杨端明在表彰大会现场

京。他安排龙立潮父女住在自己家，又亲自去找了空军总医院的专家为龙立潮女儿诊治。

“杨书记是一个为老百姓解决困难，为人民服务的好书记。”杨端明的真情帮扶换来了乡亲们的爱戴。

杨端明的帮扶足迹不局限于罗丹村。固本乡深度贫困村锦额村残疾人龙成妹丧夫后母女生活更加困难，杨端明帮助女孩在当地找了一份工作。三江镇深度贫困村令冲村 10 岁孤儿龙家光生活极为艰难，杨端明协调农发行董事会办公室每月资助他 600 元的生活费。锦屏县特殊教育学校基础设施落后，70 多名贫困残疾儿童生活不便，杨端明多次到该校走访，看望儿童，向农发行争取 28 万元捐赠给该校安装了空调和热水系统，更新了生活用具。他还为敦寨小学争取农发行捐助资金 29 万元建设留守儿童钢琴教室和舞蹈教室，协调捐资 5 万元新置渡船解决皇村小学学生渡江安全问题。

2017 年 9 月，杨端明两年任期已到，组织上通知杨端明办好村里移交手续可回北京上班了，可杨端明却主动向组织请求留下来再干一年。他说：“我们帮扶时间短、任务重，要把一天当作两天用，只有把山村建设好了，我才能放心回去。”

（撰稿：张津津　照片拍摄：李必桦）

宋鹏，中共党员，天津大学科学技术发展研究院科研基地科副科长、秘书。共青团第十八次全国代表大会代表。曾获甘肃青年五四奖章。2015年8月至2018年8月受中共中央组织部、天津大学联合选派担任甘肃省陇南市宕昌县沙湾镇大寨村第一书记、驻村帮扶工作队队长。他抓党建促脱贫，以"'三变'＋电商"改革试点为契机，构建农村电商产业链与村集体经济融合发展；以众筹扶贫为抓手，开发产品12种，整合资金138万元，建设电商扶贫车间5 000平方米，2017年村集体销售收入55万元；成立电商工作室，培养电商专才42人，培训青年3 000余人次。

# 一碗臊子面吃出来的大事业

2015年8月中旬的一天，天气正炎热的时候，甘肃省陇南市宕昌县沙湾镇大寨村村干部韩燕平在村口接到了一位年轻人。宕昌县是国家级贫困县，交通不方便，坐汽车从省会兰州出发，要走近14个小时。已经过了饭点，韩燕平赶紧带着这个戴眼镜的年轻人在路边村里人开的面馆吃了一碗沙湾特有的酸菜鸡蛋臊子面。

直到两年后，大寨村出品的"沙湾臊子"卖到全国各地，一度供不应求的时候，村主任韩燕平才想起那天这个边吃边喊嘴麻的年轻人，是真喜欢上这碗面了。

这个年轻人就是宋鹏。2015年8月受中共中央组织部、天津大学联合选派，宋鹏到甘肃省陇南市宕昌县沙湾镇大寨村担任第一书记、驻村帮扶工作队队长。到村后，他从一碗臊子面入手，开发扶贫产品，建电商扶贫车间，培训电商专才，打造不走的驻村工作队……

## "学霸"下乡

第一天到村里，给宋鹏留下深刻印象的，除了那碗把嘴麻得好久没感觉的臊子面，就是村子里的贫穷了。放下行李后到村里走走，一排一排的土坯房墙皮剥落，显得年岁久远，路上见到的几乎全是老人、小孩。村民左羊根的家，主屋没有门，屋里没有任何家电、家具，墙角堆着土豆，炕上的被子已经看不出颜色。

这让这个从大学毕业后就留校的"学霸"心里酸酸的。宋鹏是80后，却是吃过贫

/“学霸”宋鹏下乡

穷之苦的人。作为一个出生在国家级贫困县的农村孩子，他深知农村的艰苦、农民的艰辛。自己上学的时候，最困难时只能晚上回家吃一顿饭。大寨村人因贫穷受的苦，他是感同身受的。

在村里住下来后，宋鹏坚持每天入户，直到所有户都走遍，把村情摸透。大寨村距宕昌县城60公里，建档立卡贫困人口120户529人，贫困发生率高达51.3%，全村人均耕地面积0.2亩。村里林地、山地荒废十余年，无特色农副产品，无农村经营型人才和村级集体经济收入。

摸清情况后，宋鹏更坚定了当初报名到村里的决心。2005年考入天津大学精密仪器与光电子工程学院，毕业后留校，其后考上校研究生，再留校担任研究生指导主任，从农村出来，宋鹏就在“象牙塔”里。在得知学校选派人员到农村扶贫之后，他第一时间报名，跳出了外人眼中的“安乐窝”。对宋鹏而言，这是向养育他的农村父老乡亲一次反哺的机会。

离开熟悉的高校生活，告别已有身孕的妻子，远赴1 800公里外的秦巴山区腹地，宋鹏带着知识和热血，扑在了大寨村。这个“学霸”，是为了改变贫穷而来的。

“如果不能帮村里改变贫穷的状况，就对不起第一书记的称号，豁出一条命，也要拔穷根！”这个当时刚满30岁的年轻人，把学术研究的劲头，用到了扶贫上。

到村后有一段时间，宋鹏整夜睡不着。贫困地区缺什么？扶贫应该扶什么？种植、养殖技术老百姓都会，但应该种什么养什么？怎么经营管理？怎么能卖出去？……一连串的问号等待他去解答。

## 从“大学书记”到“臊子书记”

每天的走访入户，淳朴热情的村民争相留住这位大学毕业的年轻后生吃饭，私下里喊他“大学书记”。他推不过了，就留下饭钱。吃得最多的，也是宋鹏最爱吃的，还是家家户户都会做的臊子面。村主任韩燕平告诉他，每年腊月，村里家家户户都会用土猪做肉臊子，一日三餐都离不开。这让日思夜想如何带领村民拔穷根的宋鹏有了一个念头：既然本地这么多人吃，能不能把大伙凝聚起来，成立村办集体企业，开发沙湾特色臊子，通过电商销售共同脱贫致富？

起初村里人并不相信，认为这是这个“大学书记”一时的念头，一听说要做臊子了，还要用手机卖就摇头。村支书马忠昌说：“有东西都去集上卖，我们想不出来拿手机怎么买卖东西。再说这个臊子，万一卖不出去呢？咱们可赔不起啊！”

这可不是宋鹏一时的念头，他是经过深思熟虑的。他考虑到，大寨村没有任何产业，年轻人都出去打工，留守儿童问题重重，长大也只能再去打工，这是个死循环。要改变这种局面，开办村集体企业是条好路子：建立产业，把年轻人吸引回来，老有所养，少有所教。对于人均两分地的大寨村来说，电商是最好的选择。

村民普遍认为这个不可行，私下里调侃，不叫他“大学书记”了，改叫“臊子书记”。万事开头难。宋鹏将村里的年轻人聚集到党员活动室，演示如何用手机购物，给大家讲什么是物流，什么是快递。为了说服村“两委”班子成员，宋鹏带着村干部到周边县区调查了解，结果大家都说就想吃沙湾的臊子。他的主意这才慢慢获得了村民的支持。

要做产业，难点很多，但关键在一个“干”字。从 2015 年 11 月起，宋鹏带领村“两委”班子成员，几乎走遍天津、北京、西安、兰州等地的大型超市、批发市场，参加杨陵农博会，到甘肃省轻工研究院考察学习 4 次，签署村企合作协议、送检沙湾臊子样品、建设加工车间。功夫不负有心人，麻香扑鼻的沙湾臊子终于可以上市了。

沙湾臊子一上市，数次断货，村民们都乐坏了，这让宋鹏也松了一口气。更让他欣慰的是，为带动贫困户创新实施的产品代销、农成品入股、技术入股等方式，让大湾村 80 户贫困户户均增收 1 500 元。其中，以臊子技术入股的有 5 户，一年增收近 2 万元。

尝到了臊子甜头的大寨，在多个方向发力，先后开发了宕昌罐罐酒、宕昌参芪蜜、沙湾蜂糖酒、沙湾梅花椒等产品。到 2017 年底，实现村集体经济销售收入 55 万元。全村人均可支配收入从 2 480 元提升到 4 200 元，贫困发生率降至 38.1%。

“臊子书记”代言的沙湾臊子

全国脱贫攻坚奖创新奖

## 老支书的愿望

到大寨村的第九天，宋鹏就去拜访了村里的老支书。老支书在村里工作了 20 余年，不久前因身体原因退休。

“村里工作一定要从老百姓需求出发，解决大伙的实际问题。”看着这个戴眼镜的后生热切的眼神，老支书带着宋鹏到了村外的营盘山下。一老一少拨开杂草走了一段，“营盘山上 1 000 多亩地，已经荒了十几年了，如果能把这地开发好，对大寨村，就是做了一件天大的实事。”老支书边说边指给宋鹏看，哪里种花椒最好，哪里的洋芋曾经长得多大。很遗憾，老支书于 2015 年底病逝，但他的话宋鹏一直记在心里。

老支书的愿望其实是所有大寨人的愿望。在忙着做臊子产品的时候，宋鹏一直记着老支书说的营盘山和“解决大伙的实际问题”的话，他没事就上山去转转。宋鹏想得很长远。做臊子需要花椒，等臊子品牌做大了，需要的优质花椒量会很大。

宋鹏考虑的不只是种什么，还有如何调动农户积极性。充分调研后，大寨村整合各类资金 138 万元，与 180 余户村民签署了“三变”改革入股协议，在营盘山上种植梅花椒 1 000 亩，油橄榄和核桃近 1 200 亩，开垦荒山种植杜仲 800 亩，养殖中华蜂 310 箱，建设中华蜂养殖示范区 1 处。这其中，就有 120 户建档立卡贫困户直接受益。

世代生活于营盘山下的大寨人终于实现了荒山变宝山的梦想。因为入股，营盘山成了大寨村所有人的“绿色银行”。

要解决大伙的实际问题，把东西卖出去是关键。2016 年 5 月，沙湾镇大寨村集体企业陇南白龙湾农副产品开发有限责任公司注册成立，同年 7 月，宋鹏用从天津大学申请到的 10 万元产业发展基金开工建设厂房，3 个月后第一批产品上市即被抢购一空，大寨村信心大振。

/ 宋鹏（左）到山顶查看中华蜂养殖情况

现在大寨村的电商服务站货柜上已有几十种商品，除了村里开发的臊子、蜂蜜等产品，不少是外村镇甚至外县市商品。“有

21个村的东西都在这里销售。地上的那些桶装橄榄油是鹿川村放在这里寄卖的，每桶50斤，已经卖出去40桶了，就还剩这10桶。”站里一位年轻的工作人员向到访者介绍道。

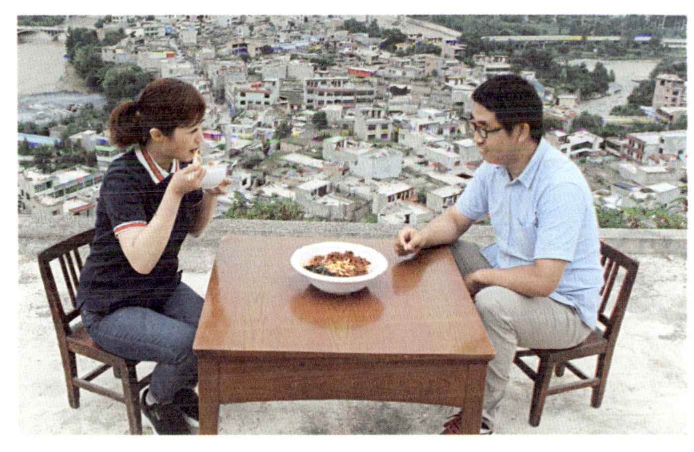
宋鹏（右）录制宣传片，宣传推介沙湾臊子

服务站门口时不时会出现桶装的土蜂蜜，那是一位80岁的老汉从山上背下来的。村里合作社一年就能卖出2吨蜂蜜，土蜂蜜的收购价是50元一斤，仅这一桶蜂蜜，就可以让一名贫困人口脱贫。

“‘三变’入股带动积极性，本土化管理种出好产品，电商平台卖到全世界。”身为一名工科硕士，宋鹏现在一谈起电商经营就两眼放光。借着臊子产品的成功，靠电商带动发展，老支书的愿望就要实现了。

## 不走的扶贫工作队

2017年8月，宋鹏主动申请延期驻村工作1年。2018年2月，妻子带着双胞胎女儿从天津来到贫困的山村，成了扶贫战线上没有编制的“扶贫人”。

宋鹏的妻子带孩子到大寨村，在村子里，她受到了村民的最高礼遇，无论去谁家，都摆出各种瓜果，再多坐一会儿，就开始上腊肉、排骨。就连路过的一位五保户老人都打开一个大木头箱子，翻了半天从箱子里翻出几个核桃塞进孩子的口袋里。那一刻，她感受到了丈夫在百姓心中的分量。如果说过去三年她是在用豁达让自己平静地接受丈夫的选择，自那一刻起，她真正理解了丈夫，理解了他为什么出钱又出力，对这个小山村如此割舍不下。

虽然自己做的事，得到了各方的肯定，也取得了不小的成绩，但宋鹏想得更多的还是如何调动农户积极性——他延期一年，毕竟也是要离开的。

“第一书记和扶贫干部是不一样的。扶贫只是第一书记工作内容的一部分，组织上将第一书记的职责定为建强基层组织、推动精准扶贫、为民办事服务、提升治理水平。我最想达到的目的是提升村民的‘内生动力’，帮助他们建立起积极奋斗的生活态度。”为此，宋鹏想出来一句激发村民内生动力的标语：“别让贫困成为下一代的负担。”他盘算着要找一处合适的位置，把这句标语刷到墙上，让全村人每天都能看到。“当你知道你在为谁奋斗，你就会有无穷的动力。我们其实都是在为下一代奋斗。为了让下一代不再被贫困限制，我们必须努力。”

宋鹏曾在记录自己担任“第一书记”的公众号“宋头下乡记”里写到过他要拔穷根，那也是他第一天到村吃完那碗臊子面后立下的誓言。深度参与扶贫三年多的他清楚贫困的根源在何处：不是有了技术、有了项目、有了投资就能确保脱贫，穷根在于思想，在于对生活没有明确的目标和规划，所以贫穷才会代际传递。

宋鹏愿意跟年轻人打交道。他牵头成立的电商工作室，从拼音打字开始教起，已经培养电商专才 12 人，培训青年 3,000 余人次。当村里开始有年轻人主动来找宋鹏谈创业想法的时候，当越来越多的年轻人加入进来带动整个村子的氛围都开始发生改变的时候，宋鹏觉得自己的工作终于成功了，大寨村的死循环解开了，它将驶向贫穷的反方向。

村里越来越多的年轻人都有了自己的想法。有的要租山头种花椒，有的要种油橄榄，有的要养猪，在征求了宋鹏的意见后，他们开始着手准备。

年轻人回来了，扶贫工作队就永远驻扎在了村里。宋鹏到村第一天吃完那碗臊子面后立下的誓言，终于要实现了。

（撰稿：高永伟　照片提供：宋鹏）

/ 白龙江环抱的沙湾镇大寨村

张延刚，陕西省延安市宜川县云岩镇辛户村党支部书记。曾获陕西省青年致富带头人等荣誉。30 多年来，他带领群众把产业结构从种粮调整到务果，把果业管理从粗放式转变成精细化，把经营方式从单家独户转变为合作化。先后推广了“果畜沼草网”五位一体生态循环和“果树间伐”等管理模式，果业质效大幅提高。创办果业专业合作社，兴办供贫困老人居住的“幸福院”并在全市得到推广。把一个穷村乱村变成了远近闻名的小康示范村。2017 年全村人均收入突破 3 万元，是 1989 年的 60 倍。

# 为了辛户村更富裕更美好

2018 年深秋的清晨，辛户村塬上寒气袭人，但这丝毫没有影响果农采摘苹果、挑拣装箱、运输入库的热情和喜悦。村党支部书记张延刚刚从北京参加完全国脱贫攻坚奖表彰大会暨脱贫攻坚先进事迹报告会回来，一大早便奔走在果园、果库及选果线等几个地方，组织果农按标准装苹果，协调技术员调试刚上线的苹果选果机，忙得不可开交。

别看如今的辛户村红红火火热热闹闹，30 年前却是另一番景象。这一切，还要从张延刚带领全村走好三步棋说起。

## 第一步棋：建园务果

辛户行政村坐落在陕西省延安市云岩镇南部塬区 10 公里的山坳里。30 年前，辛户村大车上不了塬、小车进不了村。全村 406 户 1 176 人，家家户户用的是煤油灯，世世代代住的是土窑洞，吃水都要到沟里驴驮人挑。

1989 年，20 岁的张延刚闯劲十足，带着改变贫穷现状的梦想，拉着同村青年们一起在县城打工，想挣钱补贴家用，再把家里的破窑洞整修一下。就是这一举动，让群众看到了他身上与其他人不一样的地方，后来被选举为村委会主任、党支部书记，这改变了他的一生，也改变了辛户村的历史。

带着脱贫致富的梦想，初出茅庐的张延刚一上任就烧了第一把火，走了第一步棋——建园务果。

/ 张延刚（右）帮助群众采购苹果包装

他知道，本乡本土的优势是坡缓土细，适宜果树栽植，有助于迅速致富。他率先承包了村里 50 亩机动地，连同自家责任田一次性栽了 60 亩苹果树，并带领群众人工平地 400 亩，全部栽上了苹果树。春季，他带着群众建园；冬季，他请来技术员指导群众修剪果园；夏秋两季，他带着村里的壮劳力活跃在城乡的建筑工地，用务工的收入补贴苹果幼树期的收入空白。功夫不负有心人：1992 年，辛户村率先成为云岩镇苹果示范村，建园质量全县第一；1996 年，精心呵护了 7 年的果树挂果销售，每亩地苹果的纯收入达 2 200 元，比种粮的效益整整高了 10 倍。张延刚按捺不住心里的喜悦，立即为全村定下了目标：每年至少新建果园 300 亩，让家家户户有果园，让苹果树真正成为群众的“摇钱树”。

看似一帆风顺，实则辛苦万分。好端端的苹果正要采摘时，一场冰雹使整个园子里的苹果千疮百孔。为避免果园再遭受冰雹袭击，张延刚带领群众搭建 1 600 亩果园的防雹网。说起这网，乡亲们赞不绝口：“这个防雹网一上，就相当于给果园上了个安全网、戴了个安全帽，你需要搞几亩就给你搞几亩，不限制，你自己报，你有多少面积村里给你多少网，自己不付钱。”

“间伐”是张延刚采取的又一增产新招。在张延刚的果园蒸蒸日上、硕果累累时，他却办了一件令人不解的事：在群众的一片质疑声中，张延刚拿起油锯，在果园里每隔一株砍掉一株果树。原来，这是他实行的高产增收技术。他将每亩株数从 55 株降到了 33 株；6 年后，他又对果树进行了隔行间伐，每亩由 33 株再次降到了 14 株。虽然亩均株树减少了，但苹果产量不降反增，优果率由间伐前的 60% 提高到 92%，产值更是翻了一番，果园预期寿命由 25 年左右提高到 50 年以上，实现了一片果园养活一代人的目标。

带着群众干，不如做给群众看。间伐的阵痛换来了苹果品质的持续提升，村民看到了张延刚的举动和收获，更加坚定了栽植果树的信心。

很快，辛户村的苹果园发展到了 2 200 亩，被誉为“延安市苹果第一村”。张延刚用实际行动和产业效益，让村民改变了传统观念，一起走上了建园务果的致富路。

在陕北人的眼里，当家人是一个家的支撑，是老人和孩子的仰仗。说起张延刚，辛户村村民说：“我们辛户村就有这样一位当家人，他就是村支书张延刚。村支书是个干正事的人，咱们跟着干吧！”

## 第二步棋：闯大市场

张延刚的第二步棋是把苹果卖到了国内国外，闯大市场。

辛户村苹果产业取得了长足发展，但是，那种在田间地头销售和粗放的管理模式还远远不能适应果业发展新变化和市场销售新需求。为了让苹果顺畅地走出去，把钱更多地赚回来，张延刚组织起全村果农和 34 户贫困户，成立了云辛果业专业合作社，面向国内国外大市场，让辛户村的苹果实现了统防、统治、统管、统销，辛户村苹果销路通达全国各地和东南亚的蔬果市场，果农的收入大幅度增加。

首先是把住产品质量关。合作社统一采购化肥、农药、果袋，既有利于苹果质量管理，又降低了果业投资成本，提高产品市场竞争力。张延刚还聘请省、市、县果业技术专家免费为群众特别是贫困户进行现场授课指导，组织 24 名果业技术员“一对一”帮扶 24 户贫困户，帮助他们掌握一技之长。

反季节销售是张延刚打开销路的又一“法宝”。为了做到反季节销售，张延刚兴建了一座 300 万斤果

/ 苹果精包装

/ 张延刚（右一）与果商交流采购事项

品贮藏库，实现了分批采摘、常年反季节销售。合作社与西安格瑞科技、咸阳天园国贸等公司签订了 10 年合作合同，统一收购全村苹果，售价较市场高出 20%。

推广果、畜、沼、草、网“五位一体”的生态管理模式，既提高了辛户苹果的品质，也保障了经营规模和可持续发展。张延刚多次到北京、上海、广州、香港、澳门等地调研，在省、市、县果业部门的指导下，他在原来的管理基础上，推广了果、畜、沼、草、网“五位一体”的生态管理模式。这种传统管理方式与现代科学技术的有效结合，既实现了绿色种植，消除了苹果产业发展的瓶颈制约，打开了辛户苹果走进一线城市以及东南亚国家高端市场的大门，又实现了五业互补，保证了发展的可持续。

辛户村的苹果很快成了“杨凌农高会”上的明星产品，陆续进入广州、上海等一线城市，为果农带来了滚滚财源。

说起参加“杨凌农高会”这一由科技部等部委和陕西省人民政府共同举办的国家 5A 级农业综合展会，说到辛户苹果成为“杨凌农高会”的明星产品，张延刚的兴奋之情就溢于言表。如今，辛户村的“云辛”商标被评为陕西省著名商标，辛户村被评为省级一村一品专业示范村。

张延忠是辛户村的果农，从一开始他就加入了合作社。“以前我的苹果质量不好，收入也不高，一年下来只能收入几千块钱。入社以后，我的苹果质量提高了，一家人一年收入能有四五万块钱。”如今，他逢人就说起苹果质量提高后给他带来的实惠：“跟着村支书，咱们合伙去闯大市场！”

## 第三步棋：脱贫致富

张延刚的第三步棋是创新“支部＋扶困”，走脱贫致富之路。

辛户村有党员 14 名、贫困户 34 户，要发挥党员和党支部帮扶困难群众的作用，就要从抓支部建设入手。

一是抓优班子。“班子强不强，全看领头羊”，选对一个好支书，就有一个好班子；有了一个好班子，就有一个好村子。张延刚担任辛户村党支部书记的 30 多年中，团结带领村“两委”班子成员，坚持践行群众路线，脚踏实地、苦抓实干、开诚布公、和衷共济，真正做到了“心往一处想、事往一处谋、劲往一处使”，赢得了群众的信任和支持，使党支部的凝聚力、战斗力、号召力不断增强。

二是抓实主题。辛户村党支部始终把改善民生作为工作的核心任务，带领群众上果园、抓管理、办实体、搞营销，同时争取资金、协调地基，完成了旧村改造、新农村建设、绿化美化等工程，使群众得到实实在在的好处，看到了发生在身边的变化。

说到为群众办实事，村里的群众无不对幸福院竖起大拇指。无论自己穷和富，张延刚始终牵挂着村里的鳏寡孤老群体。为实现“小康路上不让一个人掉队”的目标，他把村上闲置的旧队部和校舍改造成 16 间房屋，建成辛户村幸福院，供村上 8 户贫困老人

张延刚（左一）帮助幸福院老人打扫院落卫生

和一些儿女不在身边的留守老人居住。幸福院由村集体提供水、电、暖等，实现了贫困老人安居享乐，也满足了一些农村老人落叶归根的心愿。“我在这里住得很舒服，饭菜也很好。”今年 80 多岁的老人王爱雪的儿女都在外打工，住进幸福院后，她非常高兴。目前，辛户村幸福院模式已在全市得到全面推广。

面对少部分群众因无土地、无产业而致贫的情况，张延刚毫不犹豫地自掏腰包为贫困农户购买苗木，整合村集体土地 90 亩，动员全村村民帮助 34 户困难群众建成 960 亩果园，户均果园面积达到 3 亩，并配套发展畜禽养殖等，确保长短互补，增收致富。如今，部分困难户人均果业收入达到 5 万元，成为全村的“富裕”户。贫困户袁金锋原来是无产业户，没有苹果园，养殖业也一直没有发展起来。在张延刚的大力扶持下，他饲养了 70 多头猪，2017 年的收入达到了两三万元，基本实现脱贫。

三是抓正村风。辛户村党支部坚持把村民素质提升作为正村风的主抓手，经常性地采取会议、广播、专栏等形式宣传党的政策，开展村民教育。在村上配套建设党员活动室，修建文化广场，刷写文化墙，处处体现现代农业新理念、农民新生活、农村新风尚。他们还打造了百米党史文化墙，宣传核心价值观，发挥村规民约作用，激发村民的爱党爱国情怀，形成了积极健康向上的精神风貌和安定团结的良好村风，全村连续 30 年无一例上访事件。

辛户村党支部也先后多次被评选为市县先进党组织，张延刚也多次被市县授予优秀党支部书记、优秀共产党员称号，多次当选市县人大代表。陕西省市县各级领导也多次到辛户村检查指导工作，相关工作被省市媒体深度报道。

“村里有了大变化，家家户户都富裕起来，这都离不开刚子啊。”辛户村从一个穷村、乱村发展到远近闻名的小康示范村，村里人人都对张延刚赞不绝口。张延刚说：“群众的信任是鼓励，更是鞭策。以后，我要把我们村的事情做得更好，从休闲农业、观光旅游、苹果后整理等方面发展，将村庄建设得更好，带领更多的人过上幸福生活，让村民的收入再创新高，光景越过越好！”

（撰稿：张正宇　张奕　照片拍摄：周腾）

/ 辛户村幸福院

张守英，山东省日照市五莲县洪凝街道红泥崖村党支部书记、村委会主任。曾获山东省劳动模范、山东省脱贫攻坚先进个人、山东省担当作为好书记、山东省三八红旗手等荣誉。自 2011 年任职以来，兢兢业业、不辞劳苦，在脱贫攻坚工作中蹚出了一条“互助养老”扶贫脱困的新路子，同步解决了“贫”和“困”两个难题。7 年来，她多方筹资，实施了一系列基础设施建设，村容村貌焕然一新。同时依托自然资源，发展绿色生态旅游产业，带领红泥崖这个日照市有名的贫困村的父老乡亲走上了一条可持续的脱贫致富之路。

# 互助养老：百花庄园中的“孝善”之花

《庄严的承诺——2018 年全国脱贫攻坚奖特别节目》在中央电视台黄金时段播出，红泥崖这个地名一夜传遍神州大地。由贫困落后到美丽文明，从“互助养老”到“孝善”村风，就不得不说到 2018 年全国脱贫攻坚奖创新奖获奖者、红泥崖的现任当家人——村党支部书记、村委会主任张守英。

## 重新起步 · 孝善之力迎难干

五莲，红泥崖，一个富有诗意的名字。不错，五莲县城向南 8 公里处，这个拥有 551 户的村子，距山东省日照市著名的五莲山风景区只有 20 公里，三面环山，坐落于大青山脚下。

俗话说，靠山吃山。靠着大青山铜、白云岩、芒硝等矿产资源，红泥崖村的日子本来过得不错，但随着国家对生态环境保护的力度加大，这种模式难以为继，苦苦撑到 2009 年，一下沦为日照市有名的贫困村。作为红泥崖的媳妇，张守英见证了这一过程。

1991 年，张守英嫁到红泥崖，孝敬公婆、为人友善、办事爽快，很快成为村里以“孝善”出名的好媳妇。就在 2005 年村里的矿业开始走下坡路的时候，已是村妇女主任的她另辟蹊径，创办了自家的家纺企业，先后吸纳本村 26 名妇女及周边村庄群众就业，苦心经营，年利润超过 70 万元。

好人、能人，必须成为带头人。2011 年 5 月，张守英被推举为村党支部书记、村

/ 红泥崖村街道改造后新貌

委会主任。

临危受命，张守英面临两大难题：一是村集体的“家底”太薄，翻开账本，只有区区 2 万元；二是村民不信任村“两委”，村风不正，打架闹事的，喝酒骂村干部的，比比皆是。

第一次村“两委”开会，张守英就开诚布公地说了自己的构想：依托五莲山风景区和大青山得天独厚的自然条件，重建村集体经济。而当下亟须解决的，就是恢复村民对村“两委”的信任和信心。

说着容易做着难。张守英上任的头几个月，各种闹心事、烦琐事接踵而来——项目没有钱，土地有纠纷，邻里闹矛盾，规划没人信……，千头万绪似一团乱麻，各种困顿一度让这个做事雷厉风行又不失细腻的女强人差点失掉方寸。但张守英毕竟是一个很“倔”的人，她说：“真的很难，但越是难越要做好。要让父老乡亲信任，就要以孝善之心做事，要用民心工程让这届村‘两委’真正走进村民的心里。”

村中主干道是大青山石料场运输车的必经之路，晴天漫天扬尘、雨天到处泥泞，噪声更是不分昼夜，严重影响着村民的日常生活。这是村民多年来反映最为强烈的一个问题。张守英和村“两委”成员达成共识，决定在村外重修一条石料运输专用道路，同时整修村中主干道，彻底解决这一“方便少数人，损害多数人”的历史遗留顽疾。村民们由此看到了新一届村“两委”的决心。

修路缺资金。张守英用“谁受益，谁出钱”的铁律，在“专路专用”的前提下，逐一上门说服，最终由石料经营业主主动出资 70 余万元，很快就在村外修通了这一特殊的“民心通道”。与此同时，又采取从自家企业流动资金中出一点、去市里扶贫基金申请一点、让施工方垫资一点、向周边爱心企业劝捐一点等办法，募集资金 43 万元，修整硬化了村中 12 米宽、360 米长的主干道，还装上了 36 盏高耸明亮的路灯。

一路通，路路通。张守英迅速将重建红泥崖村集体经济提上议事日程——成立红泥崖百花庄园旅游服务有限公司，注册“百花庄园”商标，将村里的手工煎饼、石磨面粉、鲜果山菜一一包装，打上商标，统一出售。引进“鲁南鹌鹑养殖基地”，利润分成；提供土地由供电公司建设 35 千瓦分布式光伏发电站，收取固定租金；将扶贫产业基金折股注入优质国有企业，获取分红；流转土地建设 300 亩果园、700 亩茶场、4 个坝塘——可以观光，能够采摘。披星戴月一整年，五莲山的游客来了，大青山的商品走了，项目收益也陆续到账了，村民的口袋鼓了，村集体年纯利一举达到了 30 万元。

有钱了，怎么花？村民的感受最深：修葺一新的便民服务大厅、青石铺就的健身广场、助残养老的幸福大院、定额发放的贫困补贴，还有卫生室、幼儿园、农资超市、生活垃圾处理点……

张守英说：“这些投资的效益，就是改善环境，凝聚民心，民心起来了，红泥崖就一定会持续发展。”而村民们也说：“没想到张书记这么能干，有了这样的当家人，我们放心，也有信心！”

2014 年 5 月，没有悬念的换届选举，张守英以绝对高票连任。此时，她作出了一个常人难以理解的决定——卖掉了自家蒸蒸日上的企业。她说：“我是红泥崖的媳妇，更是红泥崖的闺女。做媳妇，我帮着丈夫一家富；做闺女，就要聚集人心，带着大家一起富。”

## 互助养老 · 孝善之心托大爱

/ 张守英（左）为老人准备午餐

作为红泥崖的“闺女”，张守英一开始就十分关注村里的贫困家庭和贫困失能老人。对 38 个建档立卡贫困户 54 名特困人口，还有 25 位失能或半失能老人，每户什么样的状况，每人如何生活，她心里清清楚楚。

张守英最为牵挂的，是 84 岁的郭公正和他智障的儿子。她说：“郭公正这个智障的儿子和他其实没有血缘关系，那是他 60 多岁时和村里的一个老太合伙过日子，老太带过来的。前些年老太去世了，爷俩就一直相依为命。我很尊敬他，也很敬佩他。现在，这爷俩连做顿饭都很吃力了，所以我常去看看，给些钱物，顺便帮他们做顿饭什么的。像他们这样

/ 红泥崖村开展互助养老

的家庭，我还真没想到什么更好的帮扶方法，就只能尽点孝善之心了。”

2016 年 9 月的一天，一位爱心企业家来到郭公正老人的家。看到院里屋内到处乱扔的脏破衣服、日常用品，一锅不知道是哪天煮出又吃了多少天的粥，当即捐资 2 400 元，请张守英找人照料这爷俩的日常生活。

企业家的爱心之举，顿时激发了张守英的灵感——对于郭公正老人这样的家庭，最需要的不是钱物，而是服务！

这是一次特别的村“两委”会议。张守英提出了她的初步设想：聘请建档立卡贫困户中有爱心、有能力的妇女为贫困失能、半失能老人提供服务，由村委会支付报酬。这个提议立刻得到认同，一份“互助养老”的框架性设计就在大家的热议和计算中形成：一个专职护理员结对照顾 3 ~ 4 位贫困失能或半失能老人，每人每天基本报酬 20 元，一年就是 7 200 元；基本服务内容包括每天做一次饭，每周洗一次衣，不定期打扫卫生，随时陪护就医、代购代办相关事务。

陈淑芳、王春芬等 4 名贫困妇女率先成为这个设计的受益者。不出村子，她们就有了一个就业的机会，一年就成功脱贫；而郭公正爷俩从此也吃上了热乎饭，穿上了干净衣，院里屋内也干净整洁了，生活质量显著提高。

一份善款，助一帮一，解决了两家难题——张守英由此蹚出了一条“互助养老”、既解困又脱贫的新路子。

但张守英并未满足于此，一年后的再次专题会议决定，由村委会投资 4 万余元将原来 150 平方米的幸福院改建为“互助养老服务站”，配备全套的厨卫设备，由专职护理员为 18 位贫困失能老人统一做饭、“一对一”服务；为居家的半失能贫困老人送饭上门，并料理家务。同时将村里 7 名 80 岁以上非贫困老人按照“自愿申请、有偿服务”的原则，也纳入互助养老范围，每人每月只收取伙食费 36 元。老人们说，每天去服务站吃饭都像过节一样，饭菜天天不重样，豆包、馒头、煎饺、大饼样样有，吃得舒心，聊得开心，还能一起看看电视、下下象棋，在站外健身广场上遛遛弯儿。

解困扶贫需要有源源不断的资金投入。“扶贫车间”应运而生——这是张守英提议的重点项目，所需原料和所有员工全部来自贫困家庭，而对其主打产品“手工煎饼”，张守英也是颇费了一番心思：有小麦的、有荞麦的、有玉米的，粗粮“粗”做，保证大青山独有的特色，满足不同游客的口味和需求。产品一上市，就获得认可，产销两旺，员工每天可以得到 80 元左右的工资收入，而利润所得全部用于“互助养老”。仅此一个项目，不但让全村建档立卡贫困户全部脱贫，其盈余还让村委会为 70 岁以上老人免费办理了“银龄安康”保险，为 60 岁以上老人免费安装了有线电视。

老有所依、老有所乐。老人们都因此亲切地称张守英为“闺女书记”，而这大青山脚下的红泥崖村也由此注满了浓浓的中华传统之无疆大爱。

## 百花庄园 · 孝善之花遍青山

“让红泥崖成为大青山下百花盛开的幸福庄园。”这是张守英的初心。现在，走进红泥崖，映入眼帘的首先是村口一个非常精致的小花圃，中心矗立的一块巨大山石上镌刻的鲜红色“红泥崖”村名，在各色花卉的衬托下十分亮眼。走进红泥崖，整洁的村容、宽敞的大路、高耸的路灯、盛开的鲜花、古朴的民房，还有洁白墙面上线条简练、画面生动的民俗风情手绘，给人以恬淡清逸的视觉享受。

为了这一天，张守英已经整整奋斗了 7 年。

一条通衢大道，这是红泥崖村现在的中心商业街。从这条街的任何一个巷口拐进去，都是一条连接家家户户的用青石铺成的巷路，与背后的大青山融为一体。白云悠悠、鸡犬相闻，举目就是一幅乡村图画、一处桃园美景。走进一家农家乐，可以尝到一桌来自大青山原汁原味的农家宴；如果住上一宿，这古朴的民居足可以给你一番怀旧的幽思；离开的时候，可以捎带上红泥崖的特产——花生、茶叶、杂粮，还有“扶贫车间”出产的面粉、煎饼……

让红泥崖村走向现代文明与美丽，这是张守英连任后的信念。

2015 年，张守英将清澈洁净的自来水引到了红泥崖；2016 年，红泥崖社区服务中心落成，电子商务服务站也随之建立，美丽乡村计划正式启动；2017 年，张守英邀请北京大地设计院实地考察，为红泥崖勾画出一幅百花庄园的建设蓝图。

村西，222 省道东侧，是大青山下有名的野虎岭片区。3 000 多亩从未被开垦的处女荒坡，有着独特的野味与灵气。这里将是一座红泥崖大庄园中名副其实的百花庄园：以种植各色花卉为主，果树、茶园、瓜菜为辅，其间以青石小径相连，游客可以亲手栽种、培植、采摘，可以漫步、游览、休闲。

村南，有一片“古老”“破旧”的住宅区，依山而建。这里的房子最老的已有100多年的历史，年代较近的也大都建于20世纪四五十年代。小院外就是大青山自然生长的草木，小院内则是石磨、柴垛、水井和农具。这里将修旧如旧，成为集中民宿区，游客可以亲手触摸质朴的石墙，烹饪自己采摘的山菜，在安详静谧中聆听小院诉说的光阴故事。

蒸发团是红泥崖的一道绝活。大青山玉米，石磨两次研磨，黑陶盆里自然发酵——据说在发酵的五六个小时内不能开门，不能见生人，否则发出的面团就不是那该有的味道。接着还需要一种现采的大青山云香菜，必须带着野生的泥土味，蒸时适量撒在发团上。蒸发团用的是土灶、大锅，火要够大、够旺、够持久，据说这就是大青山的野性所在。揭开锅盖，将蒸熟的发团抬出，搁在桌子上，在腾腾热气中用刀切成块。这时，你品尝的可能是大青山的气息，也可能是儿时往事的回忆。

但这优不是全部。因为大青山在张守英的心里还有一个更重要的内涵，那就是延续千年的民俗村风——孝善。

山村人家过大年，虽无城镇的霓虹，但必有邻里的醇厚。从担任村支书的第一年起，张守英每年春节都要挨家挨户给村民拜年，将年货、祝福送到全村每一家。但让她最为自豪的是，由她亲自张罗的春节联欢会，全部节目都是村民自己报名、自己排练、自己演出。张守英以“闺女”身份客串，给60岁以上老人奉上压岁钱，给困难户赠送新被褥，给评选出的“尊老敬老家庭”授予由村委拍摄制作的全家福相册……。几年下来，乡亲们约定俗成地给这场联欢会取了一个很曼妙的名字——红泥崖“村晚”。

张守英说：“‘村晚’最大的好处是，婆媳关系融洽了，邻里相处和谐了，乡亲感情加深了，打牌赌博、酗酒闹事的消失了。”

为了巩固这些来之不易的成果，建立美丽文明乡村的长效机制，在政府主管部门的大力支持下，张守英倡导成立了红泥崖孝善养老理事会，设立了孝善基金。张守英认为：百行德为首，万事孝为先。将老人照顾好了，就必定能带动村风民风的转变。大青山是大自然对红泥崖的恩赐，既是金山银山，更应该是孝善之山。

2018年，张守英从北京领奖归来，第一件事，就是来到互助养老服务站，给老人们送上北京带回的特产，讲述国家领导人对老人们的关爱，描述红泥崖百花庄园的美好未来……

（撰稿：宦平　照片拍摄：钱玉军　许亚赛　朱庆鹏）

张福锁，民盟会员，中国农业大学植物营养系教授、博士生导师。2009年以来，他带领团队师生扎根农村，先后在河北曲周和广宗、吉林梨树和通榆、内蒙古武川、陕西洛川、新疆和田、云南镇康、北京密云等地创建了科学家与农民深度融合扶贫模式——“科技小院”，在全国建立了121个“科技小院”，覆盖45种作物产业，示范面积上千万亩，培训农民20多万人次，还与63家合作社和37家企业紧密合作，实现增产增收和环境保护共赢。

# “科技小院”的扶贫故事

打开张福锁的简历，满眼都是令人仰慕的荣誉：2005年，荣获国家自然科学奖二等奖；2007年，荣获国际肥料工业协会国际作物营养奖；2008年，荣获国家科技进步奖二等奖；2014年，荣获发展中国家科学院农业科学奖；2017年，当选中国工程院院士，获何梁何利科学与技术进步奖……。而这些成就与精准扶贫联系在一起的，是极具创新意义的四个字——“科技小院”。

## 农技推广“推”出个“科技小院”

故事还要从1990年说起。

这一年，主攻植物营养专业的张福锁从德国留学回国。当时，相对于土壤学、农学、农经等，植物营养还是个“新、小、弱”的学科。但是，经过10年潜心研究，张福锁的团队在国内外有了一定影响。其中，“提高作物养分资源利用效率的根际调控机理”研究荣获国家自然科学奖，标志着中国农大植物营养学科在基础理论研究领域有了一席之地。

学科有了基础，得到国内外同行认可，接下来该怎么发展？早在2003年，张福锁就有了考虑：“别人都说我们做基础研究还行，科研成果到地里有用吗？所以，我开始跟自己较劲，一定要在农业生产里面发挥指导作用，为国家、为农民做实实在在的贡献。”

2009年7月，张福锁的思考终于变成了行动。他的团队兵分三路，推广科研成果，帮助农民脱贫致富。

第一站，他们选择河北省邯郸市曲周县，这里是小麦、玉米轮作地区，人均一亩半地，属于传统的小农经营，也是我国大多数农业经营方式。曲周饱受土地盐碱之苦，老百姓流传着这样的顺口溜："春天白茫茫，夏天水汪汪，只听耧耙响，不见粮归仓。"

"那时，谁家一亩地能产一百斤小麦就算是多的，玉米比手指头长不了多少，老百姓吃不饱只能用野菜充饥。"曲周县白寨村原支部书记回忆说，"自从中国农业大学到村里推广农技后，村里的小麦、玉米产量大增，我们终于甩掉了贫困帽子，走上了致富路。"

说起"科技小院"，跟张福锁一起从德国留学回来的李晓林至今记得，那是当地乡司法所在白寨村的一个排房，长期没用，院里的草一人多高，地上全是狗屎猪粪。于是，他们把草铲掉了，地面打一打平，屋里的墙重新刮了，又买了桌子、床，中国农业大学3位老师和两名研究生就住了进去。为了方便与外界联系，他们商量着给这地方起个名字。大家一议："我们到这里是做科技推广的，就叫'科技小院'吧！"

于是，"科技小院"就这样叫起来了。

多年的农村贫困地区调查研究让张福锁意识到，受知识不足、信息和资源缺乏、服务支撑不够等一系列问题的困扰，科技进步难以转化为农村贫困户的生产力和现实收益，这不仅是农业发展面临的巨大挑战，也是脱贫攻坚面临的重大难题。

张福锁的团队住进小院以后，大家天天下地看苗子，和农民一起喝稀饭、啃馒头、吃咸菜，一起聊天，农民们慢慢地认同他们，加深了感情。老师和学生们天天守在地头观察，与农民讨论，还把技术画成漫画让农民照着学。

6月中旬玉米播进去，国庆节后就能收。这一年，示范方获得了丰收，平均增产了16.7%，有的贫困农户亩产超过了800公斤。这下农民真心认可了，"科技小院"从此热闹起来，几乎天天有农民来敲门说说田间事。

/ 张福锁（右）在河北省曲周县与农民讨论麦苗生长情况

张福锁的团队在白寨村打开了局面，其他村怎么办？带着在白寨村建立起来的农民对"科技小院"的信任，师生们走遍了曲周县的342个村，连农业

/ 黄土高原苹果产业扶贫丰收景象

/ 张福锁（中）在田间观摩会上和农民合影

局、科技局的技术人员也参与了进来。科技培训成为“科技小院”最大的特色。

大河道乡后老营村党支书主动找上门来，说村里有好几千亩西瓜，周边还有 3 万亩，能不能在他们那里建立一个“科技小院”，推动一下西瓜产业。

“我们研究的是小麦、玉米，不会种西瓜啊！”“西瓜也是庄稼，都是一个道理，你们总比农民学得快吧。”“行吧。”于是，第二个“科技小院”在后老营村成立了。张福锁的老同学、河北农科院的刘全清研究员随后住到那里，他们很快找到了村里西瓜产量低、品质差的症结，把西瓜苗嫁接技术引进了村里。

刚开始，农民死活不信：“你们尽瞎说，把瓜苗的头砍了还能活吗？”这件事让“科技小院”的师生很受触动：谁来告诉农民这些常规技术？嫁接苗技术成熟几十年了，北京的瓜农都会用，这里离北京这么近，农民竟然没听过。所以，需要有一大批人能够真正走到农民中间，把现有的成熟技术教给他们，让他们用起来。后来，“科技小院”帮村里成立了西瓜种植合作社，注册了“老营村”牌西瓜，把西瓜卖到韩国，农民都脱了贫致了富。

在云南省镇康县，张福锁带领的团队在当地政府和学校支持下，围绕贫困山区特色产业冬桃种植深入调研，了解农业生产发展中存在的实际困难和问题，详细掌握农作物病虫害发生的类型、挂果面积、修枝剪枝方式、施肥用药等情况，并就提高冬桃品质、贫困户增收开展科学管理、提质增效试验示范，制定和优化农业产业发展方案。

张福锁团队通过面对面服务农民，结合当地实际带来新知识、新技术、新方法，在贫困户增产增收、脱贫致富方面取得显著成效。

## “小院”引导了大产业

2012 年初，“科技小院”来到广西壮族自治区隆安县的金穗集团，这是全国最大的香蕉生产企业，有 12 万亩种植基地。企业董事长说：“你们教授不会种地，理论多、实

/ 张福锁（右三）在田间指导农民

践少。”师生们不服气，说一定在这里打出一片新天地。企业对他们不抱任何希望，把师生们扔到地里，和农民工一起干活，生活费师生们自己掏。那是他们最艰苦的日子，师生们天天搬石头，砍蕉锄草喷药，晚上10点还在地里干活，一名研究生被毒蜘蛛蜇得都睁不开眼。

到了第三个月，金穗集团董事长说：“没想到你们从首都来我们这儿吃苦受累，不拿我们一分钱，还受委屈。从下个月开始，公司给你们发生活费。”精神上认可了，技术上仍然没被看好。师生们本是学土壤、肥料和植物营养的，却天天给香蕉喷药。在香蕉地里待了半年多，企业一看还行，认可了他们的专业能力，投入改善“科技小院”的条件，师生们这才回到本行，开始研究解决土壤酸化、裂果等香蕉生产中的大问题。

最后，他们通过改善肥料结构和施肥方法，不仅解决了裂果问题，而且把肥料用量减下来，一年给企业节省上百万元。同时，他们还与企业一起申请了几项专利，写了两本书，总结香蕉滴灌的整个操作规程和营养规律。

企业这下高兴了，把“科技小院”作为自己的技术支撑，在政府的支持下成立了广西壮族自治区香蕉工程中心。2015 年，金穗集团在老挝扩种了一万多亩香蕉，第一个国际“科技小院”在老挝落户，“科技小院”就这样走出了国门。

从北到南、从东到西，“科技小院”就这样茁壮成长。山东、河南、河北、陕西、北京、安徽、四川、重庆等 20 多个省（区、市）建立了 60 多个“科技小院”，涉及小麦、玉米、水稻、西瓜、菠萝、香蕉、芒果、苹果、葡萄等 22 种作物。

“科技小院”开展产业扶贫，从聚焦解决农业高产高效的关键性制约因素入手，用科技带动产业结构调整、助推特色产业发展。2016 年，张福锁与新疆农科院合作，分别在乌苏市、和田县、塔什库尔干塔吉克自治县等地建立了 13 个扶贫“科技小院”，涉及谷子、马铃薯、棉花、葡萄、鲜食玉米、核桃、红枣、饲草等经济作物，围绕当地特色农业产业开展扶贫，并与“访惠聚”工作紧密结合，有效推动了少数民族地区脱贫脱困。

张福锁在研究、推广高产高效技术解决贫困户增产增收过程中，高度重视贫困户农技培训，利用科技小院、农民家里、村委会、小学校、农村街巷等不同地点，采用面对面授课方式，田间观摩，建科技长廊、科技胡同等方式，向贫困户普及农业技术知识，提高了贫困户农技水平，增强了他们增收致富能力。例如，在曲周“科技小院”，他们开展了各类培训700多场，惠及近3万名农民，其中相当部分是贫困户；通过“科技小院”网络，他们开展农民培训1 470场，培训农民近7万人次；开展田间观摩82场，累计组织7 000余名农民开展实地观摩。

## “小院”文章越做越丰满

2009年至今，张福锁带领的团队师生每年扎根农村300多天，先后在河北曲周和广宗、吉林梨树和通榆、内蒙古武川、陕西洛川、新疆和田、云南镇康、北京密云等地，探索解决科研与生产脱节、科技人员与农民分离的问题。他创建了科学家与农民深度融合、科技与产业紧密结合、“输血”与“造血”有机结合的“科技小院”精准扶贫新模式。

“科技小院”的技术推广灵活机动、快捷高效。无论是农民家里、村活动室、农民空置房都可以进驻，师生们可以“零距离、零时差、零门槛、零费用”服务农村贫困户。同时，他们可以通过短期培训进行面上培训，也可以通过田间学校进行长期系统性的培训；可以通过科技长廊进行流动性培训，也可以通过广播、微信、QQ群进行在线培训，还可以通过各种途径把科技小院的信息发布出去。

“科技小院”的科技创新接地气，成果可以直接为农民所用。“科技小院”的技术受到农民欢迎，是因为遵循“从生产中来，到生产中去”的原则，立足生产迫切需要解决的问题，在地方农技员和农民的参与下，在农民地里布置多点试验，开展定向精准、数据可靠的高水平科学研究，在试验的基础上揭示科学规律，集成创新高产高效技术模式，在农民地里反复检验，最后应用于生产。

张福锁带领团队师生创立的“科技小院”精准扶贫模式，立足农村，开展服务“三农”研究，把科研搞在农田里，把论文写在地头上，并且取得了丰硕的成果，引起社会各界高度关注。

——全国最高科学技术奖获奖者李振声院士认为，“科技小院”既是引导农民致富的一条新路，又是中央提出的“精准扶贫”的一种新模式。

——2014年，“科技小院”相关成果荣获国家教学成果二等奖，并在2017“三农”发展大会上荣获中国“三农”十大创新榜样第一名。

张福锁的“科技小院”模式不仅对确保国家粮食安全和生态环境安全、推进我国农业转型具有重要意义，而且对以小农户为主的其他发展中国家也有广泛的借鉴作用。

2016年，张福锁团队在《自然》杂志上发表研究论文《科技小院让中国农民实现增产增效》，把中国“科技小院”的故事传播到世界各地。

国际小农户可持续发展研究专家吉勒认为，这是国际上关于大面积推动小农户增产增效的典型成功案例，也是全球提高粮食产量、减少环境污染的重要途径。

国际粮食安全专家、英国牛津大学的查尔斯·戈弗雷认为，在过去的 30 年里，中国创造了一个农业奇迹，张福锁等人的研究证明，减少投入实际上可以大幅提升农业、环境和经济效益。

在“科技小院”这个平台上已经实现了多种功能的聚合，产生了巨大的经济效益和社会效益。曲周县范李庄村“三八科技小院”是由 3 位女研究生创办，服务对象是农村留守妇女。来参观的国外院士们都赞赏：太好了，村里的老百姓那么高兴，妇女们唱歌跳舞，我们的工作目标不就是让人们幸福吗？这个小院做到了。慕尼黑大学教授专门在德文杂志上撰文，介绍“科技小院”组织农村妇女发展生产，开展文化活动的情况。2013 年，他带着自己课题组的 16 名教师、博士生专程从德国来到曲周县“科技小院”交流学习。

目前，张福锁带领的团队在全国建立了 121 个“科技小院”，覆盖 45 种作物产业，示范面积上千万亩，培训农民 20 多万人次。团队与 63 家合作社和 37 家企业紧密合作，与全国 1 152 名科研人员、6.5 万名农技推广人员、13 万农业企业技术人员，以及 452 个县的 2 090 万名农民一起，推广应用技术累计 5.66 亿亩，增加粮食生产 3 300 万吨，减少氮肥用量 120 万吨，增收节支 793 亿元，为贫困户脱贫增收、引导当地转变发展方式和增强内生动力做出了突出贡献。

“科技小院”何以能生生不息？是因为张福锁和他的团队知道，立地才能顶天。

（撰稿：李庆华　照片提供：张福锁）

科学种植——给芒果套上袋子

张毅生，海南省经济技术学校校长、党委副书记。曾获全国扶贫开发工作先进个人、第二届全国教育改革创新优秀校长、海南省十佳校长等荣誉。2009年以来，在海南省教育厅、省扶贫办的大力支持下，联合省妇联创办了扶贫巾帼励志中专班，面对全省贫困家庭招生，帮助贫困家庭女孩学技术、立志向，凭技术技能就业，实现一人就业、全家脱贫。扶贫巾帼励志班职教扶贫模式被推广到海南省几十所中职学校，对全省脱贫攻坚起到重要推动作用。

# 教少年立志　助就业脱贫

"培养一名好女孩，造就一位好母亲，带出一个好家庭。"这是海南省经济技术学校校长张毅生对创办扶贫巾帼励志中专班提出的愿景。

自2009年创办以来，扶贫巾帼励志中专班使许多农村贫困女孩得以用知识和双手改变命运，并成长为企业骨干和励志典型。扶贫巾帼励志中专班10年来不断为爱"发电"，成了海南省职业教育的品牌，优秀毕业生们的先进事迹在社会上引起了广泛关注，社会效益日益明显，多家媒体对该班的励志教育模式进行宣传报道。

张毅生说："海南本地有句俚语：'父好好一个，母好好一窝。'也就是说，女孩在家庭中将以自身的道德品行、文化素养潜移默化地影响下一代。不让一个女孩因贫困失学，正是我创办扶贫巾帼励志中专班的初衷。"

扶贫巾帼励志中专班因爱而生，同时也为海南省贫困家庭的女孩打开了未来的大门，很大程度上改写了很多海南农村家庭女孩为贫困所束缚的命运，成为海南农村女孩名副其实的"未来梦工厂"。

定点帮扶，不落一户；困难资助，不落一生。扶贫巾帼励志中专班创办10年来，以一种新型职业教育扶贫方式，扶智更扶志，励志也励心，帮助农村贫困家庭孩子实现有学上、有书读的梦想，增长技能、实现就业带动家庭脱贫致富，为教育助脱贫贡献力量。

## 创新办学新模式，教育扶贫先扶志

“扶贫先扶志，作为一名教育工作者，我深感肩上责任之重。”1962 年，张毅生出生在海南省儋州市的一个小村庄，家中有两个姐姐。那时海南整体经济水平比较落后，为了能给弟弟提供更好的发展机会，两个姐姐主动放弃了接受教育的机会，这也致使她们至今生活水平较差，只能借助简单劳作赚取微薄的收入。

50 多年过去了，现在的海南省部分市县、贫困山区，仍然存在重男轻女的思想，许多农村贫困家庭没有能力也不愿送初中毕业的女孩继续上学，很多十五六岁的女孩不得不面临着早早外出打工贴补家用，或在家承担一些农活、杂活的现实。

2005 年，张毅生进入海南省经济技术学校担任校长一职。工作中的一次调研，张毅生发现在学校里普遍存在农村女生较少的现象，这让他萌生了为贫困家庭女孩提供更好的学习环境和更多学习机会的想法。

“2009 年，我组织学校教师对贫困家庭子女接受职业教育愿望情况进行了一次调研，情况不容乐观，60% 以上的农村贫困家庭都不愿送初中毕业的女孩继续读书。”

大多数女孩遵从家长的意愿进城打工补贴家用，但由于未受过职业技术培训，只能从事收入微薄、简单繁重的体力劳动，返回农村后经济收入中断，生活又陷入困境。“我生于农村，我的两个姐姐就是为了让我上学读书，很小时便辍学打工，我至今都感到十分愧疚！”

他在调查时还发现，受过良好教育、掌握一定知识技能的女性对一个农村家庭的致富兴旺有着不可或缺的作用。针对这些现象，也是基于农村贫困女孩面临的现实处境和女性素质对国家、民族、家庭的重要性，张毅生与其他校领导研究分析后一致认为，作为职业学校，必须在教育扶贫工作中有所作为，对增强社会责任意识、促进社会发展有所贡献。

学校及时向海南省教育厅、省妇联和省扶贫办汇报了这一想法，在各级领导的大力支持下，学校于 2009 年 7 月面向全省贫困家庭女孩招生，创办了扶贫巾帼励志中专班。

扶贫巾帼励志中专班面对贫困家庭女孩招生，明确提出了“免除贫困女孩三年学费、住宿费等，每月补助生活费就读职业

/ 张毅生（右）对扶贫巾帼励志中专班学生进行励志教育

/ 张毅生（后中）关心学生用餐情况

学校，凭技术优秀稳定就业”的目标，探索教育扶贫新路子，让贫困家庭的女孩学技术、立志向，帮助家庭脱贫致富，过上有尊严的生活。

2010 年 4 月 13 日，时任国家副主席习近平到学校考察，对学校坚持扶贫与扶志、扶贫与育才相结合的做法给予肯定，还鼓励学生们发奋学习、提高素质、锻炼体魄，努力成为国家建设的有用之才，回报祖国、回报社会、回报父母。

学校制定了扶贫巾帼励志中专班十年（2009 年至 2018 年）规划：计划培养 1 万名扶贫巾帼励志班学生，造就 1 万名好母亲，带动 1 万户家庭脱贫致富，并矢志不渝地努力办好扶贫巾帼励志班。

“学校不仅要让学生过上有尊严的生活，还要帮助其家庭脱贫致富，”张毅生说，“学校将给学生带来两个‘脱’，一是脱胎换骨，二是脱贫致富。”学生在学校不仅仅学到技能，更重要的是树立起立志向上的精神。

## 多措并举促脱贫，助力就业且励志

2009 年，扶贫巾帼励志中专班开始招生后，抱着试一试的心态，覃小丹成为首届入读该班的学生之一。覃小丹说，“进入巾帼励志中专班后的每一天都是新的。”

重获学习机会的覃小丹，学习非常刻苦，多次获得了海南省和学校的奖学金，不仅当上了班长，还当上了 2009 级学生会的主席。

2012 年，覃小丹毕业后成功留校，成为一名中专学校的教师，并担任励志教育的辅导员。在学校的工作，不仅让她提高了收入，也改善了全家人的生活品质。2015 年底，她出资 3 万元，帮助家人盖了一栋二层楼房，这让覃小丹更加坚信“知识改变命运”。

如今，作为一名老师，在课堂上，覃小丹常常提醒学生们：“不要急于走向社会，学好本领才能有一个好的未来。”

同样是扶贫巾帼励志中专班学生的方婷，毕业后也顺利留校，成为学校的一名酒店专业实习指导老师。“当年我拿到了高中录取通知书却不能去上，让我一直很遗憾，但没想到还能通过这个机会继续学习，所以我也想留校帮助更多的女孩实现她们的梦想。”

和覃小丹、方婷一样，因扶贫巾帼励志中专班而改变命运的寒门学子并不在少数。

/ 张毅生在办公

2012 届酒店服务与管理专业毕业生李雪练，两次获得省级技能大赛中餐摆台项目一等奖，毕业留校担任酒店专业实训指导老师，2016 年底出资 4 万元帮助家里盖起了新房。

2013 届酒店服务专业毕业生朱晓莹，因家庭贫困，初二没读完就去给亲戚当保姆，入学后受到资助，努力学习，现已成为中信银行海口分行的大堂经理，2016 年资助家里盖了一栋二层楼房。

2015 届美容美体专业毕业生辞恋婷，初二毕业后差点因家庭贫困辍学打工，因资助政策而重返校园，毕业后应聘到香港红瑞集团海南红妆美容有限公司担任美容师，帮助家庭盖房和发展种养业。

…… ……

“这样的例子数不胜数，农村的楼房谈不上豪华，但是在农村漆黑的夜晚，从这些楼房放射出来的光芒，彰显了职业教育的功德无量。”张毅生感慨道。

为了让更多的贫困女生享受到政策红利，张毅生每年发动全校教师组成 18 个宣传队进行政策宣讲，覆盖全省 320 所非重点初中学校，这样的宣讲已坚持近 10 年。“多一个孩子听到我们的政策宣讲，社会就可能多一朵‘希望之花’!”

多年来张毅生不辞辛苦，四处奔波，多方筹集助学资金。2009 年至 2014 年，省扶贫办先后资助了 1 900 万元，省妇联发动海南成美慈善基金会、北京新发展慈善基金会、长江商学院第十五期学员共捐赠了 380 万元。他还积极协调合作企业给予扶贫赞助，并利用学校自有经费，共筹集了 900 万元，给予部分贫困女生每人每月 150 元至 350 元不等的助学金，解除了她们的后顾之忧，让学生能够安心投入学习。

不仅如此，张毅生在校内广泛开展勤工俭学活动，每年安排 1 000 多名学生参加。通过设立校内资助性工作岗位、引进海南思香源食品有限公司生产性实训基地、创办电商等创业体验店、联系校企合作单位在周末及寒暑假提供实践机会等方式，不仅培养了学生吃苦耐劳、敬业创业的意识，还让她们学到扎实过硬的生产技术、专业技能和经营管理经验。张毅生还创办了美发、食品加工、电商等校内创业体验店，为学生提供真实的创业环境，培养学生创业意识和创业能力。

根据海南产业发展规划和海南建设国际旅游岛的战略任务，结合就业形势和学生兴趣爱好，张毅生开设了饭店运营与管理、美容美发、中西餐烹饪、电子商务、免税品营销、平面广告设计等 10 余个契合海南经济社会发展需求的专业，拓宽了就业渠道。他牵头组建了“一校百企”合作联盟，每年各企业能给贫困学生提供 3 000 多个工作岗位，毕业生就业率在 98% 以上，学校连续 6 年被评为“海南省大中专就业工作优秀单位”。

2018 年，张毅生参加了在海口举行的“第三届全国国际饭店业大会暨海南校企合作洽谈会”，会上他作了 8 分钟的发言，希望校企合作为学生提供勤工俭学的岗位。“一个下午的时间，就有十几家企业和我‘订人’。这样不仅能大大减轻学生家庭负担，补贴学生生活费用，也让学生提前掌握技能、适应岗位。”

对学生来说，学校不仅关注她们的学习状况、考试分数，在学习上扶智；也重视生活上扶贫，给予她们较充分的帮助；更重视在精神上扶志，在品行上扶德，心理上扶健，使她们能够适应社会的发展。

张毅生指导团委成立扶贫励志教育辅导团，将全校贫困生分成了 27 个扶贫励志班，分配了 35 名辅导员，每周利用第二课堂时间对贫困学生进行励志教育辅导。多年来，他聘请多位励志教育专家、巾帼红旗手、德育专家、优秀校友、优秀企业家担任主讲，每年开展大型教育讲座活动 20 余场，帮助学生树立正确的就业和择业观等。

除了开展经常性励志讲座和拓展教育活动，张毅生还以党建和团建的形式促进贫困生思想建设，包括组织扶贫励志班学生加入学校励志青年志愿者服务队，成立励志党支部，吸收先进的巾帼励志班学生入党，增强扶贫扶志教育效果。

知识改变命运，教育引领未来。截至 2018 年 6 月，7 000 余名贫困学生毕业后成为适合海南经济社会发展需要的中等技术技能型人才，为全省脱贫攻坚战略贡献了力量。张毅生说：“将大批来自农村贫困家庭的‘丑小鸭’，培养成了家庭中的顶梁柱、单位中的佼佼者，成了名副其实的‘白天鹅’。”

## 开创帮扶新局面，春风化雨终育人

扶贫工作是平凡而艰辛的，没有闪烁的霓虹灯，没有豪言壮语，只有默默奉献。在张毅生的不懈努力下，学员们经过在校三年的扶贫励志教育，树立了脱贫致富的志向，毕业后凭借技术技能实现优质就业，帮助家庭脱贫，同时也在她们所在的乡村产生了良好的影响，农村同龄女孩纷纷报读扶贫巾帼励志中专班。

这种办学模式在全省得到推广和复制，海南省 34 所中职学校开设了 251 个扶贫励志班，对 9 157 名建档立卡贫困家庭学生实施精准施策、精准培养、精准就业、精准脱贫，扶贫励志教育结出累累硕果。张毅生说："扶贫扶志的道路充满困难而且漫长，扶贫巾帼励志中专班的创办原本是 10 年为期，但是接下来，我打算向省妇联、省教育厅、省扶贫办申请再延期，助力到 2020 年全面打赢脱贫攻坚战！"

为了丰富办学内容，持续办好扶贫巾帼励志中专班，培养更多海南自贸区（港）建设需要的合格建设者和接班人，张毅生带领领导班子拟定了《扶贫巾帼励志中专班第二个十年（2019—2028 年）规划》，提出在 2019—2028 年继续办好扶贫巾帼励志中专班，挂牌成立"全省妇女培训基地"的同时，靶向对准自贸区建设和发展的需求，开展巾帼励志新型妇女技能提升培训，进一步巩固脱贫攻坚工作成果。

"十年树木，百年树人"，教育扶贫能让贫困家庭的孩子掌握知识、改变命运、造福家庭，是最有效、最直接的精准扶贫。张毅生以"用心、用情、用力"的态度，走进贫困家庭，不断践行当初的诺言，犹如暖人的春风抚慰贫者，犹如绵绵的细雨沐浴困者。

（撰稿：陈雪宁　潘玺　照片提供：吴钟杰）

/ 海南省经济技术学校

陈振毅，中共党员，广东省珠海市委农村工作办公室主任。他在任广东省珠海市扶贫办主任期间，工作定位准确，珠海连续8年扶贫考核位列广东省前列，累计投入扶贫资金39.6亿元，吸引社会资金参与扶贫12.7亿元，建立扶贫产业基地165个，培训转移就业12.3万人，帮扶19.66万人脱贫，并建设大批民生项目，使63万多群众直接受益。对口凉山东西部扶贫协作，国务院扶贫办在凉山召开现场会学习珠海经验；对口怒江东西部扶贫协作，2017年考核珠海获得“好”的等次。珠海扶贫工作经验先后在全省、全国推广。

# 抓住产业扶贫这个“牛鼻子”

根据中央和广东省委省政府关于精准扶贫、精准脱贫的工作部署，珠海市对口帮扶阳江、茂名两市211个贫困村，同时还承担云南怒江州东西部扶贫协作，四川甘孜州理塘、稻城县，重庆巫山县三峡库区，西藏林芝米林县、米林农场等地对口支援工作。

尽管扶贫重担压肩，时任珠海市扶贫办主任的陈振毅毫不退缩，他说：“改革开放让特区的人民富裕了起来，我们特区有责任让相对贫困群众共同奔小康，我们在这场全国范围内打响的脱贫攻坚战中，必须要提高政治站位，体现出特区的担当！”

陈振毅盯住新时期脱贫攻坚的大目标，把对口帮扶、对口支援当成“自家的事”来做，敢于担当，身体力行，真抓实干，坚持在发展中解决滞后问题，以产业扶贫为主要抓手，形成了珠海特色的“搭平台、建基地、联市场”产业扶贫机制，推动脱贫攻坚工作取得了显著成效。截至2018年6月，在省内第三轮精准扶贫工作中，珠海市累计落实资金13.44亿元帮扶阳江、茂名两市211个贫困村；帮扶34 196名贫困人口脱贫，占任务总数的74.4%；已脱贫的有劳动能力贫困户人均可支配收入达10 012元，比帮扶前增长150%。

截至2018年6月，珠海市还通过各种渠道共向怒江投入各类资金4.86亿元，实施项目100余个，帮助6 100名建档立卡贫困户摘掉了贫困帽，取得阶段性成效。

## 脱贫攻坚需要新机制

扶贫办既是脱贫攻坚战的参谋部也是指挥部，陈振毅作为珠海市扶贫办主任，把脱贫攻坚工作作为一项系统工程，置于全市工作大局中谋划和推进。他从落实主体责任、加强帮扶队伍建设、强化扶贫资金筹集和管理、制定扶贫政策等方面入手，建立起完善的脱贫攻坚新机制，有效统筹各方力量，推动各项扶贫工作实施。他认真抓好了四方面工作。

一是落实主体责任。坚持落实脱贫攻坚工作“一把手”责任制，建立了市领导联系帮扶机制，全市四套班子 30 名厅级干部挂村协调、督导、推动扶贫工作。完善了各部门帮扶工作机制，把对口帮扶任务具体分解落实到全市 117 个帮扶单位，各单位一把手带队深入贫困村调查研究，因地制宜制定对口阳江、茂名两市 211 个贫困村三年帮扶规划和帮扶措施。同时派出驻县扶贫工作组和驻村干部开展精准扶贫工作。实现了每个县都有工作组，每个贫困村都有驻村干部，每个贫困户都有责任人挂钩联系，每个贫困村、贫困户都制定了具体的发展规划和脱贫措施。

二是加强扶贫队伍建设。珠海市遴选优秀干部组成扶贫工作组和驻村干部队伍，专职开展扶贫工作。2016 年至 2018 年 6 月，珠海市已派出 8 个工作组、257 名优秀干

/ 陈振毅（左一）在怒江调研

部进驻云南怒江、西藏林芝和本省阳江、茂名专职开展脱贫攻坚工作。针对派出的扶贫干部大部分首次参与扶贫工作，经验不足的情况，市扶贫办多措并举，通过召开产业现场会集中培训等多种形式，不断加强业务指导，帮助扶贫干部提高业务水平，尽快适应新角色，推动工作有序开展。制定出台扶贫工作组和驻村干部管理办法，对全市扶贫干部实施统一管理、培训和考核，明确扶贫干部选拔、培训、管理、考核和提拔使用制度。同时要求帮扶单位做好驻村干部后勤保障工作。在这些制度的保障下，珠海市扶贫干部强化政治担当，勇担脱贫责任，成了贫困户心中"最贴心、最好的人"。

三是强化扶贫资金筹集和管理。针对扶贫工作实际，科学统筹安排财政扶贫资金，确保扶贫工作财政投入保障。为充分发动珠海社会各界力量积极参与，成立了广东省第一家地级市扶贫基金会，与市红十字会、市慈善总会一起，充分利用"广东扶贫济困日""国家扶贫日"等活动，积极募集社会资金用于脱贫攻坚工作，并持续实施"乡贤"回归工程，广泛动员和发动被帮扶地"乡贤"回乡办企业，捐资用于民生设施建设。同时出台了《珠海市精准扶贫开发资金使用监管办法》，确保扶贫资金专款专用，实现扶贫资金和项目与驻县工作组靠前管理，提高资金使用效益。

四是制定扶贫政策。因地制宜出台产业扶贫、就业扶贫、大病医疗补助等一系列扶贫政策，为新时期扶贫工作构建顶层设计和工作框架，为产业扶贫绘制精准蓝图，确保每一贫困村都建有一个以上带动贫困户长效增收的农业特色产业。

## 产业扶贫需要新平台

陈振毅从城乡区域协调发展的角度出发，跳出局限于单个贫困村搞扶贫的思路，充分利用珠海与被帮扶地区的比较优势，搭建产业扶贫工作平台。借助这个平台，引导和整合帮扶资源，激发贫困村、贫困户发展内生动力。

一是搭建合作平台，整合帮扶方和被帮扶方资源。充分利用珠海市场、资金、人才、信息、技术及社会资源的优势，积极推动被帮扶地区农业资源整合，加快农村土地经营权流转，实现当地优势资源与市场的有效对接。

珠海市驻茂名信宜市工作组把百香果产业作为产业帮扶的主导产业之一，通过平台建设，引进当地龙头企业信宜市云山百香果业有限公司和信宜市广信生态农业发展有限公司发展百香果产业。自 2013 年以来，种植面积从几百亩到 2 万多亩，分布在珠海帮扶的 22 个贫困村、17 个产业基地，成为贫困村、贫困户增收脱贫的主导产业。百香果被当地村民及贫困户幸福地称为"脱贫果""致富果"。

二是搭建链接平台，引导社会资源参与产业帮扶。通过产业扶贫政策，市财政每年安排专项资金 3 000 万元用于产业扶贫，以财政资金为杠杆，引导 106 家企业、3.3 亿元社会资金到 118 个村投资发展特色产业，引导 300 多家企业参与扶贫地区特色农产

/ 陈振毅（左三）在茂名调研

品运营。

茂名电白区望夫镇田面村引进珠海横琴健民优食电子商务有限公司，以“公司＋合作社＋农户”的合作模式进行经营，加工生产当地山区优质的花生油、红薯干、萝卜干和白菜干等农产品，其中年加工花生油可达600吨，产品直供珠海等地，深受市民欢迎。加工厂吸纳10名贫困户就业，月工资1 800元，人均年分红2 600多元。2017年，该加工厂被评为珠海市精准扶贫特色产业项目单位，获得了珠海财政奖励金35万元。

三是搭建服务平台，引领贫困户自主发展脱贫攻坚。实施“一户多助”，确保每户贫困户都有帮扶责任人，都有参与集体项目和自主发展的个体项目，实现增收脱贫。同时，珠海每年安排专项资金1 000万元用于促进就业扶贫，推动阳江、茂名贫困劳动力10 440人实现转移就业。在对口云南怒江州东西部扶贫协作工作中，珠海市积极搭建劳务输出平台，在怒江建立珠海企业培训生产线，开展订单培训和定向输送，引导怒江农村劳动力到珠海市务工就业，并专门设立怒江州驻珠海劳务服务工作站，实施“双百工程”，对有意愿来珠海接受技工教育且具备基本文化素质等条件的“两后生”，实行百分之百接收入读珠海市技工院校、百分之百推荐就业。怒江已转移3 232名（其中建档立卡贫困人口1 586人）劳动力到珠海市就业，带动了近4 000名贫困人口脱贫。

## 产业扶贫重在建基地

建立特色产业基地，是脱贫攻坚的必要物质条件。扶持贫困村建设扶贫产业基地，重在大力发展特色主导产业。通过镇内资源整合、跨镇资源整合等模式，全盘统筹，实现规模化、产业化发展，提高农户生产的组织化程度，促进了农业生产逐步向规模化、产业化转变。

一是发展特色农业生产基地。通过扶持致富带头人带动农户发展特色产业，带动广大农户成立种养合作社，帮助贫困户入股，共同建设产业基地，发展特色产业。珠海派驻茂名信宜市旺沙堡村驻村工作队，发挥致富带头人的作用，采取“合作社＋农户”形式，充分利用旺沙堡村的山地资源优势，打造山地鸡养殖产业基地。2016年，旺沙堡村注册成立信宜市旺牧养鸡专业合作社，并申请注册“丹竹”商标。基地年出栏量约30万只鸡，共吸纳113户农户加入基地经营，其中有劳动能力的贫困户40户，实现户户参与。

二是促进基地规模化产业化发展。引导基地规模化产业化经营，制定激励政策扶持龙头企业、合作社及生产大户等新型经营主体，推动贫困村实现规模化产业化发展，引导其提供全产业链服务、提高产业增值能力，吸纳贫困劳动力就业。化州橘红是茂名化州市著名的名优特产，药用价值非常高。扶贫工作组一面建设特色化橘红基地，一面引入化州本地优质企业成立化州海儒茶业有限公司，大力发展化橘红加工产业。利用当地特色产品化橘红为原料，生产化橘红普洱茶及加工橘红片、橘红丝等橘红系列产品，拉长了化橘红产业链，打造了化橘红特色产品品牌，同时项目鼓励和引导当地农户尤其是贫困户参与到项目中来，共同脱贫致富。

三是培育珠海“菜篮子基地”。以多方利益联结提升组织化程度，围绕扶贫产业基地建设，促进帮扶产业的可持续发展，把扶贫产业基地培育为珠海的“菜篮子基地”，实现贫困户脱贫、企业盈利、市民受益等多方共赢。珠海农控集团成立菜篮子公司，在帮扶地区建设农产品生产基地，将优质农副产品源源不断输入珠海及珠三角地区，助力农业增产农户增收。菜篮子公司已先后在阳江地区设立扶贫产业种植基地，总面积800多亩，其中高标准建设供港澳农产品种植基地600多亩。同时，一批大型农业产业项目，如白羽香鸭养殖基地、生态农业产业园等10个产业项目落地，在辐射调动当地农户脱贫致富奔小康的同时，满足市民“菜篮子”需求，为市民提供安全、物美价廉的农副产品。

## 产业扶贫必须联市场

陈振毅敏锐地看到，珠海市产业脱贫攻坚的出口在市场，于是他大张旗鼓地促进生产和市场对接，把扶贫地区农产品引入珠海、珠三角市场以及港澳市场，通过“三步走”实现市场化运作。

/ 陈振毅（前）在帮扶地区指导产业扶贫

第一步是建设实体市场。建设3 500多平方米的珠海星园专业扶贫市场，集中展示、展销来自珠海对口帮扶地区的优质农副产品，并在主城区农产品批发市场、农贸市场设立扶贫地区农产品专区或专柜，建设扶贫地区特色农产品展示展销窗口和经贸合作平台。通过实体市场，把基地生产的新鲜荔枝、番薯、豆角、节瓜、菜心等高品质、绿色安全的蔬菜、水果、干货等土特产，源源不断地送到百姓身边，深受欢迎。

第二步是建设网上市场。通过线上市场建设，组织电商企业与扶贫产业基地对接，推动被帮扶地农产品销售。信宜百香果等扶贫地区特色主导产品的线上销售，有力地带动农户增收。珠海农控集团依托产品优势，在线上建设“中国特产 · 珠海扶贫馆”，上线农副产品品牌近 20 个，产品数目达 100 余种，发展了“互联网 + 合作社”种养基地、物流仓储基地。通过网上市场把基地生产的优质产品，销往全国各地。

第三步是促进产销对接。陈振毅多次组织农产品营销企业对接扶贫产业基地，引导 300 多家企业参与销售扶贫地区特色农产品，销售额达 1 亿多元。并根据各扶贫产业基地的情况，定期在星园扶贫市场举办被帮扶地区特优农产品订货会、展销会和产业招商会，促进产销对接。展销会给珠海市民带来了对口帮扶的阳江、茂名地区扶贫基地的红心海鸭蛋、南药春砂仁、岗美腊鸭、化州橘红、何首乌、火龙果、百香果等优质产品，对口支援的云南怒江州，四川甘孜州理塘、稻城县，西藏林芝米林县、米林农场等地的牦牛肉、新鲜松茸、灵芝、高原五彩土豆等 5 000 多种优质农副产品，深受市民喜爱，产品供不应求。

陈振毅抓住了产业扶贫的“牛鼻子”，他所倡导的珠海经验也多次被中央电视台《新闻联播》以及广东电视台、《南方日报》等媒体宣传报道。我们有理由相信，珠海经验将继续为新时期产业脱贫攻坚打开新的局面。

（撰稿：张正宇　张奕　照片拍摄：梁时）

林敏，中共党员，福建省财政厅农业处财政扶贫干部。她在工作中善于思考，注重创新，采用“制度＋科技”模式，2017年5月积极推动福建省率先在全国建设覆盖省、市、县、乡四级的智能化扶贫资金在线监管系统。该系统可实现部门间协作办公，对扶贫资金从省级到乡镇的分配、审核、下达等环节进行全程跟踪、监管，具有实时统计扶贫资金总账、大数据分析比对、在线监管预警等功能。该系统于2018年1月1日上线运行后，为精准识别贫困户、及时盘活基层沉淀扶贫资金、完善扶贫资金管理办法等提供了有效的数据依据。

# 照亮资金流动的人

召开50多场联席会，完成业务流程设计图纸35套，整理业务报表380张，梳理监控预警规则85个，夜以继日工作，接听电话到嗓子红肿疼痛，把食堂饭菜吃出了家的味道……。2017年5月开始，福建省财政厅农业处财政扶贫干部林敏和团队开启了奋斗模式。2018年1月1日，福建省财政厅扶贫资金在线监管系统在全省正式运行。

“我可以随时随地从手机里查，一看就明白，不用担心吃拿卡要。”福建省永泰县白云乡樟江村贫困户林万杰在手机上登录系统后，扶贫补助项目、补贴对象、发放金额等信息一目了然。他说：“心里透亮透亮的。”

“幸福是奋斗出来的。”超过大半年的无休换来的是贫困户的“心里亮”和由衷的称赞，这是林敏最幸福的时刻。

福建省财政厅扶贫资金在线监管系统可实现对省级以上21项扶贫资金和2项救灾资金列入监管项目，覆盖财政、农业、发改、住建、林业、教育、民政、民宗、医保、水利10个部门和全省建档立卡贫困对象69.6万人，实现对扶贫资金从省级到乡镇的分配、审核、下达等环节进行全程跟踪、监管。

资金监管系统运行以来，获国务院有关领导的肯定和批示，财政部将系统的建设和运行模式作为样板，在全国各省（区、市）推广，云南、安徽、湖南等省份纷纷到福建调研学习。

/ 林敏（左）在线讲解监管系统有关问题

## 奋斗者的快乐

2011 年到福建省福州市财政局工作，2016 年遴选到福建省财政厅担任扶贫干部至今，林敏已是财政和扶贫战线上的老兵。她知道，扶贫资金量大、点多、面广、线长，这样一个系统的建设，离不开各部门的通力合作。

财政扶贫资金既是贫困群众的“保命钱”，也是精准扶贫的“助推剂”。2016 年以来，福建省按照上年地方一般公共预算收入的 2‰筹集资金用于精准扶贫、精准脱贫，并从一般性转移支付、专项扶贫资金、涉农资金等多渠道加大投入力度，省级财政投入综合扶贫资金超过 150 亿元。

财政扶贫资金数量逐年增加，由于涉及不同项目、部门，经手人员、办理环节多，资金监管面临着不小的挑战。

如何保证每一笔扶贫资金都在阳光下运行，杜绝“跑冒滴漏”？2017 年 4 月，福建省纪委提出，由省财政厅牵头，会同农业厅等扶贫资金省直主管部门共同推进福建省扶贫资金在线监管系统建设，以精准监督助推精准扶贫。

项目确定后，这个经办的任务，落到了林敏这名财政和扶贫双领域老兵身上。林敏知道其中的难，但她更理解这份工作的意义。1985 年出生的她，大学毕业后第一份工作就是被选调到福建省宁德市霞浦县牙城镇党政办工作。在那里她切身感受到了贫困群众的苦，也听到了贫困群众对政府的感恩。

她下乡入户做调查时，贫困户对政府出台的一些政策，如挂钩帮扶人定期帮扶、小额信贷、易地扶贫搬迁等政策赞不绝口。有些在家照顾孙辈的留守老人搬迁到镇上后，乡政府安排他们的孙辈在乡镇中心小学读书，同时解决了住房和教育问题。老人们很是感激，他们中有些人不会说普通话，只能握着林敏的手连声用家乡话说谢谢，感动得流泪。这样的经历让林敏认识到自己经办的这份工作的神圣。

财政厅会同各部门讨论后决定了项目基本构架：考虑到时间紧、任务重，选择依托财政部金财工程应用支撑平台建设系统，而非“另起炉灶”；系统采用大数据等科技，以科技赋能促精准扶贫各项制度落地；首批选择中央扶贫发展资金等 7 项国家级扶贫资金与小额信贷贴息资金等 16 项省级扶贫发展资金，共计 23 项资金，纳入扶贫资金在线监管系统；从下至上、从上至下对各项扶贫资金管理链条做全面梳理，建设成为横向覆盖财政、农业、发改等 10 个扶贫资金管理相关部门，纵向覆盖省、市、县、乡四级的“大系统”。

在这个构架下，林敏和团队开始了 180 个日夜的奋斗，开联席会、绘图、建模、制定预警机制……。到 2017 年底，在规定时间内系统基本建设完毕，进入试运行阶段。

福建全省使用该系统的 1.23 万名工作人员中，县乡基层人员占 95% 以上，约有 1 万人，他们都需要培训。林敏知道基层扶贫人员的不容易，这最后一步，她和团队咬牙顶住，为每一项资金都各建立了一个微信工作群，会同技术组成员通过视频教学等方式强化培训，全力帮助基层扶贫人员快速掌握系统操作。

林敏记得，那段时间，她像电信公司话务员一样，不间断地接听各级各部门有关人员的咨询电话。虽然不停喝水、含润喉片，嗓子还是红肿疼痛。

2017 年 12 月 6 日，系统试运行顺利。这一天凌晨，林敏发朋友圈，“见证一个系统的从无到有，再到推广使用，就像养育孩子一样，怀胎十月的苦别人不知，累并快乐着”。

这是奋斗者的快乐。

2018 年 1 月 1 日，系统成功上线。

## 将资金晒在阳光下

“再遇到此类问题，经办人员只需打开电脑，登录福建省扶贫资金在线监管系统进行操作，几分钟后便可核查出某一笔资金在哪一环节‘慢了半拍’。”福鼎市财政局农财科科长是一名扶贫资金管理一线的经办人员，对在线监管系统带来的变化感触颇深。他说，项目有了，扶贫资金要及时到位才可以。以往发现某一笔扶贫资金支出进度慢，

/ 林敏（左一）与技术人员就系统建设有关问题开展讨论

通常无法快速核查出它滞留在哪一层级哪一部门，总要多跑几次其他部门、多打几个电话才能解决问题。现在几分钟就能查出来。

“扶贫资金在线监管系统在提升扶贫资金管理质效方面发挥的作用是显著的。”福安市财政局领导同样表达了对扶贫资金在线监管系统的认可。

这样的反馈，正是林敏和团队在设计之初所期待的。在设计财政资金监管流程时，她联想到自己在乡镇工作三年的经历。当时乡镇就开展了造福工程建设，由于没有很严格的监管体系和公示公告制度，仅凭村委会提供名册，以至于后来出现了很多村干部优亲厚友的情况，因此，在设计方案时，林敏特别将监管体系延伸到村，设立公告公示平台，提高财政扶贫资金分配的透明度，加强群众监督。

设立公告公示平台只是资金监管系统庞大功能的冰山一角。资金监管系统的资金运行及管理模块对省、市、县、乡四级财政部门、各扶贫资金主管部门开放，相当于一个庞大的跨层级、跨部门的扶贫资金内部管理系统，有关扶贫资金及项目的文件流转、指标下达、项目数据审核、分配计算等全部业务均在系统中运行并全程记录、永久留痕。

系统不仅全程可记录、可追溯，并且是对内公开透明，各层级各部门可随时进入，自上而下查看资金运行及管理情况。福建省财政厅绩效评价中心主任表示：“一方面，这将在一定程度上抑制贪占挪用扶贫资金等不合规行为；另一方面，也将推动各层级扶贫资金主管部门除参与审核与分配之外，更多地参与到扶贫资金监管工作当中，最终形成财政部门与主管部门分工协作、齐抓共管的局面。”

实施内部监督，扶贫资金在线监管系统实现了“点线结合”。据福建省财政厅农业处处长介绍，在系统23项资金的关键办理环节共设置85个电子廉政风险点进行实时监控，平均每项资金设有3.7个节点。

廉政风险点成了资金流动的“自带光源”。各项扶贫资金管理办法中的相关规定转化成为标准化机器语言后嵌入系统，一旦经办人员在资金项目申报、审核、下达等环节中发生不符合办文流程、补助标准、补助对象、下达时间等要求的操作，廉政风险点将自动启动黄灯或红灯预警提示并将预警提示信息发送给对应的资金主管部门监管人员，监管人员可一键直达相关业务办理界面开展检查。

林敏这样解释系统的运行：系统运行变实地检查为在线监控，不仅可大大减轻各级各部门特别是基层的工作负担，而且可大幅度提高监督执纪效率，实现了“阳光扶贫、廉洁扶贫”。

这一系列设计让扶贫资金的去向有了清晰可见的路径。“将资金晒在阳光下。”林敏形象地描述这个过程。

## 贫困户的心亮了

三明市建宁县黄坊乡武调村建档立卡贫困户程贤华已经习惯用手机直接查看政府发放的教育补助、扶贫小额信贷、低保金情况，什么时间发的，标准多少，手机上都显示得清清楚楚。

不仅是程贤华一人，黄坊乡79户贫困家庭里凡是会用手机的，都已安装了福建省扶贫资金在线监管系统App。老百姓想要查询扶贫补助项目、发放金额等信息，足不出户，动动手指，便可一目了然。

资金监管系统对外连接互联网，普通群众通过登录官方网站或下载“福建扶贫——福建省扶贫资金在线监管系统”App两种方式，“一站式”掌握扶贫政策、近年个人扶贫资金发放情况等信息。用户可通过按姓名、身份证号，按扶贫补助项目，按福建省行政地图三种方式查询信息，操作简单明了。

“打开天窗说亮话”，将各项扶贫资金实际发放情况大大方方地“晒”出来，不仅为人民群众发挥外部监督作用提供了空间，也大大增强了基层群众对自身权益被充分保障的安全感与对政府尽职履责、廉洁公正的信任感。

除将各项扶贫资金到人到户情况向群众公开之外，为打通扶贫资金监管“最后一公里”，资金监管系统还设计了数据比对机制和资金发放与反馈机制，确保每一分钱都花在困难群众身上。

2018年，福建省财政厅将系统试运行期间的建档立卡贫困户、低保户数据信息与各部门汇集的企业工商登记、企业养老保险缴费、企业医疗保险缴费等信息建立联系，

/ 林敏在办公室进行扶贫资金在线监管系统调试

比对后发现需核实信息近万条，之后省农业厅核实出1户建档立卡贫困户不符合贫困对象条件，做整户清退处理；在对全省农村低保对象异常信息核查后，对3 092人作出退保或取消保障的处理。

借助银行卡直接对应个人的优势，系统建立政府部门、银行、贫困人口间的资金发放与反馈机制。即县级财政根据资金分配方案将资金拨付至乡镇，由乡镇按规定转入相关银行，银行通过银行卡将补助资金发放至个人后，以系统自动反馈的方式，将资金发放情况实时反馈给扶贫资金在线监管系统，且明细标注贫困户姓名、补助金额、发放时间、所在村镇等。2018 年，福建省财政厅会同农业厅推动各相关银行完成与监管系统对接工作，省农信社、中农工建四大银行、邮政储蓄银行等实现反馈信息 11.70 万条。

“政银互动为追踪资金发放提供了实时可靠依据，同时也减轻了基层干部数据录入负担。”福建省农业厅有关负责同志表示。

福建省扶贫资金在线监管系统的微信小程序更加便捷、易于操作、传播速度更快，其开发运行将有助于在更短时间内让更多基层群众用上扶贫资金在线监管系统的查询功能。

林敏一直记得，每次下基层调研回来，都感觉到基层干部不容易。系统建设过程中，她时不时提醒自己，要符合贫困户的需要，要符合基层实际情况，要接地气。她终于凭自己的专长，为她关心的扶贫干部，为她念兹在兹的贫困户送去了光亮。

她成了那个照亮资金流动的人。

（撰稿：高永伟　照片拍摄：吴鹭航）

罗雅宏，四川省凉山彝族自治州政府研究室副主任，昭觉县特布洛乡谷莫村党支部第一书记。曾获四川省贫困村优秀第一书记等荣誉。他因地制宜，苦干实干，在实践中走出了一条多维融合发展的脱贫攻坚新路子。在发展产业、特色种植、创新销售、对接劳务四方面下功夫。组织打好基建攻坚战、教育攻坚战和防艾攻坚战。积极探索创新“以奖代补”“以购代捐”等精准扶贫模式。实施农户自愿联组网格化管理，深入开展“四好”建设，建立青年先锋队、脱贫攻坚突击队、互助抢险服务队和文化宣传队。2016年、2017年连续两年，谷莫村人均纯收入增长都在45%以上。

# 多维融合做实“四篇文章”

说起罗雅宏，就要从谷莫村说起。谷莫村位于四川省凉山州昭觉县，幅员8.2平方公里，平均海拔约2 100米，是典型的大小凉山集中连片特困地区的深度贫困村，生活着151户彝族群众，贫困发生率22.96%。受自然地理条件制约和长期发展不足影响，谷莫村群众出行基本靠走、通信基本靠吼，生产方式原始粗放，靠天吃饭，居住条件十分恶劣，精神贫困和物质贫困相互交织。

谷莫村作为深度贫困村、少数民族村，是脱贫攻坚的“重中之重”“坚中之坚”。脱贫攻坚关键靠人。2015年10月，四川凉山州政府研究室副主任罗雅宏从凉山州盐源县大草乡麦架坪村党支部第一书记转任昭觉县谷莫村党支部第一书记。驻村以来，他一心扑在工作上，下村常常一住就是一个多月，即使回家也是蜻蜓点水，然后又匆匆赶回村里。罗雅宏靠着一股子闯劲忘我地奋战在脱贫攻坚第一线。在他的带领下，谷莫村走出了一条大小凉山集中连片特困地区多维融合发展的脱贫攻坚新路子。2016年、2017年连续两年，谷莫村人均纯收入增长都在45%以上。

## “四下功夫”，做实“增收入”文章

罗雅宏带领村民，在发展产业、特色种植、创新销售、对接劳务四方面下足功夫，切实增加当地贫困群众收入。

针对谷莫村产业散小弱、有机生态产品处在深山无人问、群众增收难度大的实际情

/ 罗雅宏（右一）在对彝族群众进行帮扶指导

况，罗雅宏带领群众成立农业合作社，因势利导、因地制宜，在大力发展种养业上下功夫，初步形成了特色核桃、绿色阉鸡、生态乌金猪、高山苦荞、有机蜂蜜等产业链。采用“借羊还羊”方式，扶持贫困户养殖黑山羊，户均年增收 1 600 元以上；大力发展乌金猪产业，扶持贫困户户均养殖 2 头以上能繁母猪，户均年增收 3 000 元以上。采用“借薯还薯”方式，人均种植特色马铃薯 1 亩以上，亩均增产约 1 000 斤，人均增收 600 元以上。

谷莫村在发展特色种植上下功夫，走“专业化、集约式”路子。在罗雅宏的带领下，全村规模化种植特色有机核桃 6 万余株，嫁接改良核桃 3 万余株。2020 年预计建成高标准优质核桃园 1 500 亩，实现产值 300 万元以上，人均增收 5 000 元以上。同时，谷莫村引进专业合作社提供技术服务，集中连片种植大红袍 2 万余株，2020 年预计产值 40 万元以上，人均增收 600 元以上。在保证果林收入的前提下，大力发展林下绿色阉鸡产业，2016 年、2017 年出栏绿色阉鸡 3 000 余只，实现产值 60 万元以上，户均增收 4 000 元以上。

好的产品必须有好的销售才能真正地让贫困群众实现增收。为解决产品销路不畅问题，罗雅宏在创新营销模式上下足功夫。谷莫村依托电视连续剧《索玛花开》的影响力，注册“谷莫”商标，着力拓宽深度贫困地区“互联网 + 扶贫”模式，依托电商平台筹建谷莫村电子商务（网购）中心，实现农副产品线上线下销售，以模式创新引领群众搭乘电商快车，全面促进彝乡生产生活方式的转变。引进龙头企业合作研发“谷莫”苦荞米、苦荞粉、苦荞茶等系列产品。引进电商平台，对谷莫村有机蜂蜜进行包装销售，打入高端市场，2018 年预计实现产值 30 万元，蜂养殖农户均增收 3 000 元以上。积极发展乡村旅游业，创建省级旅游扶贫示范村，11 户贫困户成功创建省级民宿旅游达标户。开通“谷莫村脱贫攻坚记”微信公众号，宣传推介农特产品、发布脱贫攻坚动态等资讯。

罗雅宏为了扩大贫困群众的增收渠道，在精准对接务工企业需求上下功夫。为提升村民职业技能，开展厨师、焊工等多种技能培训，累计培训 600 余人次。谷莫村的村干部每月对留守家庭家访 1 次，建立留守家庭困难诉求台账，解除外出务工人员后顾之忧。2016 年和 2017 年分别输出劳务 100 余人次，每年实现劳务收入 100 余万元。针对没有外出务工条件的贫困群众，拓宽兜底形式，设立公益岗位 5 个，每户每年增收 3 600 元。

## “三线作战”，做实“降成本”文章

通过基建攻坚战、教育攻坚战、防艾攻坚战等多措并举，降低群众生产生活成本。

/ 罗雅宏（右）指导秋菜种植

全国脱贫攻坚奖创新奖

/ 罗雅宏在贫困地区村官脱贫攻坚论坛上发言

基础设施落后是制约很多贫困地区发展的瓶颈，谷莫村也是如此。在2015年之前，谷莫村无硬化路、无宽带网、无安全饮水，95%以上的住房都属D级危房。罗雅宏决定先打基建攻坚战。为此，他多方奔走，协调投入1 000余万元，硬化通村公路1.9公里，新建硬化通社路3公里、入户路3公里以及通村大桥1座，改建硬化产业发展路2公里，安装波形防护栏3公里，解决了群众“出行难”的问题；新建4G基站2座，实现全村通信和4G网络全覆盖，移动、电信光纤入村，解决了群众“通信难”的问题；为家家户户接通自来水，解决了群众“饮水难”的问题；打造幸福家园，实施彝家新寨项目，贫困群众全部入住安全住房，解决了群众“住房难”的问题。他的努力让深山彝寨群众的生活水平实现了历史性跨越。

教育扶贫是阻断贫困代际传递的有效途径。针对谷莫村适龄幼儿无条件接受学前教育的问题，罗雅宏多方奔走，积极筹措资金，新建村幼教点，实现村适龄幼儿100%就近入学。为了保证贫困家庭的孩子不辍学，罗雅宏四处筹集4万余元爱心资金，成立了“谷莫村教育基金”，资助贫困学生40余人次，还联系爱心人士为贫困学生捐赠价值18万多元的爱心物资。

有健康才有未来。谷莫村始终把禁毒防艾作为事关民族生死存亡的要事来抓。罗雅宏结合彝区实际，每年定期开展2次以上禁毒防艾活动。加强对高危人群的行为干预，实现婚前必检、孕前必检，成功阻断艾滋病母婴传播2例，实现了儿童“零艾滋”，艾滋病感染者抗病毒治疗率达85%以上。新建村卫生室，为群众提供基本医疗卫生服务。对群众进行全覆盖健康体检，建立健康档案。新农合参合率达100%。

## “三项发力”，做实“提效益”文章

罗雅宏带领谷莫村在建强组织、“以奖代补”和“以购代捐”上发力，旨在提升组织能力、内生动力和发展活力。

谷莫村始终把村党支部建设放在脱贫攻坚的最前沿，充分发挥青年在脱贫攻坚、

/ 罗雅宏（右）查看果树生长情况

"四好"创建中的生力军作用，建立谷莫村青年先锋队，打造脱贫攻坚突击队、互助抢险服务队和文化宣传队。2016 年以来，近半数青年递交了入党申请书，共发展党员 5 人、培养后备干部 6 人、培育致富带头人 6 人。谷莫村通过与全国"十佳小康村"佛山紫南村支部共建，强村带弱村，建强支部堡垒。谷莫村采取"火塘夜话"、"耳朵上的夜校"、网上课堂等形式，举办农民夜校 200 余期，受教育群众达到 10 000 余人次。

罗雅宏坚持"多劳多得、不劳不得"的帮扶导向，结合群众发展意愿，通过"以奖代补"的方式，投入物资、资金近 20 万元，引导群众投入生产资金 100 余万元。在激发群众内生动力的同时，放大了扶贫资金效益，有效缓解了扶贫资金短缺的问题。积极探索"门槛式"扶贫，列出脱贫责任清单，细化贫困户脱贫责任，户户作出脱贫承诺。整合扶贫资源，对贫困群众进行有条件的帮扶，激发了群众的内生动力，形成上下联动的良好局面。

罗雅宏探索实施"以购代捐"帮扶模式，走"支部 + 协会 + 市场 + 农户"的路子，由支部统领、协会服务、市场下单，倒逼刺激群众照单生产。通过内引外联，2017 年谷莫村"以购代捐"销售农特产品 100 余万元，人均收入 2 000 元以上，既缓解了农产品销售难的问题，又有效解决了群众生产前期资金困难的问题，还培育了群众的商品意识和市场意识。

## “三剂良方”，做实“去陋习”文章

/ 谷莫村村舍

针对谷莫村的某些村风陋习，罗雅宏和村民一起开出了“三剂良方”。

罗雅宏组织村民修订村规民约，实施联户成组、组内成员相互监督管理的网格化管理模式。以党员和入党积极分子为网格员，由5户以上农户自愿联组22个，开启全民参与的社会治理格局。2017年谷莫村无一例治安和刑事案件。全面开展婚育新风进家庭活动，育龄群众的婚育观念发生显著变化，村民家庭生活越来越幸福。

谷莫村以生活方式变革推动生产方式转变，建立尊师重教、产业发展、文明卫生、热心公益等奖项评比制度，定期开展评比，累计表彰农户92户，28户后进家庭转变为先进家庭，形成了比学赶超的良好氛围。罗雅宏与村民一起探索实施“停扶”机制，引导贫困群众实现从“要我干”到“我要干”的转变。

罗雅宏带领村民，扎实推进“四好”创建活动，认真开展职业技能、法德、感恩三项教育，引导群众树立现代生活观念，喜事新办、丧事简办，改变了群众婚丧嫁娶大操大办、相互攀比等不良风气。新建浴室68个，新改建厕所121个。开展寓教于乐的各类文体活动16场，受众达2 000余人次，促进了好习惯、好风气的养成。

在罗雅宏的带领下，谷莫村脱贫攻坚成效显著，受到四川省委省政府领导的充分肯定，被新华社、中央电视台、《四川日报》等媒体多次报道。罗雅宏积极探索创新大小凉山脱贫攻坚路径，做实做好了脱贫攻坚的大文章！

（撰稿：宋军伟　照片提供：罗雅宏）

顾峰毓，有研科技集团有限公司宣传处处长、企业文化办公室主任，贵州省铜仁市思南县凉水井镇茶山村第一书记。他充分发挥党支部成员的“领头雁”作用，带领村党支部确立了以集体凝聚力量、以产业扶贫致富的发展方向，精准地确定产业扶贫目标和扶贫项目，建立扶贫机制。运用“种植业—养殖业—沼气发酵及有机肥生产—种植业”的生态农牧循环产业发展思路，以标准化生猪养殖生产为主导产业形成一级循环体，以沼气生产和有机肥生产为二级循环体，以种植果蔬等为三级循环体。茶山村基础设施实现了动力电网、宽带网络等“六个全覆盖”。

# 行千里挑重担　扶贫志不移

“前有深川，后有大山，雨时走泥丸，雨后硬团团。”这段顺口溜真实地反映了贵州省思南县凉水井镇茶山村的自然环境和生存状态。茶山村 9 个村民小组的 226 户人家零星地散落在大山的山坡上。这里没有任何农田水利基础设施，全村有建档立卡贫困户 41 户 130 人。

2015 年 8 月，顾峰毓来到茶山村担任第一书记。他“拎包入驻”群山环抱的小山村，放眼望去，到处是贫穷的气息和破败的质感：房屋栅栏几乎看不到垂直水平的线条，路边的灌木野草肆意生长，坑坑洼洼的土路，随意丢弃的垃圾……。顾峰毓深深地感到，今后的扶贫工作绝不会是一条平坦的道路。

## 治顽疾，对症下药

顾峰毓入驻茶山村，首先做的事是访贫问苦，摸清村民的实际生活状况和精神状态。通过走访，他梳理出了这里致贫的根源：所谓贫困，是贫在物质，困在内心。精神上的贫困疾病会在贫困群众之间横向蔓延，会在家庭代与代之间纵向传递。它突出表现为：对易地扶贫搬迁，怕难以适应新环境；对发展产业，怕学不会新技术；对外出务工，怕早九晚五受约束。怕这怕那，就是不怕穷，宁可守着穷窝子，也不愿意钻出穷窝追求新生活。因此，解决千百年来形成的落后观念和习俗是脱贫工作的首要任务。顾峰毓自有一套拔除病根、扶正祛邪的办法。

“你从北京来，我们这里穷，你会不适应，你们那里天天都能看天安门……”这是顾峰毓刚到茶山村时听到最多的话语，从中能感受到村民对一个来自北京的第一书记所产生的疏远感。为此，他几乎天天都会去村民家走走看看，把扶困脱贫的政策用通俗的语言讲给他们听，把脱贫致富的美好愿景联系到日常生活细节：添一口新锅，打一架新木床，多养几只鸡，甚至经常打扫庭院、拔除墙角的茅草这样的小事，都能让村民们切身感受到幸福离自己并不遥远。顾峰毓走进村民平凡朴实的日常生活中，从而拉近了与他们情感上的距离。

顾峰毓知道，做扶贫工作需要宽容，对村民的负面情绪和抵触心理要给予最大的理解。天然狭窄的生存环境，使他们往往以怒骂、戏谑、回避等一些扭曲的方式表达正常的诉求。顾峰毓在和一些村民沟通时，不论他们以何种口气、何种语调发泄心中的不满和怨气，他都耐心倾听，认真做好记录，让他们将内心的委屈、愤懑甚至绝望充分释放出来。

顾峰毓将走访中了解到的村民面临的生产生活难题一一罗列出来，进行台账式管理，解决一个就勾掉一个。他从村民们的切身利益着手，通过日常的改善变化来触动他们的情感。将村里的串户路修好、硬化。这些路串联起家家户户，建立起村民沟通的渠道。改造危旧房屋，使村民的生活变得舒适，从而燃起生活的希望，增强对党和政府的信赖。对于一时不能解决的问题，顾峰毓会对村民讲明事实，并尽量从其他惠民政策中为贫困群众多争取一些帮助，以缓解困难，不让矛盾激化。

顾峰毓首先将村里最困难的袁再贵一家列为“一对一”帮扶典型。袁再贵的儿子有智力障碍，老伴精神失常，一家人的生计全部系在 73 岁的袁再贵身上。他的家“四面栅栏四面风，楼上楼下一片空”。他曾经拍着胸脯对顾峰毓说：“我什么都不干，你们能把我怎么样？我就是要吃一辈子低保！”

顾峰毓没有直接与他硬碰硬，而是借着镇里改造茶山村 90 户危旧住房的机会，把袁再贵家列为危房改造的对象。起初，这位倔强的袁老伯还不大相信，以为自己穷了一辈子，祖上留下的破房子不在自己手里塌了就不错了，一家人不可能住进新房。当新房建成的那一天，袁再贵看着屋内雪白的墙壁、崭新的家具，不禁从心里佩服扶贫干部的真挚与热情。他请人书写了一副对联：破屋岂能居，艰难苦闷染霜鬓；旧屋换新貌，笑逐颜开谢党恩。横批：共产党好！如今的袁再贵早已不再埋怨唠叨了，他养了两头牛、200 只鹅，过上了自给自足的生活。

## 强党建，抓住根本

面对村民穷困的生活，多年从事组织宣传工作的顾峰毓深知，在茶山村深入贯彻执行党的扶贫政策能否产生成效，关键在党的基层组织是否有凝聚力和战斗力。他召集村

/ 顾峰毓（左六）召开院坝会议传达学习党的十九大精神

党支部成员开会，明确提出当前扶贫工作是村党支部头等重要的工作，在扶贫道路上支部成员要发挥“领头雁”作用，并制订了详细可行的工作计划。

他按照党的基层工作以一切有利于促进农业生产发展、有利于发挥党员先锋模范作用的原则，设立六个功能型党小组，经党员推选、支部审议，确定了各个党小组组长。以“党支部抓党小组，党小组抓党员”的方式，将每一项扶贫具体工作的落实与党小组工作结合起来。村党支部制定了《茶山村党小组组长履职要点清单台账》和《茶山村党小组脱贫攻坚基本任务清单台账》，明确了各项工作的任务目标、具体措施、责任专人，推动了脱贫攻坚工作任务落实落细。

党小组的建立，将少数人商议转变为众多人决策，将几个人承担的责任转变为大家分担，激活了党组织的“神经末梢”，增强了带民致富、消除贫困的纽带力量，赢得了群众的一致认同和支持。

为了让广大村民能够扭转“等靠要”的落后观念，理解党的扶贫政策，顾峰毓召开全体村民誓师大会。面对台下群众一双双既有真挚、期盼又有质疑、漠然的眼睛，顾峰毓动情地说：“贫穷不是我们永远的标签，也不是我们与生俱来的命运，更不是一顶摘不下来的铁帽子！让我们在党的领导下一起来摘掉这顶贫穷的帽子！”通过参加誓师大会，村民们强烈地感受到全新的生活即将在茶山村开启。

顾峰毓组织村党支部编写党的十九大精神宣传册，发放到茶山村每个家庭，由各个党小组成员深入村民家中宣讲，引导群众理解党的扶贫富民政策。他带领村党支部健全了《茶山村两委议事制度》。对于危房改造、项目建设、土地征用、贫困补助、低保户确定等关乎群众切身利益的大事，实行村党支部提议—村“两委”商议—村党员大会审议—村民代表会议决议—对决议内容公开和实施结果公开这样的严格程序，提高村民的参与率，增强工作透明度，赢得了村民们对组织的信任。

## 兴产业，多措并举

顾峰毓带领村党支部确立了以集体凝聚力量、以产业扶贫致富的发展方向，提高生产经营的组织化程度，逐步培育带动经济实体。

茶山村的自然生态环境优异，山清水秀、空气清新，既是发展无公害、绿色有机农产品的天然理想场所，又是开展旅游休闲的好地方。

环境好归环境好，将好环境变成挣钱的产业还有很多工作要做。旅游产业要具备吃、住、游、购的条件，以及接待服务人员的文明素质和接待水准。顾峰毓带领村民将13 栋符合条件的民房改造成民宿，粉刷一新，从而具备了一定的旅游接待条件。可是

/ 顾峰毓（左一）和村民一起在地里干活

到了餐饮环节，又出故事了。淳朴憨厚的村民盘算，这城里人的口味刁、要求高，我们这儿没有山珍海味，就算有我们也不会做啊！“你们家平时吃啥?”“你们家平时吃饭拿什么盛装?”“你们吃啥就给游客吃啥！他们来这里就是为了体验我们的生活环境，品尝我们的家常便饭。当然，餐饮制备的各道工序必须在原材料质量和卫生条件上严格把关！”顾峰毓总能够在关键时刻从观念上给予村民们正确的指导，引导他们从自身条件出发，尽快开展旅游接待并逐步完善各个环节。

/ 顾峰毓（左一）和村民一起修“组组通”道路

旅游接待工作还需要在当地培育配套的服务、娱乐、物资供应等产业。村党支部决定开工新建脱贫产业示范基地，建立4栋1 200平方米的数字化养殖圈舍、150亩无公害蔬菜基地、200亩有机果林，以及生态休闲观光花园、生态休闲垂钓园。这些项目的开发，大大开阔了村民们的眼界，增强了勤劳致富的信心。项目投产后，带动了周边100多户农户参与到旅游产业当中，实现了户均年增收5 000余元。

为了引导和推动茶山村种、养殖产业的进一步发展，顾峰毓鼓励村民开展香猪养殖项目，以玉米粉、地瓜粉、豆粕、青草以及树叶作为主要饲料，运用传统的方法喂养香猪。江东农牧和嘉华牧业等公司负责种猪生产与幼猪培育，农户进行商品香猪养殖，最终由公司统一进行回收、加工、营销。农户出栏一头商品香猪获利500元以上，户均养殖10头则年增加纯收入5 000余元。

顾峰毓将“种植业—养殖业—沼气发酵及有机肥生产—种植业”作为生态农牧循环产业发展的新思路，以标准化生猪养殖生产为主导产业形成一级循环体，以沼气生产和有机肥生产为二级循环体，以种植果蔬及牧草、茶药为三级循环体。茶山村投入资金600万元，建成标准化猪舍12栋、排污沟渠2 000米，引进种猪220头，种植红心蜜柚1万株，规划精品水果500亩。

茶山村党支部、村委会积极引导村民有针对性地参加县、镇农民培训中心举办的电焊、民族歌舞、菜肴烹饪、木雕石刻、汽车驾驶、机电维修等培训班，实现“一户一人一技能”全覆盖。村民们掌握了专业技能，出了培训班的门就能挣钱，就能够与家门口的各项产业直接对口，心中不再担心将来的生活没有着落了。

今天的茶山村，基础设施已经先行“脱贫”，实现了“组组通”水泥路、村级活动中心、安全饮水、小康住房、动力电网、宽带网络“六个全覆盖”。新修环山旅游公路3.8 公里，硬化 4.4 公里的“组组通”公路和 7.5 公里的串户便道。扩建村级活动场所 1 200 平方米，新建 260 立方米的蓄水池并完成全部饮水工程维护。对 172 户进行“四改一化一维”，即改厨、改厕、改圈、改水，室内和房前屋后地面硬化，以及房屋维修。完成电网改造升级，推动光纤入户，为村里贫困户免费接入光纤。

雄关漫道真如铁，而今迈步从头越。顾峰毓将继续践行有研人“知崇礼卑、止于至善”的价值观，不忘初心，砥砺前行，在脱贫攻坚的征程中谱写新篇章。

（撰稿：王若地　照片提供：顾峰毓）

/ 茶山村

徐宝山，吉林省白城市农村集体资产管理中心主任。2016年1月至2018年3月任通榆县乌兰花镇陆家村第一书记。驻村期间，积极探索用改革办法解决脱困问题。通过陆家村集体产权制度改革，农民实现了股民化；整村易地扶贫搬迁，实现散居屯向大社区转变；整村17 200亩土地入股合作社，成为全市第一个完成集体耕地土地股份化改造村。陆家村农民人均纯收入稳定在1.7万元以上，实现了从贫困落后村向全县整村脱贫第一村和美丽乡村建设第一村的“蝶变”。

# “改革书记”扶贫记

“两年多了，我们的努力没有白费，乡亲们住上了楼房，过上了和城里人一样的日子。”说这话的是徐宝山，被老百姓亲切地称为“咱老百姓的管家”的吉林省白城市通榆县乌兰花镇陆家村驻村第一书记。

2016年1月，徐宝山来到陆家村开始担任驻村第一书记。从到村的那天起，他便异常忙碌。带领村班子抓党建、强基础、重发展，创新扶贫模式，落实脱贫举措，健全村级制度，完善工作方法，帮助跑项目……。他始终以爱民爱村爱事业的朴素情怀，以改革者实践者引领者的责任担当，成功探索和实践了用改革办法解决扶贫脱困问题的“陆家模式”，使陆家村实现了从贫穷落后村向全县整村脱贫第一村和美丽乡村建设第一村的华丽“蝶变”。

## “回城我是干部，在这儿我就是农民”

陆家村是深度贫困县通榆县的一个深度贫困村。土地沙碱化严重，连年风旱灾频发，土里刨食的老百姓辛辛苦苦一年也剩不了几个钱。2015年以前，全村70%的农户有外债，村集体债务100多万元。单一的种植结构、传统的耕作方式，使这个村不仅经济落后，人的思想也比较封闭，没有摆脱贫困的好思路。

徐宝山始终认为天灾疾病是致贫外因，观念落后是致贫内因。刚到陆家村时，徐宝山铆足了劲儿想要带领村里的群众脱贫致富，但是村干部、群众对他这个外来的城里人

/ 徐宝山（左一）指导贫困户林下养鸡

并不信任，对他提出的一些想法也并不认可。这还不算什么，不久村里关于他的风言风语便传到了他的耳朵里：“他是城里农业专家，来我们这儿就是走个过场，待几天就得回去，我们这个穷地方，他能改变得了？”听到这些，徐宝山感觉老百姓虽然对自己不信任，但十分渴望改变贫困的现状。

虽然心里有点儿委屈，但向来有一股不服输劲头的徐宝山从来都没有放弃带领老百姓过上好日子的念头。老百姓不相信自己，主要还是因为自己和老百姓接触得少，老百姓跟自己有距离感。为了拉近同群众的距离，他把自己的宿舍从村部搬到村民李海军家里。李海军是村里的种田能手，也是个很倔强、很正直的人，之前徐宝山每次提出的想法，带头反对的肯定有这个老李。徐宝山想，要改变村民对自己的看法，拉近自己和村民的距离，首先就要说服这个老李。

见到徐宝山背着铺盖卷要住到自己家里，老李十分高兴，但心里暗自想：“我倒要看看你这个人葫芦里卖的是什么药。”

可让老李没想到的是，徐宝山从此就“缠”上了他，不但与他同吃同住，而且同劳动。就这样一个月过去了，看着眼前这个为了证明自己是真的想要帮助大家而辛苦劳作的人，老李终于忍不住了：“徐书记，看来你是真来扶贫的，你以后有什么点子，大哥支持你！”

从那以后，老李对徐宝山的态度发生了 180 度大转变，逢人就说他是个好人，是真心想要帮咱们过上好日子的。为了进一步拉近自己与乡亲们的距离，徐宝山向乡亲们表态：“回城我是干部，在这儿我就是农民，就是要和大家一起干。”

徐宝山知道，脱贫攻坚关键是信心，给钱给物更要给思路。于是他利用自己所学知识和多年积累的经验，向群众宣传党的扶贫政策，宣讲外地农民发家致富的典型案例，与村干部一起研究商量脱贫致富的办法，组织村干部和党员到先进村学习考察，开阔他们的视野。

驻村的日子里，白天他研究工作、跑项目、跑资金，晚上入户调查走访，做群众工作，加班加点写规划、拿方案、定措施。两年来，徐宝山坚持驻村 520 余天，与陆家村干部群众打成一片，不遗余力地共同探索脱贫攻坚之策。他的所作所为，群众都看在眼里、记在心上。原来对他敬而远之的人，现在有事没事总愿意和他聊聊，也愿意按他的意见要求去做。扶贫工作把原来不爱讲话的他，转变成了党的政策的宣传员、群众思想工作的行家里手、全体村民的主心骨和领路人。

## 大胆实践，燃起“三把火”

面对上级扶贫资金紧张、村集体经济薄弱的实际情况，徐宝山果断决定用改革的办法实现脱贫攻坚目标。为此，他在村里烧了“三把火”。

第一把火是啃下易地扶贫搬迁这块“硬骨头”。国家对国家级贫困县脱贫攻坚有土地增减挂钩政策，但是如何让陆家村老百姓真正享受到这项政策的红利，徐宝山思考了很久。陆家村人口虽不算多，但村屯占地面积却很大，每家每户房前屋后都有很大的院落。这种情况搞村屯规划很难实施，但搞易地搬迁却能复垦出较多的耕地。他向镇党委汇报了自己的想法，并与村干部们一起挨家挨户调查、宣传。刚开始，只有 60% 的村民同意。他组织村干部和群众代表到该项工作推行比较成功的洮北区大中兴村参观考察。当大家看到大中兴村村民漂亮的房子、宽敞平整的土地时，纷纷动了心，回村后都动员其他村民支持搬迁。在多数村民同意的前提下，镇村一起向县里争取“土地增减挂钩、占补平衡”政策。

很快，陆家村宅基地复垦与长春新区用地指标挂上了钩，全村原有宅基地改造为高标准水田，节余建设用地指标 1 545 亩，全部出售给长春新区增加建设用地指标。有了充足的资金，保证了高标准新村及配套设施建设。2016 年 2 月开始启动易地扶贫搬迁试点，5 月完成拆迁补偿，6 月开工建设新村，10 月底完工，年底 228 户村民搬进新村。将土地资源禀赋转化成易地搬迁资金和新村发展动能，推动陆家村实现散居屯向大社区转变、居住区向功能区转变、村民向市民转变。92 户贫困户不仅都住上了楼房，有的还有了存款。易地扶贫搬迁改革首战告捷。

第二把火是打造集体产权制度改革新样板。当时，吉林省正在一些基础较好的村进行农村集体产权制度改革试点，白城的试点单位是洮北区大中兴村。身为白城市农村集体资产管理中心主任，徐宝山要亲自在陆家村进行实践。他积极向省里进行汇报，为陆家村争

徐宝山（左一）帮助贫困户收辣椒

全国脱贫攻坚奖创新奖

/ 徐宝山（左二）组织为陆家村特困户捐赠家用电器

取，将其列为补充试点单位。在他的精心指导下，先后出台了《陆家村集体资产清产核资工作实施方案》《通榆县乌兰花镇陆家村集体经济组织产权制度改革试点实施方案》《陆家村集体经济组织成员资格认定办法》等文件。在清产核资摸清家底的基础上，严格把握集体成员资格认定这个关键。由于成员资格认定、集体资产股权处置办法和结果得到全体村民普遍认可，陆家村一举实现了“资源变资产、资金变股金、农民变股民”。在此基础上，出台《政经分开账务分设办法》，建立“村‘三委’+公司”模式，把村集体资产经营与村行政事务管理分离，实行组织机构、组织职能、组织资产、财务收支、财务核算“五分开”，规范了村集体产权管理。2016 年底在全省农村集体产权制度改革第三方评估中，陆家村后来居上成为全省 22 个试点村中的第一名，打造了全省改革试点新样板。

第三把火是培育适度规模经营新模式。到村后，徐宝山敏锐地察觉到，陆家村十年九旱，要真正摆脱贫困，必须改变过去一家一户的分散管理、粗放经营方式，积极发展土地股份合作社、农机合作社、家庭农场等新型农业经营主体，探索多种适度规模的“农业 +”经营模式。在他的主导下，村里首先建立了土地股份合作社。土地股份合作社在村“三委”及成员监督下，本着“自主经营、自负盈亏、利益共享、风险共担”原则，引导农民自愿以二轮承包土地经营权作价入社。遵循中央关于农村土地“三权”分置改革政策和农村土地承包法、合同法等法律法规，耐心细致工作，严格规范操作。到 2017 年 3 月，237 户集体土地承包人全部将二轮承包土地经营权作价入股，资产管理公司以集体机动地、册外地经营权作价入股，实现全村耕地全部入股土地股份合作社。陆家村成为白城市第一个完成集体耕地土地股份化改造村，实现资源变资产，进入整村土地规模化经营新阶段。

徐宝山积极推进土地经营权入市交易，出台《陆家村整村土地经营权流转实施方案》，明确在不改变农村土地所有权和农村土地用途基础上，将股权化的土地经营管理权出租给其他市场经营主体。土地股份合作社按照《陆家村整村土地承包经营权出租合同》，将土地经营权出租给本村 6 个家庭农场。家庭农场实行集中连片经营，打破了过去以户为单位的生产经营方式，消除了应用大型农机具和先进农业技术的障碍，大幅度提升了农业现代化水平，同时也把农村劳动力从“一亩三分地”中解放出来。在徐宝山的推动下，陆家村建立多方合作共享平台，建设高标准农田 5 000 亩，架设输变电线路 12.2 公里，实现电机井全程灌溉；与通榆贝需泽牧业有限公司合作，建设 480 亩肉羊养殖园区，开发肉羊养殖、屠宰结合项目；与省金控集团、安华农业保险股份有限公司、中国华粮物流集团通榆粮食储备库等企业合作，建立“龙头企业 + 合作社 + 家庭农场（贫困户）”的贷款、种植、收购产业化运作模式。2017 年，陆家村土地机械化作业率达到 90%，380 位农民变身产业工人，全村农民人均纯收入达到 17 516 元。

## 深情耕耘，留下“一片情”

如今，虽然徐宝山在陆家村的任期已经结束，但他为陆家村留下的却不仅仅是土地改革带来的红利。

在徐宝山和陆家村干部群众的共同努力下，从 2016 年开始陆家村便推行“陆家模式”，全力建设陆家田园综合体。经过两年多的努力，陆家村的一二三产业开始融合发展，生态经济品牌逐步形成，已建成 1 545 亩绿色水稻种植园区，棚膜经济园区已投资兴建 31 栋大棚。为推进陆家村棚膜经济园建设，2017 年，徐宝山指导延会家庭农场自筹资金建设 10 栋温室、21 栋冷棚，注册了“王忙子”商标。21 栋大棚第一茬全部订单种植香瓜，销售良好。延会家庭农场纯收入 6 万元，陆家村贫困群众到园区务工 50

/ 陆家村规模化种植

人，务工收入 12.8 万元。

作为第一书记，徐宝山不但全力帮助乡亲们挣上钱，还亲力亲为抓党建、带班子，在党的十九大精神宣传、党建引领扶贫等方面做了大量工作，切实增强了村级党组织的凝聚力和向心力。他在村里成立农民夜校，不仅指导村干部树立“四个意识”、增强“四个自信”，还培养了一批能够引领农民致富的年轻人，为陆家村的发展注入了新鲜血液。

为了提升贫困群众的内生动力，徐宝山还指导陆家村开展扶志、扶智活动，成为全市“志智双扶”试点村。他推动全村积极开展健康文化活动，村里的棋牌室变成了读书室，歌舞表演、民谣说唱、体育比赛定期开展，善道、孝道、富道、美道“四道”评比让尊老爱幼、比学赶帮、乐善好施、发家致富成为陆家村的新风尚。

回望徐宝山驻村的 500 多个日日夜夜，我们不难发现，这位“改革书记”用自己的勇气和智慧，从根本上改变了陆家村贫穷落后的面貌，为陆家村留下了一笔又一笔宝贵的财富。

（撰稿：张津津　照片拍摄：李雪）

陆家村整村易地扶贫搬迁新建区鸟瞰图

葛剑锋，江苏省张家港市杨舍镇善港村党委书记。江苏省十三届人大代表。曾获全国农业劳动模范、江苏省农村基层党建工作突出贡献奖等荣誉。他带领家乡父老将善港村打造成依托现代农业脱贫致富的样板村，2018年全村年总产值达21亿元，村级可用财力2 500万元，村民人均纯收入突破3.6万元；结对帮扶5省6个贫困村，探索制定《整村扶贫标准体系》，推进党建工作、管理制度建设、文化打造、产业发展等方面的立体帮扶；创建善港农村干部学院，出资建设赵亚夫农业农村研究院，打造农业技术“智力库”，为培育创业致富带头人提供技术支撑，一同踏上致富路。

# 心连心矢志脱贫攻坚路 村帮村同谱脱贫共富经

有这样一个村子，村强、民富、景美、风正、人和，家家住着三层别墅，人均纯收入在3.6万元以上。

有这样一个人，他在人生的黄金时期回到农村，十年如一日奔走在田间地头，顺民意、解民忧、惠民生，在把一个贫困村变成经济强村的同时，将扶贫的目光伸向偏远贫困的山区。他带领先富起来的村子结对帮扶陕西省延安市安塞区方塔村和侯沟门村、贵州沿河县高峰村、湖北咸丰县杨柳沟村、江西井冈山古城镇沃壤村以及江苏睢宁县杜湖村六个深度贫困村摆脱贫困。

这个村就是江苏省张家港市杨舍镇善港村，这个人就是善港村党委书记葛剑锋。

扶贫、脱贫、减贫是世界难题，必须攻坚克难。多年来，葛剑锋奋力前行在脱贫攻坚前沿，形成了这样一个认识：在决胜2020前夕，一村带六村不是简单的数量增加，而是要通过创新攻坚方略，有效实现高质量扶贫、稳定脱贫，并且为未来可持续发展打下坚实基础，赢得破解世界难题中的话语权。

## 从过去的小善港到如今的大善港，“整村帮扶”注入扶贫“新内涵”

1976年，葛剑锋出生在善港村一个普通农民家庭。说起张家港，人们心中自然浮

/ 葛剑锋（中）与村里致富带头人交流蔬菜种植经验

现出“鱼米之乡”“苏南模式”等象征条件优越、经济繁荣的美好字眼。其实，张家港全境主要由长江泥沙淤积成陆，1962 年被国务院命名为沙洲县，隶属江苏苏州专区，1980 年更名为张家港市。当年的沙州县一直是远近闻名的苏南穷县，善港村更是穷县中特别穷的村之 。

18 岁那年，葛剑锋走出贫穷的善港村，加入了创业大军。从最初骑着自行车贩卖小商品，到后来经营一家企业，经过十二三年的打拼，成了当地小有名气的小老板。

然而，这个时候的善港村还是贫穷的旧模样。张家港市和杨舍镇两级组织，在谋划善港村发展的时候，不约而同想到了他，认为葛剑锋搞活经济有思路，诚信经营口碑好，又是共产党员，希望他回村带领大家一起走富裕之路。而家人和亲戚朋友都觉得，这是从米箩往糠箩里跳。难以抉择的时候，葛剑锋在村子里的田埂上来来回回地走，放眼望去，看到的不是长势喜人的庄稼，而是大片撂荒的农田，杂草丛生，顿时百感交集：“这可是鱼米之乡啊，是生长稻米果蔬把我养大的土地啊！”他想到这些心里非常难受。一个家庭富起来不难，要带着四邻八舍一起走富裕之路，才是一个共产党员应有的担当！

2009 年，葛剑锋带着组织嘱托和这些思考回到了善港村，被选为党委书记。虽然是熟悉的地方、熟悉的人，可是，大家除了奔小康的强烈愿望是一致的，具体想法却是多种多样。经过一段时间调查研究，他和班子成员有个共同的认识。毕竟是鱼米之乡，再穷，基本的自然地理优势是西部地区不可比的。目前的穷，根子在人心不齐，心不齐则事不成。于是，一班人从充分发挥基层党组织的作用入手，凝聚人心，明确思路，选准项目。葛剑锋先是垫钱为村里工作人员补发了上一年的工资，赶走了大伙儿的“苦瓜脸”，换回了村“两委”班子奋力前行的精气神。有了这样的基层领导，群众的心慢慢拢起来了。同时，一班人分析了善港实际，地处长江之滨，必须走绿色发展之路。经过充分听取群众意见、班子深入讨论研究，明确了发展思路，两三年的工夫，善港村走出了困境。

就在这个时候，组织上交给葛剑锋一个新任务，要求他“一村带三村”——把周围的 3 个贫困村带动起来一起奔小康。“一带三”不是个数量增加的问题，而是有根本的不同。善港村是他熟悉的地方，大家容易沟通。现在，刚刚有起色的善港，忽然来了一批“穷亲戚”，大家怎么想怎么干？面对实际，葛剑锋充分发挥了村党委的组织智慧，从抓人的思想观念提升入手，从因地制宜大力发展现代农业着手来摆脱贫困。在政策上通过土地流转办起有机农场，在技术上请来农业专家赵亚夫把关，成立了无花果、葡萄等八大农业基地，获得了十余个有机产品认证。光是合作社分红，每年就为各家各户带来很可观的收入。

/ 葛剑锋（左）同高峰村党支部书记讨论发展规划

经济上翻身了，大家更有信心了。葛剑锋根据发展实际，及时把深化村民自治提上议程，2009 名代表投出赞成票通过了《善港村村民自治章程》，海选产生了 15 名议事会成员，“善港善治”村民自治体系逐步建立起来。在村民自治的大背景下，修好 5 公里的大寨河路，创造了清理沿线树木等村里不赔一分钱的佳话，从此村民出行更加方便；投资 2 000 多万元对全村进行生态改造，建成地埋式污水处理系统 19.7 公里的生态河道、5 分钟健身圈、10 分钟医药圈……一件件让人拍手叫好的民生实事纷纷落地。2017 年 8 月，善港村“善基金”正式设立。在北京的病床上，葛剑锋改完实施方案最后一稿。第二天，他手上插着留置针管，匆匆从北京医院赶到会场，两小时后又赶回医院。“善基金”成立一年，已发放补助 120 余万元，惠及了村民生活的方方面面，解决了因病致贫、因病返贫困难群众的棘手问题。从当年小善港到如今的大善港，村民的精神状态明显改变，村生态环境面貌和经济实力明显提升。

2018 年，善港村已累计集聚各类企业 147 家，建成 9 个特色农业基地，村年总产值 21 亿元，村级可用财力 2 500 万元，村民人均年纯收入突破 3.6 万元，书写了村级收入 3 年翻两番的善港故事，成了后进村脱贫致富的典型。

## “一村领头、六村跟进”，一同跑出兴农致富“加速度”

带领善港村脱贫致富的日子，葛剑锋每一天都过得很充实、很有意义，但全身心地投入工作，大大透支了身体健康。原本一直甩不掉的慢性肾病加重了。为了延缓病情恶化，医生使用了大量抗生素，以至于葛剑锋的脸浮肿得村里人都认不出来了。

躺在医院的那段日子里，除了配合医生治疗，葛剑锋一直在想一个问题：在“一村带三村”中逐步完善的“以凝聚人心为先导，以现代农业为特色”的发展模式，能不能在更多地方生根开花结果呢？

作为农民的儿子，最了解农民的艰辛；作为一个村的党委书记，身上担着农村、农民的担子，更知道群众对摆脱贫困是怎样的渴望！全面建成小康社会，“一个也不能少”，先是在善港做到了；后来，善港带动周边的 3 个穷村做到了。这个战果还能扩大吗？

葛剑锋很庆幸，在他身边有一群懂农业、爱农村、爱农民的好干部。他们有着让更多农民富起来的情怀，他们说当初老葛把善港扶起来了，只要老葛想去帮扶，他们都跟着干！这给了葛剑锋巨大的精神鼓舞，决心带着大家，在扶贫道路上更坚定地走下去。

就在这个时候，葛剑锋有了一个到陕西省延安市安塞区沿河湾镇方塔村考察的机会。那里地处黄土高原腹地，也是世界知名的山地苹果产地。可是，名声虽响，产品的竞争力却并不强。经过充分考察，葛剑锋从多个角度对比张家港与安塞，对比善港村与方塔村，逐渐形成了一个复制在善港创造的“村帮村、整体建”做法，让方塔村绿水青山变为金山银山的方案，得到了方塔村党支部的认同和支持。

葛剑锋带领善港村的技术团队远赴陕西，制定了方塔村种植有机山地苹果的技术标准和实施方案，在方塔村建立了 500 亩有机山地苹果种植基地，利用善港农业基地实现品牌化经营。很快，方塔村的绿色品牌有机山地苹果，成为多家大商场和精品水果店的畅销产品，价格由原来每公斤不足 8 元的“大众货”，成为每公斤 20 元的“精品货”。

张家港“一村带三村”的经验，成功复制到远在陕西的安塞方塔村，让葛剑锋信心大增，也对“可复制”有了更加深入的认识，这就是：基本原理的科学性与当地实际相结合，“村帮村、整体建”一定会大有可为。

继方塔村之后，葛剑锋又组织了十多名村干部、大学生村官，赴革命老区江西省井冈山古城镇沃壤村与当地村民结成帮扶对子，帮助沃壤村把茶叶、茶籽油等特产远销各地，实现全村脱贫致富。在苏北睢宁县杜湖村，他们送理念、送经验、送人才、送技术，走出一条“农业 + 工业”的复合发展之路。在安塞区沿河湾镇侯沟门村，他们把善港村“党建促村建”的经验辐射出去，开展两村支部联建，既帮助村民脱贫致富，又帮助建强战斗堡垒。在湖北省咸丰县高乐山镇杨柳沟村，他们帮当地解决主导农业——辣椒种植的销量这一棘手的问题，走上一条因地制宜的扶贫共建之路。最令葛剑锋难忘的是与贵州省铜仁市沿河县高峰村的扶贫共建经历。2017 年 3 月，葛剑锋带着善港驻村工作队来到高峰村。虽然见过不少贫困村，但眼前高峰村的景象，让他对贫穷有了更

/ 善港村省级三星级康居乡村船坞里

深的认识。高峰村地处黔东北高原，地理位置偏僻，自然条件恶劣，处于深度贫困。为了帮高峰村打赢脱贫攻坚战，大病初愈的葛剑锋决定带着善港人走进高峰村，手把手帮扶。刚到高峰村，葛剑锋就扎进了群众家里，同吃、同住、同劳动。“这里的老百姓连上厕所都困难，更别说医疗、教育、卫生条件了，吃饱穿暖是他们最大的心愿。”葛剑锋认为，高峰村想要脱贫致富，必须要先种下产业扶贫的种子。为此，他带着工作组，一步一个脚印蹚出了一条产业路。高峰村较为完整的耕地在比村部海拔更高的峰头上。沿着山路往上，年轻的小伙需要爬半个小时，身体欠佳的葛剑锋每次都会坚持一起上山。“我们说担心他爬不动，可每次他都上来了。到了峰头，他总是尽量多待一会儿。看一看育苗地里的苗、实验地里面的瓜果长势怎样，还有哪些荒地能够开发……，我们高峰的山头，他都跑遍了。”高峰村党支部书记罗文武感慨道。短短 4 个月，善港工作队已经完全融入了当地百姓生活之中。老葛自己往返高峰村 19 次，行程近 6 万公里。功夫不负有心人，一个新高峰正以全面发展之姿，展现日新月异之美！

一路走来，葛剑锋带领一班人摸索形成了开展扶贫工作的“善港思路”——整村帮扶：每到一处，首先搞好“支部联建”，帮助贫困村打造党支部队伍，以党员干部的模范带头作用引领示范村民提高思想觉悟；在农村放露天电影、组建舞蹈队，让村民在潜移默化中移风易俗、接受先进文化，摒弃“等靠要”落后思想；扶贫干部带领村党员干部做榜样、带好头，主动让出出行道、修出产业路，党员干部的威信树立了起来，扶贫之路才有人信、有人跟；立足每个村的特色，从实际出发帮助发展产业，建设有机农业产业园、开展特色农产品加工等，把善港村的好品种、好项目引进来，促进贫困地区群众就近就业。

10 年里，先从张家港当地“一村带三村”，到后来的大善港带动五省六村，作为先富起来的村子，如何帮助还未脱贫的村子实现共同富裕，打赢脱贫攻坚战？就是要发挥先富村在建班子、抓党建、育人才、兴产业、强特色方面的优势，实现整村帮、精准建，最终带领全体村民过上好日子。有人打了这样一个比方：在脱贫攻坚的道路上，好比行驶着一列名叫“善港号”的扶贫动车，善港村是火车头，6 个兄弟贫困村相继“入列”。

## “扶贫”“扶智”相结合，“孵化器”提升扶贫“新高度”

“授人以鱼不如授人以渔，‘富口袋’和‘富脑袋’一样重要，”葛剑锋如是说，“我们村就是从贫困中一步步发展起来的，所以更能切身体会到落后地区老百姓的困难和渴望。我们善港的经验做法，希望能对他们有帮助。”

2013 年，葛剑锋萌生在村里开设有机农场的想法。“想法虽好，但村里一没技术，二没资金，落实很困难。”善港村党委副书记黄琴告诉记者，当时全靠葛书记，请来了专家，争取到了资金。为了请著名农业专家赵亚夫到村里指导，葛剑锋拖着积劳成疾的病躯“三顾茅庐”。葛剑锋的诚意和带领乡亲脱贫攻坚的决心打动了赵亚夫。终于，在善港成立了赵亚夫农业农村研究院，打造农业技术“智力库”，为培育创业致富带头人提供技术支撑。为了筹集资金，他又四处奔走，最终争取到了国家财政项目，获得补助 600 万元，建成冬暖式大棚 160 余栋。

精准扶贫除了“对症下药”，也有治百病的“灵丹妙药”。村民要致富，关键看干部，帮钱帮物不如帮建一个好支部。在对口帮扶了 6 个村以后，葛剑锋深刻认识到，精准扶贫，必须要有一个好班子、好队伍。葛剑锋决定在善港建立一个农村干部学院、贫困村创业致富带头人培训基地，把经验带给更多的贫困村的能人干部，使他们带领贫困地区脱贫致富。没有办学的经验，葛剑锋带人到各地去取经；来不及新建场地，葛剑锋向上级争取，要来了培训的场所；筹建人手不够，葛剑锋四处求才组建了一支吃苦耐劳、甘于奉献的队伍。从筹建到开班，仅 3 个月时间，善港农村干部学院落成了。至今善港农村干部学院已经培训了全国贫困村创业致富带头人 2 500 余人次，真正成为全国农村脱贫攻坚、创业致富带头人的“孵化器”。

如今的葛书记又多了一个新身份——教师。三尺讲台上，葛剑锋讲述了一个又一个脱贫的例子，教授了一种又一种致富的方法；三尺讲台下，葛剑锋常常被大家围住，为一个个村把脉诊断。

回想 10 年扶贫路，苦乐酸甜在心中。葛剑锋只有一句话：“扶贫难，但只要用真心扶贫，那就不难！”他常说：“我们在‘善港号’这个火车头里吃什么火车餐，那么在其他 6 节兄弟车厢里也吃什么火车餐；善港村享受到了党和政府的好政策，我们也要把阳光带给其他 6 节车厢。‘善港号’的扶贫动车组，到达脱贫致富目的地，一个都不能少！”

“作为一名共产党员，我们要为党分忧、为国干事、为民谋利，为夺取脱贫攻坚战全面胜利贡献力量。这是我们工作的初心，是全体善港人的期盼和向往，也是我余生矢志不渝的追求！”葛剑锋说。

（撰稿：朱嘉　照片提供：葛剑锋）

傅欣，中共党员，上海师范大学基础教育发展中心常务副主任。他作为西藏自治区上海首批"组团式"教育人才援藏工作队队长，任日喀则市上海实验学校校长。他和他的团队率先在日喀则市教育史上实现了"5个100%"：中小学"双语"教育普及率100%、小学数学课程开课率100%、中学数理化生课程教学计划完成率100%、初中理化生实验课程开课率100%、中职学校国家目录规定课程开课率100%。

# 上海阿爸

中等身材，体格健壮，肤色绛红，头发微白，厚重的镜片背后是一双炯炯有神的眼睛，这些体貌特征，足以使你产生联想，这位举止稳重的男子汉，八成常年生活在那个海拔高、日照长、风吹日晒的青藏高原吧。实际上，他是位只在西藏生活了短短3年，却用一生时间深深牵挂着这片土地的上海男人，他就是傅欣。

上海首次选派大规模教师队伍采用"定点组团"的方式援藏。时任上海师范大学附属中学副校长的傅欣二话没说扛下了重任：担任日喀则市上海实验学校校长，并作为队长带领40位上海教师，奔赴日喀则市开展为期3年的教育援藏工作。

任务来得突然，甚至来不及事先与家里有个商量。其实，傅欣心里清楚，一去3年将给家庭带来很大压力：傅欣和妻子都是80后独生子女，家里老人长期患病，岳母还在化疗过程中，女儿即将上小学。傅欣在给妻子打电话前思量了许久，他怕妻子担忧，怕妻子记挂，更怕妻子不理解、不支持。电话接通，没等妻子开口，傅欣就向妻子说明了情况，以及自己对家庭的牵挂。差不多半分钟后，妻子温柔而坚定的声音从电话那头传来："家里我撑起来，你放心吧！"这份坚强，给了傅欣最为渴望的支撑。

出发那天是父亲节。前一天，傅欣参加了女儿妞妞的幼儿园毕业典礼，晚上一回家，妞妞就用稚嫩的小手抓着傅欣坚实的手臂，一遍遍地追问："爸爸，你为什么要离开我？为什么要去西藏？"傅欣用双臂紧紧搂着女儿，编织着孩子能听懂的话语。但在说出口的瞬间，傅欣的声音颤抖起来："在世界最高的地方，有一群哥哥姐姐，他们渴望读书，却没有老师，他们比你更需要爸爸的帮助。"第一次，这位八尺男儿流下了不舍的泪水。

## 一次下乡考察，坚定教育扶贫的理想

一次送教下乡的经历，让傅欣了解到在珠穆朗玛峰脚下，喜马拉雅山南麓还有两个边境自然村，那里的小学一个年级只有一个教师。当地教育局的领导对傅欣说："老百姓都非常热爱家乡的土地，但要让他们留得安心，留得踏实，就要让那里的娃娃能读得了书。"每当傅欣走在边境线上，看到随风飘扬的五星红旗的时候，使命感和责任感就在他心中油然而生。

治国必治边，治边先稳藏。为了祖国的边疆稳定，为了边境线上老百姓的安定团结，傅欣越发坚定了"把教育送到祖国最需要的地方去"的信念。就这样，傅欣和他的团队带上教材，扛着设备，走遍了日喀则市边境一带的每一所学校，尽自己最大的努力使日喀则的孩子们能共享上海的教学成果资源，拉近两地的教育发展的差距。

"我们就是缺老师啊，特别缺优秀的教师！"每当傅欣走进乡村小学和贫困县中学时，当地的领导和老师总会拉着他的手这样说道。近年来国家对教育的投入越来越大，学校硬件设施建设越来越好，肩负着立德树人根本任务的教师绝不能缺位！面对延绵不绝的山脉，一颗承载"圆我教育情，执教御国门"梦想的种子在这片贫瘠的土地上扎下了根。

## 一场尴尬遭遇，带来德育培养的创新

和许多初到雪域高原的人一样，好长一段时间，高原反应让傅欣像患了重感冒那样不适。位于三楼的办公室，这位壮汉要在中途休息一下才能上去。这些困难，傅欣是有思想准备的。然而，一场尴尬的遭遇却让傅欣始料未及。

有一天，当傅欣推开男厕所的门时，一位女孩子突然低着头冲了出来，傅欣从她压得很低的帽檐下看到了一张因为羞愧涨得通红的脸。原来，由于某些不文明的生活习惯，大部分厕所都被石子堵住了，整个日喀则市上海实验学校的室内仅仅开放了一间厕所。厕所问题不是小事，在全校范围内开展"厕所革命"刻不容缓。

行胜于言。傅欣作出了一个让学校教师万分惊讶的决定：亲自带领老师们疏通全校的每一间厕所，让文明成为教育扶贫的第一课。

在傅欣看来，传授知识是教育援藏的重要任务，立德树人是教育扶贫的根本大计。除了疏通厕所，傅欣在学校还探索了一系列德育培养创新模式，比如通过组织学生唱《社会主义核心价值观之歌》，带领孩子们走访脱贫攻坚帮扶点，让孩子们了解幸福的生活从何来；通过改善教育教学环境、维修太阳能浴室、扩建学生食堂等一系列举措，营造良好教育氛围，激发学生对于美好生活的向往。

回忆起援藏生活中的温暖小事，傅欣的眼神越发柔和。有一天中午，傅欣在学生食堂检查就餐情况时突然发现，收拾餐余垃圾的一名学生志愿者正好是前不久刚去访问过的建档立卡贫困户孩子，他也认出了傅欣。在经过傅欣身边的时候，一句“谢谢你，上海援藏老师”让傅欣顿时体会到了德育的力量。

日喀则市上海实验学校

## 一次谈话冲突，掀起教育援助的革新

每一名援藏教师都是带着极大的热情和信心参与到脱贫攻坚的战斗中来的，傅欣也不例外。但是，一次谈话的冲突，却让这位校长碰了一鼻子灰。

扶贫不能单纯“输血”，“造血”才是长久之计。傅欣认为，“组团式”教育援藏不能光让十几名教师顶岗上课，而是要以点带面，通过远程教学、资源共享对本地教师“浸润式”培养，打造一片教育绿洲。但当傅欣满怀畅想，充满激情地找到当地教研组的组长交流时，教研组长却对傅欣提出的想法丝毫不感兴趣。一句“我觉得这不太会有用”草草结束了双方的交谈。

你不相信，我便做给你看。

傅欣带领老师们，一次又一次深入基层调研考察，他们到过海拔 4 700 米的仲巴县，走过中印边境的亚东县，拜访过位于珠穆朗玛峰脚下人迹罕至的定日县。

没有教材，傅欣亲自主导编写校本教程、教师培训课程，拉近教育资源差距；偏远乡村师资不足，傅欣依托信息化技术，搭建起一个又一个远程教学点，让上海的教师远程评价本地教师的开课情况，提高本地教师的教学能力，丰富教学方法；缺乏管理经验，傅欣以身示范，手把手教出一批又一批年轻的教育管理干部，力图帮助每个县建立起自己的教师培训体系。

令傅欣印象最为深刻的是 2017 年底一次危险的经历。日喀则昼夜温差大，冬季夜晚最低气温可达零下 25 摄氏度。染了风寒的傅欣，连续十多天高烧不退、咳嗽不止，每天唯一吃得下的就是萝卜干就稀饭，高原感冒让这位铁骨铮铮的男子汉苦不堪言。那天晚上吊完盐水已是 8 点多，室外零下十几度的气温滴水成冰，但头晕目眩、四肢无力的傅欣仍努力挣扎着从床上爬起来要去给青年教师讲课。医生的嘱咐不时充斥着耳畔：

/ 傅欣在学校操场

“傅校长，你的感冒已经持续一周多未好，肺部出现了感染，如果不好好休息，高原肺水肿是会威胁到生命的！”作为一位已经在高原上工作过两年的人来说，傅欣深知医生的话绝不是危言耸听。可是临近期末，老师们白天有教学任务，好不容易能在晚上空出时间，绝不能让他们失望。就这样，傅欣颤颤巍巍地走上了讲台。站上讲台的那一刻，他突然来了精神，浑身上下似乎有着使不完的劲。傅欣是属于讲台的。那天晚上的课是一位教育工作者，用虔诚点燃一粒粒教育的火种。

在傅欣和他的团队的努力下，短短两年时间，一个又一个日喀则市级名师工作室建立起来，一个又一个教育联盟建立起来，一批又一批骨干教师成长起来。实践是检验真理的唯一标准，就连那位“不感兴趣”的教研组长，在事实面前也很快转变了对区域教研、远程教学的态度，成了傅校长的“铁杆粉丝”。如今的教研组长已经是当地汉语言教学的学科带头人，她主持编写的《汉语言中考复习用书》已经成为当地炙手可热的“紧俏货”，就连拉萨的家长、山南的教师都纷纷跑到学校来“求取真经”。

## 一句“我要退学”，推动职业教育的发展

傅欣至今难忘那个名叫白玛的藏族姑娘。

白玛的家，在海拔 4 800 米的昂仁乡梅朵村，她所就读的日喀则市第二中等职业技术学校，距离她家有 200 多公里。傅欣和挂职日喀则市第二中等职业技术学校副校长的援藏教师刘刚，暑假期间一起到家庭条件较为困难的白玛家家访。没想到刚一落座，白玛就提出退学的想法。白玛说除了要帮家里放牧，还有就是因为学校既没实训基地，

也没职业教师，和她想象的职校不一样。傅欣和刘刚苦口婆心一番劝，才让她打消了退学之念。“放心吧！我们一定会把实训基地建好，也会把师资力量配好。”这是傅欣对白玛的承诺，也是他对全西藏人民立下的军令状。

傅欣（右）开展“爱心花園”扶贫工程

傅欣立下军令状后，第一件事就是翻山越岭，挨家挨户做调研，了解西藏地区职业教育现状，广泛听取当地领导和老师的意见。经过反复思考，傅欣向援藏联络组、教育部、上海市教委、日喀则市教育局提出了“积极发展西藏的职业教育”的工作思路。在西藏大力开展产业脱贫的时期，需要各种成熟的产业工人和技术人员，而这些都是西藏目前所缺乏的。要巩固西藏产业脱贫成果，就需要积极发展西藏的职业教育。

新学期开学，和白玛一同出现在学校的，还有 15 位来自上海的职业技术援藏教师。作为“万名教师支教计划”选派的优秀教师，全国“万人援藏援疆计划”中唯一一个针对职业教育开展对口支援的团队，他们不远万里，来为日喀则的职业教育发展添砖加瓦。

日喀则市第二中等职业技术学校老师在上海的四所职校参加为期 3 个月的职业技能培训，培训合格可以拿到职业技能资格证书。电子实训室、电工实训室、DIY 社团工作室等实训基地已在上海各方的资助下陆续建成，美术设计室、喷绘制作室、建筑工程实训室等也已完成设计进入施工阶段，很快就将和学生们见面。“我们把制度建设好，把工作融入学校的文化血脉中，援藏的功效才会持续发挥作用。”

“授人以鱼不如授人以渔。”傅欣认为，教育扶贫除了传授知识外还应让每一个孩子学会一技之长，掌握生存的技能，孩子们有了生活的本领后就能够在社会上生存和发展。

## 一个孩子受罚，牵动上海阿爸的心

“校长，这个孩子要是再进我的班，我就辞职不干了！”正在认真办公的傅欣被一位充满愤怒的藏族班主任吓了一跳。原来，这位藏族班主任的班上有一个福利院的孩子，

/ 傅欣（中）在困难家庭进行家访

把老师和同学打了后，因害怕受罚竟三天三夜没回来！这位藏族班主任实在没了法子，才跑来向傅欣诉苦。傅欣深知，这个孩子的情况不是个案。全日喀则市有1/6的福利院孩子在日喀则市上海实验学校，福利院学生人数占全校总人数的5%以上。这一直是本地教师的一块心病，拒绝接收这些孩子的呼声非常高。

教育扶贫工作，总在攻坚克难的过程中不断创新。傅欣思考良久，决定利用休假日带着本地教师和援藏教师走进福利院，开展“成长陪伴”行动。面对孩子们好奇而又胆怯的双眼，傅欣用温暖宽厚的手掌抚摸着孩子们的头，向每位孩子许下“我就是你们的上海阿爸”的真挚诺言。

中秋节前夕福利院举办欢庆晚会，那天恰逢女儿妞妞的生日，傅欣对着孩子们说了一段题为《永远不要放弃》的祝福词。傅欣告诉孩子们，在上海有一个跟你们年纪相仿的女孩，她的生日，爸爸不能陪在身边。傅欣告诉孩子们，这位女孩的爸爸就是你们的上海阿爸。阿爸会一直关注着你们的成长，请你们永远不要放弃自己。

如果教育不坚守公平，这100多个来自福利院的孩子可能就是未来100多户贫困人口。教育扶贫，虽然不像其他扶贫工程一样能够立竿见影看到显性数据，但是教育扶贫又是从根本上解决贫困的百年大计，只有阻断贫困的代际传递，才能让扶贫的效果可持续，让贫困地区和贫困群众彻底脱贫。

3年援藏时间说长不长，说短也不短。每天傅欣和他的援藏团队都在想着能为日喀则市的教育再多做点什么，还能再留下点什么。“组团式”教育援藏工作更多的是教育工作者的责任、情怀与担当，是对西藏这片土地的热爱，亦是对西藏更美好明天的期待。

（撰稿：时已卓　照片提供：傅欣）

谢远泰，中共党员，江西省抚州市广莲食用菌研究所所长。曾获全国十大杰出青年星火带头人、江西省五四青年奖章、江西省优秀种养能手等荣誉。他坚持40多年自费从事食用菌研究开发和技术创新，成功培育出“中华神菇”，获得多项国家专利技术，并无偿献出专利惠及千家万户，累计面向全国培训学员10万余人。采取“公司＋农户”形式，发展茶树菇种植户2 900户，其中贫困户524户，户均纯收入达9.8万元。经过几十年的发展，茶树菇种植推广到广昌周边的南丰等地，并辐射到贵州、河北、河南等地，茶树菇产业总产值达16亿元，带动10万余农民脱贫致富。

# 用小菌菇撑起扶贫大伞

从一个门外汉，到拥有多项国家发明专利，艰辛知多少？从一个穷小子到带领千万父老乡亲脱贫致富，梦想有多大？

谢远泰40多年如一日，培育出千百年来只能在崇山峻岭中天然生长的被人们奉为“中华神菇”的茶树菇，并无偿献出发明专利，让小菌菇成为广大群众增收致富的支柱产业。

## 门外汉成大专家

1957年8月，谢远泰出生在一个贫穷的山村——江西省抚州市广昌县赤水镇天咀村。像那个时代大多数年轻人一样，1977年高中毕业后，他回到村里，成为一名面朝黄土背朝天的农民。可谢远泰又跟大多数年轻人不一样，他并不甘心只做一名普通农民。

广昌县是国家扶贫开发工作重点县，“住不上稳固房，喝不上干净水，吃不了肚儿圆，走不出大山沟”是乡亲们贫困生活的真实写照，也是谢远泰抹不去的儿时记忆。20年过去了，天咀村依然没有太大变化，看着乡亲们还是过着这样穷苦的生活，谢远泰十分揪心。自己一定要奔出一条好路子，一定要帮助乡亲们改变这种生活！爬上村里的小山坡，望着环山而过的溪流，年轻的他踌躇满志。

那段时间，谢远泰整天像着了魔似的，在干农活之余，目之所见，都会细细琢磨

/ 谢远泰在学习

一番，想着能不能成个事儿。“小谢，你伢子老实干活就行了，整天瞎想没用的。”“见姑娘家也没见过这么用心看的！”老人们都劝谢远泰及早成家，认命当个普通农民，可他偏不。

天咀村有一种野生茶树菇，金黄、脆嫩、口味醇香，谢远泰特别爱吃。一次吃饭，他夹起茶树菇准备往嘴里送，却忽然又放下筷子跳了起来，一旁的家人不明所以，只听见谢远泰兴奋的声音传来：“种茶树菇致富行不行?”

“头脑发热”的谢远泰，在种菇方面是一个门外汉。可他也有自己的想法：虽然没有地方专门学习茶树菇种植相关技术，但茶树菇和香菇都是菌类，总有类似的地方，可以先学习香菇种植，然后在茶树菇上求发展。香菇可以人工培育，茶树菇一定也能！

当时，香菇种植在广昌县已是传统产业，技术相对成熟。谢远泰径直去了村里的林场，央求当一名香菇种植工人，从此与菇终生结缘。为尽快学会香菇种植技术，他总是缠着师傅教自己，并花费大量时间自己学习和研究。

1982 年，村里的香菇技术已不能满足谢远泰的需求。为提高香菇产量，他日夜苦思。听说广州有一种“香菇段木菌种栽培法”，他萌生了南下的想法。一分钱难倒英雄汉，凑不出来路费和学费，谢远泰便四处借，终于如愿以偿叩开了菌种学大门。为节省木料，他用心琢磨用茶子壳、五节芒、稻草等植材替代木屑。4 年后，他研究的“大田代料栽培”香菇实现了大规模生产。

香菇技术的突破为谢远泰研究茶树菇种植技术提供了丰富的经验。那时候，他家里人多，住房又小，人都很难活动开，更别说腾出地方做实验。这对谢远泰来说，算不得困难，他里里外外瞅了一遍，最后将目光瞄向了猪圈，用石灰消毒后，便在猪圈里做起了实验。对于其他村民“猪圈里能研究出什么”“跟猪抢地盘”“是不是脑子有问题了”的议论，谢远泰充耳不闻。

记不清失败了多少次、卡壳了多少次，1992 年初，谢远泰终于看到了曙光：茶树菇培植出来了！经国家食品质量监督中心检测，茶树菇内含人体所需的 17 种氨基酸（包括人体不能合成的 8 种必需氨基酸）、抗癌多糖，以及 10 多种矿物质微量元素，超过其他食用菌 10 多倍，质量比天然茶树菇更好。“中华神菇”由此扬名。

1993 年，谢远泰将该品种命名为“AB 六 - 2”特种菌，通过了江西科学技术委员会技术鉴定，获得国家发明专利，并荣获 1996 年北京世界发明金奖。

谢远泰的钻研激情从此一发不可收拾，陆续完成了茶树菇液体菌种开发项目、蝙蝠蛾栽培北冬虫夏草、家蚕幼虫栽培北冬虫夏草、杂树蔸栽培茶树菇、蝙蝠蛾幼虫饲养病虫防治研究。其中，液体菌种开发项目获科技成果鉴定证书，其余四项技术中有三项在中国典型培养物保藏中心获得保藏号。

凭借钻研成果，谢远泰先后荣获“全国十大杰出青年星火带头人”称号、江西省五四青年奖章、江西省科技新成果新技术双交会金奖等多项荣誉。曾经的菌菇门外汉，成了有名的大专家。

## 一颗真心向村民

成名后的谢远泰，执拗的脾气一点儿也没变。一天，一位日本客商到了他家，一开始他还热情接待，但当对方用生硬的汉语说想用 100 万美元购买专利技术时，他的脸立马冷了下来，直接开门送客，气得日本客商走出去很久了还在骂他“阿呆”。

谢远泰不是不知道，专利作为一种无形资产，具有巨大的商业价值。那可是 20 世纪 90 年代初的 100 万美元啊，如果转让专利技术，自己和家人从此可以过上安稳富足的生活。可自己当初研究茶树菇是为了什么？他决定，把这个无价之宝献给家乡、献给社会，让发明专利惠及父老乡亲、千家万户。

这个小插曲让一直痴迷于研究的谢远泰受到了触动，开始思考得更多。研究小有成果，该如何让自己最初的梦想落地？如何让研究造福于父老乡亲，切实改变他们贫穷落后的生活？1995 年，谢远泰创办了广昌食用菌开发集团公司，创新性地采用“公司 + 农户”的生产经营模式，为农户包技术培训、包原料供应、包产品销售，帮助大批农民脱贫致富。

新鲜事物总是不太容易被接受，尤其是穷怕了的父老乡亲，对茶树菇一无所知，谢远泰的一腔热情并没有得到积极响应。天咀村村民谢家明是最早跟着他“吃螃蟹”的人之一：“当时我们也不晓得会是咋个样，公司给发菌种，还教我们种，种出来也管收，我想着地里种苞谷红薯的也挣不上个钱，还不如试试。”这一试，让谢家明摸到了致富门道，当年，他家收入翻了两番。

谢家明的成功，让父老乡亲们纷纷转变了观望怀疑的态度，主动来抓住这个脱贫的希望。“公司 + 农户”的方式，彻底点燃了广昌县和邻县农民脱贫致富的希望之火。一时间，抚州市各县乡农户争相学种茶树菇。

为解决广大农民群众种菇技术难题，身为“茶树菇人工种植发明人”的谢远泰不但参与了茶树菇系列标准的起草和修改，用心编制了一套茶树菇接种、栽培、管理、烘烤

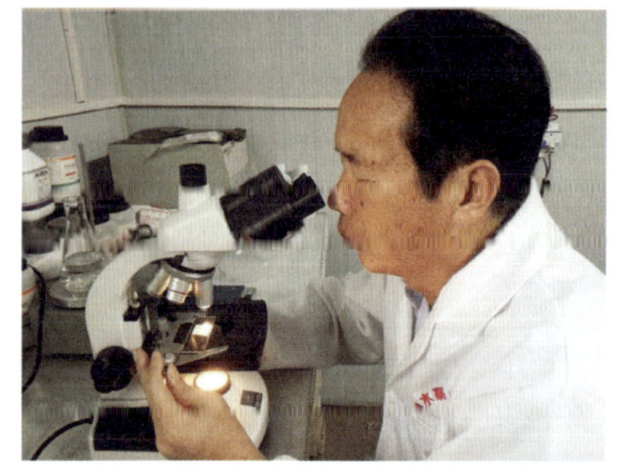

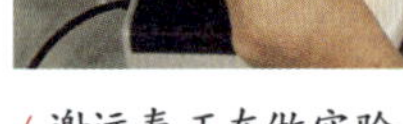

/ 谢远泰正在做实验

/ 茶树菇菇筒

等标准化生产技术流程无偿提供给各村，还多次深入生产一线、茶树菇大棚为菇农讲课，手把手指导农民种植茶树菇。那几年，他踏遍了抚州市的每个县乡，有时一去就是一整天，光鞋就磨破了 20 多双。“乡亲们苦了那么多年，现在终于有希望脱贫致富了。鞋子破了算什么，能让大家学到本事我就赚到了。”

1999 年，广昌食用菌开发集团公司成为江西食用菌产业龙头企业，累计培训全省各地学员 1.5 万人，茶树菇专业种植户达 1 036 户，全县茶树菇种植规模 1.23 亿筒，年产值 8 000 多万元，利税 2 000 多万元，带动农村富余劳动力就业 1.1 万人。谢远泰无私献出研究成果，真正让广大群众和脱贫事业受了益。小小的茶树菇，终于有了大模样。

正当谢远泰意气风发准备带领群众大干一场时，噩运却降临了。2002 年，他因做心脏瓣膜置换手术，引发大脑出血、中风等多种并发症，每年仅检查治疗费就需要 4 万元左右。身体的痛苦是小事，疾病侵袭让他无法继续钻研才是最为致命的。谢远泰所经营的公司及研究机构相继破产倒闭，家庭生活也陷入困境，连医疗费用也成了问题。屋漏偏逢连夜雨，随后几年，他又因脑出血导致口齿不清。

再大的困难也无法打倒一个意志坚定的人。家人说，谢远泰这条命简直是为茶树菇而生的，只要一说起茶树菇，他就无比精神。哪怕身患疾病、生活困难，哪怕已过花甲之年，哪怕缺乏研究器材和场所，也不能改变他对茶树菇新品种研究的一腔痴迷。

## 一“菇”带动一域

几十年不辍地研究茶树菇及相关食用菌品种、种植技术，让上天也格外垂怜谢远泰这个痴汉。他的执着，让茶树菇实现了从无到有，让食用菌品种由茶树菇拓展到羊肚菌、毛笋菇、虎奶菇、灵芝、鹿茸菇等，让茶树菇菌种固体接种发展为液体接种，让木屑栽培技术升级为莲子壳、莲蓬壳代料栽培……。科研领域的满满收获，让谢远泰重新

"站"了起来。而他，也没忘再次服务于贫困群众。

2014 年，广昌县水南圩乡张杨村凉山栋小组贫困户廖诗详因房屋倒塌和儿子患病，生活陷入困境。正当他发愁不知明天该怎么过时，一个农民模样的人登门对他说："兄弟，困难都会过去的！"这人便是谢远泰。授人以鱼不如授人以渔。在捐助给廖诗详 1 万筒菌种后，谢远泰又手把手传授种植技术。2016 年，廖诗详家成功生产 2 000 多斤优质茶树菇，纯收入达 4.6 万元，顺利实现脱贫，生活也越来越好。"他是'中华神菇'发明人谢远泰，更是我们一家的恩人，要不是他和他的茶树菇，我们一家早就完了。"

为帮助更多贫困群众脱贫，2016 年谢远泰带领弟弟组建了江西省利财食用菌有限公司，采取"公司 + 合作社 + 贫困户"模式，与 164 户建档立卡贫困户签订了帮扶协议书，引导贫困群众通过资金入股、投工投劳等方式参与公司生产经营，带动群众脱贫增收。下湖村贫困户邓学兴就是受益者之一。年过花甲的邓学兴夫妇俩都在公司务工，每年仅务工收入就有 5 万元，此外每年还有公司分红。两笔收益让邓学兴家在公司成立当年就顺利脱了贫。公司每年可为贫困户提供长期务工岗位 80 多个、短期务工岗位 60 多个。截至 2017 年底，公司已带动 140 户建档立卡贫困户实现脱贫。

在谢远泰的大力引领下，茶树菇日益成为一项经济效益显著的特色富民产业，深受广大贫困群众喜爱，成为贫困群众增收致富奔小康的支柱产业，仅广昌县水南圩乡种植面积就达 4 000 多万筒，众多贫困群众在家门口靠发展茶树菇产业走上了致富路。不仅是广昌县，茶树菇还被大力推广到了广昌县周边的南丰、黎川、宁都等地，并辐射到了贵州、河北、河南、广东、广西、福建、浙江等地区，全国种植数量达到 8.2 亿筒，产值达 16 亿元，带动 10 万余农民实现了脱贫致富。在江西、福建、广东等地的餐馆，茶树菇菜肴成为拳头产品和顾客的新宠，有些饭店老板甚至说："现在开饭店，没有茶树菇都不好开了。"

茶树菇产业的发展壮大还带动了农产品经纪人和运销领域的蓬勃发展。据不完全统计，广昌县从事茶树菇菇筒接种、清运卸货、运输、采摘鲜菇的就业人员达 1.6 万人。

"吃水不忘挖井人，吃菇勿忘谢远泰。"这是广昌县流传甚广的一句话。如今，广昌县已涌现出了利财、宏泰等具有较大规模的茶树菇生产经营企业 13 家，

谢远泰荣获 2018 年全国脱贫攻坚奖创新奖

茶树菇生产专业合作社 29 家，茶树菇民间科研机构 1 家。2017 年，广昌全县茶树菇种植规模达 2.3 亿筒，茶树菇种植户达 2 960 户，户均纯收入达 9.8 万元，其中，有劳动能力的建档立卡贫困户户均种植茶树菇 6 万筒，带动了 524 户贫困户参与茶树菇种植产业实现稳定增收脱贫。一“菇”，终于带起了一域。

在如火如荼的脱贫攻坚大潮中，“中华神菇”这朵浪花以其独特的魅力，撑起了成千上万贫困群众的脱贫致富梦想。而创造这一切的谢远泰，从未想过从中获利一分一毫。甘于清贫，这是一名优秀共产党员的坦荡胸怀与无私担当，倾注了他奉献脱贫事业的赤诚大爱，属于他为人民服务的别样精彩人生。

（撰稿：周艳　照片提供：董伙明）

雷春军，中共党员，新疆阿克苏地区农业技术推广中心主任、副书记，享受国务院政府特殊津贴。作为一名“老农技”，他牢牢扎根农村，钻研农业科技，情系贫困群众。他是扶贫路上的“践行者”，也是创新路上的“开拓者”，更是科技路上的“领航者”。他不断创新强化帮扶意识、拓宽帮扶思路，持续加大农技扶贫工作力度，在助力贫困户种植蔬菜订单生产、推广黑木耳种植、开展农技点对点式服务等方面取得显著成效。他主持的农业技术项目多次获得国家和自治区级奖项，被当地农民称为农技“掌门人”。

# 田间地头就是我的办公室

阿克苏，维吾尔语意为“清澈奔腾之水”，位于新疆维吾尔自治区西南部，同吉尔吉斯斯坦共和国、哈萨克斯坦共和国交界，是“古丝绸之路”上的重要驿站。这里地处欧亚大陆深处，远离海洋、降水稀少，年蒸发量是降水量的 27 倍。

阿克苏地区集偏远地区、干旱地区、民族地区、边疆地区于一体，长期以来产业发展水平不高、基础设施建设滞后、公共服务缺口较大，是国家“三区三州”深度贫困区域之一，是国家全面建成小康社会最难啃的“硬骨头”之一。打赢脱贫攻坚战，在阿克苏地区具有特殊重要的意义，是地区社会稳定和边疆长治久安的基础和根基，更是阿克苏地区 200 多万名各族群众的热切期盼。

雷春军作为阿克苏地区农业技术推广中心主任，多年来扎根基层，一直把乡村当作阿克苏推进脱贫攻坚、助力全面小康的主战场。凭借丰富的“三农”工作经验，他不断创新强化帮扶意识、拓宽帮扶思路，带领阿克苏各族贫困群众发展生产，逐步走向致富路。踏实肯干、善于创新、善于与农村群众打交道、对农技扶贫工作有自己的独到见解与方法，这是地、县、乡三级农业生产干部和农民对雷春军的一致评价。

## 种菜有新招——扶贫路上的践行者

2018 年 6 月，在新疆阿克苏地区阿瓦提县玉斯屯克塔木托格拉克村，贫困户们喜笑颜开、忙个不停，原来是该村贫困户订单生产集中种植的辣椒达到收购标准，大家正

/ 雷春军主任

忙着把一箱箱新采摘的辣椒装上“订单蔬菜”专运车。

“我们种植的辣椒由粮油购销公司上门收购，每公斤 4.1 元。明年我计划扩大种植面积，早日脱贫致富。”玉斯屯克塔木托格拉克村贫困村民依米提 · 扎衣提说。

2018 年初，阿克苏地区聚焦深度贫困村和建档立卡贫困户，在全区范围内实施贫困村以蔬菜为主的农副产品订单生产增收工程，创新提出“订单生产、定向销售、封闭运行”的产业帮扶机制，采取“国有龙头企业 + 专业合作社 + 贫困户”产销模式，实现 142 个深度贫困村的贫困户户均蔬菜种植 1 亩以上，户均增收 2 000 元以上，人均增收 400 元以上，使 1.81 万户 7.26 万名贫困群众实现增收脱贫。贫困村以蔬菜为主的农副产品订单生产增收工程是根据财政资金保障的机关、事业单位、学校食堂对农副产品的需求形成订单，通过区域统筹一村两三个产品，由各村贫困户组成合作社开展规模化生产，经地区粮油购销集团牵头收购、配送而形成的闭环产业链。

长年奋战在农业生产一线的雷春军闻讯后，精神为之振奋。他深深地意识到，作为一个农村人口占比超 70%、农业经济比重近 1/3 的地区，阿克苏地区发展产业脱贫不能脱离农业，也必须依靠农业来进行。调整传统农业种植结构、推广种植高附加值的蔬菜品种，是带领贫困户快速脱贫致富、实现乡村振兴的必由之路。但是，当地农村蔬菜种植管理水平低下的现状，让他不由得担忧起来。作为传统的粮棉大区，不论基层农技人员还是农民都熟悉传统粮棉种植技术，但是在蔬菜种植方面普遍缺乏相关知识，种植技术水平也不高。与粮棉等传统作物的种植相比，蔬菜种植可是个细致活，对育苗、移栽、浇水、施肥、田间管理等方面的要求更为复杂、精细。贫困村以蔬菜为主的农副产品订单生产增收工程在自治区没有先例，没有现成的经验可以借鉴。

面对现状，雷春军把保障蔬菜订单生产顺利实施当成农技推广人义不容辞的责任。他强调："发展现代农业，要科技先导、培训先行。"他火速组织蔬菜种植领域的专家成立专家组，抽调地、县、乡三级农技骨干 200 余人，集中开展培训。着重讲地区的产业帮扶政策、讲蔬菜生产种植技术、讲定向销售的运行模式，使每一个农技工作者都成为懂政策、懂技术、懂市场的行家里手。

作为地区三级农技体系的"掌门人"，雷春军把办公室搬到了田间地头。他带领着这支蔬菜生产的先锋队，奔走在农村生产第一线，打出系列技术服务组合拳。

首先，他把这支农业技术推广队伍部署在农民的家门口，在农民的田地间、大棚里办起了蔬菜种植技术培训班，手把手地传授蔬菜种植管理技术，让每家每户都把技术学到手。据统计，在蔬菜生产前，他组织了 153 场技术培训，2.29 万人次参训，及时有效地补足了蔬菜生产技术短板，夯实了贫困户蔬菜种植订单生产基础，同时增强了基层干部和贫困户的信心，打破了不想种、不敢种的壁垒，推动了全地区落实贫困户蔬菜种植 19 151 亩，新建蔬菜生产拱棚 27 215 个。

为了加强巩固培训效果，雷春军抓紧组织编写蔬菜种植技术手册并译成汉维两种语言，还制作视频培训光盘，第一时间发放到 9 个市县 83 个乡镇 142 个贫困村，供各地

/ 雷春军查看蔬菜生长情况

组织贫困户培训和学习使用。蔬菜种植技术的视频在各村循环播放，农民们交口称赞："我们有了随时随地都能请教的老师了。"

其次，雷春军围绕蔬菜种植基地建设、技术服务、收购销售等各个重点环节构建了全方位、全过程科技服务的新体系。

在蔬菜生产前，引导贫困村生产基地实行统一品种、统一育苗、统一种植、统一管理，扶持农民种植绿色无公害蔬菜，生产适销对路的产品。

在种植环节上，实行定点定人定责，落实全程技术服务。选配 200 余名县乡农业部门专业技术人员开展全程技术服务，确保每个贫困户蔬菜种植基地最少有一名技术人员蹲点包村开展全程技术指导和跟踪服务，并通过手把手培养，造就了一批贫困户蔬菜生产能手。

在销售环节上，积极协助粮油购销集团公司与农民蔬菜合作社、深度贫困户签订蔬菜收购订单，确保农民"交售就有收入，现场拿到现金"。

从 5 月初贫困户种植的小白菜、白萝卜零星上市开始，到西红柿、辣椒、茄子等大宗蔬菜逐步投放市场，产业化种植购销程序有条不紊。玉素普江 · 阿布都拉提是阿瓦提县乌鲁却勒镇库木艾日克村贫困户，正是得益于蔬菜订单生产，他家的蔬菜喜获丰收，纯收入有 3 000 余元。玉素普江 · 阿布都拉提激动地说："感谢专业技术人员的指导，我尝到了收获的甜头，今后我要更加专心学技术、种好菜，争取让小小的菜园子鼓起我们的钱袋子。"

说起这种创新模式，雷春军欣慰地说："阿克苏地区粮油购销集团公司、140 个贫困户组成的合作社和 1 055 家食堂之间，已经形成了完整的生产、销售、消费链条，开创了多赢、共赢的局面：解除了贫困群众生产和销售的后顾之忧，农民高兴；扩大了扶贫产业规模，减少了贫困人口，提高了扶贫资金使用效益，政府满意；增加了企业、合作社收益，激活了市场，使企业、合作社得以发展壮大，形成可持续发展的长效机制，企业叫好；各级干部尤其是基层干部的努力得到了回报，成就感和价值感油然而生，更加增强了如期全面打赢脱贫攻坚战的决心。"

## 钻研黑木耳——创新路上的开拓者

在阿克苏地区，450 多万亩果园修剪废弃的果树枝条每年超 100 万吨。由于缺乏有效的技术手段和项目带动，这些枝条除被用作生活燃料外，大都被就地丢弃或随意焚烧，造成空气污染。扶贫开发的农业科技工作者们秉承创新、绿色发展理念，潜心钻研，利用新疆干旱地区果树枝条开发了培育黑木耳的新技术，开创了"利用果树枝条生产菌棒、种植黑木耳、收集菌渣、制作菌肥、培育果树"的生态循环经济种植体系。据测算，1.25 公斤枝条木屑可制作成 1 个黑木耳菌棒，每棒产值 3.5 元，100 余万吨枝条

/ 雷春军（左一）在进行技术指导

的潜在经济效益十分可观。

继贫困户种植蔬菜脱贫增收工程取得成功后，阿克苏地区又把黑木耳种植作为贫困户脱贫的重大举措，开展秋季黑木耳种植试点示范工作。于是，雷春军又将精力转到黑木耳上，开始了从粮棉、蔬菜生产专家到黑木耳生产专家的华丽转身。

“农技讲的就是奉献，就是吃苦。”这是雷春军的口头禅。为了掌握黑木耳种植技术，他四处拜师学艺，提升专业知识水平，又到菌棒生产车间和种植试点地跟班学习，掌握实际操作技能。在所学所见的基础上，雷春军编纂了《地区贫困户种植黑木耳选点及配套设施建设建议方案》等多篇可操作性高、实用性强的文章，供大家参考，受到基层干部和贫困户的欢迎和肯定。他还连番奔赴现场开展田间技术指导服务，被称为“论文写在大地上，最接地气的农技专家”。

说起雷春军，周围的人都说，他简直就是一名工作狂。长年奔波在生产一线，由于工作强度高、饮食不规律，他患上了高血压、心脏病、肾结石等多种疾病。一天，在工作途中，雷春军急性尿结石突然发作，身边的人都劝他赶快去医院，他却说：“工作不等人，几十万菌棒等着下地，我们技术人员不尽快进行技术指导，贫困户能放心吗？”他继续坚持工作，一刻也不停息。在他的指导下，全地区秋季黑木耳生产前期准备工作进展顺利，计划秋季种植 56 万棒，有望成为阿克苏地区第二个贫困户增收脱贫的新途径、新亮点。

库尔班家里的两个大棚内，放了 2 700 个菌棒，2018 年收获的 1 200 多公斤鲜木耳为他家增收 1.8 万元，相当于 2017 年库尔班全家六口人的总收入。

“我种植黑木耳一下子收入 8 000 元，这些黑块头，就是我们脱贫的‘金疙瘩’。多种一些，收益会更高，我的院子还大着呢，还能种植很多黑木耳，再种植 1 万个菌棒都可以。”托万克麦盖提村贫困户买买提·亚森开心地说。

听到这些，雷春军憧憬着 56 万棒黑木耳带给贫困户脱贫的喜悦。

## 搭建大平台——科技路上的领航者

新时代要有新气象，更要有新作为。怎样创新服务才能提高农民科技文化素质和农业生产科技含量、实现农业技术成果转化、促进农民增收脱贫致富呢？

从 2017 年底开始，雷春军着力加强传统传播手段与现代传播手段的结合，精心打造了“阿克苏农技服务”微信平台，开展点对点式服务，为农民提供高效便捷、简明直观的服务。

“阿克苏农技服务”平台是自治区首家采用维汉双语同步运行的微信公众平台，直接面向阿克苏地区百万农民群众。平台分维语、汉语两个版面，内设九大栏目，内容包括近十年来的 440 万字地区农业生产技术文字资料，357 个栽培、植保、土肥等视频资料，并实时推送更新。这个平台以文字、图片、语音、视频四种形式，通过及时发布农时农事技术信息、提供可学习查阅的海量资料库、搭建在线咨询互动专家平台等方式，为地区农业生产和广大农民提供全方位技术服务。

平台聚焦贫困群众，常态化发布和扶贫有关的生产技术信息，农民可通过微信直接获取相关生产技术，随时可向后台专家咨询，实现了即时性服务村级组织全覆盖。其中的内容多次被媒体借鉴或采用，农民阅读后反响非常强烈，纷纷留言“很实用”“很好”。

“阿克苏农技服务”平台犹如一条掌稳舵轮的航船，不断载送着扶贫致富的信息驶向脱贫致富的广阔海洋，实现着雷春军助力脱贫攻坚的美好理想。

很多人都问雷春军：“都年过半百了还这么拼，是为了啥？”雷春军说：“为了广大农民感受到党的好政策，为了老百姓能脱贫致富过上好日子，这就是我扎根边疆、服务‘三农’的最大动力。”

（撰稿：张正宇　张奕　照片提供：陈娟）

蔡永，安徽省蚌埠市怀远县徐圩乡党委书记。他带领全乡稳步推进“一户一块田”改革试点工作，将村民零散的土地整合后重新分配，使每户村民得到一整块大田。全乡完成了105个村民组并地工作，涉及农户8 700多户，合并土地面积5.47万亩，其中涉及贫困户430户892人，土地面积3 507亩。改革后户均年增收约1 300元。“一户一块田”开创了与当代农业发展相适应的新型土地经营方式，解决了种地难和经营难的问题，为推行产业扶贫模式奠定了良好的基础，探索出一条脱贫攻坚创新路。

# 一户一块田　徐圩换新天

盛夏时节，安徽省怀远县徐圩乡的万亩西瓜喜获丰收。宗庙村贫困户宗广云的西瓜地里，一家人正在忙着采摘西瓜，他们的西瓜将通过电商网络从这里销往全国各地。宗广云动情地说：“这甜蜜的‘致富瓜’，凝聚着蔡书记的心血。”

宗广云口中的蔡书记，就是徐圩乡党委书记蔡永。

自2015年8月蔡永调任怀远县徐圩乡党委书记以来，创新性地提出“一户一块田”改革思路，探索出与当代农业发展相适应的新型土地经营方式，也走出了一条脱贫攻坚的新路子。中央农村工作领导小组在徐圩乡调研时这样评价：“蚌埠市‘一户一块田’试点工作为农业农村发展提供了新鲜经验，不仅具有先期性，还具有很强的时代感。”

## “巴掌田”并成大块田

徐圩乡地处安徽省怀远县西部边缘，河网密布、地势低洼，有“一溜十八湖”之说。由于农业基础设施落后，乡村经济发展迟滞，集体经济薄弱。蔡永上任之初，面对积贫积弱的徐圩乡，第一件事就是挨家挨户走访，了解群众的所思所盼。

在贫困户孙二冲家中所见的景象让蔡永深受触动：孙二冲因为腿部疾病丧失劳动能力，妻子离家出走不知去向，父亲年迈，孩子年幼，一家祖孙三代均无法种田。孙二冲说：“家中田地都是分散成十几块的‘巴掌田’，太零碎，不好种，想流转出去，大户也嫌弃，一直抛荒在那里。”

/ 蔡永（左二）谋划“一户一块田”改革

脱贫攻坚的硬骨头往往就是这些因病致贫、因残致贫的贫困户，他们的田地该怎么种？他们什么时候才能脱贫？这些问题让蔡永彻夜难眠。

事情的转机出现在殷尚村。

随着国家推行土地确权，贫困村殷尚村的村民们自发商议着如何化零为整、小田并大田，实现“一户一块田”——在自愿的基础上，农民把手中零散的土地拿出来，通过丈量和整合，重新分配，每户村民都得到一整块大田。这种土地互换，在当时的农村是一件天大的事情，很多人认为是天方夜谭。蔡永敏感地意识到，“一户一块田”不失为一种解决农村土地“零碎化”的方法，背后蕴含着深厚的民意基础。如果合理引导，对脱贫攻坚和农业发展都会起到积极的作用。

“一户一块田”说起来容易做起来难，让农民把耕种多年的土地交出来重新分配谈何容易。最大难处是如何做到公平公正。村民组设计两轮抽签的规则，将组里的田地以 10 亩为单位标上号。第一轮抽分田先后顺序，第二轮再抽地块号。在公开透明、公正公平的前提下，东邵组总共 463 亩地被分成了 24 块大田，基本做到了“一户一块田”。蔡永意识到，要想把改革推动下去必须靠制度。他提出要尊重农民意愿，坚持自愿、协商、民主，坚持“五个不变”，即现行家庭承包经营制度不变、农村土地集体所有性质不变、以二轮土地承包村民小组为单位互换范围不变、二轮土地承包人口基数不变、土地发展现代农业用途不变；体现“三个结合”：互换并块与宅田合一相结合、预留机动土地与农村公益设施建设规划用地相结合、落实地块与土地确权登记颁证相结合。

2016 年 3 月，徐圩乡在“政府引导、群众自愿、试点推进”原则的指导下，整乡试点“一户一块田”。在蔡永的推动下，徐圩乡完成了 105 个村民组的并田工作，贫困村宗庙村等整村全面完成土地合并，涉及农户 8 700 多户，合并土地面积 5.47 万亩，占全乡土地确权面积 12.5 万亩的近 50%。其中涉及贫困户 430 户 892 人，占全乡建档立卡贫困人口近一半的比例。

国家统计局怀远调查队专项走访调查得出的权威数字更有说服力：实行“一户一块田”后，每亩每年可以节省生产成本 60 元，户均每年可以增加收入 1 300 元左右。对于农户尤其是贫困户来说，降低的生产成本也是一笔不小的稳定收入。

村里的老百姓也算了一笔账：“一户一块田”提高了耕种收割的效率，也大大降低了农民的生产成本。“村里有个农机手，给别的村民小组干活 50 元一亩，一次我去找他帮忙，他说工期满了，直接拒绝了我。”殷尚村村民方振星笑着说，“我告诉他，我就一块地，20 亩。他马上就改口说马上就能来。”最后，这桩买卖以每亩 35 元成交。现在每亩成本能减少 60 ~ 80 元，往年农机手要价高且不愿意干的情况一去不复返。

“一户一块田”更带来了粮食增产。“以前‘巴掌田’不一定是四四方方的，农药、化肥、种子撒不均匀，边上撒不到，中间撒太多，撒不到和撒太多的地方都没产量。”邵志敏说，“现在这些问题都解决了，原来亩产八九百斤的地，现在产量能到 1 100 多斤。”

“一户一块田”为土地流转、现代农业奠定了基础。土地平整后，道路、水利设施得到了改善。“以前一下雨，田边的小水沟就满了，要排涝就要扒田，可是谁都不愿意扒自己的田，每年自家田里都有两三垄庄稼要被淹死。”徐圩乡宗庙村村民朱永华说，“现在田边的排水沟又大又深，根本不用刻意排水，这么一算，产量自然也增加了。以前小地块只能用拖拉机耕地，现在大地块可用旋耕机，深耕到 40 厘米，秸秆可以还田，给建设高标准农田带来了便利。土地流转也更方便了。”

“一户一块田”还减少了村民间的矛盾。过去村民耕地相邻较多，因机收、耕犁、耙种、灌溉，常常发生纠纷。合并成“一户一块田”后，户与户的地块空间位置明确了、交界减少了、边界明晰了，邻里因为土地产生的矛盾纠纷少了 90%。

更令人意想不到的是，“一户一块田”改革实施后，村里的土地增加了。殷尚村东邵组原来 430 多亩地，现在变成了 460 多亩，增加了整整 30 多亩。“小地块之间的田埂、垄沟得到整平，水渠和小路得到复垦，我们初步测算，有效土地面积增加了 5% 左右。”宗庙村党支部书记宗殿用说。

## 大块田“长”出新产业

“一户一块田”为推行“四带一自”产业扶贫模式奠定了良好的基础，蔡永把工作重心转到如何把贫困户带上发展的快车道上来。他带领全体党员群众多方走访，科学调研，决心在“一户一块田”改革的基础上，大胆实施农村产业结构调整，发展特色

/ 蔡永（中）查看贫困户产业经营状况

/ 蔡永（中）调研梨树种植大户经营状况

产业，鼓励农户与农业专业合作社、家庭农场自愿结对，帮助贫困户实现了稳定、持续增收。

怀远县绿亨农业专业合作社理事长褚思敢曾经想把部分大田作物改为冬季种西瓜、夏季种蔬菜，可流转土地盖大棚时却遇到了困难，分散的地块让他跑东家访西家，碰了不少钉子，最终由于一户不同意，他的种植计划只得作罢。“一户一块田”改革再次燃起了他的田园梦，他一次性流转农户土地上千亩，盖起了一个个现代化的种植大棚。像褚思敢这样的家庭农场，在徐圩乡已经达到 142 个，比实行“一户一块田”之前增长 173%。在这个过程中，蔡永积极牵线搭桥，鼓励农户与褚思敢这样的农业专业合作社、家庭农场自愿结对，全乡 150 户贫困户顺利把自己的土地流转出去，实现了稳定、持续增收。

永红村是远近闻名的贫困村，“一户一块田”改革后成了“香饽饽”，诺阳禽业有限公司、民富养殖专业合作社等养殖基地如雨后春笋般落户这里。蔡永顺势提出“公司 + 贫困户”抱团发展的模式，通过代养的方式，带动贫困户搞养殖致富。本乡的村组还召集有经营头脑、有能力、爱农业、懂技术的人合伙成立家庭农场，其他农户把自家的土地集中连片加入农场，通过流转、托管、入股等方式与家庭农场合作。李庙组 10 户贫困户参与到家庭农场的生产和管理中，他们既是员工也是股东，既拿工资又拿分红，提高了贫困户自身的“造血”能力。杨湖组原来有 300 多人从事农业种植，现在只有 7 人，近 300 人从土地上解放出来，有的在乡村企业工作，有的到城市里打工，大家都找到了相应的工作，实现了收入倍增。

农户分散的零星地块变成了整片的大块田，调整农业种植结构水到渠成。2016 年，徐圩乡祖祖辈辈一季小麦、一季玉米的耕作模式被打破，田里种上了从来都没有种过的水稻。“水稻按现在的市场价每斤 1.3 元计算，扣除成本，每亩比种植玉米至少增收 1 000 元。如果还是按照往年的种植结构，土地流转费都付不起。”土地流转大户褚思敢首次种植 600 亩水稻就获得成功，他准备撸起袖子大干一番。“明年我准备扩大旱改水面积，再多种植 300 亩水稻。”在合作社引领、种粮大户带动下，50 户贫困户也种上了水稻，共同走上脱贫致富之路。

稻鸭稻鱼共作复合生态种养新模式也蓬勃发展起来。而这一切，都得益于徐圩乡在实施“一户一块田”过程中，整修水利设施，实现了 2 万余亩土地的“旱地改水田”，同时对全乡实行旱改水的农户进行全程帮扶，让水稻这样的作物开始在徐圩扎下了根，让“旱改水”的庄稼地成为农民的致富田、增收田。

如今的徐圩乡，已有万亩梨园、万亩西瓜、万亩花卉林木、万亩蔬菜。村有主导产业、户有致富门路、人有一技之长，“一户一块田”带动的产业振兴行动，正引领贫困户奔走在脱贫致富的道路上。“一户一块田”改革在 2017 年地方公共决策系列评选中，入选“2017 十大地方深化改革创新”奖项。

## 新蓝图打造“新徐圩”

党的十九大报告提出实施乡村振兴战略，使长期从事基层工作的蔡永认识到，脱贫不能仅着眼于眼前事，还要防止脱贫后返贫，通过科学布局、长远规划实现乡村全面振兴，才能达到长效脱贫的目标。新的一年，蔡永心中的徐圩乡，又有了新的发展蓝图：加强基础设施建设，打造大型田园综合体，发展有机农业、景观花园，开拓休闲观光农业经营模式，利用科学规划，推进乡村全面振兴。

在加强基础设施建设方面，徐圩乡各个村庄在实行“一户一块田”的同时，利用市、县的奖补资金，改善了农田、水利、道路等基础设施，增强防灾和抗灾能力，努力把全乡 12.5 万亩耕地逐步改造成高产、高效、抗灾的优质农田，为农户增收夯实了基础。

2018 年汛期，徐圩乡组织人员对道路积水情况加大巡查和维修力度，及时发现和解决路面积水造成的隐患，确保全乡交通运行顺畅。同时，排查田间积水情况，及时疏通末渠、支沟、干沟 20 余条，排查农田 6 万余亩，确保沟渠畅通、农田安全。

在打造大型田园综合体方面，积极推行路成网、田成方、渠相连、树成行，土地连片整治，让田园综合体基础设施越来越完善，还计划“旱改水”2 万亩、“粮改饲”2 万亩。

结合美丽乡村建设，蔡永又在徐圩乡大力推行绿色生产方式，修复治理生态环境，加速推进绿色长廊建设，实施生态村庄建设，逐步将传统农业提升为农业观光、绿色农庄等乡村生态旅游业。

说起推进绿色长廊建设，当地群众无不对徐圩乡打造的长 9 公里的绿色长廊竖起大拇指。乡里组织干部群众，在沿 052 和 046 县道两侧各 50 米范围内，打造长 9 公里的绿色长廊。每当人们路过这片绿荫，凉爽之意环抱周身的同时，也从心底涌起了一股幸福感。

奔波在希望的田野上，蔡永心里腾涌着的是乡亲们的致富梦。“功成不必在我，功成必定有我”——要为乡亲们真脱贫脱真贫做好基础工作、做更多工作，这就是蔡永对自己的要求。有理由相信，在蔡永这样的基层干部带领下，徐圩乡的明天一定会更加绚丽多姿。

（撰稿：张正宇　张奕　照片提供：蔡永）

徐圩乡缩影

潘健章，中共党员，广西澳益农业发展有限公司董事长、国务院扶贫开发领导小组办公室粤桂两省（区）贫困村创业致富带头人培训基地主任。在他的带动下，粤桂两省（区）贫困村创业致富带头人培训基地已为广东、广西培训了9期共816名学员。以广西上林县为例，已培养创业致富带头人303名，其中216名创业成功；通过培训带动全县6 000多户贫困户参与特色产业项目，其中5 000多户贫困户实现增收脱贫。

# 用“双培育”助力脱贫攻坚的带头人

潘健章是土生土长的南海九江人。1995年，年仅21岁的他，看到了创业的发展前景，果断放弃了汽车厂的工作，创办起了自己的鞋厂，踏上了艰难的创业之路。

经过艰辛的奋斗，公司越做越红火，从一个小作坊逐渐发展为南海九江的纳税大户，潘健章也从一名汽车厂工人成长为南海有名的企业家。

日子越过越好，但也渐渐让潘健章有了一个心愿。“我衷心拥护党的领导，感谢党的好政策，感恩这个伟大的时代。党中央提出了‘先富带动后富’的号召，我发自心底地渴望能有机会、有平台为贫困群众出些力、做点事。”在潘健章看来，自己作为有幸在改革开放大潮中先富起来的那部分人，有责任帮助更多贫困户摘掉贫困的帽子。

2010年，他终于夙愿得偿。这一年，潘健章被推选为广东省佛山市河清村第四党支部书记，成为一名带领乡亲们脱贫奔小康的基层干部。

经国务院扶贫办批准，粤桂两省（区）贫困村创业致富带头人培训基地在佛山市南海区九江镇河清社区成立，这个基地是东西协作粤桂两省对口帮扶的一个窗口和重要平台，潘健章被任命为基地首任主任。他自知身上的担子更重了，但想到自己的扶贫理想，想到贫困群众的实际生活状况，潘健章决定将压力变为动力。从此他又多了一个新身份——东西协作创业致富带头人。

## 促进东西协作，实现优势互补

广西南宁市上林县，位于大明山东麓，清水河宛如一首古曲缓缓穿过这片风景秀丽的土地，这里绿水青山、气候宜人，尤其是水资源丰富且水质优良。但上林县地处山区，交通闭塞，经济发展落后，全县131个行政村中就有65个贫困村，是国家扶贫开发工作重点县之一。

广东佛山市南海区的九江镇是久负盛名的“中国淡水鱼苗之乡”，是我国传统淡水鱼养殖基地和鱼苗孵化基地。全镇现有鱼塘3.2万亩，拥有孵化种苗场100多家，鱼苗年产量超过1 220亿尾，渔业产值超过9亿元。九江镇水产已走向成熟产业化，集鱼苗孵化、种苗培养、饲料研发、成鱼养殖、成鱼打包、物流销售和渔具批发于一体，该镇河清村还是全国桂花鱼品牌村。

经过实地考察和两地比较分析，潘健章断定上林县具有发展水产养殖尤其是高值渔养殖的巨大潜力和广阔前景。他重点分析了九江镇和上林县在发展高值渔产业方面的各自优势：一方是有资金、有技术、有品牌、有市场，一方是有优质水资源、有低成本劳动力。

2014年底，伴随南广高铁的全线开通运营，粤桂黔高铁经济带形成，使两广间产业、资金、技术、人才的流通更加便捷高效，解决了制约上林发展主要障碍之一的交通问题，有力地助推了上林乃至广西脱贫攻坚的进程。

在这样的机遇下，潘健章和粤桂培训基地的同事们开始踏上了在上林的探索扶贫之路。

## 立足高值渔产业，探索“双培育”模式

确立了目标，潘健章开始思考如何向前再推进一步，解决具体以后干什么、怎么干的问题。很快，粤桂培训基地与上林县委县政府达成了共识，形成了“优势互补、合作发展”的“双培育”试点工作思路，总结了“致富带头人培育跟着产业培育走”的“双培育”模式。

找到了扶贫思路，潘健章立马行动了起来。上林县的农民缺资金、缺技术、缺市场、缺致富带头人和龙头企业带动，导致虽有好的水资源，但形不成产业气候，农民难以靠水产养殖脱贫致富。于是，在佛山市委市政府、南海区委区政府的大力支持下，潘健章和同事以基地的名义出面做工作，一家一家登门造访，带动了广东、香港4家水产养殖龙头企业到上林投资。

解决了投资的难题，建设用地又出现了问题。当村民知道要征地开挖鱼塘时，纷

纷阻挠："我们家家户户都有牛，把地挖了，要是哪天老板跑路不干了，我们连放牛的地方都没有了。"为了取得村民的信任，潘健章说破了嘴、走断了腿。最忙的时候他一周五天都在上林，拉上当地的村支书，挨家挨户地做工作，跟村民们掏心窝子，给村民们算养龙虾、种花生与种玉米的经济账。功夫不负有心人，几个月下来，基地用地的事情终于解决了。

/ 上林县云里湖小龙虾基地

很快，潘健章牵头成立了广西澳益农业发展有限公司，创建了上林县首个高值渔养殖示范孵化基地。在各方的积极配合协作下，基地面积很快就扩展到了 1 000 亩，不仅吸纳了 40 多户贫困户长期务工，让他们每年增加了 3 万元到 4 万元的收入，而且还带动 100 户建档立卡贫困户入股，2017 年每户分红达 5 000 元以上。

示范基地的成功，让大伙儿看到了脱贫的希望。潘健章和同事们通过示范基地，带领村民们在全县又孵化了 17 个合作社，大力发展菜虾套养、鱼菜共生产业，养殖总面积达到了 3 000 亩。如今，水产养殖犹如漫天繁星，遍布上林大地，已经成为上林的主要扶贫产业。

在大力培植特色产业的同时，致富带头人队伍的培育也在同步开展中。致富带头人队伍的培育采取的是粤桂"两地结合"培训的方式，以培育壮大高值渔产业和其他特色产业项目为需求导向，有针对性地为广西及上林培育贫困村创业致富带头人。"具体就是让学员先到佛山南海参观学习半个月到一个月，回来后培训基地再跟踪服务一年。"潘健章解释道。

首期培训班开班时，学员们的积极性并不高，抱有质疑想法的人不在少数。学员苏达谋就是其中之一："学一个月就能创业了？哪有这么简单啊！我参加这个班，就当是出省旅游一趟啦！"

为了激发学员们的内生动力，潘健章和培训基地的同事们商量决定采取扶智与扶志相结合的方式，安排创业导师上各类创业课程，带学员们到佛山当地有名的龙头企业参观学习、实训，既让他们了解水产养殖的行业现状和发展前景，也让他们看到了投资企业的实力，同时进一步宣讲党的扶贫政策。

为了解除学员们创业的后顾之忧，也为了充分发挥粤桂协作产业扶贫作用，潘健章

/ 潘健章（左）给培训班学员讲课

探索了三种机制。（1）“三保一送”：保价收购、保险分担、保底分红，送技术；（2）“三送一保”：送生产工具、送种苗、送土地租金，保价回收产品；（3）“四统一带”：统一提供种苗、统一免费培训和技术服务、统一标准化生产管理、统一实行保护价机制收购产品，带动贫困户融入产业化链条，促进长期稳定增收。这些机制的出台让学员们信心大增。

培训结束后，苏达谋找到潘健章，挠挠头，笑着说：“潘总，其实我想干，但是不敢干。”潘健章知道他的资金和技术顾虑后，当场向他承诺了“三无两保”：无偿提供种苗、无偿提供培训、无偿提供技术，保价收购、保险分担。

苏达谋彻底放下了顾虑，一心一意开始了创业。潘健章又帮他规划设计、协调土地流转，联系金融机构贷款，协调落实政策性奖补等。苏达谋将自己的生态种养合作社打造成了一条集种植养殖、有机肥生产、生态农业观光于一体的生态产业链，吸纳贫困户71户285人。2017年他的合作社销售额达800多万元，发放分红17.91万元，成了当地有名的带贫致富能手。

还有一名学员韦忠勇也令潘健章印象十分深刻。韦忠勇从小患小儿麻痹症，因身体原因外出打拼多年依然贫困，是典型的因残致贫的贫困户。但他头脑灵活，勤劳肯干。刚参加创业致富带头人培训时，韦忠勇很没自信，潘健章就鼓励他：“谁说残疾人就不能创业！人家看不起你，你更要做好给他们看看！”参加完培训后，韦忠勇信心大增，对潘健章说：“潘总，谢谢你带我出来学习，我觉得，身体残疾了，但心不能残。我要挺起胸膛，干一番事业！”在镇政府一系列扶持政策支持和创业导师的悉心指导帮助下，韦忠勇现在创办了两个养殖合作社。2017年，合作社营收近130万元，纯利达33万元，不仅自家脱贫，还带动了周围十多户贫困户增收脱贫。

以苏达谋、韦忠勇为代表，上林县涌现出了一大批创业致富带头人。创办致富带头人培训班以来，潘健章带领粤桂培训基地已为上林县培育致富带头人303人。其中，216名学员成功创业或正在创业，创办公司、专业合作社、家庭农场等各类经营主体173个，带动全县6 000多户贫困户参与特色产业项目，其中有5 000多户实现增收脱贫。

## 坚持党建引领，打造“不走的扶贫工作队”

特色产业发展起来了，致富带头人队伍也培养起来了，但潘健章觉得，这些还不够，还要打造一支“不走的扶贫工作队”。于是，潘健章带领基地牵头创建了上林县首个扶贫产业协会党委，成立了10个合作社党支部。每期致富带头人培训班还会成立临时党支部，开展组织活动，发挥党员模范带头作用。同时，基地积极配合上林县委组织部门开展“双培互转”活动，将优秀创业致富带头人培养成党员、培养成村“两委”干部，将农村党员、村“两委”干部培养成创业致富带头人，提升贫困村党支部战斗力、凝聚力、号召力。

2016年10月，在粤桂基地推动下，广东南海区河清四村党支部与广西上林县赵坐村党支部牵手成功，签订了村对村东西对口帮扶支部联建协议。一年多来，在粤桂基地和河清四村支部支持下，在赵坐村建成高值渔养殖示范孵化基地，带动该村贫困户105户378人，以及其他农户55户237人参与产业发展、脱贫增收。两个村的党支部多次进行深入交流，联合开展党日活动和形式多样的党组织活动，落实村党组织班子联席会议、党群联席会议、党建暨驻点联席会议等制度，交流和分享基层党建经验，使两个村党支部的党建工作进一步加强，丰富了东西扶贫协作的内涵。

经过大力培养，一大批党员致富能手涌现了出来。上林县西燕镇岜独村村民卢英光就是其中一个。在参加培训时，卢英光实地参观了佛山罗南村。该村在党员干部的带领下依靠集体经济人均分红达6万多元，这让他深受启发。回村后，卢英光和村干部一起说服群众，将全村353户（其中贫困户158户）共1 200亩土地统一经营管理，创办生态果园种植股份合作社，发展四季蜜芒产业。紧接着，又发展蛋鸡、山水牛等特色产业。经过一年的努力，岜独村集体经济收入达到了38.4万元，整村实现脱贫。2017年村“两委”换届，卢英光当选村党支部书记，继续带领群众奔向小康。

高值渔产业成为脱贫增收“新引擎”

几期培训班结束后，上林县共有35名致富带头人光荣入党，32名致富

全国脱贫攻坚奖创新奖

带头人被选为村“两委”干部，6 名优秀创业致富带头人担任贫困村党支部书记。

三年多来，潘健章扎根于上林，尽管遇到过很多困难，与家人聚少离多，但他却从未后悔，始终坚持走在扶贫前线。在东西协作粤桂“携手奔小康”行动中，上林县取得了扎扎实实的脱贫成效，贫困发生率降至 12.21%，扶贫产业遍地开花。潘健章探索出的创业致富带头人培训试点项目更是被国务院扶贫办树立为全国典型，形成了可复制推广的“上林模式”。

看着上林人民生活面貌翻天覆地的变化，潘健章感慨万千。能为贫困群众脱贫奔小康做点力所能及的事情，他感到万分自豪。如今，在南海九江的基地里，除了上林的学员，还有很多来自广西其他区县，以及贵州毕节、黔南等地的学员，佛山在省内对口帮扶的湛江、云浮也陆续有学员参加培训。接下来，他们将继续扩大帮扶的区域，为湖南、江西、海南、湖北等省份的贫困地区提供帮助。这个带着南海扶贫品牌特色印记的项目，正在给越来越多地区的贫困村带来新的希望。“在未来的日子里，我将继续用‘双培育’模式服务更多的贫困县，用我的绵薄之力帮助更多贫困群众脱贫致富！”潘健章坚定地说道。

（撰稿：陈铭佳　照片拍摄：蓝洲　樊亚明）

/ 创业致富带头人示范基地——上林县大里庄高值渔养殖场

# 后　记

本书的编写得到以下单位和同志的支持和帮助，特致以由衷的感谢：

感谢全国脱贫攻坚模范、全国脱贫攻坚奖获奖先进个人和推荐单位为本书编写提供基础材料和照片，对获奖先进个人事迹进一步总结提炼给予帮助，并审核文稿。

感谢国务院扶贫办政策法规司、全国扶贫宣传教育中心、中国扶贫志愿服务促进会等单位在本书编写出版过程中所做出的贡献。

感谢人民日报社新闻协调部、地方部帮助组织采写部分稿件，以及各位撰稿人在采写稿件中所付出的积极努力。

感谢中国人力资源和社会保障出版集团为本书最终编辑出版提供技术支持。

特别要感谢长期以来在脱贫攻坚中埋头苦干、探索创新，切实把精准扶贫、精准脱贫落到实处，不断夺取脱贫攻坚战新胜利的广大干部群众，他们为本书奠定了思想和实践基础，注入了活力和动力。

编者

2019 年 9 月